welt-
geschichte
im
aufriß

Ausgabe in
Themenheften
Herausgegeben
von Werner Ripper

Die Welt des Mittelalters

von Gerhart Bürck
unter Mitarbeit von Hans-Jakob Schmitz

Verlag Moritz Diesterweg
Frankfurt am Main

Weltgeschichte im Aufriß
Begründet von Hermann Meyer und Eugen Kaier

Ausgabe in Themenheften
Herausgegeben von Werner Ripper

Die Reihe wird fortgesetzt.

Die Autoren des vorliegenden Bandes:
Dr. Gerhart Bürck: S. 1–29, 65–272
Hans-Jakob Schmitz: S. 29–64

ISBN 3-425-07393-1

Satz und Druck: Appl, Wemding
Bindearbeiten: Großbuchbinderei Monheim

Vorbemerkung

> „Freiheit“ (im mittelalterlichen Sinn) ist als untrennbarer Gegenpol zur „Herrschaft“ zu sehen. Freiheit war ein allseits geschätzter Wert, dem sich kein Lebensbereich des abendländischen Mittelalters entzog, wenngleich sie nirgends wirklich realisiert wurde.
>
> *Hans-Werner Goetz 1993*

Die Geschichtswissenschaft jüngster Zeit stand im Zeichen tiefgreifender Wandlungen und Neuansätze: „Neue Fragestellungen führten zu neuen Wertungen und Selbsteinschätzungen, neue Methoden und Theorien veränderten das Problembewußtsein, neue Disziplinen und Präsentationsformen fanden ein aufgeschlossenes, kritisches Publikum“[1]. So änderte sich auch das Mittelalterverständnis durch einen neuen Zugriff der Forschung grundlegend. Traditionelle Abhandlungen über das Mittelalter befaßten sich im wesentlichen mit der politischen Geschichte, mit den bedeutenden Persönlichkeiten des Zeitalters wie Kaisern, Königen, Päpsten, Fürsten. Wirtschaftliche, soziale und kulturelle Entwicklung blieb häufig auf Seitenblicke des Historikers beschränkt, und dies meistens aus der Sicht der jeweiligen Gegenwart. Dieser Art der Geschichtsbetrachtung waren die interdisziplinäre Methode und eine strukturelle Betrachtung der Geschichte fremd. Demgegenüber erkannten Historiker in den letzten Jahren, daß das Mittelalter nicht eine in sich abgeschlossene Epoche ohne Auswirkungen auf später war, sondern daß im Verlauf dieses Zeitalters „in staatlich-politischer, in gesellschaftlicher, kultureller und wirtschaftlicher Hinsicht die Grundlagen der modernen europäischen Zivilisation gelegt und damit auch die Voraussetzungen für die expansive ‚Überlegenheit‘ Europas gegenüber den anderen Weltkulturen in der Neuzeit geschaffen“[2] wurden. Neue Dimensionen geschichtlichen Erkennens ergaben sich z. B. durch die Mentalitätsgeschichte, die es sich zur Aufgabe machte, „die bewußten und besonders die unbewußten Leitlinien (herauszufinden), nach denen Menschen in epochentypischer Weise Vorstellungen entwickeln, nach denen sie empfinden, nach denen sie handeln. Sie fragt nach dem sozialen Wissen bestimmter historischer Kollektive und untersucht den Wandel von Kognitionsweisen und Vorstellungswelten, die jeweils historisches Sein auf intersubjektiver Ebene prägen“[3]. Nach Auffassung von Heide Wunder setzte sich Mentalitätsgeschichte zum Ziel, „Geschichte nicht nur aus der Herrschaftsperspektive zu schreiben, sondern die Herrschaftsobjekte ‚Untertanen‘ ebenfalls als historische Subjekte zu setzen“[4]. Denn „historische Mentalität ist das Ensemble der Weisen und Inhalte des Denkens und Empfindens, das für ein bestimmtes Kollektiv in einer bestimmten Zeit prägend ist. Mentalität manifestiert sich in Handlungen“[5].

Auch die Alltagsgeschichte schlug neue Wege zur Erkundung der „Lebensformen“ mittelalterlicher Menschen ein. Nach Hans-Werner Goetz ließ sie „abseits der großen ‚historischen‘ Ereignisse die Kleinigkeiten des täglichen Lebens wichtig werden, die zum Erfahrungshorizont eines jeden Menschen gehören, ihn unmittelbar berühren und auf diese Weise vielleicht zu einer verstärkten Identifikation mit der Vergangenheit, zu einem aktiven Geschichtsbewußtsein führen“[6].

Veranlaßt durch Innovationen in der Geschichtswissenschaft, wurden auch in der Didaktik neue Perspektiven erarbeitet, die eine genauere inhaltliche Strukturierung geschichtlicher Themen er-

[1] Richard van Dülmen, Vorwort, in: Fischer Lexikon Geschichte, hrsg. von R. v. Dülmen, Frankfurt a. M., 1991, S. 9.
[2] Jürgen Hannig, Fischer Lexikon Geschichte, a. a. O., S. 348.
[3] Peter Dinzelbacher im Vorwort in: Europäische Mentalitätsgeschichte, hrsg. von P. Dinzelbacher, Stuttgart 1993, S. IX.
[4] Fischer Lexikon Geschichte, a. a. O., S. 75.
[5] Peter Dinzelbacher, a. a. O., S. XXI.
[6] Vorwort zu: Leben im Mittelalter, München [4]1991, S. 5.

möglichten. Sie betonte aber auch die Notwendigkeit, systematisch Bezüge zwischen Gegenwart und Geschichte herzustellen. So führt z. B. die Kenntnis der Situation von Frauen im Mittelalter nicht nur zur Erkundung eines vergangenen Phänomens, sondern fordert zugleich zur Diskussion entsprechender Situationen von Frauen in heutiger Zeit heraus.

Das Themenheft „Mittelalter“ möchte diese Impulse der Geschichtswissenschaft und Didaktik, soweit dies möglich ist, aufnehmen und die Schüler der Oberstufe zu einem selbständigen Umgehen und kritischen Erschließen der Welt des Mittelalters anregen. In drei Teilen führt es die Schüler an synchron verlaufende Bereiche dieser Epoche heran: an die Konstellation um 800, 1100 und 1300. Jeder dieser historischen Querschnitte greift die Themenfelder Politik und Kirche, Alltag, Gesellschaft und Wirtschaft, Kunst auf. Wie es die jeweilige Unterrichtssituation nahelegt, können diese Zeitabschnitte entweder strukturell, d. h. mit Hilfe der oben genannten Einzelbereiche, erarbeitet werden oder Sachgebiete wie etwa der Alltag oder Politik oder Gesellschaft und Wirtschaft zur chronologischen Bearbeitung ausgewählt werden. Diese beiden Möglichkeiten, mittelalterliche Bereiche der Geschichte in sog. Quer- oder Längsschnitten kennenzulernen, kommt den Anforderungen an einen modernen Geschichtsunterricht entgegen.

Die Auswahl von Sequenzen impliziert neue Ansätze der Problemstellung. Das im Vergleich zur Gegenwart Fremde und Andersartige des Mittelalters, aber auch Anfänge von Entwicklungen langer Dauer in diesem Zeitalter, deren Ergebnisse sich in heutiger Zeit präsentieren, stehen zur Diskussion. Neu angesprochen sind folgende Themen: Die Europapolitik in der Karolingerzeit und in der Gegenwart, mittelalterliche Ansätze zu einer Friedenspolitik im Inneren und Äußeren, Umweltweltverständnis im Mittelalter in ersten Ansätzen, Feindbildideologie bei Judenverfolgungen und -pogromen, wie z. B. 1095, Dombau der Romanik und Gotik als Spiegel von Herrschaftsstrukturen, Rechtsverständnis und -praxis am Beispiel der Gottesurteile, die Stellung der Frau in der mittelalterlichen Gesellschaft und ihre ersten Versuche, in der Stadt oder am Hof ihre Identität zu finden, die Stellung des Kindes in der Familie und in der Gesellschaft (Erziehungsmuster und Rolle der Eltern) u. a.

Im Interesse der politischen Bildung dürfte es für den Schüler und die Schülerin lehrreich sein, Vorgänge im Bereich der Herrschaft und Herrschaftspraxis im Mittelalter zu analysieren und, wo es sich anbietet, auf gegenwärtige Entwicklungen zu beziehen. Auch die Begegnung des Schülers und der Schülerin mit der gesellschaftlichen Ungleichheit des Mittelalters kann die Erkenntnis sozialer Gleichheit und Freiheit im demokratischen Staat fördern.

Das Buch versteht sich nicht als starres methodisch-didaktisches Schema, sondern es will neue Wege der Auswahl von Inhalten, der Fragestellung, der Konfrontation mit der Gegenwart, der politischen Bildung und eines auf arbeitsunterrichtlicher Basis operierenden Geschichtsunterrichts der Oberstufe eröffnen. In ihm wird nicht ein positivistisches Anhäufen von Wissen beabsichtigt, sondern eine immer wieder neue Auseinandersetzung der Adressaten mit der widerspruchsvollen, fremden, aber zugleich auch ansprechenden und gegenwartsrelevanten Welt des Mittelalters.

Gerhart Bürck

Didaktische und methodische Absichten

„Die Frage, warum es eigentlich nötig ist, Geschichte zu lernen, begleitet den Geschichtsunterricht als ständige Herausforderung“ (Jörn Rüsen)

Verlagsredaktion, Autoren und Herausgeber haben sich – im Sinne vielfältiger Reaktionen in der letzten Zeit – dazu entschlossen, einen generellen Vorspann zu formulieren, der über die konstruktiven didaktischen Überlegungen und die potentiellen methodischen Zugriffe in gedrängter Form Auskunft geben soll. Dieser Vorspann hat – wie schon seine Kürze signalisiert – nicht die Funktion eines umfassenden Kommentars. Er soll lediglich in thesenartiger Verdichtung die tragenden Vorstellungen offenlegen, die bei der Konzeption des Buches für die inhaltlichen Entscheidungen maßgebend waren, und durch gezielte Hinweise das weitgespannte Feld methodischer Möglichkeiten in den Blick rücken, die die Auswahl der Materialien mitbestimmt haben.

Wenn es das zentrale didaktische Anliegen des Geschichtsunterrichts in der gymnasialen Oberstufe ist, Schülerinnen und Schülern vergangene Geschehnisse in Zusammenhängen zugänglich zu machen und ihnen auf diese Weise ein erweitertes Feld von anders nicht erreichbaren individuellen wie kollektiven Erfahrungen zu eröffnen, dann ergeben sich daraus Konsequenzen für die inhaltliche Strukturierung und sind jene thematischen Aspekte vorrangig zu berücksichtigen, die einen klaren Bezug zu Schlüsselproblemen der Gegenwart und damit zur Lebenspraxis der Adressaten aufweisen.
Als solche thematischen Aspekte wurden – wenngleich mit Bezug auf geltende Kursstrukturpläne, doch in relativ dezisionistischer Setzung – zugrunde gelegt:

Herrschaft und ihre Legitimation
Zwischenstaatliche Beziehungen
Privates und öffentliches Leben
Mentale Dispositionen
Mensch und natürliche Umwelt
Soziale Differenzierungen
Die Rolle der Frau
Wirtschaftsstrukturen
Kulturelle Leistungen.

Damit wird allerdings weder ein kompromißloser historischer Präsentismus noch eine ohne Gegenwart denkbare Vergangenheit befürwortet.
Denn die fundamentale didaktische Kategorie des Gegenwartsbezugs hat ebenso das Orientierungslernen wie das Kontrastlernen zum Ziel, indem sie einerseits darauf abhebt, daß gegenwärtige Sachverhalte durch ihr Aufspüren in der Vergangenheit in ihrer kausalen Tiefendimension erfaßbar werden, und andererseits davon ausgeht, daß sie erst durch ihre Gegensätzlichkeit zur Vergangenheit in ihrer spezifischen Struktur hervortreten, ja ein kritisches Potential hinzugefügt wird.

Historisches Lernen ist immer auch auf die Gegenwart bezogen, insofern es einen Zuwachs an Erfahrungs-, Deutungs- und Orientierungskompetenz bei dem Adressaten anstrebt.
Geschichtliches Lernen ist also stets Mittel zum Zweck, aber nicht der Zweck selbst.

Gleiches gilt für Lernziele, Qualifikationen und methodische Verfahren, die in ihrer sachlogischen Verklammerung und pragmatischen Einübung dazu bestimmt sind, daß sich Schülerinnen und Schüler ihrer in lebenspraktischem Zusammenhang bedienen.

Ein so definierter Geschichtsunterricht ist ein unverzichtbares Element der politischen Bildung, weil er

1. die Schülerinnen und Schüler anregt, sich mit vergangenem menschlichem Handeln und Leiden zu beschäftigen,
2. ihnen wichtige Impulse für die eigene Identitätsfindung vermittelt und
3. ihnen auf diese Weise eine Basis verschafft, um in Gegenwart und Zukunft ein vernunftgeleitetes, d.h. sozial und politisch verantwortliches, Handeln zu ermöglichen.

Kurze Erläuterung methodischer Fachbegriffe und methodischer Möglichkeiten

Übergreifende Perspektiven:

„Perspektive" ist die Sicht, mit der geschichtliche Sachverhalte interpretiert und beurteilt werden, und von „Ethnozentrik" spricht man, wenn sich die Perspektive nur an den Normen der eigenen Nation und Kultur orientiert und damit einseitig Partei ergreift. Bei „übergreifenden Perspektiven", mit denen man Themen aufgreift, wie z.B. die Europapolitik im Mittelalter (und später) oder die Situation der Länder der Dritten Welt, ein globales Thema, ist die Gefahr, die Probleme einseitig, nur aus einer Sicht anzugehen, dagegen geringer; vorausgesetzt, daß die Perspektiven dem Prinzip der Multiperspektivität (siehe S. VII) gerecht werden. „Übergreifend" heißt, daß man synchron (siehe S. IX) und diachron (siehe S. IX f.), immer mehrere, auch im Vergleich sich widersprechende, Sachgebiete im Auge hat: z.B. bei der Expansionspolitik Karls d. Gr. und der sich dabei ergebenden Erörterung der Frage, ob Karl „Vater Europas" genannt werden kann (Nr. I a–d, im Kapitel Politik und Kirche unter Karl d. Gr.). Daran könnte sich eine Diskussion über das Problem anschließen, wie unter den in Nr. 1d genannten Bedingungen die Schülerinnen und Schüler den Stellenwert der Bezeichnung „Deutsche" und „Europäer" sehen und was dies für ihre „Identitätskonstellation"[1] bedeutet.

Historisches Urteil:

Historische Urteile kommen durch Vergleiche analoger Geschehnisse, Sozialstrukturen, Ideologien u.a. zustande. Sie basieren auf Normen und Intentionen, z.B. eines Historikers oder einer Gruppe oder einer internationalen Institution. Im Geschichtsunterricht resultieren Urteile aus der Erörterung von Problemen mit Hilfe von Argumenten und Gegenargumenten. Wesentlich ist auch dabei die Beachtung der multiperspektivischen Beweisführung, die subjektive Bewertungen verhindert. Unerläßlich ist ferner eine gewisse Toleranzbereitschaft, die das Fremde als solches anerkennt.

Z.B. beim Thema der Kindererziehung (Nr. 2d) oder des Umgangs mit behinderten Kindern (Nr. 2c) oder der Prügelstrafe (Nr. 2a, Alltag um 1100). Hier können in einem diachronischen Vergleich Unterschiede der Erziehung im Mittelalter und heute herausgearbeitet werden.

1 Jörn Rüsen, Historisches Lernen, Grundlagen und Paradigmen, Köln 1994, S. 169

Gegenwartsbezug:
Er kommt durch einen Vergleich (Transfer) von Denkweisen oder Sachverhalten der Vergangenheit mit analogen Erscheinungsformen der Gegenwart zustande, wobei sich Ähnlichkeiten, meistens jedoch Unterschiede ergeben. Häufig erweisen sich etwa frühere soziale, politische oder gesellschaftliche Entwicklungen in bezug auf die Gegenwart als nützlich. Außer dem geschichtlichen Denken wird durch den Gegenwartsbezug auch die politische Bildung der Schülerinnen und Schüler gefördert, indem sie zu verantwortungsvollem Denken und Handeln erzogen werden dadurch, daß sie Normen der Vergangenheit, kritisch wertend, auf Normen der Gegenwart beziehen.
Etwa anhand der Rechtspraxis des Mittelalters am Beispiel der Gottesurteile (Nr. 8a–c) oder der Leib- und Lebensstrafen (Nr. 9, Alltag um 1100). Das Andersartige des Mittelalters und dessen Begründung dient zur genaueren Erfassung der Gegenwart.

Multikausalität:
„Kausalität" beinhaltet, daß – wie in den Naturwissenschaften – gewisse Ursachen bestimmte Folgen nach sich ziehen. „Multikausalität" bedeutet, daß man bei der Begründung eines historischen Sachverhalts nicht nur von einer Ursache ausgehen darf, sondern mehrere Ursachen nennen muß. Für die Erklärung der Bevölkerungsentwicklung im Mittelalter genügt es z. B. nicht, allein klimatische Bedingungen als Ursachen zu bedenken, sondern auch die agrarwirtschaftlichen Entwicklung, die wirtschaftlichen Bedingungen (z. B. die Preisentwicklung), die Außenpolitik, die Auswirkungen des Feudalismus auf die Gesellschaftsstruktur, die Technologie (landwirtschaftliche Geräte) und andere Gründe sind heranzuziehen.
Oder auch beim Problem der Rechtfertigung der Kreuzzüge und der Kreuzzugskritik (Nr. 2a–b, d), bei dem kirchliche und außerkirchliche, ethische und materielle, politische und wirtschaftliche u. a. Meinungen und Argumente zur Diskussion stehen.

Multiperspektivität:
Eine zentrale Bedeutung im historischen Lernen hat die „Multiperspektivität" deshalb, weil sie Probleme geschichtlicher Ereignisse nicht nur aus einer, sondern aus verschiedenen Perspektiven (siehe unter S. VI) angeht. Ein Krieg z. B. darf nicht nur außenpolitisch untersucht werden, sondern auch in seinen innenpolitischen, ideologischen, gesellschaftlichen, kulturellen, juristischen u. a. Auswirkungen. Daneben dürfen auch nicht der Standpunkt des Betrachters und seine Bewertung kriegerischer Ereignisse übergangen werden, wenn es um eine um weitgehende Objektivität bemühte Darstellung geht. Auch Kriegsziele des Gegners müssen in der Untersuchung sorgfältig beachtet und ausgewertet sein.
Ferner auch beim Urteil über den sizilischen Staat Friedrichs II. (Nr. II, 2a und 2b (1) und (2)). Hier können Urteile des Volkes und von Historikern gegeneinander abgewogen werden und die Schüler und Schülerinnen dazu „argumentierend Stellung nehmen"[1]. Oder beim deutschen Thronstreit Innonzenz III. mit den deutschen Fürsten werden bei einer Erörterung der verschiedenen Argumente die gegensätzlichen Perspektiven deutlich. Außerdem läßt sich in einem diachronen Vergleich des sizilischen Staats Friedrichs II. mit einem modernen Zentralverwaltungsstaat eigener Wahl ein Gegenwartsbezug herstellen.

Bildnisse:
Effizient für geschichtliches Lernen sind vor allem zeitgenössische Bilder, denn sie sind eine authentische Stimme ihrer Zeit und beanspruchen den Aussagewert einer Quelle. Als Vorstufe einer

1 Jörn Rüsen, Historisches Lernen, a. a. O., S. 166.

Karikatur kann z. B. die „Zeitkritische Rollenzuweisung“ von Mann und Frau (Alltag um 1300, Nr. 2b) angesehen werden, im Kontext der Stellung der Frau in der Gesellschaft des späten Mittelalters. Für geschichtliches Lernen wichtig ist die Interpretation des Themas (Inhalts) eines Bilds, seiner Motive, seiner Aussagen, seiner künstlerischen Gestaltung, seiner Frage an die Zeit und an die Beobachterin und den Beobachter u. a. Keinesfalls darf ein Bild nur als Illustration zu einem geschichtlichen Sachverhalt dienen.
Ferner auch beim Selbstbildnis Peter Parlers (Nr. 3b–d, Die Kunst um 1300), bei dem folgende Fragen erörtert werden können: die Gestaltung eines Selbstbildnisses, der biographische Kontext (Nr. 3a), der Bau des Veitsdoms in Prag (Nr. 2a–c), Frauenbildnisse Peter Parlers und deren Kunstform (Nr. 2f (1) und (2)). Oder: Die Abbildungen zu Umweltschäden durch den Bergbau (Nr. I, 4c und d, Gesellschaft und Wirtschaft um 1300) können Schülerinnen und Schülern eine „genuin historische Erfahrung“[1] vermitteln. Die Besonderheit der Einstellung zu Waldschäden im Mittelalter wird durch einen Vergleich mit Waldschäden 1994 (Nr. 1e (1) und (2), Gesellschaft und Wirtschaft um 1100) deutlich.

Karten:
Geeignete Karten über geschichtliche Themen, synchron oder diachron (auf eine oder mehrere Epochen bezogen) konzipiert, ermöglichen die selbständige Auseinandersetzung der Jugendlichen mit folgenden Fragen: Grenzveränderungen, Siedlungen, Neugründung von Dörfern und Städten, innere und äußere Kriege, Friedenswahrung, Veränderung von Regionen (bei einem Vergleich einer historischen Karte mit einer modernen Karte).
Z. B. auch anhand der bäuerlichen Ostsiedlung (Nr. IV:, 2a) können auf der Karte mit Hilfe der Legende und des Kommentars (Nr. 2b) die Phasen und die jeweiligen Räume der Besiedlung herausgearbeitet (zeitlicher und räumlicher Aspekt) und ihre Organisation mit Hilfe der Angaben über die Rolle der Lokatoren (Nr. 3) deutlich werden. Außerdem informiert der Text IV., Nr. 1 (Gesellschaft und Wirtschaft um 1300) die Schülerinnen und Schüler über die Motive der Bauern für die Ostsiedlung und über das Zusammenleben von Slawen und Deutschen in bäuerlichen Gebieten.

Quellen:
Im Unterschied zu späteren Darstellungen verschiedener Art (Sekundärliteratur) sind Quellen ursprüngliche Informationen aus erster Hand (Primärliteratur). Bei ihrer Bearbeitung sind folgende Kriterien zu beachten: die Zeit ihrer Entstehung, ihre Form, ihr Verfasser, ihre Aussage, ihre Absicht, ihr Bezug zur zeitgeschichtlichen Entwicklung, ihre Auswirkungen auf analoge spätere Sachverhalte usw. Durch ihre oft nur punktuelle Information unterscheidet sich die Quelle von der breiter gefächerten und größere Zusammenhänge bietenden Darstellung, die zudem multiperspektiv konzipiert ist. Die Darstellung entsteht durch die Analyse vieler, häufig unzähliger Quellen.
Z. B. im Mittelpunkt des Kapitels über den Investiturstreit (1. Päpstlicher Primatanspruch, Die Welt um 1100) stehen die Quellen Nr. 1d (Argumentation Heinrichs IV. 1076) und Nr. 1e (Gegenargumentation Gregors VII.), anhand deren die Argumentation des Kaisers und des Papstes in einem Vergleich festgestellt und begründet werden kann. Weitere Perspektiven der Gegensätze von imperium und sacerdotium und des jeweiligen Anspruchs auf „Freiheit“ finden sich in den vorangehenden Texten Nr. 1a–c. Ein historischer Zusammenhang des Konflikts kann aus der „Übersicht“ hergestellt und dessen Auswirkungen mit Hilfe der Texte Nr. 1f–i geklärt werden (vgl. die jeweiligen Arbeitsthemen). Sie erfüllen damit den Anspruch, „herausfordernden, anregenden Charakter zu haben, Fragen zu induzieren und problembezogen interpretierbar zu sein“[2].

1 Jörn Rüsen, a. a. O. S. 165.
2 Jörn Rüsen, a. a. O., S. 165.

Synchroner Vergleich (**Querschnitt**):
Ein Vergleich dieser Art untersucht gleichzeitige, oft miteinander verflochtene geschichtliche Vorgänge oder Sachverhalte in der Geschichte oder Gegenwart. Er wendet multiperspektivische (mehrdimensionale) Grundsätze an und ermöglicht dadurch ein Erkennen historischer Strukturen. In einem solchen Vergleich werden z. B., wenn die Rolle der Kirche um 1300 zur Diskussion steht, die politische Entwicklung, die gesellschaftliche und wirtschaftliche Lage, die Kultur, der Alltag u. a. aufeinander bezogen und dadurch der Stellenwert des genannten Problems deutlich. Bezogen auf das Problem Gegensatz von *Freiheit und Herrschaft*, können aus der „Welt um 1100" folgende Themen und Materialien miteinander verglichen werden:
In der *„Politischen und kirchlichen Entwicklung"* die Auseinandersetzung zwischen Papst und Kaiser um das Prinzip „Freiheit der Kirche", kluniazensische Kirchenreform gegen Laieninvestitur der Salier (vgl. Nr. 8) anhand der Materialien Nr. 1a–h.
Im Kapitel *„Alltag um 1100"* befassen sich Nr. 1a und b mit der Einschränkung des bäuerlichen Jagdrechts durch die Grundherren, Nr. 2a und b mit der mangelnden Freiheit in der Kindererziehung (Prügelstrafen und Kindesmißhandlung in Nr. 2a), Nr. 7 mit der Freizeitfrage, mit dem Zwang der Gottesurteile in der Rechtspraxis (Nr. 8a–b) und Nr. 8c und 9 mit der Grausamkeit im mittelalterlichen Strafvollzug.
Gesellschaft und Wirtschaft um 1100: Nr. 3b (Gesellschaftliche Dynamik) ermöglicht Erörterungen des Themas „Mehr Freiheit durch gesellschaftliche Mobilität" und informiert über die durch den Königsschutz ermöglichte Bildung von Judengemeinden in Städten am Rhein und über die Förderung ihrer Niederlassungen. Nr. 5a (Selbstbestimmung und Abhängigkeit von Bauern) beinhaltet die Polarität der „allgemeinen Zunahme von „Freiheit" und Emanzipation aus älteren Bindungen" bei nichtadligen Schichten und andererseits das Bestreben des Adels, „auch die letzten freien Bauern in verstärkte Abhängigkeit zu zwingen". Freiheitliche Tendenzen in Städten greifen die Materialien Nr. 6b (Bürgerfreiheiten bei Städtegründungen) auf, Nr. 6e (Aufstand der Wormser Bürger, die für Heinrich IV. gegen den Bischof Partei ergreifen) und Nr. 6f, wo die Anfänge der europäischen kommunalen Bewegung in Städten und die Bedeutung der coniuratio zur Diskussion stehen.
Kunst um 1100: Im Bau der Kathedralen von Speyer (Nr. 1d) und Cluny (Nr. 2a) spiegelt sich der Gegensatz zwischen dem Herrschaftsanspruch des salischen Kaisertums und des Zentrums der Kirchenreform, die das Papsttum in Rom aufgriff (Cluny als „zweites Rom").

Diachroner Vergleich (Längsschnitt):
Hier werden Vergleiche geschichtlicher Erscheinungsformen und Probleme aus verschiedenen Zeitabschnitten durchgeführt und dadurch Einsichten in den Wandel historischer Strukturen gewonnen. So können z. B. Alltag und Mentalität um 800, um 1100 und um 1300 einander gegenübergestellt (Transfer) und damit ihr Wandel aufgezeigt werden. Alltagsprobleme früherer Epochen (wie etwa Erziehung der Kinder oder Stellung der Frau) erweisen sich – wie auch andere Themen – bei einem Bezug zu entsprechenden Fragen heute als besonders gegenwartsrelevant und die historische wie politische Bildung der Jugendlichen fördernd.
Diachrone Interpretation am Beispiel des Themas „Wechselbeziehungen zwischen Kaisertum und Papsttum":
Um 800 Vorrang des Kaisers, z. B. in Nr. 3a (I. Fränkisches Imperium) die „Einstaatung der Kirche", in Nr. 3b die Eigenkirche. Demgegenüber in Nr. 3 (II. Aufstieg des Papsttums) die Versuche, die kirchliche Herrschaft zu legitimieren, und die Rolle des Papstes bei der Kaiserkrönung 800 (Übersicht, S. 2–3 und Nr. 1c, S. 7). Konflikt der geistlichen und weltlichen Herrschaft im Investiturstreit und der Kompromiß des Wormser Konkordats (Nr. 1h; Investiturstreit siehe unter Nr. 1a–i, Politische und kirchliche Entwicklung um 1100).

Um 1300: z. B. im Kapitel I (Herrschaftsanspruch Innozenz III.) in Nr. 1 und 2 der Konflikt zwischen dem Papst und den deutschen Fürsten. Oder im Kapitel IV (Konziliarer Aufbruch und Hus) die Auswirkungen des Konziliarismus auf das Papsttum im Schisma und das Auftreten von Hus als Vorkämpfer der Menschenrechte (Nr. 2–4). An Nr. 4, Hus und unsere Zeit, kann sich in einem Transfer eine Erörterung der Frage anschließen, inwieweit Hus als Idol für die Leute der Charta 77 und die „samtenen“ Revolutionen von 1989 gelten kann. Im Kapitel V (Verfassungsrechtliche Entscheidungen) kann anhand von Nr. 1 (Kurverein von Rhense) und Nr. 2a und b (Die Goldene Bulle) die Loslösung der Kurfürsten vom Approbationsanspruch des Papstes bei der Königs- bzw. Kaiserwahl diskutiert werden.

Die Fragestellung:

Geeignete Fragen sind Bedingung für effizientes historisches Lernen der Jugendlichen. Ziel beim Einüben ihres selbständigen Umgangs mit Problemen geschichtlicher Zusammenhänge ist es, sie möglichst oft und viel zum selbständigen Fragen anzuregen und die Funktion der Lehrerin oder des Lehrers weitgehend auf umfassende oder ergänzende Fragen zu beschränken. Die Auswahl der Medien ist in diesem Lernprozeß wichtig. So kann z. B. bei Fragen nach der Stellung der Frau um 1200 eine Dichtung wie „Liebe ohne ständische Schranken“ Walthers von der Vogelweide (S. 183 f.) zu mehr Interaktion im Kurs, in der Gruppe, in der Klasse führen als andere Texte. Sachbezogenes, spontanes Fragen von Jugendlichen kann auch ihre Fähigkeit fördern, Erörterungs- und Entscheidungsfragen zu geschichtlichen Sachverhalten und Interdependenzen zu formulieren und damit Methoden des geschichtswissenschaftlichen Erkennens einzuüben.

Am Beispiel der Frage nach Motiven und Zielen der Außenpolitik Karls d. Gr. (A. Politik und Kirche unter Karl d. Gr., I. Fränkisches Imperium) gibt die „Übersicht“ dieses Kapitels Auskunft über den geschichtlichen Kontext, die „Einführung in die Arbeitsthemen“ steckt den Rahmen der Fragestellung ab, und in den „Arbeitsthemen“ zu den Texten werden einzelne Möglichkeiten der Fragestellung praktiziert:

– die Frage nach den Zusammenhängen der Außenpolitik Karls in Nr. 1a und Übersicht
– die Frage nach der Mächtekonstellation und die Perspektive der außenpolitischen Rolle Karls (Nr. 1b)
– die Frage nach dem Zusammenhang von Kaisertum und Europapolitik Karls und nach den „Tendenzen“ seiner Herrschaft seit 800 (Nr. 1c)
– das Abwägen von Argumenten und Gegenargumenten bei der Frage, ob Karl d. Gr. „Vater Europas“ genannt werden kann. Dazu der Gegenwartsbezug und der Beitrag zur politischen Bildung im Untersuchen des Problems, wieweit die Einigung Europas unter Karl d. Gr. mit der Integration Europas in unserer Zeit verglichen werden kann (Nr. 1d). Dabei geht es darum, in einem begründeten Urteil die genannten Thesen zu falsifisieren oder zu verifizieren.

Literaturhinweise

Bergmann, Klaus, Hrsg., Handbuch der Geschichtsdidaktik, Seelze-Velber, 4. Aufl. 1992
Gies, Horst, Repetitorium Fachdidaktik Geschichte, Bad Heilbrunn 1981
Niemetz, Gerold, Lexikon für den Geschichtsunterricht, Freiburg, Würzburg 1984
Jung, Horst W., Gerda von Staehr, Historisches Lernen II, Köln 1985
Rüsen, Jörn, Historisches Lernen. Grundlagen und Paradigmen, Köln 1994

Inhaltsverzeichnis

Erster Teil: Die Welt um 800

A Politik und Kirche unter Karl d. Gr.

Übersicht

8. Jh. In der Zeit der Wirren und des Zerfalls des merowingischen Königtums gewannen karolingische
Hausmeier an Macht, und sie vereinigten die seit dem 7. Jahrhundert selbständigen Teilreiche Neu-
strien und Austrasien wieder zum Frankenreich.
732 Mit seinem Sieg über die Araber bei Tours und Poitiers zwang Karl Martell (der Hammer) das
Heer des Islams zum Rückzug über die Pyrenäen.
Pippin der Jüngere sagte dem Papst Stephan II. Hilfe gegen die ihn bedrängenden Langobarden zu.
754 Wie schon drei Jahre vorher in Soissons durch fränkische Bischöfe wurde Pippin in St. Denis von
Stephan II. zum König gesalbt und zum „patricius Romanorum" (Schutzherr der Römer) ernannt.
Im Gegenzug versprach Pippin dem Papst, bisher langobardisch besetzte, früher zu Byzanz
gehörende Gebiete der Kirche zu übergeben (sog. Pippinsche Schenkung). Damit begann die Ge-
schichte des „Kirchenstaats", aber auch der Anspruch des Frankenkönigs und des Papstes, Fragen
der Italienpolitik zu entscheiden – später ein Anlaß zu vielerlei Konflikten zwischen sacerdotium
und imperium, zwischen geistlicher Gewalt und weltlicher Herrschaft. Ob sich auf die päpstliche
Politik des 8. Jahrhunderts schon die „Konstantinische Schenkung", eine Fälschung auswirkte, „ist
umstritten" (Friedrich Prinz 1985).
768– Karl d. Gr. wurde nach dem Tod seines Bruders Karlmann Alleinherrscher im Frankenreich.
814 Als Desiderius, der König der Langobarden, gegen Rom zog, eilte Karl Papst Hadrian, der ihn wie-
773– derum – wie schon Stephan II. Pippin d. J. – darum gebeten hatte, zu Hilfe. Er besiegte die Langobar-
774 den und nannte sich seitdem „rex Francorum et Langobardorum" (König der Franken und Lango-
barden). Zudem nahm er als „patricius Romanorum" in zunehmendem Maße Einfluß auf Rom.
772– Gegen die Sachsen führte Karl den nach seinem Biographen Einhard „langwierigsten, grausamsten
804 und anstrengendsten aller Kriege". Trotz wiederholter Aufstände von Adel und Volk erzwang er
die Missionierung und Eingliederung Sachsens ins fränkische Reich.
782 In Verden an der Aller ließ Karl, nachdem ein Heer der Franken am Süntelgebirge (bei Hameln)
vernichtet wurde, eine große Anzahl von Sachsen hinrichten.
785 Der Adlige Widukind schloß mit Karl Frieden und ließ sich taufen, aber der Widerstand des sächsi-
schen Volkes, der „nicht nur religiös, sondern auch politisch, sozial und vor allem ethnisch-gentil
motiviert war" (Reinhard Schneider 1989), blieb ungebrochen, trotz Massendeportationen und
Anwendung der Todesstrafe durch Karl bei Verweigerung der Taufe, bei Zerstörung von Kirchen,
785 bei Treubruch gegen den König u. a. (Kapitular von Paderborn). Dann versuchte Karl, durch die
Einrichtung von Grafschaften und durch eine kirchliche Neuorganisation Sachsen gefügig zu ma-
chen. Vier Bistümer, Münster, Osnabrück, Minden und Bremen wurden dem Erzbistum Köln un-
terstellt, vier weitere Bistümer, Paderborn, Verden, Hildesheim und Halberstadt, gehörten zum
Erzbistum Mainz. Im Dienste der Mission standen neue Klöster wie Corvey oder Herford.
793 Noch einmal, während des Awarenkrieges Karls, erhob sich Sachsen, dann erlahmte der Wider-
stand und war das Volk nach langen Verhandlungen zum Frieden bereit.
802 Karl milderte die blutigen Gesetze von 785 und ließ sie durch die „Lex Saxonum" (Gesetz der
Sachsen) ersetzen, eine neue Rechtsordnung für das Land, in dem sich fränkisches Reichsrecht und
sächsische Stammesrechte ergänzten.
So wurde Sachsen zu einem Kernland des späteren deutschen Reiches, und aus ihm stammte seine
erste Dynastie, die Sachsenkönige und -kaiser (919–1024).

Ein weiteres Ziel der Expansionspolitik Karls war Bayern. Herzog Tassilo III., ein Agilolfinger,
wurde wegen Verletzung des Treueids beim Verlassen des Heeres Pippins (763), „auf der die Todes-
strafe stand", von Karl in einen „makabren politischen Schauprozeß" verwickelt (Reinhard
788 Schneider 1990[1]), dann abgesetzt und in ein Kloster verbannt.

1 Siehe S. 6

798 Salzburg wurde zum Erzbistum erhoben, und sollte das Missionszentrum für den Südosten werden.

Auch die Awaren, ein aus Innerasien kommendes Reitervolk an der Donau, entging nicht der Unterwerfung durch Karl. Auf Feldzügen erbeutete der Frankenkönig ungeheure Schätze, die er teils nach Aachen bringen ließ, teils dem Papst überließ. 791, 795

Zum Ausbau seiner Herrschaft an der Nordostgrenze verbündete sich Karl mit den Obotriten, einem slawischen Stamm zwischen der nördlichen Elbe und Oder. Dann schloß er Frieden mit den Dänen und machte die Liutizen und Sorben, ebenfalls Slawenstämme, sowie Böhmen in mehreren Kriegen tributpflichtig.

Als militärische Aufmarschgebiete dienten Karl an verschiedenen Grenzen Marken, in denen er Markgrafen mit besonderen militärischen und administrativen Funktionen einsetzte: am Südrand gegen Invasionen des Islams die Spanische Mark, gegen die Bretonen die Bretonische Mark, im Norden die Dänische Mark, im Osten die Sorbische und Böhmische Mark, im Südosten die Ostmark (Basis für das spätere Österreich) gegen die Awaren, im Süden die Mark Friaul.

Unter den Karolingern wurde die Vasallität, die in römischer Zeit Unfreiheit bedeutete, zu einem gegenseitigen Treueverhältnis zwischen Lehnsherr und Lehnsmann umgeformt. Der fränkische König als größter Grundherr verlieh seinen Anhängern Grundbesitz aus dem Königsgut (Domänen) und im Krieg aus eroberten Gebieten. Auch die Kirche mußte in einer Art Zwangsanleihe aus ihrem Besitz an den König Grund und Boden für Lehen abgeben. Als Entschädigung erhoben die Karolinger den Doppelzehnten für die Kirche. Mit der Vasallität und dem Lehnsrecht gelang es dem König, den Adel und die Armee von sich abhängig zu machen.

Den Königsboten (missi dominici) fiel die Aufgabe zu, die Verwaltung und Rechtspflege im Frankenreich zu kontrollieren. In der Hofkapelle übernahmen Kleriker kirchliche und diplomatische Dienste und leiteten die Reichskanzlei.

Der königliche Hof zog aus wirtschaftlichen Gründen von einer Pfalz zur andern, es gab also keine feste Residenz. Jedoch hielt sich Karl d. Gr. in späteren Jahren häufiger in Aachen auf. Königliche Gesetze (Kapitularien, so genannt nach ihrer Einteilung in Kapitel) galten in einzelnen Gebieten, in denen sie Stammesrechte ergänzten oder änderten (z. B. Sachsen, Alemannen, Bayern), teils aber auch im ganzen Reich. Sie enthielten auch Anweisungen für geistliche Angelegenheiten und für die Kontrollfunktion der Königsboten.

802 Durch einen Treueid sollte jeder Erwachsene des Reiches wie ein Lehnsmann persönlich an den Kaiser und seine Söhne gebunden werden.

Mit Eroberungskriegen und nach der Konsolidierung seiner Herrschaft in unterworfenen Territorien wie Sachsen und Bayern hatte nun Karl ein fränkisches Großreich errichtet, dessen Grenzen von der Eider bis südlich von Rom und vom Ebro bis zur Elbe reichten. Auf der Basis dieser Landmacht war Karl gewillt, nun auch den Kaisertitel zu gewinnen. Hatte er doch durch seine Feldzüge gegen den Langobardenkönig (773/774) und durch die Bestätigung der Pippinischen Schenkung, die dem Papst Gebiete in Aussicht stellte, auf dieses Ziel hingearbeitet.

799 Als Leo III. von seinen stadtrömischen Gegnern bedrängt wurde, sicherte ihm Karl in Paderborn seine Wiedereinsetzung auf dem nächsten Romzug zu.

25.12. 800 Und nach dem Einlösen dieser Zusage krönte Leo III. den Frankenkönig zum Kaiser. Dieser Akt während der Messe am Weihnachtstag soll Karl nach Einhard nicht nur überrascht, sondern auch beunruhigt haben. Möglicherweise hatte er Bedenken nicht gegen die Krönung selbst, sondern gegen deren Form, d. h. die maßgebende Rolle des Papstes und einen sich darin andeutenden Herrschaftsanspruch. Vielleicht war es auch eine Abweichung von der in Paderborn geplanten Kaiserkrönung.

Entsprechend der Idee eines Aachener, nicht in Rom gekrönten Kaisers erhob Karl seinen Sohn 813 Ludwig den Frommen mit Zustimmung der fränkischen Adligen in der Pfalzkapelle in Aachen zum Mitkaiser. Aber schon 816 folgte eine nochmalige Kaiserkrönung Ludwigs d. Fr. durch Papst Stephan V. in Reims. In der Folgezeit war an dem Recht des Papstes, den Kaiser zu krönen, nicht mehr zu rütteln. Seit 800 führte Karl d. Gr. folgenden Titel: „serenissimus augustus a Deo coronatus magnus pacificus imperator, Romanorum gubernans imperium, qui per misericordiam Dei rex Francorum atque Langobardorum." Nach Friedrich Prinz lautet er in deutscher Übersetzung: „Der allergnädigste, erhabene, von Gott gekrönte, große friedebringende Kaiser, der das römische Reich regiert und der auch durch das Erbarmen Gottes König der Franken und Langobarden ist." In diesem Titel Karls zeigen sich drei Intentionen: Er betont, die Gottunmittelbarkeit seiner Würde (a Deo coronatus), „vermeidet mit Bedacht die Bezeichnung ‚römischer Kaiser' und wählt stattdessen die Umschreibung ‚Kaiser, der das römische Reich regiert', und behält schließlich bewußt den alten Königstitel bei: ein Hinweis auf die Machtgrundlagen, auf denen die neue Würde beruht" (Josef Fleckenstein 1989).

Mit Hilfe dieser vorsichtigen Formulierung des Kaisertitels gelang es Karl, nach dem Verzicht auf
812 Venetien, Istrien und Dalmatien vom byzantinischen Kaiser Michael I. die Anerkennung als Kaiser des Westens zu erreichen.

817 In einer Thronfolgeordnung versuchte Ludwig d. Fr., die Einheit des Reiches (unitas imperii) zu erhalten, indem er dem ältesten Sohn Lothar die Kaiserwürde, den beiden jüngeren Brüdern Pippin und Ludwig die Teilreiche Aquitanien bzw. Bayern übertrug. Dann aber sprach Ludwig auf Betreiben Judiths, seiner zweiten Gemahlin, entgegen der Regelung von 817, deren Sohn Karl ein eigenes Teilreich, Alemannien, zu. Deshalb erhoben sich die Brüder Karls, die sich benachteiligt sahen, gegen den Vater und verlangten von ihm, er solle auf die Kaiserwürde verzichten und Judith
840 ins Kloster schicken. Bis zu seinem Tod blieb Ludwig d. Fr. in Kämpfe mit seinen Söhnen verwickelt.

Aber auch dann dauerten die Bruderkämpfe an. Lothar sah sich in seinem Versuch, die Reichseinheit zu erhalten, dem Widerstand Ludwigs und Karls gegenüber, von denen er in der Schlacht bei
841 Fontenoy (bei Auxerre) besiegt wurde.

842 In den Straßburger Eiden bestätigten Karl in althochdeutscher und Ludwig in altfranzösischer Sprache ihr Bündnis gegen Lothar. Damit wurde das Prinzip der Einheit des Reiches aufgegeben.

843 Im Vertrag von Verdun, einem Erfolg des aufsteigenden fränkischen Adels, fiel das Westreich an Karl, das Ostreich an Ludwig den Deutschen, das mittlere Reich von Friesland bis Benevent an Lothar, der keine Oberhoheit über die Brüder mehr beanspruchte. Während der langen Regierungszeiten von Karl dem Kahlen (840–877) und von Ludwig dem Deutschen (848–876) konnte sich in ihrem West- und Ostfrankenreich ein Zusammengehörigkeitsbewußtsein entwickeln, während es Lothar (843–855) nicht gelang, die heterogenen Teile seines Mittelreichs, zu denen Aachen und Rom gehörten, zu einer Einheit zu verbinden. Nach Lothars Tod zerfiel das Mittelreich durch Teilung unter seine drei Söhne. Jedoch die Kirche gewann in dieser Zeit, z. B. durch die Krönung Ludwigs II. von Lothringen zum Kaiser in Rom, an Autorität.
850 Die Teilreiche der Karolinger wurden das Ziel von Invasionen der Normannen und Slawen.

870 Karl der Kahle und Ludwig der Deutsche einigten sich im Vertrag von Mersen darauf, daß dem Westreich der westliche Teil Lothringens bis etwa zur Linie Maas-Mosel, dem Ostreich der östliche Teil Lothringens zufiel.

875 Karl der Kahle wurde von Papst Johann VIII. zum Kaiser gekrönt.

880 Im Vertrag von Ribemont erhielt Ostfranken unter Ludwig dem Jüngeren auch die Westhälfte Lothringens, eine für die spätere Entwicklung Deutschlands und Frankreichs problematische Annexion.

885–887 Für kurze Zeit war das fränkische Imperium unter Karl III. vom Ostreich, der 881 in Rom zum Kaiser gekrönt und 885 in Westfranken zum König gewählt wurde, noch einmal als Einheit wiederhergestellt. Als dann aber Karl III. wegen Unfähigkeit auf dem Reichstag von Tribur (südöstlich
887 von Mainz) zur Absetzung gezwungen wurde, übernahmen andere, z. T. mit den Karolingern verwandte, Dynastien im West- und Ostreich, den Vorstufen für die Bildung Frankreichs und Deutschlands, die Herrschaft.

Fundamentale, substantielle Bedeutung für die Entwicklung des fränkischen Imperiums und für das Papsttum hatte die Mission. In der älteren Phase wirkte das von Columban dem Jüngeren initi-
7./8. Jh. ierte sog. irofränkische Mönchtum in Gallien.

um 590 Columban kam mit zwölf Mönchen aus Irland, wo er im Kloster Bangor ausgebildet worden war, an den Westrand der Vogesen, wo er zunächst das Kloster Annegrey, dann für die bald 200 Anhänger die Klöster Luxeuil und Fontaines gründete. Mit zahlreichen weiteren Klostergründungen in Verbindung mit dem fränkischen Adel und König machten sich die irofränkischen Mönche durch die Urbarmachung ausgedehnter Sumpf- und Waldgebiete in den Vogesen, Ardennen und in Belgien, später auch in Alemannien und Bayern verdient.

Wie in Irland waren Columbans Klöster vom jeweils zuständigen Bischof unabhängig, sie hatten eigene Bischöfe und bildeten damit eine Kirche in der Kirche. Jedoch wurde das Kloster Bobbio in Oberitalien durch päpstliches Privileg Rom unterstellt (628). Aus Burgund vertrieben, missionierte
610 Columban in Alemannien und am Bodensee. Sein Schüler Gallus gründete das Kloster St. Gallen.
615 Im Kloster Bobbio starb Columban.
7. Jh. Die etwa 230 Klöster, die vor allem im Norden Galliens gegründet wurden, standen unter dem Einfluß des irofränkischen Mönchtums. Bedeutsam blieben in ihrer Mission „die zahlreichen Klöster und die Idee der Klosterfreiheit, vor allem aber das neue Bußsystem, das sich in der ganzen westlichen Christenheit verbreitete“ (Arnold Angenendt 1990).

Noch einflußreicher als die irische war die angelsächsische Mission für die Entwicklung des fränkischen Reiches.

Willibrord von Northumbria wirkte seit 690 in Westfriesland und errichtete dort das Kloster Ech-
697/ ternach. Er schuf die Voraussetzungen für die spätere Gründung des Bistums Utrecht. Seine Missi-
698 on war nach Arnold Angenendt „karolingisch“, weil sie im Fahrwasser der fränkischen Invasion in Friesland erfolgte, und zugleich „römisch“, weil er sich vom Papsttum dazu den Auftrag holte.

„Die Verbindung aber von fränkischer Eroberung und nachfolgender Missionierung muß verbitternd gewirkt haben“ (Arnold Angenendt 1990[1]). Nach Pippins Tod wurden die Missionare aus Friesland vertrieben und die Kirchen zerstört. Erst als Karl Martell verlorene Gebiete Frieslands zurückerobert hatte, konnte Willibrord wieder missionieren.

Ebenfalls im Einvernehmen mit dem Papsttum und unter dem Schutz Karl Martells wirkte Winfried, der sich als Zeichen seiner Verbundenheit mit dem Apostolischen Stuhl Bonifatius (Der Gutes Verheißende) nannte. Er wirkte zunächst in Friesland, dann in Thüringen, wiederum in Fries-
737/ land, hierauf in Hessen und Bayern, wo die Bistümer Passau, Regensburg und Freising entstanden.
738 745 kam Eichstätt hinzu.

Zum Bischof (722) und zum Erzbischof (732) erhoben, plante Bonifatius eine fundamentale Reform der fränkischen Kirche, die auf Synoden nach dem organisatorischen Ausbau der Episkopalverfassung die Verbesserung der Askese und Amtsführung des Klerus zum Ziele hatte. Die Regel der Benediktiner wurde verbindliche Klosternorm. Die auf einer fränkischen Synode beschlossene
745 Berufung des Bonifatius zum Erzbischof von Köln scheiterte, dafür wurde er Erzbischof von Mainz.
744 Eine Sonderstellung nahm das von Bonifatius gegründete Kloster Fulda ein, zu dessen Abt er Sturmi mit sieben Anhängern bestellte. Den Grund und Boden eines ehemaligen Herrenhofs, auf dem Fulda errichtet wurde, ließ sich Bonifatius von Karlmann, dem karolingischen Hausmeier,
751 übertragen. Dieses Eigenkloster unterstellte er dem Schutz des Papstes.
754 80jährig nahm Bonifatius die Missionsarbeit in Friesland wieder auf und fand dabei den Tod.

Im Rahmen der angelsächsischen Mission gründete Pirmin am Oberrhein die Klöster Reichenau (724) und Murbach.

Durch ihre Klostergründungen an der Nord- und Ostgrenze des fränkischen Reiches wurden die angelsächsischen Missionare „zu wichtigen Helfern karolingischer ‚Ostpolitik‘“ (Friedrich Prinz, Grundlagen und Anfänge, Deutschland bis 1056, München 1985).

Einführung in die Arbeitsthemen

Nach dem Zerfall der merowingischen Dynastie im 6. Jahrhundert entstand, vorbereitet durch die karolingischen Hausmeier, das fränkische Imperium, das für die spätere französische und deutsche Geschichte von großer Bedeutung war.

Nach den Kriegen Karls d. Gr. bildete sich ein fränkisches Großreich, das in Mitteleuropa eine beherrschende Stellung einnahm.

Die Herrschaft Karls d. Gr. nach innen zeigt sich in der Organistion des Heeres, besonders der Reiterei, der Einstaatung des Klerus, in der Funktion der Pfalzen und in der Rolle des Adels im Feudalisierungsprozeß. Andererseits eröffnen sich beim Thema der Auswirkungen des Lehnswesens auf die Armee, die Vasallen und die Kirche Einblicke in innere Machtstrukturen des Frankenreichs.

1 Siehe S. 16

Einen weiteren Pfeiler der Herrschaft Karls d. Gr. stellen seine Beziehungen zum Papsttum dar, deren Ausbau er nach der Eroberung der Lombardei 773/774 begann. In engem Zusammenhang damit steht das Thema der Mission seit dem 7. Jahrhundert. Dabei stellt sich die Frage nach der jeweiligen Organisation und Ausrichtung der Missionierung. Herrschte Klosterautonomie, band die Episkopalverfassung die missionierten Gebiete an Rom? Wurde die Mission, z. B. durch Karls Kapitular von Paderborn (Nr. II, 2 a) für Sachsen, mit Zwang durchgeführt?
Bei der Christianisierung heidnischer Gebiete war Karl d. Gr. ein Helfer des Papsttums. Kein Zweifel besteht auch darüber, daß Karl ohne die Hilfe des Papstes die Erneuerung des Kaisertums und des römischen Imperiums (renovatio imperii) nicht erreicht hätte. Und Rom schien ihm dafür der geeignetere Ort als Aachen zu sein, wo er 813 seinen Sohn Ludwig den Frommen eigenhändig zum Mitkaiser krönte. Umgekehrt war aber auch Leo III. bei seiner Gefährdung durch die Langobardenexpansion und bei seinen Konflikten mit Gegnern in Rom auf Schutz und Hilfe des Frankenkönigs angewiesen.

I Fränkisches Imperium

Arbeitsthemen

1. *Welche Ziele der Expansionspolitik des Frankenkönigs ließen ihn zum „Hegemonialherrscher" aufsteigen? Welche Grenzvölker setzten sich dagegen zur Wehr? Wie kann die Außenpolitik Karls d. Gr. bis 800 beurteilt werden? (Nr. 1 a)*
2. *Welches Gewicht und welche Auswirkungen hatten die im Text genannten drei Mächte für die Außenpolitik Karls d. Gr.? Wie zeigt sich der Weltherrschaftsanspruch von Byzanz? Welche Gemeinsamkeiten und Gegensätze gab es außenpolitisch zwischen dem byzantinischen und fränkischen Reich? Worauf basierte der „universale Anspruch der römischen Kirche"? Welche Konsequenz ergab sich daraus für den Herrschaftsanspruch Karls d. Gr.? (Nr. 1 b und c, Übersicht)*
3. *Wer gab den Anstoß zu Karls Kaisertum? Welche Bedeutung hatte der Kaisertitel für seine Europapolitik? Welche beiden „Tendenzen" kennzeichnen die Herrschaft Karls seit 800? Wodurch blieb die Einheit des Frankenreichs erhalten? Worin zeigte sich die christliche Komponente der Regentschaft Karls? (Nr. 1 c)*
4. *Welche Argumente und welche Gegenargumente enthält der Text für die Frage, ob Karl als „Vater Europas" bezeichnet werden kann? Welche Unterschiede der Einigung Europas unter dem fränkischen Herrscher und in unserer Zeit dürfen bei der Erörterung dieser Frage nicht übersehen werden? Was kennzeichnet vorrangig die Integration Europas heute? (Nr. 1 d)*
5. *Wie ist die Heerpflicht unter Karl d. Gr. organisiert? Wer ist von ihr befreit? Wie erklären sich die Freistellungen vom Heeresdienst? (Nr. 2 a)*
6. *Wie leisten Bauern Widerstand gegen die Heeresfolge? Welche Mißstände der Verwaltung im Frankenreich gehen daraus hervor? Wie begründen die Bauern ihre Verweigerung des Wehrdiensts? (Nr. 2 b)*
7. *Wie wirkt sich die Aufstellung des Reiterheers durch die Karolinger auf die „Freiheit des kleinen Mannes" und auf die Stellung des Adels aus? Mit welchen Reformen versuchte Karl d. Gr. dieser Entwicklung entgegenzusteuern? (Nr. 2 c)*
8. *Welche Aufgaben überträgt Karl den Bischöfen? Mit welchen Normen soll die Friedenspolitik gefördert werden? Welche kirchlichen Angelegenheiten regelt er? Wie stehen die Bischöfe zu dieser Kirchenpolitik? (Nr. 3 a)*
9. *Welche Gründe veranlaßten Adlige zum Bau von Eigenkirchen? Inwiefern wurde dadurch das Amtsverständnis von Klerikern verfremdet? Zu welcher Krise der Kirche führte diese Entwicklung? Wie bezeichnet man später Kirchen, die vom Staat verwaltet wurden? (Nr. 3 b)*
10. *Wie lassen sich Vasallität und Benefizium als Fundamente des Lehnswesens definieren? Wie wandeln sich diese Elemente? Was verändert sich dadurch im Frankenreich? (Nr. 4 a)*
11. *Inwiefern symbolisiert der „Handgang" die Kommendation? Welche Bedeutung hatte dieser Rechtsakt ursprünglich für den Lehnsmann? Wie änderte sich dann die Vasallität? (Nr. 4 b)*

1. Expansionspolitik Karls d. Gr.

a) Bilanz bis 800

In der Summe ergab sich am Vorabend des Kaisertums von 800 für die unter Karl d. Gr. betriebene Expansionspolitik eine glänzende Bilanz. Im Süden war der fränkische Herrschaftsbereich bis Spoleto und zum römischen Kirchenstaat, der unter besonderem Schutz der Franken stand, ausgedehnt worden. Bayern war fest eingegliedert, und mit den siegreich bestandenen Awarenkriegen war sogar eine weiträumige Ausdehnung nach Südosten erfolgt, die eine Klientel slowenisch-kroatischer Fürstentümer von Karantanien bis Pannonien zur Adria hinab miterfaßte. Nach Norden war die Grenze gegenüber einer Vielzahl slavischer Kleinstämme unübersichtlich, aber gewiß weiter gefächert und sicherer geworden. Gegenüber den Sorben standen erfolgreiche Ausdehnungsversuche (806) unmittelbar bevor, auch die Westslaven waren im fränkischen Sinne bereits leicht diszipliniert worden. Mit den Abodriten hatte Karl sogar äußerst gute Beziehungen herstellen können, die sich in der Spätphase der Sachsenkriege bewährten. Schwieriger war die (neue) Grenzsicherung im Norden gegenüber den Dänen, die dem Reiche schweren Schaden zufügten, ehe der Tod ihres Königs Gotfrid den Weg für einen förmlichen Friedensschluß (811) ebnete. Weiter nach Westen hatte die Ordnung der friesischen Verhältnisse, noch vor der ausdrücklichen Respektierung ihres Stammesrechts (vermutlich im Zusammenhang mit der Gesetzgebung Karls d. Gr. von 802/03), für Ruhe gesorgt, die auch der gallofränkische Kernraum mitsamt seinen Küstenstreifen vorerst noch genoß, ehe die das 9. Jahrhundert so prägenden Invasionen der Normannen einsetzten. Nur gegenüber den störrisch ihre Eigenständigkeit behauptenden Bretonen mußte eine ihren Bereich weitgehend abriegelnde Grenzsicherung aufgebaut werden. Ähnlich schwierig war der Aufbau der sog. spanischen Grenzmark, wobei der Franke dem zähen Druck muselmanischer Herrscher letztlich nur diesseits der Pyrenäen wirksam zu widerstehen vermochte. In diesem Raum hatte Karl seine empfindlichste und peinlichste Niederlage einstecken und auf eine weitere Expansionspolitik verzichten müssen. Die glückliche Maßnahme einer Stärkung der Position des Grafen von Toulouse sicherte allerdings den überkommenen Besitzstand.

Fränkische Herrschaft, die, von den Bedingungen einer spätantiken Randkultur ausgehend, seit Chlodwig stetig gewachsen war, hatte sich schon längst zu einem frühmittelalterlichen Großreich entwickelt, das weiteste Teile des kontinentalen West- und Mitteleuropa erfaßte. Der Frankenkönig war zum Hegemonialherrscher geworden, auch wenn die persönliche Schwäche der merowingischen Dynasten seit Dagobert diesen faktischen Rang etwas verdeckt hatte. Seit Pippin und seinem großen Sohne Karl trug der fränkische Herrschertitel den realen Verhältnissen nur in bescheidenem Umfange noch Rechnung, drängte alles zu universaler Geltung und Anerkennung. Solche hatte bisher allein der Kaiser in Byzanz beanspruchen dürfen.

Aus: Reinhard Schneider, Das Frankenreich, München ²1990, S. 29 f.

b) Der Kaiser und die Weltmächte

Karls Großreich sah sich drei Potenzen gegenüber: Dem Kalifat von Bagdad, dem Kaisertum in Konstantinopel und dem Papsttum in Rom. Von allen drei Mächten ist der Kalif politisch und geistig die stärkste gewesen, residierte aber sehr weit ab und führte eine nicht-christliche, islamische Herrschaft. Daraus resultierten insgesamt recht geringe Kontakte mit dem Westen, aber auch kaum Streitigkeiten, zumal die islamische Eroberungspolitik an den Pyrenäen seit der Er-

richtung der sog. spanischen Mark ihren Schlußpunkt erreicht hatte. Für Karl waren das Kaisertum im Osten und das Papsttum ungleich wichtiger. Beide verstanden sich als christliche, von Gott gesetzte Institutionen, beide „bezogen ihre Kraft aus den Überlieferungen des Imperium Romanum“. Der byzantinische Kaiser (Basileus) hatte seinen Weltherrschaftsanspruch nie aufgegeben, dessen Ausdruck u. a. die politische Idee einer „Familie der Könige“ war, welcher der Kaiser als Vater vorstand. Demgemäß titulierte der Byzantiner auch in der politischen Korrespondenz alle anderen Könige als Kinder bzw. Söhne. So war ein Schlüssel gefunden worden, sich mit den harten Realitäten abzufinden, und in entsprechender Weise „tolerierte“ der Kaiser auch die Barbarenreiche. Gegensätze zum Frankenreich gab es vor allem in Italien; sie wurden von Byzanz systematisch genährt. Politische Gemeinsamkeiten dagegen resultierten aus ihrer beider Feindschaft etwa gegen Awaren und Langobarden. Der universale Anspruch der römischen Kirche beruhte auf der Petrus-Doktrin, wonach der Herr zum ersten Bischof von Rom gesagt hatte: „Du bist Petrus, und auf diesen Felsen will ich meine Kirche bauen“ (Mt. 16, 18 ff.). Die politischen Traditionen Roms hatten diesen universalen Anspruch zusätzlich genährt.
Karls d. Gr. Kaisertum orientierte sich an den drei genannten Potenzen, setzte aber zugleich die Politik seines Vaters fort, die ihrerseits in einer langen merowingischen Tradition gestanden hatte, wobei nur an Theudeberts I. Italienpolitik und seine Pläne, sogar nach Byzanz zu ziehen, erinnert zu werden braucht. Die spezielle Rompolitik der Franken dürfte spätestens seit 754 vorgezeichnet gewesen sein. Das Verhältnis Karls d. Gr. zum Kalifat von Bagdad erwies sich in diesen Zusammenhängen als politisch irrelevant, aber in der italienischen und römischen Frage bestand die zwingende Notwendigkeit, sich mit dem byzantinischen Kaisertum und dem römischen Papsttum, ihren politischen Ideen wie mit ihren Herrschaftsansprüchen auseinanderzusetzen.

Aus: Reinhard Schneider, Das Frankenreich, München ²1990, S. 30 f.

c) Politische Leitlinien Karls d. Gr.

Karl selbst leitete aus seiner Stellung und den Erfolgen, auf die er sich stützen konnte, seine Gleichrangigkeit mit dem östlichen Kaisertum ab. Es entsprach wohl seiner eigenen Auffassung, wenn Alkuin erklärte, daß Karls Macht ihn über den Papst und über den Basileus[1] erhob. Er hat aber seinerseits zunächst nicht nach dem Kaisertum gestrebt. Nicht er, sondern der Papst, damals Leo III., gab den Anstoß zu Karls Hinwendung zum Kaisertum. Von einer römischen Adelspartei hart bedrängt, floh Leo III. 799 zu Karl nach Paderborn und rief ihn um Hilfe an, die Karl, als patricius Romanorum zur defensio ecclesiae[2] verpflichtet, nicht verweigern konnte. Bei den Verhandlungen in Paderborn kam es zu Absprachen über das Kaisertum. Nach Rom zurückgeführt, reinigte sich Leo durch einen Eid und setzte Karl am Weihnachtstag 800 im Petersdom die Kaiserkrone auf, wobei die Römer akklamierten[3]. Damit war, ohne Rücksicht auf Byzanz, das römische Kaisertum im Westen erneuert.
Karl legte jedoch Wert darauf, sich mit dem Kaiser des Ostens zu arrangieren. 812/815 einigte man sich auf eine gegenseitige Anerkennung, wobei Karl auf das römische Attribut seines Kaisertums (auf den Titel Kaiser der Römer) verzichtete. Wie schon sein Titel zeigte, kam es ihm vor allem auf den fränkischen und christlichen Charakter seines Kaisertums an. Fortan gab es neben dem imperium orientale[4] ein imperium occidentale[5]. Karls Kaisertum wurde der Inbegriff der

1 Kaiser in Byzanz
2 Verteidigung der römischen Kirche
3 Durch Zuruf beistimmen
4 Ostreich
5 Westreich

abendländischen Welt. Die letzten Jahre der Herrschaft Karls sind durch zwei Tendenzen gekennzeichnet, die ihre fränkische und ihre christliche Komponente betonen.

Die fränkische Komponente kam in der divisio regnorum[1] von 806 zum Ausdruck. Obwohl das Kaisertum sich auf die Einheit des Imperiums bezog, hielt Karl am fränkischen Brauch der Herrschaftsteilung fest. So wies er 806 seinem ältesten Sohn Karl die fränkischen Kerngebiete Neustrien und Austrien mit den östlichen Eroberungen, Pippin Italien und Burgund mit Oberdeutschland bis zur Donau, Ludwig dem Frommen Aquitanien mit Teilen Südfrankreichs zu. Eine Verfügung über das Kaisertum unterblieb; sie wurde offenbar zurückgestellt. Da Karl und Pippin vorzeitig (811 bzw. 810) starben, wurde der divisio die Grundlage entzogen, woraufhin Karl den überlebenden Ludwig 813 in Aachen unter Umgehung der Krönung durch den Papst zum Mitkaiser erheben ließ, so daß die Einheit des Reichs erhalten blieb.

Die christliche Komponente tritt besonders deutlich in einem neuen Treueid und allgemein in der Gesetzgebung hervor. So ist vor allem der Treueid von 802 symptomatisch, der das Kaisertum zum Anlaß nimmt, die Treuepflichten der Untertanen zu verstärken und zugleich religiöse Pflichten wie die Einhaltung der Zehn Gebote in ihn einzubeziehen. In dem Kapitular[2], das ihn forderte, führt Karl den Titel imperator christianissimus[3]. (Er bestätigt) Karls Anspruch, Führer und Vorkämpfer der Christenheit zu sein. Als er am 28. Januar 814 in seiner Lieblingspfalz Aachen starb, huldigte ihm die Grabschrift als imperator orthodoxus[4], der das regnum Francorum in 47 jähriger Herrschaft nobiliter[5] erweitert hat.

Im Bewußtsein der Nachwelt bleibt Karl, was er schon für die Hofgelehrten war: der „Vater Europas“.

Aus: Lexikon des Mittelalters, 5. Bd., 5. Lief., Artikel von Josef Fleckenstein, München und Zürich 1990, Spalte 960.

d) Karl d. Gr. – „Vater Europas“

Karl d. Gr., „dieser Koloß“ – so in der Nachfolge Karl Hampes ein amerikanischer Frankophile –, „der, einen Fuß in der Antike, den andern im Mittelalter, breitbeinig den Grenzfluß der Geschichte überbrückt“, ihm wurden schon zu Lebzeiten weltweite Ehrungen zuteil, die er gern akzeptierte, Ehrungen aus Irland, Spanien, Afrika, Byzanz, Jerusalem, Bagdad. Zeitgenossen apostrophierten ihn als „Ruhm des Reiches Europa“ (gloria regni Europae), als „verehrungswürdige Zier Europas“ (Europae venerandus apex), als „ehrwürdigen Leuchtturm Europas“ (Europae veneranda pharus), ja, im engsten Hofkreis wurde ihm der Ehrentitel zuteil „pater Europae“, „Vater Europas“.

So nimmt es nicht wunder, daß die Zeit Karls des Großen als der erste Aufbruch einer europäischen Idee angesprochen wurde, und in der Tat scheint uns damals der Hauch einer Ahnung anzuwehen von einem Gallia, Francia, Germania und Italia Übergreifendem, das Europa sein konnte. Aber dieser Europa-Gedanke war, wenn es ihn überhaupt gab, auf einen kleinen Kreis von Intellektuellen, meist am Hofe des Königs, beschränkt, und bei allem Positiven, vor allem eben der tatsächlichen Vereinigung der zentralen Kernländer Europas unter einer Führung, ist nicht zu übersehen: England, Skandinavien, Teile Italiens und fast ganz Spanien lagen außerhalb der Machtsphäre Karls, im Osten bildeten praktisch schon Elbe und Saale die Grenze. Das Europa Karls war ein Rumpf-Europa, „die sich in ihm spiegelnde Einheit“ – wie Geoffrey Barraclough sagt – „eine partielle Einheit, kleiner als die europäische Einheit“. Und das Europa

1 Teilung der (fränk.) Königreiche
2 Siehe Komment. Register
3 Superlativ von „christlich“
4 Rechtgläubiger Kaiser
5 Vortrefflich

Karls des Großen war das Ergebnis jahrhundertelanger gewaltsamer Expansion der Franken, deren Machtdrang die Völker unter ihre Herrschaft zwang – keine Spur von einem irgendwie spontanen Aufbruch zu einem europäischen Zusammenschluß, kein Anzeichen einer freiwillig sich einenden europäischen Gemeinschaft. Im Vordergrund stand nicht der Wille nach einem politischen Ganzen Europa, sondern die Schaffung eines Großreiches unter fränkischer Führung, dem einfach großzügig der geographische Name Europa beigelegt wurde, ohne daß die Realisierung einer auch inhaltlich gefüllten Europa-Idee angestrebt oder auch nur als Ziel erkannt worden wäre . . .

Darüber, glaube ich, muß man sich vollkommen im klaren sein: Weder Antike noch Mittelalter oder gar Neuzeit liefern uns ein historisches Vorbild, das geeignet wäre, die Anläufe unserer Zeit zu einer politischen Integration Europas zu rechtfertigen. Die Rechtfertigung einer solchen politischen Integration Europas kann allein aus den Bedürfnissen *unserer* Gegenwart kommen. Nach einem neuen Karl dem Großen zu rufen, einem neuen Napoleon, einem neuen Hitler, wäre töricht und verfehlt. Ihr Leben war Krieg: Karl gegen die Sachsen, gegen die Langobarden, gegen die Awaren usw., Napoleon und Hitler gegen die Völker Europas, der Welt. Auf ihre Fahnen schrieben sie den Kampf für Europa; im Kampf *für* Europa aber kämpften sie in Wahrheit *gegen* Europa und für sich selbst, für ihr Volk, ihre Nation, deren Oberherrschaft zu etablieren sie aus waren.

So steht der heute erstrebte Versuch einer freiwilligen, von den Völkern, den Menschen selbst gewollten Vereinigung Europas, sollte er gelingen, als absolute Novität da, ohne historisches Beispiel. Alle andersartigen Versuche sind gescheitert, welche die historisch gewachsene europäische Vielfalt in eine gleichmacherische Einfalt zwingen wollten. Vielfalt und Einheit – das war schon, nach seinen Eroberungen, eine grundlegende Einsicht Karls des Großen vor über 1000 Jahren – müssen sich keineswegs widersprechen, können sich vielmehr ideal ergänzen.

Aus: Hubert Mordek, Karl der Große – barbarischer Eroberer oder Baumeister Europas. In: Deutschland in Europa, hrsg. von Bernd Martin, München 1992, S. 40 f.

2. Funktion der Armee

a) Kapitular über die Aufstellung des Heeres 803

MG. LL. Sect. II, Bd. I, S. 119.

1. Jeder freie Mann, der vier bebaute Hufen an eigenem oder als eines andern Lehen hat, rüste sich selbst aus und ziehe in eigener Person wider den Feind, sei es mit seinem Gefolgsherrn, wenn dieser auszieht, sei es mit seinem Grafen. Wer aber nur drei Hufen zu eigen besitzt, dem werde einer beigegeben, der eine Hufe hat, und dieser gebe ihm eine Beihilfe, damit jener für beide ausziehen kann. Wer aber nur zwei Hufen als sein Eigentum hat, dem geselle man einen andern zu, der auch nur zwei Hufen hat, und dann ziehe einer von ihnen, während der andere ihm Beihilfe gewährt, gegen den Feind aus. Wer aber nur eine Hufe als Eigentum hat, dem sollen drei beigegeben werden, die das gleiche haben, und sie sollen ihm Beistand gewähren, und er allein ziehe ins Feld. Die drei aber, die ihm Beihilfe geben, mögen zu Hause bleiben.

4. Auszunehmen und den Heerbann zu verbürgen sind nicht angehalten: zwei, die bei dem Weibe des Grafen zurückgelassen worden, und zwei andere, die wegen der Bewachung seines Amtsgutes und der Erfüllung unseres Dienstes zurückzubleiben geheißen sind. Und darüber befehlen wir, daß, soviel Amtsgüter ein jeder Graf besitzt, er doppelt so viel Leute zu deren Bewachung zu Hause lasse, abgesehen von jenen beiden, die bei seinem Weibe bleiben. Alle übrigen jedoch führe er ohne Ausnahme mit sich oder sende er mit jenem, der an seiner Statt wider den Feind zieht.

Der Bischof hingegen oder der Abt soll nur zwei von den Häuslerleuten[1] und Laien zurücklassen.
9. Wir wollen, daß die Leute unserer Getreuen, die wir geboten haben, bei uns zu unserem Dienste zu Hause zurückzubehalten, nicht genötigt werden, zum Heere zu gehen, sondern auch sie sollen zu Hause bleiben oder im Dienst ihrer Herren. Und nicht sollen den Heerbann zu verbürgen geheißen werden jene Leute, die im verflossenen Jahre mit uns gewesen sind.

Aus: Quellen zur Geschichte des Mittelalters, hrsg. von Gottfried Guggenbühl und Otto Weiss (Quellen zur Allgemeinen Geschichte ..., hrsg. von Gottfried Guggenbühl, 2. Bd.), ³1954, S. 62f.

b) Widerstand der Bauern gegen die Heeresfolge

MG. LL. Cap. I (1883) Nr. 73, S. 164f.

1. Vor allem wehren sie sich und erklären, die Bischöfe, Äbte und deren Vögte hätten keine Herrschaftsgewalt über ihre Geistlichen und übrigen Leute; ähnlich hätten auch die Grafen über ihre Gaugenossen keine Herrschaftsgewalt.
2. Die Armen [Bauern] klagen, sie würden aus ihrem Eigentum vertrieben; und diese Klage erheben sie gleichermaßen gegen die Bischöfe, Äbte und deren Vögte wie gegen die Grafen und deren Centenare.
3. Sie sagen auch: wenn jemand sein Eigen dem Bischof, Abt, Grafen, Richter oder auch dem Amtmann oder Centenar nicht geben will, suchen sie Gelegenheiten, diesen Armen zu verurteilen und ihn immer wieder gegen den Feind ziehen zu lassen, bis er, verarmt, sein Eigentum wohl oder übel übergibt oder verkauft; andere aber, die es schon übergeben haben, bleiben ohne Belästigung durch irgendjemand zu Hause.
4. Die Bischöfe und Äbte oder Grafen, ähnlich auch die Äbtissinnen, lassen ihre freien Männer zu Hause im Ministerialenstand zurück: sie sind Falkner, Jäger, Zolleinnehmer, Vorsteher, Aufseher und andere, die die Sendboten und deren Gefolge aufnehmen.
5. Es sagen auch andere, daß sie jene Ärmeren zwingen und gegen den Feind ziehen lassen und die Besitzenden zum Eigengut entlassen.
6. Es sagen die Grafen selbst, daß einige ihrer Gaugenossen ihnen nicht gehorchen und dem Heerbann des Herrn Kaisers nicht folgen wollen mit der Erklärung, sie seien den Sendboten des Herrn Kaisers für den Heerbann Rechenschaft schuldig, aber nicht dem Grafen; auch wenn der Graf jenem sein Haus unter Bann legte, empfange er von daher keinen Gehorsam, wenn er nicht in dessen Haus eindringe und tue, was ihm gutdünkt.
7. Einige aber sagen, sie seien Männer Pippins und Chlodwigs, und melden sich dann, sie gingen zum Dienst ihrer Herren, wenn die anderen Bauern zum Heer einrücken müssen.
8. Wieder andere bleiben zurück und sagen, ihre Lehnsherren blieben zu Hause und sie müßten mit ihren Lehnsherren ausrücken, was auch immer der Befehl des Herrn Kaisers sei. Einige aber begeben sich deshalb unter den Schutz von Lehnsherren, die, wie sie wissen, nicht gegen den Feind ziehen werden.
9. Überhaupt gehorchen die Gaugenossen selbst weniger dem Grafen und den außerordentlichen Sendboten, als früher geschah.

Aus: Quellen zur Geschichte des deutschen Bauernstandes im Mittelalter, ges. u. hrsg. von Günther Franz. Darmstadt 1967, S. 73f.

1 Hausbesitzer ohne Anteil am Grundbesitz

c) Soziale und feudale Auswirkungen des Reiterheers

Vor allem wurde die Entwicklung der Adelsherrschaft unterstützt durch jene bedeutsame Innovation im Kriegswesen in karolingischer Zeit, die im Übergang vom Volksaufgebot zu einer gepanzerten, mit Lanzen kämpfenden Reiterei bestand. Diese militärische Reform – ermöglicht durch die Einführung des Steigbügels und die Benutzung schwerer, ebenfalls durch einen Panzer geschützter Pferde – erhöhte die Mobilität und Schlagkraft der Truppe gegen Normannen, Sarazenen und Ungarn erheblich, erforderte aber gleichzeitig einen speziell geübten Reiter, der über genügend materielle Ressourcen verfügte, um die kostspielige Rüstung, um Pferde, Panzer und Reitknechte zu stellen. Zu diesem Zweck wurden Krieger in vermehrtem Maße mit Ländereien zu Lehen ausgestattet – nach Erschöpfung des Fiskus vor allem aus dem Vermögen der in früherer Zeit reich beschenkten Kirche (sog. precaria verbo regis) seit Karl Martell. Die Kirche erhielt dagegen eine allgemeine Abgabe, den Zehnten, zur Entschädigung. Die so etablierten fränkischen Reiterkrieger bildeten bald eine neue, rittermäßig lebende Adelsschicht, einen kriegerischen Berufsadel, den die das Land bewirtschaftenden Bauern zu alimentieren hatten.
Parallel dazu, die Entwicklung verstärkend, lief ein allgemeiner Verfall der älteren Schicht bäuerlicher Freier, die sich angesichts der Großräumigkeit des Reiches mit seinen Erfordernissen eines mobilen Berufsheeres und angesichts der in jener Zeit ebenfalls eintretenden Intensivierung der Landwirtschaft (Übergang zur Dreifelderwirtschaft) immer weniger in der Lage sahen, die zeitraubenden Pflichten und Rechte eines freien Mannes wahrzunehmen. Dem versuchten zwar Reformen unter Karl dem Großen wie die Verkürzung der allgemeinen, gerichtlichen Dingpflicht und die Einrichtung von Schöffengerichten sowie die Entlassung der Freien aus der Heerespflicht außer aus dem Landesaufgebot zur Verteidigung Rechnung zu tragen, sie konnten aber ebensowenig wie die zeitweise Einführung eines allgemeinen, dem König zu leistenden Untertaneneides die fortschreitende Mediatisierung[1] der bäuerlichen Bevölkerung in den großen Grundherrschaften zu verhindern – eine Entwicklung, die durch die bürgerkriegsähnlichen Unruhen im 9. Jahrhundert, die jedermann den Schutz der Mächtigen suchen ließ, noch verstärkt wurde.
Überkommene Vorzugsstellung und Großgrundbesitz, Bewährung auf den Eroberungszügen, im Königsdienst und in der Reichsverwaltung, Neuerungen im Kriegswesen und eine allgemeine, der Freiheit des kleinen Mannes wenig günstige soziale Problemlage – das alles macht das Syndrom aus, das zum typisch fränkischen Feudalismus führte, zur Adelsherrschaft in Gestalt der Grundherrschaft und des Lehnswesens, die beide uns seit dem 9. Jahrhundert deutlich entgegentreten.

Aus: Hans Boldt, Deutsche Verfassungsgeschichte, Bd. 1, München 1984, S. 102 f.

3. Die Einstaatung der Kirche

a) Die Bischöfe und die Herrschaftsziele Karls

Schließlich zählte Karl besonders darauf, daß ihn die Bischöfe bei der Erfüllung seiner Herrscherpflichten unterstützten. Er hielt die Bischofserhebungen unter Kontrolle und bevorzugte im allgemeinen Bewerber, die aus der Hofkapelle kamen. Gleich ob Königsvasallen oder nicht, waren die Bischöfe dazu berufen, die Grafen bei der Amtsführung in ihren Distrikten zu unterstützen, Aufträge für den Hof auszuführen und auswärtige Gesandtschaften zu übernehmen. Dabei beklagte sich mehr als einer darüber, daß ihm die Zeit zur Erfüllung seiner seelsorgeri-

1 Verlust der Reichsunmittelbarkeit

schen Pflichten fehle. Doch als Oberhaupt der Christenheit stützt sich Karl auf die Bischöfe, um seine wesentlichen Herrschaftsziele zu erreichen: die Respektierung von Ordnung und Gerechtigkeit, Eintracht, Friede und innere Geschlossenheit. Wie Louis Halphen überzeugend nachgewiesen hat, wurde damit eine neue, von der antiken deutlich unterschiedene Staatsauffassung entwickelt. Der Karolingerherrscher bezieht seine Autorität unmittelbar von Gott, er ist ein neuer David, auf die Durchsetzung der Gebote Gottes verpflichtet, die Vorrang vor allen anderen Gesetzeswerken haben. Die Kapitularien befaßten sich deshalb genauso mit kirchlichen wie mit weltlichen Angelegenheiten: Sie bezogen sich beispielsweise auf die Feiertagsruhe, die regelmäßige Teilnahme der Gläubigen am Gottesdienst, der Liturgie, die Taufe, die Klosterdisziplin, die Ausbildung der Geistlichen und auf den Religionsunterricht für Laien. Der König leitete Synodalversammlungen, beschäftigte sich mit Kirchenangelegenheiten und selbst mit Dogmenfragen wie dem Adoptianismus[1] oder dem Bilderstreit. Und die Bischöfe waren ihm ihrerseits dankbar dafür, daß er Verantwortung für die Geschicke der Kirche übernahm. Im Jahr 813 dankten die Bischöfe dem Himmel dafür, daß er mit Karl „der Kirche einen so frommen, dem Dienst Gottes so ergebenen Leiter zugestanden hat" ... Es hat kaum jemals eine vergleichbar intensive Vermischung des geistlichen und weltlichen Bereichs gegeben, die noch dazu von allen, Klerikern wie Laien, begrüßt wurde. Karl, der Augustinus' De civitate dei[2] kannte, hatte die Vision, diese civitas auf Erden zu verwirklichen, ein sakrales oder theokratisches Staatswesen, das im Abendland den Frieden zwischen den Menschen und ihr ewiges Seelenheil sichern sollte.

Aus: Pierre Riché, die Karolinger – Eine Familie formt Europa. Aus dem Franz. übers. und hrsg. von Cornelia und Ulf Dirlmeier, Stuttgart 1987, S. 162 f.

b) Eigenkirche: Rolle des Klerus und Adels

Mönche und Priester galten als privilegierte Mittler zwischen den Menschen und Gott. Durch ihre persönliche Beziehung zum Göttlichen konnten sie für das Leben im Diesseits wie im Jenseits nützlich sein. Diese Männer, die sich in Klöstern, Kirchen und Asylen einen heiligen Raum schufen, die Reliquien der Heiligen und die frommen Bücher bewachten und sexuelle Enthaltsamkeit übten, grenzten sich gegen den Rest der Bevölkerung ab. Mehr oder weniger bewußt nährten sie die Verwechslung von „sacer" und „sanctus", des Tabuisierten mit dem Geheiligten. Und als sich der Klerus gegen Ende der karolingischen Epoche bewußt wieder auf eine Pädagogik der Furcht und des Zitterns besann, weil anders der zügellosen Gewalt der Zeit nicht zu steuern war, verstärkte sich der Eindruck, daß die Kirche sich im Besitz des Heiligen befand.

Um gerettet zu werden, mußte der Einzelne von der Kirche Besitz ergreifen – eine vereinfachte Vorstellung, die für das Aufkommen der sogenannten »Eigenkirche« verantwortlich war. Seit Beginn der Mission in Gallien griffen die germanischen Adligen den Missionaren unter die Arme und stifteten Land und andere zum Bau von Kirchen notwendige Mittel. Sie waren aber der Überzeugung, hierdurch das Besitzrecht an der neuen Kirche, samt allen Gebäuden und den in ihr tätigen Menschen, zu behalten. Nichts war für einen Vornehmen leichter, als irgendeinen seiner bäuerlichen Sklaven auszuwählen, ihn freizulassen, weil die Kirche es so verlangte, und seine Ausbildung zum Priester zu finanzieren. So kam der Sklavenbesitzer zu seinem eigenen Priester, der die Aufgabe hatte, durch Gebete und Messe für dessen Erlösung zu sorgen. Dieselbe mehr

1 Lehre in Spanien, nach der Christus als Gott der Sohn Gottes ist, als Mensch dagegen nur zum Sohn Gottes adoptiert ist. Der Adoptianismus wurde auf den Synoden in Regensburg (792), Frankfurt (794) und Aachen (799) untersagt.

2 Gottesstaat

oder weniger bewußte Berechnung stellten Fürsten an, wenn sie ein Kloster oder ein Bistum gründeten. Das System der Eigenkirchen machte aus den Priestern Bedienstete, besonders im Norden, in Franken.

Aus: Michel Rouche, Abendländisches Frühmittelalter. In: Geschichte des privaten Lebens, 1. Band, Vom Römischen Imperium zum Byzantinischen Reich, hrsg. von Paul Veyne. Frankf. a. M. 1989, S. 509

4. König und Adel im Feudalisierungsprozeß

a) Entstehung des Lehnsstaats: Vasallität und Benefizium

... Lehen (beneficium, seit dem 9. Jh. feudum von fehu = Gut) heißt ein Gut, das von einem Lehnsherrn (Senior) einem Lehnsmann (Vasallen) auf Zeit gegen Dienst und Treue verliehen wird. Lehngut kann alles sein, was einen nachhaltigen Ertrag abwirft, Sachen, vor allem Landgüter, Burgen, ferner Rechte und Inbegriffe beider, also ganze Herrschaftsbezirke, aber auch Renten, öffentliche Einkünfte usw. Dienst und Treue werden auf Grund eines personenrechtlichen Vertrags geschuldet. Es sind also stets zwei Seiten im Lehnsverhältnis zu scheiden: die dingliche und persönliche ...

Historisch ist das fränkische Lehnswesen aus zwei Elementen entstanden, einem persönlichen, der Vasallität, und einem dinglichen, dem Benefizium.

1. Das persönliche Element entsprang wieder aus zwei Wurzeln.

a) Die eine Wurzel liegt in der gallorömischen Kommendation ... Das durch sie begründete Verhältnis ist die Vasallität älteren Stils. Der Vasall (von kelt. gwas Knecht) tritt unter den Schutz und die Gewalt eines Herrn (dominus, senior) und verspricht ihm gegen Unterhalt lebenslang Dienst und Gehorsam (servitium et obsequium). Die Dienste konnten zunächst beliebige sein, auch bäuerliche. In dem Maße jedoch, wie die Macht ... der fränkischen Adligen zunahm, wurden deren Vasallen zum Dienst als Panzerreiter ausgebildet; es entstanden „Privatarmeen". Bald beschränkt sich der Name Vasall auf den zu gehobenem ritterlichen Dienste Verpflichteten ...

b) Die andere Wurzel liegt in der germanischen Gefolgschaft. Durch sie wird die Vasallität veredelt, sie wird zur Vasallität neuen Stiles. Das in ihr liegende Treumoment wird verstärkt durch den Treueid, der jetzt vom Vasallen wie vom germanischen Gefolge gefordert wird ...

2. Auch das Benefizium hat seine Vorgeschichte.

a) Am Anfang stehen die Landschenkungen der Merowinger ... an ihre Gefolgsleute. Sie begründeten aber als „Zweckschenkungen" kein freies Eigentum, das geschenkte Gut blieb meist unveräußerlich, und das Recht an ihm war durch die Treue bedingt, durch den Tod befristet ... Allerdings ist es dem Königtum nicht oft gelungen, sein Heimfallrecht durchzusetzen, so ging viel Staatsgut verloren. Bei der Kirche fiel die Befristung auf Lebenszeit ohnehin weg ...

b) Die Karolinger fanden einen erschöpften Fiskus vor. Aber gerade sie bedurften neuen Landkapitals zur Stärkung ihrer Partei und zur Führung von Fernkriegen mit schnellen Truppen. So griffen sie auf das überreiche Kirchengut und säkularisierten es im großen Stile; der Schenker machte das Recht zur Rücknahme wegen Eigenbedarfs geltend. Dies bedeutete aber keine Enteignung, es konnte nur eine Zwangsanleihe unter Anerkennung des kirchlichen Obereigentums in Frage kommen. Denn inzwischen war das Kirchengut dem kanonischen Recht unterstellt und unveräußerlich geworden. Die Kirche selbst konnte es nur noch zu Leiherecht (als beneficium) ausgeben, und dies geschah auch hier, indem die Vasallen Benefizien (precariae verbo regis) erhielten und davon dem König dienten. Als Entschädigung legten die Karolinger auf diese Güter den Doppelzehnt (decima et nona) als erste Kirchensteuer ... So gehen Heeres-, Wirtschafts-, Kirchen- und Staatsreform Hand in Hand.

3. Entscheidend war nun aber die Verbindung von Vasallität und Benefizium.
a) Das grundlegend Neue ist, daß etwa seit der Zeit Karls d. Gr. gerade für das vasallitische Benefizium ein ganzes System von Rechtssätzen entstand, eben das Lehnrecht, also eine juristische Synthese. Vasallität und Benefizium bedingten einander, die Vasallität gilt als Rechtsgrund (causa) des Lehens. Die persönlichen Pflichten sind führend im Lehnsverhältnis.
So ist es in Westeuropa auch geblieben ...
b) Die Normen des Lehnrechts haben sich in fränkischer Zeit erst langsam gebildet; sie beruhen noch mehr auf Verträgen als auf Gesetzen. Sowohl Vasallität wie Benefizium waren höchstpersönlich gedacht; beim Tode des Herrn wie des Mannes sollte das Lehen heimfallen (Herrenfall, Mannfall). Der Herrenfall bedeutete aber regelmäßig nicht das Ende des Lehnsbandes; die Vasallen huldigten dem neuen Herrn ... Aber auch der Mannfall kam ab, die Lehen wurden erblich ...
Das Lehnswesen hat den fränkischen Staat von Grund aus verwandelt, besonders das Heerwesen und die Verwaltung.
1. Der allgemeine Heerbann zu Fuß wurde immer seltener aufgeboten, nur noch zu Landwehr und Landfolge. Größere Kriege werden mit dem Reiterheer der Vasallen unter Führung ihrer Senioren unternommen ...
2. Die höchsten Amtsträger des Reiches waren jetzt großenteils Vasallen, die Ämter waren zunehmend zu Lehen ausgegeben ... Es entstehen ganze Amtsdynastien, die ihr Amt als Familienbesitz betrachten; ihr Amtsbezirk wird Staat im Staate, die Untertanen werden mediatisiert ... So hat sich die anfangs planmäßige Dezentralisation in hemmungslose Dekomposition verwandelt, deren Folgen in den Nachfolgestaaten des fränkischen Reichs nur mühsam beseitigt werden konnten.

Aus: Heinrich Mitteis, Deutsche Rechtsgeschichte, München [11]1969, S. 55 f. In: Gerhart Bürck und Richard Dietrich, Mittelalter und Neuzeit bis 1789, S. 38/39

b) „Handgang" und Vasallität

Materielle Not veranlaßt einen freien Mann, sich der Herrengewalt eines anderen zu unterstellen. Es entsteht ein Abhängigkeitsverhältnis, denn der Kommendierte ist dem Herrn gegenüber zu Dienst und Gehorsam (servicium vel obsequium) verpflichtet. Allerdings müssen Dienst und Gehorsam mit dem freien Stand vereinbar sein. Damit sollen offenbar ausgesprochene Knechtsdienste ausgeschlossen werden. Der Herr übernimmt die Verpflichtung, dem Mann den notwendigen Lebensunterhalt an Nahrung und Kleidung zu gewährleisten. Die Freiwilligkeit des auf Lebenszeit abgeschlossenen Vertrages wird besonders betont. Eine Auflösung ist selbst im Falle einer Vertragsverletzung nicht vorgesehen. Obgleich die Kommendation in diesem Falle zu einer starken Abhängigkeit führt, handelt es sich nicht um eine Selbstverknechtung, denn der persönlich freie Rechtsstand des Mannes wird nicht angetastet.
In späteren Quellen wird die Symbolhandlung, die die Kommendation sinnfällig zum Ausdruck brachte, deutlich faßbar. In der Zeremonie des „Handganges" legte der Mann seine gefalteten Hände in die Hände des Herrn. Das Hinstrecken der zusammengelegten Hände ist ein uralter Verknechtungsritus: Der Unterworfene bietet seine Hände zur Fesselung dar. Dieser Symbolakt kann als Hinweis darauf gedeutet werden, daß eine der Wurzeln des Lehnswesens in einer sehr niederen sozialen Sphäre zu suchen ist. Auch nachdem die Vasallität längst eine starke soziale Aufwertung erfahren hatte, gehörte der Handgang weiterhin zu den für eine Belehnung konstitutiven Rechtsakten.

Aus: Hans K. Schulze, Grundstrukturen der Verfassung im Mittelalter, Band 1, Stamm, Gefolgschaft, Lehenswesen, Grundherrschaft, Stuttgart 1985, S. 57 f.

II Päpstlicher Machtanspruch

Arbeitsthemen

1. *Worauf konzentriert sich nach Columban das Klosterleben der Mönche? Wie sind die Strafen für Sünden abgestuft? Wie sind dabei Stockschläge aus heutiger Sicht zu beurteilen? Worin zeigt sich die Autonomie der Klöster Columbans? Was bedeutet dabei die Exemtion? (Nr. 1 a)*
2. *Welche Ziele setzte sich Bonifatius bei der Reform der fränkischen Kirche? Welche Rolle hatte dabei Karlmann? Bei welchem Verhalten wurde den Klerikern Amtsenthebung und Auspeitschung angedroht? Wie stellte sich Bonifatius zur „großen Freiheit" der Klöster und zu den Eigenkirchen? Was geschah mit dem seit Karl Martell entfremdeten Grundbesitz der Kirche? (Nr. 1 b)*
3. *Welche Maßnahmen zur Missionierung Sachsens traf Karl 785? Welche Strafen werden bei Mißachten der Vorschriften verhängt? Wie war der Widerstand Sachsens motiviert? (Nr. 2 a und Übersicht)*
4. *In welchen Gebieten gibt es ein Nebeneinander von Heiden und Christen? Wie nahm die Kirche von Augustin bis Thomas von Aquin zur Frage der Missionierung Stellung? An welchen Beispielen zeigte sich dies? Wie verlief demgegenüber die Missionierung der Sachsen durch Karl d. Gr.? Wie ist diese nach unserem Verständnis von Glaubensfreiheit als einem Grundrecht der Demokratie zu bewerten? Der Artikel 4 des Grundgesetzes lautet folgendermaßen: „(1) Die Freiheit des Glaubens, des Gewissens und die Freiheit des religiösen und weltanschaulichen Bekenntnisses sind unverletzlich. (2) Die ungestörte Religionsausübung wird gewährleistet." Inwiefern schuf Karls d. Gr. Zwangsmissionierung Sachsens einen Präzedenzfall für später? (Nr. 2 b)*
5. *Wie gewichtete Papst Gelasius I. „die geheiligte Autorität der Päpste" im Verhältnis zur „königlichen Gewalt"? Wie begründet er dies? Was spricht daraus für ein politischer Anspruch? Wie wirkte sich dies später auf die Beziehungen zwischen geistlicher und weltlicher Gewalt aus? (Nr. 3 a)*
6. *Welche Rechte und welche Stellung erhält der Papst durch Konstantin? Zu welchem Rang erhebt die Schenkung Silvester in seinen Beziehungen zu Bischöfen, Patriarchen und dem Kaiser? Was beinhaltet die Silvester-Legende? Welches sind die Motive für die Abfassung der Schenkung? Welche Theorie stellt sie auf in bezug auf die Stellung des Papsttums gegenüber dem Kaisertum? (Nr. 3 b und c)*

Materialien

1. Romfreie oder romgebundene Mission des 7./8. Jh.?

a) Klosterregel und -autonomie Columbans

Klosterleben

Wichtigstes Zeugnis ist Columbans ‚Regula monachorum', die den monastischen Geist und Brauch von Gangor[1] wiedergeben dürfte und die ältestüblieferte irische Regel darstellt. Grundidee ist die Konformität mit dem gehorsamen und erniedrigten Jesus (Phil 2,5–8); in Gehorsam (I.k 10,16) und Kreuztragen (Mt 10,38) vollzieht der Mönch seine ‚Abtötung' (mortifacatio) und erlangt dadurch das ‚Glück des Martyriums'. Columban soll einmal seinen krank daniederliegenden Mönchen aufzustehen und zur Erntearbeit hinauszugehen befohlen haben, und – so kann die Vita berichten – der Gehorsam habe alle wieder gesund werden lassen. Neben diesem seit dem Magister und Benedikt zentralen Gedanken des Gehorsams steht die Auffasung vom Leben als einem Weg und Aufstieg zur himmlischen Heimat (Sermo 5). Das Gebet soll wie überall im Mönchtum unaufhörlich sein. Das Stundengebet hatte drei Tageshoren mit je drei Psalmen

1 Kloster im Norden Irlands

und drei Nachthoren, von denen die erste (am Abend) wie auch die zweite (um Mitternacht) je zwölf Psalmen umfaßte, die dritte hingegen, die morgendliche Matutin, im Winter 36 und im Sommer 24 Psalmen zählte. Die heiligen Nächte des Samstag/Sonntag kannten besondere Vigilien, die in den kürzeren Nächten 48 und in den längeren 75 Psalmen umfaßten.

Bußbücher

Columban hat zwei Bußbücher hinterlassen, eines für den monastischen Bereich und ein zweites, das in drei Teile zerfällt und für Mönche, Weltklerus und Laien bestimmt ist. Die Beichte erscheint als ‚die geschuldete Buße zu erfragen' (interrogare debitum poenitentiae). Das Bewertungsschema ‚contempus – neglegentia – ignorantia'[1] ist beinahe durchgehend angewendet, und auch die Sünden, für die keine ethische Verantwortung vorliegt, werden, wenn auch gelinde, so doch bestraft. Wenn beispielsweise jemand wegen Trunkenheit oder Völlerei sich erbrechen muß und dabei die Kommunion auswirft, hat er dreimal vierzig Tage zu büßen, und wenn dasselbe wegen Krankheit geschieht, sind es sieben Tage. Für die Mönche besteht die Buße, besonders bei den kleinen alltäglichen Unachtsamkeiten, in Stockschlägen:
‚Wer am Beginn eines Psalmes hustet und nicht gut singt, werde mit sechs Schlägen bestraft; wer beim Opfer nicht die Ordnung einhält, sechs Schläge; wer beim Chorgebet lächelt, sechs Schläge.'
Körperstrafen kennen vereinzelt schon die antik-kontinentalen Klosterregeln ... Bei Columban aber sind die Stockschläge allgegenwärtig. Der Körper und seine Schmerzen sind „Ort der Strafe" (M. Foucault), nicht vornehmlich der Geist und das Herz.

Klosterautonomie

Folgenreich für die Kirchenstruktur im Frankenreich war, daß Columban das Modell der irischen Kloster-Paruchia mit auf den Kontinent brachte. Entgegen der in Gallien geltenden Vorschrift scheinen Columbans Klöster ohne bischöfliche Genehmigung errichtet worden zu sein. Zudem blieben alle Klöster in einem Verband, über dem Columban als Abt stand und der sich wegen der eigenen Klosterbischöfe vom gallischen Episkopat emanzipieren konnte. So wurde in Luxeuil[2] die Altarweihe von einem Bischof vollzogen, der nachweislich ein Ire war und wohl als Klosterbischof anzusehen ist. Die Herausnahme (Exemtion) von Luxeuil aus der bischöflichen Zuständigkeit ist schon früh durch ein bischöfliches Privileg, das allerdings nicht erhalten blieb, gutgeheißen worden.

Aus: Arnold Angenendt, Das Frühmittelalter, Stuttgart 1990, S. 214f.

b) Reformziele des Bonifatius

Mit dem Tod Karl Martells (741) sah sich Bonifatius unversehens auf den Höhepunkt seines Wirkens gehoben, schien er doch mit Hilfe der beiden nachrückenden Söhne Karlmann und Pippin endlich seine langgehegten Reformziele verwirklichen zu können. Sofort nach Karl Martells Tod, ja vielleicht schon kurz vorher, erfolgte die Gründung der Bistümer Büraburg, Würzburg und Erfurt. Sodann beriefen ihn der in Austrasien regierende Karlmann wie ebenso der über Neustrien herrschende Pippin – dieser freilich weniger nachdrücklich – zur Reform der fränkischen Kirchenverhältnisse. Im Jahre 743 (oder schon 742) tagte das erste, an unbekanntem Ort abgehaltene Concilium Germanicum, auf dem der ‚Erzbischof und Abgesandte des heiligen Petrus' seine Ziele am klarsten hat ausformulieren können, freilich mit gerade nur sieben Bischöfen. Karlmann lieh dem Konzil seine volle Autorität: Wie er sich schon als Initiator der Reform bezeichnete und dabei Bonifatius geradezu in die Rolle eines geistlichen Beraters verwies, so er-

1 Verachtung – Nachlässigkeit – Unwissen
2 westlich von Mülhausen im Elsaß

hob er auch die Beschlüsse zum Gesetz, indem er sie als Kapitular publizierte – übrigens das erste seitens eines karolingischen Hausmeiers wie auch das erste mit der Datierung nach Christi Geburt. Bonifatius akzeptierte damit den Hausmeier als kirchlichen Gesetzgeber, ja als Oberherrn. Denn ohne das ‚Patrozinium der Frankenfürsten', so klagte er in seinen Briefen, sei nichts zu erreichen.
Die Reform zielte direkt auf die evidenten, nicht selten von dem politischen System hervorgerufenen Mißstände. Wenn gleich im ersten Synodenkanon erklärt wird, daß Bischöfe eingesetzt worden seien, so ist zunächst an die von Bonifatius neugegründeten Bistümer zu denken. Ebenso aber richtete sich das Reformbemühen gegen die Akkumulation und weltliche Administration von Diözesen ... Zentral betraf die Reform die Lebensführung des Klerus und dessen Seelsorgetätigkeit: Abhaltung von Synoden, bischöfliche Firmspendung, regelmäßige Überprüfung des Pfarrklerus in seiner Amtsführung – so in Taufspendung, Meßfeier und Glaubensbekenntnis – und schließlich das Verbot des Waffentragens und Jagens. Bei der Beseitigung heidnischer Bräuche sollte den Kirchenleuten nötigenfalls der Graf mit seiner Zwangsgewalt Beistand leisten. Daß ferner die Pflicht zum Zölibat eingeschärft und allen konkubinarischen Klerikern Amtsenthebung sowie Auspeitschung angedroht wurde, zeigt Bonifatius als Beförderer des ‚reinen' Priestertums. Von besonderer Folgewirkung war, daß die Diözesanhoheit und dabei vor allem die alleinige Zuständigkeit des Bischofs wiederhergestellt werden sollte. Indem fremde Kleriker, Priester wie Bischöfe, sich einer synodalen bzw. bischöflichen Überprüfung zu stellen hatten, suchte man den Wanderklerikern entgegenzuwirken, zugleich aber auch der „großen Freiheit" der Klöster und dem Eigenkirchenwesen. Erstmals wurde sodann für Mönche wie Nonnen die Benediktsregel urgiert. Zuletzt folgte noch die Forderung auf Restitution des der Kirche – wegen der „Säkularisation" Karl Martells – entfremdeten (Grund-)Besitzes. Auf der nächstfolgenden austrasischen Synode in Les Estinnes (bei Valenciennes) und ebenso auf der neustrischen in Soissons (744), zu der immerhin 23 Bischöfe erschienen, mußte in der Kirchengutsfrage bereits zurückhaltender verfahren werden: Dieses konnte dem Adel als ‚Leihe gegen Zins' – wie die für die Entstehung des Lehnswesens so wichtige Formel hieß – belassen werden. Auch mahnte Bonifatius nun das christliche Eherecht an; zunächst sprach man klar das Verbot einer Neuverheiratung zu Lebzeiten des rechtmäßigen Partners aus.
Aus: Arnold Angenendt, Das Frühmittelalter, Stuttgart, Berlin, Köln 1990, S. 272/273

2. Missionierung der Sachsen

a) Kapitular von Paderborn 785

1. Wo immer in Sachsen christliche Kirchen gebaut und Gott geweiht wurden, sollen diese keine geringere Ehre haben, sondern eine größere und höhere, als die Heiligtümer der Götzen hatten.
3. Wenn einer gewaltsam in eine Kirche eindringt und in ihr etwas raubt oder stiehlt oder die Kirche in Brand steckt, so sterbe er des Todes.
4. Wenn einer das heilige vierzigtägige Fasten aus Mißachtung des Christentums nicht hält und Fleisch ißt, so sterbe er des Todes. Jedoch soll der Priester darüber urteilen, ob ihn nicht etwa die Not dazu gebracht hat, Fleisch zu essen.
7. Wenn einer den Leib eines verstorbenen Menschen nach heidnischem Brauch durch das Feuer verzehren läßt und seine Gebeine zu Asche brennt, soll er mit dem Tode bestraft werden.
8. Wer hinfort im Volk der Sachsen ungetauft sich verstecken will und zur Taufe zu kommen unterläßt und Heide bleiben will, der soll des Todes sterben.

9. Wenn jemand einen Menschen dem Teufel opfert und nach heidnischer Sitte den bösen Geistern als Opfer darbringt, der soll des Todes sterben.
14. Wenn einer ob solcher todeswürdiger, heimlich begangener Verbrechen aus eigenem Antrieb zu dem Priester flieht, seine Schuld bekennt und Buße tun will, so werde ihm nach dem Zeugnis des Priesters das Leben geschenkt.
17. Ebenso bestimmen wir nach Gottes Gebot, daß alle den Zehnten ihres Vermögens und ihrer Arbeit den Kirchen und Priestern geben; die Adeligen, die Freien und die Liten[1] sollen nach dem, was Gott jedem Christenmenschen gegeben hat, ihren Teil Gott darbringen.
18. An Sonntagen sollen keine Versammlungen und Landgemeinden gehalten werden, außer im Falle dringender Not oder in Kriegszeit, sondern alle sollen zur Kirche sich begeben, um das Wort Gottes zu hören, und sollen beten und gute Werke tun. Ebenso sollen sie an hohen Festen Gott und der Kirchengemeinde dienen und weltliche Versammlungen lassen.
19. Ferner beschloß man, auch die Satzungen aufzunehmen, daß alle Kinder innerhalb eines Jahres getauft werden sollen. Und wir bestimmen, daß, wenn es jemand unterläßt, sein Kind im ersten Jahr zur Taufe darzubringen, ohne Wissen oder Erlaubnis des Priesters, der Adlige 120, der Freigeborene 60, der Lite 30 Schillinge an den Schatz entrichten soll.
21. Wer an Quellen, Bäumen oder in Hainen ein Gelübde tut oder etwas nach altväterlicher Weise darbringt und den Götzen zu Ehre speist, ist er ein Edeling, zahlt er 60, ein Freier 30, ein Lite 15 Schillinge.
22. Wir befehlen, daß die Leiber der christlichen Sachsen auf die Friedhöfe der Kirchen und nicht nach den Grabhügeln der Heiden gebracht werden.
23. Wir befehlen, die heidnischen Priester und Losdeuter den Kirchen und Geistlichen auszuliefern.

Aus: Quellenbuch zur Kirchengeschichte, Bd. I/II, Von der Urgemeinde bis zum Beginn des 19. Jahrhunderts, hrsg. von Hermann Schuster, Frankfurt a. M. ^{6}1966, S. 55

b) Missionierung durch Zwang?

Zu jener Zeit[2] gibt es nicht mehr ein Miteinander von Heiden und Christen in derselben politischen Gesellschaft wie im christlichen Altertum. Im Innern der Christenheit können abergläubische Überreste bestehen bleiben, die mehr oder weniger an das Heidentum erinnern; doch es gibt keine eigentliche heidnische Religion mehr. Mit Ausnahme der Juden gibt es nur noch Getaufte. Die Heiden stehen an der Peripherie, in Spanien, in Afrika, im Orient, in Ost- und Nordeuropa. An diesen Grenzen der christlichen Welt entsteht die Frage nach der Haltung der Kirche gegenüber den Ungläubigen.

Grundsätzlich kann man sagen, daß das klassische Axiom des hl. Augustin Gesetzeskraft behält: credere non potest homo nisi volens. Man gelangt nicht durch Zwang zum Glauben; der Eintritt in die Christenheit kann nicht durch Zwangsbekehrung vor sich gehen. Nach dem hl. Gregor dem Großen betont es Nikolaus I. in seiner berühmten Antwort auf die Konsultation des Königs Boris von Bulgarien nachdrücklich (866). Gegenüber den Heiden „können wir Euch nur schreiben, daß man sie durch Ermahnungen, Ratschläge, Gründe und nicht durch Gewalt von der Nichtigkeit der Götzenbilder überzeugen muß“. Wenn sie euch nicht hören wollen, brecht die Beziehungen zu ihnen ab, aber „keine Gewalt darf ihnen angetan werden, um sie zum Glauben zu führen“. Wir müssen handeln wie Gott, der nur freiwillige Huldigung will: „Hätte Gott Gewalt gebrauchen wollen, dann hätte wahrlich niemand seiner Allmacht widerstehen können.“

1 Halbfreier
2 im Mittelalter

Dieser Text gilt wie die Erklärungen des hl. Augustin, des hl. Gregor oder die Erklärung des IV. Konzils zu Toledo über die Bekehrung der Juden in den Kanones-Sammlungen des 11. und 12. Jahrhunderts als gängige Lehre. Der hl. Thomas von Aquin faßt sie in der Summa kurz zusammen: „Unter den Ungläubigen gibt es solche, wie die Juden und Heiden, die den Glauben nie empfangen haben. Diese Ungläubigen dürfen nicht zum Glauben genötigt werden, weil Glauben eine Sache des Willens ist, credere voluntatis est.
Daraus dürfen wir allerdings nicht schließen, daß das Mittelalter keine Zwangsbekehrungen gekannt hätte. Bekanntlich hat die westgotische Monarchie in Spanien dieses Mittel oft gegen die Juden angewandt und damit ein frühes Vorspiel zu den Zwangsbekehrungen im 15. Jahrhundert gegeben. Sehr bekannt ist das Vorgehen Karls des Großen nach der Eroberung des Sachsenlandes. Nach diesem furchtbaren Krieg verfügte das erste sächsische Kapitular unter Todesstrafe das Christentum; mit einem Federstrich wurde das Heidentum ausgelöscht: „Von nun an wird jeder ungetaufte Sachse, der sich unter seinen Landsleuten zu verbergen sucht und die Taufe verweigert und Heide bleiben will, mit dem Tode bestraft." Ungeachtet des Ansehens des Frankenkönigs rief diese brutale Politik in seiner Umgebung ernste Kritik hervor, sogar im Namen des christlichen Gewissens. Alcuin zum Beispiel schreibt an seinen Freund Arno von Salzburg (796):
Dieses unglückliche sächsische Volk hat das Sakrament der Taufe verloren, weil der Glaube nie in seinem Herzen grundgelegt war. Man muß sich bewußt sein, daß der Glaube – wie der hl. Augustin bemerkt – Willenssache und nicht Sache der Nötigung ist. Wie könnte man den Menschen zwingen, zu glauben, was er nicht glaubt? Man kann ihn zur Taufe treiben, doch nicht zum Glauben.
Der Präzedenzfall Karls des Großen bei den Sachsen wird leider seine Rückwirkungen auf die germanischen Missionen der folgenden Jahrhunderte haben. Die Könige und Fürsten werden bei ihren Kämpfen mit den Heiden des Ostens allzuoft zu kriegerischen Methoden greifen, um diese Völker zum Glauben zu führen: Slaven südlich der Ostsee, Preußen, Finnen, Litauer[1].

Aus: Joseph Lecler, Geschichte der Religionsfreiheit, Band I, Stuttgart 1965, S. 139–141

3. Legitimation kirchlicher Herrschaft

a) Gelasius I. über den Vorrang der geistlichen vor der weltlichen Gewalt 494

Zwei sind es, erhabener Kaiser, von denen hauptsächlich diese Welt regiert wird: die geheiligte Autorität der Päpste und die königliche Gewalt. Unter diesen ist das Gewicht der Priester um so schwerer, als sie auch für die Könige der Menschen bei der göttlichen Prüfung Rechenschaft geben sollen. Denn du weißt, gnädiger Sohn, daß du, ob du auch durch deine Würde an der Spitze des Menschengeschlechts stehst, dennoch den Vorstehern der göttlichen Dinge demütig den Nacken beugst und von ihnen die Ursachen deines Heils erwartest, daß du beim Genuß der himmlischen Sakramente dich nach der Religion unterwerfen mußt und daß du somit hierbei vom Urteil jener abhängst. Wenn es sich nun gebührt, daß allen Bischöfen, die das Göttliche recht verwalten, die Herzen der Gläubigen sich unterwerfen, wieviel mehr ist dem Vorsteher des Stuhles Folge zu leisten, der nach dem Willen der höchsten Gottheit alle Bischöfe überragen sollte und den allezeit die folgsame Pietät der Gesamtkirche gepriesen hat!
(Brief an Kaiser Anastasius[2] 494)

Aus: Carl Mirbt, Quellen zur Geschichte des Papsttums und des römischen Katholizismus [3]1911, S. 67.

1 Vgl. das Kapitel „Kreuzzugsfrage und Judenpogrome", S. 78 ff.
2 v. Byzanz

b) Konstantinische Schenkung (Fälschung, um 750)

11. So wie uns die irdische Macht des Kaisers zukommt, so haben wir befohlen, daß ihre hochheilige römische Kirche voller Achtung geehrt und daß der hochheilige Stuhl Petri noch mehr als unsere kaiserliche Gewalt und unser (nur) irdischer Thron rühmlich verherrlicht werde, indem wir ihm verleihen die Macht, den Ehrenrang, die Kraft und die Ehrenbezeigungen, wie sie einem Kaiser zukommen.
12. Wir verordnen, daß er[1] die Obergewalt besitzen soll sowohl über die vier vorzüglichen Bischofssitze von Antiochia, Alexandria, Konstantinopel und Jerusalem als auch über alle Kirchen Gottes auf dem ganzen Erdkreise überhaupt. Der jeweilige Papst dieser hochheiligen römischen Kirche soll über alle Bischöfe in der ganzen Welt erhaben und ein Fürst über sie sein, und durch sein Urteil soll alles entschieden werden, was hinsichtlich der Verehrung Gottes und des Bestandes des christlichen Glaubens zu besorgen ist.
14. Unserem Vater Silvester, dem Oberbischof und universalen Papst der Stadt Rom[2], und allen auf ihn folgenden Päpsten, die bis ans Ende der Welt auf dem Stuhle Petri sitzen werden, übereignen wir von heute an unseren kaiserlichen Palast, den Lateran, außerdem das Diadem, die Krone unseres Hauptes, die Mitra und das Schulterkleid, den Purpurmantel, die kaiserlichen Zepter und Siegel, allen Aufzug kaiserlicher Majestät und den Glanz unserer Macht.
16. Aus Ehrfurcht vor dem heiligen Petrus dienen wir ihm als Reitknecht, indem wir die Zügel seines Pferdes halten.
17. Um die päpstliche Macht der kaiserlichen gleichzustellen, auf daß durch diese nicht die päpstliche Tiara verdunkelt, sondern im Gegenteil noch mehr als die irdischer Gewalt zukommende Würde und glanzvolle Macht geschmückt werde, – siehe, darum haben wir auch unseren Palast, wie wir schon gesagt haben (14), oder die zur Hauptstadt Rom und alle zu Italien beziehungsweise dem Abendland gehörenden Provinzen, Orte und Städte dem mehrfach erwähnten, hochseligen Oberpriester, unserem Vater Silvester, dem allgemeinen Papste, übertragen und seinen oder seiner Nachfolger Gewalt und Botmäßigkeit überlassen.
18. Aus diesem Grunde haben wir es für richtig gehalten, daß unsere Regierung und der Herrschersitz nach dem Osten verlegt werden, daß in der Provinz von Byzanz an einem günstig gelegenen Platze eine Stadt für unseren Namen gebaut werde und dort unser Thron seinen Platz erhalte. Denn wo der Kaiser des Himmels den Fürsten der Priester und das Haupt der christlichen Religion eingesetzt hat, da kann es nicht für billig angesehen werden, daß der Kaiser dieser Welt seine Herrschaft ausübe.

Zitat nach: Wolfgang Lautemann, Mittelalter (Geschichte in Quellen, Bd. II), München 1969, S. 62f.

c) Das Constitutum Constantini als Legitimationsversuch kirchlicher Herrschaft

Im römischen Dukat[3] und Ravennater Exarchat[4] begann die weltliche Herrschaft der Päpste. Dabei sollte zunächst noch nicht die byzantinische Oberhoheit geleugnet werden, doch wurde dieselbe praktisch eliminiert. Wohl um diesen ungewöhnlichen Tatbestand der päpstlich-weltlichen Herrschaft zu „erklären", dürfte die berühmteste Fälschung des Mittelalters entstanden sein: das Constitutum Constantini.[5] Der Form nach gibt sich das Dokument als Abschrift einer Urkunde Kaiser Konstantins mit Schenkungen zugunsten der römischen Kirche und Papst Silve-

1 Der Bischof von Rom.
2 Silvester I., 314–322. Angeblich hatte er durch sein Gebet den Kaiser vom Aussatz geheilt, und diese Heilung gilt als die angebliche, unmittelbare Veranlassung zu der Schenkung.
3 Ursprünglich war der dux militärischer Befehlshaber von Byzanz in Rom. Später bezeichnet Dukat den Grundbesitz der römischen Kirche in Mittelitalien.
4 Exarch hieß der Vertreter des Kaisers von Byzanz in Ravenna. Seit Pippin (754) gehörte Ravenna zum Kirchenstaat.
5 Nikolaus von Kues und Lorenzo Valla erkannten im 15. Jh. die Konstantinische Schenkung als Fälschung.

sters. Im ersten Teil wird Konstantins Bekehrung in Anlehnung an die Silvester-Legende wiedergegeben. Demzufolge soll der mit Aussatz behaftete Kaiser den Rat der kapitolinischen Priester, im Blut von Kindern Genesung zu suchen, ausgeschlagen und auf ein Traumgesicht von Petrus und Paulus hin Papst Silvester aufgesucht haben, dessen Taufspendung ihm die Heilung brachte. Im zweiten Teil, in der sogenannten Konstantinischen Schenkung, wird erklärt, daß der Kaiser aus Dankbarkeit dem römischen Stuhl den Primat über alle anderen Kirchen verliehen und die Salvator-Basilika des Lateran als Haupt aller Kirchen anerkannt habe; ferner habe er dem Papst seinen Besitz und dabei auch den Lateran-Palast, den ‚ersten des Erdkreises', übergeben. Obendrein habe der Kaiser dem Papst kaiserliche Insignien und Vorrechte verliehen, so das Diadem, den Purpurmantel, das Zepter und das Prozessionsrecht. Silvester aber habe die ihm verliehene Krone nicht tragen wollen, woraufhin Konstantin ihm das ‚phrygium', die Paradehaube, aufgesetzt und den Stratordienst[4] geleistet habe. Über ganz Italien und den Westen seien Silvester und seinen Nachfolgern Macht und Befehl übertragen worden, während der Kaiser aus Respekt vor dem priesterlichen Vorrang und dem Haupt der Religion des himmlischen Kaisers seine Residenz nach Byzanz verlegt habe . . .
Die Entstehung des Constitutum wird heute in dem Bestreben gesucht, für die neue Situation, in der sich das Papsttum nach der Abkehr von Byzanz vorfand, eine Erklärung zu geben. Das Constitutum diente als „eine Art Kommentar" (H. Fuhrmann) zu der als rechtens empfundenen und auch wie selbstverständlich praktizierten Übernahme der Kaiserrechte durch die Päpste. Dabei wird eine alte und vor allem in Recht und Religion vielverwendete Argumentationsfigur benutzt, daß nämlich die neue Situation eigentlich schon „von Anfang an" bestanden habe, nämlich seit den Zeiten des ersten christlichen Kaisers, und eben darum „richtig" sei.

Aus: Arnold Angenendt, Das Frühmittelalter – Die abendländische Christenheit von 400 bis 900, Stuttgart 1990, S. 285 f.

1 Stratordienst: Steigbügelhalten und Führen des Pferdes des Papstes durch den Kaiser

III Hegemoniales Kaisertum und Abhängigkeit der Kirche unter Otto d. Gr.

Übersicht

Nach dem Aussterben der ostfränkischen Linie der karolingischen Dynastie wurde Konrad I., Her-
911 zog von Franken, von den Repräsentanten in Franken, Sachsen, Schwaben und Bayern zum König
gewählt. Dies bedeutete „das konsequente Nein zur Idee der fränkischen Gesamtmonarchie und
damit zugleich ein Ja zur Einheit des ostfränkischen Reiches“ (Hans K. Schulze 1991).

Aber Konrad I. versuchte vergeblich, die Interessen des Königtums gegen die Herrschaft der Her-
zöge durchzusetzen. Und er war nicht imstande, den Einfällen der Magyaren (Ungarn), die 918
918 auch Basel angriffen, Einheit zu gebieten. Noch im Sterben entschloß er sich, die Reichsinsignien
Heinrich I., dem Herzog von Sachsen, überbringen zu lassen.

919 Heinrich I. wurde von Franken und Sachsen zum König gewählt. Er zwang den zum Gegenkönig
921 „in regno Teutonicorum“ (im deutschen Reich) erhobenen Arnulf von Bayern zur Unterwerfung.
925 Das Herzogtum Lothringen gewann er für das deutsche Reich zurück, das fünfte Herzogtum neben
Franken, Sachsen, Schwaben und Bayern. Mit einem Heer aus diesen Stämmen stellte sich Hein-
933 rich I. den Magyaren, die wieder einfielen, entgegen und besiegte sie an der Unstrut. Nach diesem
Sieg rief das Heer, wie Widukind berichtet, Heinrich I. zum „pater patriae, rerum dominus impera-
torque“ (Vater des Vaterlandes, Herr der Welt und Kaiser) aus und erkannte damit das wachsende
Ansehen des Königs an, der unter den Herzogtümern eine „umfassende Verteidigungsgemein-
schaft“ (Helmut Beumann 1991) zustande gebracht hatte.

928– Durch Feldzüge machte Heinrich elb- und ostseeslawische Völkerschaften wie die Abodriten, Wil-
929 zen, Heveller, Daleminzier, Redarier und Böhmen tributpflichtig.

935 In die Zukunft weisend war auch Heinrichs I. Freundschaftsbündnis mit König Rudolf von Frank-
reich und mit König Rudolf von Burgund, das ihm anläßlich des Treffens der drei Könige an der
Maas südlich von Sedan soviel wie die Bestätigung der Annexion Lothringens ans deutsche Reich
einbrachte.

Noch vor seinem Tod (936) bestimmte Heinrich I. vor den auf dem Hoftag in Erfurt versammelten Großen seinen Sohn Otto zu seinem Nachfolger, obwohl Heinrich, der jüngere Bruder Ottos, der Kandidat seiner Mutter Mathilde war. Dies bedeutete für den Beginn der Herrschaft Ottos erhebliche Schwierigkeiten.

936 Bei seiner Wahl zum König in Aachen demonstrierte Otto I. seinen Willen zu einer Politik im Stil
Karls d. Gr. Darauf deutet nicht nur Aachen als Ort seiner Krönung hin, sondern auch die Tatsache, daß er als Sachsenkönig fränkische Kleidung trug. „Die Entscheidung für die Aachener Pfalz glich einem Bekenntnis zu Karl dem Großen“ (Helmut Beumann 1991). Zudem sollte das Krönungsmahl Ottos I. die Einheit des Reiches symbolisieren, bei dem der Herzog von Franken als Truchseß, der Herzog von Lothringen als Kämmerer, der Herzog von Schwaben als Mundschenk und der Herzog von Bayern als Marschall dienten.

Dieses Konzept seiner Herrschaft stellten Aufstände seiner Brüder, von verwandten Herzögen, Bischöfen und ihren Anhängern, die sich über mehrere Jahre hinzogen, in Frage.

Otto I. gelang durch das Reichskirchensystem eine wirksame Stabilisierung seiner Herrschaft im Inneren des Reiches. Denn Bischöfe und Äbte, die er durch Ring und Stab in ihr Amt einführte und die in der Regel aus der mit der Verwaltung des Reiches vertrauten Hofkapelle kamen, wurden ihm zuverlässige Helfer seiner Regentschaft, wie sich am Beispiel seines Bruders Brun zeigt, der Erzbischof von Köln und Erzherzog Lohringens war.

Als Magyaren wieder ins Reich einfielen und Bayern verwüsteten, besiegte sie Otto I. an der Spitze
955 eines Heeres von Sachsen, Franken, Bayern, Schwaben und aus Böhmen auf dem Lechfeld bei
Augsburg. Seitdem stellten die Magyaren ihre Invasionen ein, ließen sich in der Ebene von Donau
um und Theiß nieder, wurden christianisiert und gründeten Ungarn. Nach Widukind rief das Heer
1000 Otto I. als Sieger gegen die Ungarn zum imperator (Kaiser) aus. Mit einem solchen Heerkaisertum
hätte sich Otto I. wohl nicht begnügt; seine Italienpolitik zielte darauf ab, ein Romkaisertum –
wieder in der Tradition Karls d. Gr. – neu zu begründen.

Anlaß für seine Italienpolitik war ein Hilferuf Adelheids, der Witwe König Lothars von Italien und Tochter des Königs von Burgund, die Markgraf Berengar von Ivrea (nördlich von Turin) in seine Gewalt gebracht hatte, um sie mit seinem Sohn zu verheiraten. Da Otto I. seit einigen Jahren Wit-
951 wer war, bekam sein erster Kriegszug über den Brenner nach Italien „die Aura einer romantischen Brautfahrt" (Hans K. Schulze 1991). Kampflos zog Otto I. mit einem größeren Heer in Pavia ein, nannte sich jetzt „König der Franken und Langobarden" – die Vorstufe für die nun in greifbare Nähe gerückte Kaiserkrone in Rom. Kurze Zeit feierte er die Hochzeit mit der hübschen, zwanzigjährigen Adelheid.

11 Jahre später bat Papst Johannes XII. Otto I. um Hilfe gegen Berengar, der gegen Rom vorzurücken beabsichtigte. Dies war eine günstige Gelegenheit für den König, mit einem Heer nach
962 Rom zu ziehen und sich als Schutzherr der Kirche zu erweisen. Er wurde vom Papst zum Kaiser gekrönt, der anerkannte, daß Otto die Kaiserkrone als Lohn für seinen Ungarnsieg und seine Siege über andere Heidenvölker erhalten habe. Hier verband sich der Heerkaisergedanke, nach Widukind „macht das Heer den Kaiser", mit dem Romkaisergedanken. Im Ottonianum bestätigte Otto I. dem Papst in Form von Besitz- und Rechtsansprüchen die Schenkungen an die römische Kirche, d. h. Gebiete, die zwischen der Poebene und Sizilien lagen und von Byzantinern, Sarazenen und Langobarden beherrscht wurden. Außerdem sicherte der Papst im Ottonianum dem König zu, daß ein vom Klerus und Volk Roms gewählter Papst erst dann geweiht werden dürfe, wenn er dem Kaiser bzw. seinen Abgesandten einen Treueid geleistet habe. Damit gewann Otto I. für sich und seine Nachfolger einen Einfluß auf die Besetzung des Papststuhls. Der Papst sank in seiner Autorität auf die Stufe eines Reichsbischofs hinab.

967 Auf der Synode von Ravenna leitete Johannes XIII. innerkirchliche Reformen ein und förderte die Reformen des Klosters Cluny – ein für das 11. Jahrhundert bedeutsamer Schritt.

Ottos I. und Adelheids Sohn Otto II., der schon mit 6 Jahren zum König erhoben war, wurde mit 12 Jahren an Weihnachten 967 in Rom nun auch zum Kaiser gekrönt und damit die schon von Heinrich I. erreichte Unteilbarkeit des Reiches gesichert. Fünf Jahre später wurde Otto II. mit der
972 griechischen Prinzessin Theophanu in der Peterskirche vermählt – ein Erfolg der Diplomatie Ottos I. und mit der Anerkennung des Westkaisers durch den Ostkaiser eine Lösung des Zweikaiserproblems (siehe Kapitel Karl d. Gr.).

968 Bei seinem Romaufenthalt gelang es Otto I. auch, Johannes XIII. zur Gründung des Erzbistums Magdeburg zu veranlassen, dem die Bistümer Brandenburg, Havelberg, Merseburg, Meißen, Zeiß und zeitweilig auch Posen unterstanden. Damit entstand ein Zentrum für die Slawenmission, ein „Lieblingsprojekt" des Kaisers, in seiner Pfalz Magdeburg. Mittelpunkt der Mission in Böhmen wurde das Bistum Prag. Polen blieb bis zur Warthe tributpflichtig.

Otto I., in seiner Herrschaft nach innen und außen eine „stabilisierende Integrationsfigur" (Fried-
973 rich Prinz 1985), starb in Memleben und wurde im Dom von Magdeburg beigesetzt.

gest. Hrotsvit von Gandersheim schrieb im Kloster Legenden, Dramen und Epen, darunter „Die Taten
um 975 Ottos I.". Bereits im 10. Jahrhundert erkannte die Nonne im Kaiser „den gewaltigen Herrscher des caesarianischen Reiches" mit dem „Zepter der augustalischen Ehren", der frühere Kaiser bei weitem durch seinen Glaubenseifer übertraf.

983 Während des Kriegszugs Ottos II. in Italien erhoben sich die Slawen und gewannen die Gebiete zwischen Oder und Elbe zurück. Die Marken Ottos d. Gr. gingen großenteils verloren. Die Grenze verlief an der Elbe und Eider.

983 Beim frühen Tod Ottos II. war sein Sohn erst dreieinhalbjährig. Es entstand ein Thronstreit um den Einfluß auf den schon 983 zum deutschen König gewählten Otto III. zwischen Heinrich dem Zänker von Bayern einerseits und Theophanu und Adelheid andererseits. Mit Hilfe des Erzbischofs Willigis von Mainz setzten sich die Frauen durch. Theophanu übernahm bis zu ihrem Tod 991 die Regentschaft und bewährte sich, nachdem sie schon vorher „consors imperii" (Mitkaiserin) in der Reichs- und Italienpolitik war und den Titel „imperator augustus" (erhabener Kaiser) führte.

994 Vierzehnjährig übernahm Otto III. nun selbst die Regierungsgeschäfte. Sein Vetter Brun von Kärn-
996 ten, den er als ersten Deutschen zum Papst Gregor V. erhob, krönte ihn in Rom zum Kaiser. Otto III. wählte Rom als Residenz einer von Kaiser und Papst in enger Zusammenarbeit errichteten Herrschaft über die ganze Christenheit, er sprach von einer „Renovatio imperii Romanorum" (Erneuerung des Römischen Reiches), einer Herrschaft über die Welt, in der er die führende Rolle für sich beanspruchte. Dies war „die Gesamtkonzeption eines universalen christlichen Imperiums, in dem die verschiedenen Völker des Abendlandes gedeihlich miteinander leben sollten" (Eduard

Hlawitschka 1986[1]). Auch Polen und Ungarn zählten zu diesem Imperium. Otto III. nannte den Herzog Boleslaw I. Chrobry von Polen „Bruder und Mithelfer des Imperiums".

Gnesen wurde Erzbistum (ca. 1000). Ihm wurden die Bistümer Kolberg, Krakau und Breslau unterstellt. Damit wurde Polen auch kirchlich unabhängig. Auch Ungarn erhielt unter König Stephan I. mit Gran ein unabhängiges Erzbistum. Ein Aufstand der Römer und sein früher Tod (1002) verhinderten eine Realisierung des von Otto III. erhofften Universalreichs mit Rom als „caput mundi" (Haupt der Welt).

Einführung in die Arbeitsthemen

Die Krönung Ottos I. zum König in Aachen 936 schien, wenn man Widukind Glauben schenken will, die Einheit des Reiches und die Einmütigkeit der geistlichen und weltlichen Großen sowie des Volkes bei der Wahl und Krönung des Sachsen zu symbolisieren. Und man kann bei der Aachener Krönung auch das Regierungsprogramm des Sachsen-Königs angedeutet finden: Bewußtes Anknüpfen an die Tradition Karls d. Gr., Durchsetzung eines neuen Herrschaftsanspruchs des Königs gegenüber den Herzögen, Bischöfen und Grafen im Inneren des Reiches, wirksame Verteidigung der Grenzen gegen Einfälle heidnischer Völker von außen, Wiederaufnahme der Italienpolitik der Karolinger und – wie bei Karl d. Gr. – Erneuerung der Kaiserwürde in Rom durch Otto I. als Schutzherr der Kirche. Der neue König begnügte sich also nicht damit, Herrschaftsstrukturen seines Vaters, Heinrichs I., zu übernehmen, sondern er war entschlossen, eine hegemoniale Herrschaft in Europa aufzubauen. Die Realität, wie sich bei den Erhebungen der Großen bald nach der Krönung Ottos I. zeigte, sah anders aus.

Mit Hilfe des Reichskirchensystems (siehe Nr. 1 und Kommentierendes Register), mit dem der König Bischöfe als Helfer in der Reichspolitik gewann, suchte er künftige Aufstände der Großen zu verhindern. Erzbischof Brun von Köln, der zugleich Herzog von Lothringen war, war ein Beispiel einer solchen Verbindung von Bischofsamt und Reichsdienst.

Wie im Inneren des Reiches, so zeigt sich auch bei der Kaiserkrönung Ottos I. 962 sein in Oberitalien und Rom ungewohnter Herrschaftsanspruch. Die Herrschaft des Kaisers über weite Teile Italiens und über Rom war untrennbar verbunden mit seiner Schutzherrschaft über die Kirche. Durch das Ottonianum (siehe Nr. 2 und Übersicht) und später weitergehende Konzessionen geriet das Papsttum in eine fast ein Jahrhundert dauernde Abhängigkeit vom Kaisertum.

Arbeitsthemen

1. *In welchen Phasen entstand die Reichskirche? Wie sicherte sich der König die Mitarbeit der Bischöfe in der Reichspolitik? Seit wann beanspruchten die Könige das Recht, Bischöfe einzusetzen? Welche Kritik an diesem System wurde laut? Welche positiven Seiten sah man in ihm? Welche Gefahren lagen darin? (Nr. 1)*
2. *In welcher Tradition stehen die Bestimmungen des „Ottonianum"? In wessen Hand befinden sich die Besitzungen, auf die das Papsttum Anspruch erhebt? Welche Klausel des „Ottonianum" zeigt den Einfluß des Kaisers auf die Papstwahl? (Nr. 2)*
3. *Wie kann im Hinblick auf die Beziehungen der weltlichen Herrschaft zur geistlichen Gewalt das Bild interpretiert werden? Welchen Rang nimmt die Kaiserin ein? Wer bleibt bei der Krönung unberücksichtigt? Was bedeutet dies? (Nr. 3 a)*
4. *Mit welchen Motiven wenden sich Große im Reich gegen die Vormundschaft Theophanus über Otto III.? Wer steht hinter Theophanu? Von wem wird sie beraten? Was bedeutet Theophanus Titel „imperator augustus" in Rom? Welche Verdienste hat sie sich um die Innen- und Außenpolitik des Reiches erworben? (Nr. 3 b)*

1 Siehe Nr. 3 b, S. 29

1. Die Reichskirche als Instrument der Herrschaft Ottos d. Gr.

Diese Reichskirche war nicht etwa ein genialer Einfall, zu dem es mit einem Schlage gekommen war und der nachher systematisch verwirklicht wurde.
Ihr Beginn ging offensichtlich darauf zurück, daß die Krone das Recht beanspruchte, die Bischöfe zu ernennen, und dieses Recht auch ausübte. Diese Handlungsweise war nicht neu, und der deutsche König richtete sich hierin nur nach den Karolingern. Diese hatten ja stets nach eigenem Ermessen über die Bischofssitze verfügt.
Ein entscheidender Schritt ist darin zu erblicken, daß Otto I. mehreren Bischöfen die Grafenrechte in ihrer Residenz und in dem von dieser abhängigen Gebiet verlieh. Er tat das gegenüber dem Bischof von Speyer, dem Erzbischof von Magdeburg, dem Erzbischof von Mainz, dem Bischof von Chur und dem Erzbischof von Köln. Auch in solchen Verleihungen ist die Weiterentwicklung einer sehr alten Tradition zu sehen; denn die Bischöfe und Äbte genossen seit Jahrhunderten das Vorrecht der Immunität, das heißt der Freistellung von der Kontrolle durch die staatlichen Beamten und der Anerkennung ihres Herrschaftsbereiches als rechtlich weitgehend selbständigen, durch die Autorität der Kirche befriedeten Bezirk. Otto der Große erweiterte die Macht der Bischofsgerichte über das die Immunitätsrechte genießende Gebiet des betreffenden Bischofs. Darüber hinaus aber hat Otto mehreren Bischöfen noch Regalien (Königsrechte) übertragen, nämlich das Recht der Münzprägung und das Recht, Zölle (vorwiegend Marktgelder und Binnenzölle an Verkehrsknotenpunkten) zu erheben. Doch den entscheidenden Schritt tat Otto I. schließlich damit, daß er den Bischöfen die gesamten Grafenrechte überließ. Anfänglich gewährte er sie diesen Prälaten nur für ihre Residenz, aber schon bald wurden die örtlich nahen Gebiete – ein geschlossener Bezirk, der in den meisten Fällen um die Bischofsresidenz herum lag – dem zuständigen Bischof unterstellt. Unter Otto III., dem zwischen 983 und 1002 regierenden Enkel Ottos des Großen, erhielten manche Bischöfe sogar ganze Grafschaften.
Der wesentliche Punkt bei all diesen Maßnahmen war die in ihnen liegende enge Bindung des betreffenden Bischofs an die Interessen des Herrschers; denn die Gegner, die zum Schaden der bischöflichen Grafen die diesen verliehenen Rechte, die kirchlichen Domänen und die Befugnis zur Bestimmung der Nachfolger bei der Besetzung hoher Kirchenämter an sich reißen wollten, waren die Aristokraten, die gleichzeitig auch für den Monarchen gefährlich waren: die Herzöge, die Grafenfamilien, die großen Grundherren – kurz, alle diejenigen Gruppen, gegen die sich die Kaiser durch die Reichskirche sichern wollten.
Von diesen weltlichen und regionalen Kräften bedroht, wandten die Bischöfe sich immer wieder dem Kaiser zu, der ja eine Verbindung mit den regionalen Gewalten verhindern wollte und deshalb fast immer sorgfältig darauf achtete, daß er zum Bischof eines Gebietes einen Mann ernannte, der nicht diesem, sondern einem anderen Gebiet entstammte. So kam es dahin, daß die Bischöfe in ihrem eigenen Interesse die Gegner der kaiserlichen Gewalt bekämpften.
Das System der ottonischen Reichskirche lief also darauf hinaus, eine aus mächtigen Männern bestehende Schicht zu schaffen, deren Interesse mit dem der Krone völlig übereinstimmte. Diese Männer, die eigentlich Fremde in der von ihnen verwalteten Region waren, bildeten innerhalb des Staates eine Gruppe, die an den Kaiser, nicht aber an einen Gebietsteil gebunden war und deren meistens im Zölibat lebende Mitglieder auch nicht durch Erblichkeit dort verwurzeln konnten, wo sie herrschten. Nirgends und zu keiner Zeit hat es im frühen Mittelalter ein territoriales Verwaltungssystem gegeben, das die Herrschaft des Monarchen in einem solchen Maße sicherte.
Natürlich wurden Einwendungen religiöser Art gegen dieses System laut. Der von dem Monar-

chen mit weltlicher Gewalt ausgestattete Bischof erschien aufgrund einer fast unvermeidlichen Verwechslung auch als ein vom Herrscher mit geistlicher Gewalt bekleideter Prälat. Zwei oder drei Bischöfe brachten diese Einwendung im 10. Jahrhundert tatsächlich vor, aber es handelte sich hierbei um sehr seltene Ausnahmefälle. Die übrigen Bischöfe haben im 10. Jahrhundert von der Institution der Reichskirche Vorteile gehabt und sie zu nutzen verstanden; doch darüber hinaus haben nahezu alle Bischöfe und ebenso auch ihre Gläubigen in erster Linie die positiven Seiten der neuen Organisation gesehen, die seit den fünfziger Jahren des 10. Jahrhunderts zielbewußt geschaffen wurde.

Einer der positiven Faktoren bestand auch darin, daß Otto I. bei der Wahl der von ihm ernannten Bischöfe im allgemeinen eine sehr glückliche Hand hatte. Der Klerus seiner Reichskirche zeichnete sich durch Frömmigkeit und geistige Kultur aus.

Ein weiterer positiver Umstand war, daß Otto I. sich zudem als leidenschaftlicher Anhänger und Propagandist einer Kirchenreform zeigte. Otto I. erwarb sich die Gunst des Klerus auch dadurch, daß er die Verbreitung des Christentums unter den Slawen förderte. Daher ist es verständlich, daß seine Kirchenpolitik zu jener Zeit von der Geistlichkeit allgemein akzeptiert wurde.

Aus: Jan Dhondt, Das frühe Mittelalter, Fischer Weltgeschichte Bd. 10, Frankfurt a. M. 1968, S. 200–202.

2. Ausbau der Herrschaft des Kaisers in Rom im „Ottonianum" (962)

Es ist gewiß mehr als Zufall, daß das berühmte Diplom Ottos I. für Johannes XII., mit dem der Kaiser nach der Gewohnheit seiner Vorgänger dem Papst die Besitzungen und Rechte der römischen Kirche bestätigte, einen Tag nach der päpstlichen Urkunde über die Einrichtung des Erzbistums Magdeburg ausgestellt ist. Die Prunkausfertigung des sogenannten „Ottonianum", die ein Kalligraph in Goldbuchstaben auf Purpurpergament schrieb, ist auf den 13. Februar 962 datiert. Die Bestimmungen dieser Urkunde stehen ganz in der Tradition der karolingischen Schenkungen aus gleichem Anlaß. Otto übernahm größtenteils wörtlich die Formulierungen, die seine karolingischen Vorgänger in ihren Privilegien benutzt hatten. In vielen Fällen stellte die namentliche Aufzählung der päpstlichen Besitzungen und Ansprüche nicht mehr als die Erneuerung eines theoretischen päpstlichen Besitzrechtes dar, denn die Güter, die zwischen Sizilien im Süden und der Poebene im Norden gelegen waren, befanden sich in der Hand der Byzantiner, der Sarazenen und anderer Besitzer, die auch von einer ottonischen Kaiserurkunde kaum zu beeindrucken waren. Daß Otto sich überdies nicht zu allzu großen Konzessionen gegenüber dem Papst bereitfand – obgleich vermutet wird, daß ihm auch eine Abschrift der sogenannten Konstantinischen Schenkung bei dieser Gelegenheit vorgelegt worden sei –, zeigt die Bestimmung, daß der von Klerus und Volk von Rom gewählte Papst dem Kaiser bzw. seinen Abgesandten einen Treueid auf den Kaiser abzulegen habe, und zwar vor seiner Weihe.[1] Otto hat also bei der Erneuerung des Kaisertums zwar die von seinen karolingischen Vorgängern gegebenen Versprechungen erneuert, darüber hinaus aber keine Einschränkung der kaiserlichen Stellung hinnehmen müssen.

Aus: Gerd Althoff, Hagen Keller, Heinrich I. und Otto d. Gr., Neubeginn und karolingisches Erbe, Göttingen, Zürich, Bd. 2, 1985, S. 186.

1 Ein Jahr später sollen sich die Römer sogar eidlich verpflichtet haben, keinen Papst ohne Zustimmung des Kaisers zu wählen.

3. Kaiserin Theophanu

a) Krönung Ottos II. und Theophanus durch Christus (982–983)

Geschnitzte Elfenbeintafel aus Italien. Im Zentrum steht Jesus Christus, dessen Hände segnend auf den Bügelkronen des Herrscherpaares ruhen. Der bärtige Kaiser ist durch die Inschrift OTTO IMP(erator) P(o)man(orum) A(u)G(ustus) bezeichnet. Er steht auf einem Podest, vor dem sich ein bärtiger Mann in tiefster Unterwerfung (Proskynese) verneigt. Zur Linken Christi steht Theophanu. Sie trägt den Titel IMP(eratrix) A(u)G(usta).

b) Regentschaft der Kaiserin

Der Rechtsauffassung der Zeit entsprach es, daß nun[1] Ottos II. Witwe Theophanu – zumal sie, wie schon Adelheid, die Weihe als consors imperii[2] erhalten hatte – als nächste Anverwandte die Regentschaft für den unmündigen Otto III. übernahm. Da Theophanu aber noch in Italien weilte und als Griechin vielleicht manchem für diese Aufgabe ungeeignet schien, sah Heinrich der Zänker, der nächste Schwertmage[3], seine Stunde gekommen. Vom Bischof von Utrecht aus der Haft entlassen, ließ er sich den jungen Otto III. überantworten. Viele Große, dabei mehrere Bischöfe, konnte er von seinem Anrecht überzeugen. Bald aber wurde deutlich, daß er nur selbst König werden wollte. Zu Ostern 984 ließ er sich in Quedlinburg von seinen Anhängern zum rex ausrufen. Unterstützung hatte er für seine Pläne zunächst bei König Lothar von Frankreich – eventuell gegen die Zusage einer Abtretung Lotharingiens – gesucht und eine solche auch von den Fürsten Mieszko von Polen und Boleslav II. von Böhmen sowie vom Abodritenfürsten Mistui erhalten. Nur langsam sammelten sich dagegen die Befürworter Ottos III. und einer Regentschaft Theophanus; zu ihnen gehörten vornehmlich der Erzbischof Willigis von Mainz (einer der Aachener Koronatoren Ottos III.), die Herzöge Konrad von Schwaben, Bernhard von Sachsen und Heinrich von Bayern sowie die Herzogin Beatrix, die nach dem Tod ihres Gemahls Friedrich von Oberlotharingien für ihren Sohn Dietrich I. amtierte. Nach vielen Verhandlungen und einzelnen Scharmützeln erklärte sich Heinrich der Zänker bei einem Treffen mit den wichtigsten Anhängern Ottos III. in Bürstadt (b. Worms) im Mai 984 bereit, Otto an Theophanu und Adelheid, die inzwischen nach Deutschland gekommen waren, auszuliefern. . . .

Regenschaft Theophanus: Von nun an bestimmte Theophanu: beraten von Erzbischof Willigis von Mainz und dem Kanzler Bischof Hildibald von Worms, in kluger und fester Weise die Geschicke. Adelheid zog sich bald vom Hofe zurück. Heinrich der Zänker hatte sich für den Thronverzicht die Wiedereinsetzung in das ihm 976 entzogene Herzogtum Bayern erhofft. Doch dagegen sperrte sich vor allem der Liutpoldinger Heinrich, der es seit dem Reichstag von Verona (983) verwaltete. Erst im Juni 985 wurde nach neuen Zusammenstößen die Lösung gefunden: Heinrich der Zänker erhielt Bayern zurück, außerdem die Zusage auf die Nachfolge im Herzogtum Kärnten . . .

Theophanus Ost- und Italienpolitik: Nach Osten hin gelang es Theophanu nicht, obgleich sächsische Kontingente wiederholt die Elbslawen angriffen, die 983 eingetretenen Verluste wettzumachen. Für eine mit Feldzügen kombinierte breite Missions- und Siedlungsaktion, die allein hätte Abhilfe schaffen können, fehlten einfach die Bevölkerungskräfte. Bei der Behauptung der Marken Meißen und Lausitz zeigte es sich aber, daß sich eine Rivalität zwischen dem Polenfürsten Mieszko und Boleslav II. von Böhmen über den Besitz Schlesiens und Krakowiens entwickelte, die Mieszko eine Wiederanerkennung der Lehnshoheit des Reiches ratsam erscheinen ließ, während Boleslav II. halbwegs offen mit den Liutizen zusammenarbeitete. Nur mühsam wurde 990 die Situation durch einen deutsch-böhmischen Vertrag gesichert.

In Italien, wo man die Königserhebung Ottos III. zunächst nicht zur Kenntnis genommen hatte, vermochte Theophanu die Reichsinteressen ohne spektakuläre Eingriffe zu wahren. Hier bewährte sich die von Otto I. eingeleitete Gleichgewichtspolitik. In Rom freilich hatten die Crescentier den noch von Kaiser Otto II. nominierten Papst Johann XIV. (983–84) beseitigt und durch den schon einmal vertriebenen Bonifatius VII. (984–85) ersetzt. Nach dessen Tod fungierte als ihr Geschöpf seit 985 Papst Johann XV. Als Theophanu 989/90 (ohne Otto III.) nach Rom kam, konnte sie zwar dort als imperator augustus urkunden und die Ansprüche ihres Sohnes auf das Kaisertum aufrechterhalten, aber eine Auseinandersetzung mit dem Stadtherrn Crescenti-

1 nach dem Tod Ottos II. 983
2 Teilhaberin an der Herrschaft, Kaiserin
3 Verwandter väterlicherseits

us II., der sich bald als dux et senator omnium Romanorum[1] bezeichnen ließ, hat sie vermieden. Sie, die sich als Wegbereiterin für ihren Sohn verstand und mit einem für eine Ausländerin erstaunlichen Einfühlungsvermögen die komplizierte außen- und innenpolitische Situation Deutschlands meisterte, starb, erst etwa 30–35 Jahre alt, am 15. Juni 991 in Nimwegen. Bestattet wurde sie in St. Pantaleon zu Köln.

Aus: Eduard Hlawitschka, Vom Frankenreich zur Formierung der europäischen Staaten- und Völkergemeinschaft 840–1046, Darmstadt 1986, S. 136ff.

B Alltag um 800

Einführung in die Arbeitsthemen

Ausgehend von der einem traditionellen Geschichtsverständnis entstammenden Feststellung H. Dannenbauers „Die Welt des Mittelalters ist eine aristokratische Welt . . . das Volk auf dem Land hat keine Geschichte" wird der alltagsgeschichtliche Ansatz entwickelt: Die historische Wirklichkeit soll „von unten" erfaßt werden; das besondere Interesse gilt den „kleinen Leuten" in ihrer Betroffenheit durch die Vorgänge der „großen Politik". Die Frage „Alltagsgeschichte als Reizwort?" fordert eine Klärung des Begriffs und eine Einschätzung ihrer Möglichkeiten und Grenzen.

Auf diesem Hintergrund erfolgt eine Untersuchung des „Lebens auf dem Land" in exemplarischer Weise unter dem Blickwinkel menschlicher Grundbedürfnisse und Grundsituationen. Das Leben der einfachen Bevölkerung in zumeist zugigen Behausungen aus Holz, Flechtwerk und Lehm war bei nie begrenzter Arbeitsdauer von der täglichen Sorge um das Existenzminimum bestimmt. Kleidung und Ernährung paßten sich in diesen Rahmen ein. Hungersnöte, Armut, Krankheit und eine durchschnittliche Lebenserwartung von ca. 30 Jahren aufgrund einer hohen Kleinkindersterblichkeit hat man nicht bekämpft, sondern als unabwendbares Schicksal hingenommen.

Insgesamt dominierte das Private gegenüber dem Öffentlichen im Mittelalter, wie man am Niedergang der Städte zugunsten des Landes sehen kann. Das römische Reich hatte im öffentlichen Leben auf den Straßen der Stadt das Ideal schlechthin betont, im Frühmittelalter brach der „Kult der Urbanität" zusammen, und das private Leben auf dem Lande trat an seine Stelle.

Arbeitsthemen

1. *Woran wird eine Überordnung des „Hofes" gegenüber dem „freien Mann" in der Dorfgenossenschaft erkennbar? Worauf läßt diese Wertigkeit schließen? Welchem Bedeutungswandel unterliegt der Begriff „Hufe" in einer Grundherrschaft? (Nr. 1 a)*
2. *Was bedeutet Subsistenzwirtschaft? Welche Vor- und Nachteile hat sie gegenüber anderen Wirtschaftsformen? Wo ist sie noch heute anzutreffen? Warum war eine marktwirtschaftliche Ordnung im Frühmittelalter nicht möglich? (Nr. 1 b)*
3. *Welche Vorrechte ergeben sich für den Mann aus der patriarchalischen Familienstruktur gegenüber seiner Frau und seinen Kindern? Wo liegen die Ursachen dafür? Was hat sich heute verändert? Warum? (Nr. 1 c)*
4. *Wie sah der Alltag einer Bauernfamilie aus? Welche Bedeutung hatte die Frau für die bäuerliche Familie? Welche Aufgaben galten nach altchristlichem Verständnis als geschlechtstypisch für Mann und Frau? (Nr. 1 d)*
5. *Inwiefern legt die Bauweise der frühmittelalterlichen Bauernhöfe einen Vergleich mit Dorfsiedlungen der Dritten Welt nahe? Warum ist die Vorstellung vom schollengebundenen Bauern zu problematisieren? (Nr. 2 a)*

1 Herzog und Senator aller Römer

6. *Wodurch unterscheidet sich die Kleidung von Mann und Frau? Inwieweit gibt es bereits modische Einflüsse? (Nr. 2 b)*
7. *Warum fallen Arbeiten und Leben für das Bauerntum zusammen? Inwieweit gibt es Ausnahmen? Wie stellt sich dagegen das moderne Leben in der Stadt dar? Welche Vorzüge, welche Nachteile sind erkennbar? (Nr. 3 a)*
8. *Wo liegen die Ursachen für Krankheit und mangelnde Hygiene? Welche Rolle spielt dabei die Religion? (Nr. 3 b)*

Materialien

1. Leben auf dem Land

a) Hof und Hufe

Die Stellung eines Mannes im Dorf und in der Gemeinde war vom Besitz eines Hofes abhängig. Nur wer einen Vollbauernhof innehatte, war auch vollberechtigtes Mitglied der Dorfgenossenschaft. Rechte und Pflichten hafteten am Hof, nicht an der Person des jeweiligen Besitzers. Dieser Vorrang des Hofes kam in manchen Gegenden durch die Hausmarken und Hofnamen zum Ausdruck. Diese am Hof haftenden Namen waren konstant und änderten sich bei einem Wechsel des Besitzers nicht. Der Hof stand als eigene Rechtspersönlichkeit gleichsam über dem Inhaber.
Der Bauernhof war eine selbständige Betriebseinheit, auch dann, wenn er rechtlich und organisatorisch in einen grundherrlichen oder gutsherrlichen Verband eingegliedert war. Diese bäuerliche Wirtschaftseinheit bestand in der Regel aus drei Elementen, erstens Haus, Hof und Garten, zweitens Ackerland („Hufenland") und drittens Nutzungsrechten an der Allmende.[1] Seit der späteren Karolingerzeit werden diese drei Bestandteile in den Quellen auch als „Hufe" (mlat. mansus) bezeichnet.
Schon am Ende des 8. Jahrhunderts wird die Hufe zum Landmaß. Sie bildet im Rahmen der Grundherrschaft die Grundlage für die Erhebung von Abgaben, aber auch das Herrenland (terra salica) wird bei Veräußerungen in Hufen angegeben.
Bereits am Ende des 8. Jahrhunderts war die Hufe auch zur Maßeinheit geworden, zum Flächenmaß von allerdings unterschiedlicher Größe.
Am häufigsten scheint man mit 30 Morgen (Joch, iugera) pro Hufe[2] gerechnet zu haben, doch werden auch 16, 36 und 40 Morgen genannt. Da der Umfang eines Morgens wohl schon im frühen Mittelalter regional unterschiedlich war, ist eine Umrechnung in Hektar kaum möglich. Immerhin dürfte eine Hufe ausgereicht haben, um eine Bauernfamilie zu ernähren.

Aus: Hans K. Schulze, Grundstrukturen der Verfassung im Mittelalter, Bd. 2. Stuttgart, Berlin, Köln 1992, S. 56–58

b) Subsistenzwirtschaft

Ein mittelalterlicher Bauernhof ist nicht vergleichbar mit einem modernen Bauernbetrieb, der seine spezialisierte Produktion mit größtmöglichem Gewinn auf dem Markt abzusetzen versucht. Die alte Bauernwirtschaft stellte vielmehr ein System eigener Art dar, das seinen Grundbe-

1 Allmende: Gemeinsame Nutzung von Ländereien einer Dorfgemarkung durch die Dorfbewohner (Wald, Weide, Ödland u. a.)
2 Hufe: ca. 30–60 Morgen = 10–20 ha.

darf an Nahrungsmitteln und Verbrauchsgütern aus seiner Hauswirtschaft deckte und sein Arbeits- und Wirtschaftsleben nach Möglichkeit unabhängig von der Außenwelt gestaltete. Der Arbeitsaufwand der Bauernwirtschaft diente jedenfalls nicht in erster Linie der Erwirtschaftung hoher Profite, sondern der Sicherung der familiären Subsistenz.[1]

Die bäuerliche Wirtschaft bildete das Fundament der alteuropäischen Wirtschafts- und Gesellschaftsstruktur und wurde von den zahlreichen politischen Veränderungen im oberen Gesellschaftsbereich in seiner Substanz wenig berührt. Selbst nach dem Beginn der modernen Verkehrswirtschaft besaß die Bauernwirtschaft im Unterschied zu den meisten anderen Wirtschaftsformen noch am längsten die Fähigkeit, sich einer zu engen Marktbindung zu entziehen. So konnte die Bauernwirtschaft die großen Wirtschaftskrisen, die im Gefolge der hochentwickelten Marktwirtschaft ausbrachen, noch relativ am besten überstehen.

Die zähe Überlebenskraft bäuerlicher Familienwirtschaft beruhte darauf, daß der Bauer seinen Hof nicht als Ertragsobjekt betrachtete, das man abzustoßen hatte, wenn es nicht mehr rentabel war; ihm galt der Hof vor allem als dauerhafte Existenzgrundlage. Der Bauer alten Typs arbeitete auch dann weiter, wenn der Ertragswert seiner Arbeit niedriger lag als der ortsübliche Arbeitslohn; so bewahrte er sich seine Lebensgrundlage für die Zukunft. Da diese Bauernwirtschaft in ihrem Kern auf der nicht entlohnten Arbeit der Familienmitglieder beruhte, schränkte sie sich bei ungünstigen Verhältnissen ganz auf diese ein. Demnach sicherten die Bauern die Grundlage ihrer Existenz durch Einschränkung des Verbrauchs sowie gesteigerten Arbeitsaufwand der Familienmitglieder – durch Opfer also, die unter rein wirtschaftlichem Aspekt unrentabel waren. Im Hochmittelalter, als die Marktverflechtung der Bauernhöfe noch relativ gering war und die Bauern von Krisen weniger berührt wurden, hatten diese Prinzipien bäuerlicher Wirtschaft daher ein besonderes Gewicht.

Aus: W. Rösener, Bauern im Mittelalter. München ³1987, S. 133–135

c) Patriarchalische Autoritätsstruktur

Die patriarchalische Struktur der Familie war in der Frühzeit besonders deutlich ausgeprägt. In der vorchristlichen Periode mußte das neugeborene Kind erst durch den Vater oder den Vormund der Mutter anerkannt werden, bevor es in die Familie aufgenommen wurde. Ein solcher rechtsförmlicher Akt war notwendig, denn das Neugeborene konnte ausgesetzt werden, solange ihm der Rechtsschutz der Familie noch nicht garantiert war. Mißgestaltete und lebensunfähige Kinder wurden durch Aussetzen dem Tode geweiht. Die Kirche hat diese Sitte bekämpft und schließlich auch beseitigt. Das Leben der Kinder wurde streng geschützt und Kindestötung mit grausamen Strafen geahndet.

In der germanischen Zeit und im frühen Mittelalter ist es sogar vorgekommen, daß ein Mann seine Frau und seine Kinder in die Sklaverei verkauft hat. Allerdings kann man daraus wohl nicht den Schluß ziehen, er habe über seine Familienangehörigen wie über eine Ware verfügt. Der Verkauf in die Unfreiheit war in besonderen Notlagen erfolgt oder als Strafe gedacht.

Dem Familienoberhaupt stand eine Strafgewalt gegenüber den Mitgliedern seiner Familie und seines Hauses zu, die das Recht zur körperlichen Züchtigung einschloß. Von hausherrlicher Gerichtsbarkeit sollte man aber nicht sprechen, sondern nur von einer Disziplinargewalt. Bei der schwersten Verfehlung gegen die Familie, dem Ehebruch der Frau, konnte die Strafgewalt des Gatten bis zur straflosen Tötung der Schuldigen und ihres Geliebten gesteigert werden, allerdings nur, wenn er sie in flagranti ertappte. Die Tötung galt als „erlaubte Missetat“ zur Wieder-

1 Subsistenzwirtschaft: Landwirtschaftliche Betriebsform, die ganz oder teilweise für die Selbstversorgung produziert. (Gegensatz zu Verkehrs- und Marktwirtschaft)

herstellung der gekränkten Ehre. Sonst konnte der Ehemann nur den Rechtsweg beschreiten. Im frühen Mittelalter reinigte sich die Frau durch einen Reinigungseid oder ein Gottesurteil von der Anklage wegen Ehebruchs. Im späteren Mittelalter strebten die geistlichen Gerichte bei Ehebruch eine Gleichbehandlung von Mann und Frau an.

Nach der Eheauffassung des Mittelalters sollte die Frau ihrem Mann untertänig und gehorsam sein und ihm in jeder Hinsicht „dienen". Andererseits war der Mann verpflichtet, sine Frau zu achten und zu ehren und sie nicht wie eine Magd zu behandeln. In einem Ehevertrag aus dem frühen Mittelalter wird ein vornehmer Mann verpflichtet, seine Frau gemäß dem Recht zu halten und sie nicht zur Sklavin herabzudrücken, sondern wie sein eigenes Fleisch und Blut zu hegen und zu pflegen. Auch die christliche Eheauffassung, die ohne Zweifel zur Verbesserung der Stellung der Frau in der Familie beigetragen hat, tastete den Vorrang des Mannes nicht grundsätzlich an, stellte aber auf manchen Gebieten an Mann und Frau die gleichen ethisch-moralischen Forderungen.

Aus: H. K. Schulze, a. a. O., Bd. 2, S. 32 f.

d) Geschlechtsspezifische Arbeitsteilung

Für den Tätigkeitsbereich der Frauen in ihrem Alltagsleben bestand sei altersher eine geschlechtsspezifische Arbeitsteilung. Sie wies den Frauen allgemein die Binnenwirtschaft zu. In der Bauernfamilie sah das so aus: Die Frau bereitet das Bad, sie mahlt das Getreide auf der Handmühle, sie braut das Bier, sie kocht und putzt, aber sie hilft auch im herrschaftlichen Weinberg, beim Beerensammeln im Wald und bei der Getreideernte mit. Die Admonitio generalis von 789 gibt im Zusammenhang mit der Sonntagsheiligung eingehende Angaben über die am Sonntag verbotenen „opera servilia" (knechtische Arbeiten). Die Männer sollen nicht im Weinberg arbeiten, auf den Feldern pflügen oder ernten, Gras mähen, Zäune machen, im Wald roden, Bäume fällen, Häuser bauen oder im Garten arbeiten. Die Frauen sollen keine „opera textrilia" verrichten – darunter verstand man alle Arbeitsgänge von der Ernte der Faserpflanzen bzw. der Schafschur bis zum fertigen Kleidungsstück –, sie sollen sonntags keine Kleider zuschneiden, nicht nähen oder Wolle zupfen, keinen Flachs schlagen, nicht in einem öffentlichen Gebäude waschen und keine Schafe scheren. Während hier die Gartenarbeit dem Mann zugewiesen wird, macht Bischof Meinwerc die Frau eines seiner Gutsbeamten (uxor villici) für den ungepflegten Zustand ihres Gartens, der voller Brennesseln und Unkraut war, verantwortlich (cap. 148). Die Näharbeiten der Bauersfrauen beschränkten sich nun keineswegs auf die für die eigene Familie erforderlichen Kleidungsstücke. Sie mußten auch hier für den Grundherrn mitarbeiten. Die Weiterverarbeitung der vom Fronhof gestellten pflanzlichen und tierischen Fasern (Flachs, Hanf, Wolle) ist nach dem Güterverzeichnis des Eifelklosters Prüm aus dem 9. Jahrhundert ausschließlich Frauensache. Sie müssen Leintücher, Hemden, Hosen herstellen. Das geschieht nach dem Prümer Urbar[1] im Bauernhaus.

Aus: Edith Ennen, Frauen im Mittelalter. München 1986, S. 87

Geschlechtsspezifische Arbeitsteilung nach altchristlich-mittelalterlichem Verständnis: Eva spinnt, Adam bearbeitet den Acker. Augsburg 1476.

1 Urbar = Verzeichnis über die Grundstücke einer Grundherrschaft

2. Grundbedürfnisse

a) Wohnung

Der Bauernhof des Frühmittelalters, auf den wir hier einen kurzen Blick werfen wollen, um die Neuerungen des Hochmittelalters in ihrer vollen Tragweite erfassen zu können, stellte nämlich – dies hat die neuere Hausforschung zuverlässig nachgewiesen – ein Mehrbaugehöft dar: Es bestand in der Regel aus einer größeren Zahl von Wohn- und Wirtschaftsgebäuden, wie wir es aus den Volksrechten und aus archäologischen Grabungen, die in Warendorf (Westfalen) und Merdingen (Breisgau) unternommen wurden, ersehen. Innerhalb der weiträumigen Gehöfte, die durch Hofzäune gegen wilde Tiere und Eindringlinge geschützt waren, befanden sich außer Wohnhäusern mit unterschiedlicher Funktion eine beachtliche Zahl von Wirtschaftsgebäuden (Scheunen, Schuppen, Speicher) und kleinen Nebenbauten (Backhäuser, Kochhütten, Badehäuser usw.). Neben ebenerdigen Gebäuden bildeten eingetiefte Bauten, sog. Grubenhäuser, ein besonderes Kennzeichen der damaligen Bauernhöfe. Grubenhäuser wurden offensichtlich in erster Linie zur Speicherung von Vorräten und zu handwerklichen Tätigkeiten wie der Weberei benutzt. Die Wände der fast ausschließlich einstöckigen Bauten des frühmittelalterlichen Bauernhofes waren in der Regel Pfostenwände, die sich aus Holzbohlen, Holzstäben oder aus mit Lehm und Stroh verstärktem Flechtwerk zusammensetzten. Über die häufig einräumigen Bauten ragten hohe, überwiegend steile Strohdächer empor, die ihrer Konstruktion nach sog. Rofendächer darstellten, bei denen Firstbäume und Rofen (Dachbalken) als Träger des gesamten Daches fungierten. Im Unterschied zu dieser hängenden Dachform sind bei den später entwickelten Sparrendächern die Sparren (kräftige Holzbalken) Träger des Daches; sie sind paarweise fest miteinander verbunden und ruhen mit ihren Fußenden auf dem darunterliegenden Wand- und Ständerwerk.

Die Wohnsituation in den ein- oder zweiräumigen Bauernhäusern des Frühmittelalters war vor allem durch die spezifische Anlage des damaligen Herdfeuers ohne Rauchkanal bedingt. Schornsteine, die den beißenden Rauch über das Dach hinausführten, gab es nämlich noch nicht; stattdessen stieg der Rauch in dem bis zum Dach offenen Raum empor und gelangte durch Dachöffnungen oder durch eine Luke im Giebel ins Freie. Frühmittelalterliche Bauernhäuser waren daher stets von Rauch erfüllt, zum Dach hin ohne Zwischendecke gebaut, mit wenig Mobiliar ausgestattet und nur notdürftig durch den Schein des Herdfeuers und rußender Kienspäne erhellt.

Die primitive und leichte Bauweise der frühmittelalterlichen Bauernhäuser und Wohnhütten brachte es mit sich, daß sie keine Dauer garantierten und wegen der im Boden verlaufenden Holzpfosten mindestens nach 50 Jahren neuerrichtet werden mußten. Ausgrabungen in frühmittelalterlichen Siedlungen bestätigen immer wieder, daß sowohl einzelne Höfe als auch ganze Dörfer nur eine geringe Lagekonstanz aufweisen und Bauernhäuser erstaunlich oft versetzt und von neuem aufgebaut worden sind. Neben Baufälligkeit gaben Bodenverwässerungen, Überschwemmungen oder auch Brände häufig Veranlassung zu Hofverlegungen, wie Ausgrabungen im oldenburgischen Ammerland oder in englischen Dorfsiedlungen ergeben haben. Vergleiche zu einfach gebauten Bauernhütten und wenig dauerhaften Dorfsiedlungen in Indien oder in anderen Agrarländern der Dritten Welt bieten sich hier an. Die eingefahrenen Vorstellungen von den schollengebundenen, ständig an gleicher Stelle verharrenden Bauern des mittelalterlichen Europas sind mit diesen neueren Erkenntnissen jedoch schwerlich in Einklang zu bringen.

Aus: W. Rösener, a. a. O., S. 78–80

b) Kleidung

Das Äußere der Menschen wurde vor allem durch ihre Kleidung geprägt, die auch den Stand erkennen ließ, sich im früheren Mittelalter bei den verschiedenen Schichten aber eher in Qualität und Schmuck als in der Form unterschied; erst seit dem 13. Jh. kamen strenge Kleiderordnungen für die einzelnen Stände auf. Materialien waren vor allem Leinen, Flachs und Wolle, gelegentlich als ein aus dem Osten eingeführter Luxusartikel auch Seide. Im frühen Mittelalter wurden besonders die „friesischen" (oder eher flandrischen) Tuche geschätzt. Wichtigstes und für ärmere Schichten oft einziges Kleidungsstück des Mannes war die Tunika, ein knielanger Rock; darunter trug man in der Regel ein ebenfalls knielanges Hemd. „Unterhosen" (bruech, femoralia) waren bekannt, setzten sich aber erst seit dem 13. Jh. allgemein durch; die Beine wurden durch umwickelte Strümpfe oder Hosen bedeckt; die ledernen Schuhe waren aus einem Stück gearbeitet und oben zusammengenäht. Die „fränkische" Kleidung, die Notker etwa an Karl dem Großen beschreibt und die aus scharlachfarbenen Leinenhosen und darüber geschnürten Schienbeinbinden bestand, wurde damals bereits kaum mehr getragen und hatte wohl nur noch Trachtencharakter. Zur Kleidung der Frau zählte ein langes Unterkleid und ein zunächst etwas kürzeres, später ebenfalls langes Obergewand mit weiten Ärmeln. Vor allem verheiratete Frauen trugen ein Kopftuch oder einen Schleier. Wer es sich leisten konnte, besaß einen oben mit einer Fibel und eventuell mit einem Gürtel zusammengehaltenen Mantel. Die Kleidung war insgesamt noch wenig körperbetont; eine (sich wandelnde) Mode entwickelte sich eigentlich erst seit dem hohen Mittelalter und war vorher auf das Aufgreifen fremder (italienischer oder byzantinischer) Einflüsse bei den Oberschichten beschränkt.

Aus: H. W. Goetz, a. a. O., S. 31–33

3. Grundsituationen

a) Armut

Die harte Arbeitswelt des alten Bauerntums charakterisiert der Volkskundler U. Jeggle so: „Die Arbeitsmittel der agrarischen Produktion hatten sich nur ganz allmählich gewandelt, das Leben hob sich kaum von der materiellen Existenzbefriedigung ab . . . Der eigene Körper kannte keinen Genuß, nur Arbeit, die Frau und die Kinder waren ebenfalls bloße Arbeitsmittel. Sozialisation war nichts als Eingewöhnung in diesen Arbeitsprozeß . . . Die Arbeit definierte den Tagesablauf, die Jahresphasen, die Lebensabschnitte. Die Kühe (oder die Ziegen und Hähne) weckten einen auf, die Nahrungszeiten waren von den jeweiligen Jahreszeiten und ihren Tätigkeiten abhängig. Im Winter schlief man mehr, leistete man sich mehr Geselligkeit, saß man abends bei Kienspan und Kunkel beisammen, aber freie Zeit war das nie. Arbeiten und Leben fiel zusammen."

Die Angst war eine Grunderfahrung des bäuerlichen Daseins; sie wirkte in die Alltagswelt hinein und prägte sie mit all ihren bedrohlichen Seiten. Das bäuerliche Leben stand im Zeichen von Unsicherheit und Krankheit, von Naturgewalten und Unglücksfällen, von Krieg und herrschaftlichem Zwang. Die Bauern der mittelalterlichen Epoche – sie stellten in der Regel mehr als 90 v. H. der Gesamtbevölkerung – litten vor allem unter den Folgen grausamer Kriege, herrschaftlicher Eingriffe und schicksalshafter Naturereignisse. Auch wenn zwischen den größeren Kriegshandlungen manchmal längere Friedenszeiten herrschten, bedrohten Ritterfehden und Überfälle beutegieriger Söldnerbanden mit den üblichen Raub- und Brandaktionen doch immer wieder Höfe und Dörfer und verbreiteten Angst und Schrecken unter der leidgeprüften Bevölkerung. Allgegenwärtiger noch als der Krieg waren den mittelalterlichen Bauern die Naturgewalten, denen sie im Sommer und Winter, in Hitze und Kälte, in Regen- und Trockenperioden ausgesetzt waren. Die Abhängigkeit der bäuerlichen Wirtschaft von Wetter und Klima war zu einer Zeit, wo den Bauern nur wenige technische Hilfsmittel zur Verfügung standen und die Erträge gering blieben, besonders groß. Die gleiche fruchtbare Natur, die Getreide, Obst, Gartenfrüchte und Rohstoffe mannigfacher Art bereitstellte, konnte in Zeiten des Unheils alles zurückfordern: die Ernte durch Hagelschlag, das Gras durch zu große Trockenheit, das Vieh durch Seuchen vernichten. Das Gesetz der Natur, Versorgung und Versagung zugleich zu sein, bestimmte das Leben der Bauern. Nichts war auf Dauer gesichert und berechenbar, die Abhängigkeit von Natur und Umwelt allgegenwärtig.

Aus: Rösener, Bauern im Mittelalter. München ³1987, S. 13 f.

b) Krankheit und Hygiene

Typhus, Pocken und Cholera, in den Mittelmeerländern Malaria, außerdem Tuberkulose, Ruhr und andere Krankheiten waren meist tödlich; ferner gab es zahlreiche Gelähmte und von rheumatischen Erkrankungen Geplagte, Blinde und Halbblinde – Brillen sind erst seit dem 14. Jh. bekannt –, Epileptiker und Geisteskranke (die „Besessenen" des Mittelalters). Schlecht war nach Skelettuntersuchungen auch der Zustand der Zähne, obwohl Karies in einer Zeit, die noch keinen Zucker kannte, seltener vorkam. Hingegen verheilten Knochenbrüche oft erstaunlich gut.
Krankheiten waren oft auch die Folge mangelnder Hygiene. Zwar kannte man schon im Mittelalter Bäder, Heizung und Abort, doch blieb das ein nur wenigen zugänglicher Luxus. Wenn strenge Mönchsregeln andererseits das Vollbad aus Gründen der Askese auf zweimal im Jahr (Weihnachten und Pfingsten) beschränkten oder Bischof Udalrich von Augsburg aus dem gleichen Motiv in der Fastenzeit nur einmal zu baden pflegte, so gehörte das Bad sonst offenbar zu den regelmäßigen Gewohnheiten, war die allgemeine Badefreudigkeit wohl doch erheblich größer (und nicht nur mit Vergnügungen sonstiger Art verknüpft, die die spätmittelalterlichen Badehäuser bereithielten). Öffentliche Bäder gab es bereits seit dem 12. Jh.

Aus: H. W. Goetz, a. a. O., S. 27 f.

C Gesellschaft und Wirtschaft um 800

Einführung in die Arbeitsthemen

Über den Begriff der „Familie" als zentralem Element der mittelalterlichen Gesellschaftsordnung wird in den Komplex „Gesellschaft" eingeführt. Aus dem mittelalterlichen Familienverständnis läßt sich sowohl die Grundherrschaft der Adligen wie auch jede staatliche Herrschaft herleiten.
Vor allem waren die Frauen – mit Ausnahme bestimmter selbstbewußter adliger Damen, die sogar in der Politik eine wichtige Rolle einzunehmen verstanden – in vielfältiger Form benachteiligt: sie standen rechtlich in der Schutz- und Fürsorgegewalt (Munt) des Mannes, zunächst des Vaters, dann des Ehemannes bzw. (bei dessen frühen Tod) des nächsten männlichen Familienmitglieds. Auch die Eheformen der damaligen Zeit (z. B. Muntehe, Friedelehe) entsprachen nicht einem uns heute geläufigen Konsens der Partner und standen oft in Widerspruch zur christlichen Eheauffassung. Für Unfreie gab es überhaupt keine rechtsgültige Verbindung. Andererseits waren verheiratete Priester nichts Ungewöhnliches.
Der Kritik an Adel und Klerus – in gleicher Weise von Karl dem Großen und seinen Nachfolgern wie von den unterdrückten Bauern vorgetragen – ist die Frage nach Begriff und Entstehung der

Adelsherrschaft im Frankenreich vorgelagert. Die Tatsache, daß sich die Adelsmacht als die ursprünglichere gegenüber der Königsherrschaft auf eine bis in die Völkerwanderungszeit zurückreichende Tradition berufen kann, macht den das ganze Mittelalter durchziehenden Grundkonflikt zwischen Königtum und Adel erklärbar. Dabei wird im Sinne einer zeitlosen Herrschaftsstrategie der Blick darauf gelenkt, mit welchen Mitteln das Königtum die Macht des Adels dennoch einzuschränken versucht.

In engem fast nicht zu trennenden Zusammenhang mit dem Bereich „Gesellschaft" ist der Komplex „Wirtschaft" zu sehen: Die Betrachtung der freien und unfreien bäuerlichen Schichten auf dem Lande im Sinne einer „Basisgesellschaft" (F. Prinz) leitet über zur Entstehung und Struktur der Grundherrschaft als dem über 1200 Jahre lang in verschiedenen Abwandlungen bestimmenden Merkmal der mitteleuropäischen Agrarverfassung.

Der Agrarsektor war im (Früh-)Mittelalter zweifellos der wichtigste Wirtschaftsbereich, dem mehr als vier Fünftel der Bevölkerung angehörten. Die frühmittelalterliche Ausformung der Grundherrschaft im Sinne einer „Herrschaft über Land und Leute" (O. Brunner) hatte ihre Wurzeln im Zusammentreffen von unterschiedlichen römischen und germanischen Strukturen. Aus römischer Zeit gab es im Westen umfangreiche Ländereien des gallorömischen Adels, auf denen noch an den Boden gebundene Bauern saßen. Mit der Abwanderung der senatorischen Familien im Zuge der fränkischen Landnahme in den Süden Galliens übernahmen die Franken diese großen Produktionsverbände, in denen das Herreneigentum an Boden viel größere Bedeutung hatte als bei den Germanen, denen das Herreneigentum an Menschen vorrangig war. Es handelt sich in der Karolingerzeit also nicht um eine Neuentstehung grundherrlicher Verhältnisse, sondern um eine Ausweitung in dem Sinne, daß die germanischen Abhängigkeitsverhältnisse haus- und leibherrlicher Natur unter dem Einfluß der römischen Großgrundherrschaften zur „Herrschaft über Land und Leute" weiterentwickelt wurden.

Arbeitsthemen

1. *Worin bestehen Gemeinsamkeiten und Unterschiede zwischen einer Sippe und Familie? Wodurch haben sich die Aufgaben für die moderne Familie verändert? Welche Auswirkungen hat dies auf die Familie und die Gesellschaft? (Nr. 1)*
2. *Was bedeutet die Theorie „Die Munt war Ursprung und Keimzelle aller Herrschaftsformen des Mittelalters"? Inwieweit gibt es Parallelen zum modernen Erbrecht? (Nr. 2 a)*
3. *Inwiefern widerstreiten sich römisch-germanisches und kirchliches Eherecht in bezug auf die Eheverbindung von Unfreien? Wie wird die Spannung zwischen Theorie und Praxis im Eherecht für Unfreie gelöst? (Nr. 2 b)*
4. *Wodurch war die christliche Eheauffassung gekennzeichnet? (Nr. 2 c)*
5. *Welche Formen der Geburtenkontrolle werden praktiziert? Wie erklärt sich das disproportionierte Verhältnis zwischen Männern und Frauen? (Nr. 2 d)*
6. *Inwiefern besteht ein Zusammenhang zwischen unterschiedlich praktizierten Leitbildern und der Lebenserwartung von Frauen? Inwieweit widerspricht das traditionelle Bild der Frau ihrer realen Rolle in der Gesellschaft des Mittelalters? (Nr. 2 e)*
7. *Was bedeutet der Begriff „Adel"? Welche Formen von Adelsherrschaft gibt es? Inwieweit kann man von einer Kontinuität des Adels der Völkerwanderungszeit zum Fränkischen Adel sprechen? Gegen welche Widerstände und auf welchen Wegen gelangten die Karolinger in die Reichsaristokratie? Wie kommt es zur Ausprägung einer christlichen Adelsethik? Inwiefern ist der Adel gegenüber anderen Schichten abgeschottet? (Nr. 3 a)*
8. *Welche Kritik wurde schon früh am Adel geübt? Von welcher Seite aus? Auf welchen Topos greift diese Kritik zurück? Welche Funktion hatte die Kritik? Inwiefern grenzen sich die Herrscher vom Adel durch ihre Kritik ab? (Nr. 3 b)*

9. *Welche Bedingungen sind an den Status eines „Vollbauern" geknüpft? Inwieweit leiten sich aus diesem Status Vorrechte gegenüber den anderen Dorfbewohnern her? (Nr. 4 a, b)*
10. *Welche weiteren Gruppierungen gehören zur „familia" im Sinne der Grundstruktur der frühfeudalen Gesellschaft (K. Bosl)? Wodurch unterscheiden sich die „servi" von den „liberi"? Warum ist die ursprünglich so umfangreiche Schicht der Freien vom 8. bis 11. Jh. zu einer Randgruppe geworden? (Nr. 4 c (1)–(3)). Warum ist eine Differenzierung der Basisgesellschaft so schwierig? (Nr. 4 a, b, c (1)–(3))*
11. *Was versteht O. Brunner unter „Grundherrschaft"? Welche Formen lassen sich unterscheiden? Wozu und aus welchen Wurzeln ist sie entstanden? Welche Bedeutung erlangte sie? Wie war sie aufgebaut? (Nr. 5)*
12. *Wie ist die Arbeit von Frauen in Tuchmanufakturen organisiert? Inwieweit enthält diese Arbeitsform bereits über das Mittelalter hinausweisende Elemente? (Nr. 6)*
13. *Wie entwickeln sich die Bevölkerungszahlen im europäischen Mittelalter innerhalb bestimmter Regionen und Zeitabschnitte? Inwieweit entspricht die Entwicklung im deutschen Raum der Situation im übrigen Europa? Wie erklären sich die Rückgänge in der Bevölkerungsentwicklung? Wodurch unterscheidet sich die „Bevölkerungsexplosion" im Mittelalter von der unserer Gegenwart? (Nr. 7 a) Welche Konsequenzen entstehen daraus?*
14. *Wodurch ist der Siedlungsraum charakterisiert? Inwieweit werden durch die naturräumlichen Grundgegebenheiten Umfang und Intensität von Herrschaftsbildungen vorbestimmt? (Nr. 7 b (1))*
15. *Seit wann werden Rodungen durchgeführt? Wer ist Träger dieser Aktionen? Inwiefern gewinnt in einer Zeit des Bevölkerungswachstums das Bodenregal des Königs an Bedeutung? (Nr. 7 b (2)) Welche Vorgänge im Zusammenhang der Gründung eines Dorfes werden in der Miniatur dargestellt? (Nr. 7 b (3))*
16. *Wodurch ermöglicht die Dreifelderwirtschaft eine intensivere Bodennutzung gegenüber der Feldgraswirtschaft? (Nr. 7 c (1), (2))*
17. *Inwieweit entwickeln sich innerhalb der Grundherrschaft bereits marktwirtschaftliche Strategien? Welche Rolle spielen dabei Handel, Geld, Arbeitsteilung? Wie wirken die verschiedenen Faktoren zum Fortschreiten der Verstädterung zusammen? (Nr. 8 a) Welche Bedeutung hat die karolingische Friedensepoche für die Ausdehnung des Handels? Wie verlaufen die wichtisten Handelswege? Welche Rolle spielen Juden und Araber im Fernhandel? (Nr. 8 b)*
18. *Welche Rolle spielen die Juden in Handel und Gewerbe? Inwiefern ist die Stellung der Juden in der frühmittelalterlichen Gesellschaft bereits ambivalent? Welche Tendenzen zeichnen sich ab? (Nr. 9)*

Materialien

1. Zum Begriff „Familie"

Die Familie war im Mittelalter die wichtigste soziale Gemeinschaftsform, auf der andere Sozialformen wie Sippe, Geschlecht und Hausgemeinschaft aufbauten. Auch das Ständesystem der mittelalterlichen Gesellschaft beruhte zum überwiegenden Teil auf der Familie, da die Herkunft für die ständische Zugehörigkeit eine große Rolle spielte. Die Familie als Gemeinschaftsform wirkte in vielfältiger Weise in andere Sektoren des geschichtlichen Lebens hinein.

Eheschließung und Familiengründung waren im Mittelalter nicht allen Männern und Frauen ohne weiteres möglich. Sehr viele Menschen blieben unverheiratet, weil ihnen ihr Stand oder ihre materielle Lage die Gründung eines Hausstandes nicht gestatteten. Es war ein Privileg, zu denen zu gehören, die einen eigenen „Herd" besaßen. Das galt nicht nur für viele Angehörige der unteren Schichten, sondern auch für Mitglieder adliger und bürgerlicher Familien. Aus diesem Grunde war der Ehestand sehr hoch geachtet; der Ehemann galt mehr als der Junggeselle, die Ehefrau mehr als ein Mädchen oder eine „alte Jungfer". Das ehrenvolle Prädikat „Frau" (frowe) bedeutet ursprünglich „Hausherrin" und stand nur der verheirateten Frau höheren Standes zu. Daher

erwartete die Gesellschaft vom Träger einer Herrschaft, vom städtischen Ratsherrn, vom Zunftmeister und vom Besitzer eines Bauernhofes, daß er eine Familie gründete. Der Junggeselle oder Hagestolz war kein ganz vollwertiges Mitglied der menschlichen Gemeinschaft.
Die Wertschätzung, die der Ehe und der Familie im Mittelalter entgegengebracht wurde, beruhte primär auf ihrer überragenden Bedeutung für die innere Ordnung und die Funktionsfähigkeit der Gesellschaft. Die Familie der Frühzeit und des Mittelalters hatte eine Reihe von Aufgaben zu erfüllen, die die moderne Familie nicht mehr oder nur noch rudimentär wahrnimmt. Ein permanenter Prozeß der „Funktionsentlastung" oder des „Funktionsverlustes" der Familie hat auch den Rang von Ehe und Familie im weltanschaulich-moralischen Wertesystem stark gemindert.
Aus: Hans K. Schulze, Grundstrukturen der Verfassung im Mittelalter, Bd. 2. Stuttgart, Berlin, Köln 1986, S. 13 f.

2. Ehe und Ehefrauen

a) Haus- und Muntgewalt

Durch die Ehe wurde die Frau zur Genossin des Mannes, sie trat in ihre hausfraulichen Rechte ein und gewann Anteil an Rang und Stand ihres Mannes. Insofern hatte auch die mittelalterliche Familie eine genossenschaftliche Komponente. Andererseits war der Mann das unbestrittene Oberhaupt der Familie und der Vormund (Muntwalt) seiner Frau und seiner Kinder. Es ist daher richtig, von der patriarchalischen Struktur der mittelalterlichen Familie zu sprechen. Der Mann war in vielen Fällen nicht nur Familienoberhaupt, sondern auch Hausherr, so daß er personenrechtliche Befugnisse nicht nur über die Familienmitglieder, sondern auch über alle zum Hause gehörigen Personen ausüben konnte. Diese personenrechtliche Gewalt über die Familienangehörigen wird als „Munt" bezeichnet.

Der Begriff „Munt", der zu den zentralen Kategorien des mittelalterlichen Rechts- und Verfassungslebens gehörte, ist von ahd./mhd. munt abgeleitet, das „Schutz" bedeutet. In der Sprache der Gegenwart lebt das Wort noch in „Vormund", „Mündel" und „Mündigkeit" weiter.

Die Ehefrau und die Kinder waren nach mittelalterlicher Rechtsauffassung unmündig und bedurften daher eines Muntwaltes. In der Regel war dies der Ehemann für die Frau, der Vater für die Kinder. Er vertrat sie vor Gericht, haftete für ihre Vergehen, machte ihre Rechtsansprüche geltend und verwaltete ihren Besitz. Heiratete die Tochter, so übertrug der Vater die Munt an den Ehemann, falls es sich nicht um eine „muntfreie" Friedelehe handelte. Die Vormundschaft über die Witwe fiel entweder wieder ihrem Vater zu oder wurde durch den ältesten männlichen Verwandten der väterlichen Seite („Schwertmagen") wahrgenommen. War ein Sohn vorhanden, konnte er Vormund seiner Mutter werden. Nur wenige Rechte billigten der verwitweten Frau die Vormundschaft über ihre Kinder zu, die in der Regel durch den nächsten Agnaten[1] des verstorbenen Mannes übernommen wurde.
Während die Frau stets unter der Vormundschaft eines Mannes stand, wurden die jungen Männer in einem bestimmten Alter mündig. Die Erreichung des Mündigkeitsalters hatte in der älteren Zeit Waffenfähigkeit und Heiratsfähigkeit zur Folge, für den Königssohn oder den Sohn eines Fürsten auch Regierungsfähigkeit. Solange der Sohn jedoch noch innerhalb der Familie blieb, wurde die väterliche Muntgewalt zwar eingschränkt, nicht aber aufgehoben. Volle Selbständigkeit wurde erst mit der Begründung eines eigenen Hausstandes erreicht.

1 Agnaten = Verwandten

Das Mündigkeitsalter war unterschiedlich, aber generell sehr niedrig. Es lag im allgemeinen zwischen dem 12. und dem 15. Lebensjahr. Im späteren Mittelalter sind Bestrebungen erkennbar, den Mündigkeitstermin hinauszuschieben. Dahinter stehen vermutlich Veränderungen im wirtschaftlich-sozialen und demographischen Bereich.

Aus: Werner Ogris, Artikel „Mündigkeit". In: Handwörterbuch der deutschen Rechtsgeschichte, Bd. III, Sp. 738–742; ders., Artikel „Munt, Muntwalt". In: Ebda., Sp. 750–761.

b) Eherecht der Unfreien

Die strengen rechtsständischen Unterschiede, die für die frühmittelalterliche Sozialordnung charakteristisch waren, wirkten sich auch auf Eheschließung und Familiengründung aus. Nach römischem Recht konnten Sklaven keine echte Ehe eingehen, und auch nach germanischer Rechtsauffassung setzte eine vollgültige Ehe die freie Geburt der Ehegatten voraus. Allerdings konnten wahrscheinlich schon in altgermanischer Zeit diejenigen Unfreien, die von ihren Herren auf eigenen Höfen angesiedelt wurden, eine Familie gründen. Im Frankenreich wurden bereits im 6. Jahrhundert Geschlechtsverbindungen zwischen Unfreien als Ehen anerkannt, wenn sie mit Zustimmung der Herren und unter Beachtung bestimmter Formen eingegangen wurden. In der Karolingerzeit waren die Unfreien offenbar ziemlich regelmäßig verheiratet. Die Grundherrschaft bot ihnen die wirtschaftliche Basis für eine Familiengründung, die auch im Interesse der Herrschaft lag. Die Kinder aus einer Sklavenehe waren selbstverständlich unfrei. Bei einer Ehe zwischen den Unfreien verschiedener Herren mußten sich diese über die personenrechtlichen und güterrechtlichen Folgen einer solchen Verbindung einigen.
Bei der Entwicklung eines Eherechtes für die unfreien und minderfreien Bevölkerungsgruppen hat die Kirche aktiv mitgewirkt, indem sie auch der Sklavenehe einen sakramentalen Charakter zuerkannte. Allerdings mußte die Kirche, die selbst zahlreiche Unfreie besaß, das Zustimmungsrecht des Herrn respektieren. Andererseits bot sie Unfreien, die ohne Konsens geheiratet hatten, Asyl und Beistand und versuchte, zwischen ihnen und ihren Herren zu vermitteln. Vor allem hat sie sich bemüht, eine Trennung der Familien durch den getrennten Verkauf unfreier Eheleute zu verhindern.
Sexuelle Verbindungen zwischen Menschen freien und unfreien Standes waren im frühen Mittelalter nicht selten. Der Leibherr verfügte uneingeschränkt über seine Unfreien und konnte eine Sklavin zu seiner Konkubine machen. Auf die Möglichkeit einer „Kebsehe" wurde bereits hingewiesen, und eine eheähnliche Verbindung ergab sich auch dann, wenn eine Sklavin pro uxore[1] im Hause ihres Herrn lebte. Durch die Freilassung der Frau konnte ihr Leibherr auch die Voraussetzung für eine vollgültige Eheschließung schaffen.
Problematisch wurde es, wenn ein Freier eine fremde Unfreie heiratete. Das kam offenbar bei kleineren Freien vor, deren wirtschaftlich-sozialer Abstand zu den Unfreien nicht sehr groß war. Die Lex Salica, das fränkische Recht des frühen 6. Jahrhunderts, bestimmte, daß der Mann dann selbst der Knechtschaft verfiel. Si quis ingenuus cum ancillam alienam publice se iunxerit, ipse cum eam in servitio cadat. Diese harte Bestimmung wurde jedoch bald etwas gelockert. Nach der etwas jüngeren Lex Ripuaria behielt er seine Freiheit, aber die Kinder fielen an den Leibherrn der Frau. Der Rechtssatz, daß die Kinder bei ständisch gemischten Ehen immer „der ärgeren Hand", d. h. dem rechtlich schlechter gestellten Gatten, folgen sollten, galt grundsätzlich auch im Hoch- und Spätmittelalter. Es fehlt aber nicht an Beispielen dafür, daß die Väter durch Verträge mit der Herrschaft die negativen Rechtsfolgen ihrer unebenbürtigen Ehe gemildert haben.

1 pro uxore = anstelle der Ehefrau

Außerordentlich repressiv waren die Bestimmungen einiger germanischer Stammesrechte gegenüber einer freien Frau, die sich mit einem Sklaven einließ. Das langobardische Recht bedrohte den Sklaven mit dem Tode und überließ die Frau der Bestrafung durch ihre Sippe, die sie entweder töten oder außer Landes in die Sklaverei verkaufen sollte. Weigerten sich die Gesippen des Mädchens, diese Strafe zu vollziehen, wurde es vom König als Unfreie in Anspruch genommen. Das fränkische Recht war weniger streng. Die freie Frau, die einen Unfreien heiratete, wurde selbst unfrei. Ihre Sippe konnte Einspruch gegen eine solche Eheschließung erheben und ein gerichtliches Verfahren erzwingen. Der Frau wurden ein Schwert und eine Spindel gereicht. Wählte sie das Schwert, so stempelte sie den Mann zum Frauenräuber und mußte ihn selbst töten. Wählte sie die Spindel, gab sie ihr Einverständnis mit der Ehe und verfiel der Unfreiheit.
In der Praxis konnten die strengen rechtlichen Bestimmungen durch Verträge abgemildert oder außer Kraft gesetzt werden. Die Quellen deuten darauf hin, daß in manchen Fällen der Frau, die einen Unfreien heiratete, vom Herrn ihres Mannes die Erhaltung ihres freien Standes zugesichert wurde. Er konnte auch auf seine Rechte gegenüber den Kindern aus dieser Ehe verzichten.
Aus: Hans K. Schulze, a. a. O., Bd. 2, S. 27f.

c) Christliche Eheauffassung

In diametralem Gegensatz zur germanischen steht die christliche Auffassung der Ehe. Die christliche Ehe kommt durch den freien Konsens der Ehepartner zustande; das Persönlichkeitsrecht der Frau wird gewahrt. Die christliche Eheauffassung war an die allerdings unterschiedlich interpretierbaren Prinzipien der biblischen Offenbarung – Einehe, Unauflöslichkeit der Ehe, Verbot des Inzestes – zwingend gebunden. Das Verbot der Verwandtenehen ging dabei sehr weit. Eine ganz neue Forderung stellt die Unauflöslichkeit der Ehe dar. Die radikale Eheethik Jesu verwarf die mosaische Regelung der rechtmäßigen Entlassung der Frau durch einen Scheidebrief des Mannes. Paulus lehnt die Scheidung – nach jüdischem wie nach antik römischem Recht – ab, hält aber im Fall der Trennung einer Mischehe eines christlichen mit einem nichtgläubigen Partner die Wiederverheiratung für statthaft (1 Kor. 7,8–21). Im Brief an die Epheser vergleicht der Apostel das Verhältnis christlicher Ehegatten zueinander mit dem Verhältnis Christi zu seiner Kirche. Der Mann ist das Haupt der christlichen Ehe wie Christus das Haupt der Kirche, er soll seine Frau lieben, wie Christus die Kirche liebt. Deshalb wird der Mann Vater und Mutter verlassen und seiner Gattin anhängen: Und es werden zwei in einem Fleische sein. „Dieses Geheimnis ist groß, ich aber sage in Christus und in der Kirche" (Eph. 5,22–33).
Natürlich sahen die kirchlichen Autoritäten in der Frau „das schwächere Geschlecht, die sündige Eva". Aber Mann wie Frau sind nach christlicher Lehre von Gott geschaffen und von Christus erlöst. „Da ist nicht Jude, nicht Heide, da ist nicht Sklave, nicht Freier, da ist nicht Mann, nicht Weib; denn alle seid ihr eins in Christus Jesus" (Gal. 3,28). Die Gleichheit von Mann und Frau im Heilsgeschehen und die Personwürde der Frau sind dadurch anerkannt. Vom Priesteramt schloß die christliche Kirche – wie das Judentum – bis heute die Frau aus. Der altkirchlichen Einrichtung der Diakonissen war keine dauernde Fortwirkung beschieden. „Das Diakonisseninstitut", sagt Kalsbach auf Grund einer von den Paulusbriefen ausgehenden Untersuchung, „gehört in das Missionsstadium der Kirche. Als dieses überwunden war, ... da verliert es seine Bedeutung ..."
In der zweiten Hälfte des 4. Jahrhunderts entstehen in Italien die ersten Frauenklöster, oft von Damen der Aristokratie am Rande der christlichen Stadtgemeinde gegründet. Hier entwickelten sich Freiräume und Wirkungsmöglichkeiten für die unverheiratete Frau – der Oberschicht. Die christkatholische Kirche hat die Ehe vorbehaltlos akzeptiert im klaren Gegensatz zu den Irrleh-

ren der Antinomisten[1], Gnostiker[2] und Manichäer[3]; den höheren Wert spricht sie der gottgeweihten Jungfräulichkeit zu. Das ist der Kern der augustinischen Doktrin. Der Geschlechtsakt wird primär dem Fortpflanzungszweck zugeordnet; reiner Lustgewinn und Verhütungspraktiken werden abgelehnt. In seinen zwei Büchern über „Ehe und Begierde" – „de nuptiis et concupiscentia" –, in denen sich Augustinus mit dem Vorwurf der Pelagianer auseinandersetzt, durch seine Erbsündenlehre werde die Ehe als solche verurteilt, und in seiner Schrift „Gegen zwei pelagianische Briefe" – „contra duas epistolas Pelagianorum" – bezeichnet der große Kirchenlehrer die eheliche Keuschheit als ein Geschenk Gottes, und die Verbindung von Mann und Frau um der Zeugung willen nennt er ein „natürliches Gut der Ehe". Nach ihm haben diese Feststellungen ihre volle Gültigkeit nur für gläubige Ehegatten. Der Taufe komme als Quelle der Heiligung der Ehegatten eine fundamentale Bedeutung zu; in voller Übereinstimmung mit der zitierten Stelle des Epheserbriefes entwickelt Augustinus seine Vorstellung vom Geheimnis der mystischen Hochzeit Christi und der Kirche und anerkennt für die christlichen Ehegatten ein auf die Wiedergeburt durch die Taufe gegründetes „statut sacramental". Diese Ideen bleiben lebendig; sie sind im 9. Jahrhundert weitverbreitet, u. a. bei dem Erzbischof Hinkmar von Reims.
Ebenso stellt Augustinus die gottgeweihten Jungfrauen der alten Kirche den römischen Vestalinnen gegenüber, von denen auch ein jungfräuliches Leben gefordert wurde, und sieht da „einen großen Unterschied". Denn „es ist nicht die Jungfräulichkeit an sich, die der Ehre wert ist, sondern nur die gottgeweihte, die zwar im Fleische bewahrt wird, aber nur in Kraft der religiösen Hingabe des Geistes ..." Dieser Vorrang der gottgeweihten Jungfräulichkeit und der Enthaltsamkeit vor der Ehe ist die „einhellige Überzeugung der Alten Kirche". In der libido carnalis[4] sieht Augustinus nicht etwas Naturgegebenes, sondern eine Straffolge der Ursünde.

Aus: Edith Ennen, Frauen im Mittelalter. München 1986. S. 44 f.

d) Geburtenkontrolle

Empfängnisverhütung praktizierte man durch sexuelle Abstinenz und durch Unterbrechung des Geschlechtsaktes (Coitus interruptus). Es mochte durchaus der Mann sein, der sich um die Vermeidung der Schwangerschaft bemühte, so beispielsweise Giles Barnes von Cricket St. Thomas (Somerset) im 17. Jahrhundert. Er hatte die Frau geheiratet, die er geschwängert hatte, danach jedoch, so erklärte er vor dem Kirchengericht, ejakulierte er außerhalb ihres Körpers. Er wollte keine Kinder mehr und drohte, ihr die Eingeweide aus dem Bauch zu schneiden, wenn sie empfing. Bäuerinnen kannten auch eigene Möglichkeiten, die Empfängnis zu vermeiden oder, wenn sie bereits schwanger waren, die Frucht abzutreiben. Sie glaubten an Spülungen und Purgationen, sie verwendeten Salz, Honig, Öl, Teer, Blei, Pfefferminzsaft oder Kohlsamen als spermienabtötende Substanzen. Abtreibungsmittel wie Blei und Mutterkorn waren wirksam, aber gefährlich. Eine Frau, die genügend Blei aufgenommen hatte, wurde für immer unfruchtbar. Andere Mittel reinigten zwar vielleicht ihren Organismus, beeinträchtigten die Schwangerschaft jedoch nicht direkt (Aufgüsse von Rosmarin, Myrte, Koriander, Weidenblättern, Balsamine, Myrrhe, Kleesamen, Petersilie oder tierischer Urin). Mehr Wirkung zeigten wahrscheinlich das Verstop-

1 Antinomisten = Anhänger der Antinomie (griech. Gesetz), die den Widerspruch zweier entgegengesetzter Urteile, die mit gleich zwingenden Gründen beweisbar sind, betonen.
2 Gnostiker = Angehörige der Gnosis, einer religiös-philosophischen Strömung des 1. und 2. Jh. n. Chr., die die Erlösung des Menschen nicht durch den Glauben, sondern durch die Erkenntnis erstrebte.
3 Manichäer = Anhänger der von dem persischen Religionsstifter Mani (3. Jh. n. Chr.) begründeten Religion, die den scharfen Dualismus von Licht und Finsternis betont und die Erlösung des Menschen aus der Finsternis anstrebt.
4 libido carnalis = fleischliche Begierde (hier: Sexualtrieb)

fen der Vagina oder das Abdecken des Muttermundes mit Bienenwachs oder leinenen Tüchlein, wie es in deutschen und ungarischen Quellen erwähnt wird. Die Bäuerinnen glaubten auch, mit bestimmten Handlungen die Empfängnis verhindern zu können: Sie tranken kalte Flüssigkeiten, blieben während des Geschlechtsaktes passiv, hielten den Atem an oder sprangen danach heftig auf und ab. . . .

Wenn alle genannten Mittel versagten, wandten die Eltern noch andere Methoden an, um die Anzahl der Kinder zu begrenzen, die sie von ihrem Land zu erhalten hatten. Gutsurkunden aus dem 9. Jahrhundert von St.-Germain-des-Prés, Kirchengerichtsprotokolle aus dem 15. Jahrhundert von Canterbury, Kirchengemeindeakten aus dem 17. Jahrhundert von Somerset wie auch Interviews aus dem 20. Jahrhundert mit Frauen aus bosnischen zadrugas enthüllen alle die gleiche Praxis: Man ließ das Kind zur Welt kommen, und dann ließ man es sterben – vor allem, wenn es ein Mädchen war.

Den Beweis für die selektive Kindstötung liefert das merkwürdig disproportionierte Verhältnis zwischen männlichen und weiblichen Bewohnern auf dem Land, wie es in ganz Europa vom 9. bis zum 17. Jahrhundert belegt ist. Das durchschnittliche Verhältnis zwischen weiblichen und männlichen Neugeborenen beträgt 100 zu 105, wobei sich die Zahl im Verlauf der Adoleszenz und des frühen Erwachsenenalters angleichen, bis die Frauen im Alter die Überzahl gewinnen. In der wohlhabenden und fruchtbaren Region von St.-Germain-des-Prés herrschte im 9. Jahrhundert starker Bevölkerungsdruck, und das Verhältnis zwischen Frauen und Männern lag bei 100 zu 115,7–117,1. Je ärmer die Familie war, desto ausgeprägter wurden die Unterschiede. Nach englischen Gutsurkunden des 13. Jahrhunderts kamen auf 100 Frauen 133 Männer. Eine Liste der Hörigen auf den südenglischen Ländereien des John of Hastings verzeichnete 46 Frauen gegenüber 78 Männern. Untersuchungen zur Säuglingssterblichkeit in Somerset im 17. Jahrhundert weisen auch die Folgen für die nächste Generation auf, da nur eines von drei geborenen Mädchen aufwuchs und eigene Kinder gebar. Dies war eine weitere, wirkungsvolle Möglichkeit, das Bevölkerungswachstum zu beschneiden.

Aus: Bonnie S. Anderson, Judith P. Zinsser: Eine eigene Geschichte. Frauen in Europa. Bd. 1 Zürich 1992, S. 195–197

e) Lebenserwartung der Frau

Die Härte und Rauhheit der Existenzbedingungen in der mittelalterlichen Agrargesellschaft wirkten sich nicht zuletzt auf die Lebenssituation der Frauen aus. Infolge der frühen Verheiratung und der geringen Rücksichtnahme der Männer auf die Lage der Frauen war die Zahl der Geburten oft außerordentlich hoch. Mangelnde Hygiene, Krankheiten, Schmutz und Enge der bäuerlichen Wohnverhältnisse bewirkten insgesamt eine hohe Säuglings- und Kindersterblichkeit, so daß in den Familien von den zahlreichen Kindern schließlich nur drei bis fünf am Leben blieben. Viele Frauen sind überdies im Kindbett gestorben, weswegen ihr Leben gerade in der Zeitspanne zwischen zwanzig und vierzig besonders gefährdet war. Häufige Geburten und übermäßige Beanspruchung durch Haus- und Feldarbeiten schwächten zudem die Gesundheit der Frau und machten sie für Krankheiten und Epidemien anfälliger. Die Lage der Frau verbesserte sich offensichtlich von dem Zeitpunkt an, wo sie ihre Gebärfähigkeit verloren hatte; Frauen hatten daher im Lebensstadium zwischen vierzig und sechzig sogar größere Überlebenschancen als Männer. Die durchschnittliche Lebenserwartung war im Mittelalter bekanntlich nicht nur bei den Bauern, sondern auch allgemein in der Bevölkerung sehr gering. Genaue Untersuchungen zum Sterbealter der Landbevölkerung in einigen Dörfern des Bistums Winchester (Südengland) in der Zeit um 1300 haben ergeben, daß jemand im Alter von zwanzig unter normalen Umständen nur noch zwanzig weitere Jahre vor sich hatte.

Die Bauern waren aus allgemeinen Gründen sowie aus wirtschaftlichen Erwägungen heraus gezwungen, nach dem Tod eines Ehepartners möglichst bald zu einer Wiederverheiratung zu schreiten, so daß Zweit- und Drittehen zum vertrauten Bild der bäuerlichen Familie gehörten. Die Frauen hatten an den Lasten des bäuerlichen Alltags oft schwerer zu tragen als die Männer, was insbesondere für die unteren Schichten der Bauernschaft gilt. Die Kirche, die im allgemeinen die geistige und geschlechtliche Minderwertigkeit der Frau betonte und ihre Unterordnung unter den Mann forderte, bot den Frauen nur geringe Hilfe. Die Priester predigten Gehorsam, demütige Unterwerfung und geduldiges Ertragen auch von Züchtigungen seitens des Mannes als Teil einer göttlichen Weltordnung. Seit dem 12. und 13. Jahrhundert hat sich aber die Stellung und die Werteinschätzung der Frau sowohl in der adeligen Oberschicht als auch innerhalb der bäuerlichen Bevölkerung nicht unbeträchtlich verbessert. Die höfisch-ritterlichen Formen der Liebe, das christliche Eheideal und die Ausbreitung des Marienkults umgaben das Bild der Frau und Mutter mit einer neuen ethischen Würde. Diese neuen Leitbilder und die veränderte Einschätzung der Frau wirkten sich mit der Zeit auch im dörflich-bäuerlichen Bereich aus und hoben das Ansehen der Frau in Familie und Gesellschaft.
Aus: Werner Rösener, a. a. O., S. 192 f.

3. Die Karolingische Reichsaristokratie

a) Adel und Herrschaft

Entkleidet man den Begriff „Adel" seiner späteren Ethisierung und Ästhetisierung und geht bis auf seine etymologische Wurzel zurück, dann kommt man zu der ursprünglichen Bedeutung „odal": das meint soviel wie „ererbter Grundbesitz" und auch „Wohnsitz". Die älteste und dauerhafteste Grundlage des „Adelsstandes" war also Grundbesitz im Vollsinn des Wortes, nämlich Verfügungs- und Herrenrecht über Land und Leute ...
Wenn man ganz allgemein Adelsherrschaft und Adelsführung als eine zentrale Organisationsform wenig entwickelter Gesellschaften versteht, dann wird man ihr im Früh- und Hochmittelalter in den mannigfachsten institutionellen Ausformungen begegnen: Als erbliche Teilhabe an der Macht infolge der Verfügungsgewalt über Menschen, als autogenes Herrenrecht in der allodialen[1] Grundherrschaft, aber auch als Anspruch und Berechtigungsnachweis für ein Amt aus der Hand des Königs. Adelsherrschaft war in ihrer ausgeprägtesten Form ein Phänomen vorwiegend agrarischer Gesellschaften und bedeutete im europäischen Frühmittelalter zugleich das politische Monopol einer bestimmten, durch Erbe und Amt legitimierten Gesellschaftsgruppe. ...
Die Völkerwanderung bot mit der kriegerischen Inbesitznahme weiter Landstriche die günstigste Gelegenheit, als Gefolgsmann eines Heerkönigs zur Herrschaft über Land und Leute zu gelangen. Selbst wenig begüterte Freie oder gar ursprünglich Unfreie konnten im Königsdienst aufsteigen und sich materielle Mittel verschaffen, die zur wirtschaftlichen Grundlage politischer Adelsmacht wurden. Die reichen, in die Tausende gehenden Güterschenkungen, die Adelssippen seit dem 7. Jahrhundert im Wettstreit mit dem Königtum als Stifter zahlreicher Klöster tätigen konnten und die in der Regel Landbesitz und Hörige umfaßten, beweisen allein schon die Existenz adeliger Macht. Es waren die „nobiles", „potentes" und „optimates", die als Schenker in solchen Traditionsurkunden für Klöster auftauchen. Wenn es sich auch noch nicht um eine bereits ständisch organisierte Aristokratie handelte, besteht doch kein Zweifel, daß wir es schon mit

1 Allod: Privatbesitz an Grund und Boden

Adel im oben beschriebenen Sinne zu tun haben. Wenn man aus den frühesten fränkischen Rechtsaufzeichnungen, die kein spezielles Wehrgeld für einen Adel kennen, auf dessen Nichtexistenz geschlossen hat und sogar eine völlige Ausrottung des alten völkerwanderungszeitlichen Adels durch Chlodwig annahm, dann ist dem ... entgegen zu halten: ... der archäologische Befund, daß es vom 5. bis zum 8. Jahrhundert reich ausgestattete Gräber gibt, die wohl nur als Grablegen einer mächtigen, über Land und Leute gebietenden Oberschicht zu deuten sind! ...
Die gallorömische Oberschicht Galliens, die auch in fränkischer Zeit eine machtvolle Herrschaft in den Civitates und auf ihren Latifundien ausübte, hatte nicht nur entscheidenden Anteil an der Christianisierung der Franken, sie brachte auch ihre eigenen aristokratisch-senatorischen Ideale sowie ihre Vorurteile in die merowingische Gesellschaft ein. Das bedeutete zugleich, daß diese gallorömische wie keltoromanische Oberschicht mit ihren riesigen Eigengütern und einer zahlreichen Klientelschaft auch für die Entstehung einer christlichen Adelsethik wesentlich mitverantwortlich wurde. Adel und Christentum gingen hier eine neuartige, das gesamte Mittelalter bestimmende Verbindung ein. Die Herrschaft der Aristokratie in der Kirche hat somit schon in spätantiker und merowingischer Zeit begonnen. Die germanische Oberschicht schlüpfte seit dem 7. Jahrhundert gleichsam in diese schon bestehenden kirchlichen und politischen Strukturen hinein. ...

Über der naturgemäß zentralisierenden Kraft der Königsherrschaft darf demnach nicht vergessen werden, daß sich gerade die Realität adeliger Regionalherrschaft, ganz gleich, ob sie weltlicher oder geistlicher Art war, immer wieder entscheidend durchsetzen konnte. Dabei hatten gerade die Karolinger bei ihrem politischen Aufstieg einen energischen Anlauf unternommen, den Adel der Reichsverwaltung dienstbar zu machen. Eine zahlenmäßig schwer zu bestimmende Gruppe von Familien, die mit dem Sieg der Karolinger im 7. und 8. Jahrhundert als deren Mitkämpfer und Verwandte aus dem Maas-Moselraum in hohe Positionen gelangt war, bildete seither eine neue Trägerschicht der karolingischen Gesamtherrschaft. Dieser Adelsgruppe, die sich bald auch aus anderen Landschaften rekrutierte und in der sicher auch der ältere merowingische Adel vertreten war, eröffnete sich die eifrig genutzte Chance, mit der Expansion karolingischer Macht über Alemannien, Bayern, Ostfranken, Sachsen, Thüringen und über das wiedereroberte westgotische Aquitanien-Septimanien als Grafen und „Regierungskommissare" der Karolinger in den neu angegliederten Räumen selbst besitzmäßig Fuß zu fassen.
Sicher haben sich die Karolinger dabei auch einheimischer Adelsgruppen bedient. ...
Wesentlich blieb aber dabei, daß sich aus dieser regional ergänzten Reichsaristokratie kraft karolingischer Amtsgewalt nach und nach durch Versippung mit der Königsfamilie wie auch untereinander ein engerer Kreis nunmehr genealogisch faßbarer Familien aussonderte, die in zunehmendem Maße Anspruch auf die wichtigsten Ämter im Reich erhob: auf das Herzogs- und Markgrafenamt ebenso wie auf Hofämter in Königsnähe. Das ursprüngliche Kausalverhältnis von Amt und Adel kehrte sich damit gleichsam um: Adel befähigte nunmehr in erster Linie zum herausragenden Amt. Damit war die anfänglich vorhandene soziale Mobilität des Aufstiegs in den Adel vorerst gebremst. ...
Dies belegt die Tendenz zur rechtlichen Abschließung des Adels gegenüber anderen Schichten, ebenso aber die Bedeutung der Königsnähe für die immer noch mögliche Durchbrechung dieser Barriere, wenn auch nur als spektakuläre Ausnahme. Auch in der Namensgebung und im Heiratsverhalten läßt sich die Neigung der karolingischen Führungsschicht erkennen, sich nach unten abzuschließen; völlig durchgesetzt hat sich dies allerdings noch nicht; das gelang erst im späteren Mittelalter.

Aus: Friedrich Prinz, a. a. O., S. 259–264

b) Frühe Adelskritik

Neben dem adeligen Standesbewußtsein gab es schon früh auch die Kritik am Adel. Wenn für das Frühmittelalter festgestellt wurde, daß in der Hagiographie[1] adelige Herkunft gleichsam als natürliche Voraussetzung von Heiligkeit galt; wenn ferner die bereits erwähnte Formel „genere nobilis sed fide nobilior" (aus adeliger Familie, aber edler durch den Glauben) gleichsam den archimedischen Punkt bezeichnet, von dem aus sich der Adel nicht nur eine neue christliche Legitimität schuf, sondern auch den Adelsbegriff ansatzweise spiritualisierte und ethisierte, dann mußten sich aristokratische Wertvorstellungen immer wieder auch kritisch an diesem hochgetriebenen Selbstverständnis messen lassen. Es ist wohl kein Zufall, daß aus monastischen Reformkreisen schon früh harscher Tadel am adeligen Hochmut laut wurde: Abt Odo von Cluny (926–942) etwa sah den Adel nicht von der Natur, sondern vom Ehrgeiz hervorgebracht. Nach Bischof Rather von Verona († 968) haben Adelige unedel, viele Nichtadelige jedoch edel gehandelt; desgleichen weist er einen Grafensohn, offenbar einen Emporkömmling, ironisch auf dessen Herkunft von Wahrsagern, Bäckern, Masseuren, Vogelstellern, Fischverkäufern, Töpfern, Geflügelmästern oder Mauleseltreibern hin. Johannes von St. Arnulf in Metz († 980) spricht voll asketischer Strenge von der fleischlichen Vergänglichkeit der „nobilitas". Wipo, der Biograph jenes Kaisers, der die kleinen Vasallen förderte und den Abhängigen und Geringen zu ihrem Recht verhalf, sagt im Vorwort zu seiner Lebensbeschreibung Konrads II.: „Oft adelt Tüchtigkeit den gemeinen Mann, aber ebenso macht immer wieder Adel ohne Tüchtigkeit (virtutes) Edle gemein". Virtutes – Tugenden, das bezog sich nicht mehr auf die altrömische „virtus" als umfassende Mannestugend, sondern hier waren schon die christlichen Tugenden und übernatürlichen Seelenkräfte gemeint, wie sie in den frühmittelalterlichen Heiligenleben immer wieder genannt wurden. Der aus der klassischen Antike stammende Begriff des „Seelenadels", für dessen Übernahme in die Welt der germanisch bestimmten Nachfolgestaaten der westlichen Reichshälfte die spätantike Aristokratie verantwortlich war, wurde jetzt in christlicher Umbildung erneut geschichtsmächtig: Er trug wesentlich dazu bei, den politisch-funktionalen Begriff des Adels – der „nobilitas" zu ethisieren und zu spiritualisieren. Solch religiös geläuterter Adelsbegriff bot aber zugleich die Möglichkeit, im Sinne christlicher Tugenden permantente Kritik am konkreten Adel zu üben. Die angeführten Beispiele zeigen dies ebenso wie der herbe Tadel, den Karl der Große und seine Nachfolger in den Kapitularien an der Unterdrückungs- und Ausbeutungspraxis des Adels im weltlichen wie im geistlichen Gewande übten. Die Karolinger konnten sich eine solche christlich beeinflußte Adelskritik umso mehr erlauben, als sie selbst durch die kirchliche Weihe und Legitimation ihrer Herrschaft den Maßstab christlicher Herrschertugenden für sich anerkannten, dies taten auch ihre Nachfolger im West- und Ostfrankenreich. Nicht umsonst thematisierte die Fürstenspiegelliteratur eindringlich Pflichten und Aufgaben des König- und Kaisertums im Zeichen christlicher Verantwortung. Damit hat die Kirche, ungeachtet ihres in den obersten Rängen weitgehend adeligen Charakters, durch einen Katalog christlicher Herrschertugenden Königtum und Adelsgesellschaft zu domestizieren und damit auch zu humanisieren gesucht: Ethos und Herrschaft sollten übereinstimmen.

Aus: Friedrich Prinz, a. a. O., S. 267 f.

1 Darstellung von Heiligenleben

4. Die Basisgesellschaft: Das Volk und seine Gliederungen

a) Die Bauern

Die Bauern: In der Masse der deutschen Dörfer dominierten die Bauern („Vollbauern", „Hufenbauern", „Hüfner"), die sich wirtschaftlich, sozial und rechtlich meist sehr deutlich von der übrigen Dorfbevölkerung abgesetzt hatten. Die Zugehörigkeit zur Gruppe der Bauern war in der Regel vom Besitz eines Hofes mit einer entsprechenden Rechtsqualität abhängig. Die Vollbauernhöfe wurden in Südwestdeutschland „Ehofstatt", in Nordwestdeutschland „Erbe", in Ostmittel- und Ostdeutschland „Hufe" genannt. Das Besitzrecht war für die Zugehörigkeit zum Bauernstand nicht entscheidend; auch grundherrliche Hintersassen, Gutsuntertanen und bloße Pächter waren Bauern. Ebensowenig war die absolute Größe ausschlaggebend, denn auch der „Halbhufner" oder „Viertelhufner" galt noch als Bauer. Im allgemeinen waren nur die Inhaber der Bauernstellen vollberechtigte Mitglieder der Dorfgemeinde, besetzten die Gemeindeämter und wirkten als Dorfschöffen am Dorfgericht mit. An den Vollbauernhöfen pflegte auch das uneingeschränkte Allmendnutzungsrecht zu haften; der Bauer war damit zugleich „Markgenosse", „Mitmärker". Aus der Schicht der Bauern hoben sich durch umfangreicheren Besitz und höheres soziales Ansehen die Inhaber bevorrechtigter Höfe (Meierhöfe, Dinghöfe, Kellhöfe, Schulzenhöfe) heraus. Manche Höfe dieser Art waren ehemalige Herrenhöfe, die im späteren Mittelalter in bäuerlichen Besitz übergegangen waren.

Aus: Hans K. Schulze, a. a. O., Bd. 2, S. 74

b) Die Häusler

Die Häusler: Ein großer wirtschaftlich-sozialer Abstand bestand im allgemeinen zwischen den Bauern und denjenigen Dorfbewohnern, die keinen Bauernhof, sondern nur ein Haus oder einen kleinen Hof mit etwas Land besaßen. Das Acker- und Wiesenland der Häusler (Gärtner, Kätner, Brinksitzer, Kötter, Kossäten, Seldner usw.) lag meist außerhalb der Kernfluren (Gewanne, Hufen) in kleinen Stücken in den Randbereichen der Gemarkung. Im allgemeinen waren mit den Kleinstellen keine oder nur eingeschränkte Allmendnutzungsrechte verbunden. Die Häusler, deren Zahl im späteren Mittelalter und der frühen Neuzeit im Zuge der allgemeinen Bevölkerungsvermehrung wuchs, arbeiteten als ländliche Lohnarbeiter auf größeren Höfen oder betätigten sich als Handwerker und Tagelöhner. In ähnlicher Weise gilt das für die Einlieger, die nicht einmal eine Kate besaßen, sondern zur Miete wohnten. Mitspracherechte in Gemeindeangelegenheiten wurden diesen Gruppen nach Möglichkeit verweigert, Heiratsverbindungen zwischen ihnen und den Bauern galten als Mißheiraten.

Aus: Hans K. Schulze, a. a. O., Bd. 2, S. 75

c) Freie und Unfreie

(1) Abhängige Personenverbände

Als Hofgenossenschaft *(familia)* tritt uns die Gesamtheit der von einem geistlichen oder weltlichen Grundherrn abhängigen Personen entgegen; sie konzentriert sich in räumlicher, wirtschaftlicher und rechtlicher Hinsicht um die Herrenhöfe, Villikationen und Grundherrschaftsmittelpunkte. K. Bosl hat die *familia* mit Recht als „eine umfassende und komplexe Grundstruktur" der frühfeudalen Gesellschaft bezeichnet, die auf dem Höhepunkt ihrer Geltung den weitaus größten Teil der ländlichen Bevölkerung erfaßte und aus der heraus sich im frühen Hochmittelalter nun soziale Schichten und Stände entwickelten.

Die auf selbstbewirtschafteten Bauerngütern, auf Hufen, angesiedelten Unfreien *(servi casati, manentes)* stellten zweifellos die große Masse der abhängigen bäuerlichen Bevölkerung. Als zweite Hauptgruppe sind die zu nennen, die an den Herrenhöfen als Arbeiter und Bedienstete, als bäuerliche Tagelöhner, Handwerker und unfreies Hofgesinde *(servi cottidiani, mancipia)* lebten. Die genaue Bestimmung der rechtlichen und sozialen Stellung dieser Personengruppen fällt in der Regel schwer, da sie in den Quellen oft unpräzise als *servi* in Erscheinung treten. Als Angehörige der *familia* bilden die *servi* dann insgesamt einen geschlossenen rechtlichen Verband, der den Freien *(liberi)* gegenübersteht. Sie gehören ihrem Herrn erblich zu eigen, unterstehen seiner Gerichtsbarkeit und verfügen über keinen eigenen Besitz – ausgenommen die Güter, die ihnen der Herr überläßt. Den geringsten Status haben dabei zweifellos die unfreien Knechte und Mägde, die *mancipia intra domum* oder *prebendarii,* die an den Höfen der Grundherren verpflegt werden und jederzeit zu ungemessenen Diensten in der Hauswirtschaft, bei Handwerksarbeiten und bei der Bestellung des Herrenlandes bereitstehen müssen.
Über die Entwicklung der Hörigenverbände und ihre Differenzierung sind wir in erster Linie durch die Quellen geistlicher Herrschaften unterrichtet. Dies gilt auch für die Hofrechte, in denen die Rechtsstellung der unterschiedlichen Gruppen innerhalb der Hofgenossenschaft geregelt wird; sie sind ebenfalls fast ausschließlich aus dem kirchlichen Bereich überliefert. Die abhängigen Personenverbände spielten aber nichtsdestoweniger auch in den Grundherrschaftsbereichen des Königs, der weltlichen Fürsten und der zahlreichen adeligen Herren eine wichtige Rolle. Nicht nur die Bischöfe und Reichsäbte, sondern auch die Grafen und edelfreien Herren hatten ihre eigenen Hörigenverbände, die größenmäßig und organisatorisch voneinander abwichen. Dieser äußeren Differenzierung der grundherrlichen Personenverbände nach den verschiedenen Herren entsprach eine innere Differenzierung: Sie waren in sich keineswegs homogen, sondern in reichem Maße gegliedert, mit unterschiedlichen Rechten, Pflichten und Funktionen für die einzelnen Gruppen und Personen. Die vermehrte Abstufung innerhalb der *familia* und die seit dem 11. Jahrhundert zunehmenden Chancen zum qualifizierten Aufstieg korrespondieren mit der allgemeinen Aufbruchsdynamik in Wirtschaft und Gesellschaft und der großartigen Entfaltung von Handel und Verkehr. Ein Ausdruck dieser Differenzierung war die Ausbildung von Sonderrechten für einzelne Gruppen innerhalb der Hörigenverbände. Eine Oberschicht der Zinspflichtigen, die gemäß dem sog. Zensualenrecht nur einen jährlichen Geldzins an ihren Herrn zu zahlen hatte, setzte sich schrittweise von der großen Masse der unfreien Bauern ab. Für die unterste Schicht, für die Gruppe der Leibeigenen *(mancipia),* die zum täglichen Knechtsdienst für den Herrn verpflichtet war, galten weiterhin relativ ungünstige Rechtsverhältnisse.
Aus: Werner Rösener, a.a.O., S. 201–203

(2) Selbstübergabe von Freien an das Bistum Freising, Urkunde von 957

Die Namen der zinspflichtigen Männer und Frauen sind: Hilta mit ihren zwei Söhnen Ruprecht und Erchenprecht und ihren Töchtern Regenlint und Erchenfrit, ferner Hiltas Schwester Salowa mit den zwei Brüdern Uogo und Markuin und den zwei Söhnen Adelmar und Aschuin.
Die genannten Männer und Frauen waren ehemals frei, aus eigenem Antriebe haben sie sich dem Joch der Knechtschaft unter Abraham, dem Bischof der Freisinger Kirche, unterworfen, und zwar deshalb, weil die Grundstücke, die sie besaßen, zu ihrem Lebensunterhalt nicht hinreichten. Die Übergabe erfolgte unter der Bedingung, daß die Männer aus diesem Geschlecht Dienste tun sollten, wenn ihnen vom Herrengut etwas zu Lehen überlassen würde; wenn nicht, so sollen sie jedes Jahr einen Denar am Altar der heiligen Maria und des heiligen Korbinian geben und sonst Freiheit genießen; dasselbe gilt auch für die Frauen des Geschlechtes.
Aus: Hermann Wopfner, Urkunden zur deutschen Agrargeschichte. 1925. S. 102, Nr. 62.

(3) Kapitularien zum Schutz Freier, 801/805

a Die Freien sollen weder den Grafen noch ihren Stellvertretern Gehorsam leisten weder auf der Wiese noch in der Ernte, weder beim Pflügen noch im Weinberg sollen sie ihnen irgendeinen erfundenen oder angeblich rückständigen Dienst ableisten, ausgenommen die Dienstleistungen, die den König und die Einziehung der Heerbannbußen betreffen oder denen, die eine Gesandtschaft durchführen, geschuldet werden.
b Die Freien, die sich in die Knechtschaft Gottes ergeben wollen, sollen dies nicht eher tun, als bis sie von uns die Erlaubnis eingeholt haben. Dies gebieten wir darum, weil wir gehört haben, daß manche von jenen dies nicht sowohl aus Frömmigkeit tun als vielmehr, um dem Heeresdienst oder einem anderen königlichen Dienst zu entgehen; auch haben wir gehört, daß manche aus Habsucht von solchen, die ihre Güter begehren, betört worden seien; und darum verbieten wir, daß solches geschehe.

Aus: Peter Rudolf, Grundherrschaft und Freiheit im Mittelalter, 1976, S. 39f.

5. Struktur der Grundherrschaft

Von eminenter Bedeutung für die gesamte bäuerliche Lebensordnung wurde im Frühmittelalter die Grundherrschaft, deren Entstehung, Ausbreitung und Konsolidierung sich über Jahrhunderte erstreckte. Die Grundherrschaft in ihrer vielfältigen Form und Gestaltung ist zweifellos ein Kernelement der frühmittelalterlichen Agrarverfassung. Sie bildete während des gesamten Mittelalters die wirtschaftliche Grundlage für die weltlichen und geistlichen Führungsschichten, für Adel und Kirche, für Herrschaft und Kultur. Im Laufe ihrer Entfaltung erfaßte sie die große Masse der bäuerlichen Bevölkerung und prägte deren soziale, wirtschaftliche und politische Lebenssituation. Mit dem modernen Begriff „Grundherrschaft" bezeichnen wir eine Grundform mittelalterlicher Herrschaft überhaupt, nämlich die „Herrschaft über Grund und Boden und über Bauern, d.h. über Menschen, die auf Grund und Boden sitzen und diesen Boden bebauen" (O. Brunner). Der mittelalterliche Bauer war nicht etwa nur ein Pächter nach modernem Verständnis, der den Boden des Grundherrn bebaute und dafür Pachtgeld zahlte; er stand vielmehr in einer engen Herrschaftsbeziehung zu seinem Grundherrn und war von ihm in verschiedener Form abhängig. Das Recht am Boden war im Grundherrschaftsbereich gespalten: Der Grundherr besaß das Obereigentum, das *dominium directum,* und der Bauer das Nutz- und Untereigentum, das *dominium utile.* Besondere Ausprägungen der mittelalterlichen Grundherrschaft waren das frühmittelalterliche Villikations- oder Fronhofssystem, auch die „zweigeteilte" Grundherrschaft genannt, und die Abgaben- oder Rentengrundherrschaft. Von der mittelalterlichen Grundherrschaft ist die osteuropäische Gutsherrschaft der frühen Neuzeit zu unterscheiden, bei der vor allem die Bündelung der Herrschaftsrechte in einem geschlossenen Bezirk kennzeichnend war.
In der Entwicklung der frühmittelalterlichen Grundherrschaft lassen sich zwei Hauptperioden feststellen: erstens die Zeit der Entstehung und Entfaltung der Grundherrschaft vom 6. bis 9. Jahrhundert und zweitens die Epoche ihrer Ausbreitung und Konsolidierung vom 9. bis 11. Jahrhundert. Für die Anfangsphase stellt sich zuerst die Frage nach den Voraussetzungen der frühmittelalterlichen Grundherrschaft. Das abendländische Grundherrschaftssystem ist vor allem auf zwei Wurzeln zurückzuführen: Zum einen auf die spätantike Agrarverfassung mit ihren spezifischen Formen bäuerlicher Abhängigkeit wie dem Kolonatssystem[1] und zum anderen auf

1 Im spätrömischen Reich die vom Großgrundbesitzer vergebene zeitlich unbegrenzte, vererbliche Bodenpacht. Mischform zwischen Sklaverei und Freiheit: Der Pächter war persönlich frei, durfte den Boden aber nicht verlassen und war zu Abgaben, Dienstleistungen und Kriegsdienst verpflichtet.

die germanische Herrschafts- und Sozialordnung. Der von einigen Historikern vertretenen Meinung, die mittelalterliche Grundherrschaft sei eine Hinterlassenschaft der spätantiken Wirtschafts- und Sozialordnung, ist entgegenzuhalten, daß nur ein Anknüpfen an römische Agrarformen, die noch keine Grundherrschaft im späteren Sinne darstellten, zu beobachten ist. Aus römischen und germanischen Elementen also – einer stark vom Bodeneigentum geprägten römischen und einer vorrangig durch personale Herrschaftsverhältnisse bestimmten germanischen Wurzel – erwuchs die frühmittelalterliche Grundherrschaft, die sich insbesondere im Frankenreich entfaltete und sich dort zu einem Herrschafts- und Wirtschaftssystem eigener Art ausformte.

Aus: Werner Rösener, a. a. O., S. 23–25

6. Frauenarbeit

In weltlichen Grundherrschaften, auch in Fronhöfen geistlicher Grundherrschaften, bestanden aber auch Tuchmanufakturen, Genitien – von gynaeceum –, in denen nur Frauen tätig waren. Diese Manufakturen waren eine Einrichtung des spätantiken Staates und wurden von den Merowingerkönigen übernommen. Nach Gregor von Tours[1] (IX. 38) bestand ein solches Genitium in Marlenheim im Elsaß. Eine gewisse Septimina, die Ränke gegen Königin Brunichilde und König Childebert gesponnen hatte, wurde zur Strafe nach dem Königshof Marlenheim gebracht, um dort die Mühle zu drehen und den Mägden im Spinnhaus den täglichen Bedarf an Mehl zu bereiten. Die Frauen in diesen Tuchmanufakturen wurden also vom Grundherrn mit Unterkunft, Nahrung und Kleidung versorgt, erhielten aber wohl keinen Barlohn. In manchen Genitien arbeiteten bis zu 40 Frauen. Die Leitung hatte eine Frau von herausgehobener Stellung. Laut der Ordnung für die königlichen Domänen, dem berühmten Capitulare de villis,[2] wurden Rohstoffe und Arbeitsgerät vom Herrn gestellt: Flachs, Wolle, Waid, die mittelalterliche Farbpflanze für Blau, Scharlachfarbe, Krapp für Rotfärbung, Wollkämme, Kardendisteln, Seife, Öl, Gefäße usw. Das Färben der Textilien erfolgte also auch im Genitium. Die Frauen arbeiteten in festen Häusern mit heizbaren Räumen und Schuppen, bzw. in in den Boden eingetieften Häusern.

Aus: Edith Ennen, Frauen im Mittelalter, a. a. O., S. 88

1 Bischof von Tours, fränkischer Geschichtsschreiber, gest. 594
2 Landgüterordnung Karls d. Gr. (um 794)

7. Veränderungen in der Landwirtschaft

a) Bevölkerungssituation

Geschätzte Bevölkerung, 500–1450

Geschätzte Bevölkerung (in Millionen) zu verschiedenen Zeitpunkten zwischen 500–1450

Gebiet	*500*	*650*	*1000*	*1340*	*1450*
Griechenland und Balkan	5	3	5	6	4,5
Italien	4	2,5	5	10	7,5
Iberische Halbinsel	4	3,5	7	9	7
Süden insgesamt	13	9	17	25	19
Frankreich – Niederlande	5	3	6	19	12
Britische Inseln	0,5	0,5	2	5	3
Deutschland–Skandinavien	3,5	2	4	11,5	7,5
West- und Mitteleuropa insgesamt	9	5,5	12	35,5	22,5
Slawischer Raum	5	3			
Rußland			6	8	6
Polen–Litauen			2	3	2
Ungarn	0,5	0,5	1,5	2	1,5
Osten insgesamt	5,5	3,5	9,5	13	9,5
Europa insgesamt	27,5	18	38,5	73,5	50

Aus: Carlo M. Cipolla, Knut Borchardt (Hrsg), Europäische Wirtschaftsgeschichte Bd. 1: Mittelalter. Stuttgart 1978, S. 21

b) Rodungen und Landesausbau

(1) Siedlungslandschaft

Grundsätzlich von den heutigen unterschieden sich die Siedlungsräume der sogenannten Altlandschaft … Sie läßt ein Siedlungsbild erkennen, in dem zahlreiche Siedlungskammern in große Wald- und Sumpflandschaften eingebettet lagen, während Offenlandschaften oder „Gefilde“ seltener waren. (Es) ergibt sich für die frühmittelalterliche Zeit bis etwa zum Jahre 1000 ein lockeres Nebeneinander verstreuter Ansiedlungen, teil in kleineren „Siedlungskammern“, teils in der größeren Form von „Siedlungsarealen“. Auch die Areale konnten durchaus von großen Waldbeständen durchsetzt sein, in die kleine Siedlungskammern jeweils eingestreut waren. Das dominante Erscheinungsbild war das breiter Urwaldgebiete …
Die Konzentration der Siedlungen auf regelrechte Siedlungsinseln hat weitreichende politische und verfassungsgeschichtliche Konsequenzen gehabt. Denn die diversen Siedlungskleinformen bzw. Siedlungskammern wurden im Regelfall zur geographischen Grundlage von zumeist ebenso begrenzten Herrschaftsbildungen. Nur unter Inanspruchnahme verbindender Verkehrswege waren dagegen größere Herrschaftsformen herstellbar, die somit schon von den Naturbedingungen her auf die Bildung von Schwerpunkten und Stützpunkten angewiesen (waren), ohne den Gesamtraum gleichmäßig erfassen zu können. Auf dem Hintergrund solcher Vorbedingungen und naturräumlicher Grundgegebenheiten erscheint die fränkische Großreichsbildung um so eindrucksvoller, auch wenn die Grundgegebenheiten nicht durchgängig überwunden werden konnten und somit für das Frankenreich systemimmanente Schwächen immer erhalten blieben.
Aus: Rolf Schneider, Das Frankenreich. München 1990, S. 58f.

(2) Rodungsvorgang

Solange auf westdeutschem Boden nur 2 bis 3 Menschen je Quadratkilometer siedelten und vom Quadratkilometer Land nur 1 bis 2 Hektar mit Getreide bestellt waren, hatte der Boden nur denjenigen Wert, der der Arbeit entsprach, die in ihn hineingesteckt wurde. Wald-, Busch- und Sumpfland waren praktisch und rechtlich frei. Die altgermanischen Rechte kannten keinen Privatbesitz an Wald. [...]
Das Bodenregal des Königs, das formal ein Obereigentum des Königs an allem Land seines Territoriums, ursprünglich sogar an dem in Privatbesitz übergegangenen umschloß, gewann materielle Bedeutung, als die Bevölkerung wuchs und der Boden knapper wurde. [...] Wenn die Frage gestellt wird, wessen Verdienst eigentlich die gewaltige Leistung war, die in der Erschließung des deutschen Bodens steckt [...], dann darf nicht allein von der Leistung, Initiative und Verantwortung der Grundherren gesprochen werden [...], die Hauptlast trug der Bauer oder die bäuerliche Genossenschaft (wozu auch die Klostergemeinschaften gezählt werden müssen). Sie stellten in der Regel das Saatgut, das Vieh und die Geräte: sie errichteten die Gebäude und bereiteten den Boden für Pflanze und Tier.
Diese Arbeit der Bodenbereitung war eine verschiedene am Meeresstrand und im Wildgrasgürtel der Alpen, im waldigen Mittelgebirge und in den Sümpfen der Flüsse. Im Marsch- und Sumpfland mußten Gräben gezogen und Deiche aufgeworfen werden, auf trockenerem Boden mußten Busch und Wald beseitigt werden, wobei Axt und Säge, Hacke und Spaten Hilfe leisteten. [...]
Der Hochwald wurde gefällt; das Wurzelwerk blieb stehen. Das Holz wurde als Bauholz, Gestänge, Zaunwerk, Faßreifen, Fackelholz und dergleichen verwendet; das Gestrüpp verbrannt. Zwischen den Stubben[1], die allmählich verrotteten, wurde der Boden gepflügt und geeggt, wobei sich die Asche mit der Erde vermischte. Dann wurde Getreide eingesät.

Aus: Wilhelm Abel, Geschichte der deutschen Landwirtschaft vom frühen Mittelalter bis zum 18. Jahrhundert. Stuttgart 1962, S. 30

(3) Gründung eines Dorfes

Die Miniatur aus der Heidelberger Bilderhandschrift des Sachsenspiegels (entstanden um 1300/1315) zeigt die Vorgänge beim Landesausbau, bei der Anlage eines neuen Dorfes. Der Grundherr (links, mit dem Lilienschapel, einem kranzartigen Reif im langen Haar und langem Rock) überreicht dem Schulzen (wie die anderen Bauern mit knielangem Rock, aber als Amtsperson mit Strohhut) die Gründungsurkunde des neuen Dorfes, an der ein Siegel herabhängt. Rechts sind Bauern mit dem Roden des Waldes und dem Bau eines Hauses beschäftigt.

1 Baumstumpf

c) Dreifelderwirtschaft

(1) Organisation der Dreifelderwirtschaft

Bis zum 8. Jahrhundert herrschte die Feldgraswirtschaft, dann begann sich die Dreifelderwirtschaft zu verbreiten, das heißt auf einem Felde wird abwechselnd Winterfrucht, dann Sommerfrucht angebaut, worauf der Acker ein Jahr ruht; doch blieb es in manchen Gegenden noch lange bei der Feldgraswirtschaft. Das Ackerland eines Dorfes erscheint infolgedessen in mehrere größere zusammenhängende Flächen geteilt, die „Gewanne", das für den Anbau gewonnene Land. Sind es zum Beispiel neun solcher Gewanne, so liegen drei davon brach, drei tragen Winter- und drei Sommerfrucht. Dem einzelnen Hofbesitzer kommt auf jeder der Gewanne ein Streifen zu, so daß das bebaute Land eines Dorfes bei fünfzehn Hofstätten in neunzig Streifen, die Brachfelder nicht mitgerechnet, zerteilt ist. Diese Gemengelage bedingt Flurzwang, das heißt die einzelnen Gewanne müssen in gleicher Weise bestellt werden, und das Säen, Ernten, Abweiden der Stoppeln usw. hat nach Gemeindebeschluß zu ungefähr der gleichen Zeit zu erfolgen. Den Dorfgemeinden kommt in all diesen Dingen wie auch in der Allmendenutzung eine Art richterlicher Gewalt und auch Zwangsgewalt zu. Dieser „Zwing und Bann" der Dorfmarkgenossenschaft behauptet sich zum guten Teil auch der Grundherrschaft gegenüber; besitzt eine solche innerhalb der Dorfgemarkung Grund und Boden, so hat sie sich dafür der Dorfordnung zu fügen, sucht aber freilich besonders in Wald und Allmende ihre wirtschaftliche Überlegenheit vielfach zu ihren Gunsten geltend zu machen.

Die Dörfer mit Gemengelage sind im allgemeinen die ursprünglichen in Deutschland, nur in einzelnen, besonders in gebirgigen Gegenden finden sich schon in früher Zeit Einzelhöfe, die von den zu ihnen gehörigen Feldern umgeben sind.

Aus: Johannes Bühler, Urzeit, Bauerntum und Aristokratie bis um 1100. o. O. 1934, S. 18f.

(2) Skizze Dreifelderwirtschaft

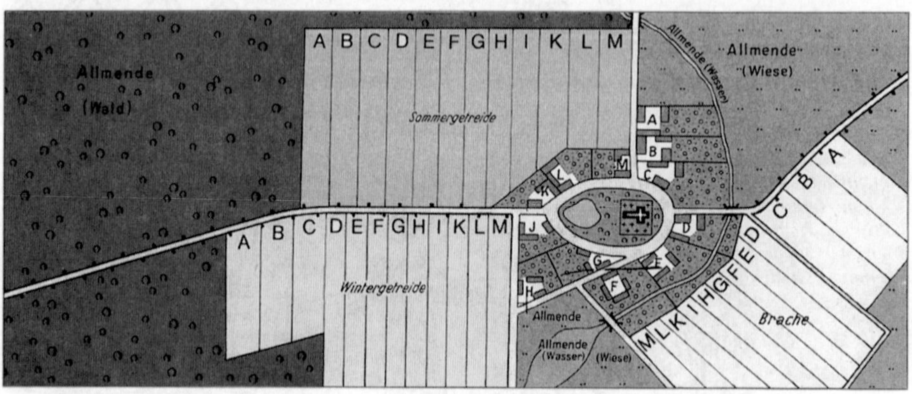

8. Märkte und Handelswege

a) Handel und Bergbau

Die Grundherrschaften schon des 9. Jh. sind alles andere als geschlossene Binnenmärkte auf der Basis von Güteraustausch. „Die absolut autarke Domäne hat es nie gegeben". Ausgedehnter Handel ist – auch wenn es die Forschung die längste Zeit nicht wahrhaben wollte – selbstverständlich. Wo ein mächtiger geistlicher oder weltlicher Herr sich dauerhaft etabliert, dort lassen sich über kurz oder lang auch Kaufleute nieder, sobald Konsum und Nachfrage steigen: die Produktverteilung erfolgt auch „innerhalb" der Grundherrschaften, soweit diese überhaupt geschlossene Wirtschaftsgebiete sind, über den Markt, der Fernhandel spart diese Märkte nicht aus. Das Geld spielt in den Grundherrschaften stets eine Rolle, doch wächst seine Bedeutung im 9. und 10. Jh. erheblich. Zunächst werden Produkte in Geldquanten bewertet, dann eröffnet sich die Alternative Natural- oder Geldzins, schließlich wird die überwiegende oder gesamte Zinsleistung in Geld und nicht mehr in Naturalien erbracht. In gewerblicher Überschußproduktion erkennen die weltlichen oder geistlichen Grundherren rasch ihren Nutzen. Der Bau von Wassermühlen schreitet fort. Der Gebrauch der kleinen Handmühle wird eingeschränkt, teilweise auch untersagt. Der Herr zwingt unter Strafandrohung seine Bauern, seine Bannmühlen zu benutzen – gegen Abgaben, wie sich versteht; auch andere zentrale Einrichtungen wie Brau- oder Backhaus dienen vor allem im Westen nun in analoger Weise dem Herrn zur Steigerung seiner Einkünfte. Die Metallgewinnung kann für die Zeit bis ins 9. Jh. als standortgebundene „bäuerlich zerstreute Kleinproduktion" in grundherrlichem Rahmen bezeichnet werden; seitdem aber konzentrieren sich die Metallgewerbe in den werdenden Städten. Die Grundherren fördern die Entwicklung, die sie zu Herren der neu aufblühenden Stadtbewegung macht. Als im späten 9. Jh. die wertvollen Erzlager des Harzes entdeckt werden, beginnt der planmäßige Abbau in der Nähe kleiner Rodungssiedlungen, bis sich dann – entscheidend beschleunigt durch die Entdeckung der Silbervorkommen des Rammelsberges – seit etwa der Jahrtausendwende die ganze Metallwirtschaft im jetzt entstehenden und von den Königen geförderten neuen Zentralort Goslar konzentriert. Der nötige Untertagebau stellt kein Hindernis dar: technische Neuerungen werden eingeführt, ohne daß wir wüßten, auf welchem Wege. Auch im nördlichen Alpenvorland ist der Eisenerzabbau mit technischen Innovationen verbunden. Die Salzproduktion gestattet den Grundherren, die über entsprechende Lagerstätten verfügen (z. B. Prüm oder Salzburg), stets einen gewinnbringenden „Außen"handel; Salz ist das einzige massenweise verfügbare Konservierungsmittel der Zeit. Mit dem Anstieg der Bevölkerung schnellt auch sein Verbrauch in die Höhe; in analogem Maße partizipieren die Gewinne der Grundherren aus der Salzwirtschaft. Genitia, „Frauenarbeitshäuser", d. h. Häuser, in denen bis zu 10 Webstühle stehen können, gehören zu jeder größeren Grundherrschaft; sie produzieren keineswegs nur für den Eigenbedarf der Herren und abhängigen Leute.

Aus: Johannes Fried, Die Formierung Europas 840–1046. München 1991, S. 41 f.

b) Fernhandel

Es versteht sich von selbst, daß die karolingische Friedensepoche auch den Handel begünstigte, den lokalen wie den Fernhandel; die Herrscher selbst zeigten ein erstaunliches Interesse an der Ordnung des Warenverkehrs. Noch als Hausmeier ordnete Pippin 744 an, daß die Bischöfe öffentliche Märkte (legitima fora) für den staatlich beaufsichtigten Warenhandel einrichteten, der durch Preisvorschriften reguliert werden sollte; ob mit Erfolg, ist schwer festzustellen. Die Zahl der Märkte stieg jedenfalls stark an und damit auch die königlichen und bischöflichen Einnah-

men aus der Marktaufsicht. Die Klöster Corvey und Prüm etwa erhielten 833 und 861 Markt- und Münzprivilegien, weil es in jener Gegend noch an Märkten fehlte. Auch Jahrmärkte gab es bereits in größerer Zahl, sowohl in Norditalien als auch, der fortgeschrittenen Entwicklung im Westen folgend, im Ostreich seit dem 9. und vor allem im 10. Jahrhundert; so etwa in Verdun, Mainz, Bonn, Magdeburg und Regensburg. Besonderen Schutzes erfreuten sich die Fernhändler, die den Hof mit Luxusgütern versorgten. In einer Verordnung zugunsten der Kaufleute vom Jahre 818 wurden diese vom Kriegsdienst, von der Requirierung ihrer Zugtiere und Schiffe sowie von allen Binnenzöllen im Reich befreit, bis auf die zehnprozentigen Abgaben in den Seehäfen und auf den Gebirgspässen. Bischöfe, Klöster und mächtige Adelige hatten ihre eigenen Kaufleute, so der Passauer Bischof und das Kloster St. Emmeram in Regensburg. Rhein und Donau waren schon damals belebte Handelsstraßen, für letztere gibt die Raffelstetter Zollordnung (um 904) hinreichend Auskunft; in ihr ist von „Juden und den übrigen Kaufleuten" die Rede.
Es scheinen sich zwei Großregionen des Handels abzuzeichnen, die von Händlern verschiedener Herkunft versorgt wurden: Friesen und Skandinavier beherrschten die Handelswege von Nord- und Ostsee. Ihre mit Tuch, Pelzwerk, Bernstein oder Meersalz beladenen Schiffe gingen von Haithabu, Birka und anderen Küstenorten nach Hamburg, Bremen und Dorestad sowie rheinaufwärts bis Köln, Mainz und Straßburg. Der Orienthandel hingegen gelangte auf verschiedenen Wegen nach Mitteleuropa. Eine wichtige Route führte von Süden über den Dnjepr, Kiew, Nowgorod nach Birka am Mälarsee oder über den Dnjestr und die Weichsel an die Ostsee. Ein weiterer Handelsweg zweigte von Kiew nach Westen ab und führte über Krakau und Prag bis Regensburg. Noch wichtiger war wohl die Verbindung zum Orient über das Mittelmeer. Die Araberеinfälle scheinen auf dieser Südroute keine dauernde Unterbrechung des Warenstroms in beiden Richtungen bewirkt zu haben. Für diesen Bereich erlangten die jüdischen und arabischen Fernhändler eine Art Monopolstellung. Jüdische Kaufleute reisten ins Frankenreich, um Eunuchen, Sklaven, Textilien, Felle und Schwerter zu erwerben, und brachten ihrerseits Duftstoffe wie Moschus, Aloe, Kampfer und Zimt in den Westen. Ihre Landeskenntnisse waren begehrt, so daß der „Hofjude" Karls des Großen, Isaak, die Gesandtschaft des Kaisers an den Kalifen Harun-al-Raschid begleiten durfte. Schon im 9. Jahrhundert begann Venedigs Aufstieg als Vermittlerin des Orienthandels. Die Handelsfamilie Partecipazio, im Seehandel reich geworden, lenkte fast 70 Jahre lang die Geschicke der Stadt. Kaiser Lothar I. schloß 840 einen Vertrag mit den Venezianern, der die Einfuhr von Orientwaren über Comacchio und Pavia regelte. Pavia spielte auch eine wichtige Rolle bei der Weiterverbreitung orientalischer Waren, besonders von Gewürzen und Seidenstoffen. Bischof Theodulf von Orléans († 821) verdanken wir die Nachricht, daß auf dem Markt in Arles Seidenstoffe, Weihrauch aus Saba, indisches Elfenbein, syrischer Balsam, Leder aus Cordoba und viele andere Luxusgüter zu kaufen waren.
Aus: Friedrich Prinz, a. a. O., S. 297 f.

9. Die Rolle der Juden

Das einträglichste Geschäft dürfte aber der Sklavenhandel gewesen sein. Die zahlreichen Kriegszüge der Karolinger gegen westslawische Völker scheinen ein großes „Warenangebot" bewirkt zu haben, denn jüdische wie christliche Sklavenhändler brachten aufgekaufte Gefangene quer durchs Reich über Raffelstetten, Regensburg, Mainz und Verdun nach Marseille, Venedig oder Rom, meist zum Weiterverkauf in die arabische Welt. Ein westfränkischer Mönch sah 870 in Tarent sechs Schiffe, mit 9000 Sklaven beladen, die nach Nordafrika gingen; aber auch an den Emir von Cordoba, Al Hakam I., gingen 822 etwa 5000 Sklaven für dessen Heer, Leibgarde und Harem. Die Karolinger unternahmen nichts zur Eindämmung dieses Menschenhandels, sie verboten nur den Kauf oder Verkauf von Christen an Heiden und suchten eine gewisse Ordnung in diesen Geschäftszweig zu bringen: Grafen oder Bischöfe hatten die Sklavenmärkte zu beaufsichtigen. Obwohl es Fernhändler aus allen Nationen gab, treten uns in den Quellen schon früh Juden als Objekte besonderer Aufmerksamkeit hervor. Erzbischof Agobard von Lyon (816–840) etwa beschuldigte die Juden seiner Stadt, Knaben zu stehlen, um sie nach Kastration als Eunuchen nach Spanien zu verkaufen; ein ähnlicher Vorwurf ist auch für den Handelsplatz Verdun bezeugt.

Eine generelle Judenfeindlichkeit kannte das frühe Mittelalter bis ins 11. Jahrhundert hinein jedoch nicht. Juden waren Kaufleute, Steuereinnehmer, Goldschmiede, Ärzte und konnten sogar, im Gegensatz zu späteren Zeiten, Grund und Boden erwerben. Letzteres war allerdings nicht unangefochten, denn Papst Stephan III. (768–772) beklagte in einem Brief, daß die Juden von Narbonne Güter besitzen und christliche Landarbeiter beschäftigen dürften. Auch die Gettoisierung gab es noch nicht, an den Höfen spielten Juden als Leibärzte, Beschaffer von Luxuswaren und als länderkundige Ratgeber eine gewisse Rolle. Ludwig der Fromme hat sie unter Königsschutz gestellt und dafür einen „Magister Judaeorum" ernannt, mußte sich allerdings deswegen heftige Angriffe Agobards von Lyon gefallen lassen. Durch die Nähe der mosaischen Religion zum Islam konnten sich Juden ungehindert in der arabischen Welt bewegen, wodurch ihnen allein schon eine Schlüsselrolle für den Orienthandel zufiel ...

Diese im allgemeinen positive Entwicklung scheint sich bis in ottonisch-frühsalische Zeit fortgesetzt zu haben. Aus rabbinischen Rechtsgutachten kann man eine Vermehrung und bessere Organisation des jüdischen Handels erschließen und die Rolle der Juden als Geldverleiher in den rheinischen Bischofsstädten zwischen Köln und Worms nachweisen. Bischof Adalbero II. von Metz († 1005) wurde in seiner Lebensbeschreibung lobend als den Juden freundlich gesinnt geschildert, während Erzbischof Friedrich von Mainz († 954) an eine Zwangstaufe der Mainzer Juden dachte, wogegen sich der Priester Gerhard in einem Brief wandte. Man sieht, daß das Meinungsspektrum noch relativ breit war und von Animosität bis zu wohlwollender Duldung reichte, letzteres wohl vor allem im Hinblick auf den Nutzen dieser Randgruppe als Händler und Ärzte. Kaiserprivilegien für Juden in Speyer und Worms aus dem ausgehenden 11. Jahrhundert standen bereits im Zeichen des Investiturstreits, dessen Radikalisierung zu jener Kreuzzugsstimmung überleitete, deren erste Opfer die europäischen und deutschen Judengemeinden werden sollten.

Aus: Friedrich Prinz, a. a. O., S. 299

D Die Kunst um 800

Übersicht

Karolingische Renaissance

seit 8. Jh. Erst im Reich Karls des Großen verschmolz das germanische Volkstum mit der antiken Bildung und der christlichen Religion. Daraus entstand die neue Kultur des Mittelalters.

Die zu diesem Zwecke von Karl aus ganz Europa an seinen Hof berufenen Gelehrten bilden das geistige Zentrum dieser kulturellen Reformbewegung („karolingische Renaissance").

Der Angelsachse Alkuin (730–804) bildet den Kopf dieser gelehrten Hofakademie. Ihm zur Seite standen Paulus Diaconus (720–795), Petrus von Pisa, Paulinus von Aquileia und Theodulf. Unter den fränkischen Laien befand sich Einhard (770–840), der Biograph Karls des Großen („Vita Caroli"). Diese Palastschule (schola palatina) übernahm Vorbildfunktion für die überall im Lande entstehenden Klosterschulen. Damit wurde das ursprünglich bildungsfeindlich und eremitisch eingestellte Mönchtum zum Träger dieser geistigen Erneuerungsbewegung.

Architektur

790–805 Architektonischer Ausdruck dieser neuen Reichskultur waren die Pfalzen, allen voran Aachen und Ingelheim. Karls Lieblingspfalz Aachen mit der Pfalzkapelle (Baumeister Odo von Metz) wurde durch die byzantinische Hofkirche des Exarchen in Ravenna San Vitale angeregt.

Der Fuldaer Abt Rhabanus Maurus ließ in seiner Stadt die Michaelskapelle als zweigeschossigen Bau auf kreisrundem Grundriß errichten.

Für die Bischofs-, Kloster- und Gemeindekirchen blieb der Typus der Basilika der Norm.

um 774 Von dem reich begüterten Kloster Lorsch zwischen Rhein und Odenwald ist nur noch die karolingische Torhalle erhalten, die als eine von einem Atrium umschlossene Königshalle anzusehen ist.

Plastik, Kunsthandwerk, Elfenbeinarbeiten

um 870 Die Monumentalplastik, einen der wichtigsten Bereiche der antiken Kunst, vermag die karolingische Epoche nicht zu erneuern. Abgesehen von dem tief verwurzelten Mißtrauen der Kirche gegenüber der vollplastischen Statue als möglichem Objekt eines neuen Götzenkults – beigelegt durch die Entscheidung Karls in den „libri carolini" (Ablehnung der Bilderanbetung, aber Erlaubnis des Bilderschmucks zur Förderung der Andacht) –, fehlt es der Zeit auch an den technischen Voraussetzungen dazu.

Das Reiterstandbild Theoderichs des Großen, das Karl in Aachen aufstellen ließ, stammte aus Ravenna und war älteren Ursprungs.

Als karolingisch, wenn auch nicht unbestritten, gilt eine kleine bronzene Reiterstatuette aus Metz, die Karl den Großen darstellen soll.

Einführung in die Arbeitsthemen

In der Kunst und Kultur der „Karolingischen Renaissance" trat als bestimmendes Element die konsequente Wiederbelebung der spätrömischen Kaiseridee („renovatio imperii Romanorum") hervor. Während sich der byzantinische Basileus auf eine ununterbrochene Tradition berufen konnte, stand Karl der Große vor der Aufgabe, die zeitliche und ideelle Kluft zu überbrücken, die seine Herrschaft vom spätrömischen Kaisertum trennte. Aus Gründen der Legitimation mußte sich Karl der Große mit einem kirchlichen und kulturellen Zeremoniell umgeben, das der zeitgenössischen Vorstellung von einem Kaiser entsprach. So ähnelte der Ablauf der Krönung am Weihnachtstag des Jahres 800 in Rom dem der Inthronisation eines byzantinischen Kaisers. Die meisten der von Karl in Auftrag gegebenen Kunstwerke aus den unterschiedlichsten Gattungsbereichen dienten diesem Ziel, an das spätrömische Kaisertum im Sinne einer legitimen Rechtsnachfolge anzuknüpfen, und brachten damit zugleich eine Konkurrenz mit Byzanz zum Ausdruck.

Organisiert wurde diese Bewegung durch die Hofschule Karls des Großen im Sinne einer umfassenden Bildungsreform, die alle Bereiche von Kunst, Literatur, Geschichtsschreibung und Schriftkultur erfaßte. Die klassische antike Literatur ist so fast ausschließlich durch Handschriften, die in karolingischen Skriptorien angefertigt wurden, der Nachwelt überliefert. Gerade diese Vermittlung ist das Werk einer hohen Klosterkultur, deren Verdienste kaum überschätzt werden können.

Arbeitsthemen

1. *Was bedeutet die Aussage „Der Staat wird klerikalisiert"? Wodurch gelingt der Kirche aus ihrem beklagenswerten Zustand (6. Jh.) der Aufschwung zum Bildungsmonopol? Welche Bedeutung hat dieses Monopol für die Entwicklung der mittelalterlichen Geisteswelt? (Nr. 1 a)*
2. *Inwiefern unterscheidet sich der Hof Karls des Großen gegenüber dem römischen bzw. byzantinischen Kaiserhof als Kulturzentrum? Wie ist das zu erklären? (Nr. 1 b)*
3. *Welche Gebäudeteile der Kaiserpfalz sind erkennbar? Welche Funktion hatten sie? Welche politische Programmatik wird in dem repräsentativen Charakter der Pfalzanlage angesprochen? Wo liegen Gemeinsamkeiten bzw. Unterschiede im Bau San Vitales in Ravenna und der Pfalzkapelle in Aachen? Warum greift Karl der Große auf diese italienische Architekturform zurück? (Nr. 2a (1)–(3))*

Durch welche architektonischen Maßnahmen will die Aachener Pfalzkapelle auf das himmlische Jerusalem verweisen? Warum ist das intendiert? (Nr. 2 a (4)?

4. *Inwieweit greift die Torhalle des Klosters Lorsch die Idee der römischen Triumphalarchitektur wieder auf? Warum? (Nr. 2 b) Inwieweit kann die Reiterstatue Karls des Großen als Beispiel für die Wiederbelebung des antiken Imperatoren-Denkmals interpretiert werden? (Nr. 2 c)*
5. *Weshalb entwickeln sich die Klöster nach dem Tode Karls des Großen zum Mittelpunkt des Reiches? In welcher Beziehung stehen die Klöster untereinander? Welche Auswirkungen hat die Benediktinerregel auf die Aktivität der Klöster und das Arbeitsethos im Mittelalter allgemein?*
   Welche Rolle spielen die Klöster in der modernen Gesellschaft? Wo liegen Gründe für den Funktionswandel? (Nr. 3)

Materialien

1. Ursprünge und Zentren der „Karolingischen Renaissance"

a) Die Kirche als Träger der Kunst

Im 5. Jahrhundert fand sich noch allenthalben eine gebildete, literaturkundige und kunstverständige Aristokratie, im 6. Jahrhundert verschwindet sie fast gänzlich; der neue fränkische Adel ist um die Dinge der Bildung vollkommen unbekümmert. Aber nicht nur der Adel, auch die Kirche macht eine Periode der Verwahrlosung durch. Oft können auch höhere geistliche Würdenträger kaum lesen, und Gregor von Tours, der über diese Verhältnisse berichtet, schreibt selber ein ziemlich ungepflegtes Latein – ein Zeichen, daß die Sprache der Kirche im 7. Jahrhundert bereits tot ist. Die Laienschulen verfallen und werden allmählich geschlossen. Bald gibt es überhaupt keine anderen Lehranstalten mehr als die Domschulen, die die Bischöfe unterhalten müssen, um den geistlichen Nachwuchs zu sichern. Damit erst erringt sich die Kirche jenes Monopol der Bildung, dem sie ihren überragenden Einfluß in der Gesellschaft des Abendlandes verdankt. Der Staat wird klerikalisiert, schon indem ihm die Kirche die Beamten stellt und erzieht; und die gebildeten Laienschichten eignen sich unwillkürlich die kirchliche Gesinnung an, da die Dom- und später die Klosterschulen die einzigen Erziehungsinstitute sind, in die sie ihre Kinder schicken können.

Auch ist die Kirche noch immer die bedeutendste Auftraggeberin für Werke der bildenden Kunst. Die Bischöfe lassen noch immer Kirchen bauen, beschäftigen Baumeister, Zimmerleute, Tischler, Glaser, Dekorateure und wohl auch Bildhauer und Maler. Wir können uns von dieser Kunsttätigkeit mangels erhaltener Denkmäler keine richtige Vorstellung machen; wenn wir aber von den wenigen erhaltenen Bilderhandschriften allgemeine Schlüsse ziehen dürfen, so beschränkte sie sich auf die ziemlich unselbständige Fortsetzung der spätrömischen und die Wiederholung der Völkerwanderungskunst. Niemand ist zu dieser Zeit im Westen mehr fähig, einen Körper plastisch darzustellen; alles bleibt in Flächenornament, Linienspiel und Kalligraphie befangen. Die Motive der Dekoration sind, der allgemeinen Rustikalisierung entsprechend, die Formen der Bauernkunst. Kreis und Spirale, Band- und Riemengeflecht, Fische und Vögel, mitunter auch, und das ist der Völkerwanderungskunst gegenüber die einzige Neuerung, Blatt- und Rankenwerk. Das sind auch die Motive der Goldschmiedekunst, der die meisten der erhaltenen Denkmäler angehören. Ihre verhältnismäßig große Anzahl zeigt, wo die Kunstinteressen dieser primitiven Gesellschaft liegen. Kunst bedeutet für sie in erster Linie Schmuck und Aufputz, prunkvolle Geräte und kostbare Juwelen. Sie dient – was in sublimierter Form oft auch in viel entwickelteren Kulturen noch der Fall ist – zur bloßen Schaustellung der Macht und des Reichtums.

Aus: Arnold Hauser, Sozialgeschichte der Kunst und Literatur, München 1978, S. 157 f.

b) Der Hof Karls des Großen als Kulturzentrum

In Aachen, wo eine Dichterakademie, eine künstlerische Palastwerkstatt und die besten Gelehrten der Zeit vereinigt sind, schafft Karl der Große, als das Urbild der europäischen Fürstenhöfe, ein Musenheim, das bei aller Kunstfreudigkeit des römischen und des byzantinischen Kaiserhofes ein Novum darstellt. Es geschieht seit Hadrian und Marcus Aurelius hier zum erstenmal, daß ein Fürst des Abendlandes an Wissenschaft, Kunst und Literatur nicht nur wirkliches Interesse nimmt, sondern ein eigenes Kulturprogramm befolgt. Mit den literarischen Bildungsanstalten, die der Kaiser errichtet, hat er allerdings die Erneuerung der geistigen Kultur nur mittelbar im Auge, sein eigentliches Ziel ist die Heranbildung eines geschulten Personals für die Administration. Man betrachtet in diesen Anstalten die römische Literatur vor allem als eine Sammlung lateinischer Stilmuster und studiert sie hauptsächlich mit Rücksicht auf die Übung in der Amtssprache. Was die Einrichtungen selbst betrifft, bezweifelt man neuerdings, daß es überhaupt eine „Palastschule" gegeben habe, in welcher, wie es früher hieß, die Kinder der vornehmen Familien erzogen wurden; man führt die Annahme einer solchen Schule auf ein Mißverständnis der erhaltenen Texte zurück, die mit *scholares,* wie nun behauptet wird, nicht die Zöglinge einer *schola palatina,* sondern die Schützlinge des Kaisers bezeichnen, junge Aristokraten, die als zukünftige Soldaten und Beamte am Hofe ihre praktische Erziehung erhalten. Es steht dagegen außer Zweifel, daß es am Hofe Karls des Großen eine literarische Vereinigung von Dichtern und Gelehrten gab, die mit ihren regelmäßigen Sitzungen und Konkurrenzen eine richtige Akademie bildeten; und wir dürfen es ebenfalls als gesichert betrachten, daß an den Hof eine Palastwerkstatt angeschlossen war, in der illustrierte Handschriften und kunstgewerbliche Gegenstände hergestellt wurden.

Aus: A. Hauser, a. a. O., S. 159 f.

2. Architektur und Plastik

a) Die Aachener Pfalzkapelle

(1) Die Kaiserpfalz in Aachen (Rekonstruktion)

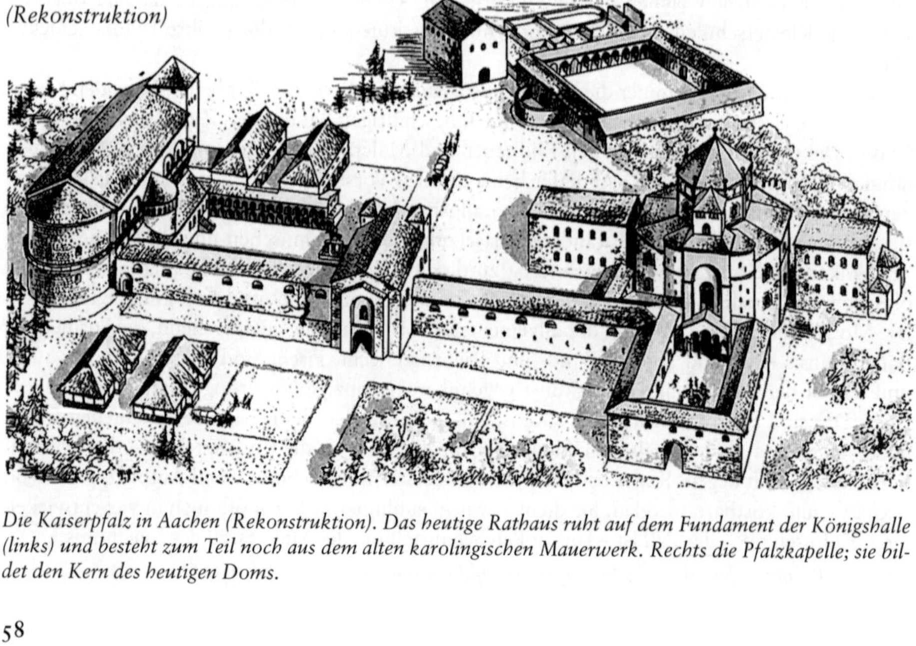

Die Kaiserpfalz in Aachen (Rekonstruktion). Das heutige Rathaus ruht auf dem Fundament der Königshalle (links) und besteht zum Teil noch aus dem alten karolingischen Mauerwerk. Rechts die Pfalzkapelle; sie bildet den Kern des heutigen Doms.

(2) San Vitale in Ravenna und Pfalzkapelle in Aachen

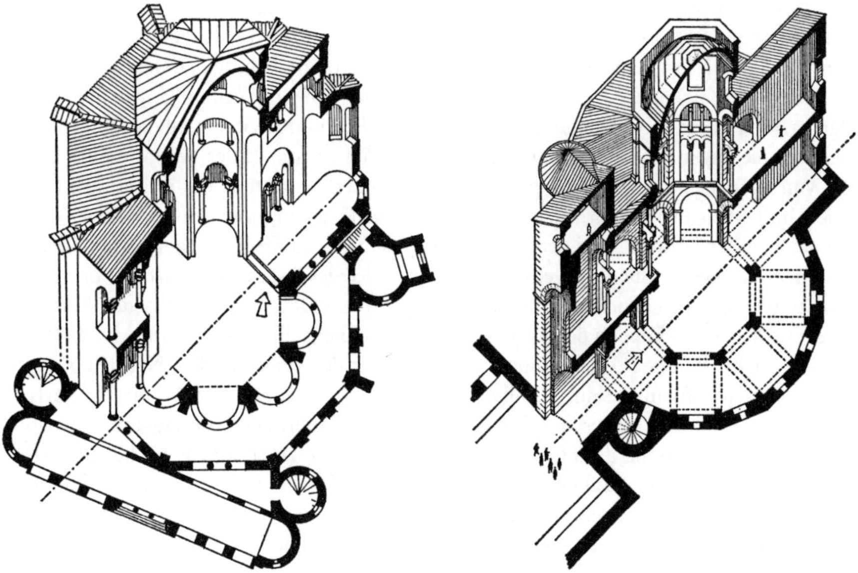

San Vitale in Ravenna (links), im Vergleich dazu die Palastkapelle in Aachen. Zweifellos hat San Vitale dem karolingischen Baumeister Odo von Metz als Vorbild gedient, wenngleich der Bau nicht so kunstvoll angelegt ist wie die ravennatische Kirche aus dem 6. Jahrhundert. Beide Kirchen besitzen einen achteckigen Grundriß, sind vertikal dreifach gegliedert und haben an einer Seite eine Apsis. Aber während sich in San Vitale der Raum zu halbrunden, überkuppelten Exedren (halbrunde Nischen) weitet, deren Bogenstellungen sich auf die Umgänge öffnen und diese in die Raumwirkung mit einbeziehen, sind in Aachen die Wände massiv und gerade. Die subtile Wechselbeziehung zwischen den Raumteilen fehlt. Dennoch ist die Palastkapelle die bedeutende Leistung eines nordischen Baumeisters an der Wende zum 9. Jahrhundert.

(3) Zum Architekturprogramm Karls des Großen

Zweifellos hat die karolingische Hofkunst den Schwerpunkt ihrer Orientierung im römischen Kaisertum. Die Persönlichkeit des als ersten christlichen Herrscher verehrten Konstantin des Großen stand ebenso im Vordergrund wie Rom selbst, in dem das Kaisertum seine Wurzeln hatte. Besonders stark aber interessierte Karl der Große sich für Ravenna. S. Vitale lieferte die Grundidee für die Gestaltung der Aachener Pfalzkapelle. Aus Ravenna wurden Säulen und Kapitelle nach Aachen gebracht und in die Pfalzkapelle eingebaut. Das ist nicht so sehr mit der Begeisterung für die Schönheit gerade jenes Baukomplexes oder jener Epoche zu begründen, sondern vielmehr als eine Dokumentation des politischen Wollens aufzufassen. Aus Ravenna ließ Karl auch das Reiterdenkmal Theoderichs nach Aachen bringen und dort im Hof der Pfalz zwischen der Königshalle und dem Münster aufstellen. Zunächst sollte damit sicherlich, entsprechend dem Wunsch, in der Pfalz etwas von der Idee Roms zu verwirklichen, ein Reiterstandbild so stehen wie das des Marc Aurel – damals als das Konstantins des Großen bezeichnet und verehrt – vor dem Palast des Laterans. Der Sockel, der in Aachen für das Reiterstandbild Theoderichs gewählt wurde, entsprach anscheinend dem des Justinian-Denkmals in Konstantinopel. So zeichnen sich die wesentlichsten Komponenten für die künstlerische Programmierung am Hof Karls des Großen ab: die Betonung der Kontinuität seines Herrschertums mit dem Konstantins des Großen und der Hinweis darauf, daß etwas von Rom in Aachen weiterlebte. Die Übernahme der römischen Ortsbezeichnungen „Nova Roma“ und „Lateran“ für die Aachener Pfalz oder einen Teil der Pfalzkapelle ist kaum anders deutbar. Damit hat Karl die Verwurzelung seines Herrschertums in der Tradition der römischen Imperatoren sinnvoll und gültig manifestiert...

Auch die Aachener Pfalzkapelle kann nicht nur aus der Transponierung eines Baugedankens heraus erklärt werden; denn neben der generellen Vorbildlichkeit von S. Vitale sind die Unterschiede recht deutlich. Sie liegen in der andersartigen Konstruktionsweise, in der neuen Funktion und Betonung von Mauer und Masse und in einer abweichenden Gestaltung der Kaiserloge; für sie ist auf die Ähnlichkeit mit byzantinischen Hofkirchen in Konstantinopel zu verweisen. Wegen der zeremoniellen Forderungen und der postulierten gleichartigen Erscheinung Karls mit der des byzantinischen Basileus mußte die ravennatische Grundidee des Baues mit derartigen Elementen verschmolzen werden. Schließlich wird noch das Chrysotriklinium des byzantinischen Kaiserpalastes als ein östliches Merkmal in der Aachener Kapelle genannt. Byzanz, Ravenna, Nova Roma und Lateran – nichts könnte für den komplexen Charakter der künstlerischen Neuschöpfungen Karls des Großen signifikanter sein. Sie alle mußten wegen des politischen Anspruchs Karls in die neue offizielle Hofkunst eingeschmolzen werden. Dieses politische Postulat stand gewissermaßen Pate bei der Gründung der Hofkunst Karls des Großen. Diese war daher bewußt retrospektiv. Die Kunst der karolingischen Renovatio war ihrem Wesen nach Hofkunst und deshalb nicht zu einer unmittelbaren allgemeinen Erneuerung des Kunstschaffens geeignet. Dennoch ist aus der Verschmelzung vieler Ideen etwas Neues geworden, das eines der wichtigsten Fundamente der mittelalterlichen Kunst des Abendlandes bleiben sollte.

Aus: Propyläen Kunstgeschichte. Bd. 5, a. a. O., S. 18 f.

(4) Die Pfalzkapelle in Aachen – ein Abbild des himmlischen Jerusalems

Wenn sich zur Zeit der Heiltumsfahrt die Pilgerscharen um den Aachener Dom (wie er heute heißt) drängen, bleibt kaum die Muße, das Bauwerk und die Kunstwerke zu bewundern, die sich darin befinden. Die Schönheit des Gebäudes und der Kostbarkeiten kann man nur bestaunen. Die Vollkommenheit des Oktogons, seiner Rundbogenarkaden und der darin eingestellten Marmorsäulen, der Glanz von Gold und Edelsteinen, die Lichter des Kronleuchters – diese Pracht schafft schon die Illusion des Himmlischen Jerusalems, des kommenden Paradieses. Ohne alle Einzelheiten beschreiben zu wollen, läßt sich das an einigen Inschriften und Daten ablesen.

Unter dem vorkragenden Gesims, welches das Untergeschoß abschließt, umzieht eine Inschrift das ganze Oktogon. Sie spricht von Zahl und Maß, die in jeglichem Teil übereinstimmen, und ruft Gott an, daß er den von Karl erbauten Tempel beschütze. Zahl und Maß beschreiben Grundriß und Aufriß der um 800 von Karl dem Großen vollendeten Teile in der Tat so genau, daß L. Hugot danach den seitdem mehrfach veränderten Westturm in seiner ursprünglichen Gestalt rekonstruieren konnte. Dasselbe Maß, das Johannes in der Apokalypse (21, 17) für die Himmlische Stadt nennt, liegt auch der Pfalzkapelle zugrunde: 144 Fuß bzw. Ellen (zu 33,3 cm). Ein Zwölftel davon, nämlich 12 Fuß (= rund 4 m), ist die Einheit oder der Modul, der an vielen Teilen nachgeprüft werden kann. Wie in Salomos Tempel beherrscht das Zwölfer-System den ganzen Bau, d. h. die Zahl der Apostel, der Propheten der Kirche u. a. m., auch der Tore der Himmlischen Stadt (Apk 21, 21). Wie wichtig das genommen wurde, belegt Salomo im Buch der Weisheit (11, 21 bzw. 22): „Du hast alles geordnet nach Maß, Zahl und Gewicht.“ An diesen Text erinnert die Inschrift im Oktogon. Das ist die Grundlage für den – wir würden sagen: mathematischen – Ordo des Mittelalters. Diese auf Augustin zurückzuführende Theorie des Schönen, die er an der Harmonie der Töne erläutert, würden wir säkular als eine Proportionslehre

mißverstehen, wenn wir nicht in dem Begriff des Ordo, von dem sie sich ableitet, das von Gott gesetzte Maß der Welt erkennen müßten.
Außerdem ist zu bedenken, daß mehreren in der Bibel vielfach genannten Zahlen (z.B. 3, 4, 6, 8, 12, 16) bestimmte, in einen Kreis zu zeichnende geometrische Figuren entsprechen, denen in der Praxis des Architekten grundlegende Bedeutung zukommt. Im Bau der Pfalzkapelle in Aachen spielen sie in solchem Maße eine Rolle, daß alle Versuche, das Gebäude von bestehenden oder vergangenen Vorbildern abzuleiten, sei es in Ravenna (San Vitale) oder der Lombardei, sei es in Byzanz, letztlich scheiterten.
Was Karl d. Gr. durch seinen Baumeister (Odo von Metz?) hier schuf, wirkt so vollkommen, so aus einem Guß, daß die geniale Idee uns noch heute unmittelbar anspricht. Das wiegt um so schwerer, als diese Kirche in einem Land entstand, das damals nur wenige monumentale Steinbauten besaß. Ein großer Teil der Quader stammt aus römischen Ruinen. Marmorsäulen und -kapitelle wurden aus Ravenna und Rom herbeigeschleppt. Die Steinmetzen und Maurer müssen von Karl aus der Lombardei angeworben worden sein, ebenso die Bronzegießer, welche die Gitter und Türen schufen. Keine Architektur-Phantasie allein kann gereicht haben, um aus derart heterogenen Spolien[1] und der Arbeit gemieteter Fremdarbeiter einen so einheitlichen Bau zu entwerfen, wenn nicht aus der Idee heraus, in der Pfalz zu Aachen die geistige Mitte des Reiches zu schaffen. Der achteckige Zentralraum ist deren Gleichnis, indem er, nach acht Seiten gleich, gleichmäßig in alle Richtungen ausstrahlt; indem er die verschiedenen Funktionen zugeordneter Geschosse miteinander verbindet; und indem er durch die (früher vorhandene) Darstellung des Lammes im Scheitelpunkt der Kuppel, dem die 24 Ältesten der Apokalypse ihre Kronen darbringen, zum irdischen Abbild der Himmelsstadt wurde.

Aus: Horst Appuhn, Einführung in die Ikonographie der mittelalterlichen Kunst in Deutschland, Darmstadt ³1985, S. 116–118

b) Der Triumphbogen Kaiser Konstantins in Rom und die Torhalle in Lorsch

Links: Der Triumphbogen des Kaisers Konstantin in Rom. Der Bogen wurde zum Andenken an den Sieg Konstantins über seinen Rivalen in Italien errichtet. Er steht in der Nähe des Kolosseums. Rechts: Die Torhalle des zur Zeit Karls des Großen berühmten Klosters Lorsch zwischen Rhein und Odenwald (um 774).

1 Aus anderen Bauten wiederverwendete Bauteile

c) Reiterstatuen der Kaiser Mark Aurel und Karl des Großen

Reiterstatue Karls des Großen, 9. Jh.

Reiterstatue des Kaisers Marc Aurel, 173 n. Chr., Höhe 5,12 m.

3. Das Kloster: Geistiger und handwerklicher Mittelpunkt des Reiches

Nach der Regierungszeit Karls des Großen ist nicht mehr der Hof der geistige Mittelpunkt des Reiches. Wissenschaft, Kunst und Literatur gehen jetzt von den Klöstern aus; in ihren Bibliotheken, Schreibstuben und Werkstätten vollzieht sich der bedeutendste Teil der geistigen Produktion. Ihrem Fleiß und ihrem Reichtum verdankt die Kunst des christlichen Abendlandes ihre erste Blüte. Mit der Vermehrung der Kulturzentren durch die Entwicklung der Klöster tritt vor allem eine stärkere Differenzierung der Kunstbestrebungen ein. Ganz isoliert voneinander darf man sich indessen diese Klöster nicht denken; sie stehen schon infolge ihrer gemeinsamen Abhängigkeit von Rom, des allgemeinen Einflusses der irischen und angelsächsischen Mönche und später durch die reformistischen Ordenskongregationen in einer, wenn auch nicht allzu engen Beziehung zu einander.
Die Benediktiner-Regel schrieb sowohl Handarbeit als auch wissenschaftliche Arbeit vor und legte auf die manuelle Beschäftigung sogar das größere Gewicht. Die Klostergüter waren ebenso wie die Herrenhöfe bestrebt, eine nach Möglichkeit autarke Wirtschaft zu entwickeln und alles Nötige im eigenen Bereich herzustellen. Die Tätigkeit der Mönche erstreckte sich sowohl auf die Feld- und Gartenarbeit als auch auf das Handwerk. Die schwerste körperliche Arbeit wurde zwar schon im Anfang zum großen Teil von den freien und unfreien Bauern der Klöster und spä-

ter, außer den Bauern, von Laienbrüdern versehen, das Handwerk dürfte aber, besonders in der Frühzeit, hauptsächlich von den Mönchen selbst betrieben worden sein; und gerade durch die Organisierung der handwerklichen Arbeit hat das Mönchtum auf die Kunst- und Kulturentwicklung des Mittelalters die tiefste Wirkung ausgeübt. Daß die Kunstproduktion im Rahmen geordneter, arbeitsteiliger, mehr oder weniger rational geführter Betriebe vor sich ging und daß für diese Arbeit auch Elemente der oberen Schichten gewonnen werden konnten, ist das Verdienst der Ordensbewegung. In den Klöstern des früheren Mittelalters waren bekanntlich die Aristokraten in der Mehrzahl; gewisse Klöster waren fast ausschließlich ihnen vorbehalten. So kamen Leute, die sonst wohl nie einen schmierigen Pinsel, einen Meißel oder gar eine Kelle in die Hand genommen hätten, in unmittelbare Berührung mit den bildenden Künsten. Die Verachtung der manuellen Arbeit bleibt zwar auch im Mittelalter noch stark verbreitet, und der Begriff des Herrentums wird auch fernerhin an ein arbeitsloses Dasein geknüpft, daß aber jetzt, im Gegensatz zum Altertum, neben der seigneuralen Existenz, die mit unbeschränkter Muße verbunden ist, auch das arbeitsame Leben eine positivere Wertung erfährt, ist unverkennbar, und diese neue Beziehung zur Arbeit hängt unter anderem mit der Popularität des Klosterlebens zusammen. Noch im bürgerlichen Arbeitsethos des späteren Mittelalters, so wie es zum Beispiel in den Zunftordnungen zum Audruck kommt, wirkt der Geist der Ordensregeln nach. Man darf allerdings nicht vergessen, daß die Arbeit in den Klöstern zum Teil noch als Bußwerk und Strafe angesehen wird . . . Von einer Adelung des Lebens durch die Arbeit ist also vorläufig keine Rede.

Das Abendland hat erst von den Mönchen methodisch arbeiten gelernt; die Industrie des Mittelalters ist zum großen Teil ihre Schöpfung. Die Handwerker, die als die Erben des alten römischen Gewerbes in den Städten noch zahlreich genug vorhanden waren, arbeiteten bis zum Wiederaufleben der städtischen Wirtschaft in sehr bescheidenen Grenzen und trugen zur Entwicklung der gewerblichen Technik wenig bei. Auch auf den Königspfalzen und den größeren Fronhöfen gab es wohl spezialisierte Handwerker, sie zählten aber zum Hofstaat und Hausgesinde, und ihre Arbeit bewahrte stets den Charakter des an Traditionen statt an Zweckmäßigkeitsrücksichten orientierten Hausfleißes. Die Loslösung des Handwerks vom Haushalt vollzieht sich erst in den Klöstern. Hier wird auch zuerst mit der Zeit gewirtschaftet, der Tag vernünftig eingeteilt und ausgenützt, das Vergehen der Stunden gemessen und durch Glockenschlag verkündet. Das Prinzip der Arbeitsteilung wird zur Grundlage der Produktion und wird nicht nur innerhalb der einzelnen Klöster, sondern gewissermaßen auch im Verhältnis der verschiedenen Klöster zueinander durchgeführt.

Das Kunsthandwerk wurde außerhalb der Klöster wohl nur auf den königlichen Domänen und den größten Herrenhöfen gepflegt und auch da nur in den einfachsten Formen. Gerade im Kunstgewerbe zeichneten sich aber die Klöster am meisten aus. Das Kopieren und Illustrieren von Handschriften gehörte zu ihren ältesten Ruhmestiteln. Die Institution der Bibliotheken und der Schreibstuben, die Cassiodor in Vivarium eingeführt hatte, wurde von den meisten Benediktinerklöstern nachgeahmt. Die Schreiber und Buchmaler von Tours, Fleury, Corbie, Trier, Köln, Regensburg, Reichenau, St. Albans, Winchester waren schon im frühen Mittelalter berühmt. Die Skriptorien waren bei den Benediktinern große gemeinsame Arbeitsräume, bei anderen Orden, wie zum Beispiel den Zisterziensern und Karthäusern, kleinere Zellen. Die manufakturartige Produktion und der individuelle Einzelbetrieb dürften also nebeneinander bestanden haben. Das Handwerk der Kopisten und Illuminatoren war außerdem anscheinend überall nach den verschiedenen Aufgaben spezialisiert. Man unterschied außer den Malern (den Miniatoren) die in der Kalligraphie[1] geübten Meister (die antiquarii), die Gehilfen (die scriptores) und die Initialmaler (die Rubrikatoren). Neben den Mönchen beschäftigten die Skriptorien Lohnschreiber, das

1 Kalligraphie = Schönschreibkunst

heißt Laien, die teils bei sich zu Hause, teils in den Klöstern selbst arbeiteten. Außer der Buchillustration, dieser Klosterkunst par excellence, befaßten sich die Mönche mit Architektur, Skulptur und Malerei, betätigten sich als Goldschmiede und Emailleure, betrieben Seidenwebereien und Teppichwirkereien, gründeten Glockengießereien und Buchbindereien, richteten Glashütten und keramische Werkstätten ein. Einzelne Klöster entwickelten sich zu richtigen Industriezentren; und wenn Corbie zuerst nur vier Hauptwerkstätten mit achtundzwanzig Arbeitern beschäftigte, so finden wir in St.-Riquier schon im 9. Jahrhundert ganze Straßenzüge mit den nach Fächern gruppierten Werkstätten der Waffenschmiede, der Sattler, der Buchbinder, der Schuster usw.

Aus: Arnold Hauser, Sozialgeschichte der Kunst und Literatur, München 1978, S. 175–178

Zweiter Teil: Die Welt um 1100

A Politische und kirchliche Entwicklung

Übersicht

10./11. Jh. Von den Benediktinerabteien Gorze bei Metz und Cluny bei Mâcon gingen grundlegende Reformen des abendländischen Mönchtums und der Gesamtkirche aus. Sie bezweckten zunächst eine geistliche Erneuerung der Klöster, dann aber auch ihre Befreiung von jedem weltlichen Einfluß. Nur die Klöster sollten von nun an ihre Äbte wählen, und diese waren direkt dem Papst, nicht mehr einer weltlichen Instanz unterstellt. Mit der Zeit wandten sich die Reformer auch gegen das ottonisch-salische Reichskirchensystem, in dem der König die Einsetzung von Äbten und Bischöfen maßgeblich beeinflußte. Im 11. Jahrhundert waren 65 Klöster von Cluny abhängig, im 12.–14. Jahrhundert bereits 1150–1450. Kluniazensische Reformer wurden zu Bischöfen und Päpsten gewählt. An der kluniazensischen Kirchenreform entzündete sich der Investiturstreit, der Konflikt um die Einsetzung von Äbten und Bischöfen, zwischen dem auf dem Eigenkirchenrecht beharrenden Kaiser und dem Papst, der die Laieninvestitur entschieden bekämpfte.

1039–56 Heinrich III. aus dem Hause der fränkischen (salischen) Kaiser, stellte sich einerseits an die Spitze der kirchlichen Reformbewegung und hielt andererseits doch am Prinzip der Laieninvestitur fest, ein Widerspruch, der auf die Dauer zu Auseinandersetzungen mit der Kurie führen mußte. Auf den

1046 Synoden in Sutri und Rom ließ der Kaiser drei miteinander rivalisierende Päpste absetzen und den Bischof Suidger von Bamberg als Clemens II. zum Papst wählen.

Bahnbrechend für die Kirchenreform wurde der vom Kaiser favorisierte Papst Leo IX. Heinrich III. sah nicht, daß sich seine kirchliche „Reform von oben" bald gegen das Königtum wenden sollte.

1056 Beim Tod Heinrichs III. war sein Sohn, Heinrich IV., (1056–1106) noch minderjährig; deshalb übernahmen zunächst, bis 1062, die Kaiserin Agnes von Poitou, seine Mutter, die Vormundschaft, später, bis 1065, die Erzbischöfe von Köln und Bremen. In dieser Zeit löste sich die Kirche von Bindungen an den Kaiser und gewannen die Reichsfürsten wachsenden Einfluß auf die Reichsregierung. Während eines Aufstands der Sachsen fand Heinrich IV. (1056–1106) Aufnahme bei den Bürgern in Worms.

1073–1085 Papst Gregor VII. erwies sich als entschiedener Verfechter der kluniazensischen Kirchenreform. Unter ihm erreichte der Investiturstreit seinen Höhepunkt. Im „Dictatus Papae" forderte er unverhüllt den Primatsanspruch des Papstes in allen geistlichen und weltlichen Belangen. Er verlangte die Unterordnung der weltlichen Herrschaft unter die geistliche Gewalt. Er beanspruchte u. a. das Recht, den Kaiser abzusetzen und seiner Untertanen von ihrer Treueverpflichtung zu lösen, wenn es die Gerechtigkeit verlangte. Auf Fastensynoden verurteilte der Papst die Priesterehe, die Simonie, d. h. den Kauf geistlicher Ämter, und die Laieninvestitur. Der offene Konflikt brach aus, als Heinrich IV. im Streit um die Neubesetzung des erzbischöflichen Stuhls in Mailand darauf bestand, gegen den von der Kirche aufgestellten Kandidaten einen eigenen Kandidaten einzusetzen. Der Papst wandte sich mit einem ernsten Protest- und Mahnschreiben an den König. Darauf forderte die Mehrheit der

1076 deutschen Bischöfe in Worms den Papst zur Abdankung auf. Im Gegenzug belegte Gregor VII. Heinrich IV. mit der Bannstrafe (Exkommunikation)und entband alle Untertanen vom Treueid. Oppositionelle Fürsten zwangen den König in Tribur (bei Oppenheim), sich vom Bann innerhalb eines Jahres zu lösen. Sonst erfolge die Neuwahl eines Königs. Außerdem wurde der Papst eingeladen, nach Deutschland zu kommen, um den Konflikt zwischen Fürsten und König zu schlichten.

Um dem Plan der Fürstenopposition zuvorzukommen, reiste Heinrich IV. in einem harten Winter über den Mont Cenis nach Oberitalien. In Canossa, wo Mathilde von Tuszien residierte, erreichte

1077, Januar er von Gregor VII., der sich schon auf die Reise nach Augsburg begeben wollte, die Absolution vom Bann. Zudem versprach er dem Papst, seinen Schiedsspruch im Thronstreit in Deutschland

1077 März anzuerkennen. Mit der trotzdem erfolgten Wahl des Gegenkönigs Rudolf von Rheinfelden durch die Fürstenopposition in Forchheim setzte sich das Prinzip des Wahlrechts anstelle des bisher vorherrschenden Erbrechts bei der Bestellung eines Königs durch.

1080 Heinrich IV. hatte dann aber, als ihn Gregor VII. erneut bannte, die Mehrheit der deutschen und
lombardischen Bischöfe hinter sich. Im Krieg gegen Rudolf von Rheinfelden konnte er sich auch
auf den niederen Klerus, den niederen Adel und die Bürger in den Städten stützen. Als Rudolf in ei-
ner Schlacht die Schwurhand verlor und kurz darauf starb, wurde dies als Gottesurteil aufgefaßt.[1]
Darauf setzte eine Synode in Brixen Gregor VII. erneut ab und erhob den Bischof von Ravenna als
1084 Clemens III. zum Gegenpapst. Dieser krönte Heinrich IV., als er Rom eingenommen hatte, zum
Kaiser. Ein normannisches Heer wollte dem in der Engelsburg belagerten Papst zu Hilfe kommen
und plünderte dabei Rom. Deshalb mußte Gregor VII. die Stadt verlassen. Mit den Worten auf den
Lippen, „ich habe die Gerechtigkeit geliebt, das Unrecht gehaßt, deshalb sterbe ich in der Verban-
1085 nung“, endete sein Leben in Salerno.

Auch unter Heinrich V. (1106–25) und Urban II. ging der Investiturstreit weiter. Nach wechseln-
dem Kriegsglück des Saliers in Deutschland und Italien fanden der Kaiser und der Papst Kalixt II.
1122 im Wormser Konkordat einen Kompromiß in der Investiturfrage, der auf Theorien des französi-
schen Theologen Ivo von Chartres beruhte. Dieser unterschied zwischen „spiritualia“ und „tempo-
ralia“, zwischen geistlichen und weltlichen Belangen bei der Investiturfrage. Das Wormser Kon-
kordat sah folgende Regelung der Investitur vor: in Deutschland zunächst die kanonische Wahl ei-
nes Abts oder Bischofs (z. B. durch das Domkapitel), dann die weltliche Investitur durch den König
mit dem Szepter (Einweisung in das Kirchengut, Belehnung mit den weltlichen Herrschaftsrech-
ten), dann die geistliche Investitur durch den Papst mit Ring und Stab.

In Italien und Burgund erfolgte zuerst die geistliche Wahl, dann die geistliche Investitur, darauf die weltliche Investitur.

So behielt in Deutschland der König durch das Recht seiner Anwesenheit bei der Wahl und durch das Recht der Belehnung (Kirchengut u. a.) einen gewissen Einfluß auf die Investitur, verzichtete aber auf die geistliche Einsetzung mit Ring und Stab, die dem Papst zukam. In Italien und Burgund blieb dem König dagegen nur die Bestätigung der schon vollzogenen geistlichen Investitur.

Im Zuge der Kluniazensischen Kirchenreform sah man den Kampf gegen Ungläubige als gerechten
1076 Krieg an. Seit der Eroberung Jerusalems durch die Seldschuken wurden Wallfahrten von Pilgern ins
Heilige Land behindert.

1095 Nach einem Hilferuf des Kaisers von Byzanz rief Papst Urban II. in Clermont unter dem Motto
„Deus lo volt“ (Gott will es) zu einem Kreuzzug gegen die Ungläubigen auf. Der Papst appellierte
an das Ethos der Ritter: statt im eigenen Land sich in Fehden aufzureiben, sollten sie sich an einem
Glaubenskrieg zur Befreiung des Heiligen Grabes beteiligen. Die Kirche sicherte den Kreuzfahrern
besondere Privilegien zu.

Ende In sieben Kreuzzügen versuchten Heere den Zugang nach Palästina und den zeitweiligen Besitz der
des 11. Heiligen Stätten zu gewinnen. Im ersten Kreuzzug machten sich Hochadlige und Ritter aus Loth-
bis ringen, Südfrankreich, Flandern und der Normandie auf den Weg in den Orient. In zwei Gruppen
Ende setzte sich der Kreuzzug in Bewegung. Ein Heer unter Peter von Amiens, das sich aus einer Masse
des von Abenteurern zusammensetzte, zog ungeordnet durch die Lande, begann in den Städten am
13.Jh. Rhein eine blutige Judenverfolgung (1096) – die ersten Judenpogrome des Mittelalters – und wur-
de auf dem Zug durch den Balkan und Kleinasien nahezu ganz aufgerieben.

Das Heer der Ritter war dagegen erfolgreicher. Nachdem die Ritter in Byzanz dem Kaiser den Lehnseid geleistet hatten, rückten sie gegen das Heilige Land vor. Balduin von Flandern eroberte Edessa, Bohemund von Tarent nahm Antiochia ein, sein Heer plünderte die Stadt und tötete die Bevölkerung auf brutale Weise. Dann erobert das Heer nach längerer Belagerung Jerusalem und richtete dort unter der mohammedanischen Bevölkerung ein noch schrecklicheres Blutbad an. Dies veranlaßte die Soldaten des Islams zur Wiederaufnahme ihrer traditionellen Idee des „Heiligen Krieges“. Die Kreuzfahrer richteten in den eroberten Gebieten Lehnsstaaten nach europäischem Muster ein.

1 siehe Alltag im 11. Jh., Nr. 8 a–c

Einführung in die Arbeitsthemen

Nachdem Heinrich III. das traditionelle Eigenkirchenrecht bei Bischofs- und Abtwahlen noch uneingeschränkt angewendet hatte, begann unter Heinrich IV. der Investiturstreit, nach Eduard Hlawitschka die „weltbewegende Auseinandersetzung zwischen Kaisertum und Papsttum"[1].
Die Ursachen für diesen Konflikt zwischen den höchsten Instanzen kirchlicher und weltlicher Herrschaft sind in der kluniazensischen Reform und ihren Folgen für die Klöster, Bistümer und das Papsttum zu suchen. In der seit den siebziger Jahren des 11. Jahrhunderts beginnenden und mehrere Jahrzehnte andauernden Auseinandersetzung um das Prinzip „Freiheit der Kirche" (libertas ecclesiae) geben die sich wandelnden Argumente der Gegner Aufschluß über ihre kirchlichen und politischen Ziele. Im Verlauf des Konflikts gerieten der Kaiser und der Papst in immer unversöhnlichere Positionen. In den folgenden Dokumenten und Darstellungen finden sich zahlreiche Belege für den Gegensatz von päpstlichem Primatsanspruch und kaiserlichen Autonomiebestrebungen. Zusammenfassende Bewertungen der beiden Repräsentanten des Sacerdotiums und Imperiums ermöglichen es, Motive ihrer politischen Entscheidungen und Gründe ihrer Rückschläge kennenzulernen und zu diskutieren.
Anhand weiterer Materialien kann die von der Kirche ausgehende Kreuzzugsbewegung diskutiert werden. Wenn erst Zusammenhänge zwischen der Kirchenreform und den Kreuzzügen[2] erkannt sind, dann wird dadurch eine multikausale Betrachtungsweise der scheinbar getrennt voneinander sich entwickelnden Ereignisse möglich.

Arbeitsthemen

1. *Was beinhaltet die Neuordnung der Papstwahl 1059? Welches Ziel der Kurie ist darin erkennbar? Was erscheint dem Papst in den Beziehungen zu Heinrich IV. wichtig? (Nr. 1 a (1))*
2. *Was bedeutet nach dem Text ein Dekret rechtlich? Welche Reihenfolge der Wahlbeteiligung ist vorgesehen? Wem jedoch steht die Durchführung der Papstwahl allein zu? Wie wird der bisherige Einfluß des deutschen Königs auf die Papstwahl eingeschränkt? Welche politischen Folgen hat dies? Worin kündigt sich die neue Auffassung, das Papsttum als „universale Institution" zu betrachten, an? Welche Funktionen haben Kardinäle seit dem 5. Jahrhundert? (Nr. 1 a (2))*
3. *Welches Recht beansprucht Gregor VII. gegenüber den Bischöfen, gegenüber den Kirchen, gegenüber dem Kaiser und dem Volk? Welche Auswirkungen hätte eine Durchsetzung dieses Programms gehabt? In welchen Thesen fordert der Papst den Widerspruch des Kaisers und seiner Anhänger heraus? Welches politische Risiko geht er damit in seinen Beziehungen zur weltlichen Gewalt ein? (Nr. 1 b (1))*
4. *Inwiefern ist der Dictatus Papae ein Aktionsprogramm des Papsttums? Was bedeutet für Gregor VII. die Berufung auf den Apostelfürsten Petrus? Wieweit kann der Dictatus Papae mit der „Magna Charta", mit den „Bill of Rights", mit der „amerikanischen Verfassung" oder mit dem „Kommunistischen Manifest" verglichen werden? Finden sich Argumente für die Meinung Southerns, „daß nur das letztgenannte dieser Dokumente eine vergleichbare und ins einzelne gehende Wirkung auf das Alltagsleben vieler Nationen hatte." (Nr. 1 b (2))*
5. *Inwiefern hat die These von der „Freiheit der Kirche" im Investiturstreit entscheidende Bedeutung? Wie wirkt sie sich auf die kanonische Wahl und die Laieninvestitur aus? Warum verzichtet Heinrich IV. nicht auf seinen Anspruch, „die hohen kirchlichen Stellen mit Männern seines Vertrauens" zu besetzen? Welche Motive veranlassen die deutschen Bischöfe zur Abkehr vom Papst 1076? (Nr. 1 c)*
6. *Auf wen beruft sich Heinrich IV. in seiner Anrede an den Papst? Wen bezeichnet er als Leiter der Kirche? In welchem Sinn verwendet er das Zitat Gregors? Was legt er dem Papst im einzelnen zur Last? Auf wen beruft sich der König in seiner Forderung, der Papst solle sein Amt einem anderen überlassen? Welche politische Folgen hat dieser Brief? Wie ist sein Stil und seine Argumentation vom Standpunkt der Diplomatie aus zu beurteilen? (Nr. 1 d und Übersicht)*

1 Eduard Hlawitschka, Vom Frankenreich zur Formierung der europäischen Staaten- und Völkergemeinschaft 840–1046, Darmstadt 1986.
2 Vgl. Missionierung Sachsens durch Karl d. Gr., Nr. II, 2 a, S. 17 f.

7. *In welcher Form faßt Gregor VII. diesen Text ab? Wer ist der eigentliche Adressat? Wie weist der Papst den Vorwurf Heinrichs IV., er habe „durch Waffen den Stuhl des Friedens erlangt" (siehe Nr. 1 d), zurück? Was legt er dem König zur Last? Wie rechtfertigt er sein Vorgehen gegen ihn? Wie versucht er, der Bannung seines Gegners Nachdruck zu verleihen? (Nr. 1 e)*
8. *Wie sind Gregors VII. letzte Worte, „Ich habe die Gerechtigkeit geliebt, das Unrecht gehaßt, deshalb sterbe ich in der Verbannung", zu verstehen? Wie kann das Urteil Raymund Kottjes über Gregor VII. erörtert werden? (Nr. 1 f)*
9. *Wie waren nach Egon Boshof Licht und Schatten im Leben und in der Politik Heinrichs IV. verteilt? Welche Schwächen und welche Verdienste kennzeichnen den Kaiser? Wie stellte er die Staatsgewalt „auf eine breitere Grundlage"? Wie kann das aus der Darstellung Egon Boshofs resultierende Urteil über Heinrich IV. diskutiert werden? (Nr. 1 g, 1 d und Übersicht)*
10. *Wie werden in den beiden Urkunden die Kompetenzen von Papst und Kaiser in der Frage der Investitur von Bischöfen gegeneinander abgegrenzt? Welche Theorie liegt dieser Einigung zugrunde? Inwiefern ist die 1122 getroffene Lösung ein Kompromiß? Von welchen Machtverhältnissen päpstlicher und kaiserlicher Herrschaft hing die Einhaltung des Wormser Konkordats ab? (Nr. 1 h (1), (2) und Übersicht)*
11. *Welche für die Zukunft wichtigen Entscheidungen sind nach Ansicht von Johannes Laudage im Investiturstreit gefallen? Wodurch unterscheidet sich die Kirche des 11. Jahrhunderts von der Kirche des Frühmittelalters? Wie änderte sich das Leben in den Klöstern im Investiturstreit? Durch welche politischen Ziele gefährdete Gregor VII. die Kirchenreform? (Nr. 1 i)*
12. *Wer hat die Kreuzzüge veranlaßt? Auf welche „älteren Vorstellungen" bezog sich Urban II. in Clermont 1095? Welche „bewaffneten Wallfahrten" gingen den Kreuzzügen voraus? Wie motivierte die Kirche Adlige zur Teilnahme? Welche weiteren Motive kamen hinzu? Wie rechtfertigte die Kirche den Krieg? Welche Zusammenhänge zwischen Kreuzzügen und der Gottesfriedensbewegung zeigen sich? (Nr. 2 a und Übersicht)*
13. *Inwiefern wurde die Norm der christlichen Nächstenliebe durch die Kreuzzugsbewegung verfremdet? Welche Mentalität gegenüber Andersgläubigen beherrschte die Kreuzfahrer? Wie zeigte sich diese Einstellung schon zu Beginn der Kreuzzüge? Wodurch wurde „das Verständnis des Kreuzzuges als eines Bekehrungskrieges" gefördert? Wer befürwortete von seiten der Kirche dabei „den Einsatz von Gewalt"? Inwiefern widersprach dies dem christlichen Verständnis von Bekehrung? (Nr. 2 b)*
14. *Nach welchem Muster erfolgten die Judenpogrome? Warum blieb die jüdische Bevölkerung in Speyer davon verschont? Was bedeutete die Auffassung der Juden von dem „Kiddusch ha-Schem"? Welche Informationen über die Vernichtung jüdischer Bevölkerung in Worms vermittelt der Chronist Salomon bar-Simeon aus der Sicht der Verfolgten? Mit welchen Judenverfolgungen im 20. Jahrhundert können die Pogrome in Mainz verglichen werden? (Nr. 2 c)*
15. *Von welcher Seite äußerte man Kritik an den Kreuzzügen? Wo setzte die Kritik im einzelnen ein? Wer hat die Kreuzzugsidee grundsätzlich abgelehnt? Warum existierte die Kreuzzugsbewegung dennoch weiterhin? Welche Argumente zur Kreuzzugsideologie finden sich aus heutiger Sicht? (Nr. 2 d)*
16. *Welche Impulse verdankt Europa dem Orient seit den Kreuzzügen im politischen, wirtschaftlichen und kulturellen Bereich? Welche Anstöße gab der Orient den Wissenschaften, dem Geschichtsdenken und der Erschließung der Antike? Welche Folgen hatten die Kreuzzüge auf islamischer Seite? (Nr. 2 e)*

Materialien

1. Päpstlicher Primatsanspruch

a) Neuordnung der Papstwahl 1059
(1) Quelle

Stirbt der Bischof dieser allgemeinen Kirche, so sollen in erster Linie die Kardinalbischöfe alles genau erwägen und ins Werk setzen und bald die Kardinalkleriker heranziehen, und so schreite Klerus und Volk einmütig zur Neuwahl.
Damit die Seuche der Verkäuflichkeit sich nicht bei irgendeiner Gelegenheit einschleiche, sollen

die Kleriker bei der Wahl des auf den Thron zu erhebenden Bischofs den Vortritt haben, die anderen ihnen nachfolgen. Und sicherlich wird diese recht- und gesetzmäßige Ordnung bei der Wahl innegehalten, wenn man sich bei der Durchsicht der Regeln oder Taten der verschiedenen Väter auch des Wortes unseres seligen Vorgängers Leo wieder erinnert, welcher sagt: Unter keinen Umständen dürfen unter die Bischöfe die gerechnet werden, die nicht von den Klerikern gewählt und von den Gemeinden nicht gewünscht und nicht von den Bischöfen derselben Provinz unter Zustimmung des Metropoliten geweiht sind. Weil aber der Apostolische Stuhl den Vorrang hat vor allen Kirchen in der Welt und darum keinen Metropoliten über sich haben kann, so sind zweifellos die Kardinalbischöfe die Vertreter der Metropoliten, und sie erheben natürlich den erwählten Vorsteher auf den hohen Apostolischen Stuhl.

Sie sollen aber, wenn eine passende Persönlichkeit da ist, den Papst wählen aus dem Schoß ihrer Kirche; findet sich da keiner, dann werde er aus einer anderen Kirche genommen.

Dabei soll der Ehre unseres geliebten Sohnes Heinrich, der für jetzt als König angesehen und, so Gott will, hoffentlich zum Kaiser erhoben wird, und seiner Verehrung kein Abbruch geschehen, wie wir beides ihm auch schon gewährt haben und seinen Nachfolgern gewähren werden, die persönlich dieses Recht von unserem Apostolischen Stuhl erbitten und erhalten.

Aus: Weltgeschichte im Aufriß, Arbeits- und Quellenbuch für den Unterricht in Geschichte und Gemeinschaftskunde, hrsg. von Hermann Meyer und Eugen Kaier, Bd. II, Mittelalter und Neuzeit bis 1789, Frankfurt [16]1973, S. 20.

(2) Kommentar

Um nach dem Einzug von Nikolaus II. in Rom (Jan. 1059) und der Flucht Benedikts bald die Frage der Rechtmäßigkeit der Papstwahl zu klären, um insbesondere dem kirchenpolitisch gefährlichen römischen Stadtadel Grenzen zu setzen, wurde auf der Lateransynode Ostern 1059 eine eindeutig formulierte rechtliche Regelung beschlossen, die als päpstliches Dekret verkündet wurde: das *Papstwahldekret.* Es bestimmte, daß die eigentliche Wahlhandlung von den Kardinälen, und zwar an erster Stelle von den Kardinalbischöfen, vorgenommen werden soll, während dem übrigen Klerus und dem Volk, unter dem der Stadtadel eine beherrschende Stellung einnahm, nur ein Zustimmungsrecht zur Wahl der Kardinäle eingeräumt wurde. Grundsätzlich sollte der Papst weiterhin aus dem Kreis der römischen Kirche und in Rom gewählt werden; nur wenn kein geeignet erscheinender römischer Kandidat gefunden wird, sollte ein Auswärtiger genommen werden, und nur für den Fall, daß eine geordnete Wahl in Rom nicht möglich ist, wird ein anderer Wahlort gestattet, sofern hier die Grundbedingung, nämlich die Wahl durch die Kardinalbischöfe, erfüllt wird. Lediglich das Mitwirkungsrecht, das dem deutschen König Heinrich zugestanden ist und das auch seinen Nachfolgern als ein jeweils ad personam vom Papst zu gewährendes Recht in Aussicht gestellt wird, ist mit honor et reverentia (Ehre und Ehrerbietung), zwei rechtlich nicht eindeutigen Ausdrücken, sehr unbestimmt umschrieben. Eindeutig ist jedoch, daß der deutsche Herrscher nur außerhalb der eigentlichen Wahlhandlung ein Recht haben sollte, irgendwie an der Papstwahl beteiligt zu sein. Es war dies offensichtlich ein Versuch, den Spielraum einer Einwirkung des deutschen Herrschers auf die Papstwahl einzuschränken, zugleich aber den damals gegen die Römer unentbehrlichen Rückhalt am deutschen Hof nicht zu verlieren.

Den Verfassern des Dekrets ging es offenbar vor allem darum, durch dieses Dokument nachträglich die Wahl Nikolaus' II. zu rechtfertigen, die außerhalb Roms auf einen Nichtrömer gefallen, aber von der Mehrzahl der Kardinalbischöfe vollzogen worden war und die Zustimmung des deutschen Hofes gefunden hatte. Obwohl die Bestimmungen des Dekretes im einzelnen durchweg neu waren, ist der Versuch einer nachträglichen Rechtfertigung als sinnvoll und begründet zu verstehen. nach damaliger Rechtsauffassung wurde nämlich durch ein Dekret oder ein Gesetz nicht *neues* Recht *gesetzt*, das also erst vom Zeitpunkt des Erlasses an Geltung gehabt hätte, sondern es wurde in dieser Form nur *festgestellt*, was Recht *ist*, das als solches schon unabhängig von der „Findung" vorhanden ist.

Zugleich läßt das Dekret im Kirchenverständnis der Reformer begründete Auffassungen erkennen. So kommt in der Reihenfolge der Wahlbeteiligung – Kardinalbischöfe, Kardinäle, übriger Klerus, Volk – sehr klar eine hierarchische Ordnung zum Ausdruck. Auch wird recht nachdrücklich der rein kirchliche Charakter der Papstwahl betont; ihre Durchführung steht allein kirchlichen Autoritäten zu und dem Herrscher wird ein Mitwirkungsrecht nicht auf Grund seiner herrscherlichen Autorität, sondern nur kraft eines päpstlichen Privilegs eingeräumt.

Insgesamt bleibt festzustellen, daß das Papstwahldekret in seiner Entstehung zeitgebunden und nicht vor allem von Fernzielen eingegeben war. Es wollte eine Lösung für eine bestimmte Situation bieten. Dennoch wies es durch die Herausgeber der Kardinäle und durch die Bestimmung über den Wahlort auch in die Zukunft.

Wenn man nämlich die Papstwahl in Sonderfällen auch außerhalb Roms zuließ, so gab man damit zu erkennen, daß man das Papsttum nicht mehr als stadtrömische, sondern als universale Institution betrachtete.

Aus: Raymund Kottje, Die Gregorianische Kirchenreform (1046–1123). In: Ökumenische Kirchengeschichte, Band II, Mittelalter und Reformation, von Remigius Bäumer, Gustav Adolf Benrath u.a., München [4]1988, S. 72f.

b) Weltherrschaftsanspruch Gregors VII. im „Dictatus Papae" 1075

(1) Quelle

1. Die römische Kirche ist allein vom Herrn gegründet.
2. Nur der römische Papst wird zu Recht der allgemeine genannt.
3. Nur er kann Bischöfe absetzen oder begnadigen.
4. Sein Legat hat den Vorsitz über alle Bischöfe im Konzil, auch wenn er niederen Weihegrades ist, und kann gegen sie ein Absetzungsurteil fällen.
5. Der Papst kann Abwesende absetzen.
6. Mit von ihm Exkommunizierten (→„Exkommunikation" im Komment.Register) darf man unter anderem nicht im selben Hause weilen.
7. Nur ihm steht es zu, nach Erfordernis der Zeit neue Gesetze zu erlassen, neue Gemeinden zu bilden, ein Kanonikat in eine Abtei umzuwandeln und umgekehrt, ein reiches Bistum zu teilen und arme Bistümer zusammenzulegen.
8. Nur er kann die kaiserlichen Insignien führen.
9. Nur des Papstes Füße werden von allen Fürsten geküßt.
10. Nur sein Name wird in den Kirchen feierlich genannt.
11. Dieser Name ist einzig in der Welt.
12. Ihm steht es zu, Kaiser abzusetzen.
13. Ihm steht es zu, bei zwingender Notwendigkeit Bischöfe von einem Bischofssitz zum anderen zu versetzen.
14. Von jeder Kirche, wo immer er will, darf er einen Geistlichen weihen.
15. Ein von ihm Geweihter kann einer anderen Kirche vorstehen, aber nicht ihr dienen, und von einem anderen Bischof darf er keine höhere Weihe empfangen.
16. Keine Synode darf ohne seinen Befehl eine allgemeine genannt werden.
17. Es gibt keinen Rechtssatz und keine Rechtssammlung ohne seine Billigung.
18. Sein Urteil darf von keinem widerrufen werden, und nur er selbst kann es widerrufen.

19. Er darf von niemandem gerichtet werden[1].
20. Keiner wage jemanden zu verurteilen, der an den Apostolischen Stuhl appelliert.
21. Die größeren Rechtsfälle jeder Kirche müssen vor ihn gebracht werden.
22. Die römische Kirche hat niemals geirrt und wird nach dem Zeugnis der Schrift in Ewigkeit nicht irren.
23. Der römische Papst wird, wenn er rechtmäßig geweiht ist, durch die Verdienste des heiligen Petrus unbezweifelbar heilig, wie der heilige Ennodius, Bischof von Parma, bezeugt, dem viele heilige Väter beipflichten, wie in den Dekreten des heiligen Papstes Symmachus steht.
24. Auf seinen Befehl und mit seiner Erlaubnis dürfen Untertane klagen.
25. Er kann ohne Versammlung einer Synode Bischöfe absetzen und begnadigen.
26. Nicht für katholisch wird gehalten, wer nicht mit der römischen Kirche übereinstimmt.
27. Er kann die Untertanen aus der Treubindung an ungerechte Herrscher lösen.

Aus: Jürgen Miethke, Arnold Bühler, Kaiser und Papst im Konflikt, Zum Verhältnis von Staat und Kirche im späten Mittelalter (Historisches Seminar, hrsg. von Armin Reese und Uwe Uffelmann, Bd. 8), Düsseldorf 1988, S. 62

(2) Erläuterungen

Es gibt keine Worte, die den Geist des mittelalterlichen Papsttums so glänzend vermitteln wie die schneidenden Sätze über die Stellung des Papstes, die sich in dem Register der Briefe Gregors VII.[2] finden und die vielleicht auf Anweisung des Papstes selbst dort aufgezeichnet wurden . . .

In ihrer Gesamtheit enthalten diese Feststellungen ein vollkommenes Aktionsprogramm. Sie implizieren nicht weniger als die totale Souveränität des Papstes in allen Angelegenheiten der christlichen Gemeinschaft, und es zeugt von der Größe des Mannes, der die Sammlung dieser Sätze veranlaßte, daß sie, vielleicht mit Ausnahme des letzten, keine leere Prahlerei waren. Mit der einen genannten Ausnahme wurde jeder einzelne Satz in erstaunlich kurzer Zeit zu einer fühlbaren Kraft im Leben Europas. Vergleichen wir diese Feststellungen mit anderen großen Aktionsprogrammen, etwa der Magna Carta, der „Bill of Rights", der amerikanischen Verfassung oder dem Kommunistischen Manifest, dann gewinnen wir den Eindruck, daß nur das letztgenannte dieser Dokumente eine vergleichbare und ins einzelne gehende Wirkung auf das Alltagsleben vieler Nationen hatte.

Unter diesen visionären und dabei doch äußerst praktischen Ansprüchen erscheint einer wie ein Denkmal einer anderen Geisteshaltung. Da Ausnahmen oft Hinweise auf das System geben, von dem sie abweichen, müssen wir einen Augenblick bei den Worten verweilen, die feststellen, daß „ein ordnungsgemäß geweihter Papst zweifellos durch die Verdienste des Heiligen Petrus geheiligt"[3] wird. Dies gehört zu den am schlechtesten dokumentierten Handlungsmaximen Gregors VII., und man wird fragen, was er dabei im Sinn hatte. Wir haben bereits erwähnt, in welchem Ausmaß die Päpste der frühen Zeit sozusagen in der Persönlichkeit des Heiligen Petrus aufgegangen waren und einfach als Sprachorgan des Apostels betrachtet wurden. Gregor VII., von sehr jungen Jahren an ein Kind der Römischen Kirche, teilte diese Auffassung. Im kritischsten Augenblick als er sich 1076 dazu durchrang, Heinrich IV., den Erben des westlichen Kaiserreiches, zu exkommunizieren, stellte er der Exkommunikation ein leidenschaftliches Gebet an den Heiligen Petrus voran:

1 1. Cor. 2, 15.
2 Dictatus Papae, Mat. Nr. II, 1
3 These 23 im Dictatus Papae

Seliger Petrus, Fürst der Apostel, neige dein gnädiges Ohr und erhöre mich, deinen Diener, den du von Jugend an genährt hast und bis zum heutigen Tage den Händen böser Menschen fernhältst, die mich für meine Treue dir gegenüber hassen. Du bist mein Zeuge, zusammen mit meiner Herrin, der Gottesmutter, und deinem Bruder Paul vor allen Heiligen, daß deine heilige Römische Kirche mich widerwillig zwang, sie zu regieren; . . . deshalb glaube ich, ist es zu deinem Wohlgefallen, daß die christliche Gemeinschaft, die dir besonders anvertraut ist, mir gehorchen soll, besonders, da ich deine Stellvertretung innehabe.[1]

Diese Worte gehören der alten Tradition der persönlichen Abhängigkeit vom Heiligen Petrus an, und man könnte vielleicht mit Recht sagen, daß kein späterer Papst das Aufgehen in der Person des Apostels so vollkommen hätte ausdrücken können, wie es Gregor VII. tat. Wir werden gleich sehen, daß die Päpste künftig Christus mehr als den Apostel betonen sollten. Die Worte Gregors in dieser Krise seines Lebens zeigen, daß er sein ganzes Leben, und besonders den Höhepunkt politischer Auflehnung, als im besonderen den Diensten des Heiligen Petrus persönlich geweiht betrachtete. Es war ein entscheidender Augenblick. Im achten Jahrhundert hatten sich die Päpste vom Kaiser von Konstantinopel abgewandt und ihre Zukunft der neuen karolingischen Dynastie im Abendland anvertraut. Jetzt wandte sich Gregor VII. von einem Nachfolger der Karolinger ab und stellte sich allein der Welt entgegen. Als er die lange Liste der fast einhundert Päpste überblickte, die als Heilige verehrt wurden – dieser Gedanke wird ihm nie fern gewesen sein –, scheint er zu dem Schluß gekommen zu sein, daß ihre individuelle Heiligkeit und Erlösung vom Heiligen Petrus persönlich garantiert wurden. Damit haben wir den Höhepunkt der Stellvertretung des Heiligen Petrus erreicht. Weiter konnte man nicht gehen. Aber Gregors Nachfolger gingen nicht einmal so weit wie er; statt dessen schlugen sie einen anderen Weg ein.

Aus: Richard W. Southern, Kirche und Gesellschaft im Abendland des Mittelalters, Berlin, New York, 1976, S. 58ff.

c) „Freiheit der Kirche" und Laieninvestitur

Der Kampf gegen die Laieninvestitur, insbesondere die Investitur von Bischöfen durch den König, richtete sich allerdings nicht grundsätzlich gegen die Mitwirkung von Laien bei der Vergabe kirchlicher Ämter, wurde doch gerade seitens der Reformer die kanonische Wahl, d. h. die Wahl durch Klerus und Volk, wieder sehr nachdrücklich gefordert. Die Simonie wurde zwar in aller Schärfe bekämpft, gegen die Laieninvestitur als solche aber hatten anscheinend bis in die Zeit Gregors VII. weder die Päpste noch die Reformanhänger – außer Humbert[2] grundsätzliche Bedenken. Zum Problem wurde die Laieninvestitur vor allem dadurch, daß im Zuge eines neu erwachten Interesses am Kirchenrecht durch die Besinnung auf kanonische Traditionen und unter dem Einfluß römischrechtlicher Prinzipien mancherorts das Verlangen laut wurde, die *Freiheit der Kirche* bei der Besetzung kirchlicher Ämter wiederherzustellen. Diese Freiheit sah man nicht angetastet durch die Mitwirkung von Laien in rechtmäßigen Wahlkörperschaften, wohl aber durch die Laieninvestitur. Es ging also um Freiheit bei der Stellenbesetzung als Teil des Kampfes um die „Freiheit der Kirche". Damit rührte man allerdings in einem sehr zentralen Punkt an die bestehende kirchliche und politische Ordnung, zumal auf dem Boden des deutschen Reiches. Hier hatten sich durch das Obereigentum des Königs am Reichskirchengut und durch die Verleihung königlicher Hoheitsrechte an die Bischöfe wie auch an viele Äbte scheinbar unlösliche Verflechtungen zwischen politischem und kirchlichem Bereich entwickelt. Es lag daher im nur zu verständlichen Interesse des Herrschers, daß die hohen kirchlichen Stellen mit Männern seines

1 siehe Nr. 1 e

2 Kardinal Humbert, Anhänger der Kirchenreform, wandte sich 1057 in seiner Schrift „Drei Bücher gegen die Simonisten" entschieden gegen die Laieninvestitur.

Vertrauens besetzt wurden. Auch in den anderen Ländern waren Stellung und Rechte der Bischöfe politisch so bedeutsam, daß eine maßgebliche Einflußnahme des Königs auf die Besetzung von Bistümern und oft auch Abteien begründet erschien. Durch das neue kirchenrechtliche Denken geschulte Reformer hielten es aber für unvereinbar mit der Ordnung und Freiheit der Kirche, daß die Investitur eines Bischofs durch den König mit den Worten „accipe ecclesiam" (empfange die Kirche) und durch die Überreichung des Stabes wie auch – seit Heinrich III. – des Ringes erfolgte.

Wie sehr hinter der grundlegenden Frage nach der rechten Ordnung und Freiheit der Kirche die einzelnen Reformfragen zweitrangig wurden und zurücktreten mußten, das erfuhren die Reformanhänger, insbesondere die Bischöfe und Äbte ebenso wie der Papst. Schon seit Beginn des Pontifikates Gregors hatten deutsche Bischöfe wiederholt Klage über die Methoden des Papstes, über seine Eingriffe in die bestehenden Ordnungen oder Unordnungen, über sein Vorgehen gegen Bischöfe, ja auch über direkte Kränkungen geführt. So geschah es, daß selbst ein der Reform aufgeschlossener Bischof wie Erzbischof Liemar von Hamburg-Bremen äußerte, der Papst sei ein gefährlicher Mensch; er betrachte die Bischöfe wie seine Gutsverwalter und befehle ihnen, was ihm in den Sinn komme. Zu den Maßnahmen Gregors, die Ausdruck eines bisher unbekannten päpstlichen Autoritätsanspruchs waren, gehörten die nun sehr häufig ergehenden Aufforderungen an Bischöfe und Äbte, sich in Rom wegen einer Beschuldigung zu verantworten und dies bei weitem nicht immer in causis maioribus (schweren Fällen). Nicht nur Liemar, auch zahlreiche andere Mitglieder des Reichsepiskopates leisteten daher schon in den Jahren 1073–75 solchen Vorladungen nach Rom keine Folge. Sie lehnten ein Verfahren ab, das zu sehr den bisherigen Rechtsgewohnheiten wie auch dem bisherigen Verständnis von der Hoheit des Papstes widersprach.

Wenn man den Unmut berücksichtigt, der sich durch neue Rechtsformen und -ansprüche, verletzende Methoden und taktische Fehler Gregors im deutschen Episkopat ausgebreitet und angestaut hatte, kann man verstehen, daß die deutschen Bischöfe im Januar 1076 einhellig die im Grunde maßlosen und obendrein unklugen Beschlüsse faßten, Würdigkeit und Rechtmäßigkeit Gregors anzuzweifeln, ihm die Anerkennung als Papst deshalb zu versagen und ihm den Gehorsam aufzukündigen.

Aus: Ökumenische Kirchengeschichte, hrsg. von R. Kottje und B. Moeller, Bd. II, Mittelalter und Reformation, von Remigius Bäumer, Gustav Adolf Benrath (u. a.), München 1988⁴, S. 77–79

d) Argumentation Heinrichs IV. 1076 (Absetzung Gregors VII.)

Heinrich, nicht durch Anmaßung, sondern durch Gottes heilige Einsetzung König, an Hildebrand, den falschen Mönch, nicht mehr Papst.

Solchen Gruß hast du zu deiner Beschimpfung verdient, der du keinen Stand in der Kirche verschont, sondern alle der Schmach, nicht der Ehre, des Fluches, nicht der Segnung teilhaftig gemacht hast. Denn um von vielem nur weniges, und zwar das Hervorragende anzuführen: die Leiter der heiligen Kirche, nämlich die Erzbischöfe, Bischöfe, Priester, die Gesalbten des Herrn, hast du nicht nur nicht gescheut anzutasten, sondern wie Knechte, die nicht wissen, was ihr Herr tut, hast du sie unter deine Füße getreten; und durch deren Mißhandlung hast du dir Lob von dem Munde der Masse bereitet; sie alle, so urteilst du, wüßten nichts, du aber allein verstündest alles. Diese Wissenschaft jedoch hast du dich bemüht nicht zum Aufbauen, sondern zum Zerstören anzuwenden, so daß wir mit Recht glauben, der selige Gregor, dessen Namen du dir angemaßt hast, habe von dir geweissagt, indem er also sprach: ‚Durch die große Zahl der Untergebenen wird meistens der Sinn des Vorgesetzten hochfahrend, und er wähnt, daß er mehr als alle verstehe, da er sieht, daß er mehr als alle vermöge.' Und wir haben alles dies ertragen, da wir des Apostolischen Stuhles Ehre zu wahren suchten. Du aber betrachtetest unsere Demut für Furcht und scheutest dich deshalb nicht, gegen die von Gott uns verliehene königliche Gewalt selber dich zu erheben, und hast gewagt zu drohen, du werdest sie uns entreißen, gleich als ob wir von dir das Reich empfangen hätten, als ob die Königs- oder Kaiserkrone in deiner, nicht in Gottes Hand sei, in der Hand unseres Herrn Jesu Christi, der uns zur Herrschaft, dich aber nicht zum Priestertum berufen hat. Du nämlich bist auf diesen Stufen emporgestiegen: Durch Schlauheit hast du, was doch das Mönchsgelübde verabscheut, Geld, durch Geld Gunst, durch Gunst Waffengewalt, durch Waffen den Stuhl des Friedens erlangt, und vom Stuhle des Friedens hast du den Frieden verscheucht, indem du die Untergebenen gegen ihre Vorgesetzten bewaffnetest, indem zur Verachtung unserer von Gott berufenen Bischöfe du, der Nichtberufene, anleitetest, indem du den Laien das Amt derselben über die Priester anmaßlich beigelegt hast, auf daß sie selbst diejenigen absetzen oder verdammen, denen sie von der Hand des Herrn durch die Auflegung der Hände der Bischöfe zur Unterweisung übergeben waren. Mich auch, der ich, wenngleich unwürdig, unter den Gesalbten zur Herrschaft geweiht bin, hast du angetastet, da doch die Überlieferung der heiligen Väter gelehrt hat, daß ich von Gott allein zu richten sei, und erklärt hat, daß ich um keines Vergehens willen entsetzt werden dürfe, ich wäre denn, was ferne sei, vom Glauben abgeirrt. Denn selbst Julian, den Abtrünnigen, zu richten und zu entsetzen, wies die Weisheit der Bischöfe nicht sich, sondern Gott allein zu. Selbst der selige Petrus, wahrhaftiger Papst, ruft aus: ‚Gott fürchtet, den König ehret' (1. Petr. 2, 17). Du aber, weil du Gott nicht fürchtest, verunehrst mich, den von ihm Verordneten. Daher hat der selige Paulus, wo er den Engel vom Himmel, wenn er anderes predigte, nicht geschont hat, auch dich, der du auf Erden anderes lehrst, nicht ausgenommen. Denn er sagt: ‚So irgend jemand, ob ich oder auch ein Engel vom Himmel, anderes, denn wir gepredigt haben, als Evangelium euch predigen würde, der sei verflucht' (Galater 1, 8). Du also durch diesen Fluch und aller unserer Bischöfe Urteil und das unsrige verdammt, steige herab, verlasse den angemaßten Apostolischen Stuhl! Ein anderer besteige den Thron des seligen Petrus, der keinerlei Gewalttat unter der Religion birgt, sondern des seligen Petrus lautere Lehre verkünde. Ich, Heinrich, König von Gottes Gnaden, und alle unsere Bischöfe, wir sagen dir: ‚Steig herab, steig herab, du für alle Zeiten zu Verdammender!'

Aus: Weltgeschichte im Aufriß, Band II, a. a. O., S. 21 f.

e) Gegenargumentation Gregors VII. 1076

Heiliger Petrus, Fürst der Apostel, neige zu mir, ich bitte Dich, gnädig Dein Ohr, und höre mich, Deinen Knecht, den Du von Kindheit an beschützt und bis auf diesen Tag aus der Hand der Ungerechten gerettet hast, welche mich um Deinetwillen haßten und auch jetzt noch hassen. Du bist mein Zeuge und meine Herrin, die Mutter Gottes, und der heilige Paulus, Dein Bruder, mit allen Heiligen, daß Deine Heilige Römische Kirche mich wider meinen Willen zu ihrer Leitung berufen hat und daß ich es nicht für einen Raub hielt, Deinen Stuhl zu besteigen, daß ich vielmehr lieber mein Leben als Pilger in der Fremde beschließen wollte, als um weltlichen Ruhm mit weltlicher List Deinen Platz mir anmaßen. Und deshalb glaube ich, um Deiner Gnade, nicht um meiner Werke willen, habe es Dir gefallen und gefalle Dir noch, daß die Christenheit, welche Dir besonders anvertraut ist, mir gehorche. Besonders ist mir an Deiner Statt und durch Deine Gnade von Gott die Gewalt, zu binden und zu lösen im Himmel und auf Erden, anvertraut und verliehen worden. Auf diese Zuversicht also bauend, zur Ehre und zum Schutze Deiner Kirche, widersage ich im Namen des allmächtigen Gottes, des Vaters, des Sohnes und des Heiligen Geistes, kraft Deiner Macht und Gewalt, dem König Heinrich, Kaiser Heinrichs Sohn, der gegen Deine Kirche mit unerhörtem Hochmut sich erhoben hat, die Herrschaft über das gesamte Reich der Deutschen und Italiens und löse alle Christen von dem Band des Eides, welches sie ihm geleistet haben oder noch leisten werden, und ich untersage jedem, ihm fürder als einem Könige zu dienen. Denn es gebührt sich, daß der, welcher die Ehre Deiner Kirche zu verringern trachtet, selber die Ehre verliere, welche er zu besitzen scheint. Und da er es verschmäht hat, wie ein Christ zu gehorchen, und nicht zurückgekehrt ist zu dem Gott, den er verlassen hat, indem er mit Gebannten Gemeinschaft hielt, vielerlei Bosheit begeht und meine Ermahnungen, welche ich um seines Heils willen an ihn gerichtet habe, wie du weißt, verachtet, weil er sich selbst von Deiner Kirche losreißt, indem er sie zu spalten trachtet, so binde ich ihn an Deiner Statt mit dem Bande des Fluches. Und so binde ich ihn im Vertrauen auf Dich, daß alle Völker es wissen und erkennen sollen, daß Du Petrus bist und daß auf Deinen Felsen der Sohn des lebendigen Gottes seine Kirche gebaut hat und die Pforten der Hölle sie nicht überwältigen werden (Matth. 16, 18).

Aus: Weltgeschichte im Aufriß, Band II, a. a. O., S. 22

f) Das Problem des Falls Gregors VII.

Berühmt sind die Worte, die aus dem Kreis seiner nächsten Umgebung als seine (Gregors VII.) letzten überliefert worden sind: „Dilexi iustitiam, odi iniquitatem, propterea morior in exilio" (Ich habe die Gerechtigkeit geliebt, das Unrecht gehaßt, deshalb sterbe ich in der Verbannung). Der in die Ichform übersetzte, im letzten Teil abgewandelte Psalmvers (45 [44], 8) ist aus dem Munde Gregors nicht als Ausdruck von Verbitterung zu verstehen. Er weist vielmehr auf die innersten Triebkräfte seines Wirkens: daß es ihm aufgegeben war, als oberster Leiter der Christenheit den Kampf zwischen Gott und Antichrist zu führen und durchzustehen, die Verbannung aber zu erdulden als seinen Anteil an den Leiden Christi. Aus tiefen geistlichen Überzeugungen verbunden mit dem Bewußtsein einer prophetischen Sendung lebend, hat er unnachgiebig und oft mit rücksichtsloser Radikalität für das gekämpft, was er für Wahrheit und für von Gott her verpflichtendes Recht hielt.

Im Urteil der Nachwelt ist Gregor eine der umstrittensten Gestalten in der Reihe der Päpste, gewiß war er eine der profiliertesten.

Aus: Raymund Kottje, Die Gregorianische Kirchenreform (1046–1123). In: Ökumenische Kirchengeschichte, Bd. II, a. a. O., S. 77 ff.

g) Gesamtwürdigung Heinrichs IV. (1990)

Eine Gesamtwürdigung von Leben und Werk des Saliers fällt nicht leicht. Er hat seine Regierung angetreten unter ungünstigen Vorzeichen, belastet mit der Hypothek einer Regentschaft, die den Hochadel nicht in Schranken zu halten vermochte und die Führung in der Kirchenreform verloren hatte an das Papsttum, das Heinrich III. aus den Verstrickungen in die Parteikämpfe des römischen Adels befreit hatte. Ohne die leitende Hand des Vaters aufgewachsen, seiner Mutter früh entrissen und von eigensüchtigen Beratern umgeben, fand er zunächst keine klare politische Linie. Er war von der besonderen Würde des Königtums zutiefst überzeugt und hat an dieser Überzeugung auch in den Stunden schmachvoller Erniedrigung festgehalten; er lebte im Bewußtsein der besonderen Berufung seiner Dynastie zur Herrschaft, und auch seine Gegner haben ihm königlichen Sinn und Eignung für sein schweres Amt nicht abgestritten – in der Übersteigerung dieser Auffassungen jedoch lag die eigentliche Gefährdung seines Daseins: seine autokratischen Neigungen reizten die Fürsten immer wieder zur Opposition, verschärften Konflikte und versperrten den Weg zu annehmbaren Lösungen; sein beleidigter Stolz trieb ihn bei seinem nicht von ihm allein verschuldeten, aber gleichwohl persönlich zu verantwortenden Zusammenstoß mit Gregor VII. zu einer maßlosen Reaktion, die eine Verständigung unmöglich machte.

Der Konflikt mit diesem Papst, dessen radikalem Sendungsbewußtsein und revolutionärem Elan der Salier nicht gewachsen war, hat die Welt des Frühmittelalters grundlegend verändert. Heinrich hat sich der Umwertung der Werte, die von den Ideen Gregors VII. ausging, dem geistigen Umbruch seiner Zeit entgegengestemmt, aber er hat lediglich die überlieferte Ordnung verteidigt; und er führte diesen Abwehrkampf von der Position des gelasianischen Gewaltendualismus[1] aus, der regnum und sacerdotium, weltliche und geistliche Gewalt, in gleichberechtigtem Nebeneinander unmittelbar zu Gott sah. In der von dem Notar Gottschalk zuerst propagandistisch vertretenen Zweischwertertheorie fand diese Konzeption ihren Ausdruck, aber die kuriale Umdeutung dieser Theorie, die das weltliche Schwert dem Königtum erst durch das sacerdotium vermittelt werden ließ, deckte recht schnell ihre Schwäche auf. Die Entsakralisierung der königlichen Gewalt hat man damit nicht aufhalten können. Die Argumentation, daß der Herrscher Gesalbter des Herrn sei, bot den Gegnern zudem genügend Ansatzpunkte zur Kritik etwa in dem Hinweis auf die Weihefunktion der Geistlichen oder in der Bedeutungsminderung der Herrschersalbung gegenüber der Bischofsweihe. Freilich tauchen in den Streitschriften der Heinricianer auch schon neue zukunftsweisende Gedanken auf, wenn mit dem Rückgriff auf römisches Recht die kaiserliche Herrschaft erstmals auf eine weltlich-irdische Grundlage gestellt wird. Die Zukunft mußte erweisen, ob das Königtum nach den schweren Rückschlägen im Konflikt mit dem Papsttum zu einem neuen Selbstverständnis und einer neuen Legitimierung seiner Herrschaft gelangen werde.

In der zähen Verteidigung der Königsrechte gegenüber der Reichskirche und den Partikulargewalten hat Heinrich IV. immerhin die Voraussetzungen dafür geschaffen, daß der Episkopat auch nach Beendigung des Investiturstreites noch für fast ein Jahrhundert eine Stütze der Zentralgewalt darstellte und die Auflösung des Reiches in fürstliche Territorien aufgehalten wurde. Der Aufstieg neuer sozialer Gruppen wie Ministerialen und Bürger bot dabei die Möglichkeit, die Staatsgewalt auf eine breitere Grundlage zu stellen, dem Königtum Helfer zuzuführen, die es vom Hochadel unabhängiger machten. Heinrich IV. hat diese Möglichkeiten genutzt, und er hat darüber hinaus auch die Friedensbewegung in den Dienst des Reiches gestellt, den Landfrieden als ein Instrument königlicher Rechts- und Machtpolitik eingesetzt. Wie weit er dabei selbst die Initiative ergriff und bewußt einer klaren Konzeption folgte, in welchem Maße er die Friedensordnung von 1103 selbst inhaltlich bestimmte, ist schwer zu sagen. Es scheint eher so zu sein, daß die Probleme und Entscheidungen an ihn herangetragen wurden. Er war nicht der geniale Reformer, als der er mitunter gesehen worden ist. Aber daß er sich modernen Entwicklungen aufgeschlossen zeigte und in der Zeit der beginnenden Auflösung des aristokratischen Personenverbandsstaates neue Kräfte an den Staat heranführte, spricht für seine staatsmännischen Fähigkeiten – trotz aller Fehlentscheidungen, die er während seiner Regierungszeit in anderen Fragen getroffen hat.

Aus: Egon Boshof, Heinrich IV., Herrscher an einer Zeitenwende. Göttingen, Zürich ²1990, S. 118ff.

h) Schlichtung des Investiturstreits im Wormser Konkordat 1122

(1) Das Privileg des Kaisers[2]

Im Namen des heiligen und unteilbaren Dreifaltigkeit. Ich, Heinrich, von Gottes Gnaden erhabener Kaiser der Römer, überlasse Gott, Gottes heiligen Aposteln Petrus und Paulus und der heiligen katholischen Kirche – aus Liebe zu Gott, zur heiligen römischen Kirche und zum Herrn Papst Calixt sowie zum Heil meiner Seele – jede Investitur mit Ring und Stab, und ich gestehe zu, daß in allen Kirchen, die in meinem König- oder Kaiserreich liegen, eine kanonische Wahl und

1 Vgl. den Artikel „Zweigewaltenlehre" im Komment. Register

2 Heinrich V.

eine freie Weihe stattfinden. Die Besitzungen und Regalien des seligen Petrus, die vom Beginn dieses Streites bis auf den heutigen Tag – sei es zur Zeit meines Vaters oder sei es auch zu meiner Zeit – abhanden gekommen sind, erstatte ich der heiligen römischen Kirche zurück, sofern ich sie (in meiner Gewalt) habe; sofern ich diese aber nicht besitze, werde ich getreulich helfen, daß sie zurückerstattet werden. Auch die Besitzungen aller anderen Kirchen, die von Fürsten und die von sonstigen Personen, die von Klerikern ebenso wie die von Laien, werde ich auf den Rat der Fürsten und aus Gerechtigkeit zurückgeben, sofern sie in diesem Streit verloren gegangen sind und ich sie (in meiner Hand) habe; sofern ich sie nicht besitze, werde ich getreulich helfen, daß sie zurückgegeben werden. Und ich gebe wahren Frieden dem Herrn Papst Calixt, der heiligen römischen Kirche und allen, die auf seiner Seite sind oder gewesen sind. Und in all den Angelegenheiten, in denen die heilige römische Kirche Beistand fordern wird, werde ich getreulich helfen, und ich werde ihr im Hinblick auf die Dinge, über die sie bei mir Klage führen wird, die ihr zustehende Gerechtigkeit verschaffen.
All dies wurde ausgehandelt mit der Zustimmung und dem Rat der Fürsten, deren Namen unterhalb aufgeschrieben sind: Adalbert, Erzbischof von Mainz, F.(riedrich), Erzbischof von Köln, H.(artwig), Bischof von Regensburg, O.(tto), Bischof von Bamberg, B.(runo), Bischof von Speyer, H.(ermann) von Augsburg, G.(odebald) von Utrecht, U.(lrich) von Konstanz, E.(rlolf), Abt von Fulda, Heinrich, Herzog, Friedrich, Herzog, S.(imon), Herzog, Berthold, Herzog, Markgraf Diepold, Markgraf Engelbert, Gottfried, Pfalzgraf, Otto, Pfalzgraf, Berengar, Graf. + Ich Friedrich, Erzbischof von Köln und Erzkanzler . . .

(2) Das Privileg des Papstes[1]

Ich, Bischof Calixt, Knecht der Knechte Gottes, konzediere Dir, geliebter Sohn H.(einrich), von Gottes Gnaden erhabener Kaiser der Römer, daß die Wahlen der Bischöfe und Äbte des deutschen Reiches in Deiner Gegenwart stattfinden, sofern diese zum Reich gehören, und zwar ohne Simonie und irgendwelche Gewalt, damit Du, wenn unter den Parteien irgendwelche Zwietracht entstehen sollte, gemäß dem Rat und Urteil des Metropoliten und der Konprovinzialen dem gesünderen Teil Hilfe und Beistand gewährst. Der Gewählte aber soll von Dir durch das Zepter die Regalien entgegennehmen, und er soll das leisten, was er Dir wegen dieser (Regalien) rechtmäßig schuldet. In den anderen Gebieten des Kaiserreiches[2] soll der Geweihte innerhalb von sechs Monaten von Dir die Regalien durch das Zepter empfangen und das leisten, was er Dir wegen dieser (Regalien) rechtmäßig schuldet; dabei bleiben jedoch ausgenommen alle (Gebiete?), die offensichtlich zur römischen Kirche gehören. Im Hinblick auf die Dinge aber, deretwegen Du bei mir Klage führen und Beistand fordern wirst, werde ich Dir – gemäß der Schuldigkeit meines Amtes – Hilfe gewähren. Ich gebe Dir wahren Frieden und allen, die zur Zeit dieses Zwistes auf Deiner Seite sind oder gewesen sind.[3]
Aus: Der Investiturstreit: Quellen und Materialien, hrsg. von Johannes Laudage, S. 87 und 89

i) Zusammenfassende Bewertung der Kirchenreform

Das 11. und frühe 12. Jahrhundert war in erster Linie eine Phase der geistlichen Erneuerung. Auch wenn die Auseinandersetzung um die Vergabe kirchlicher Ämter häufig im Vordergrund stand, war sie keineswegs das einzige Thema, das die Zeitgenossen bewegte. Mindestens ebenso

1 Kalixt II.
2 Burgund und Italien
3 Erläuterungen zu diesen Quellen in der Übersicht

wichtig war die innere Reform der Kirchenverfassung. Diesem Ziel wurde vieles untergeordnet. Seit den Tagen Papst Leos IX. († 1054) gab es eine breite kirchliche Erneuerungsbewegung. Der Reformeifer richtete sich dabei nicht nur auf die Abschaffung des Klerikerkonkubinats und des Handels mit kirchlichen Ämtern, Gütern und Sakramenten (der sogenannten Simonie); er war zugleich darauf bedacht, die Vorrangstellung des apostolischen Stuhls zu steigern und die Lebensführung der Mönche und Kanoniker zu verbessern.

Wir unterschätzen heute leicht, was diese Dinge in einer Zeit bedeuteten, die ganz wesentlich von christlichen Idealen geprägt war. Macht man sich aber den Umstand bewußt, daß in den Augen vieler Menschen des 11. Jahrhunderts das Seelenheil davon abhing, ob die Sakramente von würdigen oder unwürdigen Priestern vermittelt wurden, dann ist rasch veranschaulicht, daß der Kampf gegen Simonie und Priesterehe weit mehr war als ein Bemühen um die Durchsetzung kirchenrechtlicher Normen. Noch war es nicht ausgemacht, daß die Gültigkeit eines Sakramentes allein vom Wirken Gottes beeinflußt werde. Kein Wunder, daß es fast fünfzig Jahre dauerte, bis die theologische Kontroverse hierüber allmählich verstummte.

Theologisch weniger brisant, aber für die innere Kirchenstruktur ungleich bedeutsamer war eine andere Entwicklung – die Ausgestaltung des römischen Primats. Hatte sich die Kirche vor dem Investiturstreit in einer Art Schwebezustand befunden, in der die einzigartige Stellung des Papsttums nur der Idee nach abgesichert war, so änderte sich dies durch eine Reihe von tiefgreifenden Reformmaßnahmen. Zwar scheiterte der Versuch Gregors VII., die Schlüsselgewalt des heiligen Petrus auch auf die weltliche Rechtssphäre auszudehnen; aber im Bereich der internen Kirchenverfassung gab es zu Beginn des 12. Jahrhunderts längst schon keinen Zweifel mehr: Nicht der Episkopat, sondern allein der apostolische Stuhl und die von ihm beauftragten Vertreter hatten wichtigere Probleme zu entscheiden. Allein die Lehrtradition der römischen Kirche bestimmte, was katholisch (und was häretisch) war; allein dem Papst und seinen Legaten stand es zu, über Bischöfe zu Gericht zu sitzen.

Doch nicht nur hierin unterschied sich die Kirche des Investiturstreits von der Kirche des Frühmittelalters. Auch im Ordenswesen waren bemerkenswerte Veränderungen zu beobachten. ... So zu leben wie die christliche Urgemeinde in Jerusalem wurde während des Investiturstreits das erklärte Ziel aller reformerisch gesinnten Kanoniker.

Aus: Der Investiturstreit: Quellen und Materialien, hrsg. von Johannes Laudage, a. a. O., S. 5 ff.

2. Die Kreuzzugsfrage und Judenpogrome

a) Kreuzzugsaufruf 1095 und Gottesfriedensbewegung

Auf dem Wege nach Frankreich hatte Urban in Oberitalien einen Hilferuf des byzantinischen Kaisers erhalten, ihm bei der Abwehr der Türken beizustehen. Daraufhin erließ der Papst bei verschiedenen Gelegenheiten in Frankreich einen Aufruf zur Hilfeleistung, den er dann in feierlicher Form auf der sehr zahlreich besuchten Synode zu Clermont im November 1095 wiederholte.

Dieser Aufruf griff ältere Vorstellungen auf und führte sie zugleich weiter. Es gab schon seit älterer Zeit den Gedanken, daß man zur Sühne für Schuld eine Wallfahrt unternehmen könne, und zwar eine Wallfahrt, verbunden mit dem Kampf gegen Ungläubige. So hatte es bereits mehrfach sog. bewaffnete Wallfahrten nach Spanien gegeben, um im Norden Spaniens gegen die Moslem zu Felde zu ziehen. Es war eine Wallfahrt, weil es eine Ausfahrt für die Sache Gottes war und gegen seine Feinde, die Heiden. Es war zudem eine Art Pilgerfahrt zur Sühne für Schuld, so wie man etwa eine Wallfahrt nach Rom unternahm, um für seine Schuld zu büßen. Seitens der Kirche war dafür der Nachlaß von Sündenstrafen in Aussicht gestellt, d.h. von Strafen, die im Bußverfahren durch die Kirche auferlegt worden waren. An solche Vorstellungen wie an die ältere Auffassung, daß es eine hl. Sache sei, für Gott in den Krieg gegen die Ungläubigen zu ziehen, konnte der Papst anknüpfen, als er entsprechend dem Hilfsgesuch des byzantinischen Kaisers zu einem Zug gegen die Türken aufrief. Ein Ziel des Zuges sollte die Wiedereroberung des hl. Grabes sein. Der Aufruf wurde verbunden mit der Mahnung, diesen Zug zur Befreiung der hl. Stätten allein aus Frömmigkeit und um der Verehrung der hl. Stätten des Lebens und Leidens, des Sterbens und Auferstehens Christi zu unternehmen, nicht um Geld oder Ehre zu erwerben.

Manche Adelige haben in dem Unternehmen eine Chance gesehen, wirtschaftlichen Schwierigkeiten in der Heimat zu entkommen. Aber selbst wenn man die wirtschaftlichen Schwierigkeiten wie auch Abenteurer- und Kriegslust in Rechnung stellt, war die Resonanz, die der Aufruf des Papstes fand, bemerkenswert. Allein aus Flandern und Niederlothringen meldeten sich 30000 Mann zu Fuß und 10 000 zu Pferde.

Der Zusammenhang mit der Gottesfriedensbewegung besteht nicht zuletzt darin, daß durch die Ablenkung kriegerischer Elemente sich für die Heimat günstigere Möglichkeiten der Friedenswahrung ergaben. Außerdem hatte der Papst zusammen mit dem Aufruf zum Kreuzzug für die Gegenden, aus denen die Kreuzfahrer stammten, dazu für die Angehörigen der Kreuzfahrer und für ihr Eigentum nachdrücklich Friedensgebote angeordnet. Insgesamt wurde der Kreuzzug zugleich zum Anlaß, in der Heimat die Friedensbewegung noch energischer zu fördern.

Aus: Raymund Kottje, Die Gregorianische Kirchenreform (1046–1123). In: Ökumenische Kirchengeschichte, Bd. II, a. a. O., S. 94 f.

b) Theologische Rechtfertigung der Kreuzzüge

Die Kreuzzugsbewegung wurde zu einer wahrhaft volkstümlichen Form der Frömmigkeit, die Theologie dabei aber verzerrt und volkstümlichen Zielvorstellungen angepaßt, wie die folgenden Beispiele erkennen lassen.

Der Begriff der Liebe, wie er der breiten Öffentlichkeit vorgestellt und von dieser angenommen wurde, stellte ein Zerrbild der christlichen Nächstenliebe dar. Der Nachdruck lag auf der Liebe zu Gott und der brüderlichen Liebe zum Mitchristen, aber in den erhalten gebliebenen Briefen und Predigten für die Öffentlichkeit gibt es nur wenige Hinweise auf die für die Theologie so bedeutsame Feindesliebe, wohl weil den Zuhörern die Vorstellung der Feindesliebe verwirrend und unannehmbar vorgekommen wäre.

Die den Gläubigen vor Augen gestellten Bilder von einem Vater, Christus, der sein Erbteil verloren hatte, oder von Brüdern und Mitchristen, die Unrecht erleiden, erweckte bei ihnen in einer Zeit, in der Streitigkeiten um Land oder persönliche Beleidigungen durch Blutfehden beigelegt wurden, Rachegefühle. Der Kreuzzug wurde sehr schnell zum Ausdruck der Rache, und Kreuzfahrer, die häufig gerade unter den zu brutalen Übergriffen im Krieg führenden Anspannungen standen, neigten zu einem Verhalten, das verantwortliche Kirchenmänner entsetzte. Die erste Kreuzfahrerwelle im Frühjahr 1096 veranstaltete eine grausame Verfolgung jüdischer Gemeinden in Frankreich, im Rheinland, in Bayern und in Böhmen. Die Predigt der Kreuzfahrt als eine Übung christlicher Liebe hatte in den Kreuzfahrern den Drang nach Rache geweckt. Sie sahen sich dazu aufgerufen, ihre Liebe zu Christus zu äußern, indem sie die Herabsetzung seiner ‚Ehre' infolge der Besetzung seines ‚Erbes' durch die Moslems rächten, und sie konnten nicht verstehen, warum sie nicht auch seine Kreuzigung rächen sollten. Jedem bedeutenden Kreuzzug ging im 12. Jh. irgendwo in Westeuropa eine Judenverfolgung voraus . . .

Genau genommen, waren Bekehrungskriege nach christlicher Überlieferung nicht erlaubt. Es war eine gerechte Sache, Häretiker, die als solche ja abgewichene Katholiken waren, wieder auf den Weg der Wahrheit zurückzuzwingen, doch Nichtchristen, deren Unkenntnis des Glaubens unverschuldet war, konnten nur durch Vernunft dazu überredet werden, sich zu bekehren. Es ist jedoch erwiesen, daß die volkstümliche Überzeugung, daß Kreuzzüge Werkzeuge für die Verbreitung des christlichen Glaubens seien, zu stark war, als daß sie hätte ignoriert werden können, und das Verständnis des Kreuzzuges als eines Bekehrungskrieges war während der meisten Zeit als Unterströmung vorhanden. In einem Gebiet, in Deutschland, war die Tradition des Missionskrieges an der östlichen Grenze so ausgeprägt, daß Päpste wie Eugen III. und Innozenz III. sowie Prediger wie Bernhard von Clairvaux den Einsatz von Gewalt ausdrücklich mit der Verbreitung des Christentums in Zusammenhang brachten, wahrscheinlich, weil ihre Adressaten in Deutschland dies von ihnen erwarteten. Darüber hinaus ist darauf hingewiesen worden, daß die bekannte von Papst Innozenz IV. vorgebrachte Rechtfertigung des Krieges gegen nichtchristliche Staaten, die sich weigerten, Missionaren die Einreise zu gestatten, einen Versuch darstellte, das uneingeschränkte Verbot gewaltsamer Bekehrung mit volkstümlichen Sympathien dafür in Einklang zu bringen. Sein Schüler Hostiensis ging sogar noch weiter, indem er davon ausging, daß die Weigerung der Nichtchristen, die päpstliche Herrschaft anzuerkennen, an sich schon eine Rechtfertigung für einen Angriff der Christen sei, und indem er behauptet, daß jeder Krieg, der von Christen gegen Ungläubige geführt werde, allein aufgrund des Glaubens der Christen gerechtfertigt sei.

Aus: Theologische Realenzyklopädie, hrsg. von Gerhard Müller, Bd. 20, Kreuzzüge – Leo XIII., Berlin, New York 1990, S. 7f.

c) Antisemitische Ausschreitungen in Worms

Der Ablauf der Ereignisse vollzog sich stets nach gleichem Muster: Die in die Tausende gehenden Banden Emichos erschienen vor der Stadt und verschafften sich gewaltsam Zugang. War die Judenschaft rechtzeitig gewarnt worden, flüchtete sie in den Schutz der bischöflichen Pfalzen. Zumeist aber konnte sie sich dort nur vorübergehend halten und war gezwungen, sich gegen eine fanatisierte Menge mit Waffengewalt zu verteidigen. Da die Übermacht der mit der Bürgerschaft vereinigten Kreuzfahrerbanden groß war, gab es für die Juden zuletzt nur die Alternative Tod oder Taufe. Lediglich die Speyerer Judengemeinde konnte sich dank des energischen Eingreifens von Bischof Johann I. (1090–1104) erfolgreich zur Wehr setzen. In dieser Situation entstand unter den Juden in Anknüpfung an alte rabbinische Traditionen die Vorstellung des Kiddusch ha-Schem, der freiwilligen Selbstaufopferung zur Ehre Gottes, um der Zwangstaufe oder dem schändlichen Tod durch Christenhand zu entgehen und der Nachwelt zum Vorbild zu werden ... Anstelle einer weiteren Erläuterung soll hier der Bericht des jüdischen Chronisten Salomon bar-Simeon über die Pogrome in Worms stehen ...

Am 23. Ijar [18. Mai] überfielen sie die Gemeinde Worms. Diese Gemeinde hatte sich in zwei Lager geteilt: Die einen waren in ihren Häusern geblieben, die anderen waren zum Bischof geflüchtet. Da erhoben sich die Wölfe der Wüste gegen diejenigen, die in ihren Häusern waren und vertilgten sie, Männer, Frauen und Kinder, Jünglinge und Greise. Sie stürzten die Treppen um, rissen Häuser nieder, machten Beute und plünderten. Sie nahmen die Torahrollen, traten sie in den Kot, zerrissen und verbannten sie und fraßen so Israel auf mit vollem Munde. Nach sieben Tagen, am Neumondstage des Siwan (25. Mai), wurden auch diejenigen, die sich noch im bischöflichen Palast befanden, in Schrecken versetzt. Die Feinde mißhandelten sie schimpflich wie die ersten und übergaben sie dem Schwerte. Diese, durch das von ihren Brüdern gegebene Beispiel gestärkt, heiligten vor aller Augen den göttlichen Namen und ließen sich töten. Sie boten ihren Hals dar, um sich für den Namen ihres Schöpfers den Kopf abhauen zu lassen. Einige von ihnen legten selbst Hand an sich. Alle nahmen ungeteilten Herzens das himmlische Verhängnis an und übergaben ihre Seele ihrem Schöpfer, indem sie riefen: ‚Höre Israel, der Ewige ist unser Gott, der Ewige ist einzig!' Die Feinde zogen sie aus und schleiften und warfen sie umher. Sie ließen keinen von ihnen übrig, außer einigen wenigen, die sie gegen ihren Willen zur Taufe gezwungen hatten. Bei 800 betrug die Zahl der an jenen beiden Tagen Erschlagenen. Sie alle wurden nackt zu Grabe gebracht.

Aus: Friedrich Battenberg, Das europäische Zeitalter der Juden, Zur Entwicklung einer Minderheit in der nichtjüdischen Umwelt Europas, Bd. I, Von den Anfängen bis 1650, Darmstadt 1990, S. 62 f.

d) Zeitgenössische Kreuzzugskritik

Seit dem Zeitpunkt der Predigt Urbans II. in Clermont (1095) zogen einzelne Aspekte der Kreuzzugsbewegung Kritik auf sich. Zu den Kritikern, die über ganz Europa verstreut waren, gehörten sowohl klösterliche Chronisten als auch Troubadoure. Sie beklagten, daß die Züge mit zu vielen nicht kampffähigen Personen belastet seien, daß die Priester und Mönche, indem sie das Kreuz nahmen, ihre spirituellen und seelsorgerischen Pflichten vernachlässigten, und die Anwesenheit von Frauen, die den Heereslagern folgten. Die wiederholten Rückschläge für das Gottesheer wurden als göttliches Urteil über die menschliche Sündhaftigkeit, über die Habgier, den Stolz und den verworfenen Lebenswandel der Kreuzfahrer betrachtet. Nach der Auffassung Gerhohs von Reichersberg strebten die Bewohner Jerusalems zur Zeit des zweiten Kreuzzuges nicht nach Frieden mit den Muslimen, „sondern fast ausschließlich nach Geld, entweder durch die Gaben der Pilger oder durch das Lösegeld der Belagerten".

Die Zeitgenossen kritisierten weiter die Nichterfüllung von Gelübden sowie einzelne Herrscher, die ihren Aufbruch verzögerten. Sie klagten über die Last der von Kirche und Staat zur Finanzierung des Kreuzzuges erhobenen Steuern und über das System der Losbindung von einem Gelübde durch Zahlungen, das ursprünglich auf diejenigen bezogen war, die nicht auf Kreuzfahrt gehen konnten, und nun zur Einnahmequelle mißbraucht wurde.

Kritiker wie der Aragoneser Chronist Ramón Muntaner stellten im 13. Jh. fest, daß die Kreuzzugsidee selbst mißbraucht worden war, da die Feldzüge gegen die Häretiker, die schismatischen Griechen und gegen christliche Herrscher auf Kosten des belagerten Königreichs von Jerusalem gingen. Einige Historiker behaupten, daß in dieser Kritik die öffentliche Meinung und eine breite Desillusionierung gegenüber dem Kreuzzugsgedanken ihren Niederschlag fanden. Jedoch bis auf die Ausnahme einzelner Kritiker, die sich Gehör zu verschaffen wußten, konzentrieren sich die kritischen Stimmen im Languedoc oder dem deutschen Kernland des Römischen Reiches, d. h. in Gebieten, in denen gute Gründe zum Widerstand gegen die päpstliche Politik vorlagen. Einige Kritiker wie Freidank oder Walther von der Vogelweide waren direkt mit dem kaiserlichen Hof verbunden. Dieselbe Kritik wurde auch gegenüber den Katharerkreuzzügen und den Kreuzzügen gegen Friedrich II. in Italien laut und ebenso gegenüber den vom Papsttum und dem Haus Anjou geführten Kreuzzügen gegen Friedrichs Erben Konrad, Manfred und Konradin und gegen Sizilien und Aragón.

Nach einschneidenden Ereignissen wie der Niederlage und Gefangennahme Ludwigs IX. in Mansurah stellten einige die Frage, ob weitere Kreuzzüge tatsächlich dem göttlichen Willen entsprächen. Nur selten wurde die Kreuzzugsidee grundsätzlich in Zweifel gezogen. Allein die häretischen Kartharer und Waldenser vertraten eine pazifistische Haltung. Weitgehend isolierte Kritiker der Kreuzzugsidee waren Ralph Niger und Joachim von Fiore. Joachims Vorstellung, daß die Kreuzfahrer niemals durch Gewaltanwendung erfolgreich sein könnten, wurde von seinen Nachfolgern, den Joachimiten, aufgegriffen. Doch ihre Vorstellungen über den Kreuzzug scheinen keinen großen Anklang gefunden zu haben. Selbst lange nach dem Fall von Akkon an die Mamluken (1291) erfreute sich die Kreuzzugsbewegung allgemeiner Unterstützung.

Aus: Großer Bildatlas der Kreuzzüge, hrsg. von Jonathan Riley-Smith, Übers. aus dem Engl. von Michaela Diers, Freiburg i. Br., Basel, Wien 1992, S. 80.

e) Politische und kulturelle Auswirkungen der Kreuzzüge

Die Kreuzzüge waren, allein für sich betrachtet, ein von vornherein verfehltes Unternehmen, das, wie nicht anders zu erwarten war, mit einem Mißerfolg endete. Aufs Ganze der europäischen Geschichte gesehen, ist indessen die Bedeutung der Kreuzzüge für das Abendland nicht leicht zu überschätzen. Abgesehen von den vielen zivilisatorischen Anregungen und der Hebung des Lebensstiles im Abendland, die die Berührung mit der damals noch weit überlegenen Zivilisation des Morgenlandes mit sich brachte, hatten die Kreuzzüge eine ungeahnte Erweiterung des Gesichtskreises des Abendlandes zur Folge. Während bis dahin eine christozentrische Welt- und Geschichtsbetrachtung herrschte, die Heilsgeschichte und Weltgeschichte, christliche Religion und menschliche Kultur in eins setzte, trat hier zum erstenmal eine nichtchristliche Welt in den Gesichtskreis des christlichen Abendländers, deren kulturelle Überlegenheit er sich eingestehen mußte. So geriet das einfache, nach dem Verlauf der Heilsgeschichte konstruierte Welt- und Geschichtsbild des frühmittelalterlichen Abendlandes ins Wanken. Dafür erwachte im Abendländer der Drang, die neu erschlossene Welt sich selbst anzugliedern, wenn nicht sogar sie sich einzuverleiben, welcher Drang durch die weltgeschichtlichen Ereignisse der folgenden Jahrhunderte, vor allem den Mongolensturm und seine Folgen, noch besondere Nahrung erhielt. Er äußerte sich zunächst in dem Erwachen einer christlichen Weltmission, sodann in dem Bestreben, den Welthandel in die eigene Hand zu bekommen, und endlich in dem Drang, die Welt durch Forschung und Kolonisation in europäischem Sinne zu erschließen. So sind die Kreuzzüge der erste entscheidende Schritt des Europäertums auf dem Wege zu dessen Weltexpansion, also weit entfernt, eine bedeutungslose Episode in der europäischen Geschichte zu sein, ein im höchsten Grade bedeutsames Stück von ihr, das aus ihrem Gesamtbild nicht wegzudenken ist.

Mit als Folge der durch die Kreuzzüge erfolgten Öffnung des Blickes für die durch den Orient vermittelten kulturellen Werte ist es zu betrachten, daß man im Abendland begann, wissenschaftliche Werke aus dem Arabischen ins Lateinische zu übertragen. Dabei handelte es sich teils um arabische Übersetzungen von im Abendland verlorengegangenen Werken aus der klassischen Antike, teils um arabische Originalwerke, Werke aus der im islamischen Orient erfolgten Weiterbeschäftigung mit den antiken Wissenschaften. Diese Übersetzungen aus dem Arabischen regten die abendländische Wissenschaft mächtig an und haben mit dazu beigetragen, daß im Abendland der wissenschaftliche Geist erwachte, der bald alles, was der Orient an Wissenschaft zu produzieren vermochte, überflügelte.

So hat das medizinische Hauptwerk des aus dem samanidischen Transoxanien stammenden Aristotelikers Avicenna (Ibn Sîna, 980–1037), sein Kanon, der Entwicklung der medizinischen Wissenschaft im Abendland bis ins 17. Jahrhundert hinein entscheidende Anstöße gegeben. Und die Aristoteleskommentare des Spaniers Averroes (Ibn Ruschd, 1120–1198) haben die abendländisch-christliche Philosophie, die bis dahin in den Bahnen spätantiken Denkens der christlichen Kirchenväter, voran des Augustinus, befangen war, gezwungen, sich mit Aristoteles auseinanderzusetzen und damit auf die Bahn hingelenkt, die über die Hochscholastik schließlich zur Wiederentdeckung der klassischen Antike, zu Renaissance und Humanismus hinführte.

Eine tiefergehende Einwirkung auf die islamische Welt von seiten der Kreuzzüge ist dagegen nicht zu spüren. Diese war zu der Zeit, als die Kreuzfahrer auftauchten, bereits viel zu gereift, fast gealtert, als daß sie von der jugendfrischen abendländischen Welt, die kämpferisch an ihre

Pforten pochte, fruchtbare Anregungen hätte empfangen können. Fast die einzige Folge, die auf islamischer Seite zu spüren ist, ist eine Ausweitung der Kluft zwischen Christentum und Islam, eine stärkere Fanatisierung, eine verbissenere Christenfeindlichkeit der Muslime. Geistesgeschichtlich ist von Bedeutung, daß die Kreuzzüge zweifellos dazu beigetragen haben, daß die von den Türken getragene sunnitische Reaktion sich durchgesetzt hat.

Aus: Franz Taeschner, Geschichte der arabischen Welt. Stuttgart 1964, S. 149 ff.

B Alltag um 1100

Einführung in die Arbeitsthemen

Aus der Forschungsdiskussion ergibt sich, daß die Bedeutung des Begriffs „Alltag" nicht zu eng gefaßt werden darf. Mit „Alltag" ist also nicht nur das tagtägliche Leben der Menschen gemeint, sondern „die Lebenswelt, in der sich Menschen regelmäßig in Aktionen und Reaktionen mit der von ihnen vorgefundenen Wirklichkeit auseinandersetzen, um in ihr zu überleben, zu leben und sie ihren Bedürfnissen anzupassen"[1]. Alltagsgeschichte hat aber auch mit der Mentalität[2] der vielen Ungenannten zu tun, was sie denken, fühlen, glauben; sie befaßt sich mit ihren Ängsten, Bedrängnissen, Hoffnungen und Enttäuschungen, mit Arbeit und Freizeit, mit Werktagen und Festtagen u. a. Akzeptiert man diesen weiteren Sinn der Alltagsgeschichte, dann wird auch die Frage, warum man sich mit ihr befassen sollte, überzeugender zu beantworten sein. Im Unterschied zu den konventionellen Bereichen der Geschichte wie Politik, Wirtschaft, Gesellschaft, Kultur bietet die Alltagsgeschichte neue, ungewohnte Perspektiven zur Erfassung des Lebens und der Existenz der Menschen.

Aus der Fülle der Themen zum Alltag um 1100 fallen besonders ins Auge: das Kinderelend, die Prügelstrafen, das behinderte Kind und die Erziehung des Kindes im Kloster, an die sich Hugo von Lincoln, der mit 8 Jahren einem Kanonikerstift übergeben worden war, in folgenden Worten erinnert: „Die Freuden dieser Welt habe ich nie geschmeckt, und wie man spielt, wußte ich nicht und lernte ich nicht."[3] Ferner seien genannt: Alltagsarbeit und Feste, üppiges Essen und Hungern, Reisen im Alltag und die Gottesurteile als besonderer Fall der Mentalitätsgeschichte. An diesen kann aufgezeigt werden, wie sie sich abspielten und wie die Kirche dazu Stellung nahm. Die Gegenwartsrelevanz von Gottesurteilen – wie auch von Todesstrafen – erweist sich in Erörterungen des Problems, warum eine solche Rechtspraxis nach dem Grundgesetz und nach unserem Rechtsverständnis in unserer Zeit nicht mehr denkbar ist. In die Diskussion dieser Frage können nicht nur juristische, sondern auch ethische und gesellschaftspolitische Argumente einfließen.

1 Werner Rösener, Alltag in Kirche und Kloster während der Stauferzeit, in: Alltag der Stauferzeit, hrsg. von d. Ges. f. stauf. Geschichte, Göppingen 1984, S. 77 f.
2 vgl. Mentalität und Alltag im Spätmittelalter, hrsg. von Cord Meckseper, Göttingen 1985.
3 Horst Fuhrmann, Einladung ins Mittelalter, [2]1987, S. 42.

Arbeitsthemen

1. *Mit welchen Arbeiten befaßte sich der Bauer im Mittelalter? Warum baute er Wein an? Welchen Nutzen zog er aus der Schafzucht und aus den Bienenstöcken? Wodurch war er in der Jagd dem Adligen überlegen? Welche Interessen kollidierten dabei? Wozu entwickelte sich der Fischfang des Bauern? Aus welchen Gründen gibt es in der heutigen Landwirtschaft keinen vergleichbaren Pluralismus der Arbeit mehr? Wie hat die moderne Technologie die Landwirtschaft – gemessen am Mittelalter – von Grund auf verändert? (Nr. 1 a)*
2. *In welche landwirtschaftlichen Arbeiten war die Bäuerin eingespannt? Welche Sonntagsarbeiten waren Frauen und Männern untersagt? Weshalb wurde die Spindel zum Symbol der Frauenarbeit? Welche familiären Aufgaben der Frau sind im Text nicht erwähnt? In welchen Fällen übernahm sie Männerarbeiten? Warum kann man bei der Alltagsarbeit der Bäuerin nur „mit Vorbehalten und Einschränkungen" von einer „innerfamilialen Arbeitsteilung" sprechen? (Nr. 1 b)*
3. *Warum sind Kinder Mißhandlungen durch die Eltern ausgesetzt? Welche Art von Kindern leiden besonders darunter? Aus welchen Gründen tötete der im Text genannte Vater sein Kind? Vor wem hatten sich Gewalttätige dieser Art zu verantworten? Welche Erziehungsmethoden wandten Eltern an? Wie rechtfertigte man eine solche Erziehung? (Nr. 2 a)*
4. *Welche Anforderungen wurden an ein Kind nach seinem Eintritt in das Kloster gestellt? Was war ihm im Unterschied zu Mönchen erlaubt? Welche Strafen folgten bei Zuwiderhandlungen gegen die Vorschriften? Was war das Erziehungsziel aller Gesellschaftsschichten im Mittelalter? Welche Ziele und Methoden verfolgt die Kindererziehung heute? (Nr. 2 b)*
5. *Welche Schicksale mußten nach den Beispielen im Text behinderte Kinder ertragen? Wodurch erhofften sich viele Eltern Heilung für ihre Kinder? Wie verliefen Pilgerfahrten mit behinderten Kindern? Was bedeutete der feindselige Umgang mit behinderten Kindern für ihr Dasein in der Gesellschaft? Wie behandelt man in der heutigen Gesellschaft behinderte Kinder? (Nr. 2 c)*
6. *Wodurch unterschied sich die Erziehung von Kindern in den Ober- und Unterschichten der Bevölkerung? Wozu sollten Mädchen und Jungen erzogen werden? Was bedeutete die frühe Verlobung für die seelische Entwicklung von Mädchen? „Wurden die Kinder geliebt"? Was spricht dafür, was dagegen? Was bedeuteten Unberührtheit und Ehe für Mädchen? Von welchen Bildungsmöglichkeiten blieben Mädchen ausgeschlossen? Welche Folgen hatte dies? Wie sind diese Erziehungsziele vom heutigen Standpunkt aus zu bewerten? (Nr. 2 d)*
7. *Wie lassen sich die Außenarbeiten von Mönchen beschreiben? Welchen Nutzen ziehen Klöster ökonomisch aus der landwirtschaftlichen Arbeit von Mönchen? Welche Bedeutung hatten die Zisterzienser mit ihrer Fähigkeit zu roden für die Binnen- und Ostsiedlung? In welcher Verbindung stand körperliche Arbeit mit der Idee des Mönchtums? (Nr. 3 a (1) und (2) und Artikel „Kloster" im Komm. Reg.)*
   Wie schmückt der Künstler das Bild der Beichtszene aus? In welcher Haltung stellt er die Personen dar? (Nr. 3 b)
8. *Wie gestaltet der Schreiber Eadwine seine Tätigkeit im Selbstbildnis aus? Wie umrahmt er die Personendarstellung? (Nr. 3 c) In welchem Ausmaß ist nach der Quelle ein Schreiber an seiner Arbeit beteiligt? Worin zeigt sich die Härte der Arbeit des Abschreibens? Welche Anstrengung der Hand war damit verbunden? Welchen Aufschluß geben Zitate im Text darüber, was der Schreiber während oder nach seiner Arbeit denkt? Wodurch unterschieden sich die Skriptorien der Zisterzienser und Kartäuser? Wie läuft demgegenüber das Schreiben mit dem Computer heutzutage ab? (Nr. 3 d und 3 c)*
9. *Wie lassen sich allgemein die Tätigkeiten und Aufgaben der Mönche aus den Abbildungen rekonstruieren? (Nr. 3 a bis 3 c)*
10. *Welche Häuser waren vor dem 12. Jahrhundert aus Holz, welche aus Stein errichtet? Wie wärmte man sich? Woher kam das Licht in die Räume? Woraus bestand die Kleidung bei Männern und Frauen vor dem 11. Jahrhundert? Was änderte sich daran in der Folgezeit? Wann ist eine erste Schneidergilde belegt? Welchen Vorwurf bei Klerikern zogen sich Frauen wegen ihrer „hautengen" Kleidung am Oberkörper zu? Worauf deuten diese Vorwürfe und die Ablehnung hin? (Nr. 4 a)*
11. *Inwiefern kann Fontevraud als Beispiel für Kloster- und Schloßküchen gelten? Wie erklärt sich der Ort des Herds? Was war das Neue an der Erfindung des Kamins? Welche Erfahrungen waren für den Bau eines Kamins nötig? Wie wirkte sich das Kamin auf die Lebensweise der Menschen aus? Welche Tätigkeiten gehörten zur Aufgabe der Frau, welche zur Aufgabe des Mannes? (Nr. 4 b)*

12. *Wie empfand man im Mittelalter Armut? Welche Beispiele für üppige Ernährung führt der Historiker Fuhrmann an? Welche Bevölkerungsschichten waren dem Hunger ausgeliefert? Wie ist in diesem Zusammenhang das im Text beschriebene Beispiel der Arbeitshäuser von Frauen, das auf den Dichter Hartmann von Aue (um 1200) zurückgeht, zu erläutern? Welche Arbeit leisteten da junge Frauen? Wie wurden sie verpflegt? (Nr. 5)*
13. *Wie versuchte man im mittelalterlichen Landverkehr Steigungen auf Bergen zu bewältigen? Welche Straßenbautechnik im Hochgebirge blieb im Mittelgebirge bis zum 19. Jahrhundert unbekannt? Welche Straßen wurden von Fußgängern und Reitern in der Regel gemieden? Woraus bestanden die Verkehrsstraßen im Mittelalter? Welches waren die einzigen größeren Hindernisse für den Bau von Verkehrsstraßen? Wie und mit wessen Hilfe konnte man sie überwinden? (Nr. 6 a)*
14. *In welchem zeitlichen Abstand fanden Visitationsreisen Ulrichs statt? Wer begleitete ihn? Wozu waren seine Begleiter verpflichtet? Welchem Zweck diente die Reise? Wie war sie organisiert und vorbereitet? Wer war für die Zugtiere und für seinen Schutz zuständig? Wie wurde der Bischof in den Orten der Visitation empfangen? Warum ließ er sich schon vorher Werkzeug bereitlegen? Wie ging er dann gegen Mißstände vor? Warum schlossen sich ihm in den besuchten Orten viele Arme und Behinderte an? (Nr. 6 b)*
15. *Wie unterscheiden sich in den Tabellen Tages- und Kilometerleistungen in den einzelnen Epochen? Wieweit spielen dabei die Jahreszeiten, die Geländeverhältnisse, der Zustand der Wege u. a. eine Rolle? Welche wirtschaftsgeschichtlichen und siedlungsgeographischen Folgen haben die durchschnittlichen Tagesleistungen im Personen- und Frachtverkehr? Wozu führte der wachsende Pilgerverkehr seit dem 11. Jahrhundert im Hinblick auf den Bau von Herbergen? Wo hatten Fuhrleute und Kaufleute ihr Quartier? Wie hoch waren die Tagesleistungen beim Regionalverkehr? Warum wurden Massengüter bevorzugt auf Schiffen transportiert? Welchen Einschränkungen unterlag der Fernverkehr? Welche Auswirkungen ergaben sich durch den wachsenden Verkehr für Kommunikation und Herrschaftsausübung (Nr. 6 c (1) und (2))*
16. *Auf welche Fest-, Feiertage und sonstigen festlichen Anlässe freuten sich mittelalterliche Menschen? Welche politischen und militärischen Aktionen legte man auf Feiertage? Wie begründete man dies? Wieviel arbeitsfreie Tage verlangte Papst Gregor IX.? Welchem Zweck sollten sie dienen? Wieweit konnte das von der Kirche erlassene Gebot der Feiertagsruhe eingehalten werden, wieweit nicht? Wie sollten die Menschen von der Feiertagsarbeit abgeschreckt werden? Was war den Menschen beim „Fest“ der Kreuzauffindung wichtiger als das ihm zugrunde liegende geschichtliche Ereignis? Wie kann die Anzahl freier Tage im Mittelalter mit der in heutiger Zeit verglichen werden? (Nr. 7)*
17. *Wie kann das Bild der Wasserprobe mit Hilfe der Informationen im Text interpretiert werden? Welche weiteren Gottesurteile gab es? Wie sollte damit die Wahrheit einer problematischen Rechtslage gefunden werden? Was kann man aus der Notwendigkeit und Akzeptanz der Gottesurteile im Mittelalter schließen? (Nr. 8 a)*
18. *Wie hat sich im Laufe der Zeit die Einstellung der Kirche zum Gottesurteil gewandelt? Welchen Standpunkt vertraten die Karolinger zur Frage der Gottesurteils? Inwiefern standen Gottesurteile nicht im Widerspruch zu den Naturgesetzen? Aus welchem Grund nahmen Gottesurteile in Prozessen immer mehr zu? Wie ist es zu erklären, daß sich „Beschuldigte sogar freiwillig zum Gottesurteil erboten und ... auf der Durchführung bestanden“? In welchem Konzil erging ein Verbot der Gottesurteile? Wo und weshalb blieben aber Gottesurteile weiterhin im Gebrauch? Warum sind Gottesurteile nach der heute geltenden Rechtsordnung undenkbar? (Nr. 8 b)*
19. *Welche Beispiele einer im Vergleich mit unserer Zeit anderen Mentalität der Menschen im Mittelalter werden im Text erwähnt? Wie wird die uns unmenschlich erscheinende Praxis in dieser Epoche begründet? Auf welchen Teil der Bibel und auf wen bezieht sich diese Argumentation? Welche Rolle spielte dabei das Motiv des Seelenheils? Wie ist aus diesem Denken auch die Gefaßtheit der zum Tod Verurteilten zu erklären? Wie äußert sich Brutalität in unserer Gesellschaft? Welche gesellschaftlichen Ursachen hat sie? Wie sind diese im Vergleich mit der mittelalterlichen Gesellschaft zu beurteilen? (Nr. 8 c)*
20. *Welche Leib- und Lebensstrafen sind auf dem Holzschnitt dargestellt? Wie sollte dieser Strafvollzug auf Menschen des Mittelalters wirken? Wie ist er aufgrund des heutigen Rechtsverständnisses zu beurteilen? Welche Ziele hat der heutige Strafvollzug? (Nr. 9)*

1. Ländliche Alltagsarbeit

a) Pluralismus der bäuerlichen Arbeit

Zum bäuerlichen Arbeitsumgang mit der Natur, nicht selten ein elender Existenzkampf mit ihr, gehören die Haus- und Arbeitstiere ebenso wie der Garten, der Wein- und Obstbau. Flachs und Hanf hat der mittelalterliche Bauer zunächst in den Gärten neben anderen Gewächsen angebaut, besonders neben Gemüse: das verlangte besondere Pflege und sollte vor Schäden durch Zäune geschützt werden ...
Und um den Pluralismus der Landarbeit voll zu machen: der „Bauer" ist auch Weingärtner, Imker, Jäger, Fischer. Wein ist vom frühesten Mittelalter an, ob allemal die römische Besatzung den Anfang gemacht, wird mancherorts heute in Frage gestellt, ein beliebtes Getränk, mehr noch: Heilmittel und Stimulans in gänzlich unersetzbarem Sinne. Das Geheimnis seiner Güte hing von der Technologie seiner Bearbeitung ab, vom Stampfen in Bottichen bis zum Pressen und zum Gären in den Fässern. Von der Winzerpresse berichten schriftliche Nachrichten schon des 10. Jahrhunderts. Das Mittelalter kannte die große hölzerne Kelter, deren Konstruktion sich in ihren Grundzügen bis ins 19. Jahrhundert nicht änderte. Natürlich war auch die Sorte der Weinrebe und der genaue Arbeitsvorgang im Weinberg von Bedeutung. ...
Wer Weingärtner als Bauer war, hat auch hier im wesentlichen sich selbst versorgt, und er hat das auch mit seinen Schafen und möglicherweise seiner Schafherde so gehalten. Die Wolle war wichtig, die Schafschur die unerläßliche Arbeit hierfür. Die Form der Schere hat sich während des ganzen Mittelalters bis in die Neuzeit hinein kaum geändert. Bienenschwärme gab es draußen in den Wäldern seit eh und je, die Zeidelbären unternahmen des Honigs wegen – den man auf dem Land als Zuckerersatz brauchte – recht anstrengende Expeditionen. Was war einfacher, als ein Stück Baumstamm auszuhöhlen, das Bienenversteck nachzuahmen und diesen Klotz – den ältesten mittelalterlichen Bienenkorb – mitsamt dem Schwarm Waldbienen in die Nähe seines Bauernhauses zu tragen? ...
Jagdausübung war Herrenrecht und dem Bauern streng verboten. Aber er war die Stimme des Waldes und des Tieres oft mehr gewöhnt als der Mann der Burg oder des Hofes, und er war auf Wildbret in einem sehr viel existenzielleren Maße angewiesen als die adlige Schloßküche. Der Bauer, der sprichwörtlich schlaue, ist ein Meister im Netzelegen und Fallenstellen, und freilich ein barbarischer Spielverderber, wo es um feudales Waidwerk mit eigener, elitärer Gewohnheit und Sprache ging. Dafür blieb der Fischfang fürs erste die Provinz der ärmeren Leute auf dem Land.
Aus: Otto Borst, Alltagsleben im Mittelalter, Frankfurt 1983, S. 354 ff.

b) Erlaubte und verbotene Alltagsarbeit der Frau

Die Frau war in eine Reihe von Aufgaben des landwirtschaftlichen Betriebes eingespannt ...: Sie half, neben der täglichen Arbeit im Haus und auf dem Hof, besonders in der „Hochsaison", die alle bäuerlichen Arbeitskräfte beanspruchte, beim Säen und – vor allem bis zur Enführung der Sense – bei der Ernte, manchmal auch beim Pflügen (als Ochsentreiber); vielleicht bearbeitete sie auch den Weinberg. Die schwere Landarbeit übernahm sie allerdings nur in Ausnahmefällen ...
Wohl aber gehören Vieh- und Geflügelzucht zu ihren Aufgaben; dazu zählten auch das Melken der Kühe, Schafe und Ziegen sowie die Schafschur. Im übrigen oblag ihr neben der bäuerlichen Hausarbeit die gesamte Textilarbeit von der Schafschur und Ernte der Faserpflanzen (Flachs und

Hanf) bis zum fertigen Kleidungsstück, denn auch hier versorgte sich die bäuerliche Familie weitgehend selbst. Die Spindel wurde bald zum Symbol der Frauenarbeit. Die „Admonitio generalis“ Karls des Großen von 789 unterschied anläßlich des Verbots der Sonntagsarbeit zwischen typischen Arbeiten des Mannes und der Frau: „Wir bestimmen auch . . ., daß an Sonntagen keine Knechtsdienste (opera servilia) betrieben werden . . ., daß die Männer keine Landarbeit leisten, nicht den Weinberg bebauen, noch auf den Feldern pflügen, mähen, Heu schneiden oder Zäune errichten, noch in den Wäldern roden oder Bäume fällen, noch in Steinbrüchen arbeiten, Häuser errichten oder im Garten arbeiten. (Erlaubt waren nur Fuhrdienste im Krieg, zur lebenswichtigen Versorgung oder für ein Begräbnis). . . . Ebenso sollen die Frauen am Sonntag keine Textilarbeit leisten, noch Kleider zuschneiden, nähen oder sticken, noch Wolle rupfen, Flachs dreschen, öffentlich Kleider waschen oder Schafe scheren.“ So kann man mit Vorbehalten und Einschränkungen schon von einer innerfamilialen Arbeitsteilung sprechen.

Aus: Hans-Werner Goetz, Leben im Mittelalter vom 7. bis zum 13. Jahrhundert, München [4]1991, S. 156f.

2. Kindererziehung, Kinderelend im Alltag

a) Prügelstrafe und Kindsmißhandlung

War es im Mittelalter üblich, kleine Kinder zu schlagen, obwohl die Gelehrten für einen sanften Umgang mit Säuglingen und kleinen Kindern plädierten? Manch ein Mordfall kam vor Gericht. Auch schwere Körperverletzung, ob mit oder ohne Todesfolge, wurde bestraft, sofern der Täter nicht geisteskrank war. Zweifelsohne fielen im Mittelalter kleine Kinder Gewalttaten zum Opfer. In den „Acta Sanctorum“ wird von einem Vater berichtet, der seinen kleinen Sohn der Tante aus den Armen riß und ihn in seiner Wut erwürgte, nachdem er erfahren hatte, daß seine Frau ihn verlassen hatte. In welchem Umfang Kinder Opfer von Gewalttaten wurden, läßt sich nicht feststellen. Die Zahl der heutzutage jährlich in den Vereinigten Staaten und Westeuropa registrierten Fälle von Kindsmißhandlungen ist erschreckend hoch. Eltern die ihre Kinder schlagen, sind fast ausnahmslos Psychoneurotiker oder weisen schwere Persönlichkeitsstörungen auf. Sie stammen nicht nur aus ärmlichen Verhältnissen, sondern auch aus der oberen Mittelschicht und Akademikerkreisen. Von der Häufigkeit von Kindsmißhandlungen kann man jedoch nicht auf die Einstellung der Gesellschaft zu Kindern schließen. In der christlich geprägten Gesellschaft des Mittelalters war die Prügelstrafe eine gängige erzieherische Maßnahme in der zweiten Phase der Kindheit. Gewalt gegen Schwächere war keineswegs verpönt. Ehemänner durften ihre Frauen schlagen (sofern sie es nicht im Übermaß taten), und dabei verletzten sie manchmal absichtlich oder unabsichtlich auch die Kinder. Auch Trunkenbolde, moralische Eiferer sowie Männer und Frauen, die selbst in ihrer Kindheit mißhandelt worden waren, neigten zu Kindsmißhandlungen. Es ist inzwischen erwiesen, daß Kinder aufgrund bestimmter Merkmale für Mißhandlungen prädestiniert sind: Kränkliche oder behinderte Kinder, die besonderer Fürsorge bedürfen, nervöse oder emotional leicht verletzbare Kinder, die ohnehin schon hohe Anforderungen an die Eltern stellen.

Wenn Eltern und Kindermädchen in ihren Erzählungen auf Himmel, Hölle und Teufel rekurrierten, so handelte es sich nicht um disziplinarische Maßnahmen, sondern um die Vermittlung von Glaubenswahrheiten. Nur einige Gelehrte mißbilligen es, Kinder traurig zu stimmen oder zu erschrecken; im Alltagsleben war es durchaus üblich, Kinder einzuschüchtern, damit sie gehorchen. Wilhelm von Auvergne erörtert verschiedene Methoden, den Gläubigen vor der Hölle Angst zu machen, dabei vergleicht er seine didaktische Methode mit der von Müttern und Kindermädchen, die kleine Kinder mit furchtbaren Fratzen und angsterregenden Gestalten ein-

Eltern weisen ihre ungezogenen Kinder zurecht. Holzschnitt aus der Ausgabe des „Freidank“ von Sebastian Brant

schüchterten und ihnen drohten, sie würden von diesen Geschöpfen geholt und aufgefressen, wenn sie sich nicht ordentlich benähmen. Man hatte aber auch Verständnis für ängstliche Kinder. So fürchtet sich im Parzival der kleine Lohengrin vor „Feirefiz, da der so merkwürdig schwarz und weiß gefleckt war“. Der Erzähler kommentiert dies mit den Worten: „Auch heute noch fürchten sich selbst gut veranlagte Kinder in ungewöhnlichen Situationen.

Aus: Shulamith Shahar, Kindheit im Mittelalter, Deutsch von Barbara Brumm, München und Zürich 1991, S. 130ff.

b) Konformismus der Klostererziehung

Die Mönche, die sich um die Vorbereitung der Kinder auf das Klosterleben kümmerten, stellten fest, daß man an Kinder nicht die gleichen Anforderungen stellen kann wie an einen erwachsenen Mönch oder einen jugendlichen Novizen. So entwickelten sie einen gesonderten Lehrplan zur Erziehung der Kinder, die die Ordensgelübde ablegen sollten, der von psychologischem Verständnis für das kindliche Gemüt zeugt. Alle Gesellschaftsschichten strebten im Mittelalter an, die Kinder zu guten Christen zu erziehen. Die Mönche führten das allerchristlichste Leben – in Disziplin, Armut und Enthaltsamkeit. In keiner anderen Sphäre der Gesellschaft wurde daher größerer Druck auf die Kinder ausgeübt, ihre Triebe zu unterdrücken, und nirgendwoanders war zum Überleben so viel Konformismus verlangt. Mehrere Klauseln in den Statuten des Erzbischofs von Canterbury, Lanfranc (in der zweiten Hälfte des 11. Jahrhunderts für die Mönche von Christ Church in Canterbury verfaßt) betreffen die Anforderungen, die an Kinder im Kloster gestellt wurden.

Zum einen bildeten die Kinder eine eigene Gruppe innerhalb der Klostergemeinschaft, die ihre besonderen Regeln hatte. Sie hatten eigene Lehrer, eine eigene Schule und einen eigenen Kapitelsaal. Zum anderen waren sie durchaus in den Tagesablauf im Kloster integriert, der vom gemeinsamen Gebet und vom Singen von Kirchenliedern für das Seelenheil aller Lebenden und Toten geprägt war. Fünfmal am Tag wurden Stundengebete gehalten, wobei das erste Gebet um zwei Uhr morgens und das letzte um acht Uhr abends stattfand. Die Kinder nahmen täglich am Gottesdienst teil, an den Feiertagen auch an Prozessionen, unterstützten die Bedürftigen und verrichteten verschiedene andere Dienste. Bestimmte Zeiten waren für die Lektüre bestimmt. Keinen einzigen Augenblick waren die Kinder sich selbst überlassen. Sie beteten und sangen gemeinsam im Chor. Immer war der Lehrer anwesend: im Refektorium,[1] im Kreuzgang, wo sie ihre Lektüre absolvierten, und auf dem Weg von einem Ort zum anderen. Er weckte die Kinder am Morgen und beaufsichtigte sie, wenn sie zu Bett gingen (am Abend, frühmorgens, wenn sie nach dem ersten Stundengebet wieder ins Bett gingen, und während der nachmittäglichen Ruhepause). Es war den Kindern untersagt, einander Zeichen zu geben und ohne Erlaubnis des Lehrers miteinander zu sprechen. Darüber hinaus wurden sie von Kantor, Prior und Abt beaufsichtigt. Sie wurden angehalten, den Mönchen respektvoll zu begegnen. Es war ihnen untersagt, Geschenke anzunehmen oder zu verteilen; dies war ein Vorrecht des Abtes, des Priors und der Lehrer. Niemand durfte die Kinder ansprechen und die Schule ohne Genehmigung des Abts oder Priors betreten. Hatte ein Kind ein Gebot nicht beachtet oder einem Verbot zuwidergehandelt, so wurde es in aller Öffentlichkeit geschlagen. Kinder mußten ebenso wie die Erwachsenen zur Beichte gehen. Sie mußten aber nicht so streng fasten wie die Erwachsenen und durften an Fasttagen das Fasten früher beenden. In den Pausen zwischen den Stundengebeten und Kirchenliedern durften sie sich auf die Bänke legen, während die Mönche fortwährend gerade sitzen mußten. Sie brauchten auch keine Leichen zu waschen und anzuziehen. Wenn sie zur Strafe nichts essen durften, wurden sie davon dispensiert, dem Abt das Essen zu servieren.

Aus: Shulamith Shahar, Kindheit im Mittelalter, a. a. O., S. 224 f.

c) Umgang mit behinderten Kindern

Nicht nur der Klerus lehnte es ab, behinderte Kinder umzubringen (obwohl einige Geistliche glaubten, behinderte Kindern seien die Frucht des Geschlechtsverkehrs an den von der Kirchengesetzgebung verbotenen Tagen), auch die Ärzte, die ansonsten die Lehren des Hippokrates und Soranos von Ephesus übernahmen, stimmten an diesem Punkt nicht mit ihren antiken Lehrmeistern überein. Sie verloren in ihren Schriften kein Wort über die Tötung behinderter Kinder. Ob Behinderte vielerorts unmittelbar nach der Geburt stillschweigend ausgesetzt oder getötet wurden . . . ist bislang nicht erforscht. Daß man ihnen ablehnend gegenüberstand und sie vernachlässigte, ist hingegen belegt. Wohlhabende Familien pflegten, sie der Obhut von Ammen außer Haus anzuvertrauen und sie später ins Kloster zu schicken. Als die Mutter des Ambrosius von Siena feststellte, daß ihr neugeborener Sohn ein körperliches Gebrechen hatte, erging sie sich zunächst in Selbstmitleid, fügte sich dann aber in ihr Schicksal und gab den Säugling zu einer Amme in Pflege. Eine andere Frau, die ein behindertes Kind zur Welt brachte, fragte Gott: „Warum hast du es nicht vom Mutterleib direkt ins Grab genommen?" Der spätere Heilige Gilbert von Sempringham war als Kind häßlich und mißgebildet, seine Eltern verurteilten ihn dazu, mit dem Gesinde zu essen, und selbst die Leute niederer Herkunft weigerten sich, mit ihm an einem Tisch zu essen. Sein Vater, ein furchtloser Ritter, schüchterte ihn so ein, daß er sich nichts merken konnte, solange er zu Hause lebte; daher galt er als einfältig. Die Eltern einer künftigen Heiligen nahmen das blinde Mädchen im Alter von sechs Jahren mit auf Pilgerfahrt. Als all ihre Gebete und Gelübde das Kind nicht sehend machten, setzten sie es in der Klosterkirche aus.
Die mittelalterliche Gesellschaft verhielt sich jedoch nicht nur feindselig Behinderten gegenüber. In den Heiligenviten werden sehr viele von Geburt an *(a nativitate)* behinderte Kinder von den Eltern großgezogen und auf Pilgerfahrten mitgenommen. Viele Kinder waren von Geburt an taub, stumm oder auf einem oder beiden Augen blind, andere verloren das Augenlicht infolge von Krankheiten (darunter sicher viele Augenleiden). Manchmal pilgerten die Eltern zum

1 Speisesaal

Schrein der Heiligen mit Kindern, die wegen einer Lähmung Kopf, Arme oder Beine nicht bewegen konnten oder eine Hasenscharte hatten. Die Mißbildungen von Armen und Beinen wurden mit an Grausamkeit grenzender Deutlichkeit geschildert, um das Wunder der Heilung dann in um so hellerem Licht erstrahlen zu lassen, ebenso die schweren Lähmungsfälle. Ungeachtet ihrer sozialen Schicht nahmen die Eltern kranke Kinder mit auf Pilgerfahrt. So weiß man, daß ein Bauer mit seinem fünfjährigen, stummen Sohn auf Wallfahrt ging und die Kirche trotz seiner Armut reich beschenkte, nachdem das Kind geheilt war.
Pilgerfahrten waren kostspielig und mühselig. Unter Bedingungen, die schon für gesunde Menschen eine Strapaze darstellten, war es besonders schwer, mit einem chronisch kranken oder behinderten Kind zu reisen. Und auch nach der Ankunft am Wallfahrtsort hatte manch eine Mutter große Mühe, ihr gelähmtes Kind durch die dichte Menschenmenge zum Schrein zu führen. Leichter war es, ein Gelübde abzulegen und die Pilgerfahrt auf die Zeit nach der Genesung des Kindes zu verschieben. Ein Gelübde zu brechen, galt als gefährlich, da man glaubte, die Heiligen seien allwissend und würden die Nichteinhaltung des Versprechens mit einer Strafe belegen. Einige behinderte Kinder erreichten sogar das Erwachsenenalter. Sie waren meist ihr Leben lang auf ihre Eltern angewiesen und gingen von Zeit zu Zeit mit ihnen auf Pilgerfahrt.
Andere Eltern standen ihren behinderten Kindern ablehnend gegenüber, so wie dies auch heute noch der Fall ist. Mütter, die trotz aller Mühe hingebungsvoll für ihre behinderten Kinder sorgen, richten ihre Aggressionen oft gegen sich selbst oder ihre Umwelt.

Aus: Shulamit Shahar, Kindheit im Mittelalter, a. a. O., S. 176 ff.

d) Erziehung von Mädchen und Jungen im 11./12. Jh.

Die Kindheit war im Mittelalter nur von kurzer Dauer. Sie wurde oft durch den Tod vorzeitig beendet, und wer überlebte, wurde von den herrschenden Verhältnissen gezwungen, schnell erwachsen zu werden. Wir können uns kein rechtes Bild davon machen, in welchem Alter und wie die Eltern die Aufmerksamkeit des kleinen Mädchens auf den geschlechtlichen Aspekt seiner Identität lenkten. Das 11. und 12. Jahrhundert haben uns kein einziges Werk über Erziehung hinterlassen, und das erhaltene Quellenmaterial sagt über die Erziehungsfrage wenig aus. Wir können wohl davon ausgehen, daß Jungen und Mädchen vor allem in den bessergestellten Kreisen selten zusammen aufgezogen wurden und daß Eltern Mädchen sehr früh und sehr nachdrücklich klar gemacht haben, daß von ihnen anderes als von Jungen erwartet wird, ja, daß sie sich auch von ihrer „Natur“ her unterscheiden. Die Aristokratie, sperrte die Mädchen in das Frauengemach und beschäftigte sie mit weiblichen Arbeiten, oder aber sie brachte sie bis zu ihrer Heirat oder endgültig im Kloster unter. Wenn sie schon lange vor der Pubertät versprochen worden waren, wurden sie häufig in die Familie ihres Verlobten geschickt, um dort den Vollzug der Ehe abzuwarten. Welche Auswirkungen konnte es auf die Psyche eines kleinen Mädchen haben, sich in einem solchen Maße im Durchgangsstadium zu fühlen, nachdem es seiner Mutter und der Umgebung seiner ersten Jahre so früh entrissen worden war? Welche affektiven Bindungen konnten zu den Eltern, der Amme und den Geschwistern entstehen? Woraus speisten sich die Träume der Mädchen?
Auf den ersten Blick scheint die Situation in den unteren Schichten besser gewesen zu sein. Die Mädchen waren bereits älter, wenn sie verheiratet wurden. Bei Bauern und Handwerkern waren die Kinder sehr früh an den Betätigungen der Erwachsenen beteiligt, und die Lehrzeit trennte die Geschlechter bei weitem nicht so rigoros wie die kriegerische Ausbildung der zukünftigen Adligen. Wir können davon ausgehen, daß der familiäre Zusammenhalt und die von ihm ausgehende Geborgenheit länger bewahrt und die Beziehungen des kleinen Mädchens zu Vater und Brüdern in den niederen Ständen enger waren.

Wurden die Kinder geliebt? Auf der einen Seite wissen wir, daß die Eltern klagten, wenn ihre Kinder krank waren, und in der Kirche um Genesung flehten, bei Todesfällen sogar um Auferweckung. Auf der anderen Seite ist die Leichtigkeit erstaunlich, mit der sich Eltern, vor allem weibliche Heilige, von ihren noch jungen Kindern zu trennen schienen. Die heilige Ivetta von Hui, die fortging, um bei den Aussätzigen Buße zu tun, ließ zwei Kinder zurück: sie waren noch nicht acht Jahre alt. Wir dürfen nicht vergessen, daß namentlich ärmliche Verhältnisse der Entwicklung elterlicher Liebe alles andere als förderlich waren. Es gibt anscheinend nach Kulturen und Epoche unterschiedliche Entfaltungsstufen der Zuneigung, insbesondere der mütterlichen Liebe. Wenn das materielle, physische und psychische Elend zu groß ist, verkümmert das Gefühl. Ein Wiegenlied zu singen, erfordert einen Hoffnungsschimmer und die Kraft zu lieben. Verkümmert der Mutterinstinkt nicht in den Bauernkaten ohne Rauchabzug, wenn die Mutter durch Schwangerschaften und Arbeit überlastet ist? . . .

Bei der Erziehung eines Mädchens spielte das Ideal der Jungfräulichkeit sowohl eine soziale als auch eine religiöse Rolle: die Ehre der Familie hing genauso davon ab wie das Seelenheil des Kindes. Die ganze Kindheit hindurch wurde es ermahnt, seinen Schatz zu hüten. Es ist auffallend, daß die Worte Reinheit, Tugend und Ehre die Jungfräulichkeit bezeichnen, und zwar ausschließlich bezogen auf die Mädchen – es sind Begriffe für das intakte Siegel, von dem die mittelalterlichen Texte sprechen. Es handelt sich um eine Metonymie:[1] Die Begriffe bezeichnen zunächst einmal einen Teil des Ganzen. Doch später wurden sie zu Metaphern,[2] die das Wesen des Mädchens selbst ausdrücken. Die Gesellschaft ist sich einig, daß Mädchen wie Engel aufgezogen und Unschuld und Zurückhaltung bei ihnen ausgebildet werden sollen. Dieses Ideal kann nur aufgegeben werden, wenn die Eltern beschließen, das Mädchen zu verheiraten, . . . Wenn das jungfräuliche Vorbild allgemein anerkannt ist, muß es schwer sein, den Status zu wechseln und sich in eine Situation zu begeben, die die Männer der Kirche als verderbt und befleckt darstellen. Solche Traumata[3] sind in großer Zahl überliefert und sie spiegeln die kirchlichen Dogmen wider.

In der Regel wird die Unversehrtheit des jungen Mädchens so sehr gehütet, um sie der Ehe zum Opfer zu bringen. Dort wird, um ein biblisches Bild aufzugreifen, das verschlossene Gefäß geöffnet. . . . Die Jungen werden körperlich und geistig zunehmend beweglicher. Der Wandel in allen Bereichen reizt Krieger, Bauern, Händler und Geistliche, etwas zu wagen, ihr Glück zu versuchen. Im 12. Jahrhundert mehren sich die Gründungen von städtischen Schulen, bald auch von Universitäten. Mit dem unglaublichen Heißhunger auf Wissen und mit der großen Hoffnung auf sozialen Aufstieg durch Wissen wächst die Zahl der Studenten. Es wird noch Jahrhunderte dauern, bis die Mädchen zur Schule und auf die Universität gehen. Wenn sie ausnahmsweise gebildet sind wie Heloïse,[4] dann haben sie ihre Kenntnisse zu Hause erworben. In einer Zeit, als die Männer staunend feststellten, daß es eine Welt zu entdecken gab, daß sie alles zu lernen, alle Abenteuer zu bestehen und viele Erfahrungen zu sammeln hatten, blieb die Frau im Dienste der Gattung oder im Dienste Gottes auf ihre traditionellen Funktionen beschränkt.

Aus: Paulette L'Hermite-Leclercq, Die feudale Ordnung (Frauenalltag), 11. und 12. Jahrhundert. In: Geschichte der Frauen, hrsg. von Georges Duby, Michelle Perrot, Bd. 2, Mittelalter, hrsg. von Christiane Klapisch-Zuber, edit. Betr. der deutschen Ausgabe Claudia Opitz, Frankfurt/New York 1993, S. 222 ff.

1 Ersetzung des eigentlichen Wortes durch einen verwandten Begriff
2 Bildhafter Ausdruck
3 Schwere seelische Verwundung
4 Geboren 1101, gestorben 1164, Nonne, Geliebte des Theologen und Philosophen Abälard (1079–1142)

3. Klosteralltag

a) Zisterzienser bei landwirtschaftlichen Arbeiten (1111)

(1) Mönche beim Spalten eines gefällten Baums *(2) Mönch bei der Ernte*

b) Beichtvater bei der Klarissin

Ein Franziskanermönch nimmt einer Klarissin im schwarzen Habit die Beichte ab.

c) Der Schreiber (um 1148)

Eadwine, ein Mönch aus Christchurch in Canterbury. Selbstporträt aus einem von ihm geschaffenen Psalter, entstanden um 1150. Das Kopieren von Büchern lag im 12. Jahrhundert fast ausschließlich in den Händen von Mönchen. Ein scriptorium, das so groß und berühmt war wie jenes von Canterbury, genoß im ganzen Abendland Ansehen.

d) Das Handwerk des Schreibers

Eines Handwerks sollten wir noch gedenken, des Schreibers, des Illuminators, des Malers. Auch Schreiben ist eine Arbeit, und zwar im wörtlichsten Sinne des Wortes. „Qui scribere nescit", heißt es in einer Schreibunterschrift des 8. Jahrhunderts, „nullum putat esse laborem. Tres digiti scribunt, duo oculi vident. Una lingua loquitur. Totum corpus laborat" (Wer nicht schreiben kann, denkt, das sei keine Arbeit. Drei Finger schreiben, zwei Augen sehen. Eine Zunge spricht. Der ganze Körper arbeitet). Der Schreiber mußte, auf einer Bank sitzend, die Füße auf einen Schemel gestützt, das Pergament auf einem Pult oder auf den Knien, in arger Monotonie arbeiten. Im Durchschnitt brauchte man zwei bis drei Monate, um einen Text mittleren Umfangs zu kopieren. Das Ende der Abschreiberei mochte man gleichfalls „mit ganzem Körper" erhoffen. „Wie den Seemann der langersehnte Anblick des vertrauten Gestades nach mühevoller Reise aufheiterte", heißt es in einem frühmittelalterlichen Bericht über diese lediglich „sekundäre" Arbeit, „so jubelt auch der von Erschöpfung überwältigte Schreiber, der das ungeduldig erwartete Ende seines Buches nahen sieht. Wer nicht schreiben kann, schätzt die Mühen des Abschreibers gering ein; wer diese Arbeit aber einmal unternommen hat, weiß, wie hart sie ist."
Man mußte erst einmal seine sieben Sachen beisammen haben, um mit diesem verantwortungsvollen Geschäft beginnen zu können. Die Tintenhörner mußten da griffbereit sein, die Federn, die Messer zum Radieren, nicht zuletzt die Pergamentblätter, aus Kalbs- oder Schafhäuten hergestellt, mehrere Tage in Kalkwasser gelegt, danach gespannt und beidseitig abgeschabt und schließlich zugeschnitten. Die größte Mühe aber machte das Schreiben selber, genauer gesagt, die Schreibhaltung: sie war alles andere als bequem. Wie auf zahlreichen Evangelistendarstellungen in Bibelabschriften zu sehen, lag die Spitze des vierten Fingers an der Handwurzel, der fünfte war aufgestützt und mußte das Gewicht der ganzen Hand tragen, während die übrigen drei Finger gestreckt sein sollten. Derlei unnatürlichen Anstrengungen hatte man sich über Wochen und Monate hin nahezu pausenlos auszusetzen! Wenn die Schreiber am Ende einer solchen Arbeit ihrem Herzen Luft machten, verstehen wir das. Hier wird das Schreiben als Sühne für eine schwere Schuld betrachtet, dort gibt man seiner Freude über das Ende der Mühsal Ausdruck. Der eine denkt an den späteren Lohn im Himmel, während der andere einen mehr weltlichen Lohn im Auge hat: „Hie hat das puch ein end. / Gott unss sein gnad send, / darzu ochsen und rinder / und ein schon frawe on kinder": der Stoßseufzer dessen, der sinnenkräftige Natur und Körperlichkeit bei seiner Schreiber-Schwerarbeit nicht vergessen hat (Hier hat das Buch ein End. / Gott uns seine Gnade send, / dazu Ochsen und Rinder / und eine schöne Frau ohne Kinder).
Schreibarbeit war zunächst Klosterarbeit, wie wir die geistige Überlieferung der Antike im frühen und hohen Mittelalter ja wesentlich den Klöstern verdanken. Die Schreibstuben oder Skriptorien der Klöster, bei den Benediktinern große gemeinsame Arbeitsräume, bei den Zisterziensern und Kartäusern kleinere Zellen, werden dementsprechend geführt worden sein, als manufakturartige Produktion oder mehr als individueller Einzelbetrieb.
Aus: Otto Borst, Alltagsleben im Mittelalter, Frankfurt a. M. 1983, S. 370f.

4. Kleidung und Wohnung

a) Wandlungen im 11./12. Jahrhundert

Das Leben der Menschen damals war äußerst hart. Man wohnte – zunächst auch in der Stadt – meist in zugigen Holzhütten. Nur manche Häuser, die wir heute öffentliche Bauten nennen würden, waren in Stein ausgeführt: verschiedene Pfalzgebäude, Klöster, Kirchen, städtische Befesti-

gungen usw. Erst im 12. Jahrhundert scheinen Steinbauten häufiger zu werden, entsteht der neue Typ der Ritterburg und des reichen Bürgerhauses.
Dichtgedrängt hockte man, zumal im Winter, um den offenen rauchend-rußigen Herd; das Licht fiel durch die Eingangstür oder durch die Rauchluke des Daches. Waren Fensteröffnungen vorhanden, so wurden sie, da es Glas noch nicht gab – es wurde vom 12. Jahrhundert an zunächst nur in Kirchen verwendet –, mit hölzernen Rahmen, in die geöltes Pergament gespannt war, zugestellt, manchmal nur mit Stroh zugestopft. Stroh diente auch als Unterlage beim Schlafen auf dem gestampften Lehmboden.
Die Kleidung war durch Jahrhunderte gleich und mehr eine Tuchumhüllung als ein die Figur umschließendes Gewand: bei Männern über einem Hemd ein kurzer, bis zu den Knien reichender Rock, weite Leinwandhosen, über die mit Bändern gewickelte Beinstrümpfe gezogen wurden; bei Frauen ein langes Unterkleid mit einem Obergewand, dessen Ärmel weit geöffnet waren.
Vom 11. und 12. Jahrhundert an kam, teilweise unter byzantinischem Einfluß, etwas Eleganz in die Kleidung. Mit der Kunstfertigkeit bei der Herstellung entstand das Schneiderhandwerk. 1156 erteilt Heinrich der Löwe das erste Gildeprivileg für Schneider. Der Überrock der Männer wurde länger und reich mit Borten geschmückt, die „Beinlinge" zu einer Art Strumpfhose verändert, so daß die Wickelung fortfallen konnte.
Die Frauen begannen die Kleidung oberhalb der Taille „hauteng" zu tragen, was sittenstrenge Geistliche zu der Beschreibung veranlaßte, die Frauen „entblößten" ihren Körper, um den Liebhabern zu zeigen, was an ihnen feil sei. Ein wärmender, womöglich pelzgefütterter Mantel war eine Kostbarkeit und häufig ein fürstliches Geschenk, das man über Jahrzehnte trug. „Schier dreißig Jahre bist du alt", bedichtete Karl von Holtei seinen Mantel, indem er ein mittelalterliches Motiv aufnahm.
Aus: Horst Fuhrmann, Einladung ins Mittelalter, München [2]1987, S. 29 f.

b) Der Kamin als bedeutsame Neuerung

Fontevraud[1] ist für uns ein Beispiel für Kloster- oder Schloßküchen im Mittelalter. Diese lagen außerhalb der Wohnräume, zum einen als Vorsichtsmaßnahme gegen die große Geißel der Zeit, die Brandgefahr, zum andern aber auch deswegen, weil in der Küche ein Kommen und Gehen, ein ständiges Gedränge herrschte durch die Anlieferung von Brennmaterial und Nahrungsmittel und den Abtransport von Abfällen und Asche. Es war daher praktisch, wenn es getrennte Ausgänge gab, die in der Nähe des Brunnens lagen, denn man brauchte nicht nur Feuer, sondern auch Wasser. Sogar in der Stadt, wo jedes Haus seine eigene Feuerstelle hatte, war der Herd, in dem gebündelte Holzscheite, Kleinholz und Späne verfeuert wurden, von den Wohnräumen getrennt.
Die Küchen von Fontevraud sind ein Beispiel für den technischen Fortschritt, der das tägliche Leben im Feudalzeitalter erleichterte.
Die bedeutendste Neuerung war vielleicht der Kamin, eine Erfindung des 11. Jahrhunderts. Wie konnte man so lange ohne Kamin leben? ... Es gab immer schon das Abzugsloch für den Rauch im Dach, in der Mitte oder in der Ecke des Wohnhauses, aber der Bau eines Kamins erfordert nicht nur Rauchfänge und Rohrleitungen, sondern setzt auch Kenntnisse über Luftströmungen und Luftdruck voraus sowie die Berücksichtigung der Lage des Hauses und der Windrichtung, wie sie in einem Tal, auf einem Hügel, in der Ebene etc. gegeben ist. Jahrhundertelange Erfahrungen mit dem offenen Feuer und mit Herden im Freien waren notwendig, um diese Elemente beherrschen zu lernen.

1 südwestlich von Tours

Von allen großen Erfindungen zu Beginn der Feudalzeit hat diese vielleicht am radikalsten zur Lebensveränderung beigetragen. Der Kamin wurde zum heimischen Herd. Es gab von nun an einen Ort, an dem die Gemeinschaft sich versammelte, um sich zu wärmen, Licht zu haben und sich zu entspannen. An den Winterabenden gab man sich hier ruhigen Beschäftigungen hin: Nüsse knacken, Kastanien schälen oder die Pinienkerne aus den Zapfen herauslösen. Die Frauen spannen, strickten und stickten.
Feministische Kreise schöpfen leicht Verdacht, wenn das Wort Herd ausgesprochen wird, das die berühmte Formel von der „Frau am Herd“ evoziert, so wie sie seit dem 19. Jahrhundert in bürgerlichen Kreisen benutzt wurde. Natürlich verstehen wir diese Reaktion nur zu gut, aber in der historischen Perspektive wäre dies eine Verkehrung der Tatsachen. Die Erfindung des Kamins verschaffte der Frau einen neuen Platz inmitten der Familiengemeinschaft. Er symbolisierte ihre Integration in das Gemeinschaftsleben im Gegensatz zum griechischen Gynäkeion und zum Harem, die beide die Frau an einen eigenen Ort verbannen, der ihr Ausgeschlossensein symbolisiert. Das Kaminfeuer erleichterte natürlich die häuslichen Arbeiten und damit die Arbeit der Frau. Der Kamin war der Ort, der Wärme und Licht ausstrahlte, an dem die Familie im weitesten Sinne täglich, je nach Jahreszeit mehr oder weniger lange, zusammenkam. Er verkörperte die Gleichheit der Artusrunde, wie sie in den Romanen verherrlicht wurde – auch wenn es sich nur noch um einen Halbkreis handelte. In bestimmten ländlichen Gegenden findet man sehr früh schon den runden Kamin, der in der Mitte des Hauses steht und der sich in einigen Gegenden des Südwestens bis heute erhalten hat, wo die Architekten ihn wieder in Wochenend- und Ferienhäuser einbauen. Um diesen Wandel richtig einzuschätzen, könnte man das Kaminfeuer etwa mit dem Fernsehen vergleichen mit dem Unterschied, daß im Gegensatz zum Bildschirm das Kaminfeuer unbestritten der Familie und damit dem ganzen Haus zugute kommt.
Das Haus gewann an Bedeutung. Es war nicht mehr nur Schutz und ein Ort zum Essen und Schlafen. Es wurde zum Heim. Die Solidarität innerhalb der Familie, der schon bei den Kelten und Nordländern eine hervorragende Bedeutung zukam, hat hier ihre Wurzeln. Sie wurde am Feuer geschmiedet und umfaßte alle Familienmitglieder mit ihren individuellen Unterschieden und Affinitäten. Aber während das Kriegshandwerk, die Feldarbeit, die Viehzucht, die Schmiede und die Mühle zur Domäne des Mannes gehörten, gab es von nun an einen Ort, den die Frau als ihren eigenen Bereich ansehen konnte, an dem sie die domina, die Dame war.
Die Küchen von Fontevraud sind ein hervorragendes Beispiel der für die Frau wichtigsten Entdeckung im beginnenden Feudalzeitalter. Der Kamin mit seiner Feuerstelle, den man überall in allen möglichen Formen wiederfindet, vom riesigen Kamin in den großen Sälen der Schlösser bis hin zum einfachsten Herd in den Hütten auf dem Lande, bestimmt hinfort das Alltagsleben.

Aus: Régine Pernoud, Leben der Frauen im Hochmittelalter, aus dem Franz. übers. von Roswitha Schmid (Frauen in Geschichte und Gesellschaft, hrsg. von Annette Kuhn und Valentine Rothe, Bd. 8), Pfaffenweiler 1991, S. 64f.

5. Überfluß und Mangel an Essen

Armut wurde als etwas Gottgegebenes verstanden. Sie gab den Besitzenden Gelegenheit zu tätiger Nächstenliebe und bewies den Empfangenden Gottes fürsorglichen Sinn. Armut verletzte die menschliche Würde nicht. Zu einem der angesehensten Heiligen stieg Alexius auf, der, aus vornehmer Familie, von langer Wanderschaft heimgekehrt, als Bettler unerkannt unter der Treppe seines Elternhauses gelebt haben soll. Er wurde zum Leitbild des Armen, der von Almosen lebt. Das moderne Anspruchsdenken steht dem Armutsempfinden des Mittelalters kraß entgegen;

was für den heutigen Menschen ein Anrecht ist, war für den mittelalterlichen Menschen eine Gnade.
Selbstverständlich versuchte man für sich und für seinen Lebensabend zu sorgen. Wir kennen viele Leibrentenverträge, und aus ihnen lernen wir die Portionen kennen, die den Menschen damals zugeteilt waren. Aus dem Archiv seiner Kirche hat der mittelalterliche Verfasser der Biographie des Bischofs Meinwerk von Paderborn († 1036) einige Verträge zitiert, und es wird deutlich, daß – je nach Abmachung – die Zuweisungen recht unterschiedlich waren. Zum persönlichen Lebensunterhalt hatte sich eine Nonne „in einer gehobenen Mittelposition" pro Jahr ausbedungen: 36 Scheffel[1] Roggen, 24 Scheffel Gerste, 60 Käse, vier Widder und einen Schinken. Schmaler und offenbar auf den persönlichen Bedarf zugeschnitten ist die Jahresrente für die Mutter eines Schenkers: sieben Malter[2] Getreide, 30 Scheffel Gerste, ein Malter Käse und ein Schinken. Ihre Nahrung bestand also hauptsächlich aus Brot und Käse, nur wenig unterbrochen oder ergänzt durch Fleischkost. Ein Freier samt Gattin hatte 1118 einen Leibrentenvertrag ausgehandelt, aus dem sich der wöchentliche Essensplan für zwei Personen ablesen läßt: Sonntag, Dienstag und Donnerstag gab es zwei Roggenbrote, ein Weizenbrot, zwei Krüge Bier, zwei Stück Fleisch mit Gemüse oder Hülsenfrüchten; Montag, Mittwoch und Donnerstag sollten geliefert werden: zwei Roggenbrote, ein Weizenbrot, zwei Krüge Bier, ein Käse; der Freitag sah zwei Gerichte vor, „die dann zu essen erlaubt sind", wahrscheinlich also Fisch. Zwei Adligen, von denen gesagt wird, sie seien Almosenempfänger des Bischofs von Paderborn, wurden täglich zwei Brote, zwei Becher Bier, am Samstag ein halber Käse, am Sonntag und an allen Festtagen zwei Stück Fleisch, jedes Jahr zwei Wolltuche und fünf Denare Bargeld zugewiesen, nicht zu knappe Rationen also. An anderer Stelle wird eine etwas kargere Armenkost zitiert; ein Brot, drei Krüge „Starkbier", drei Heringe pro Tag und Person.
Aber wie sah die Versorgung der Ärmsten aus, die der Leibeigenen etwa oder jener Frauen, die in sogenannten „Frauenhäusern" („genica", keine feministischen Einrichtungen, sondern Arbeitshäuser) tätig waren? Auch für sie wurde gesorgt, jedoch lediglich zu dem Zweck, daß sie arbeitsfähig blieben. Auf diese Frauenarbeitshäuser, die schon in der Spätantike bestanden und hauptsächlich zur Tuchherstellung eingerichtet waren, ist man erst in jüngerer Zeit aufmerksam geworden; man hat sie auch archäologisch bei adligen Herrenhöfen nachweisen können. Der Dichter Hartmann von Aue († nach 1210) läßt seinen Helden Iwein an einem Marktflecken vorbeikommen, innerhalb dessen Mauern ein solches Arbeitshaus steht. Das Gebäude „hatte das Aussehen einer Behausung armer Leute. Durch das Fenster sah man drinnen 300 Frauen arbeiten. Ihre Kleider und ihre Gestalten waren von äußerst ärmlichem Aussehen, doch keine einzige von ihnen war alt. Diese Armen waren damit beschäftigt, das zu weben, was man nur aus Gold und Seide weben kann. Viele arbeiteten am Stickrahmen, deren Arbeit war immerhin nicht schimpflich. Die sich nicht darauf verstanden, bearbeiteten den Flachs, und trotz allen Fleißes litten sie dennoch Mangel. Ihre Arbeit brachte ihnen nicht mehr ein, als daß sie jederzeit Pein vor Hunger und Durst litten, und daß sie gerade noch das Leben fristeten, das ihnen doch beinahe entwich. Sie waren abgemagert und bleich, sie litten große Entbehrungen an Körper und Kleidung. Auf ihrem Herd waren ... Fleisch und Fisch eine Seltenheit, Unterhalt und angemessene Versorgung ging ihnen ab. Sie kämpften mit bitterer Not." Soweit Hartmann von Aue. Daß unter den Arbeiterinnen, wie beschrieben, keine alten waren, dürfte damit zusammenhängen, daß bei dieser entbehrungsreichen Schufterei keine Frau alt wurde.

Aus: Horst Fuhrmann, Einladung ins Mittelalter, a. a. O., S. 47 f.

1 altes deutsches Hohlmaß, 1872 = 50l
2 altes Hohlmaß für Getreide, in Baden z. B. 1,5 hl

6. Reisen im Alltag

a) Reisende auf Fußwegen und Fahrstraßen

Dem Landverkehr, der sich in der frühen Zeit weitgehend zu Fuß, mit Reit- oder Tragtieren und seit dem hohen Mittelalter zunehmend auch mit Karren vollzog, waren keine gravierenden Grenzen gesetzt. Die direkteste Strecke wurde bei möglichst geringem Steigungsverlust gewählt, wobei hier und da auch starke Steigungen in Kauf genommen wurden. Gebirgsvorsprünge sind als natürliche Aufgänge genutzt worden. In einem Weg schräg zum Hang suchte man im Mittelgebirge nur dort die Höhen zu gewinnen, wo die Hangneigung keine besonderen Ausbauten notwendig machte, um eine ebene Fahrbahn zu schaffen. Serpentinen, die im Hochgebirge bereits im Mittelalter üblich waren, sind im Mittelgebirge allgemein erst seit dem 19. Jahrhundert gebaut worden, noch nach der Anlage der ersten Chausseen.

Bis in das hohe Mittelalter hinein suchten die Menschen vornehmlich Höhenwege einzuschlagen, wo der Untergrund allgemein trockener war, der Steigungsverlust gering gehalten werden konnte und die Berührung mit Siedlungen und Fluren weitgehend vermeidbar war. Auch war hier die Orientierung leichter. Die Ansprüche an die Linienführung und Trasse waren, je nach der Art der Fortbewegung, unterschiedlich. So bildeten sich Wege heraus, die vornehmlich allein von Reisenden zu Fuß genutzt wurden (Stiegen, Stege), Reitwege und Fahrwege. Häufig allerdings – und dies gilt besonders für die großen Durchgangsstraßen – waren die verschiedenen Verkehrsarten auf einer Trasse vereint. Es ist dabei jedoch allgemein davon auszugehen – und einige direkte Belege hierfür lassen sich in Relikten mittelalterlicher Trassen finden –, daß die Geleise und Hohlwege des rollenden Verkehrs von Reitern und Fußgängern gemieden worden sind. Diese suchten sich vielmehr einen Pfad zwischen den Hohlwegen und Geleisen, der vom Untergrund her bequemer und ebener war.

Die Wegetrassen waren im Mittelalter allgemein als Spurenstränge ausgebildet, das heißt sie bestanden aus mehreren parallel verlaufenden Geleisen und Pfaden. Bei Gefällstrecken erweiterten sich die Stränge zu Spurenbündeln und Spurenfeldern, da hier die Erosion stärker zerstörend wirkte und deshalb immer wieder neue Spuren eingeschlagen wurden. Die vergleichsweise wenigen erhaltenen Reste dieser Art, die uns eine Vorstellung von den Naturwegen der Zeit vor dem Chausseebau im 18. Jahrhundert vermitteln, sind allerdings, wenn auch oft im Mittelalter angelegt, erst mit dem anwachsenden Verkehr im 17. und 18. Jahrhundert so stark ausgeprägt worden.

Die einzigen Hindernisse neben Sumpf- und Moorgebieten waren größere Flüsse, die nur an bestimmten Furtstellen oder mit einer Fähre überquert werden konnten. Hier war der Reisende oft auf örtliche Hilfe angewiesen, und außer Zweifel sind bereits in frühester Zeit an den wichtigsten Flußübergängen kleine verkehrsorientierte Ansiedlungen entstanden, die sich in ihrer Wirtschafts- und Sozialstruktur beziehungsweise ihrer Funktion deutlich von den übrigen ländlichen Siedlungen unterschieden.

Aus: Dietrich Denecke, Straße und Weg im Mittelalter als Lebensraum und Vermittler zwischen entfernten Orten. In: Mensch und Umwelt im Mittelalter, hrsg. von Bernd Herrmann (u. a.), Stuttgart ³1987, S. 213 ff.

b) Bischöfliche Visitationsreise

Mit einem Wagen führte Ulrich[1] auch alle vier Jahre die Visitationsreisen in seiner Diözese durch: Auf dem Wagenaufbau hatte man mit einem Drahtseil eine Sessel für ihn befestigt. Ulrich soll anfangs diese Art der Fortbewegung nicht etwa deshalb gewählt haben, weil er nicht mehr

1 Bischof von Augsburg, gest. 973

hätte reiten können, sondern weil die Menge der Begleiter ihn „mit ihrem unnützen Geschwätz" beim Psalmengebet gestört habe.
Begleiten ließ Ulrich sich stets von mehreren erfahrenen Priestern und Kaplänen, damit alle Tage für eine würdige Feier der Gottesdienste gesorgt sei, und etlichen seiner fähigsten Vasallen. Auf den Rat seiner Begleiter gestützt, wollte Ulrich jederzeit, wenn kirchliche oder weltliche Dinge zu entscheiden waren, die Verhandlungen mit der nötigen Sicherheit führen können. Die Verpflichtung, mit Rat und Tat (consilio et auxilio) beizustehen, galt ja nicht nur für den Königs-, sondern auch für den Bischofsdienst. Erzbischof Brun von Köln führte auf seinen Reisen immer eine Bibliothek mit sich; Bischof Bernward von Hildesheim[1] ließ sich von fähigen Handwerkern und Künstlern begleiten.
Zum Gefolge Ulrichs gehörten ferner Hörige, die die Zugtiere führen und rechts und links des Wagens auf seinen Schutz bedacht sein sollten; dieser Schutz war vielleicht deshalb geboten, weil der Wagenzug Abgaben für den Bischof beförderte. Schließlich geleitete ihn das einfache Volk seiner Diözese, zu Pferd, auf einem Gefährt oder zu Fuß. Insgesamt wird sich an manchen Tagen ein achtunggebietender Troß in Bewegung gesetzt haben. Was der König im Großen plante, was ein erfolgreicher Wanderprediger wie Bernhard von Clairvaux selbstverständlich bekanntgab, das galt auch für die Visitationsreise eines Ulrich von Augsburg: Die Strecke war von langer Hand festgelegt worden; Bedienstete hatten für Quartier gesorgt sowie Nahrung für Mensch und Tier von Höfen der Augsburger Kirche heranfahren lassen.
Bei seiner Ankunft wurde Ulrich unter dem Geläut der Glocken mit Evangelienbuch, Weihwasser und dem Erweis aller Ehren empfangen, zu dem die Einwohner des jeweiligen Ortes fähig waren. Die Ankunft eines Bischofs wurde ähnlich gefeiert wie die eines Königs oder eines als heilig Verehrten. Ulrich verstand die Sorge um den Erhalt seiner Kirche und Kirchen wörtlich und im übertragenen Sinne: Man mußte ihm schon vorher das Werkzeug bereitlegen, damit er mit eigener Hand an den Kirchen- und Klostergebäuden etwa nötige Ausbesserungen vornehmen konnte.
Zunächst wird die Messe gesungen. Dann nimmt Ulrich Platz. Seine Macht dokumentiert sich allen sichtbar darin, daß er wie ein Herrscher sitzt, die anderen aber stehen. Das Volk ist zusammengerufen, und „die Klügeren und Glaubwürdigen" werden unter Eid befragt; in aller Offenheit sollen sie ihm sagen, „was in jener Pfarrei besserungsbedürftig, wo gegen die Gesetze der Christenheit verstoßen worden sei". Verstöße werden gemäß des Bischofs und der anderen anwesenden Geistlichen Urteil (daher die Bezeichnung Send- = Synodgericht) ohne Ansehen der Person geahndet, wobei Ulrich sich nach Auskunft des Biographen am Rat des Apostels Paulus orientiert, „mit aller Geduld und Lehrweisheit" zu überführen, zurechtzuweisen und zu ermahnen. In schwierigen Fällen zieht er seine Begleiter hinzu; die Entscheidung leichter Fälle überläßt er wohl auch seinem Gefolge, zumal wenn er noch vielen Gläubigen das Sakrament der Firmung spenden muß. Meist wird es darüber Abend, so daß die letzten Firmlinge bei Kerzenschein vor ihn treten.
Nach Abschluß von Gericht und Firmung sucht er seine Herberge auf, fängt aber erst an zu essen, wenn der mit dieser Aufgabe betraute Kleriker die Almosen an die Armen verteilt hat. Es spricht sich schnell herum, wenn ein Großer unterwegs ist: Arme, Obdachlose, Krüppel, Behinderte machen sich auf, um den Zug abzupassen, ihn vielleicht sogar einige Tage lang zu begleiten. Denn es heißt weiter: „Den Gebrechlichen aber, die mitgekommen waren und die in seiner Gegenwart Platz nahmen, ließ er Speise in Fülle vorsetzen. Auch für ihre Unterkunft und alle sonstigen Bedürfnisse ließ er durch seine Diener gewissenhaft sorgen."
Aus: Norbert Ohler, Reisen im Mittelalter, München ²1988, S. 245 ff.

1 gest. 1022

c) Reisegeschwindigkeiten und Tagesleistungen

(1) Tabelle

Tagesleistungen des Landverkehrs in historischer Zeit

km/Tag (= 12 Stdn.)	Verkehrsart	Jahreszeit	Epoche
23	Frachtfuhrwerk		Mittelalter
28–30	Frachtfuhrwerk (max.)	Sommer	Mittelalter
46	Bote, ohne Pferdewechsel (Post)	Winter	16. Jh.
53	Bote, ohne Pferdewechsel (Post)	Sommer	16. Jh.
56	Sonderbote zu Pferd	Dezember	1192
56–60	Sonderbote zu Pferd (max.)	Sommer	Mittelalter
91	reitender Eilbote, mit Pferdewechsel (Post, max.)	Winter	16. Jh.
106	reitender Eilbote, mit Pferdewechsel (Post, max.)	Sommer	16. Jh.

Kilometerleistungen pro Stunde

km/h	Verkehrsart	Epoche
6	Pferd im Trab	–
8	Postwagen	17. Jh.
8	Pferd im Schnelltrab	–
11	Abordnung zu Pferd	–
12,5	Bote zu Pferd	Römerzeit
15	reitender Stafettendienst	Mittelalter
18	Pferd im Galopp	–

Aus: Dietrich Denecke, Straße und Weg im Mittelalter als Lebensraum. In: Mensch und Umwelt im Mittelalter, hrsg. von Bernd Herrmann u. a., Stuttgart [3]1987, S. 217.

(2) Kommentar

Die möglichen Reisegeschwindigkeiten und Tagesleistungen des Mittelalters machen nicht nur deutlich, welche Zeit aufgewandt werden mußte, um ein entferntes Ziel zu erreichen oder eine Botschaft zu überbringen. Die möglichen Tagesleistungen bestimmten vielmehr auch die Abstände der Entwicklung von Etappen- und Rastorten oder auch den Radius von Einzugsbereichen zentraler Orte.

So ist die Tagesleistung eines Frachtfuhrwerkes im späten Mittelalter von 20 bis maximal 30 Kilometern ein häufig zu findender Abstand zwischen mittelalterlichen Städten an alten Handelsrouten, der allerdings nicht unbedingt die Ursache für die planmäßige Gründung einer Stadt oder gar einer Städtekette am jeweiligen Ort gewesen sein muß. Die mögliche Tagesleistung und die Nachfrage nach Rast und Unterkunft haben jedoch zu einer wirtschaftlichen Entwicklung von Orten in jeweiligen Abständen einer Tagesleistung beigetragen, die oft auch territorial- und verkehrspolitisch ausgenutzt worden ist.

Für die Organisation des fränkischen Reiches im frühen Mittelalter ist eine seit dem Beginn des Jahrhunderts vieldiskutierte These aufgestellt worden, die von einer regelmäßigen Anlage von Etappenstationen und befestigten Rastplätzen an fränkischen Fernstraßen ausgeht, aus denen sich dann später teilweise Städte oder Märkte entwickelt haben.

Der seit dem 11. Jahrhundert zunehmende Pilgerverkehr, besonders nach Santiago und Rom, führte zu einem Ausbau von Pilgerherbergen und Hospitälern entlang den großen Pilgerrouten. An der Straße nach Santiago in Spanien lagen die Herbergen in Abständen von 10 bis 12 Kilo-

metern, teilweise jedoch noch dichter. Aber auch an vielen anderen Routen, die von Pilgern benutzt wurden, entstanden Pilgerherbergen. Ein anderes System von Unterkünften, die auch von Pilgern, vor allem aber von reisenden Mönchen benutzt wurden, waren die Klöster wie auch eigens eingerichtete Hospize und Herbergen verschiedener Orden.
Fuhrleute kehrten in den Herbergen der Städte und Kaufleute sehr häufig bei befreundeten Geschäftspartnern ein. Hochgestellte Persönlichkeiten, die sich auf Reisen befanden, waren ebenfalls meist privat untergebracht, wobei dies oft schon vor der Reise vorgeplant worden ist. Manche Städte richteten in Orten, mit denen der Rat wie auch die Kaufleute der Stadt in engen Beziehungen standen, eigene Herbergen ein, die bevorzugt von ihren eigenen Brüdern auf Reisen aufgesucht werden konnten. Häuser dieser Art gab es zum Beispiel in Lübeck, Hamburg, Frankfurt, Leipzig und anderen großen Handelsstädten.
Reisetagesleistungen und die Notwendigkeit der Unterkunft und Versorgung führten somit zur Entwicklung von Systemen von Einrichtungen zur Rast und Herberge.
Der lokale Verkehr, so vor allem der Weg zum regionalen Markt, war so eingestellt, daß, an den langen Sommertagen, der Weg an einem Tag, höchstens in zwei Tagen zu Fuß oder mit dem Karren hin und zurück bewältigt werden konnte. Vor allem zu den Wochenmärkten kamen fast ausschließlich Bäuerinnen und Bauern der nächsten Umgebung, die am Abend wieder nach Hause zurückkehrten. Dies gilt auch für die Zulieferung von Getreide, Bauholz, Brennholz usw. vom Umland in die Städte. Anders war dies bei Hausierern oder Warenhändlern, die weitere Routen abliefen.
Die Tagesleistungen, beziehungsweise die effektiven Kilometerleistungen pro Stunde konnten allerdings auch sehr unterschiedlich sein. Sie hingen ab von den Geländeverhältnissen, vom Zustand der Wege, von der Jahreszeit und dem Wetter, von dem benutzten Verkehrsmittel und von der Organisation eines Pferdewechsels.
Immerhin lag die Tagesleistung eines Boten zu Pferde im Mittelalter bei 50 bis 60 Kilometern, und der reitende Eilbote konnte mit Pferdewechsel sogar über 100 Kilometer pro Tag zurücklegen, was etwa einer Geschwindigkeit von 15 Kilometern pro Stunde entspricht.
So läßt sich für jede Entfernung leicht berechnen, wie lange es dauerte, um eine Nachricht zu überbringen oder eine Antwort zu erhalten, wobei noch zu bedenken ist, daß bei den spätmittelalterlichen Postkursen nur an bestimmten Tagen der Woche ein Bote abging. Die Kommunikation war damit eingeschränkt, der Abstand zwischen Absender und Empfänger war lang.
Massengüter wurden vor dem 12. Jahrhundert zu Lande kaum über weite Strecken transportiert, wohl aber zu Wasser, so daß sich an den Flüssen und Küsten schon früh ein Austausch von Massengütern (Bausteine, Holz, Getreide usw.) entwickelt hat, der auf dem Lande nur in sehr beschränktem Maße mit Karren oder Tragtieren möglich war.
Der Fernverkehr war, auch noch im späten Mittelalter in der frühen Neuzeit, weitgehend saisonal auf die Sommerzeit beschränkt.

Aus: Dietrich Denecke, Straße und Weg im Mittelalter als Lebensraum, a. a. O., S. 215 ff.

7. Kirchliche Feste als Einschnitte im Alltag

Ohne Frage: Der Drang nach Freude und Feiern bestand auch damals, und das Kirchenjahr gliederte das Leben der Menschen in Fest- und Arbeitstage. Um die vielen feststehenden Feier- und Heiligentage im Kopf zu behalten, dichtete man wunderliche Merkverse, z. B. für die erste Hälfte des Januar den Hexameter: Císio Jánus Epí sibi víndicat Óc Feli Márcel, was heißen soll: „Circumcisionem Janus sibi vindicat Epiphaniam, Octavam, Felicem, Marcellum“ und was bedeuten

soll: Der Monat Januar hat die Festtage 1. Januar (Circumcisio, Beschneidung des Herrn), 6. (Epiphanias), 13. (Oktav nach Epiphanias), 14. (Felix), 16. (Marcellus). Neben den großen Festen Ostern, Pfingsten und Weihnachten gliederten viele kleinere das Jahr: An Michaelis, den 29. September, knüpften sich Schulschluß, Jahrmärkte, Erntebräuche; zum Martinstag, zum 11. November, kündigte man, wechselte das Gesinde, zahlte Steuern und entrichtete Abgaben. An Feiertagen nahm man bevorzugt wichtige politische Handlungen vor: Kaiser und Könige ließen sich an Sonntagen oder an hohen Feiertagen krönen, päpstliche Bannbullen wurden häufig am Gründonnerstag erlassen, die Hanse versammelte sich zu Pfingsten. Reichs- und Hoftage, Verträge und Bündnisse wurden auf solche Feiertage festgesetzt. Der heilige Tag, der Feiertag, war nicht eine Zeit des erholsamen Nichtstuns, sondern besonders wichtigen Handelns. Selbst Schlachten, wie die Lechfeldschlacht Ottos I. 955 oder der Ungarnsieg Heinrichs I. 933, fanden an Tagen statt, an denen man das Gedenken bestimmter Heiliger – des Laurentius und des Longinus – feierte, deren Hilfe man erbat. Brach man zu einem Feldzug auf, so wählte man bevorzugt den 15. August: das Fest Mariä Himmelfahrt, wie überhaupt die „Himmelskönigin" als einer der tüchtigsten Schlachtenhelfer angesehen wurde.
Die Zahl der Festtage hat vom Frühmittelalter an im Laufe der Jahrhunderte zugenommen, war jedoch, wie auch heute, von Gegend zu Gegend höchst unterschiedlich. Papst Gregor IX. (1227–1241) hat 1232 bestimmt, daß es 85 arbeitsfreie und der Hinwendung zu Gott gewidmete Tage geben soll, die Diözesanfeste nicht eingerechnet. In der Zeit vom 13. bis zum 18. Jahrhundert gab es in manchen Diözesen weit mehr als hundert arbeitsfreie Tage, gar nicht so viel weniger als ein heutiger Arbeitnehmer erhält, dessen Freizeit mit Sonntagen, freien Samstagen, Feiertagen und Urlaub bei ca. 140 Tagen liegt. Vom 18. Jahrhundert an – mit der Aufklärung und bereits vor der Industrialisierung – setzte eine teilweise radikale Verminderung der Zahl der Feiertage ein.
Verletzungen der Feiertagsruhe wurden, zumal im Mittelalter, streng geahndet, und man erzählte sich viel über himmliche Strafen, die den Sünder trafen, wie den am Sonntag arbeitenden Holzknecht, der auf den Mond versetzt wurde. Andererseits war z. B. für einen Bauern Feiertagsarbeit unvermeidbar, aber die Zulässigkeit war strikt geregelt. Doch selbst hier, wo der Arbeitsfluß nicht unterbrochen werden konnte, erinnerte die Legende gern an den Lohn frommen Innehaltens. Als der gottesfürchtige Bauer Isidor seinen Pflug trotz dringender Arbeit verließ, um in der nahegelegenen Kirche zu beten, zog ein Engel weiter die Furchen.
Was an Anlässen zu feiern bislang beschrieben wurde, bewegt sich im Rahmen des normalen Kirchenjahres mit seiner ständigen Wiederholung. Aber auch geschichtliche Ereignisse bleiben nicht mit ihrem punktuellen Datum in Erinnerung, sondern in der jährlichen Wiederkehr ihres Gedenktages. Daß Kaiser Heraklius I. (575–641) das Kreuz Christi bei der Eroberung Jerusalems 628 wiedergewann, daran dachte im Mittelalter kaum jemand, wenn er am 3. Mai das Hohe „Fest der Kreuzauffindung" (Inventio sanctae crucis) beging: Geschichte wird zum jährlich wiederkehrenden Fest, ohne Interesse für die Historizität des Ereignisses, und niemandem fiel es ein, etwa die zweihundert- oder dreihundertjährige Wiederkehr des Tages der Kreuzauffindung zu feiern. „Auf die alljährliche Wiederholung kommt es an, nicht auf das historische und als solches immer mehr entschwindende Datum".

Aus: Horst Fuhrmann, Einladung ins Mittelalter, a. a. O., S. 243 ff.

8. Das Problem der Gottesurteile

a) Die Wasserprobe (Miniatur aus dem 12. Jh.)

Gottesurteile, sog. Ordalien sind als Beweismittel üblich. Neben der Feuerprobe ist die Wasserprobe häufig, auch als Hexenprobe. Der Verurteilte wird gefesselt ins Wasser geworfen, geht er in dem entsühnenden Element nicht unter, so wird seine Schuld als erwiesen angesehen. Miniatur, 12. Jh.

b) Kirche und Gottesurteil

Die frühe Kirche hatte keine Veranlassung, zu den Gottesurteilen Stellung zu beziehen, weil diese in ihrer vom römischen Recht geprägten Umwelt als prozessuale Beweismittel ungebräuchlich waren. Daher mangelte es der Kirche an einem eindeutigen Standpunkt, als sie bei der Christianisierung der getauften germanischen Völkerschaften auf das Gottesurteil als gesetzlich vorgesehenes Mittel zur Streitentscheidung stieß. Eindeutig Stellung zu beziehen, wurde den kirchlichen Amtsträgern auch dadurch erschwert, daß zwischen dem geförderten Wunderglauben, der – wie das Beispiel Augustins lehrt – auch auf Gottes Eingreifen in außergerichtlichen Entscheidungen vertraute, und dem festen Vertrauen auf den Spruch des gerechten Richters im Ordal[1] des weltlichen Rechtsgangs allenfalls graduelle Unterschiede auszumachen sind. Um so bemerkenswerter ist, daß bereits Bischof Avitus von Vienne († 518) gegenüber seinem arianischen König Gundobad den gerichtlichen Zweikampf ablehnte. Sonst finden sich, von vereinzelten Vorbehalten abgesehen, bis zum Ende des 8. Jh. keine ausdrücklichen Gegner. Vielmehr werden die Gottesurteile seit dem Herrschaftsantritt der Karolinger in weltlichen und kirchlichen Rechtsquellen als prozessuale Einrichtung – auch, um den Meineid zurückzudrängen – vermehrt vorgesehen. Kirchliche Kreise fördern diese Entwicklung: Sie bringen neue Formen von Gottesurteilen auf (sicher die Kreuzprobe und die Abendmahlsprobe, später die – selten praktizierten – Proben des hängenden Brotes und des hängenden Psalters; möglicherweise sogar die Kaltwasserprobe) und entwickeln umfangreiche liturgische Anweisungen für die Durchführung der Ordale, so daß sie

1 Gottesurteil

durchaus als christliche Institution erscheinen. Obwohl diese Ordalformen für den Probanden schonender waren als Zweikampf und Feuerordal, konnten die Bischöfe, sollten sie es als Kinder ihrer Zeit überhaupt ernsthaft gewollt haben, die blutigen und verletzenden Ordale nicht zurückdrängen. Jedoch darf bei der Einschätzung dieser Rechtspraxis nicht außer acht gelassen werden, daß der Beweisberechtigte keineswegs in aussichtsloser Lage war, wenn er zum Erweis seiner Unschuld oder seines Rechts zum Ordal, insbesondere zum Elementordal, schritt. Bei diesem nämlich galt der Beweis als gelungen, wenn das Gottesurteil ein Ergebnis brachte, das den natürlichen Erfahrungen konform, jedenfalls nicht naturgesetzwidrig ist. Unschuldig bzw. im Recht ist: Wer sich einer Leiche nähert, die darob nicht blutet; wer, bewegungsunfähig auf Wasser gelegt, untergeht; wer ein Brot- oder Käsestück oder das Abendmahl zu schlucken vermag; wessen Verbrennungen unter der als ziemlich steril zu denkenden Abdeckung der Wunde und unter erhöhter Elektrolyt- und Flüssigkeitszufuhr – alles heilungsfördernde Maßnahmen, die die Quellen ausdrücklich vorsehen – binnen einiger Tage komplikationsfrei verheilen. Berücksichtigt man zudem den kaum überschätzbaren Einfluß der Psyche bei den letzten drei Ordalen, so wird man beim gelungenen Ordal schwerlich von einem Beweis durch widernatürliche Abläufe sprechen dürfen. Daß bei der Kaltwasserprobe als unschuldig gilt, wer untertaucht, ist auch nicht paradox: Weil die Rituale dieses Wasser mit dem Taufwasser vergleichen, liegt die Vorstellung auf der Hand, daß nur der Schuldlose darin eintauchen kann. War also bei diesen Element-Ordalen kraft der Naturgesetze der Unschuldsbeweis wahrscheinlicher als das Nichtgelingen, wird eher verständlich, daß sich Beschuldigte sogar freiwillig zum Gottesurteil erboten und ... auf der Durchführung bestanden. Derartige Erfahrungen mögen mit dazu beigetragen haben, daß nicht nur das weltliche Recht das Gottesurteil als Beweis- und auch als Inquisitionsmittel selbstverständlich und anscheinend fraglos handhabte, sondern auch die Kirche weithin dazu ihren Segen gab. Selbst genuin[1] kirchliche Fragen wurden durch Gottesurteile entschieden; im 11. Jh. wurden z. B. der Streit um die Beihaltung der mozarabischen[2] oder die Einführung der römischen Liturgie in Spanien buchstäblich „ausgefochten" oder ein Bischof von Florenz durch Feuerordal des Mönchs und nachmaligen Kardinals Petrus Igneus der Simonie überführt.

Gleichwohl war diese Praxis nie unbestritten. Gewichtige Gegenstimmen einzelner Bischöfe und der Päpste ließen die Fragwürdigkeit der Gottesurteile nie völlig aus dem Bewußtsein der Zeitgenossen verschwinden; den Durchbruch schaffte diese Gegenmeinung freilich erst nach rund 400 Jahren im IV. Laterankonzil 1215 ..., (das) unter Innozenz III. generell jede Beteiligung von Klerikern an der Durchführung von Gottesurteilen verbot; in der Folgezeit untersagte man Gottesurteile überhaupt. Im weltlichen Bereich vollzog lediglich Friedrich II. denselben Schritt, indem er in den Konstitutionen von Melfi vom September 1231 Elementordale verbot, allerdings nur für sein Königreich Sizilien. Das kirchliche Gesetzbuch Gregors IX. von 1234 stellte die einschlägigen Dekretalen unter einem eigenen Titel De purgatione vulgari zusammen und zog damit den kirchenrechtlichen Schlußstrich unter diese Fehlentwicklung. Aber dies alles verhinderte nicht, daß in der weltlichen Gerichtspraxis – verwiesen sei nur auf die fraglose Anerkennung der Gottesurteile im Sachsenspiegel (um 1224–1227) und im Schwabenspiegel (um 1274–1275) – die Gottesurteile bis in die Neuzeit hinein weiterhin gang und gäbe waren; daher mußten Theologen, z. B. Thomas von Aquin, auch weiterhin dagegen ankämpfen. Mit der praktischen Rezeption römischer Beweisgrundsätze in den Gerichten starben die Gottesurteile dann allmählich aus; ähnliche Praktiken kamen freilich bei den Hexenverfolgungen mit kirchlicher Billigung wieder in Übung.

Aus: Theologische Realenzyklopädie, hrsg. von Gerhard Müller, Bd. 14, Gottesdienst – Heimat, Berlin, New York 1985, S. 102 f.

1 rein 2 Die unter der Herrschaft des Islams in Spanien lebenden Christen (711–1492)

c) Die andere Mentalität gegenüber Grausamkeit

Zunächst läßt sich aufzeigen, daß die Menschen jener Zeit in ihren Einstellungen, Gefühlen, auch in ihrer Wahrnehmung, ... anders waren als wir heute. Sie erscheinen uns gefühllos, hartherzig, unempfindlich. Man denke nur an die damalige Art und Weise, Zähne zu ziehen oder Beine zu amputieren; auch daran, daß wegen des übergroßen Alkoholgenusses, bereits ab zartem Kindesalter, fast jeder unter Gicht zu leiden hatte. Schmerzen war man auch von den reichlichen Prügeln der ‚Erzieher' in Familie und Schule gewohnt, ...

In den Dörfern herrschte Spielleidenschaft und Tanzlust. Dazu war der Alkohol der ständige Begleiter. Eine Konsequenz war übersteigerte Rauflust und Grobheit. Die Zimmersche Chronik berichtet, daß selbst in den Ratssitzungen der vornehmen Bürger Beschimpfungen und Schlägereien auf der Tagesordnung waren. Dreck in ein fremdes Bierglas zu werfen oder jemanden das Bein zu stellen, selbst den anderen ins Feuer zu stoßen, gehörte zum Lebensstil der Bürger. Manche begannen und/oder endeten jeden Satz mit einem Schimpfwort oder einem Fluch, ...

Mit diesen Hinweisen auf die andere Leiblichkeit der früheren Menschen ist das Problem ihrer Grausamkeit noch nicht zur Gänze beantwortet. Sondern der eigentliche Grund dieser Unmenschlichkeit – letztlich auch dieses anderen (Selbst-)Verständnisses von Leiblichkeit – lag darin, daß es in ihrer Welt, in dem religiösen Weltbild, niemals um den Menschen ging. Man konnte, ja man mußte un-menschlich sein, weil es zutiefst um Gott und um die Beziehung zu ihm als dem vergeltenden Gott des Alten Testaments ging, ... Freilich läßt uns dieser religiöse Hintergrund z. B. die Einstellung der damaligen Menschen zum Tod und/oder zu den Schmerzen besser verstehen. Viele gingen davon aus, daß Gott ihnen die Schmerzen – wie einst dem Hiob – zur Prüfung ihres Glaubens auferlegt habe, sie stimmten auch einem Quälen ihres Leibes zu, um damit ihre Seele zu stärken und zu reinigen. Es wird in diesem Sinne berichtet, daß manche Missetäter den Scharfrichter um besonders qualvolle Behandlung baten, um so das ewige Seelenheil zu erlangen.

Der Sieg des Guten war noch herrlicher, wenn es gelungen war, den Missetäter selbst den Klauen des Satans zu entreißen: wenn er nämlich ein Geständnis abgelegt hatte, denn damit hatte er zugleich dem Bösen abgeschworen und zurück in den Schoß der Kirche gefunden. Es ging im Strafrecht auch um sein Seelenheil, ...

Die eigene Existenz, auch die Existenz des Missetäters als solche, waren dagegen Nebensache; die frühere Zeit kannte das Individuum nur am Rande, ...

Es ist geradezu unglaublich, mit welcher Gefaßtheit manchmal Verurteilte zur Hinrichtung schritten und ruhig vor dem tödlichen Schwert niederknieten, oft freudig singend in den Tod gingen, vor allem wenn ihnen ein Begräbnis in geweihter Erde bewilligt worden war. Sie hielten noch feierliche Ansprachen an das umstehende Volk und ermahnten die Zuschauer, die Kinder gut zu erziehen, um ihnen ihr Schicksal zu ersparen, ...

Aus: Wolfgang Schild, Alte Gerichtsbarkeit, Vom Gottesurteil bis zum Beginn der modernen Rechtsprechung, München 1980, S. 93 ff. In: Geschichte Lernen 11/1989, S. 70.

9. Mittelalterlicher Strafvollzug

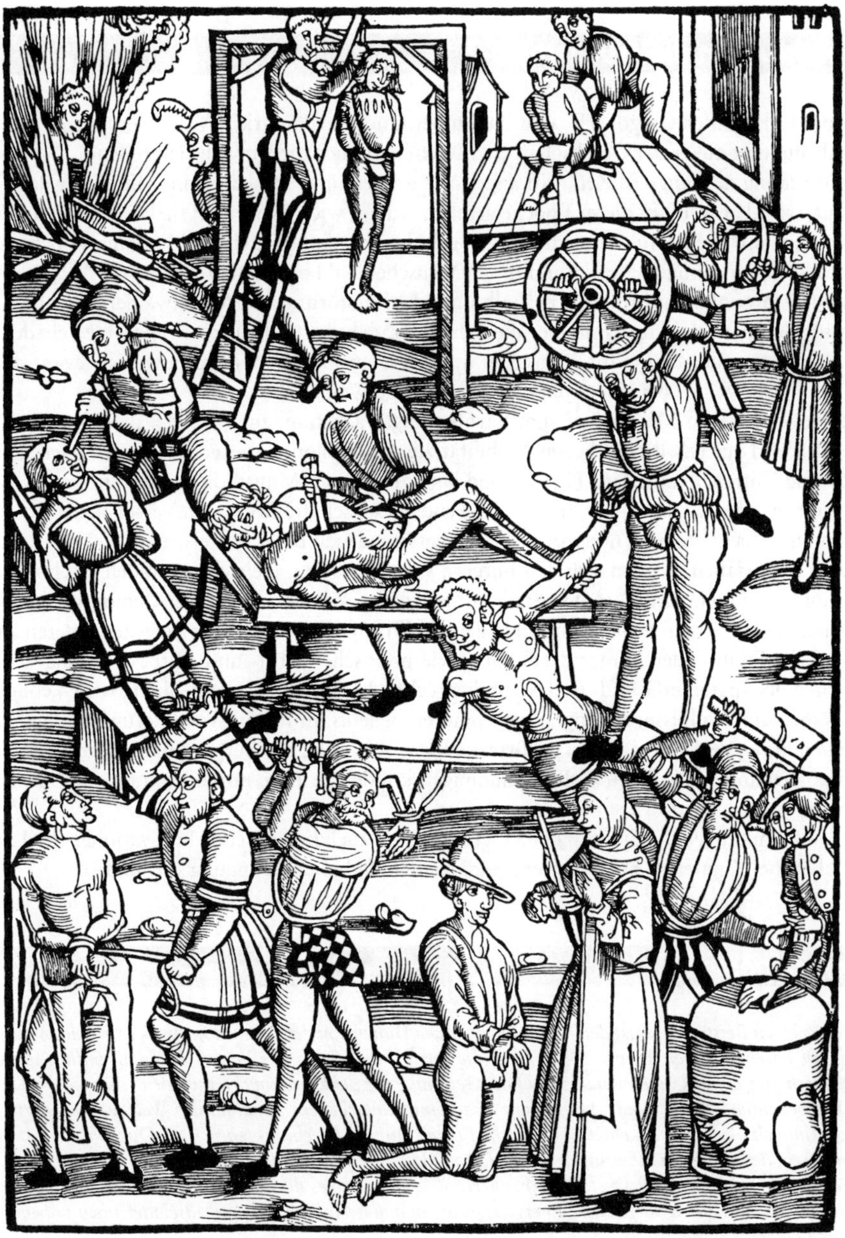

Vollstreckung von Leib- und Lebensstrafen. Zur Sühne der Missetat und zur Abschreckung möglicher Übeltäter wurden Leib- und Lebensstrafen vollstreckt, oft öffentlich: Auspeitschen, Verstümmeln (z. B. durch Blendung oder Abhacken der Hand), Hängen, Enthaupten, Verbrennen und Rädern; ob die im Bildmittelpunkt dargestellte Strafe des Ausdärmens, die z. B. für Baumfrevel drohte, je vollstreckt wurde, ist ungewiß. – Holzschnitt aus Tengler, ‚Layenspiegel', Mainz 1508.

C Gesellschaft und Wirtschaft um 1100

Einführung in die Arbeitsthemen

Wie die Kurie unter Gregor VII. und das Imperium unter Heinrich IV., so veränderte sich im 11. Jahrhundert außer der Gesellschaft und Wirtschaft auch die Umwelt tiefgreifend.
Die Forschung der jüngsten Zeit griff angesichts großer Umweltschäden im Mittelalter das Thema auf, wie „Umwelt" in dieser Epoche gesehen wurde, wie der Mensch sie beeinflußte und wie sie auf ihn einwirkte[1]. Aus Untersuchungen geht hervor, daß die „Umwelt", damals noch die in Gottes Schöpfung eingefügte Natur, für den Menschen bald bedeutsam wurde.
Einzelne Materialien informieren deshalb über die Zerstörung von Mischwäldern im Harz, als man für Bergbau und Hütten immer mehr Holz brauchte und dadurch irreparable Schäden an den Ressourcen der Natur für Menschen und Tiere anrichtete. Wie gegenwartsrelevant dieses Problem ist, zeigt sich bei einem Blick auf das heutige Waldsterben.
Im folgenden stehen Materialien zum Bevölkerungswachstum, zum Wandel der Sozialstruktur um 1100 und zur gesellschaftlichen Mobilität zur Diskussion. Grenzen zwischen Freien, Halbfreien und Unfreien kamen ins Fließen, und der Aufstieg der Ministerialen begann. Im nächsten Abschnitt werden die Rolle der Frau in der Feudalgesellschaft, ihre ersten Versuche der Emanzipation, ihre Rechtsstellung und ihre Arbeit in verschiedenen Bereichen erörtert.
Weitere Materialien wenden sich den Bürgern von Worms zu, die sich gegen den Bischof erhoben, um König Heinrich IV. in ihre Stadt aufnehmen zu können. Mit dieser Demonstration bürgerlicher Freiheit gegen den Stadtherrn begann in Worms die kommunale Bewegung, deren Ziele persönliche Freiheit der Bürger der Stadt sowie politische Selbst- und Mitbestimmung waren, Vorboten der späteren Grund- und Menschenrechte. In diesem Zusammenhang waren coniurationes (Schwurbündnisse, Einungen) von Städten bedeutsam für die Verankerung freiheitlicher Rechte in ihrer Verfassung. Dazu gehörte auch das Recht der Freiburger Bürger, ihren Vogt und Priester zu wählen, das ihnen in der Gründungsurkunde von 1120 durch Konrad von Zähringen verbürgt war.
Mit den Wandlungen der Stadt in der Salierzeit waren auch tiefgreifende Innovationen der Landwirtschaft bei Zugtieren, Eisengeräten, Feldfrüchten und in der Düngung verbunden.

Arbeitsthemen

1. *An welchen Beispielen weist der Text die historische Dimension der Umwelt nach? Was bedeuten die sich daran anschließenden Fragen? Wie kann die letzte Frage nach der gegenseitigen Beeinflussung von Mensch und Umwelt, wenn man sie auf die Gegenwart bezieht, beantwortet werden? (Nr. 1 a)*
2. *Was bedeuten „Wald" und „Landschaft" nach mittelalterlichem Verständnis? Welche Veränderungen der Umwelt blieben unbeachtet? Auf welche Beobachtungen beschränkten sich die Quellen? Wie ist es zu erklären, daß auch Veränderungen des Walds im Harz unerwähnt blieben? (Nr. 1 b)*
3. *Seit wann wurde Waldfläche stark verkleinert? Wodurch kam es dazu? Aus welchen Gründen wuchs der Bedarf an Holz immens? Welche Energieressourcen außer Holz waren im Mittelalter noch unbekannt? (Nr. 1 c)*
4. *Wie war der Harz ursprünglich bewaldet? Seit wann begann die Zerstörung des Laubwalds? Welche Gewerbezweige führten dazu? Welche Auswirkungen hatte der Raubbau am Wald für die Natur, für das Gesundheitswesen und für die Wirtschaft? (Nr. 1 d)*

1 z. B. Mensch und Umwelt im Mittelalter, hrsg. von Bernd Herrmann, Stuttgart 1986.

5. *Welches Ausmaß nahmen die Waldschäden in Deutschland 1994 an, wenn man sie prozentual nach Baumarten und Gruppen von Bundesländern errechnet? Wie sind wesentliche Unterschiede der Waldschäden zu begründen? (Nr. 1 e (1))*
Was bemängelt der Zeitungsartikel am „Waldzustandsbericht" der Bundesregierung? Welche Maßnahmen beschloß das Bundeskabinett gegen das Waldsterben? Wie läßt sich das Problem diskutieren, was jeder einzelne tun kann, um noch schlimmere Waldschäden zu vermeiden? (Nr. 1 e (2))
6. *Wie veränderte sich die Bevölkerungszahl der in der Tabelle genannten Ländergruppen in den Jahren 1000 und 1340? Wie erklärt sich die Bevölkerungsentwicklung vom 6. bis 15. Jh. mit Hilfe der Erläuterungen im nachfolgenden Text? (Nr. 2 a und b)*
7. *Welche Stände gibt es nach Augustinus? Welchen Zweck hatte diese ständische Gruppierung? Nach welchen Funktionen gliederte man im 11. Jahrhundert die Gesellschaft auf? Welche Aufgaben schreibt Adalbaro von Laon seinen drei Gruppen der Gesellschaft zu? Welches Los haben die Arbeiter? Wie rechtfertigt dies Adalbero von Laon? Wie wird dadurch die Stellung der „Herrschenden" gegenüber den von ihnen Abhängigen legitimiert? Welche Konsequenzen hat diese Dreiteilung der Gesellschaft für den König? Aus welchen Gründen ist ein solches Gesellschaftsmodell für die heutige Zeit nicht mehr denkbar? (Nr. 3 a)*
8. *Welche Faktoren bedingen eine gesellschaftliche Dynamik und Mobilität? Welche Funktionen haben die Juden, die Königsschutz genießen? Welche neuen gesellschaftlichen Gruppen formen sich? (Nr. 3 b)*
9. *Seit wann und wodurch verbesserte sich die gesellschaftliche Stellung der Frau? Was veränderte sich für sie durch die Dichtung der Troubadours? Welche Neuerung brachte das Kirchenrecht? Was bedeutete dies für die Frau in der Ehe? Wie lebte die Frau in den Unterschichten? Wodurch erklärt sich ihre geringere Lebenserwartung? Wie verdienten sie ihren Lebensunterhalt? Wo fanden ehelose Frauen Arbeit? Wie stellten sich Witwen auf einem Hof und im Handwerk? Welche Vorteile und Nachteile gingen sie mit einer zweiten Heirat ein? Was bedeutete das Witwengut für adlige Frauen und Frauen in der Stadt? (Nr. 4 a)*
10. *Welche Rechte hatte die Frau innerhalb des „Hauses"? Wie wurden Frauen trotz Ungleichheit nach außen in ihrer Tätigkeit eigenverantwortlich? Welchen Zwängen in Ehe und Nachkommenschaft war die Frau unterworfen? Wie und warum wurden Ehen von Hörigen behindert? (Nr. 4 b)*
11. *Wie gestaltete Hrotsvit die Szene der Versöhnung Ottos I. mit seinem aufständischen Bruder aus? Welches Hauptmotiv ist darin vorherrschend? Was bedeutet der Weihnachtstag als Zeitpunkt der Handlung? Wie bezog die Dichterin die Rolle Heinrichs darauf? (Nr. 4 c (1))*
12. *Durch welche Werke der Dichtung wurde Hrotsvit berühmt? Welche Motive und Wertvorstellung finden sich in ihnen? Inwiefern gilt sie als Vorkämpferin für die Emanzipation der Frau? (Nr. 4 c (2))*
13. *Wie äußerte sich der Widerstand bäuerlicher Unterschichten gegen ihren Grundherrn? Welche Erleiterungen ihres Status erreichten Abhängige? Wie zeigte sich am Wandel des Begriffs „servus" der Trend zu mehr Freiheit bei nichtadeligen Schichten? Wie gerieten umgekehrt bisher freie Bauern in Unfreiheit? (Nr. 5 a)*
14. *Welche Innovationen bei Zugtieren, Eisengeräten, Feldfrüchten und bei der Düngung führten zu einem Aufschwung der Landwirtschaft? Wie wirkten sich diese Neuerungen auf die Arbeit der Bauern und ihre Einkommen aus? Welcher Anreiz führte zu Innovationen? Wie unterschied sich darin die mittelalterliche von der antiken Landwirtschaft? Warum? Welche Rationalisierungen steigerten in der modernen Landwirtschaft die Erträge? (Nr. 5 b)*
15. *Welche Unterschiede finden sich bei einem Vergleich der landwirtschaftlichen Geräte, ihrer Bedienung und Zugtiere? (Nr. 5 c (1) bis (3))*
16. *Von welchen „existentiellen Grundbedingungen" hing das bäuerliche Leben ab? Wodurch wurden Ernteerträge nachhaltig beeinflußt? Wie schildern zeitgenössische Quellen das Massensterben, wie die Hungerkatastrophe 1032/1033? (Nr. 5 d)*
17. *Welche Faktoren für die Entstehung bzw. Entwicklung von Städten lassen sich aus dem Text herausarbeiten? Welches waren die Komponenten nichtlandwirtschaftlicher Siedlungen im germanisch-slawischen Grenzgebiet? Welche Rolle spielte der Standort bei der Entwicklung von Städten? Was für ein Typ von Stadt steht im Vordergrund? (Nr. 6 a)*
18. *Welche Rechte und Freiheiten überließ Konrad von Zähringen den Kaufleuten (Eidgenossen) bei der Errichtung des Marktes in Freiburg? Wie wirkte das Motto „Stadtluft macht frei" auf Hörige in Dörfern der Grundherrschaft? Was macht heute für junge Menschen ein Leben in der Stadt attraktiv? Was hingegen spricht für ein Leben auf dem Lande? (Nr. 6 b)*
19. *Welchen Unterschied gibt es im bezug auf freiheitliche Rechte in Bischofsstädten und neu gegründeten Städten? Welche Rechte und Freiheiten lockten Abhängige in die Stadt? Wozu verpflichtete sich der Bür-*

ger mit dem Bürgereid? Was bedeutete der Grundsatz für seinen Wehrdienst „Mit der Sonne aus und mit der Sonne wieder ein"? Wie war die Ratsverfassung organisiert? (Nr. 6c)

20. *Aus welchen Gründen waren mittelalterliche Städte „keine Inseln demokratischer Gleichheit in einer feudalen Umwelt"? Welche Zusammensetzung von Ober-, Mittel- und Unterschichten sind für ihre Sozialstruktur charakteristisch? Wie ließe sich das Dreischichtenmodell der Stadt in einem Schaubild (Pyramide) verdeutlichen? Welche Sondergruppen waren nur teilweise in die Stadt integriert? (Nr. 6d)*
21. *Wie verlief nach Lampert die Erhebung der Wormser Bürger gegen ihren Bischof? Welche Motive veranlaßten sie zu ihrem Bündnis mit Heinrich IV.? Welche Auswirkungen hatte dieses für die Lage im Reich? Was bezweckte der König mit der Urkunde vom Januar 1074 für Worms und andere Städte? Welchen „Gewinn" zogen die Wormser daraus? Was bedeuteten die Worte in der Urkunde, daß Worms „communi cavium favore" (mit der gemeinsamen Zustimmung der Bürger) sich erhoben und dem König einen Treueid geleistet habe, für die Anfänge einer freiheitlichen Stadtgemeinde? (Nr. 6e und Übersicht zum Kapitel Investiturstreit S. 65 f.)*
22. *Welche Grund- und Menschenrechte waren das Ziel kommunaler Bewegungen in Europa? Was für eine Bedeutung hatte dabei die coniuratio? In welchen Phasen entstanden kommunale Bewegungen? Wieweit verliefen sie revolutionär und evolutionär? (Nr. 6f, vgl. auch 6b, c)*

Materialien

1. Umwelt in mittelalterlicher und heutiger Sicht

a) Die Umwelt aus historischer Perspektive

Umwelt hat immer auch eine historische Dimension. Die Schadstoffbelastung der Atmosphäre beispielsweise ist nur eine Seite des Waldsterbens, eine andere der standortfremde Anbau von Nadelbäumen, der zurückgeht auf die Energiekrisen des Mittelalters. Sie sind aus dem Raubbau am Wald entstanden und begünstigten eine Aufforstung mit schnellwachsenden Nadelbäumen an Standorten, die eigentlich Laubbaumbiotope waren. Ein anderes Beispiel ist die Einwanderung des Storches in unsere Region erst mit dem Hochmittelalter: Die tiefgreifenden Umgestaltungen des Landschaftsbildes jener Zeit, durch Rodung und Anlegung von Wiesen, ermöglichten ihm eine Expansion seines Lebensraumes, der heute wieder drastisch bedroht ist. Solche Beispiele ließen sich vermehren, und sie werfen die Frage nach den Ursprüngen auf. Gab es früher „Natur", den vorindustriellen Urzustand, die „heile Umwelt"? Wie fügte sich der Mensch vergangener Zeiten in die Umwelt? Wie beeinflußte er sie, wie sie ihn?

Aus: Mensch und Umwelt im Mittelalter, hrsg. von Bernd Herrmann, Stuttgart 1986, S. 7.

b) Wald und Landschaft aus der Sicht des mittelalterlichen Menschen (von Johannes Fried)

Die eigene lebensnahe Umwelt verleitet noch weniger als die Fremde zum landschaftsbeschreibenden Exkurs. Wald, latein. *silva,* meint auch die undurchdringliche Wildnis, den ungeformten Baustoff der Welt, das Chaos. Der aus der antiken Philosophie überkommene Sprachgebrauch spiegelt vielleicht nicht die reale Wahrnehmung des früheren Mittelalters, aber er trifft sich mit der Erfahrung dieser Zeit. Jesus flieht nach der Versuchung für den Dichter des „Heliand" nicht in die „Steinwüste" der Bibel, sondern in den „tiefen Wald". Berichte über Rodungen, so selten sie überhaupt faßbar werden, sind wenig ergiebig; selbst wenn sie die Kolonisationstätigkeit einmal über Jahre oder Jahrzehnte verfolgen lassen, bleiben sie blind für die einschneidenden Veränderungen. Die mageren Angaben von Grenzbeschreibungen sind noch das ausführlichste, in ihrer Armut verräterisch genug. Sie springen, soweit die Blicke reichen, von Geländepunkt zu Geländepunkt, von Berggipfeln zu Felsmalen, zu markanten Bäumen, zu Bachquellen, aber sie beschreiben kein „Land", keine Siedlungsbedingungen, keine zu überwindenden Schwierigkeiten. Erwähnungen „bebauten und unbebauten Landes", zu Tausenden in mittelalterlichen Schenkungs-Urkunden überliefert, folgen den Rechtsformeln und widmen sich nicht dem Wahrgenommenen. Die Urbare[1] zählen Höfe und die Einkünfte aus ihnen, aber sie schweigen über ihre Lage und die Gestalt der Ackerfluren. Im 9. und 10. Jh. wird durch das Kloster Lorsch der zuvor unbesiedelte Odenwald erschlossen; die vergleichsweise reiche Lorscher Überlieferung berichtet darüber nichts. Als die Erz- und Silbervorkommen des Rammelsberges bei Goslar entdeckt (um 960) und seit dem späteren 10. Jh. in großem Stile ausgebeutet werden, führt der Energiebedarf bereits nach wenigen Jahrzehnten zu einer ökologischen Krise im Harz, so gewaltig war der Holzverbrauch; die schnell wachsende Fichte hält dort nun ihren Einzug, Ergebnis gezielten Aufforstens. Unsere schriftlichen Quellen verlieren auch darüber kein Wort. Wie weit begreifen die Menschen, was sie tun?

Aus: Johannes Fried, Die Formierung Europas 840–1046, München 1991, S. 13.

c) Wachsender Bedarf an Holz

Einschneidende Beschränkungen erfährt der Wald durch den mittelalterlichen Landesausbau des 10. bis 13. Jahrhunderts, in dem die Waldfläche enger begrenzt wird. Man nimmt an, daß der Wald nördlich der Alpen in dieser Zeit die stärksten Beschränkungen seit dem Neolithikum[2] erfahren habe. Gleichzeitig aber steigt der Bedarf nach einer Nutzung des Waldes als Folge einer expandierenden Bevölkerung.

Mit der Aufnahme und Ausbreitung des Bergbaus im Mittelgebirgsraum kommt ein unersättlicher Holzabnehmer hinzu: die Bergwerke und Hütten. Ähnliche große Abnehmer sind in anderen Regionen zum Beispiel die Lüneburger Saline, im Salzkammergut konkurrierend Salinen und Hütten, in Nordfrankreich schon sehr früh, in Deutschland etwas später die Glashütten und in den Töpfereizentren (zum Beispiel am Weser, Werra und Rhein) die Töpfereien.

Aus: Marieluise Hillebrecht, Eine mittelalterliche Energiekrise. In: Mensch und Umwelt im Mittelalter, hrsg. von Bernd Herrmann u. a., Stuttgart 1986, S. 275.

d) Die Zerstörung des Laubwalds (seit ca. 1000)

Im Gegensatz zum heute vorherrschenden Waldbild waren die Fichtenareale auf die hohen und moorigen Lagen beschränkt. Der Harz dürfte weitgehend von einem ursprünglichen Laubdunkelwald aus Ahorn und Buche bestanden gewesen sein, dem in Bestandslücken (zum Beispiel nach Windwurf) oder an Moorrändern in geringem Umfang andere Hölzer beigemischt waren. Aufgelockerte bunte Laubmischwälder aus Eiche, Buche, Ahorn, Erle, Birke, Linde, Esche usw. bedeckten die Harzränder. Der radikale Eingriff des Menschen in diese Wälder aus Hütten- und Bergwerksbelangen ohne Schonung bestimmter Arten wird aus der Zusammensetzung der Holzkohlen deutlich.

Standen zu Beginn des von den Rändern zum Harzinneren hin fortschreitenden Bergbaus noch reiche Waldreserven zur Verfügung, so kam es schon kurz nach der Jahrtausendwende in den Randbereichen zu Energieverknappungen – im Inneren entsprechend später –, die auf die Übernutzung des Waldes durch die Hütten zurückzuführen sind ...

1 Verzeichnis der Grundstücke einer Grundherrschaft mit Lasten und Rechten
2 in Mitteleuropa etwa seit dem 1. Jh. v. Chr.

Die Übernutzung der Wälder aus kurzsichtigen kommerziellen Interessen und eine nicht frühzeitig genug einsetzende Waldpflege sowie die ungenügende Befolgung von Schutzbestimmungen aus mangelnder Einsicht in eine langfristig krisenhafte Entwicklung trugen neben anderen Erschwernissen wie Wassereinbrüchen, Mißernten im Vorland, Seuchen usw. ganz wesentlich zum Erliegen des Bergbaus bei und führten durch ein vorangegangenes überzogenes Gewinnstreben die mittelalterliche Wirtschaft vielerorts in die Rezession.

Aus: Marieluise Hillebrecht, a. a. O., S. 280 f.

e) Waldschäden 1994

(1) Graphik (Waldschäden in Deutschland)

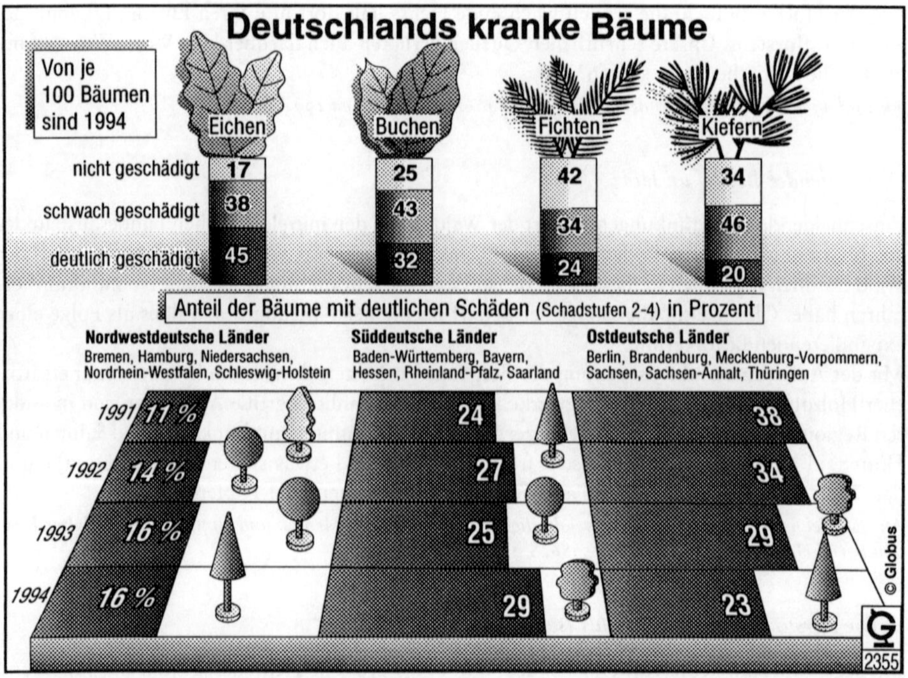

(2) Text

Am schlechten Zustand des deutschen Waldes hat sich nichts geändert. Das zeigt der elfte Waldzustandsbericht, den das Bundeskabinett am Mittwoch beriet. Danach ist jeder vierte Baum „deutlich geschädigt“. Mehrere Umweltschutzverbände schlugen Alarm und warfen der Regierung vor, die Waldschäden zu beschönigen.

Nach dem Bericht, den Bundesforstminister Borchert (CDU) vorstellte, geht es vor allem den Eichen schlecht. 45 Prozent von ihnen fehlte im Sommer mehr als ein Viertel der Blätter. Sie gelten damit als „deutlich geschädigt“. Bei den Buchen fallen 32 Prozent unter diese Kategorie. Bei den Fichten sind es 24, bei den Kiefern 30 Prozent. Damit habe sich das Ausmaß der Schäden im

Vergleich zum Vorjahr nicht verändert, erläuterte Bochert. Lediglich bei den Fichten liege die Schadensquote um zwei Prozent niedriger. Der Bericht weist starke regionale Unterschiede aus (siehe Grafik).
Hauptverursacher der Waldschäden sind neben der Trockenheit die Luftschadstoffe. Der Wald, so Borchert, könne erst dann wieder gesund werden, wenn die Luft sauberer werde. Die Schadstoffbelastung durch Kraftwerke und Industrie sowie die Belastungen mit Stickoxiden durch den Verkehr müßten weiter verringert werden. Zu den nötigen Schutzmaßnahmen zählten außerdem die Sicherung der Artenvielfalt, eine stärkere Aufforstung mit Mischwald und Schutzkalkungen.
Die Schutzgemeinschaft Deutscher Wald forderte, den Verkehr einzudämmen, indem Autofahren teurer gemacht werde, und Tempo 120 einzuführen. Der Naturschutzbund Deutschland forderte eine drastische Verringerung der Emissionen aus Verkehr und Landwirtschaft. Der Bund für Umwelt und Naturschutz (BUND) warf Borchert vor, die Waldschäden zu beschönigen. Der Bericht verschweige Kahlflächen in weiten Teilen Deutschlands.
Das Bundeskabinett hat eine Verschärfung der Umweltauflagen für Hausheizungen beschlossen. Die Verordnungsnovelle für sogenannte Kleinfeuerungsanlagen soll nach Billigung durch den Bundesrat so schnell wie möglich in Kraft treten. Die Vorlage schreibt einen höheren Wirkungsgrad bei Heizungen mit Kohle, Öl und Gas vor. Die Abgaswerte werden herabgesetzt, für Stickoxide erstmals Grenzwerte eingeführt. Wie es ergänzend im Umweltministerium hieß, ist ein wichtiges Ziel der Verordnung, daß weniger Wärme nutzlos durch den Schornstein gepustet werde. Der Anteil der Hausheizungen am Ausstoß des Klimakillers Kohlendioxid (CO_2) beträgt mehr als 20 Prozent.
Aus: Badische Zeitung, Nr. 283, 8. 12. 94, Freiburg

2. Bevölkerungsentwicklung

a) Schätzung der Gesamtbevölkerung Europas (in Millionen)

Jahr	650	1000	1340
Mittelmeerländer	9	17	25
Frankreich, Niederlande, Britische Inseln, Deutschland, Skandinavien	5,5	12	35,5
Slawische Länder, Ungarn	3,5	9,5	13
	18	38,5	73,5

Aus: Europäische Wirtschafts- und Sozialgeschichte im Mittelalter, hrsg. von Jan A. van Houtte (Handbuch der europäischen Wirtschafts- und Sozialgeschichte, hrsg. von Hermann Kellenbenz, Bd 2) 1980, S. 18.

b) Bedingungen der Bevölkerungsentwicklung (6. bis 15. Jh.)

Eine stagnierende, wenn nicht gar rückläufige Bevölkerung als Folge einer sowohl demographischen als auch ökologischen Krise ... leitet den Berichtszeitraum ein. In der Mitte des 6. Jahrhunderts kommt es zu einem Bevölkerungszusammenbruch, für den eine beziehungsweise mehrere aufeinanderfolgende Pestepidemien verantwortlich gemacht werden ...
Der Bevölkerungsrückgang wird auf durchschnittlich 40 Prozent geschätzt. Wenn es auch nach heutiger Auffassung keinesfalls als gesichert gilt, daß tatsächlich *Pasteurella pestis* und damit der „Schwarze Tod“ Europa heimsuchte, bleibt es dennoch ein Faktum, daß eine sich seuchenartig ausbreitende Infektionskrankheit die Katastrophe herbeigeführt hatte ...

Dennoch beginnt – wiederum regional unterschiedlich – im Zeitraum zwischen 850 und 1050 eine Periode expansiven Bevölkerungswachstums, die bis etwa 1300 anhält. Es ist die Zeit der Städtegründungen, des inneren und äußeren Landesausbaues: Nicht nur die Einwohnerzahlen der Städte, auch die Anzahl der bewohnten Orte überhaupt steigt um ein Vielfaches. Eine der wesentlichen Ursachen, die einen derartigen Aufschwung ermöglichen konnten, liegt in der Erweiterung des Ressourcenspielraumes. Die Ökologie kennt den Begriff der „Kapazität" eines Systems ... welcher besagt, daß sämtliche in einem Ökosystem verfügbaren Resourcen (also Nahrungs- und Futtermittel, Heiz- und Baumaterial usw.) die maximale Populationsgröße der Konsumenten begrenzen. Diese Kapazitätsgrenze kann durch den Menschen zwar nicht beliebig, aber meßbar verschoben werden. Durch die Verbreitung agrartechnischer Neuerungen ... konnte die Landwirtschaft ökonomisiert werden, obgleich die Erträge an sich nur wenig gesteigert wurden ... Mehr noch trug der Übergang von der Viehwirtschaft zu verbreiteterer Ackerwirtschaft dazu bei, die zusätzlichen Menschenmassen zu ernähren. Durch die damit erzielte Verkürzung der Nahrungskette konnte durch die Produktivitätssteigerung die Kapazitätsgrenze erweitert werden.

Diese Kapazitätsgrenze scheint um 1300 erreicht zu sein: Die Bevölkerungszahlen stagnieren erneut, lokal gehen sie sogar bereits deutlich zurück. Das 12. und 13. Jahrhundert war gekennzeichnet durch zahlreiche überregionale Teuerungen und Hungersnöte, ein Indiz für die zunehmende Schwierigkeit, alle Menschen angemessen zu versorgen. Diese Verknappungen beziehen sich dabei nicht nur auf die Nahrung, sondern auch auf das Holz als wesentlichen Baustoff und Energiequelle (Hillebrecht, 1982). Nicht zuletzt hervorgerufen durch eine merkliche Verschlechterung des Klimas, war mit der Hungersnot von 1309 bis 1317 der Gipfel erreicht. In dieser vorprogrammierten Krise war es wiederum eine Seuche, dieses Mal die Pest, welche die demographische Katastrophe herbeiführte. In mehreren Seuchenzügen reduzierte sie die Bevölkerung um durchschnittlich 40 Prozent, lokal sogar bis 70 Prozent. Die Bevölkerungszahlen bleiben bis Mitte des 15. Jahrhunderts niedrig ... Erst etwa 100 Jahre nach der ersten Pestwelle beginnt die Bevölkerung wieder zu wachsen, in einer Phase der raschen Rekonvaleszenz ähnlich den Bedingungen im 7. Jahrhundert. Das Ende dieses Wachstums führte erst der Dreißigjährige Krieg herbei.

Aus: Gisela Grupe, Umwelt und Bevölkerungsentwicklung im Mittelalter, Mensch und Umwelt im Mittelalter, a.a.O. S. 26ff.

3. Veränderte Gesellschaftsstruktur

a) Das Schema der funktionalen Dreiteilung (Ursprünge und Wandlung)

Im frühen Mittelalter war der Gedanke vorherrschend, daß es drei Stände der Menschen (tria genera hominum) gibt, die Laien, die Kleriker und die Mönche. Durch Auslegung biblischer Texte wurde diese Gliederung begründet, etwa von Augustinus, der auf die Rede Jesu über die Endzeit (Matthäus 24, Lukas 17) Bezug nahm: Am Ende der Welt wird es sein wie in den Tagen Noahs, und es werden „zwei" auf dem Feld angetroffen werden, „zwei" aber an der Mühle arbeitend und „zwei" auf dem Lager. Augustinus deutete die Feldarbeiter als die Leiter der Kirche (Arbeiter im Weinberg), die beiden an der Mühle als die Laien (Mühle als die Welt), die beiden letzten schließlich als die still in sich Gekehrten, die auf dem Lager ihrer Gebrechlichkeit dem Gebet obliegen, keine Häuser und Familien haben, aber auch nicht in der Kirche tätig sind: die Mönche. Bei solchen und ähnlichen Deutungen ging es immer darum, die Welt in ihrer Gesamtheit auf der

Grundlage einer spirituellen Deutung der Bibel zu durchdringen und zu erklären. Die Lebensweise der einzelnen Gruppen wurde nach ihrem biblischen „Heilswert" eingestuft.
Neben dieses Gesellschaftsbild trat nun aber im ausgehenden 10. und vor allem im 11. Jahrhundert zunehmend ein neues Deutungsschema, das man von seiner Begründung her geradezu umstürzend nennen könnte. Es war das Schema von der funktionalen Dreiteilung der Gesellschaft. Es gliederte die Gesellschaft nicht mehr nach biblischen und heilsgeschichtlichen Gesichtspunkten, sondern nach den irdischen Funktionen. Demnach gab es eine Gruppe derer, die beten, eine Gruppe derer, die kämpfen, und eine Gruppe derer, die arbeiten: Betende, Krieger und Arbeiter (oratores, bellatores, laboratores/agricultores). Klerus und Mönche wurden nach diesem Modell in einer Gruppe zusammengefaßt, die Laien dagegen in zwei neue Gruppen aufgeteilt ... Das Entscheidende daran aber ist, daß diese neue Gliederung keine biblischen Grundlagen mehr hatte.
Im „Carmen ad Rotbertum" regem (Lied an König Robert) hat der Bischof Adalbero von Laon (977–1033) in den zwanziger Jahren des 11. Jahrhunderts diese Vorstellungen, die von früheren Autoren in ersten Umrissen vorgezeichnet worden waren, weiter ausgeführt. Dort finden wir folgende Erläuterung: „Dreigeteilt ist das Haus Gottes: die einen beten, die anderen kämpfen, die dritten arbeiten. Es gibt nur diese drei Gruppen, und eine weitere Teilung gibt es nicht. Durch die Pflicht des einen Teils können die anderen sich ihren Aufgaben widmen, und durch die jeweiligen Pflichten ist allen gedient." Jede der Gruppen habe also ihre Pflichten zu tragen, damit die anderen ihre Funktionen erfüllen können. Sie bedingten sich gleichsam gegenseitig und seien daher verpflichtet, ihre Rolle klaglos zu ertragen.
Den Klerikern verbiete die lex divina (das göttliche Recht) jede Art von weltlicher Tätigkeit. Ihre Aufgabe bestehe im Gebet, in der Verkündigung des Wortes Gottes und in der Spendung der Sakramente. Das Leben der Laien regle die lex humana (das menschliche Recht), die die zwei Gruppen der Adligen (nobiles) und Knechte (servi) unterscheide. Kaiser, Könige und Adlige hätten als Mitglieder der ersten Gruppe im Grund dieselbe Aufgabe, nämlich Kämpfer und Schützer der Kirchen zu sein und auch die Waffenlosen zu schützen. Sie seien also die bellatores oder pugnatores. Der König habe insbesondere für den Frieden zu sorgen und die Adligen in diesem Sinne zu beeinflussen.
Mit dem Begriff servi umschreibt Adalbero schließlich die ganze Gruppe derer, deren Los im „Funktionsverbund" die Arbeit ist. Dieses Los erscheint ihm durchaus als beklagenswert: „Dieses gebeugte Geschlecht von Menschen hat nichts als seine Arbeit. Wer kann ihre Pflichten beschreiben, ihre Mühsal, ihren Einsatz, ihre überaus schweren Arbeiten? Für alle schaffen sie die Kleidung und die Verpflegung, und kein Adliger kann ohne die Arbeiter leben ... Vom Arbeiter wird also der Herr genährt, den er zu nähren vermeint. Aber die Tränen und Klagen der Arbeiter sind grenzenlos." Ihre Unfreiheit erscheint als unbedingte Voraussetzung für das Funktionieren der Gesellschaft, und die alte christliche Auffassung, daß die Freiheit aller Menschen das Ursprüngliche und die Unfreiheit nur eine Folge der Sünde sei, wird damit in den Hintergrund gedrängt.
In der Forschung geht seit langem die Diskussion darüber, ob das Aufkommen dieses Gesellschaftsmodells durch eine Rezeption griechischer Philosophen oder aber durch eine bestimmte Entwicklungsstufe und Formation der Gesellschaft ausgelöst worden ist (Edmond Ortigues, Otto Gerhard Oexle). Man wird möglicherweise beide Impulse berücksichtigen müssen, aber entscheidend für die Ausbreitung war sicherlich der „Bedarf" dieser Zeit an einem Deutungsmodell für die gesellschaftlichen Veränderungen. Über Lothringen und Burgund drangen solche Ideen auch in das Reich ein und vereinigten sich mit dem herrschaftsorientierten „Aufbruch" der adligen und geistlichen Oberschicht. Die funktionale Bindung, das irdische Los der Arbeitenden, die man nun zunehmend als „Bauernstand" zusammenfaßte, verpflichtete sie zu den Leistungen,

die von den beiden anderen Ständen benötigt und gefordert wurden. Damit offenbart sich gleichsam eine ideelle Begründung und Rechtfertigung des strengeren Zugriffs der „Herrschenden“ auf ihre Grundholden.

Bemerkenswert an diesem Modell ist auch, daß es im Grunde gar keinen Platz mehr für einen weit herausgehobenen und sich über die anderen unerreichbar erhebenden Herrscher als Stellvertreter Gottes auf Erden vorsah. Von ihrer Funktion her wird König und Adel weitgehend derselbe Aufgabenbereich zugeordnet, und von daher war der gedankliche Ansatz gebildet, daß zum einen der Abstand zwischen ihnen keineswegs besonders groß sein könne und daß zum anderen dem Adel in gleicher Weise Anteil und Verantwortung in Reichsgeschäften und Friedenssicherung zukäme. Ob solche theoretischen Folgerungen das Denken und Handeln der Großen im Reich beeinflußt haben, ist nicht näher zu klären, aber es ist doch beachtenswert, daß sich auch hier Parallelen auftun zwischen dem gedanklichen Modell und der verfassungspolitischen Entwicklung. Die Herrschaft Heinrichs III.[1] sah sich jedenfalls bereits einer immer stärker werdenden Kritik an einer autokratischen Regierungsweise, die man als unangemessen und überzogen empfand, gegenübergestellt.

Aus: Stefan Weinfurter, Herrschaft und Reich der Salier, Grundlinien einer Umbruchzeit, Sigmaringen 1992, S. 72 ff.

b) Gesellschaftliche Dynamik

Eben gerade weil „Freiheit“ nicht als starre Größe, vielmehr jeweils konkret als einzelnes Recht oder additives Privilegienbündel betrachtet wird, das vermehrt oder (widerrechtlich) gemindert werden kann, unterliegt der tatsächliche Status der Freien, Minder- und Unfreien raschem Wandel. Die Gesellschaft des früheren Mittelalters verharrt insgesamt schon gar nicht in Statik; im Gegenteil: sie ist – räumlich und ständisch – höchst mobil. So gottgegeben und unveränderlich zeitgenössische Deutungsschemata auch die Sozialordnung beurteilen mögen, die jeweiligen Grenzen sind stets durchlässig und in raschem Fluß, auch wenn die Kluft zwischen *potens* und *pauper* unüberwindlich erscheint. Die wachsende Bevölkerung, der Einfluß der Siedlungsexpansion und des Landesausbaus, fortschreitende Arbeitsteilung und gewerbliche Differenzierung, die aufkommende Geldwirtschaft und die verstärkt einsetzende Urbanisierung, die Gemengelage der Grundherrschaften und ihrer jeweiligen in den unterschiedlichsten Formen abhängigen Leute, die sich erst verdichtende, dann auflösende Villikationsverfassung[2], die zahlreichen Reaktionen auch auf die politischen Veränderungsprozesse, die fortschreitende Feudalisierung, die Ausdifferenzierung des Adels in hoch und nieder, die Entstehung der Fürstentümer, die Notwendigkeit, äußere Feinde abzuwehren, – dies alles verstärkt sowohl als Einzelfaktor wie auch durch Wechselwirkung die gesellschaftliche Dynamik. Im späten 9. Jh. vermag ein erfolgreicher Königsvasall die Grundlagen zur künftigen Grafschaft Flandern zu legen, während ein minder glücklicher Standesgenosse etwa in Aquitanien den Status seiner Familie gegen die Pressionen des Herzogs letztlich nicht verteidigen kann; er gründet ein Kloster (beispielsweise Aurillac), seine Erben sind mediatisiert. Anderswo öffnen sich neue Chancen der Vermögensbildung; Geld etwa mobilisiert. Im Jahre 1009 stirbt z. B. ein Kaufmann wohl aus Flandern in Barcelona; sein kostbares Handelsgut, vor allem Tücher, aber auch Barvermögen hinterläßt er teilweise seinem Bruder, der in der Heimat zurückgeblieben war. Die Juden, die Königsschutz genießen, verbreiten sich von Südgallien aus nach Norden; im 10. Jh. entstehen in den Städten am Rhein, aber auch in Magdeburg größere Judengemeinden. Das Königtum fördert auch hier ihre Niederlas-

1 Vgl. den Artikel „Salier“ im Komm. Register
2 Siehe Komment. Register unter „Fronhof“

sung. Hervorragende und – wie in Troyes oder Mainz – bald berühmte Schulen blühen auf. Juden sind keineswegs nur (Fern-)Händler, obwohl die Könige im ostfränkisch-deutschen Reich gerade mit ihnen als den Kaufleuten schlechthin rechnen; sie besitzen Grund und Boden, einige bauen Wein an; in Soest betreibt ein Jude ein Salzbergwerk. Ihre Gemeinden wachsen, wobei umstritten ist, ob und wieweit sie (zeitweise) Proselyten[1] machen. Ihre Lebensformen achten streng auf Abgrenzung gegen die sie umgebende Gesellschaft; Spannungen und Konflikte, die sich um die Jahrtausendwende häufen, bleiben nicht aus.
Neue gesellschaftliche Gruppen formen sich. Berühmt und problematisch sind etwa die *agrarii milites* in Sachsen, die Widukind v. Corvey erwähnt. Mag auch ihr sozialer Status im einzelnen unklar sein, daß ihr Auftreten mit der Abwehr der Ungarn zusammenhängt, dürfte feststehen. Der Aufstieg der Ministerialität, d. h. jener unfreien „Dienstleute" *(ministeriales* oder *servientes),* die der Herr zunehmend seit dem 10. Jh. zu gehobenem Hof- oder Schwert-Dienst (und nur zu ihm) heranzieht, ist nur für Deutschland charakteristisch. Anders das Rittertum. Es begegnet als eine spezifische Militärkaste im gesamten vom Karolingerreich geformten Europa. Auch seine Wurzeln, das zeigt die neuere Forschung immer deutlicher, reichen sowohl in Südfrankreich als auch in Italien oder im ottonischen Sachsen ins 10. und ins 9. Jh. zurück.

Aus: Johannes Fried, Die Formierung Europas 840–1046, a. a. O., München 1991, S. 26f.

4. Rolle der Frau in der Feudalgesellschaft

a) Lebensweise der Frau und ihre Idealisierung im 11. Jahrhundert

Die Feudalgesellschaft, die ja aus militärischen Notwendigkeiten entstanden war, räumte bei ihrem Beginn der Frau überhaupt keinen Platz ein. Erst als nach der zweiten großen Welle feindlicher Einfälle in Europa die Unruhe zum großen Teil gewichen war, wurden die Frauen kurz vor der Jahrtausendwende und anfangs in Aquitanien für fähig angesehen, bei Fehlen eines männlichen Erben ein Lehen anzutreten. Dann verbreitete sich dieses Recht allmählich im europäischen Lehnsverband, obgleich noch im 14. Jh., vor allem in Deutschland, viele Lehen nur für männliche Erbfolge in Frage kamen. Diese Wendung trat vielleicht nicht ohne Zusammenhang mit einem neuen Idealbild der Frau ein. In den friedlichen Lebensumständen des 11. Jh. entstand in den Adelskreisen Südfrankreichs, wo das antike Erbe und der Zugewinn aus dem nahen Islam ein relativ hohes Kulturniveau auch bei den Frauen verbürgten, die Dichtung der Troubadours, in der die Frau, ganz augenscheinlich der eigentliche Gegenstand der Dichtung, herkömmlich idealisiert wurde. Diese Dichtung erlebte eine schnelle Verbreitung über das ganze lateinisch-germanische Kulturgebiet. Im Zusammenhang damit wich ebenfalls in der religiösen Vorstellung die geringe Achtung vor den Evastöchtern. An ihre Stelle trat eine glühende Verehrung Mariens, der Gottesmutter und mächtigen Fürsprecherin der Frommen bei ihrem Sohne.
Die höfische Liebe hat ohne Zweifel in den Kreisen, in denen sie entstand und für welche sie bestimmt war, bessere Umgangsformen der Frau gegenüber verbreitet. Doch bleibt die Frage, ob damit in die Lebensweise der Frauen bis auf seltene Ausnahmen viel Veränderung kam. Vielleicht war die Entwicklung im Kirchenrecht, die auf die Unauflöslichkeit der Ehe zielte, eine weitere Frucht der Vorstellungen von der Frau, die dadurch weniger als vorher der Gefahr der Verstoßung auf Grund von Grillen ihres Mannes ausgesetzt war. Eine solche Ehe war, natürlich besonders in den begüterten Ständen, in erster Linie begründet auf materielle Belange, die kein Bür-

1 Ein zur jüdischen Religion übergetretener Heide, Neubekehrter

ge für eheliche Treue waren, am allerwenigsten für den Mann, dessen Konkubinen und Bastarde oft ihren Platz im Familienkreise fanden.
Vom Leben der Frau in den niederen Schichten ist uns außer einigen Äußerlichkeiten noch weniger bekannt. Schon früher wurde hingewiesen auf den geringere Lebenserwartung der Frauen, die durch dicht aufeinander folgende Schwangerschaften und Wochenbette, zusammen mit schwerer Arbeit auf dem Acker oder im Handwerk, frühzeitig erschöpft waren. Das literarische Kontrastbild von der durch ihren Mann mißhandelten Frau auf der einen Seite und der herrischen Frau auf der anderen gilt für alle Zeiten und sagt nichts aus. Normalerweise kam eine Frau für eine selbständige Berufstätigkeit noch immer nicht in Frage. Viele verdienten ihren Lebensunterhalt durch schlecht bezahlte ungelernte Handarbeit, z.B. im Textilgewerbe durch die vorherige Rohstoffbearbeitung. Wer nicht zeitig an einen Ehemann kam, konnte seine Zuflucht in den zahlreichen Frauenklöstern suchen und dort auf dieselbe Weise oder durch andere Handarbeit zum Einkommen der Gemeinschaft beitragen. Dagegen war die Frau, die durch den Tod ihres Mannes in den Besitz eines Hofes oder eines Handwerksbetriebes gelangte, eine gesuchte Partie für Männer, die nach einer selbständigen Tätigkeit strebten, die sie bei einer solchen Heirat in der Tat fanden. Denn die führende Rolle in der ehelichen Gemeinschaft blieb in der Regel dem Manne vorbehalten. Allerdings kam seit dem 12. Jh. in adeligen Kreisen beim Schließen einer Ehe der Brauch auf, die Frau mit einem Witwengut auszustatten. Dieselbe Verfügung fand seit dem 13. Jh. auch Eingang in den begüterten Familien der städtischen Bürgerschaft, die darüber in Ehekontrakten übereinkamen.

Aus: Europäische Wirtschafts- und Sozialgeschichte im Mittelalter, hrsg. von A. van Houtte a. a. O., S. 144 f.

b) Rechtsstellung und Arbeiten der Frau

Die verheiratete Frau besitzt innerhalb der Rechtssphäre des „Hauses", gegenüber dem gesamten Vermögen und den mit seiner Nutzung betrauten Menschen, „Schlüsselgewalt". Nach außen, d.h. insbesondere vor Gericht, gilt sie gewöhnlich – so wie Kinder – für „unmündig", nicht gerichtsfähig. Doch ist fraglich, wie weit hier Theorie und Wirklichkeit zusammenfallen. Bereits die Gräfin Dhuoda wirtschaftet selbständig an Stelle ihres häufig am Königshof weilenden Ehemannes, schließt vermögensrelevante Verträge, macht Schulden, handelt also in einem eminenten Maße autonom. Noch ottonische und frühsalische Königinnen besitzen einen hohen Einfluß auf Besitz und Herrschaft der jeweiligen Könige. Doch verliert sich dieser Einfluß in dem Maße, in dem das „Reichs"-Denken sich objektiviert und das Königstum dem älteren, überwiegend personalen, hausherrschaftlichen Verständnis entzogen wird; herrschaftliche Aktivitäten der Fürstinnen konzentrieren sich dann überwiegend auf ihre Eigengüter und das Wittum. Der „Investiturstreit" bedeutet hier zweifellos einen tiefen Einschnitt, wie umgekehrt die seit dem 9. Jh. einsetzende Verkirchlichung des Eherechts von nachhaltiger Wirkung auf die vermögensrechtliche Sicherheit der Ehefrau ist.
Auf sozial tieferer Ebene sind durchaus ähnliche Verhältnisse zu beobachten. Frauen arbeiten hart, zu Hause, auf dem Feld, an den Webstühlen oder in sonst einem Handwerk. Bereits im 9. Jh. lassen sich in den Städten gewerbetreibende Frauen nachweisen, die vielleicht eigenverantwortlich wirtschaften. Auch im bäuerlichen Bereich spielt die Frau eine hervorragende Rolle, nicht nur als Mutter und Hüterin des Herdfeuers. Man hat errechnet, daß in manchen Grundherrschaften des 10. Jh. Frauen, seien es Witwen oder Erbtöchter, über etwa zehn Prozent der Bauernhöfe verfügen; in Südgallien liegt – bedingt durch ein den Frauen günstigeres Erbrecht – ihr Anteil wohl noch um einiges höher.
Die Stellung der Töchter oder Schwestern erscheint aus mancherlei Gründen problematisch. Sie partizipieren am Familienbesitz und gefährden bei zu großer erbberechtigter Nachkommen-

schaft seinen Bestand und damit die Grundlage des eigenen Status. Um den negativen Effekt unvorteilhafter Ehen zu vermeiden, mutet der Adel nicht nur seinen Töchtern, sondern zunehmend auch den jüngeren Söhnen Ehelosigkeit zu. Er versorgt sie, wenn er sie nicht zum Nutzen der Familie verheiraten kann, standesgemäß durch Einweisung in ein Kloster oder Stift; der Besitzverlust läßt sich so in Grenzen halten. Das Leben in der mehr oder weniger streng geregelten Gemeinschaft, nicht zuletzt auch die argwöhnische Wachsamkeit der Schicksalsgenossinnen verhindern zumeist die gefürchtete Nachkommenschaft. Keuschheitsideal und Diskriminierung der Sexualität tragen dazu bei, die Wirkung der sozialen Disziplinierung erträglicher zu machen.
Ein freies Eherecht der Hörigen gibt es nicht; der Herr wacht über die legitimen, d.h. vermögensrechtlich wirksamen Verbindungen gemäß den Bedürfnissen seiner Grundherrschaft. Ehen über deren Grenzen hinweg – von den Herren wenig geschätzt, aber bei der üblichen Gemengelage häufig geschlossen – erfordern besondere, die Nachkommen und das Erbe verteilende Regelungen.

Aus: Johannes Fried, Die Formierung Europas 840–1046 a.a.O., S. 23 f.

c) Hrotsvit von Gandersheim

(1) Versöhnung des Königs mit seinem Bruder (25. 12. 941 im Dom von Frankfurt, dargestellt von Hrotsvit von Gandersheim)

Hierauf dachte darüber der fürstliche Bruder des Königs,
Heinrich, im Innern des Herzens bewegt durch Gnade des Herren,
Bei sich nach, mit heftigem Schmerz sich dessen erinnernd,
Was er wider das Recht nur jemals hatte begangen.
Aber vor allem beweint' er auch dies mit heftigen Klagen,
Daß er so schmählich gewichen den schmeichelnden Reden von jenen,
Die mit trügenden Worten ihn selber hatten gefangen.
Aber wie schwer er auch trug im Herzen so große Betrübnis,
Dennoch getraut' er sich nicht in langhindauerndem Zeitraum
Gegenüberzutreten den Blicken des Königes selber,
Sondern allein von fern, aus eifrigem Drange des Herzens,
Fleht' er, es werd ihm verliehen das süße Geschenk der Verzeihung.
Aber zuletzt fürwahr, von mächtiger Liebe bezwungen,
Warf er hinweg vom Gemüt urplötzlich die Furcht vor der Strafe,
Und bei nächtlichem Dunkel, gehüllt in tiefes Geheimnis,
Kam er in Eile herbei, zur Königsstadt[1] sich begebend,
In der eben sich rüstet' der fromme König, zu feiern
Demutsvoll, wie geziemet, des ewigen Königs Geburtsfest.
Und nachdem er sich hatte des köstlichen Schmuckes entkleidet,
Wählt' er zum Anzug aus ein Gewand, nur schlecht und geringe.
Unter den heil'gen Gesängen der hochehrwürdigen Weihnacht
Nackten Fußes betretend die heilige Schwelle des Domes,
Scheut' er sich nicht vor grimmigem Frost beim Toben des Winters,
Sondern er warf sich nieder am heil'gen Altar mit dem Antlitz,
Fest anschmiegend den adligen Leib der gefrorenen Erde.
So mit der ganzen Gewalt des schmerzlich bewegten Gemütes

1 Frankfurt, am 25. Dezember 941. Heinrich hatte sich als Gefangener in Ingelheim befunden und war von dort entflohen.

Flehte der Herzog darum, der Verzeihung Geschenk zu gewinnen.
Als es der König vernommen, besiegte die Liebe die Strenge,
Und des nahenden Festes, das alle verehren, gedenkend,
Bei dem Frieden der Welt verkündet die Himmelsbewohner,
Ihres Königes froh, von zarter Jungfrau geboren,
Daß er liebend erlöse die Welt, schon reif zum Verderben;
Solchem Tage mithin, dem Bringer des Friedens zur Ehre,
Fühlt' er Erbarmen, gerührt vom Schuldbekenntnis des Bruders,
Und gönnt' liebend ihm wieder Besitz von seiner Geneigtheit,
Nebst dem ersehnten Geschenk von seiner vollen Vergebung.

Aus: Die Taten Kaiser Ottos I. von Hrotsvit von Gandersheim, in: Hrotsvit von Gandersheim, Sämtliche Dichtungen, aus dem Mittellateinischen übertr. von Otto Baumhauer u. a., München 1966, S. 298.

(2) Die Dichterin und Chronistin

Sie war die *erste deutsche Dichterin* und zugleich die *erste Dramatikerin der gesamten christlichen Welt.* Ihre Dramen sind die ersten Beispiele einer christlichen Dramatik, die vermöge ihrer theatralischen Technik auch der modernen Bühne noch reizvolle Aufgaben stellen. Hrotsvits Versuch terenzischer[1] dramatischer Form war somit in der Tat eine „durch Jahrhunderte einzigartige Neuerung" (Kuhn). Überdies hat sie mit ihren Stücken bereits die Hauptgattungen der dramatischen Dichtart vorweggenommen: *historisches Schauspiel* in „Gallikan", *bürgerliches Schauspiel* in „Calimachus", „Abraham" und „Pafnutius", *Tragödie* in „Dulcitius" und „Sapientia", darüber hinaus aber auch noch *Komödie,* wenn auch nur in Form einer Einlage, nämlich als pointierte Ausgestaltung eines Nebenmotivs im „Dulcitius". Gleichzeitig ist Hrotsvit die *erste Geschichte schreibende Frau in Deutschland,* deren geschichtliche Werke („Gesta Oddonis", Primordia coenobii Gandeshemensis") – trotz des vorwaltenden dynastischen Gesichtspunktes – historischen Quellenwert besitzen. Ferner ist Hrotsvit eine frühe Zeugin des im Mittelalter sich herausbildenden christlichen Heldenideals, eines Leitbildes, das die in der Hagiographie gefeierten sittlichen Werte umfaßt, zugleich aber schon ritterlich höfische Qualitäten einschließt und so auf das in Hartmann und Wolfram sich vollendende christliche miles-Ideal der Stauferzeit vorausweist. Ja, als *erste emanzipierte Frau,* als die sie die deutsche Frauenbewegung feiert, weist sie sogar über das Mittelalter hinaus auf die neueste Zeit. Sie war tief vom Selbstwert des Frauentums durchdrungen und sich auch „deutlich bewußt, mit ihren Schöpfungen für das Recht der Frauen zu streiten" (Reich). Indem sie die Frau grundsätzlich siegen läßt, will sie immer wieder die Überlegenheit des schwachen Geschlechts vor Augen stellen. Rechnen wir endlich noch hinzu, daß Hrotsvit über eine erstaunlich vielseitige gelehrte Bildung verfügte, so rundet sich das Bild ihrer Lebensleistung zu respektgebietender Größe. Persönlichkeit und Werk dieser Dichterin rechtfertigen den ihr zuteil gewordenen Ruhm.

Aus: Hrotsvit von Gandersheim, Sämtliche Dichtungen, a. a. O., S. 34.

1 Terenz: Komödiendichter, gest. 159 v. Chr., Verfasser von 6 Stücken (166–160 v. Chr.)

5. Wandlung der landwirtschaftlichen Struktur

a) Selbstbestimmung und Abhängigkeit von Bauern

Eine allgemeine Zunahme von „Freiheit" und Emanzipation aus älteren Bindungen zeichnet sich gerade für nichtadelige Schichten als säkularer Trend ab. „Sieht man heute nicht viele, die durch Gehorsam oder gewisses Genie sich nicht allein die Freiheit verdienen, vielmehr Herrengut erwerben, ja durch ... Heirat oftmals sogar die Knechts- über die Herrenfamilie erheben?" Rather von Verona bemerkt derartiges ... „Verelendung" ist gewiß nicht das soziale Signum der Epoche. Wer den Klagen über Ausbeutung der „Armen" seine Feder leiht, zählt gewöhnlich zu den Grundherren, und es ist gewöhnlich völlig unklar, wer tatsächlich stärker betroffen ist, der in seinen *servi*[1] geschädigte Herr oder der Knecht. Kollektive Leistungsverweigerungen, Verschwörungen von Unfreien, Abwanderungen in (zumeist geistliche) Grundherrschaften mit günstigerem Recht zeigen, daß die Unterschichten nicht tatenlos bleiben. Umstritten ist, wie weit es in der hier fraglichen Epoche bereits Mark- oder Dorfgenossenschaften gibt, wie weit sie also auch als Träger oder lediglich als Nutznießer des eben erwähnten Widerstands in Betracht kommen könnten. Eine Reihe von Gerichtsprozessen gegen entlaufene oder sich durch Abgabenverweigerung der Herrengewalt entziehende Hörige verdeutlicht etwa um die Jahrtausendwende im Westen und Osten des einstigen Karlsreiches den sozialen Druck, der zunehmend auf den Grundherrschaften lastet. „Jeder Knecht läuft seinem Herrn davon, entsagt dem Christentum und wird Wikinger", schilt Wulfstan von York und droht mit göttlicher Vergeltung ... Milderung der Abgaben und Verbesserung des personalen Rechtsstandes lassen sich denn auch mannigfach vom 9. zum 11. Jh. beobachten. Schollenbindung erweist sich als weitaus hemmender denn bloße Unfreiheit. Die *mancipia* des 9. Jh., zumeist besitzlose und ihrem Herrn zu ungemessenem Dienst verpflichtete, unfreie Menschen, gelten als das größte Veränderungspotential; niedrigste Dienste (der Knecht des Schweinehirten rangiert am tiefsten auf der sozialen Stufenleiter), aber auch angesehene Gewerbe und Handel sind ihnen zugewiesen. Gleichwohl lehrt Burchards von Worms Hofrecht, daß zu Beginn des 11. Jh. auch Hofbesitzer unter den Hörigen in der Abwanderung in andere Grundherrschaften und vor allem in die älteren oder eben entstehenden Städte neue Erwerbschancen suchen. Doch läßt sich eine entgegengesetzte Entwicklung nicht leugnen. Der Adel ist bestrebt, auch die letzten freien Bauern in verstärkte Abhängigkeit zu zwingen. Andernorts treten Freie mit ihrem Besitz „freiwillig" in die *familia* eines Grundherrn ein, sei es aus Not oder aus dem Bedürfnis nach wirksamerem Schutz, gewöhnlich aber zu einem geringen Zins. Auf Dauer gleichen sich so die entgegengesetzten Tendenzen aus, und ein mehr oder weniger homogener Bauernstand mit einem gegenüber dem 9. Jh. deutlich abgeschwächten Abgabendruck ist das Ergebnis. *Servus* meint nun geradezu den Bauern, oft sogar noch allgemeiner: den mit seinen Händen arbeitenden Menschen, jedenfalls nicht mehr ausschließlich den Knecht.

Aus: Johannes Fried, Die Formierung Europas 840–1046, a. a. O., S. 27 f.

b) Innovationen der Landwirtschaft

Einige Zeit vor dem 10. Jahrhundert wurde das Kummet, ein gepolsterter Bügel, der auf den Schultern des Pferdes ruhte, wahrscheinlich von Asien kommend, in Westeuropa eingeführt. Bald danach ging man auch zum Beschlagen der Pferde über, um ihre Hufe zu schützen, die empfindlicher sind als Rinderhufe. Daraufhin wurden weithin auch Pferde vor Pflüge und Fuhrwerke

1 von latein. servus: Knecht

gespannt, sie verdrängten die Ochsen allerdings keineswegs. Körperlich war das Pferd in Stärke und Schnelligkeit dem Ochsen eindeutig überlegen. Aber es war teurer in der Ausrüstung, in der Aufzucht und im Futter (immerhin brauchte es Hafer oder ein ähnliches Getreide). Zeitgenossen haben errechnet, daß ein Pferd etwa so viel Arbeit leisten könne wie drei oder vier Ochsen, aber drei- bis viermal so teuer im Unterhalt sei. Der Einsatz von Pferden setzte also eine genaue ökonomische Kalkulation voraus und war nur unter ganz bestimmten Bedingungen zweckmäßig: Erstens mußte die Versorgung mit nicht zu teurem Hafer gewährleistet sein, und das schloß bereits alle Gebiete aus, in denen sich die Zweifelderwirtschaft hatte halten können, z. B. den größten Teil des Mittelmeerbeckens. Zweitens mußte die Anbaufläche groß genug sein, um ein Pferd voll auszulasten; denn nur eine ausreichende Produktivität machte seine Haltung rentabel. Bei all diesen Vorbehalten beschränkte sich der Einsatz von Pferden in der Landwirtschaft auf Nordfrankreich, Flandern und Teile von Deutschland und England, ohne auch dort die Ochsen ganz zu ersetzen . . .

Neben diesen weittragenden Innovationen brachte die mittelalterliche Landwirtschaft noch etliche weniger bedeutende Innovationen und Verbesserungen hervor. Nachdem neue Quellen zur Versorgung mit Eisen erschlossen worden waren und die Metallschaffung vorangeschritten war, gab es im mittelalterlichen Europa mehr und billigere Eisenprodukte als im mediterranen Altertum. Eisen wurde nicht nur zu Ritterrüstungen und Waffen geschmiedet, sondern zunehmend auch zu landwirtschaftlichen Geräten, wie z. B. einfachen Hacken, Heugabeln und vor allem Äxten. Außerdem hatte der Räderpflug eiserne Pflugscharen, im Gegensatz zu den Holzspitzen bei den Pflügen im Mittelmeerraum. Die Sicheln zum Kornschneiden wurden verbessert, und zum Heumähen verwendete man verstärkt die Sense. Schon im Altertum hatte man mit der Egge Erdklumpen zerkleinert, die Ackerfläche geebnet und zuweilen auch Saat eingeeggt; nachdem Eggen mit Eisenteilen versehen worden waren, verbreiteten sie sich stärker. Schon seit langem war der Wert von Tiermist zur Bodendüngung bekannt, doch nun bemühte man sich mehr, ihn zu sammeln und aufzubewahren. Das Mergeln, das Einarbeiten von Kalk oder Kreide in den Boden, machte bestimmte Bodenarten fruchtbarer, bei anderen half Torf. . .

Auch bei den Feldfrüchten und in der Viehzucht kam es zu Innovationen. Lag die Wissenschaft der Genetik auch noch in ferner Zukunft, so wußte doch schon damals der einfache Bauer, daß sich bei sorgfältiger Zucht größere Pferde, bessere Milchkühe und Schafe mit längerer Wolle heranziehen ließen. Im Laufe des Mittelalters wurden zahlreiche neue Feldfrüchte in Europa eingeführt, weiter verbreitet und in Sonderkulturen angebaut. Das galt z. B. für Roggen, der in weiten Teilen Nord- und Osteuropas zum hauptsächlichen Brotgetreide wurde, im Altertum aber kaum bekannt gewesen war. Auch auf Hafer traf dies zu, das unerläßliche Getreide für eine Wirtschaft, die Pferdekraft nutzte. Erbsen, Bohnen und Linsen waren zwar vorher schon bekannt, verbreiteten sich aber weiter und bereicherten bei größeren Anbaumöglichkeiten die alltägliche Nahrung. Viele Gartengemüse und Obstsorten aus dem Mittelmeerraum und sogar aus Afrika und Asien wurden in Nordeuropa heimisch. Die Pfropftechnik, vermutlich eine arabische oder maurische Erfindung, erbrachte bessere Obst- und Nußsorten. Von den Arabern in Spanien und Süditalien lernten die Europäer Baumwolle, Rohrzucker, Zitrusfrüchte und vor allem Reis kennen, der in der Poebene und weiteren Agrargebieten Italiens vorrangig angebaut wurde. Die Zucht von Seidenraupen auf Maulbeerbäumen drang ebenfalls aus islamischen und byzantinischen Kulturen nach Norditalien vor . . .

Im wachsenden Textilgewerbe nahm die Nachfrage nach natürlichen Farbstoffen wie Waidblau, Krapprot und Safrangelb ständig zu. Einige kleinere Regionen spezialisierten sich ganz auf die Herstellung solcher Farbstoffe und importierten ihre Nahrungsmittel von außerhalb.

Für die zahlreichen Prozeß- und Produktinnovationen gibt es mehr als eine einzige Erklärung. Einigen Landwirten, die Innovationen durchführten, könnte es schlicht darum gegangen sein, selber weniger oder nicht mehr gar so schwer arbeiten zu müssen, d.h. die Arbeit effizienter zu machen. Zwar kann die mittelalterliche Landwirtschaft kaum als individualistisch gelten, tatsächlich aber waren es einzelne Menschen, die für sich allein oder im Zusammenarbeit mit anderen Innovationen einführten oder von außen übernahmen und gewöhnlich auch ihren Nutzen daraus zogen. Ganz anders als im Altertum bot die Landwirtschaft des Mittelalters Anreize zu Innovationen. Auch die Einführung neuer Früchte oder die Spezialisierung auf einen bestimmten Anbau weisen darauf hin, daß Anreize bestanden und die Landwirte imstande waren, darauf entsprechend zu reagieren. Diese Neuerungen mochten nun für den Konsum des Landwirts selbst, für den Verkauf an Verbraucher in der Stadt oder als Rohstoff für das wachsende Gewerbe bestimmt gewesen sein, in jedem Fall sind sie ein Zeichen für steigende Einkommen und für eine mannigfaltigere Produktion und Distribution[1], für wirtschaftliche Entwicklung also.

Aus: Rondo Cameron, Geschichte der Weltwirtschaft, Bd. I, Vom Paläolithikum bis zur Industrialisierung, aus dem Amerikan. übers. von Rainer und Barbara Fremdling, Stuttgart 1991, S. 84ff.

c) Neue landwirtschaftliche Geräte, andere Zugtiere

(1) Egge

(2) Vierkantpflug mit Ochsenbespannung (12. Jh.)

(3) Pflug ohne Sohle[2] mit Pferdebespannung (15. Jh.)

1 Verteilung
2 unteres Teilstück der Pflugschar

d) Hungersnot und -katastrophen im 11. Jahrhundert

Die bäuerliche Lebenswelt wird auch im 11. Jahrhundert von einigen existentiellen Grundbedingungen bestimmt, die wir uns bei der Betrachtung des mittelalterlichen Bauerntums stets vor Augen halten müssen. Das bäuerliche Leben stand – trotz der unterschiedlichen Verhältnisse in den einzelnen Regionen – weitgehend im Spannungsfeld von Unsicherheit und Not, von Naturereignissen und Unglücksfällen, von Krieg und herrschaftlichem Zwang. Die Abhängigkeit der Bauern von Natur und Umwelt, von Wärme und Kälte, von Regen- und Trockenperioden mit ihren nachhaltigen Auswirkungen auf die Erträge der Landwirtschaft ist dabei besonders hervorzuheben. Die Beeinflussung der bäuerlichen Wirtschaft durch Wetter und Klima war zu einer Zeit, wo den Bauern technische Hilfsmittel nur in einem geringen Maße zur Verfügung standen und die Ernteerträge minimal ausfielen, von grundlegender Bedeutung. Ernteverluste, Versorgungskrisen und Hungerkatastrophen gehören daher im 11. Jahrhundert zum Erscheinungsbild einer Gesellschaft, deren wirtschaftliche Basis ganz überwiegend auf Grundbesitz und Agrarwirtschaft aufbaute. Vom Hunger bedroht, leben besonders die unteren Schichten der ländlichen Gesellschaft in schwierigen Verhältnissen. Hungersnöte und Unterernährung begünstigen Seuchen und Epidemien; Krankheiten und mangelnde Hygiene haben eine hohe Kindersterblichkeit zur Folge. Viehseuchen vergrößern die Nahrungsknappheit und verschlimmern zugleich die Not, da die Arbeitskraft der Zugtiere geschwächt wird. Radulf Glaber gibt uns in seinen „Historiae" anschauliche Bilder von der Not, die durch die große Hungerkatastrophe von 1032/33 verursacht wurde. Unter dem Zwang einer allgemeinen Knappheit an Nahrungsmitteln hätten die Menschen damals neben wilden Tieren alles mögliche Aas und sonstige schreckliche Dinge gegessen. „Einige nahmen, um dem Tod zu entgehen, ihre Zuflucht zum Wurzelwerk des Waldes und zum Grün der Blumen. Wütender Hunger ließ die Menschen selbst menschliches Fleisch verschlingen, Reisende wurden von Stärkeren verschleppt, ihre Glieder abgeschnitten, gekocht und verzehrt. Manche Leute, die aufgebrochen waren, um dem Hunger zu entfliehen, und unterwegs Gastfreundschaft fanden, wurden des Nachts ermordet und dienten jenen als Nahrung, die sie aufgenommen hatten. Viele zeigten Kindern eine Frucht oder ein Ei, lockten sie damit an abgelegene Orte, brachten sie um und verschlangen sie. Anderswo wurden Tote ausgegraben, um den Hunger zu stillen". Ähnliche oder weniger dramatische Schilderungen von Hungersnöten und Massensterben finden sich bei vielen Chronisten. So berichtet Adam von Bremen, daß um 1070 in Bremen eine schlimme Hungersnot wütete, so daß man viele Arme tot auf den Plätzen der Stadt gefunden habe.

Aus: Werner Rösener, Bauern in der Salierzeit. In: Die Salier und das Reich, Bd. 3, Gesellschaftlicher und ideengeschichtlicher Wandel im Reich der Salier, hrsg. von Stefan Weinfurter, Sigmaringen 1991, S. 53 f.

6. Die Urbanisierung

a) Faktoren für die Entwicklung der Städte

Erst seit dem 10. Jahrhundert, vor allem unter Erzbischof Bruno[1], dem Bruder Otto I., änderten sich die Verhältnisse in Köln grundlegend, begann der Handel als Ansatzpunkt eines städtischen Lebens dauerhaft zu werden. Für andere Orte des Rheinlandes und des Donaugebietes lassen sich vergleichbare Entwicklungen, wenn auch meistens auf einem niedrigeren Niveau als in Köln, nachweisen.

1 Erzbischof von Köln und Herzog von Lothringen; siehe Komment. Register unter „Brun".

Der Wandlungsprozeß verlief jedoch sehr langsam. Die unterschiedlichen Ansätze waren meistens Ausdruck unterschiedlicher wirtschaftlicher Kräfte. Nur wenige Städte konnten an Rahmenbedingungen aus der Römerzeit anknüpfen. Hierzu gehörten neben Köln u.a. Mainz, Worms, Speyer und Regensburg, obgleich für einzelne dieser Orte die mindestens teilweise Kontinuität nicht unumstritten ist. Aber auch kleinere Siedlungen, die sich ehemaligen römischen Städten benachbart entfalteten, hatten eine Möglichkeit zur Entwicklung städtischen Lebens: Frankfurt, Basel, Zürich, Wien, Graz, Villach und Xanten sind hierfür Beispiele. Da die Entwicklung an den tatsächlichen Verhältnissen und nicht an ehemaligen Rechtspositionen orientiert war, kamen auch Plätze mit Kastellen und Militärlagern der Römer für eine städtische Entwicklung nach der Völkerwanderungszeit in Betracht, wobei ein sichtbares städtisches Wirtschaften und Leben vor allem im 9. und 10. Jahrhundert nachzuweisen ist.

Es ist zugleich die Periode der *ersten Blüte der mittelalterlichen Städte in (Nord-)Italien und in Flandern,* was aber erst mit einer Verzögerung von fast zwei Jahrhunderten auf das Gebiet zwischen Alpen und Nordsee wirkte, von Italien aus auf Süddeutschland, von Flandern aus auf das niederrheinische Gebiet. Daraus wird zugleich deutlich, daß für die Anfänge der städtischen Entwicklung in Deutschland nicht eigenständige Entwicklungen entscheidend waren, sondern die Einwirkungen von außen.

Auch im *germanisch-slawischen Grenzgebiet,* vor allem an den Küsten und Flußmündungen der Ostsee kam es zur Entwicklung von nichtlandwirtschaftlichen Siedlungen mit drei Komponenten: (1) Ein Herrenhof, (2) eine Kaufmannssiedlung als Lager-, Handels- und Hafenplatz und (3) eine Handwerkersiedlung zur Versorgung des Herrenhofes, der Kaufmannssiedlung und auch des Handels mit handwerklichen Produkten. Alt-Lübeck, nördlich des späteren Lübeck gelegen, war ein solcher Ort.

Die günstigen Standorte zahlreicher Siedlungen mit überregionaler Funktion aus der germanischen, der keltischen und der römischen Zeit haben in Mitteleuropa bewirkt, daß mit dem Aufkommen eines neuen städtischen Lebens die sich wieder entwickelnden nichtlandwirtschaftlichen Wirtschaftszweige hier niederließen.

Man kann für diese Zeit daher allgemein von einem *Überwiegen der natürlichen Standfaktoren* sprechen. Die Kaufleute haben von sich aus dort eine Handelsniederlassung geschaffen, wo sich die (verkehrs-)günstigsten Voraussetzungen für die Abwicklung des Handels boten. Dabei waren drei Faktoren von besonderer Wichtigkeit:

a) Eine günstige *Transportmöglichkeit* ergab sich meistens an einem Gewässer, d.h. an einem Fluß oder an der See.

b) Eine *Absicherung des Handelsplatzes* gegen äußere Gewalt konnte am ehesten erreicht werden, wenn man den Schutz der Inhaber der örtlichen oder noch besser der regionalen Gewalt erhielt. Man suchte daher die Nähe eines Herrschaftszentrums, mindestens aber eines Herrenhofes von einiger Ausdehnung. Der mit seinen Waren wandernde Kaufmann war Fremder, was die herausragende Stellung eines Gastes oder die gefährliche Stellung eines gegen Überfälle nur schwer zu sichernden Reisenden bedeutete.

c) Auch dann sah man noch weitgehend auf eine *günstige natürliche Verteidigungsmöglichkeit.* An den Gewässern war dies relativ leicht möglich.

Alle drei Punkte galten für die Einrichtung einer städtischen Wirtschaft, die auf den Initiativen der Kaufleute beruhte. Demgegenüber waren bei der Auswahl eines Villikationszentrums und bei größeren Villikationszentren der dadurch entstehenden Konzentration von nichtlandwirtschaftlichen Tätigkeiten andere Gesichtspunkte entscheidend. Die natürlichen Verteidigungsmöglichkeiten werden hier vermutlich ebenfalls eine Rolle gespielt haben, mehr als Sicherung gegen kleinere Gruppen von Feinden, nicht aber im Sinne großer Verteidigungsanlagen. Die Verteilung der Berechtigungen an den Beherrschten und damit die Zuordnung zur zentralen Stelle der

Machtausübung, ferner überkommene Besonderheiten, werden weitere nicht mehr rational erklärbare Einflüsse gewesen sein.
In beiden Fällen, d.h. sowohl bei den kaufmännischen Niederlassungen wie auch bei den Herrenhöfen, den beiden wichtigsten faktischen Ansatzpunkten für die Entstehung städtischen Lebens, konnte man im Rheinland und im Donaugebiet auf die Reste römischer Städte, Militär- und Grenzsiedlungen, ferner Herrenhöfe zurückgreifen. Hierbei handelte es sich mithin nur um einen zusätzlichen Faktor, der aber das Grundmuster des herrschaftlichen und des kaufmännischen Ansatzes der Entwicklung zur Stadt nicht entscheidend änderte. Wichtig ist vor allem, daß zu dieser Zeit die gewachsene und nicht die gegründete Stadt im Vordergrund stand, d.h. daß die tatsächlichen Verhältnisse und nicht die rechtlichen Rahmen- und Anstoßbedingungen entscheidend waren, wie z.B. Wörth, das spätere Donauwörth, zeigt.

Aus: Friedrich Wilhelm Henning, Deutsche Wirtschafts- und Sozialgeschichte im Mittelalter und in der frühen Neuzeit, a.a.O., S. 116f.

b) Bürgerrechte und -freiheiten (Gründung Freiburgs i.Br. 1120)

Kund sei allen, Zukünftigen wie Gegenwärtigen, daß ich, Konrad, in meinem Ort Freiburg einen Markt errichtet habe im Jahre 1120 nach der Geburt des Herrn. Mit den von überallher zusammengerufenen angesehenen Kaufleuten habe ich in einer beschworenen Vereinbarung beschlossen, daß sie die Marktsiedlung beginnen und ausbauen sollen.
Daher habe ich jedem Kaufmann in der geplanten Marktsiedlung eine Hausstätte zugewiesen, auf der er ein eigenes Haus erbauen kann, und habe verfügt, daß mir und meinen Nachfolgern von jeder Hausstätte ein Schilling öffentlicher Münze jährlich am Martinstage zu zahlen sei. Es sei daher jedermann kund, daß ich auf ihre (der Kaufleute) Bitten und Wünsche hin folgende Rechte bewilligt habe, die – so schien es mir ratsam – in einer Urkunde zusammengeschrieben werden sollten, damit man sie auf lange Zeit im Gedächtnis bewahre, so daß meine Kaufleute und ihre Nachkommen mir und meinen Nachfahren gegenüber dieses Privileg für alle Zeiten behaupten können.
1. Ich verspreche Frieden und sichere Reise in meinem Machtbereich und Herrschaftsgebiet allen, die meinen Markt aufsuchen. Wenn einer von ihnen auf dieser Strecke beraubt wird, werde ich, wenn er den Räuber namhaft macht, entweder dafür sorgen, daß die Beute zurückgegeben wird, oder ich werde selbst zahlen.
2. Wenn einer meiner Bürger stirbt, soll seine Frau mit den Kindern alles besitzen und frei von allen Ansprüchen behalten, was ihr Mann hinterlassen hat.
3. Allen Marktsiedlern verleihe ich, daß sie an den Rechten meines Volkes und der Landsleute teilhaben sollen, soweit ich es vermag, damit sie insbesondere frei von aller Banngewalt die Weiden, Wasserläufe, Gehölze und Wälder nutzen können.
4. Allen Kaufleuten erlasse ich den Zoll.
5. Niemals werde ich meinen Bürgern einen neuen Vogt oder einen neuen Priester ohne ihre Wahl setzen, sondern wen sie dazu wählen, den sollen sie unter meiner Bestätigung haben.
6. Wenn sich zwischen meinen Bürgern ein Zwist oder Streit erhebt, soll er nicht nach meinem oder ihres Vorstehers Belieben entschieden werden, sondern soll gerichtlich verhandelt werden, wie es Gewohnheit und Recht aller Kaufleute, besonders aber derer von Köln, ist.
7. Wenn jemand durch Mangel am Lebensnotwendigen dazu gezwungen ist, darf er seinen Besitz verkaufen, wem er will. Der Käufer aber soll von der Hausstätte den festgesetzten Zins entrichten.

Damit meine Bürger diesen Zusagen nicht etwa nur geringen Glauben schenken, habe ich mit zwölf meiner namhaftesten Ministerialen durch Eid auf die Reliquien der Heiligen dafür Sicherheit geleistet, daß ich und meine Nachfahren alles Vorstehende stets erfüllen werden. Damit ich aber diesen Eid nicht um irgendeiner Not willen breche, habe ich mit meiner Rechten dem freien Manne ... und den Vereidigten des Marktes wegen dieser Sache ein unverbrüchliches Treugelöbnis gegeben. Amen.

Aus: Karl Kroeschell, Deutsche Rechtsgeschichte 1 (bis 1250), Hamburg 1972, S. 161.

c) Rechte und Pflichten der Stadtbürger

Während sich in großen Bischofsstädten die Bürger ihre freiheitlichen Rechte allmählich erkämpfen mußten, wurde den Neugründungen häufig gleich ein Stadtrecht verliehen ..., das einerseits auf gewohnheitsrechtlichen Markt- und Kaufmannsrechten, andererseits auf stadtherrlichen Privilegien beruhte. Jede Stadt hatte ihr individuelles Recht, dennoch ist, was die Rechtsstellung der Bürger betrifft, ein gemeinsamer Grundbestand in der Regel vorhanden: Freiheit von Ansprüchen anderer Herren, die sich Stadtbewohner nach verbreiteter Vorstellung durch einen Aufenthalt von Jahr und Tag in der Stadt erwarben („Stadtluft macht frei"), Freizügigkeit und Erbrecht, eigene Richter- und Pfarrerwahl. Mit dem Bürgereid ... verpflichtete sich der Bürger der Stadtgemeinschaft, für die er Steuern und Wehrdienst zu leisten hatte. Im Strafrecht waren keine körperlichen Strafen mehr vorgesehen. Gerichtsherr war zunächst der Stadtherr; doch gelang es den Städten im Verlauf der weiteren Entwicklung, die niedere und auch die höhere Gerichtsbarkeit zu erwerben.

Die Stadt ist durch die Ratsverfassung gekennzeichnet, deren Vorbilder in Oberitalien lagen. Der Rat, die Stadtregierung, bestand häufig aus 12 oder 24 Ratsherren, die jährlich wechselten; er hatte vor allem die Finanzhoheit. Entscheidungen wurden nach dem Mehrheitsprinzip gefällt. Der Bürgermeister war meist nur *Primus inter pares*. Allgemeine Bürgerversammlungen gab es in vielen Fällen, ihre Kompetenzen waren jedoch bescheiden.

Aus: Peter Hilsch, Mittelalter, Grundkurs Geschichte 2, hrsg. von Pedro Barcelo, Frankfurt a.M. 1989, S. 291f.

d) Sozialstruktur der Stadt

Die mittelalterlichen Städte waren keine Inseln demokratischer Gleichheit in einer feudalen Umwelt; ihre Bevölkerung war sozial stark differenziert. Keineswegs alle Stadtbewohner hatten das Bürgerrecht. Das Drei-Schichtenmodell (Ober-, Mittel-, Unterschicht) eignet sich für eine Beschreibung der *Sozialstruktur* noch immer am besten ... Reichtum war in der Stadt zweifellos ein sehr wichtiger Faktor sozialer Einschätzung (somit war auch ein Aufstieg in die Oberschicht möglich), aber auf Zugehörigkeit zu den herrschenden Familien wurde ebenfalls geachtet. Die ratsfähigen Familien beherrschten den Stadtrat und hielten alle wichtigen Stadtämter in ihrer Hand. Dieses Patriziat (oder: Meliorat) setzte sich aus reichen Kaufleuten und den stadtadligen Ministerialenfamilien zusammen, die sich in manchen Fällen auch wieder gegenseitig bekämpften. Kaufmannskapital, Geldhandel und Grundbesitz waren ihre wirtschaftliche Basis. Neben den ratsfähigen Familien kann man auch noch andere reiche Bürger, auch die Spitzengruppe der Handwerker, zur Oberschicht zählen.

Die Mittelschicht verfügte über mittlere und kleinere Vermögen und setzte sich aus kleineren Kaufleuten, Stadtschreibern, Fuhr- und Schiffsunternehmern, Ärzten, gutgestellten Ackerbürgern und vor allem aus der Masse der Handwerker zusammen. Sie konnte bis zu 50 % der Gesamtbevölkerung einer Stadt betragen.

Die Erforschung der Unterschichten ist auf Grund der Quellenlage schwierig. Zu ihr gehörte die untergeordnete arbeitende Bevölkerung (Handwerksgesellen, Hilfsarbeiter, Dienstboten, Stadt-

wächter u.a.), aber auch die Randgruppen (Bettler, Prostituierte, Aussätzige u.a.). Die meisten Unterschichtsangehörigen hatten kein Bürgerrecht. Ihre Zahl nahm im Laufe des Spätmittelalters eher zu. In den damaligen Großstädten schätzt man sie auf bis zu 40% der Bevölkerung.
Abgesehen von den Fremden und Gästen, existierten noch zwei Sondergruppen, die nur teilweise in die Stadt integriert waren: die Kleriker der Bischofssitze, der zahlreichen Stadtklöster und der Stadtpfarreien. Die Geistlichen waren als Angehörige der Kirche eximiert und hatten in der Regel kein Bürgerrecht. Auch die Juden bildeten häufig autonome Gemeinden, die meist dem König, den Landes- oder Stadtherrn verpflichtet und unterstellt waren (Kammerknechtschaft), dennoch in vielen Fällen auch noch von den Städten zu Finanzleistungen herangezogen wurden; dafür wurde ihnen der Schutz der Stadt versprochen. Ihre Situation verschlechterte sich seit dem 13. Jahrhundert. Das große Kreditgeschäft wurde ihnen von christlichen Geldhändlern ebenso entzogen wie früher schon der Fernhandel. Die jüdischen Wohnviertel wurden im Spätmittelalter allmählich zum Ghetto.
Eine der frühesten statistischen Quellen, aus Nürnberg zum Jahr 1449, zeigt folgendes Bild der Bevölkerung: 12309 Bürger mit Angehörigen, 3274 Knechte und Mägde, 1976 Nichtbürger, 446 Geistliche mit ihren Bediensteten, 120 Juden.
Aus: Peter Hilsch, Mittelalter, a.a.O., S. 292f.

e) Der Aufstand der Bürger in Worms (1073)

Als er in dieser verzweifelten Lage[1] vor den Toren der Stadt Worms erschien, vollzog sich ein bemerkenswertes Ereignis, das uns Lampert[2] anschaulich schildert: „Hier wurde er von den Bürgern mit großem Gepränge in die Stadt eingeholt; diese hatten, um ihre Parteinahme für ihn noch deutlicher zu beweisen, kurz vorher die Kriegsmannen des Bischofs, die seinen Einzug verhindern wollten, aus der Stadt gejagt, und sie hätten den Bischof selber gefangengenommen und ihn in Ketten ausgeliefert, hätte er nicht in eiliger Flucht die Stadt verlassen. Beim Herannahen des Königs also zogen sie ihm bewaffnet und gerüstet entgegen, nicht um Gewalt zu brauchen, sondern damit er beim Anblick ihrer Menge, ihrer Rüstung, der großen Zahl kampfbereiter junger Männer in seiner Not erkenne, wie große Hoffnung er auf sie setzen könne. Bereitwillig geloben sie ihm Beistand, schwören ihm Treue, erbieten sich, jeder nach besten Kräften aus seinem Vermögen zu den Kosten der Kriegsführung beizutragen, und versichern ihm, Zeit ihres Lebens treu ergeben für seine Ehre kämpfen zu wollen. So hatte nun der König eine sehr stark befestigte Stadt in Händen, und sie war seitdem sein Hauptquartier, sie war die Schutzwehr seines Thrones, sie war für ihn, wie auch die Entscheidung fallen würde, ein sicherer Zufluchtsort, denn sie war volkreich, sie war wegen der Stärke ihrer Mauern uneinnehmbar, sie war infolge der Fruchtbarkeit der Umgebung außerordentlich reich und aufs beste mit allen für einen Krieg notwendigen Vorräten versehen".
Lampert weiß anschließend zu berichten, daß die Handlungsfähigkeit Heinrichs IV. in seinen Stammlanden nun wieder so groß geworden sei, daß die für die Dezembertage nach Mainz einberufene Fürstenversammlung und die dort geplante Neuwahl eines Königs vom Mainzer Erzbischof abgesagt werden mußten.
Man merkt es den Worten unseres Chronisten an, welchen Eindruck die Wormser Ereignisse auf ihn gemacht hatten; denn hier war etwas Überraschendes und Neuartiges geschehen, hier hatte sich eine politische und gesellschaftliche Kraft zu Wort gemeldet, die es bis dahin noch gar nicht

1 Der Sachsenaufstand und eine Fürstenopposition, die zur Absetzung Heinrichs IV. und zu einer Neuwahl entschlossen war, brachten den König in eine verzweifelte Situation.
2 Lampert von Hersfeld, der bedeutendste Chronist dieser Zeit, berichtete darüber in seinen Annalen.

gegeben hatte. Während Lampert von Hersfeld als ein sich zwar neutral gebender, aber tatsächlich klarer Gegner Heinrichs IV., bei der Schilderung der voraufgegangenen und nachfolgenden Ereignisse sich kritischer und gehässiger Bemerkungen gegenüber dem König nicht enthalten kann, nötigt ihm der Aufstand der Wormser zugunsten dieses Herrschers offensichtlich Erstaunen und Respekt ab. Er scheint einen Augenblick darüber nachzusinnen, ob er nicht sein eigenes Urteil noch einmal überprüfen müsse.
Was mochte die Wormser veranlaßt haben, einen so ungewöhnlichen und auch kühnen Schritt zu unternehmen? Zweifellos spielte dabei das Gefühl von Treue und Verbundenheit mit „ihrem" König, dessen Geschlecht, die Salier, in dem Gebiet um Worms und Speyer begütert und heimisch war, eine wichtige Rolle. Zudem genoß dieser König, gegen den die Fürsten und die Kurie den schwerwiegenden Vorwurf erhoben, daß er sich mit Ratgebern niederer Herkunft umgebe, eine gewisse Popularität in dem Sinne, daß man ihm Verständnis für die Sorgen des einfachen Volkes nachsagte. Aber bot sich nicht auch umgekehrt für die sich formierende und aufstrebende Bürgergemeinde die Chance, an der Seite des Königs, der nicht nur von den weltlichen, sondern auch zum guten Teil von den geistlichen Reichsfürsten im Stich gelassen worden war, ihre Sache voranzutreiben und ihr durch königliche Bestätigung den Charakter der Rechtmäßigkeit zu verleihen? Dieses Streben nach Anerkennung war, wie sie sich dann immer wieder erweisen sollte, ein wesentlicher Punkt bei der kommunalen Bewegung überhaupt.
Heinrich IV. hat sehr wohl begriffen, daß er neben dem machtpolitischen Gewinn, mit dem Verfügen über Worms als „Hauptquartier und Schutzwehr seines Thrones" (*arx regni,* Lampert von Hersfeld, S. 208/209) den Wormsern auch einen stimmungsmäßigen Umschwung verdankte, und brachte seine Dankbarkeit und politische Einschätzung in der von ihm am 18. Januar 1074 ausgestellten Urkunde zum Ausdruck. Es ist die erste Urkunde überhaupt, die im deutschen Reich vom König den Bürgern einer Stadt ausgestellt worden ist, und es ist zugleich eine Urkunde, die mit so großem stilistischen Aufwand und politischem Engagement gestaltet wurde, daß man die beabsichtigte Wirkung unschwer erkennen kann, nämlich die Tat der Wormser als leuchtendes Vorbild und Ansporn für andere Städte herauszustreichen. Unter denjenigen, die sich um das Königtum besonders verdient gemacht haben, „haben wir", so heißt es in der Übersetzung dieser Urkunde durch Heinrich Boos, „die Bewohner der Stadt Worms als würdig nicht der kleinsten, sondern der größten und besonderen Wiedervergeltung, ja würdiger, denn alle Bürger irgend einer Stadt beurteilt, da wir sie kennen gelernt haben, wie sie bei der größten Bewegung im Reich und mit sehr großer und besonderer Treue die Abhängigkeit bewiesen haben, obschon wir weder durch einen mündlichen noch durch einen schriftlichen Befehl, weder durch uns selbst noch durch einen Boten oder durch irgend eine Stimme zu dieser so ausgezeichneten Tat den Anlaß gegeben haben ...".
„Sie (die Bewohner der anderen Städte) mögen alle lernen, in deren (der Wormser) Nachahmung dem König die Treue zu bewahren, die sie nunmehr in dem Worms gegönnten Gewinn die Gültigkeit des Königs dargelegt sehen!"
Der „Gewinn", den die Wormser darauszogen, also der eigentliche Rechtskern des königlichen Privilegs, ist im Vergleich zu dem Appell an die „Öffentlichkeit", mit dem diese Quellen mehr den Charakter eines politischen Manifestes als den einer Urkunde erhielt, recht knapp gestaltet. Er enthält die Befreiung der Juden und übrigen Bewohner von Worms von den Zollabgaben an den königlichen Zollstätten in Frankfurt a. M., Boppard. Hammerstein (beide am Rhein), Dortmund, Goslar, Enger (westlich Herford), wobei die Juden als eine noch lebhaft am Wormser Handel beteiligte Gruppe ergänzend in den Text eingefügt worden sind.

Aus: Knut Schulz, „Denn sie lieben die Freiheit so sehr ...", Kommunale Aufstände und Entstehung des europäischen Bürgertums im Hochmittelalter, Darmstadt 1992, S. 79 ff.

f) Anfänge der kommunalen Bewegung und die coniuratio (Der Beginn persönlicher Freiheitsrechte und politischer Mitbestimmung in Städten)

Warum ist es überhaupt im 11./12. Jahrhundert zu diesen markanten – wenn auch unterschiedlich bewerteten – Veränderungen in den Städten gekommen? Welche Voraussetzungen und Vorstellungen verbinden sich mit dem Prozeß der Kommunebewegung? Wie konnte in einer stark herrschaftlich geprägten Gesellschaft wie der des Mittelalters bis hin zum 11./12. Jahrhundert ein Gedanke zum Durchbruch gelangen, der auf der Gemeinde aufbaute und einem neuen Verständnis von persönlicher Freiheit und politischer Mit- bzw. Selbstbestimmung zum Durchbruch verhalf? Denn diese beiden Elemente sind es, die den Kern dessen ausmachen, was wir unter dem Begriff der kommunalen Bewegung dieser Zeit vorrangig verstehen. In dem Zusammenhang der historischen Ereignisabläufe scheinen sie zwar unauflöslich miteinander verbunden gewesen zu sein, bei der Analyse erweist es sich jedoch, daß erst über die Unterscheidung eine zureichende Klarheit zu erlangen ist, nämlich zwischen der Erlangung individueller Freiheitsrechte gerade mit Hilfe der Stadtgemeinde auf der einen und dem Streben nach politischer Selbstbestimmung bis hin zur Einführung der Ratsverfassung durch die Kommune auf der anderen Seite. Die als typisch geltende Form, in der sich dieser Vorgang vollzog, war die *coniuratio,* die man mit dem Begriff der Schwurgemeinschaft oder der beschworenen Einung wiedergibt. Was geschah dabei?
Die Bewohner eines Platzes kamen – etwa anläßlich eines Konflikts – zusammen und verpflichteten sich durch gegenseitige Eidesleistung moralisch und in rechtlich verbindlicher Form zu gegenseitiger Hilfe. Gemeinsames Ziel war dabei die Sicherung des Friedens und des Rechts, wenn auch das konkrete politische Handeln oft in eine andere Richtung führte. Aus der Sicht des Herrn hat die *coniuratio* deshalb auch häufig den Charakter der *conspiratio,* der Verschwörung und Rebellion. Gewann die beschworene Einung Stabilität, überstieg also den Charakter des Zweckbündnisses ad hoc und erlangte gar noch eine Vertretung nach außen und eine gewisse Selbstkontrolle nach innen, so wurde die Einwohnerschaft eines Ortes zu einer Gemeinde im Rechtssinne, eben zu einer Kommune mit einem eigenen Verständnis und Anspruch.
Dieser Vorgang hat sich besonders in den großen abendländischen Städten in zum Teil sehr heftigen Formen und blutigen Auseinandersetzungen, in sogenannten kommunalen Erhebungen, vollzogen ...
Bei der Beschäftigung mit der Entstehung der abendländischen Kommune wird man grundsätzlich zwischen dem Ereignis und dem Prozeß unterscheiden und dennoch die Verknüpfung beider Elemente bedenken müssen. Begrifflich läßt sich das folgendermaßen auseinanderhalten: Während die kommunale Erhebung sozusagen das revolutionäre Geschehen markiert, bezeichnet die kommunale Bewegung den evolutionären Vorgang. Einen einmaligen radikalen Umsturz, bei dem sich dieses neuartige politische und gesellschaftliche Gebilde dauerhaft etabliert hätte, hat es nicht gegeben. In der Regel sind viele Anläufe und Etappen vonnöten gewesen, bevor die Kommune klare Gestalt gewonnen hat. Eine solche Ereigniskette erstreckte sich z. T. über mehr als 150 Jahre, so daß es erforderlich ist, die Zeitspanne von um 1050 bis mindestens 1250 in das Blickfeld zu rücken, wobei immer Vorstufen und Ausblicke mitzubedenken sind.

Aus: Knut Schulz, „Denn sie lieben die Freiheit so sehr ...", a. a. O., S. 5 ff.

D. Die Kunst um 1100

Übersicht

950– Nach dem Niedergang des Karolingerreichs und der karolingischen Kunst entfaltete sich im
1250 Abendland die Epoche der Romanik.
Der Sakralbau der Frühromanik knüpfte, wie die Kirche St. Michael in Hildesheim (ca. 1010–1030) zeigt, an den karolingischen Kirchentypus an: eine Basilika mit drei Schiffen, doppeltem Chor und zwei Türmen im Westen; im Wechsel der Stützen (Pfeiler, Säulen) u. a. brachte sie Neuerungen.
1050– Die Hochromanik breitete sich in Deutschland in der Zeit der salischen Kaiser (1024–1125) aus
1150 und wird deshalb auch salische Kunst genannt.
1030 ff. Es gab keinen Einheitstypus der romanischen Kirche, sondern zahlreiche regionale und program-
1093 matische Abweichungen. Seit dem zweiten Viertel des 11. Jahrhunderts entstanden Großkirchen, die ihrerseits wieder Schule machten. Dazu gehörten in Deutschland der Dom in Speyer, in dem sich die Gräber der salischen Kaiser befinden, die Abteikirche Maria-Laach, die 1093 gestiftet wurde und als erste Klosterkirche ein reiner Gewölbebau war, der Dom in Worms 1140/50 ff. u. a.
In Frankreich baute man schon früher als in Deutschland romanische Kirchen. Dort bildeten sich landschaftlich gebundene Bauschulen heraus, z. B. die Auvergnatische Schule, deren Kirchen mehrere Schiffe besaßen, um der wachsenden Zahl von Pilgern Platz zu bieten wie in Toulouse, St. Sernin (1076–1119), oder die Burgundische Schule, zu deren Meisterwerk, der Kirche in Cluny III,
1088 1088 der Grundstein gelegt wurde.
1150– Die Spätromanik wurde auch die Zeit der staufischen Kunst genannt, weil sie zur Zeit der staufi-
1250 schen Dynastie aufblühte. In Deutschland und Italien zeigten sich spätromanische und frühgotische Stilformen, während in Frankreich bereits die Frühgotik aufkam.

Einführung in die Arbeitsthemen

Im 11. Jahrhundert entfaltete sich, wie im Abschnitt über den Investiturstreit gezeigt wurde, nicht nur die Macht des unter dem Einfluß Clunys stehenden Reformpapsttums, sondern auch die Herrschaft der salischen Kaiser. Die Prinzipien „Freiheit der Kirche“ und Eigenkirchenrecht des Adels bildeten die Ursachen für einen jahrzehntelangen Konflikt zwischen den Repräsentanten geistlicher und weltlicher Gewalt.[1]
Von diesem politischen Kontext der Epoche her gesehen, aber auch aufgrund der Tatsache, daß die mittelalterliche Architektur „im Kirchenbau ihre eigentliche Erfüllung“ fand[2], stehen Speyer und Cluny als Mittelpunkte der Sakralarchitektur zur Diskussion.
Der Speyrer Dom wird nach den Worten Stefan Weinfurters „wie nie zuvor nicht nur Symbol, sondern auch rettender Halt für die Begründung und den Weiterbestand des salischen Königtums und Kaisertums und ebenso für das Seelenheil Heinrichs IV.“[3].
Auch Cluny nahm, wie Raymond Oursel bestätigt, kunstgeschichtlich und politisch im Investiturstreit eine zentrale Stellung ein: „Man kann ohne Übertreibung sagen, daß von 1049 bis zur Aufhebung des Schismas[4] Anaklets II. 1139 die Geschicke Clunys und der römischen Kirche unauflösbar miteinander verknüpft waren“[5].
Um die für die Menschen des Mittelalters so relevanten Glaubensinhalte und in der Skulptur der Romanik ausgestalteten Formen der Religiosität zu erfassen, bietet sich als Beispiel die Bronzetüre in der Kirche St. Michael in Hildesheim an.
Man weiß, daß die Skulptur der Romanik Biblia pauperum (Bibel der Armen) sein wollte, d. h., sie sollte als Medium der Kunst die Menschen schon beim Betreten der Kirche mit Existentiellem ihres Glaubens und Fühlens vertraut machen und damit konfrontieren; denn die meisten konnten weder lesen noch schreiben.

1 Vgl. das Kapitel „Politische und kirchliche Entwicklung“, S. 65 ff.
2 Hans Erich Kubach, Romanik, Weltgeschichte der Architektur, Stuttgart 1986, S. 5.
3 Die Salier und das Reich, Bd. I, Sigmaringen 1991, S. 95.
4 Spaltung der Kirche, siehe Komment. Register
5 Romanik, München 1966, S. 52.

Am Beispiel des Inneren der Michaelskirche in Hildesheim wies Hans Jantzen, der Freiburger Kunsthistoriker, nach, „ein Geheimnis" der Architektur der Frühromanik liege darin, „daß sie zugleich erdennah und gottbezogen wird, daß die Menschen, auf festem Boden stehend, doch unaufhörlich in ihren Taten und Zielen vom Überweltlichen umfangen erscheinen, daß das Körperhafte und Greifbare Träger einer höheren geistigen Ordnung wird"[1].

Arbeitsthemen

Zu Abschnitt I

1. *Inwiefern war die sakrale Kunst für die Menschen des 11. Jahrhunderts Opfer? Welche Vorstellungen beherrschten das künstlerische Schaffen? Was bedeutet „Mysterium" nach Georges Duby in diesem Zusammenhang? Wer wurde Träger der Kunst, als sich in Europa „feudale Strukturen" durchsetzten? Welchen Einfluß auf die Kunst hatte diese Entwicklung? (Nr. 1)*
2. *Warum ist die Errichtung einer Kirche nach zeitgenössischen Auffassungen „ein höchst komplizierter Vorgang"? Wodurch erhält dabei der Bauherr eine maßgebende Rolle? Welchen Stellenwert haben im Vergleich mit ihm die Künstler? Welche Bedeutungen hat im Mittelalter das Wort „bauen"? Wovon hängen Größe und Ausstattung einer Kirche ab? (Nr. 2)*
3. *An welchen wesentlichen Merkmalen ist eine romanische Kirche erkennbar? (Nr. 3 a)*
   Welche Kennzeichen der Romanik finden sich bei der Benediktinerabtei Maria Laach? (Nr. 3 b)

Zu Abschnitt II

4. *Welche Kennzeichen der Romanik weisen der südöstliche Teil des Speyrer doms auf? Welchen Eindruck hat der Betrachter von der Struktur des Doms? (Nr. 1 a)*
5. *Wie hat sich der Innenraum des Speyrer Doms durch die Einwölbung der Decke in seiner Wirkung auf den Betrachter verändert? Wie wirkt die Neugestaltung der Innenwände auf ihn? (Nr. 1 b und c)*
6. *Wie wurde der Speyrer Dom unter Heinrich III. „weiter ausgebaut"? Was bedeutete die Verlängerung des Doms im Vergleich mit anderen Kirchen des Abendlands? Wie wurde damit der „salisch-dynastische Anspruch" der Salier auf eine „transpersonale" Königsherrschaft sichtbar? Welche Bedeutung hatte dieser Anspruch für das Königtum Heinrichs III., für die Dynastie und für das Bauwerk? (Nr. 1 d)*
7. *Inwiefern entstand mit dem Dom in Speyer ein „Neues Rom" (auch „Zweites Rom" genannt) und ein „neues Jerusalem"? Welche Rolle spielen dabei die Marktbasilika in Trier und die Grabeskirche Christi in Jerusalem? Wie verlief die via triumphalis in Speyer? Welche Idee symbolisierten das Langhaus und der Grabraum des Speyrer Doms? Worauf zielte die „Vielfalt der Beziehungen räumlicher und symbolische Art" zwischen dem antiken Reich der Römer und dem „Sacerdotium Christi" ab? (Nr. 1 e)*
8. *Wodurch wurde Cluny zum Mittelpunkt der Kirchenreform? Wieviele Klöster schlossen sich ihm an? Worin bestand die „Militia Christi" der Mönche? Welche Merkmale wies die 981 geweihte Kirche Cluny II auf? Wann erreichte das Kloster den Höhepunkt seiner Macht? Was bedeutete das Ziel des Architekten, mit ihm „ein anderes Rom" zu erbauen? (Nr. 2 a und b)*
9. *Welche Unterschiede der Baustruktur ergeben sich bei einem Vergleich der Kirchen Cluny III und Speyer (11./12. Jh.)? (Nr. 2 a, b und Nr. II, 1 a, b, c S. 134 f.)*
10. *Welches Schicksal hatte Cluny in der Französischen Revolution? Wie ist dies zu begründen? Was geschah mit den Resten des Klosters? Wodurch unterscheiden sich die beiden noch erhaltenen Türme? Was empfindet der Betrachter beim Anblick der Ruinen Clunys? (Nr. 2 c und a, letzter Abschnitt)*

Zu Abschnitt III

11. *Welche Vorgänge spielen sich auf den 16 Tafeln der Bronzetür der Kirche St. Michael in Hildesheim ab? Welches Konzept des Künstlers liegt dem Ganzen der Tür zugrunde? Wie wirkt das Göttliche auf diese Szenen ein? Welche „Welt des menschlichen Daseins" bezieht der Künstler nach Hans Jantzen in die Bilder mit ein? (III, b und d)*
12. *Wie können auf den Detailaufnahmen der Szenen die Bewegung der Gestalten, ihre Gestik, ihre Gesichter und die Gegenstände wie Pflanzen, Bäume, Mauern und die Wirkung des Ganzen auf den Beobachter interpretiert werden? (Nr. III, a und c)*

1 Ottonische Kunst, Neuausgabe von Wolfgang Schenkluhn, Berlin 1990, S. 56.

I Einleitendes

1. Funktion und Träger der Kunst

Doch wie auch immer, die unmittelbarsten Ähnlichkeiten, diejenigen, die für den direkten Zusammenhang zwischen den verschiedenen künstlerischen Schöpfungen verantwortlich sind, gehen in erster Linie auf deren einzige Bestimmung zurück. Das, was wir als Kunst bezeichnen – oder zumindest das, was nach tausend Jahren noch davon übriggeblieben ist, denn dies ist nur der am wenigsten zerbrechliche, der am haltbarsten beschaffene Teil – hatte zu jener Zeit nur eine einzige Funktion: Gott die Reichtümer der sichtbaren Welt darzubieten, den Menschen die Möglichkeit zu geben, den Zorn des Allmächtigen durch derartige Gaben zu besänftigen und seine Gunst zu erwerben. Die ganze große Kunst war also Opfer. Sie hat weniger mit Ästhetik zu tun als mit Magie. Dieser Gedanke führt zu den eigentlichen Grundzügen, die das künstlerische Schaffen des Abendlandes zwischen 980 und 1130 bestimmt haben. In den besagten hundertfünfzig Jahren stellte der vitale Schwung, der die römische Christenheit in den Fortschritt führte, schon die materiellen Mittel bereit, weniger grobe und viel umfangreichere Werke zu gestalten, ohne daß jedoch die Entwicklung so weit vorangeschritten war, daß sie den Rahmen der Geisteshaltungen und der primitiven Verhaltensweisen zersetzt hätte. Die Christen des 11. Jahrhunderts fühlten sich dem Mysterium immer noch vollständig ausgeliefert, beherrscht von der unbekannten Welt, die ihre Augen nicht schauen konnten, deren Herrlichkeit jedoch mächtig, bewundernswert und beunruhigend jenseits allen trügerischen Scheins waltete. Auch das Denken derer, die sich auf den höchsten Ebenen der Kultur bewegten, verlief im Irrationalen. Es blieb ausgefüllt mit Phantasiegebilden. Und eben deshalb wurde dieser Punkt der Geschichte, das kurze Intervall, in dem der Mensch, ohne noch von seinen Ängsten frei zu sein, schon über außerordentlich wirksame Mittel der künstlerischen Schöpfung verfügte, zur Geburtsstunde der größten und vielleicht einzigen sakralen Kunst Europas.

Da diese Kunst nun aber die Funktion des Opfers zukam, war sie vollständig von denjenigen abhängig, die den gesellschaftlichen Auftrag innehatten, sich mit den über Tod und Leben herrschenden Mächten in Verbindung zu setzen. Der Tradition nach stand diese Gewalt seit undenklichen Zeiten den Königen zu. Doch jetzt setzten sich in Europa feudale Strukturen durch, das heißt, die Macht der Monarchen spaltete sich zunehmend auf und verteilte sich auf zahlreiche Hände. In der neuen Welt entglitt den Herrschern allmählich auch die Verwaltung des Kunstwerks. Und da die Mönche im Zuge der kulturellen Entwicklung zu den wesentlichen Vermittlern zwischen dem Menschen und dem Heiligen geworden waren, eigneten sie sich diese Rolle an. Die Grundzüge der abendländischen Kunst jener Zeit sind fast alle aus dieser Verlagerung hervorgegangen.

Aus: Georges Duby, Die Zeit der Kathedralen, Kunst und Gesellschaft 980–1420, Frankfurt a.M. ³1988, S. 22f.

2. Die Rolle des Bauherrn bei der Errichtung einer Kirche

Wenn man die zeitgenössischen Auffassungen zugrunde legt, war die Errichtung einer Kirche ein höchst komplizierter Vorgang, bei dem künstlerische Elemente untrennbar mit religiösen, politischen und wirtschaftlichen verknüpft waren. Für beinahe alle Bereiche in allen Phasen eines Kirchenbaus war der Bauherr von entscheidender Bedeutung. Er ergriff die Initiative zum Bau aus z. T. sehr persönlichen Motiven. Er finanzierte ihn oder sorgte durch seine Verbindungen dafür, daß andere Stifter sich beteiligten. Er siedelte die Mönche oder Kleriker an und bestimmte durch deren Auswahl die religiöse Ausrichtung der Kirche. Schließlich stattete er sie mit Gütern aus und ließ die Weihe vornehmen, die den Bau erst für den Gottesdienst tauglich machte.

Jedes dieser einzelnen Momente beim Bauvorgang war für die Zeitgenossen beinahe ebenso wichtig wie die Errichtung des Kirchengebäudes selbst. Doch auch hier griff der Bauherr ein: Er holte die Künstler herbei, stellte das Baumaterial zur Verfügung und bestimmte häufig auch die künstlerischen Vorbilder. Auf den Bauplan konnte er korrigierend Einfluß nehmen, ihn mitunter auch ganz abändern.

Berücksichtigt man alle diese Aspekte, so verwundert es nicht, daß für die mittelalterlichen Autoren die Leistungen der anderen Beteiligten, insbesondere der Baukünstler, weit zurückstanden. Dies war keine hohle Lobpreisung, sondern sie würdigte die Leistung des Stifters bei dem gesamten Gründungs- und Bauvorgang.

Das Wort „bauen" (*construere, aedificare* u. ä.) hatte im Mittelalter zwei Bedeutungsebenen: Zum einen in der engeren Bedeutung „errichten eines Kirchengebäudes", zum anderen in der umfassenderen Bedeutung „errichten einer kirchlichen Institution von der Initiative zu Gründung oder Neubau bis hin zur Weihe". Für die Zeitgenossen stand die kirchliche Institution in ihrer Bedeutung über dem Kirchenbau als solchem, der zwar unbedingt dazu gehörte, aber nur ein untrennbarer Bestandteil des Ganzen war. Bei der Errichtung der kirchlichen Institution war die Rolle des Stifters überragend, bei der Errichtung des Kirchenbaus hatte er nicht unbedeutenden Einfluß.

Das bedeutete keine Mißachtung der Baukünstler. Gegen eine solche Interpretation spricht die Tatsache, daß vereinzelt hohe Geistliche selbst Architekten waren und daß Zeichen hoher Wertschätzung des Bauherrn für den Künstler überliefert sind. Auch die in der Not aus der Ferne herbeigerufenen Fachleute hatten sicherlich keinen Grund zu mangelndem Selbstbewußtsein. Das Interesse daran, ihren Anteil am Gesamtwerk zu beschreiben und der Nachwelt zu überliefern, war jedoch gering, nicht zuletzt deshalb, weil Größe und Pracht der Materialien eines Kirchenbaus, zwei wichtige Kriterien mittelalterlicher Baubeschreibung, durch die Finanzen des Bauherrn vorgegeben waren.

Aus: Gerhard Weilandt, Geistliche und Kunst, ein Beitrag zur Kultur der ottonisch-salischen Reichskirche und zur Veränderung künstlerischer Traditionen im späten 11. Jahrhundert, Köln, Weimar, Wien 1992, S. 165 f.

3. Kennzeichen des Kirchenbaus der Romanik

a) Grundbegriffe

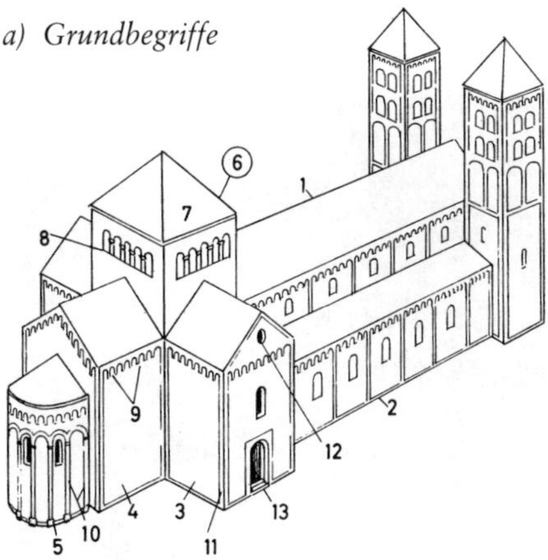

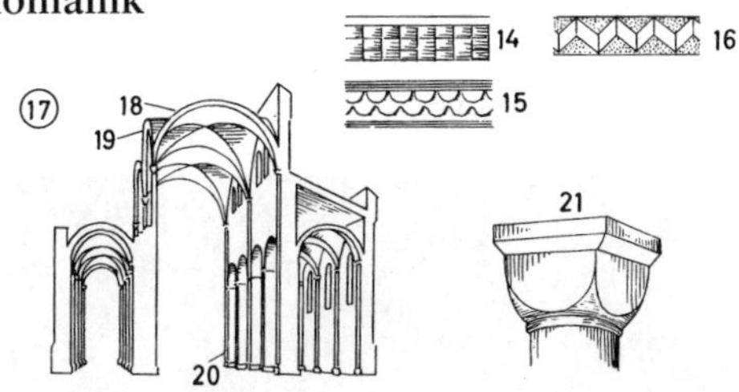

1–13 die romanische Kirche, ein Dom
1 das Mittelschiff
2 das Seitenschiff
3 das Querschiff (Querhaus)
4 der Chor
5 die Apsis (Chornische)
6 der Vierungsturm
7 der Turmhelm
8 die Zwergarkaden
9 der Rundbogenfries
10 die Blendarkade
11 die Lisene, ein senkrechter Wandstreifen
12 das Rundfenster
13 das Nebenportal (Seitenportal, die Nebenpforte, Seitenpforte)
14–16 romanische Ornamente:
14 das Schachbrettornament
15 das Schuppenornament
16 das Zackenornament (Zickzackornament)
17 das romanische Wölbungssystem
18 der Gurtbogen
19 der Schildbogen
20 der Pfeiler
21 das Würfelkapitell

b) Die Benediktinerabtei Maria Laach (1093–um 1177, Ansicht von Nordwesten)

Wie sehr sich Deutschland in der Hoch- und Spätromanik von den anderen Ländern unterschied, geht aus dem Beispiel der Benediktinerabtei Maria Laach von 1093 bis um 1177 hervor. Sie setzt die Doppelchörigkeit mit reicher Turmgruppierung im Osten und Westen fort. Die Einwölbung um 1150 mit Kreuzgratgewölben erfolgte über nichtquadratischen Feldern. Dieser Versuch einer Befreiung vom gebundenen System hatte in Deutschland zunächst keine Folgen. Doppelchörig sind auch die Dome von Mainz und Worms.

II Kirchenbau der Romanik

1. Dom in Speyer

a) Blick von Südosten

b) *Inneres des Doms zu Speyer (Rekonstruktion des Zustands von 1065)*

c) *Inneres des Doms zu Speyer (Heutiger Zustand)*

d) Der Speyerer Dom als Spiegel der neuen Königsherrschaft Heinrichs III.

Heinrich III., am 28. Oktober 1017 geboren, hat die Königsherrschaft nicht nur übernommen und in den vorgezeichneten Bahnen weitergeführt, sondern auch mit neuen Elementen ergänzt und zu einer bis dahin ungekannten Überhöhung des Königtums gesteigert. An der Speyrer Königskirche ist dieser Vorgang gleichsam wie in einem Spiegel ablesbar. 1043 ließ er seine Mutter Gisela dort bestatten, und ungefähr zur selben Zeit begann eine intensive Förderung der Speyerer Bischofskirche durch den Herrscher. Fast in jedem Jahr hat er sich dort, an seinem „geliebten Ort", aufgehalten. Frühestens Ende 1045, wahrscheinlich aber kurz vor dem Aufbruch zur Kaiserkrönung nach Italien im Sommer 1046 hat er der Kirche der hl. Maria ein prachtvoll ausgeschmücktes Evangeliar geschenkt, den Codex Aureus, der heute im Escorial in Madrid aufbewahrt wird. Dort findet sich der Satz: „Speyer wird im Glanz erstrahlen durch König Heinrichs Gunst und Gabe" (Spira fit insignis Heinrici munere regis). Glanzvoll sollten Speyer und sein Dom weiter ausgebaut und der Ruhm der Domschule verbreitet werden. Vor allem aber wurde jetzt der Dom erheblich vergrößert und um ein Drittel verlängert und damit in seinen Ausmaßen gleichsam ins Gigantische gesteigert. Mit der Gesamtlänge von fast 134 Metern stieg er zum größten Gotteshaus der abendländischen Christenheit auf. Der Speyerer Königsdom, die königliche Kirche der hl. Maria, überragte damit alle anderen Kirchen.
Besonders bemerkenswert sind freilich die Veränderungen der salischen Grablege. Die beiden Zugänge zur Vorkrypta neben den Gräbern Konrads II. und Giselas wurden zugefüllt und neue Stiegen zur Krypta in die Seitenschiffe gelegt. Die gesamte Breite des Mittelschiffs war damit für die Grabanlage gewonnen worden. Aber noch mehr: Etwa ein Drittel des Langhauses wurde abgegrenzt, so daß eine Fläche von etwa 9 × 21 Metern zustande kam, ein riesiges Gräberfeld, auf dem die Könige noch in Jahrhunderten hätten begraben werden können. Diese Umgestaltung wirft ein helles Licht auf das Königsverständnis des zweiten Saliers: Das Königtum richtete sich gleichsam für alle Zeiten ein, sollte für immer mit dem Speyerer Königsdom verbunden sein und gewann damit einen salisch-dynastischen Anspruch, der nicht nur aus dem Erbrecht, sondern auch aus der „Institution", der transpersonalen Verankerung also, gespeist wurde. Da das Königtum niemals untergehen konnte, war auch die Königsdynastie ohne Ende. Was sich unter Konrad II. erst ansatzweise erkennen ließ, nahm nun unter seinem Sohn deutlichere Gestalt an.

Aus: Stefan Weinfurter, Herrschaft und Reich der Salier: Grundlinien einer Umbruchzeit, Sigmaringen 1992 S. 75 f.

e) Der Dom in Speyer als zweites Rom und neues Jerusalem

Mit dem Dom in dieser Stadt am Rhein entstand ein Neues Rom. In der Vita Heinrici imperatoris wird der Dom lobpreisend über alle Unternehmungen des Altertums gestellt, und noch Georg Litzel nennt ihn das ‚Zweite Rom', wie schon Aachen mit seiner Pfalzkapelle Karls des Großen ein Zweites Rom genannt worden war – nicht zuletzt, weil die Kapelle dem byzantinischen Thronraum entsprach. Speyer sollte auf besondere Weise der imperialen und sacerdotalen Idee Ausdruck verleihen. Mit der kirchlichen Reform, die vom Kloster Cluny ausging, besann sich das römisch-deutsche Kaisertum auf seine Aufgabe und betrachtete sich als Erbe des kaiserlichen Rom. Beide anerkannte der Zeitgenosse, der Abt Odilo von Cluny, als gleichwertig. In einem Brief an Heinrich II. trat er für die Einheit des kirchlichen Romgedankens und der römischen Kaiseridee ein. Macht und Glaube sollten zwei Wesen in einem Geiste sein. Heinrich II. war noch Ottone, aber die Salier, Konrad II. als erster, erinnerten sich des fränkischen Reiches und darüberhinaus des kaiserlich-römischen Trier. Sie dachten an West-Rom. Die Salier wurden zum Königsgeschlecht gewählt, weil sie seit fränkischen Tagen in der Nähe von Worms begütert wa-

ren und weil durch sie die Tradition des Reiches, das Karl der Große erneuert hatte, gesichert schien. Und diese Tradition führte über Karl und die Franken zurück auf Konstantin, den ersten christlichen Kaiser, der von Trier aus die Einheit des alten Römischen Reiches wiederhergestellt hatte. Trier war älter als Aachen. So hat die Aula regia in Trier, die Konstantin als Marktbasilika erbaute und die in fränkischer Zeit Königspfalz gewesen war, den Aufriß des Langhauses des Speyerer Domes mitbestimmt. Dieses kaiserliche Gotteshaus geht auf das römische Erbe zurück, das karolingische Erbe und dessen byzantinischen Anteil vermeidend.
Die via triumphalis Spirense beginnt am alten Stadttor und geht dem Rhein entgegen. An ihrer Seite lag eine fränkische Königspfalz. Der Dom ist nur das letzte Stück dieses heiligen Weges, das geweihte Forum. So ist die Abfolge von dreitorigem Triumphbogen im Westen und anschließendem ‚Langhaus' nicht Innenraum, sondern Straße, deren Seitenwände die äußere Gliederung der Trierer Marktbasilika übernehmen. Der Triumphbogen hat unter Heinrich V. den steinernen Freibrief der Stadt erhalten. Er ist der Raum des weltlichen Herrschers, der, ihn durchschreitend, die via sacra erreicht, um sich in den sakralen Herrscher zu verwandeln. Der östliche Teil des Speyerer Domes hat seinen eigenen, in sich abgeschlossenen baulichen und symbolischen Zusammenhang. Treppen führen zur Krypta, in ihr ist der Grabraum, über den sich in der Kirche die Kuppel als ‚Zeichen' des himmlischen Herrschers erhebt. Mit dem Grabbau ist die Idee des Martyriums verbunden, er ist dem Grabbau Christi in Jerusalem nachgebildet. Sein Außenbau – die Apsis als Abschluß der via sacra triumphalis – trägt darum die ‚innere' Gliederung des Langbaus nach außen. In ihr herrscht Christus, und unter ihm als typum Dei, als vicarius Christi, der Kaiser. Er thront in dem Raum, der zugleich Ziel seines triumphalen Zuges ist. Der Dom ist durch Analogie zur Grabeskirche Christi das neue Jerusalem, durch Analogie zur Aula regia Konstantins das Neue Rom. Es scheint, daß erst die Vielfalt der Beziehungen räumlicher und symbolischer Art die Einheit von Imperium Romanorum und Sacerdotium Christi gewährleisten kann. Im Dom zu Speyer ist die zweifache Idee des Reiches gültige architektonische Form geworden.

Aus: Wolfgang von Löhneysen, Eine neue Kunstgeschichte, Berlin, New York 1984, S. 136 f.

2. Klosterkirche Cluny

a) Clunys Aufstieg und Fall

Kein anderer Name ist für die Kunstgeschichte des frühen Mittelalters so wichtig wie Cluny.
910 gründete Herzog Wilhelm von Aquitanien in Burgund ein von Königen und Bischöfen unabhängiges Kloster nach der ursprünglichen Benediktinerregel. Es wurde, da das Papsttum in tiefer Erniedrigung stand, zur stärksten geistigen und sittlichen Macht des 10. und 11. Jahrhunderts. Hier begann die Reform des Mönchlebens, der Kampf gegen die Verleihung geistiger Ämter an Laien, gegen die Priesterehe und andere Mißstände. Schon unter Odo, dem ersten der großen Äbte, unterstellten sich Cluny viele Klöster, darunter so berühmte wie Subiaco und Monte Cassino. Später schlossen sich deutsche an, wie die Reichenau, Regensburg, Salzburg, Prüm, Fulda und Corvey, unter Abt Hugo die spanischen. Schließlich waren es gegen 2000, die sich als Priorate der Abtei Cluny oder dem Hauptkloster einer anderen, straff geeinten Kongegration anschlossen, z. B. St. Benigne in Dijon ...
(Das ganze Leben der Mönche) im Kloster war Militia Christi, Kriegsdienst für Christus, den göttlichen Lehnsherrn: strenge Zucht, hartes Fasten, langes Chorgebet, feierliche Liturgie mit Prozessionen. Tägliches Totenoffizium für die Verstorbenen des Ordens und der adeligen Sippen

schuf eine besonders enge Verbindung zu den Herren des Landes. Viele Stiftungen wurden gemacht, um das Recht auf diese Gebetsgemeinschaft zu erlangen.
Nach dem großen Zuchtmeister Odo, nach Aymard lehrte Abt Majolus eine feinere Art des geistlichen Lebens. Unter ihm entstand der zweite Kirchenbau von Cluny, der 981 geweiht wurde. Zwei Türme als Zeichen der Gottesherrschaft erhoben sich über dem Portal einer Vorkirche, zwei kleinere über dem Atrium der Hauptkirche. Ihr Langhaus glich noch der altchristlichen Basilika. Der Chor hatte eine neue, für die Zukunft wichtige Form. Die Hauptapsis war umstanden von kleineren, immer mehr zurücktretenden Nebenapsiden. Ein sogenannter Staffelchor, der vielen Priestern gleichzeitig die Meßfeier ermöglichte und, zusammen mit der Vierung, für das Chorgebet reichlich Platz bot. Die normannische Baukunst wird diesen Grundriß übernehmen, ebenso die Hirsauer Reformkongregation, die die Regeln von Cluny übernahm.
Im 11. Jahrhundert entwickelte sich in Cluny die Liturgie immer großartiger. Alles andere mußte davor zurücktreten, auch die von Benedikt geforderte Handarbeit und die Wissenschaft. Doch wurde die Schreibarbeit gepflegt. Die heidnischen Autoren der Antike waren neben den christlichen geschätzt. Der Marienkult blühte auf. Von Cluny ging er in die ritterliche Bildung ein und half, die Minne zu veredeln.
Im letzten Viertel des 11. Jahrhunderts verlangte Cluny nach einer größeren Kirche für die Liturgie seiner mehr als 400 Mönche, nach einem höheren Wahrzeichen seiner geistlichen Herrschaft. Der Orden war auf dem Höhepunkt seiner Macht. Einer seiner Söhne war Papst. Der Kampf gegen den Kaiser stand günstig. Die Kluniazenser waren keine fanatischen Mönche im Dienst des Papstes gegen den Kaiser. Sie hatten lange mit den Kaisern in der Reform zusammengewirkt. Abt Hugo war der Vertraute Heinrichs IV. und sein Vermittler bei Gregor VII. Im beginnenden Investiturstreit mußten sie sich gegen die allzu große Macht des Kaisers auf geistlichem Gebiet wenden. Da sie selbst vom Geistlichen her die Welt ordnen und damit auch beherrschen wollten, gerieten sie in eine ähnliche Haltung wie ihr Gegner. So wird der dritte Bau von Cluny keine altchristliche Reformkirche wie die der Hirsauer, sondern ein machtausstrahlendes Gebilde wie der Speyerer Dom.
Abt Hugo begann ihn 1089. Architekt war der Mönch Gilon. Er sollte „ein anderes Rom", die modernste und größte Kirche der Christenheit werden. Sie ist architektonisch reicher als Speyer, doch ohne deren Zweipoligkeit. Im Westen an der Vorkirche zwei Türme wie Wächter, nicht wie Gegenpole der ungeheuren Turmgruppe der Ostseite. Eine Vorkirche mit fünf Raumjochen bietet den Mönchsprozessionen Platz, sich zu ordnen, den Pilgern, sich einzustimmen. Am Eingang zur Hauptkirche befand sich einst, wie noch heute in Vezelay, ein Portal mit plastischem Schmuck, wohl das Urbild der Majestasbilder, wie sie in Moissac und Autun sich erhalten haben. Unter dem thronenden Christus schritt man in die große fünfschiffige Kirche hinein.
Das Mittelschiff war eine heilige Straße, wie man sie nie gesehen hatte. Noch mehr als die in Speyer war sie mit römischen Bauelementen durchsetzt, denn auch die Kirche betonte gegenüber dem Kaiser, die legitime Nachfolgerin des Römischen Imperiums zu sein. Die kreuzförmigen Pfeiler waren zur Mitte hin mit antiken kannelierten[1] Pilastern[2] besetzt. Die hohen Arkaden aber bildeten ganz unantike Spitzbogen. Über ihnen zog sich als Schmuckband eine Blendgalerie hin, die von einem römischen Stadttor in Autun entlehnt war. Die kleinen Fenster bildeten in jedem Joch eine Dreiergruppe. Sie spendeten ein mildes, gleichmäßiges Licht. Über ihnen wölbten sich in 30 Meter Höhe die Wände zu einer spitzen Längstonne. In 11 Jochen führte das Langhaus zum ersten, breiten Querschiff und weiter in drei Jochen zum zweiten kleineren. Hinter ihm begann der Altarraum, der in fünf Kapellen ausstrahlte. Das zweite Querhaus führte auf jeder Seite

1 senkrechte Rillen an Säulen- oder Pfeilerschäften
2 flacher Pfeiler, der Wand vorgelagert, mit Basis und Kapitell

in drei halbrunden Apsiden den Kapellenkranz weiter. Hier konnte sich die Liturgie vor dem Bild des Himmelskönigs in der Hauptapsis reich entfalten. Über den beiden Querschiffen und dem Chor erhob sich eine unvergleichliche Turmgruppe. Der große Vierungsturm war quadratisch, aber seine Wucht durch zwei Fensterreihen gemildert. Seine Nebentürme waren achteckig, die schlanken Außentürme wieder viereckig. Vor dieser stolzen Fünferreihe stand über dem kleinen Querschiff noch ein Achteckturm ...

Clunys Größe wurde sein Fall. Sein Zentralismus übersteigerte sich, sein Reichtum weckte die Begehrlichkeit des Königs. 1258 wurde es königliche Kommende[1] mit allen Nachteilen des Pfründenwesens. (Richelieu und Mazarin waren Herren von Cluny.) Die Zucht verfiel. 1791[2] jagte man die letzten 40 Mönche davon. 1798 wurde die Kirche auf Abbruch verkauft, 1811 gesprengt. Es gibt nur wenige Orte des Abendlandes, die so elegische Gedanken wecken wie das heutige Städtchen Cluny, ein Leib ohne Herz. An einer Straßenbiegung ein Stück Torbogen. Nach einer Weile rechts in einer Vertiefung die Fundamente und Stümpfe eines Portals. Dann ein weiter freier Platz, über den einst die fünf Schiffe hinzogen, an einer Seite der heutigen Ingenieurschule, des ehemaligen Konventsgebäudes, der noch immer faszinierende Rest der einstigen Herrlichkeit: der kleine Viereck- und der größere Achteckturm über dem echten Querschiff, von beglückendem Wohllaut.

Aus: Eduard Syndikus, Christliche Kunst des Mittelalters, Aschaffenburg 1962, S. 27 ff.

b) Cluny III (Rekonstruktion)

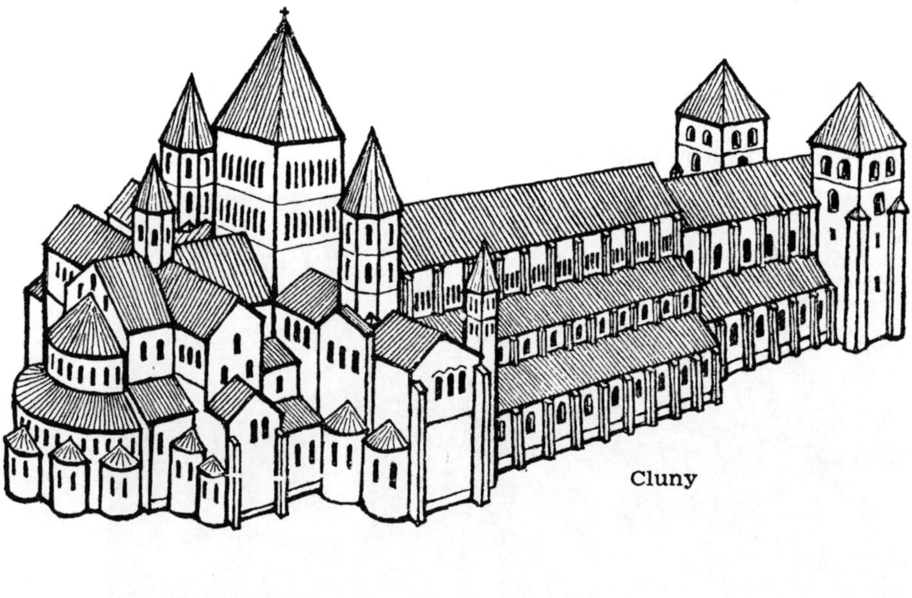

1 dem König anvertrauter Besitz zum Genuß der Einkünfte

2 Auf den Antrag des Bischofs Talleyrand wurden 1790 in Frankreich, um dem Staatsbankrott zu entgehen, die Kirchengüter verstaatlicht. Auf den beschlagnahmten Boden der Kirche wurden Assignaten ausgegeben, die als Zahlungsmittel dienten. Die Klöster und Orden hob man auf.

c) Cluny: Vierungsturm und südlicher Querhausarm

Das Kloster von Cluny, einst Stammsitz des Mönchsordens der Kluniazenser, Spiegel ihrer Wirtschaftsmacht und Ausdruck ihrer Kunst, wurde 1790 aufgehoben und die Kirche bis auf den südlichen Querhausarm mit seinem reich gegliederten Vierungsturm abgebrochen. Mit den Steinen wurden Pferdeställe und Straßen gebaut.

III Romanische Skulptur

Die Bernwardstür in Hildesheim

a) Der Sündenfall

b) Die Tür des ewigen Lebens

c) Die Vertreibung aus dem Paradies

d) Interpretation

Die fast 5 m hohe Erztür vom Dom in Hildesheim hat in Europa nicht ihresgleichen in dieser Zeit. Sie steht als eine der kühnsten Taten der Bildnerei im Norden da, geschichtlich schon deswegen an hervorragender Stelle, weil diese Bernwardsche Tür den ersten deutschen plastischen Bildzyklus bringt. Aber sie steht auch am Anfang des sächsischen Erzgusses, der in den folgenden Jahrhunderten so manches künstlerisch bedeutsame Werk hervorbrachte; sie steht am Anfang der deutschen figürlich geschmückten Bronzetüren, und sie setzt einen neuen Anfang in der Eroberung der menschlichen Figur in der bildenden Kunst des Nordens …
Das Thema hält sich an den Kern der heilsgeschichtlichen Vorstellungen des Mittelalters. Auf dem linken Türflügel, von oben nach unten zu lesen, wie die Sünde in die Welt gekommen ist, acht Szenen von der Erschaffung Adams bis zum Brudermord. Auf dem rechten Flügel, von unten nach oben zu lesen, die Erlösungsgeschichte von der Verkündigung bis zum Auferstandenen. Also im ganzen eine *concordia veteris et novi Testamenti,*[1] freilich ohne daß eine genaue typologische Entsprechung jeder Szene mit der gegenüberliegenden aufzuweisen wäre. Inhaltlich läßt sich unschwer eine Gruppierung der Szenen zu vieren bemerken. Oben links Adam und Eva im Paradiese. Unter auf der gleichen Seite die Austreibung mit dem nachfolgenden Brudermord. Rechts unten die Kindheitsgeschichte des Heilands. Darüber die Passion mit dem *noli me tangere*[2] am Schluß. Jedenfalls ergibt sich eine gedanklich und künstlerisch sehr überlegte Gesamtkomposition, ein Hinweis darauf, daß die Tür als ein geschlossenes Ganzes entworfen ist …
Der starke künstlerische Eindruck, den der Betrachter von den Darstellungen besonders des linken Türflügels empfängt, beruht eben auf der ungemein kräftigen und lebendigen Empfindung für das Dramatische und ‚Menschliche' in der Geschichte Adams und Evas. … Die Begebnisse im Paradiese sind im Mittelalter kaum je wieder so ursprünglich empfunden wie an der Hildesheimer Tür. Das sind in der Tat die ‚ersten' Menschen, die noch in der Nähe des schaffenden, väterlichen Gottes atmen; sie versuchen ihre ‚ersten' Schritte … und sie verspüren zum ersten

1 Harmonie des Alten und Neuen Testaments 2 Rühr mich nicht an!

Male ihr Miteinandersein und die unbegreifliche Verstrickung in Schuld. Als sie aus dem Paradiese von dem Erzengel mit dem erhobenen Schwert hinausgewiesen werden, sind sie erwachsen. Eva dreht sich mit einer unbeschreiblichen Gebärde von Sorge, Zweifel, Nachdenklichkeit, Furcht und Verlangen zurück (Nr. 1 c), Adam geht an die Tür; ganz ‚sachlich' wendet er dem Paradiese den Rücken. Dann folgt die Darstellung mit Eva als Mutter und mit Adam, der nach Anweisung des Engels den Boden bearbeitet. Die beiden untersten Felder erzählen das Opfer von Kain und Abel und den Brudermord. In beiden Szenen wie auch jeweils in den vorhergehenden greift die himmlische Macht sichtbar ein. Der vor der drohend-verfluchenden Hand Gottes bis in den äußersten Winkel zurückweichende Kain im letzten Felde gehört ebenso wie der zu Tode getroffene Abel zu den ausdrucksvollsten Gestalten des Meisters. So wird in diese Bilder die gesamte Welt menschlichen Daseins einbezogen: Mann und Weib, Verführung und Schuld, Verbot und Strafe, Verbrechen und Sühne, Arbeit, irdische und himmlische Macht, die Geburt des Kindes und die ewige Hoffnung. Denn der andere Türflügel setzt nun der Schuld die Erlösung gegenüber. Die Erzählung beginnt mit der Verkündigung an Maria und führt über die Geburt Christi, Anbetung der Könige zunächst bis zur Darstellung im Tempel. Daran schließen sich nach oben die Vorführung vor Herodes, die Kreuzigung, die Frauen am Grabe und das *noli me tangere.* [1]

Aus: Hans Jantzen, Ottonische Kunst, Berlin 1990, S. 115 ff.

1 Vgl. die Bibelstelle Johannes 20, 17, wo Jesus zu Maria am Grab spricht: „Rühre micht nicht an! Denn ich bin noch nicht aufgefahren zu meinem Vater."

Dritter Teil: Die Welt um 1300

A. Politische und kirchliche Entwicklung

Übersicht

Heinrichs VI. Pläne eines Erbreichs, eines mit dem deutschen Reich vereinigten Siziliens, scheiterten am Widerstand der deutschen Fürsten und der Kurie. Noch nicht zweiunddreißig, starb der
1197 Kaiser in Messina, mitten in den Vorbereitungen zu einem Kreuzzug, an Malaria. Seinem Wunsch entsprechend sollten Konstanze und sein erst dreijähriger Sohn Friedrich dem Papst die Lehnshoheit über Sizilien übertragen. Friedrich II. war schon 1196 zum deutschen König gewählt und 1198 zum König von Sizilien gekrönt worden. Vor ihrem Tod ließ Konstanze Friedrich unter die Vormundschaft von Papst Innozenz III. stellen.

1198 Antistaufische Fürsten wählten, indem sie Friedrich II. übergingen, Otto IV., den Welfen, zum deutschen König und krönten ihn in Aachen, aber mit unechten, imitierten Insignien. Die staufi-
1198 sche Partei wählte Philipp von Schwaben, den Bruder Heinrichs VI., ebenfalls zum deutschen König, den man in Mainz, aber mit echten Insignien krönte. Mit dieser Doppelwahl begann der deutsche Thronstreit. In dem wieder aufgebrochenen Gegensatz zwischen Staufern und Welfen stand Frankreich auf der Seite Philipps von Schwaben, England auf der Seite Ottos IV. Der innerdeutsche Streit weitete sich so zu einem europäischen Krieg aus.

1198 Im Jahr der deutschen Doppelwahl wählten die Kardinäle den 37jährigen Lothar von Segni, einen ausgezeichneten Juristen und fähigen Diplomaten, zum Papst. Innozenz III. sah im Papsttum die oberste Instanz für alle kirchlichen und weltlichen Instanzen. Folgende Staaten wurden von ihm lebensabhängig: Sizilien, England, Aragón, Portugal, Dänemark, Polen, Böhmen, Ungarn.

1201/ Im deutschen Thronstreit plädierte Innozenz III. in seiner „Erörterung über die drei Erwählten"
1202 für Otto IV., der ihm in territorialen Forderungen – Spoleto, Ancona, Tuscien als Sperrzone zwischen Sizilien und dem deutschen Reich – entgegenkam. Als Otto IV. jedoch nach der Kaiserkrönung mit der Eroberung Siziliens begann, traf ihn der päpstliche Bann. Nun sollte Friedrich II., wie es Innozenz III. beabsichtigte, erneut zum deutschen König gewählt und gekrönt werden. In der Goldbulle von Eger versprach Friedrich II. dem Papst 1209, dessen Gebietsansprüche in Mittelitalien anzuerkennen, auf die Mitwirkung bei Abts- und Bischofswahlen zu verzichten, dem Papst bei der Verfolgung von Ketzern zu helfen u. a.

1214 Als Kaiser Otto IV., der mit England verbündet war, den Franzosen in der Schlacht bei Bouvines unterlag, fiel die Entscheidung mit dem Sieg Frankreichs zugunsten der Staufer und war der deutsche Thronstreit beendet. Es folgte die Krönung Friedrichs II. zum König in Aachen. Darauf ließ er trotz seiner Zusage an den Papst, Sizilien nicht mit dem deutschen Reich zu vereinigen, seinen Sohn
1220 Heinrich zum deutschen König wählen. Als Gegenleistung überließ er in seiner „Abmachung mit den geistlichen Reichsfürsten" diesen wesentliche Rechte. Nachdem Friedrich II. die staatsrechtliche Trennung Siziliens vom deutschen Reich erneut versichert hatte, wurde er von Papst Honorius III. in Rom zum Kaiser gekrönt.

1222– In schweren Kämpfen unterwarf er die Sarazenen, die vom Bergland Siziliens aus ihre Raubzüge
1224 unternahmen, siedelte sie in Lucera in Apulien an, gestand ihnen Religionsfreiheit zu und gewann an ihnen treue Untertanen.

1224 In Neapel ließ er die erste „Staatsuniversität" Europas gründen, die Studenten zu loyalen und mit Rechtswissenschaften vertrauten Beamten ausbilden sollte.

Als der Kaiser in Oberitalien Reichsrechte erneuern wollte und den bei der Krönung in Aachen versprochenen Kreuzzug verschob, zog er sich den wachsenden Unmut des Papstes zu.

1226 In der Goldenen Bulle von Rimini beauftragte Friedrich II. den Deutschen Orden, das heidnische Preußen zu erobern, und verlieh ihm dafür die volle Landeshoheit.

1227 Wegen einer Seuche mußte der Kaiser einen Kreuzzug abbrechen, er selbst erkrankte, und Papst Gregor IX. bannte Friedrich wegen des „Versäumnisses". Trotzdem fuhr Friedrich auch als Gebannter

1228 ins Heilige Land, erreichte vom Sultan ohne Krieg durch Vertrag die Überlassung von Jerusalem,
1229 Bethlehem, Nazareth und eines Küstenstreifens. In Jerusalem krönte er sich selbst zum König des Heiligen Landes. Nach seiner Rückkehr vertrieb er die während des Kreuzzugs in Kampanien eingefallenen päpstlichen Truppen. Nach mühsamen Verhandlungen erreichte er die Lösung vom Bann.

1231 Mit den „Konstitutionen von Melfi", auch „Liber Augustalis" genannt, begründete Friedrich II. den Zentralverwaltungsstaat Sizilien, der in manchen Einrichtungen auf die Moderne hinweist. Während in Deutschland Heinrich VII. im Gegensatz zu den Fürsten auf der Seite der Städte stand,
1231 zwang ihn sein Vater, auch den weltlichen Fürsten im „Statut zugunsten der Fürsten" dieselben Rechte zu verbriefen, darunter auch städtefeindliche Bestimmungen, die er 1220 den geistlichen Fürsten zugestanden hatte. Zum ersten Male wurde hier mit dem Titel „domini terrae" (Landesherren) der Anspruch auf Landeshoheit erhoben.

Wegen erheblicher Gegensätze der Politik in Deutschland wurde Heinrich VII. von seinem Vater inhaftiert und blieb bis zu seinem Tod (1242) im Gefängnis in Apulien.

1235 Der Mainzer Reichslandfriede, der auch in deutscher Sprache veröffentlicht wurde, schränkte Fehden des Adels wesentlich ein. Der säkulare Gegensatz zwischen Staufern und Welfen wurde für beendet erklärt.

1237 In Wien ließ Friedrich II. anstelle des inhaftierten Heinrich VII. seinen Sohn Konrad zum König wählen.

Als Friedrichs Sohn Enzio nach einer Heirat mit der Erbin Sardiniens Ansprüche auf die Insel er-
1239 hob, die ein Papstlehen war, bannte Gregor IX. den Kaiser zum zweiten Mal. Gleichzeitig erhoben Papst und Kaiser publizistisch heftige Anklagen gegeneinander. Der Konflikt verschärfte sich, als
1241 Friedrich II. mehr als 100 Teilnehmer, die sich auf dem Weg zu einem von Gregor IX. anberaumten Konzil nach Rom waren, abfangen und nach Apulien bringen ließ. In seinem Krieg gegen die lombardischen Städte stieß der Kaiser, als er zudem die Verwaltung zu zentralisieren suchte, nicht nur beim Lombardenbund, sondern auch bei dem mit ihm verbündeten Papst auf Widerstand.

1245 Innozenz IV. floh beim Einmarsch der kaiserlichen Truppen in den Kirchenstaat nach Frankreich, berief ein Konzil nach Lyon und verkündete die Absetzung Friedrichs II. Dieser wandte sich darauf an die Fürsten und forderte sie auf, gegen die Mißstände der Kirche gemeinsam vorzugehen. Als Gegenmaßnahme rief der Papst die Fürsten zum Kreuzzug gegen den Kaiser auf.

Außerdem veranlaßte er in Sizilien einen Aufstand, der von Friedrich niedergeschlagen wurde, und seine Anhänger in Deutschland wählten zwei Gegenkönige (1246/47).

1250 Als sich für Friedrich II. eine Wende des Kriegs abzeichnete und er einen Feldzug gegen Lyon plante, verstarb er an einer ruhrähnlichen Erkrankung im Castel Fiorentino.

1268 Als letzter Staufer wurde Konradin von Karl von Anjou, den der Papst mit Sizilien belehnt hatte, nach einer militärischen Niederlage in Neapel hingerichtet.

1254– Die Zeit zwischen dem Tod Konrads IV. und der Wahl Rudolfs I. von Habsburg bezeichnet man als
1273 Interregnum. Seit 1273 spricht man von der Zeit der Hausmachtskönige bzw. der springenden Königswahlen, da verschiedene „Häuser" sich als Könige (Kaiser) beworben haben (Habsburger, Nassau, Luxemburg, Bayern, Pfalz).

1294– Papst Bonifaz VIII., der in kirchlichen Fragen Frankreich und England unterlag, verkündete in der
1303 Bulle „Unam sanctam" (1302) den absoluten Primat der Kirche vor aller weltlichen Herrschaft. Dies war aber zugleich der „stolze und selbstbewußte Schwanengesang des mittelalterlichen Papsttums"[1]. Ein Jahr später ließ der französische König den Papst durch bewaffnete Adlige in Anagni (Toscana) überfallen und gefangennehmen; dieser wurde von Bürgern Anagnis befreit, starb aber
1303 kurze Zeit später.

1309 Papst Clemens V. ließ sich dazu überreden, seine Residenz von Rom nach Avignon zu verlegen. Dort geriet das Papsttum in Abhängigkeit von den französischen Königen. Die Zeit der sog. „Babylonischen Gefangenschaft" der Kirche dauerte von 1309–1377.

1378 Nach dem Tod Papst Gregors XI., der von Avignon nach Rom zurückgekehrt war, konnten sich die
1378– Kardinäle nicht auf einen neuen Papst einigen. So begann das „große abendländische Schisma",
1415 das erst auf dem Konzil in Konstanz beendet werden konnte.

John Wiclif (um 1320–1384) Theologe in Oxford, der die Bibel ins Englische übersetzt hatte, sah Papsttum und Hierarchie im Widerspruch zu biblischen Aussagen.

Drei Aufgaben hatte sich das von Kaiser Sigismund einberufene und unter seinem Vorsitz tagende

1 Walter Ullmann, Kurze Geschichte des Papsttums im Mittelalter, Berlin, New York 1978, S. 261.

1414– Konstanzer Konzil gestellt: Die Wiederherstellung der Einheit der Kirche, die Reform der Kirche
1418 und die Bekämpfung der Ketzerei (causa unionis, causa reformationis und causa fidei).

Jan Hus in Prag war Anhänger der Lehren Wiclifs und wurde, auch wegen seiner Kritik an Mißständen in der Kirche, von Papst Alexander V. mit dem Bann belegt (1410).

Nachdem ihm Sigismund freies Geleit zugesichert hatte, stellte sich Hus dem Konzil. Dort wurde er verhaftet und verhört. Hus weigerte sich, die vom Konzil als ketzerisch angesehenen Theorien Wiclifs zu widerrufen, er sah die gegen ihn vorgebrachten Anklagen als Täuschungen oder Lügen an.

6.7. Eine kleine Mehrheit des Konzils erklärte ihn für schuldig und übergab ihn dem Tod auf dem
1415 Scheiterhaufen. Gegen die fragwürdige Verurteilung von Hus protestierten 452 Adlige aus Böhmen. Die Empörung der Anhänger des tschechischen Reformators äußerte sich in den Hussitenkriegen (1419–1436).

1417 Mit der Wahl Martins V. zum Papst endete das große abendländische Schisma und war die Einheit der Kirche wiederhergestellt. Eine Reform der Kirche jedoch unterblieb.

„Occam, Wiclif, Hus, Savonarola[1] – noch gelang es der Kirche, die ‚Dissidenten' zum Verstummen zu bringen. Sie erreichte es durch autoritäre Maßnahmen, nicht indem sie ihnen durch eigene Reform die Grundlage der Kritik entzogen hätte. So wuchsen unaufhaltsam Unzufriedenheit und Widerstandswille, und es war nur noch eine Frage der Zeit, daß sich die päpstlichen Verdikte nicht mehr durchführen ließen"[2].

1346– Karl IV., „ein Hausmachtpolitiker von Furtune ebenso wie ein Meister des europäischen Gleichge-
1378 wichts"[3], residierte in Prag und war gewillt, sein Erbland Böhmen zum Zentrum des Reiches umzugestalten. Er erweiterte die luxemburgische Hausmacht um Schlesien und die Niederlausitz (1363/64). Er vergrößerte das Vogtland, die Oberpfalz und Franken, und 1373 überließ Markgraf Otto dem Kaiser die Mark Brandenburg gegen jährliche Zahlungen.

1347– Über weite Teile West-, Mittel- und Südeuropas breitete sich in Wellen die Pest aus, der „Schwarze
1351 Tod", eine von Mittelmeerhäfen eingeschleppte Erkrankung des Lymphsystems, der in den Städten viele, auf dem Lande weniger Menschen zum Opfer fielen. Vielfach beschuldigte man – natürlich zu Unrecht – die Juden, sie hätten die Epidemie durch die Vergiftung von Brunnen verursacht. In den Städten wurden die Juden brutal verfolgt.

1338 Im Kurverein[4] von Rhense erklärte man als Reichsgesetz, daß der von der Mehrheit der Kurfürsten gewählte König zugleich „verus et legitimus imperator" (wahrer und legitimer Kaiser) sei und daß er für den Kaisertitel keine päpstliche Bestätigung mehr brauche.

1356 Als „erstes Grundgesetz des Reiches" legte die Goldene Bulle die Organisation und den Verlauf der Königswahl fest. Sie bestätigte die Rechte der Kurfürsten und ihrer Territorien, die ungeteilt blieben. Auch die Judenschutzgesetze des Königs gingen wie andere Regalien an die Kurfürsten über. Dieses Wahlgesetz blieb bis 1806 in Kraft.

1348 In Prag gründete Karl IV. die erste deutsche Universität und richtete sie nach dem Vorbild der Hochschulen in Paris und Bologna ein. Auf ihr sollten vor allem Studenten aus Böhmen ausgebildet werden. Jedoch kam bald die Mehrheit der Studenten aus Nachbarländern. Als Hus an der Universität die Lehren Wiclifs verbreitete, ergaben sich Spannungen zwischen tschechischen und deutschen Professoren. Darauf ließ der Erzbischof von Prag die Lehren von Hus verdammen und seine Schriften verbrennen. Zugleich begann er, die Anhänger von Hus zu verfolgen.

1409 Die Gegensätze in der Universität spitzten sich zu, als König Wenzel IV. in einem Dekret der böhmischen „Nation" drei Stimmen zusprach, den drei deutschen „Nationen" (Sachsen, Bayern, Polen) dagegen nur eine Stimme. Deshalb verließen die deutschen Professoren und Studenten Prag und gründeten die Universität Leipzig (1409).

Karls IV. Außenpolitik zielte aufgrund seiner diplomatischen Fähigkeiten darauf ab, in seinen Beziehungen zu den Staaten Europas, wenn irgend möglich, Friedenspolitik zu betreiben. Nur kurze Zeit und ohne sich in die inneritalienischen Konflikte einzumischen, zog er nach Mailand, um sich
1355 zum König der Langobarden, und dann nach Rom, um sich zum Kaiser krönen zu lassen.

1376 Zum ersten Mal seit den Staufern gelang es dem Kaiser, seinen Sohn zu Lebzeiten von den Kurfürsten zum König wählen und in Aachen krönen zu lassen.

1 Dominikaner in Florenz, der die Stadt strenger Frömmigkeit unterwerfen wollte und dem Papst Alexander VI. Simonie und Unglauben vorwarf, wurde 1498 als Ketzer verbrannt.
2 Roland Fröhlich, Lebendige Kirchengeschichte, Freiburg 1990, S. 124
3 Kaiser Karl IV., Staatsmann und Mäzen, hrsg. von Ferdinand Seibt, München 1978, S. 7
4 Kurfürstentag

Einführung in die Arbeitsthemen

Zu Beginn des 13. Jahrhunderts sah Innozenz III. als „Vicarius Dei“ (Stellvertreter Christi) seine Amtspflicht darin, die „geistliche Weltherrschaft“[1] anzutreten. Er beanspruchte, in einer „universalen Souveränität“[2] nicht allein über allen Bischöfen, sondern auch über allen Völkern zu stehen und die ganze christliche Welt (mundus christianus) zu beherrschen. Die Kirche nahm diesen Herrschaftsanspruch Innozenz III. hin, jedoch von seiten der weltlichen Gewalt erhob sich Widerspruch, wie die Politik deutscher Fürsten im Thronstreit zeigte.

Die Kurie war gewillt, ihre Universalherrschaft auch in der Territorialpolitik in Italien zu realisieren. Dem Staufer Friedrich II. lag deshalb viel daran, seine Machtbasis in Deutschland durch die Überlassung von Regalien an die Fürsten auszubauen und Sizilien, das der Kaiser von den Normannen geerbt hatte, in einen zentralen Verwaltungsrat modernen Zuschnitts umzuwandeln. Damit ließ er aber seine frühere Zusage an den Papst, keine „unio regni ad imperium“ (Vereinigung Siziliens mit dem deutschen Reich) zu vollziehen, fallen und verursachte damit den Konflikt mit der Kirche.

Beim deutschen Landes- und Fürstenstaat ist im Vergleich mit dem sizilianischen Staat eine gegenläufige Entwicklung zu beobachten. Die geistlichen und weltlichen Landesherren (domini terrae) festigten durch die Reichsgesetze von 1220 und 1231, in denen ihnen der König wesentliche Reichsrechte überließ, ihre territoriale Herrschaft auf Kosten der Befugnisse des Königs. Darin zeigten sich die zentrifugalen Tendenzen des Lehnsstaats. Das Wahlgesetz der Goldenen Bulle, „das erste Grundgesetz des Reiches“,[3] förderte diese Entwicklung.

Seit der Gefangennahme Bonifaz' VIII. durch Bewaffnete des Königs von Frankreich 1303 und seit der später folgenden Verlegung des Papsttums nach Avignon, die zum Schisma (Spaltung) der Kirche führte, zeichnete sich der Niedergang kurialer Herrschaft ab. Deshalb verstärkte sich der Ruf nach einer „Reform der Kirche an Haupt und Gliedern“. Wissenschaftler wie Nikolaus von Kues, William von Occam und John Wiclif rechtfertigten in ihren Theorien die Überordnung des Konzils über das Papsttum. Unter den vielen Anhängern dieser Idee des Konziliarismus war auch Kaiser Sigismund, der 1414 das Konzil von Konstanz einberufen ließ. Nach dem Tod von Hus auf dem Scheiterhaufen verschärften sich die Gegensätze zwischen Verfechtern und Gegnern der Konzilsidee.

Arbeitsthemen

Zu Abschnitt I

1. *Wie begründete Innozenz III. seinen Anspruch, im deutschen Thronstreit als Schiedsrichter zu fungieren? Nach welchen Kriterien untersuchte er die drei Kandidaten? Aus welchen Gründen entschied er sich für Otto IV.? Wie kann die Argumentation des Papstes beurteilt werden? (Nr. 1)*
2. *Von welcher Rechtsauffassung gingen die Fürsten in ihrem Protest gegen die klerikale Intervention im Thronstreit aus? Mit welchen Argumenten entschieden sie sich für Philipp von Schwaben? Auf welche Thesen des Papstes gingen sie nicht ein? Wie kann ihre Argumentation im Vergleich mit der des Papstes interpretiert werden? (Nr. 2 und 1)*

Zu Abschnitt II

3. *Welche Gruppen von Rechten sind nach dem Kommentar bei den Regalien zu unterscheiden? Wie können diese mit Hilfe des Kommentars im einzelnen interpretiert werden? Was bedeutete das Statut von 1231 für die Fürsten, für die Städte und die Staufer? (Nr. 1 a und Übersicht)*
4. *Wie werden die Privilegien Friedrichs II. im Text erörtert und bewertet? Warum konnte der Kaiser die fürstliche Herrschaft in Deutschland nicht in einen Zentralverwaltungsstaat wie in Sizilien umwandeln (Nr. 1 b)*

1 TRE, Bd. XVI, Berlin 1987, S. 181.
2 Richard W. Southern, Kirche und Gesellschaft im Abendland des Mittelalters, Berlin 1975, S. 91.
3 Hans Boldt, Deutsche Verfassungsgeschichte, Bd. 1, München 1984, S. 251

5. *Wie war die Herrschaft im Territorialstaat organisiert? Welche Kennzeichen des „frühmodernen Staates" zeigten sich darin? Wodurch erhöhte sich der Steuerbedarf der Landesfürsten? Wozu führte die Herrschaftsfinanzierung bei den Bauern? Welche Rechte übernahmen die Stände im Landtag? (Nr. 1 c)*
6. *Worauf deutete der Titel „Liber augustalis" für das Gesetzeswerk von Melfi hin? An welchem Recht orientierten sich die Konstitutionen? Wie und mit welchen Mitteln wurden die Bereiche der Verwaltung organisiert? Welche Funktion hatte der Klerus? Mit welchen Maßnahmen wandelte Friedrich II. den Feudalismus um? Mit welchen Mitteln zentralisierte er die Landesverteidigung? Wieweit kann man Friedrichs II. Projekt für Sizilien mit einem modernen Staat vergleichen, wieweit nicht? (Nr. 2 a)*
7. *Welche Urteile über den Kaiser und den sizilischen Staat ergeben sich aus der Sicht des Volkes? Was besagt die Bewertung Friedrichs II. durch Folker Reichert? Wieweit sind im sizilischen Staat Züge eines modernen totalitären Staats zu erkennen, wieweit nicht? (Nr. 2 b (1) (2) und Nr. 2 a)*

Zu Abschnitt III

8. *Wie begründete Bonifaz VIII. den Anspruch, das Papsttum verfüge über das geistliche und das weltliche Schwert? Worauf bezog er sich in seiner Forderung, höchster Richter der Welt zu sein? Wie wirkte sich der Universalanspruch des Papstes politisch aus? Welche Sätze erinnern an den Dictatus Papae Gregors VII., welche gehen darüber hinaus? Wie urteilte Dante über den Machtanspruch Bonifaz VIII.? Nr. 1 u. Übersicht)*
9. *Wie bezieht sich die Bulle „Unam sanctam" auf zeitgenössische Urteile und Thesen? Was charakterisiert sie nach Johannes Haller inhaltlich und formal? Welche ideologische Einstellung ist in ihr vorherrschend? (Nr. 2)*

Zu Abschnitt IV

10. *Wie nahm William von Occam zu der Frage Stellung, ob sich die römische Kirche im Glauben irren kann? Welche Instanzen der Kirche unterschied er dabei (Nr. 1 a)*
11. *Was bedeutet bei John Wiclif der Vergleich des Papsttums mit Christus? Welche Autorität beansprucht nach seiner Meinung die Heilige Schrift? Was bedeutete dies für den Primatsanspruch des Apostolischen Stuhls? (Nr. 1 b)*
12. *Wie legitimierte Nikolaus von Kues den Anspruch des Konzils auf Vorrang vor dem Papsttum? Wodurch habe nach Cusanus der Papst seinen Primatsanspruch begründet? Mit welchen Argumenten vertrat Cusanus die Theorie des Konziliarismus? (Nr. 1 c)*
13. *Mit welchen Nachweisen untersucht Roland Fröhlich die Problematik des Konziliarismus? Auf wen führte das Konstanzer Konzil seine Gewalt zurück? Warum konnte sich der Konziliarismus auch in Basel und Ferrara nicht durchsetzen? (Nr. 2)*
14. *Wodurch war zu Beginn des 15. Jahrhunderts die soziale und kulturelle Lage in Böhmen gekennzeichnet? Wie erklärt sich bei Hus in Predigten und in der Übersetzung der Bibel der Gebrauch des Tschechischen statt des Lateins? Welche politische Folgen hatte dies? Welche Rolle hatte Wenzel beim Konflikt von Hus mit dem Erzbischof von Prag? Worüber beklagte sich der Reformer am Tag vor seinem Tod im Brief „An alle gläubigen Tschechen"? Welche soziale und politische Entscheidung spricht Hus an? (Nr. 3)*
15. *Was veranlaßte Ferdinand Seibt, 1991 einen „neuen Hus" darzustellen? Warum vergleicht er Hus mit den Männern der Charta 77? Inwiefern wurde er für „viele tschechische Dissidenten zur Identifikationsfigur"? Wie sind nach Seibt die „samtenen" Revolutionen in Europa in jüngster Vergangenheit zu interpretieren? Wieweit kann man den Thesen von Seibt zustimmen, wieweit können sie modifiziert werden? (Nr. 4)*

Zu Abschnitt V

16. *Wie lösten der Kurverein von Rhense und das Gesetz „Licet iuris" das Problem der Anerkennung (Approbation) des Kaisers durch den Papst? Was bedeutete dies für die Kirche, was für die Kurfürsten? Welche Staatstheoretiker standen bei dieser Frage auf der Seite des Kaisers? (Nr. 1)*
17. *Wie regelte die Goldene Bulle die Königswahl im einzelnen? Aus welchen Ländern kommen die Kurfürsten? Wie erfolgte der Wahlvorgang? Welche Funktionen und Rechte der Kurfürsten wurden bestätigt? Welche Aufgabe übernahmen die sieben Kurfürsten in der Politik des Reiches? Welche Folgen hatte dies für den Kaiser? (Nr. 2 a und b)*

I Herrschaftsanspruch Innozenz' III.

1. Die Argumentation des Papstes (um 1200)

Im Namen des Vaters und des Sohnes und des Heiligen Geistes. Es steht dem Apostolischen Stuhl zu, die Besetzung des römischen Kaisertums sorgfältig und umsichtig zu untersuchen, da das Kaisertum von Anfang an und letztendlich, wie bekannt, ihm zugeordnet ist: von Anfang an, weil es durch das Papsttum und seinetwegen von Griechenland übertragen wurde, d.h. durch das Papsttum als Urheber der Translation zu dessen besserem Schutz; letztendlich, weil der Kaiser vom Papst durch die letzte und endgültige Handauflegung eigentlich erhoben wird, indem er von ihm gesegnet, gekrönt und mit dem Kaisertum investiert wird. Dies hat Heinrich (VI). vollauf anerkannt, als er nach dem Empfang der Krone durch Papst Coelestin seligen Angedenkens, unseren Vorgänger, sich eine Weile zurückzog, sodann zurückkehrte und den Papst bat, ihn mit dem goldenen Reichsapfel in das Kaisertum einzusetzen.

Da aber kürzlich drei Könige gewählt worden sind, das Kind [Friedrich von Sizilien], Philipp und Otto, sind bei jedem einzelnen von ihnen drei Dinge zu beachten: was erlaubt ist, was angemessen ist, was von Vorteil ist. Was das Kind betrifft, den Sohn Kaiser Heinrichs (VI.), so scheint auf den ersten Blick ein Einwand gegen seine Wahl nicht erlaubt, weil sie durch den Eid der Fürsten bekräftigt wurde. Denn wenn auch der Eid gewaltsam erzwungen scheint, muß er dennoch eingehalten werden, da auch die Söhne Israels glaubten, den Eid, den sie den Gibeoniten geleistet hatten, bewahren zu müssen, obwohl er ihnen durch Betrug abgenötigt war[1]. Und im übrigen, sofern der Eid auch anfangs erzwungen sein mochte, schließlich sah der Vater ein, daß er falsch gehandelt hatte, entband die Fürsten von ihrem Eid und sandte ihnen die Wahlzusagen zurück; danach wählten sie den Knaben in Abwesenheit des Vaters aus freiem Willen und einmütig, und fast alle schworen ihm Treue, einige leisteten sogar den Lehenseid. Daher erscheint es nicht erlaubt, sich gegen die rechtmäßigen Eide zu stellen …

Daß es nicht angemessen ist, wenn dieses Kind selbst als Kaiser herrscht, ist jedem offenkundig. Wie sollte es denn andere lenken, da es selbst auf Lenkung durch andere angewiesen ist? Wie sollte es das christliche Volk schützen, das selbst fremdem Schutz anvertraut ist? Dem widerspricht auch nicht der Einwand, daß dieser Knabe selbst unserem Schutz anvertraut sei; denn er ist uns eben nicht in der Weise anvertraut, daß wir für ihn das Kaisertum innehaben, sondern eher so, daß wir an seiner Stelle das Königreich Sizilien verwalten. Dies erhellt ganz klar aus dem Bibelwort: „Wehe dem Land, dessen König ein Kind ist und dessen Fürsten am Morgen schon tafeln"[2]. Daß es nicht von Vorteil ist, wenn dieser das Kaisertum erhält, ist offenkundig; denn dann würde in seiner Person das Königtum Sizilien mit dem Kaisertum vereint, und diese Vereinigung würde die Kirche erschüttern. Denn, um von anderen Gefahren zu schweigen, er würde mit Rücksicht auf die kaiserliche Würde nicht der Kirche Treueid und Lehenshuldigung für das Königreich Sizilien leisten wollen, wie es schon sein Vater nicht wollte …

Gegen die Wahl Philipps vorzugehen, erscheint ebenfalls unerlaubt. Denn da bei Wahlen Eifer, Ansehen und Zahl der Wähler ausschlaggebend sind und es nicht leicht ist, über den Eifer zu urteilen, und da er aber von der Mehrheit und den Angesehensten gewählt wurde und bis heute die

1 Vgl. Jos. 9, 3–20
2 Eccl. 10,16

meisten und angesehensten Fürsten ihm folgen, scheint er rechtmäßig gewählt. Somit scheint es nicht erlaubt, sich gegen diese gerechte und legitime Wahl zu stellen ...
Andererseits aber erscheint Widerstand gegen ihn erlaubt. Er wurde nämlich von unserem Vorgänger rechtmäßig und feierlich mit der Exkommunikation belegt: rechtmäßig, weil er den Besitz des heiligen Petrus teils gewaltsam besetzt, teils durch Brand und Raub verwüstet und sich trotz wiederholter Ermahnung durch unsere Brüder nicht um Genugtuung bemüht hatte: feierlich, weil die Exkommunikation in einer Meßfeier in der Peterskirche an einem nicht unbedeutenden Festtag erfolgte, was er später selbst anerkannte, als er einen Unterhändler zum Apostolischen Stuhl entsandte, um seine Absolution zu erwirken, und er schließlich nach seiner Wahl erreichte, daß er durch unsere Gesandten entgegen unserem Befehl von der Exkommunikation gelöst wurde. Daraus ergibt sich ganz eindeutig, daß er im Stande der Exkommunikation gewählte wurde, ...
Außerdem ist allgemein bekannt, daß er einerseits selbst dem Kinde (Friedrich) den Treueid geleistet hat, andererseits jetzt das deutsche Königtum und – soweit es an ihm liegt – das Kaisertum beansprucht, und daher steht fest, daß er des Meineides schuldig ist. ...
Daß es auch angemessen ist, gegen ihn vorzugehen, ist offenkundig: denn wenn jetzt der Bruder unmittelbar auf den Bruder folgte, wie früher der Sohn auf den Vater, könnte der Eindruck entstehen, daß das Reich ihm nicht durch Wahl übertragen sei, sondern ihm kraft Erbfolge zustehe, und somit würde erblich gemacht, was freie Entscheidung sein muß, zumal nicht nur Friedrich (I.) seinen Sohn zum Nachfolger bestimmt hatte, sondern auch Heinrich seinen Sohn wählen lassen wollte, und dadurch könnte vielleicht später ein Mißbrauch zu einem Rechtsbrauch werden.
Daß es schließlich auch nötig ist, gegen Philipp vorzugehen, leuchtet jedem ein. Da er nämlich ein Verfolger [der Kirche] ist und aus einem Geschlecht von Verfolgern stammt, würden wir sozusagen einen Rasenden gegen uns rüsten und ihm das Schwert reichen gegen unser Haupt, wenn wir uns ihm nicht widersetzten ...
Was Otto betrifft, so scheint es nicht erlaubt, ihn zu unterstützen, weil er von der Minderheit gewählt wurde; es erscheint auch nicht angemessen, weil sonst der Eindruck entstehen könnte, wir würden ihm die apostolische Gunst nicht aus Wohlwollen für ihn, sondern aus Haß gegen den anderen erweisen; und es erscheint schädlich, weil seine Partei im Verhältnis zu der Philipps machtlos und schwach erscheint.
Aber von denjenigen, denen in erster Linie die Wahl des Kaiers zusteht, haben, wie bekannt ist, ebensoviele oder sogar mehr für Otto als für Philipp gestimmt; außerdem ist in solchen Fällen die Eignung und die Würdigkeit des Gewählten mehr zu berücksichtigen als die Zahl der Wähler, und von den Wählern wird nicht so sehr die Mehrheit im Sinne der bloßen Zahl gefordert, als ein gesunder Verstand hinsichtlich ihrer Überlegungen, und so ist Otto geeigneter zur Regierung des Reiches als Philipp ...
Wir glauben also aus den genannten Gründen, daß wir nicht für das Kind (Friedrich) eintreten dürfen, damit es jetzt das Kaisertum erhalte. Die Person Philipps aber lehnen wir wegen der erlittenen Unannehmlichkeiten vollständig ab und stellen fest, daß ihm Widerstand zu leisten ist, damit er nicht das Kaisertum an sich reißen kann. Im übrigen soll unser Legat bei den Fürsten dahin wirken, daß sie sich entweder auf eine geeignete Person einigen oder sich unserem Urteil und unserer Entscheidung unterstellen. Wenn sie sich für keines von beidem entscheiden, dann haben wir lange genug gewartet, haben sie zur Eintracht gemahnt, sie durch Briefe und unseren Gesandten belehrt und ihnen unseren Rat unterbreiten lassen ...
Otto selbst ist der Kirche ergeben und stammt von Vater- und von Mutterseite von ihr ergebenem Geschlecht: mütterlicherseits vom englischen Königshaus, väterlicherseits von den sächsischen Herzögen, die alle der Kirche ergeben waren, und besonders sein Urgroßvater, Kaiser Lothar, der zweimal zur Ehre des Apostolischen Stuhles nach Apulien zog und im Dienste der römi-

schen Kirche starb. Ihm müssen wir offen unsere Gunst zuwenden, ihn müssen wir als König annehmen und – wenn er alles getan hat, was zur Ehre der römischen Kirche vorab erfüllt werden muß – zur Kaiserkrönung befördern.

Aus: Jürgen Miethke, Arnold Bühler, Kaiser und Papst im Konflikt, Düsseldorf 1988, S. 84 ff. (gekürzt)

2. Deutsche Fürsten gegen klerikale Intervention (Januar 1202)

Wo eigentlich habt ihr gelesen, ihr Päpste, wo habt ihr gehört, ihr heiligen Väter, Kardinäle der gesamten Kirche, daß sich eure Vorgänger und deren Gesandte in der Weise in die Wahl der römischen Könige eingemischt hätten, daß sie entweder selbst als Wähler aufgetreten wären oder als Schiedsrichter die an der Wahl beteiligten Kräfte geprüft hätten? Unserer Meinung nach gibt es nichts, was ihr darauf erwidern könntet.

Es war nämlich der kaiserlichen Krone ausdrücklich zugestanden, daß die Wahl der römischen Bischöfe keinesfalls gegen den Willen des römischen Kaisers erfolgen durfte. Aber die kaiserliche Großmut, die stets danach trachtete, die Ehre Gottes zu mehren, und seine Kirche mit besonderen Vorrechten auszustatten Sorge trug, hat auf dieses Recht zur Ehre der Kirche Gottes demütig verzichtet, ...

Wenn der Laie in seiner Einfalt demütig auf etwas verzichtet, das er von Rechts wegen besaß, wie kann dann die päpstliche Heiligkeit ihre Hand auf etwas legen, was sie nie besaß? Obwohl uns ein Vorwurf eurer heiligen Kurie gleichsam wie von unserer lieben Mutter trifft, sind wir doch gezwungen, da wir dem römischen Reiche angehören, ein Unrecht gegen dieses nicht zu verschweigen.

Die Gesamtheit der obengenannten Fürsten eröffnet euch also schmerzlich bewegt, daß der Bischof von Palestrina[1] sich wider alles Recht in die Wahl des römischen Königs eingemischt hat, und wir sehen nicht, welche Rolle er dabei spielen konnte, ohne schuldig zu werden. Denn er spielte entweder Wähler oder Schiedsrichter. Wenn er als Wähler auftrat, wie hat er sich Zugang verschafft, so daß er in Abwesenheit der Richter die Wahrheit zur Lüge und die Tugend zum Verbrechen verkehren konnte? Wie konnte denn der Teil der Fürsten, der an Zahl überlegen und durch Würde ausgezeichnet ist, zu Unrecht so völlig übergangen werden? Wenn er als Schiedsrichter auftrat, war dies nicht erlaubt. Denn bei der Wahl des römischen Königs, auch wenn sie zwiespältig gewesen sein sollte, gibt es keinen Oberrichter, dessen Spruch die Entscheidung fällt, sondern die Einigung ist durch den spontanen Willen der Wähler zu erzielen. Der Mittler zwischen Gott und den Menschen, der Mensch Jesus Christus, hat nämlich durch seine eigenen Werke und die von ihm unterschiedenen Würden die Aufgaben beider Gewalten geschieden, damit der, welcher Gott dient, sich niemals in weltliche Geschäfte einläßt, und auf der anderen Seite keiner als Oberhaupt in den göttlichen Dingen erscheint, der in weltliche Geschäfte verstrickt ist. Auch wenn wir euch als Richter anerkennen sollten, kann dieses Vorgehen [des Palestriners] doch nicht entschuldigt werden. ...

Was konnte also die Entscheidung des genannten Palestriner Bischofs zugunsten Ottos bewirken, da zuvor nichts für ihn unternommen wurde? Denn was wird es bedeuten, welche Wirkung kann es haben, was von denen ausgeht, die die Minderheit ausmachen ...?

Gegen ihn also, der mit so wenig Anstand handelte, möge sich eure Strenge wenden, ihn treffe, wenn auch in frommem Geiste, eure Strafe.

1 östlich von Rom

Euch, heiligster Vater, haben wir mitzuteilen beschlossen, daß unsere Wahl einstimmig und einmütig auf unseren erlauchtesten Herrn Philipp, allzeig erhabenen König der Römer, gefallen ist; wir haben gelobt und fest versprochen, daß er vom Gehorsam gegen euch und die römische Kirche nicht abweichen und seine Frömmigkeit ihn Gott und euch wohlgefällig machen werden, daß kindliche Furcht ihn erfüllen und seine tüchtige Schirmherrschaft ihn empfehlen werde. Daher bitten wir, daß ihr ihm zu gegebener Zeit und an gelegenem Ort, wie es eures Amtes ist, die Auszeichnung der [kaiserlichen] Salbung nicht versagt.

Aus: Jürgen Miethke, a.a.O., S. 89f.

II Landesherrschaft im Reich und Beamtenstaat in Sizilien

1. Zur Bildung der Landeshoheit

a) Reichsrechte an die weltlichen Fürsten (statutum in favorem principum 1231; Kommentar)

Das Statutum in favorem principum bietet schon äußerlich ein ganz anderes Bild als die Confoederatio[1] von 1220. An Stelle des wortreichen kurialen Stiles des Privilegs für die Geistlichen sind kurze, prägnante Sätze getreten, deren jeder eine Niederlage für den König bedeutet. Man hat den Eindruck, als handle es sich, ähnlich wie bei der Magna Carta, um die Sanktionierung eines von den Fürsten vorgelegten Entwurfs. Der Inhalt des Statuts ist von großer Mannigfaltigkeit; es lassen sich indessen aus den verschiedenen Bestimmungen mehrere Gruppen bilden; ganz deutlich hebt sich eine Hauptgruppe von 13 gegen die Entwicklung der Städte gerichteten Artikeln heraus, die vielleicht den ursprünglichen Inhalt jenes Entwurfs der Fürsten gebildet hatten. Die anderen, gegen die Entwicklung der königlichen Gewalt als solcher gerichteten Artikel sind wahrscheinlich später erst eingeschoben worden. ...

Wir finden hier zunächst den endgültigen Verzicht des Reiches auf die Errichtung neuer Städte und Burgen sowie neuer Münzstätten (c. 17). Die Tragweite dieser negativen Bestimmungen wird besonders deutlich, wenn man dazunimmt, daß in zwei besonderen Gesetzen den Fürsten die Gültigkeit der von ihnen selbst geprägten Münzen garantiert und das Recht zur Befestigung ihrer Städte ausdrücklich verliehen wird. Ferner überläßt das Statutum den Fürsten das finanziell mit der Zunahme des Verkehrs immer einträglicher werdende Geleitsrecht (c. 14). In c. 6 wird in sehr allgemeinen Ausdrücken anerkannt, daß die Füsten in ihren Territorien die uneingeschränkten Herren über die Gerichtsbarkeit sein sollten und daß diese nach dem partikularen Recht ihrer Gebiete zu üben sei. Damit ist der Gedanke der Einheit des Rechts innerhalb des Deutschen Reiches aufgegeben und die königliche Bannleihe an die Grafen außer Kraft gesetzt. Dem König verblieb allerdings noch das Recht, Prozesse an das Hofgericht zu ziehen, das alte ius evocandi, und ebenso konnten die Parteien an das Hofgericht appellieren ...

Die Bestimmungen gegen die Städte trafen die Staufer an der verwundbarsten Stelle, in der so hoffnungsvoll begonnenen Politik der Städtegründung, aber auch der Förderung des Bürgertums überhaupt. Im Elsaß, im staufischen Hausgut und im fränkischen Krongut des Königs waren viele neue Städte gegründet, die bestehenden gefördert worden. Planmäßig wurde der Gedanke verfolgt, daß ältere, schon bestehende Städte ihr Recht auf jüngere Neugründungen übertragen sollten; so hätte vielleicht ein einheitliches bürgerliches Recht entstehen und sich schließlich auf das

1 Um die Wahl seines Sohnes Heinrichs (VII.) zu sichern, überließ Friedrich II. in dieser Abmachung den geistlichen Fürsten königliche Rechte (Regalien) wie das Münz-, Markt-, Zoll- und Befestigungsrecht sowie die Gerichtsbarkeit

ganze Reich ausdehnen können. Durch Aufnahme ritterlicher oder bäuerlicher Landbewohner als Pfahlbürger oder Muntmannen[1] sollte das Stadtrecht auf das flache Land hinausgetragen werden ...
Friedrich selbst hatte 1226 das den Dänen abgenommene Lübeck zur freien Reichsstadt erhoben. In all dem sahen die Fürsten nur eine Bedrohung ihrer partikularistischen Interessen. In zahlreichen Einzelbestimmungen ... wurden der königlichen Städtepolitik Fesseln angelegt. So durfte die städtische Gerichtsbarkeit nicht auf das flache Land ausgedehnt, kein Gericht vom Lande in die Stadt verlegt, niemand zu Arbeiten für die Städte – insbesondere wohl für deren Befestigung – gezwungen werden usw. All diese Hemmungen haben die Entwicklung des deutschen Städtewesens nicht aufzuhalten vermocht; trotz des Verbotes der Bündnisse zwischen den Städten bildete sich zu Beginn des Interregnums, kurz nach 1250, der rheinische Städtebund: auch die städtische Selbstverwaltung erreichte eine hohe Blüte.
Rückschauenden Betrachtern sind die Gesetze Friedrichs II. und Heinrichs oft als die reichsgesetzliche Anerkennung der Landeshoheit, als der Verzicht auf die einheitliche Staatsbildung in Deutschland erschienen. Es ist aber kaum zweifelhaft, daß Friedrich selbst sie nicht so aufgefaßt hat. Er sah in der Aufgabe zahlreicher Positionen des Reiches nur etwas Vorläufiges oder Unschädliches. Er wollte ebensowenig wie die Fürsten die ganze Reichsverfassung aus den Angeln heben; es sollten nur konkrete Garantien für deren Besitzrechte gegeben werden, ohne daß über die Rechtsfrage endgültig entschieden worden wäre. Ihm lag nur daran, für den Augenblick die fürstliche Opposition zum Schweigen zu bringen. Später, nach Verwirklichung seiner Reformpläne in Italien, hoffte er, das verlorene Terrain wiedererobern zu können. Er glaubte wohl, daß die durch die Gesetze von 1220 und 1231/32 ermöglichte straffere Konsolidation der einzelnen fürstlichen Territorien die beste Vorbereitung dazu sein würde, sie später in Verwaltungsgebiete des Reiches zu verwandeln, daß sich also im Deutschen Reiche eine ähnliche, „konzentrische Konzentration“ herausbilden würde wie in Frankreich. Er hoffte, von einem zentralisierten Italien aus ein dezentralisiertes, aber doch der Reichshoheit unterworfenes Deutschland regieren zu können.
Daß das Reich mit seinen Fürsten Abmachungen in Gesetzesform traf, die fast die Natur völkerrechtlicher Verträge trugen, war ein bedeutender Schritt auf dem Wege zur föderalen Gestaltung des Reiches. Wahrscheinlich hätte dieser rückgängig gemacht werden können, wenn nicht die ganze Stauferherrlichkeit zusammengebrochen wäre.

Aus: Heinrich Mitteis, Der Staat des Hohen Mittelalters, Weimar ⁴1953, S. 348 ff. (gekürzt).

b) Das Statut 1231 und die Festigung der Landesherrschaft

Man hat früher gemeint, daß die genannten Privilegien Friedrichs II. die für das nachmalige Deutschland entscheidende Wende zur Fürstenherrschaft herbeigeführt hätten. Dagegen ist jedoch eingewandt worden, daß es auch zuvor schon entsprechende Privilegierungen gegeben habe und sie vielfach nur die Bestätigung einer bereits eingetretenen Entwicklung enthalten hätten. Diese Entwicklung habe auch nicht einfach in einer Usurpation königlicher Rechte durch die Fürsten bestanden, wie gelegentlich angenommen wurde, sondern sei eine Folge des Landesausbaus, der Begründung und Erweiterung eigener Herrschaft gewesen. Das ist im großen und ganzen wohl richtig. Landesausbau und gesellschaftlicher Wandel hatten in jener Zeit den Mächtigen im Reich genügend Chancen geboten, neue Herrschaftsformen und Rechtspositionen zu begründen wie auch – bei der häufigen Abwesenheit des Kaisers – königliche Rechte gleichsam in Stellvertretung auszuüben. Gerade deshalb wäre es aber falsch, zu meinen, daß die in der Pri-

1 Schutzhöriger

vilegienzusicherung Friedrichs II. dokumentierte Verschiebung des Verhältnisses von Königtum und Fürsten nur vorübergehend gedacht war und einfach revisibel[1] gewesen wäre. Auch diese Ansicht wird vertreten. Zu ihrer Begründung wird darauf hingewiesen, daß Friedrich II. sich durchaus noch als Herrscher über Deutschland gefühlt habe, dies auch im großen ‚Mainzer Landfrieden' zur Ordnung der Verhältnisse in Deutschland 1235 bekundet habe, dem ersten Gesetz, das auch in deutscher Sprache publiziert wurde, und daß er z. B. die erledigten Lehen Österreich und Steiermark nicht wieder ausgegeben, sondern der Verwaltung von Generalkapitänen unterstellt habe. An diese Feststellungen wird die Vermutung geknüpft, er hätte nach der in der Tat spektakulären Umwandlung seiner sizilianischen Erblande in einen modernen Beamtenstaat (in den Konstitutionen von Melfi 1231) ähnliches auch in Deutschland erreichen wollen und können. Diese Ansicht übersieht jedoch, daß sich in Deutschland, nicht zuletzt wegen der langen Abwesenheit der Kaiser, die fürstliche Herrschaft fest etabliert hatte und etablieren mußte; denn wie anders als durch sie und die Ausübung ursprünglich königlicher Rechte durch die Fürsten hätte staatliche Ordnungspolitik damals in Deutschland betrieben werden können? Die durch den Landesausbau und die Abwesenheit der Kaiser eingetretene strukturelle Veränderung in der Herrschaft wäre wohl kaum einfach mit einem Schwertstreich oder mit diplomatischen Kniffen wieder rückgängig zu machen gewesen. Im übrigen wurde diese für das deutsche Reich so entscheidende Entwicklung durch das abrupte, mit dem Tode Friedrichs II. 1250 einsetzende Ende der Staufer besiegelt.

Aus: Hans Boldt, Deutsche Verfassungsgeschichte, Bd. 1, Von den Anfängen bis zum Ende des älteren deutschen Reiches 1806, München 1984, S. 136f.

c) Herrschaftsorganisation des Territorialstaats und die Rolle der Stände[2]

Zweifellos wurde die Krisenanfälligkeit der Grundherrschaft durch die Herausbildung des Territorialstaats befördert. Und zwar vor allem deswegen, weil die Gegenleistungen, die der Grundherr für die Abgaben und Dienste der Bauern erbrachte, vom Landesfürstentum weitgehend übernommen wurde: der militärische Schutz und die Sicherung des Rechts durch eine effektive Gerichtsorganisation. Daß der Territorialstaat selbst zum Exerzierfeld bäuerlicher Renitenz werden konnte, hängt vordergründig damit zusammen, daß er naturgemäß neue Techniken der Herrschaftsorganisation und Herrschaftsfinanzierung entwickelte, und zwar in Form der Verwaltung und der Steuer, die einerseits den individuellen und kommunalen Handlungsspielraum einengten, andererseits die bäuerliche Wirtschaft zusätzlich belasteten. Heer, Bürokratie und Steuer sind die Hauptkennzeichen des „frühmodernen Staates". Die Verwaltung und die Steuer sind Ausprägungen, die bereits im 15. Jahrhundert eine höhere Bedeutung gewinnen. Das kommt in der Ausbildung der Regimente an der Spitze des Territorialstaats und in der Entwicklung einer Ämterorganisation an seiner Basis zum Ausdruck. Das damit entstehende neue Beamtentum wird nicht wie bislang mit der Nutzung von Grund und Boden sowie mit Herrschaftstiteln entlohnt, sondern mit Geld. Der Steuerbedarf des Staates erklärt sich allerdings nicht nur aus der Verwaltung, sondern auch aus der modifizierten Art der Kriegführung: der ad hoc geworbene Söldner hat spätestens im 15. Jahrhundert den Ritter verdrängt.

Es ist zur exakten Beschreibung des Territorialstaats unentbehrlich, auf seine ständische Verfaßtheit hinzuweisen. „Die Stände sind das Land", ein sie verbindendes Recht konstituiert den politischen Verband des Landes. Institutionell nehmen die Stände im Landtag ihre Rechte war, und das sind Steuerbewilligung, Beteiligung bei der Gesetzgebung, gelegentlich auch Entscheidung

1 nach Revision änderbar
2 Gesellschaftliche Großgruppen im Feudalstaat, im Spätmittelalter z. B. Adel, Bürger, Bauern

über die Rechtmäßigkeit von Kriegen. Der Landesfürst ist im Spätmittelalter noch weit davon entfernt, „absolut" zu sein; die Stände sind eine politische Institution von hohem Gewicht, wie beispielsweise ihre Beteiligung bei der Konfliktregulierung in Salzburg zeigt.
Aus: Peter Blickle, Unruhen in der ständischen Gesellschaft 1300–1800, a.a.O., S. 19f.

2. Zentralverwaltungsstaat Sizilien

a) Die Konstitutionen von Melfi[1] (1231) und die Organisation des Beamtenstaats

Die definitive Neuordnung des sizilischen Staates erfolgte dann in den Konstitutionen von Melfi von 1231, einem für die damalige Zeit an Geschlossenheit und logischer Gliederung einzig dastehenden Gesetzeswerk. In ihm vereinigten sich alle Ströme der Rechtsentwicklung, die Sizilien bis dahin befruchtet hatten. Rein äußerlich tritt zunächst die Anknüpfung an die Gesetzgebung der römischen Cäsaren hervor: schon der Name „Liber augustalis" sollte wohl auf das goldene Zeitalter der antiken Geschichte hinweisen. Als personifizierte lex animata, wie die römischen Kaiser, erließ Friedrich das Gesetz einseitig, nachdem er es einer Reichsversammlung in Melfi nur zur Begutachtung vorgelegt hatte. Zugleich war die Gesetzgebung für ihn, der den augustinischen Gedanken der civitas Dei voll in sich aufgenommen hatte, ein fast religiöser Akt, ein Akt der Verehrung Gottes. In materieller Hinsicht ist die Gesetzgebung der normannischen Könige ausgiebig benutzt ... Römisches und normannisches Recht bilden den Grundstock des Gesetzes; daneben sind noch päpstliche Dekretalen sowie die Statuten der lombardischen Städte Norditaliens herangezogen. Der Liber augustalis wollte vor allem eine Ordnung des öffentlichen Rechts, ein Codex der Verwaltung sein; in die privatrechtlichen Verhältnisse der Untertanen wird nur wenig eingegriffen, hier sollte die bunte Mannigfaltigkeit partikularer Ordnungen bestehen bleiben. Daher sind die wichtigsten Teile des Gesetzes diejenigen, die sich auf die Neuordnung des Beamtentums beziehen. Zum ersten Male im Mittelalter wurde ein ganzer Staat auf ein rein weltliches, straff diszipliniertes, zu unbedingtem Gehorsam erzogenes Beamtentum gestützt. Die Pacht der Ämter wurde abgeschafft, eine feste Besoldung der Beamten durchgeführt, Bestechlichkeit aufs strengste unter Strafe gestellt; die Besetzung der Ämter sollte alljährlich wechseln, grundsätzlich durfte der Beamte nicht einmal aus der Provinz stammen, in der er seine Funktionen ausübte ... Zur Ausbildung der Beamten wurde ein eigene Hochschule, die Universität Neapel, gegründet; die jungen Anwärter sollten dort dem Einflusse der Kirche wie auch den freiheitlichen Regungen, die sich auf den Stadtuniversitäten Norditaliens, besonders in Bologna, bemerkbar machten, entzogen sein; daher wurde der Unterricht, der sich übrigens bezeichnenderweise hauptsächlich auf römisches Recht erstreckte, nicht von freien Lehrern, sondern von verdienten und bewährten königlichen Beamten erteilt; es muß aber festgestellt werden, daß sich trotz oder vielleicht gerade wegen der strengen Reglementierung und Überwachung des Studiums an der Staatshochschule Neapel ein eigentlich akademisches Leben nicht entwickelt hat. Auch den Klerus seines Königreichs versuchte Friedrich in die Hand zu bekommen, von Rom völlig loszulösen und mit dem Geiste des staatlichen Beamtentums zu erfüllen; mit Vorliebe berief er zu den hohen Prälaturen Kleriker, die eine Zeitlang königliche Richter oder Notare gewesen waren.
Eine vollkommene Neuregelung erfuhr die Justiz, die den Feudalbaronen gänzlich abgenommen und staatlichen Justiziaren anvertraut wurde; unter ihnen amteten Constabularii als Polizeibeamte und baiuli als staatliche Ortsrichter. Über ihnen allen stand der magister justiciarius, der

1 östlich von Neapel.

Großhofjustitiar, als Haupt der gesamten Justiz und Verwaltung – soweit ihm nicht wieder das Consilium der königlichen Familiares als oberste Zentralbehörde übergeordnet war. Das Strafrecht Siziliens diente ausschließlich staatlichen Zwecken, jeder Akt privater Rache oder Sühne war streng verboten. Im Strafprozeß war das Prinzip der Inquisition von Amts wegen sowohl für die Anklage wie für den Beweis durchgeführt, wobei das anglonormannische Vorbild immer weiter ausgestaltet wurde. Der Zivilprozeß wurde ohne Rücksicht auf die Nationalität der Parteien einheitlichen Grundsätzen römischer Herkunft unterstellt.

Der Feudalismus wurde nicht abgeschafft, aber ebenfalls unter die Maximen der Staatsraison gebracht. Friedrich II. zielte auf die Wiederherstellung der strengen, zentripetalen Grundsätze des anglonormannischen Lehnrechtes ab. Ein Verbot der Veräußerung betraf alle Lehen, auch die kleinsten Unterlehen – und damit ist bereits gesagt, daß der sizilische König ... zu allen Vasallen des Königreichs in einem direkten Verhältnis stand, mochten sie tenentes in capite[1] sein oder auf der tiefsten Staffel der Lehnspyramide stehen. Diesen Standpunkt, daß nämlich das gesamte feudale Recht auf die persönliche, in letzter Linie stets dem König geschuldete Treue aufgebaut sei, hat Friedrich mit aller Schärfe gegen alle auflösenden Tendenzen durchgesetzt, die sich unter seinen Vorgängern bereits bemerkbar gemacht hatten und auf den Einfluß des lombardischen Rechtes mit seiner Neigung, die dinglichen Rechte der Vasallen in den Vordergrund zu stellen und ihre Pflichten auf ein Mindestmaß zu beschränken, zurückzuführen waren. In der gleichen Linie liegt es, wenn die Lehnserbfolge der Seitenverwandten stark eingeschränkt und so ein häufiger Heimfall von Lehen erzielt wurde; hingegen wurden die Töchter der Vasallen zum Erbe zugelassen, weil die Ausübung des Heiratszwangs auf der anderen Seite dem König große Vorteile brachte ... So gelang es Friedrich, den Adel an das Königtum heranzuziehen, die feudale Territorialherrschaft zu brechen, die vasallitische Solidarität, die sich zur gleichen Zeit im Königreich Jerusalem so stark befestigte, im Keime zu ersticken; es entstand kein Vasallenverband, und die Rechtsansprüche der Vasallen, selbst der größten unter ihnen, wurden, wie die aller anderen Staatsbürger, durch die staatliche Justiz garantiert. Das Recht, Befestigungen zu errichten, wurde wieder zum Monopol des Staates; das ganze Land überzog sich mit staatlichen Kastellen, über die ein provisor castrorum die Aufsicht führte; sie alle waren nach einem bestimmten, auf den Zweck der Landesverteidigung abgestellten Typ erbaut, in einem Stil, der sich in den Bauwerken des Deutschen Ordens in Preußen wiederfindet.

Auch die kommunale Selbständigkeit wurde gebrochen, die Städte standen unter staatlichen Beamten, die gleichfalls baiuli hießen. Die von Friedrich II. im Jahre 1233 angeordneten Parlamente in den Provinzen, in denen Beschwerden gegen die Beamten vorgebracht werden sollten, und in die jede Hauptstadt vier, jede Kleinstadt und jedes Kastell zwei Vertreter entsenden sollten – auch hier ist englisches Vorbild unverkennbar! –, scheinen niemals auch nur die geringste Bedeutung erlangt zu haben. Die Finanzverwaltung wurde scharf zentralisiert, eine allgemeine Landessteuer (collecta) eingehoben, der Handel z. T. verstaatlicht, z. T. staatlich kontrolliert; mit Recht hat man im Staate Friedrichs II. die Anfänge der merkantilistischen Wirtschaftspolitik finden wollen. Eine große Flotte, die imstande war, den sizilischen Handel im ganzen Mittelmeer zu schützen, wurde gebaut; auch das Heer wurde neu organisiert; besonderes Aufsehen erregte schon bei den Zeitgenossen eine stehende, stets kampfbereite Spezialtruppe von Sarazenen, die deswegen ein so schlagkräftiges Instrument darstellte, weil die Sarazenen vom päpstlichen Banne nichts zu fürchten hatten. Aber auch sonst ermöglichte die Finanzkraft des Staates die weitgehende Anwerbung von Soldrittern und die Besoldung der Vasallen über die Zeit hinaus, für die sie nach feudalem Rechte zum Dienste verpflichtet waren.

Aus: Heinrich Mitteis, Der Staat des hohen Mittelalters, a. a. O., S. 362–366

1 Kronvasall.

b) Urteile über den sizilischen Staat Friedrichs II.

(1) Kritik von seiten des Volkes

Das Urteil der Kurie, Friedrich verfolge nicht nur die Kirche, sondern beschneide auch die Freiheit der Menschen im Regnum, wird denen aus dem Herzen gesprochen haben, die Steuerdruck und Staatsaufsicht, Beamtenwillkür und Korruption auszuhalten hatten, von den nichtalltäglichen Formen staatlicher Repression ganz zu schweigen. Was Friedrichs äußere Gegner in propagandistischer Absicht auf die Begriffe brachten, erlebten andere hautnah. Besonders während des sog. Endkampfes waren die Lasten, die das Regnum Sicilie zu tragen hatte, erdrückend. Schon Thomas von Gaëta hatte den Kaiser davor gewarnt, die Steuerkraft seiner Untertanen zu überfordern (1223/25), und Friedrich scheint am Ende denn auch ein Einsehen gehabt zu haben, als er testamentarisch nicht nur die Restitution der Kirchengüter, sondern zugleich die Einstellung der Generalkollekten verfügte: Es solle wieder sein wie unter Wilhelm (von Sizilien), den sie – später – den Guten nannten. Auch hierin bestätigt sich noch einmal, daß Friedrich seine Regierung in mancher Hinsicht und zumal in seinen späteren Jahren als einen Neubeginn betrachtete. Die Begriffe und Wendungen aber, die er und seine Kanzlei zur Bezeichnung wie Begründung der königlichen Herrschaft wählten, waren konventioneller, als die ältere Forschung vermutete. Auch die Zeitgenossen hatten dem nichts Wesentliches hinzuzusetzen. Noch Dietrich von Nieheim (um 1340–1418), der Chronist des Großen Schismas und Verfasser reichspolitischer Schriften, zitierte das Prooemium der Konstitutionen nicht, um einem ganz weltlichen, auf sich selbst beruhenden Staat das Wort zu reden, sondern um das Zusammenwirken von Papst und Kaiser, der beiden Gestirne am Firmament, und damit ein herkömmliches Ideal des politischen Lebens in Erinnerung zu rufen.

Aus: Folker Reichert, Der sizilische Staat Friedrichs II. in Wahrnehmung und Urteil der Zeitgenossen: HZ 253/1991, S. 40f.

(2) Urteil der Forschung (F. Reichert)

Ein ausgewogenes Urteil über den sizilischen Staat Friedrichs II. wird daran festhalten, daß sein Aufbau sowohl herkömmliche als auch zukunftsweisende Elemente in sich schloß und damit auf der Höhe der Zeit stand, rückwärtsgewandt und vorausschauend zugleich. Daß die Zeitgenossen eher die Traditionen sahen, in denen der Kaiser mit seiner Gesetzgebung stand oder in die er gestellt werden konnte, ist grundsätzlich nicht ohne Beispiel und erklärt sich auch aus der Begrenztheit der Begriffe und Denkfiguren, die ihnen zur Verfügung standen.

Aus: Folker Reichert, Der sizilische Staat Friedrichs II. in Wahrnehmung und Urteil der Zeitgenossen. In: HZ 253/1991, S. 49.

III Bonifaz VIII. Weltherrschaftsanspruch 1302: Die Päpstliche Bulle „Unam sanctam“

1. Quelle

Eine heilige, katholische und apostolische Kirche müssen wir anerkennen. Außer ihr gibt es kein Heil und keine Vergebung der Sünden, wie der heilige Bräutigam im Hohenlied (6, 8) sagt: Eine ist meine Taube usf. Sie stellt einen mystischen Leib dar, dessen Haupt Christus ist; in ihr ist *ein*

Herr, *ein* Glaube, *eine* Taufe (Eph. 4, 5). Zur Zeit der Sintflut gab es nur Eine Arche Noas, die Eine Kirche vorbildend, und alles, was außer ihr auf Erden war, ging zugrunde. Diese eine Kirche hat nur Ein Haupt, nicht zwei Köpfe wie ein Monstrum. Wenn Christus zu Petrus sagte: Weide meine Schafe, so hat er ihm alle, nicht bloß einige übergeben. Wenn also die Griechen oder andere behaupten, sie seien Petrus und seinen Nachfolgern nicht unterworfen, so bekennen sie damit, daß sie nicht zu den Schafen Christi gehören, denn es ist nur Ein Hirt und Ein Schafstall (Joh. 10, 16). – Daß in der Gewalt dieses Hirten *zwei Schwerter* seien, ein geistliches und ein weltliches, lehrt uns das Evangelium. Denn als die Apostel sagten: Siehe, hier sind zwei Schwerter (Luk. 22, 38), nämlich in der Kirche, so erwiderte der Herr nicht: es ist zu viel, sondern: es ist genug. Wahrlich, wer leugnet, daß auch das weltliche Schwert in der Gewalt des Papstes sei, der achtet wenig auf das Wort des Herrn: Stecke dein Schwert in die Scheide (Matth. 26, 52). *Beide Schwerter sind also in der Gewalt der Kirche,* das geistliche und das weltliche;[1] dieses muß *für* die Kirche, jenes *von* der Kirche gehandhabt werden; das eine von der Priesterschaft, das andere von den Königen und Kriegern, aber nach dem Willen des Priesters und solange er es duldet (ad nutum et patientiam sacerdotis). Es muß aber ein Schwert über dem andern, die weltliche Autorität der geistlichen unterworfen sein. Der Apostel sagt: Es gibt keine Gewalt, ohne daß sie von Gott ist, und die, welche da sind, sind von Gott geordnet (Röm. 13, 1); sie wären aber nicht in Wahrheit geordnet, wenn nicht ein Schwert unter dem andern wäre und das tiefere durch das höhere nach oben gezogen würde. Daß aber die geistliche Gewalt an Würde und Adel jede irdische überragt, müssen wir um so bestimmter bekennen, je mehr das Geistliche dem Zeitlichen vorangeht, wie dies deutlich zu ersehen ist aus der Zehentleistung, der Segnung und Heiligung, aus dem Empfang der Macht selbst und aus ihrer Ausübung. Die (göttliche) Wahrheit bezeugt nämlich, daß die geistliche Gewalt die zeitliche einzusetzen und über sie zu urteilen hat, wenn sie nicht gut ist. Es heißt ja bei Jeremias (1, 10): Ich setze dich heute über die Völker und Reiche; der Apostel aber schreibt: Spiritualis homo judicat omnia, ipse autem a nemine judicatur (1. Kor. 2, 15). Es ist aber diese Gewalt, obgleich ein Mensch sie erhalten hat und ausübt, doch nicht eine menschliche, sondern eine göttliche, wie denn Christus zu Petrus und in ihm zu seinen Nachfolgern sprach: Was du auf Erden bindest ... (Matth. 16, 19). Wer immer daher dieser Gewalt widerstrebt, der widerstrebt der Anordnung Gottes, oder nimmt wie Manichäus zwei Prinzipien an und ist Häretiker. Porro subesse Romano Pontifici omni humanae creaturae declaramus, dicimus, definimus et pronunciamus omnino esse de necessitate salutis.[2]

Aus: Quellenbuch zur Kirchengeschichte, Bd. I/II, Von der Urgemeinde bis zum Beginn des 19. Jh., hrsg. von Hermann Schuster, Frankfurt ^{6}1966, S. 61 f.

2. Kommentar

Kein Aktenstück aus der gesamten Geschichte der Päpste, keine ihrer Äußerungen genießt einen annähernd so verbreiteten Ruf wie diese (die Bulle Unam sanctam), keine ist so oft und so eingehend erörtert worden. So stark hat sie bis in die neueste Zeit die Aufmerksamkeit auf sich gezo-

1 Der Dichter Dante plädierte in seiner „Göttlichen Komödie" (1321) dagegen für das Kaisertum:
... in einer Hand sind Schwert und Hirtenstab.
Wehe der fluchbeladenen Verbindung,
in der sie (die beiden Gewalten) sich nicht achten und
nicht fürchten! (Purgatorio, 110–112)
(Zitat bei Jacques Le Goff, Das Hochmittelalter (Fischer Weltgeschichte Bd. 11), Frankfurt 1965, S. 239. Vgl. auch den Artikel „Zweigewaltenlehre" im Komment. Register)

2 Wir erklären, behaupten und bestimmen, daß es für jede menschliche Kreatur heilsnotwendig ist, sich dem römischen Bischof zu unterwerfen.

gen, daß noch im Jahre 1897 ein Buch von mehr als 1100 Seiten über sie erscheinen konnte. Unerhörte Dinge möchte man danach wohl von ihr erwarten. Hören wir sie.

Es gibt nur eine einzige Kirche, außerhalb deren kein Heil ist. Ihr einziges Oberhaupt ist Christus, ihn vertritt Petrus und dessen jeweiliger Nachfolger. Wer das leugnet, wie die Griechen tun, gehört nicht zu den Schafen Christi. Sowohl über das geistliche wie über das weltliche Schwert verfügt die Kirche, das geistliche führt sie selbst, das weltliche läßt sie nach ihrem Willen durch Könige und Krieger führen. Beide Gewalten stammen von Gott[1], doch fordert die Ordnung, daß die eine der anderen untergeordnet sei; die höhere aber ist die geistliche. Ihr steht es zu, die weltliche einzusetzen und, wo sie irregeht, sie zurechtzuweisen. Auch die geistlichen Gewalten sind stufenweise geordnet, die niederen unterstehen den höheren, die höchste aber, Gott allein unterworfen, hat auf Erden keinen Richter. Von einem Menschen ausgeübt, ist sie dennoch göttlicher Natur, weil von Gott verliehen. Wer ihr widerstrebt, lehnt sich gegen Gottes Ordnung auf. „Somit erklären, behaupten und entscheiden wir, daß es für alle menschlichen Geschöpfe zum Seelenheil notwendig ist, dem römischen Bischof sich zu unterwerfen."

Dies ist in Kürze der Gedangengang, wenn man ihn des Beiwerks entkleidet, das den einzelnen Sätzen zur Begründung dient. Das Ganze hat durchaus schulmäßigen, akademischen Charakter. Wie die Sätze selbst, so sind auch die Beweise die schulmäßigen, teils die bekannten Stellen aus der Bibel, die angeblichen Einsetzungsworte bei Johannes und Matthäus, das oft gehörte Zitat aus Jeremias und andere, teils sind es allegorische Deutungen, wie sie die Scholastik liebte und unbedenklich als Beweise verwandte. Zum Beispiel: die Kirche entspricht der Arche Noahs, in der allein alle Tiere vor der Sintflut gerettet wurden, wie jene hat auch sie nur einen einzigen Steuermann. Daß die weltliche Gewalt der Kirche untersteht, folgt unter anderem daraus, daß Jesus dem Apostel Petrus in der Leidensnacht befohlen hat, sein Schwert in die Scheide zu stecken. Wer die Lehre der kirchlichen Wissenschaft kennt, wie sie in den vorausgegangenen Menschenaltern ausgebildet war, der findet hier nichts Neues. So haben ohne Zweifel die Zeitgenossen geurteilt, ihnen hat Bonifaz VIII. nur Bekanntes gesagt; sie hatten alles längst und oft, manches in denselben Worten lesen und hören können, bei Juristen und Theologen, bei Innozenz IV. und Heinrich von Susa, bei Thomas von Aquino und Bonaventura und so vielen andern Schriftstellern bis hinauf zu Bernhard von Clairvaux und Hugo von St. Viktor, von denen manche sogar noch weiter gingen. Die äußersten Folgerungen, zu denen jene schritten, hat Bonifaz nicht ausgesprochen, ersichtlich bestrebt, nur das zu sagen, worüber die Wissenschaft einig war. Er konnte also das Lob der Mäßigung wohl für sich in Anspruch nehmen.

Unwillkürlich denkt man an Gregor VII. Seine Thesen über Natur und Umfang der päpstlichen Amtsgewalt, der sogenannte Dictatus papae[2], waren eine unerhörte Neuerung gewesen, eine revolutionäre Tat, die eine neue Epoche einleitete. Bonifaz VIII. steht am Ende einer Entwicklung. Die Bulle Unam Sanctam verteidigt geltendes Recht gegen Auflehnung und Angriff, sie will Bestehendes erhalten, ist konservativ. Neu in ihr ist allein der Schlußsatz, nicht zwar durch das, was er sagt, aber dadurch, daß er im Tone einer endgültigen Entscheidung ausgesprochen wird. Was bis dahin Lehre der Wissenschaft war, wird hier zur Lehre der Kirche erklärt. Damit hört jeder Widerspruch auf, etwas anderes darf hinfort nicht mehr behauptet werden, wie auch kein Versuch des Zuwiderhandelns mehr geduldet werden kann. Nachträglich mag das wohl als ein kühner Schritt erscheinen, die Zeitgenossen, soweit sie im Bannkreis der kirchlich-zünftigen Wissenschaft standen, werden es als das Natürliche und Gegebene empfunden haben.

Aus: Johannes Haller, Das Papsttum, 3. Bd., 1. H., Krönung und Einsturz, Stuttgart 1945, S. 545 ff.

1 Vgl. den Artikel „Zweigewaltenlehre im Komment. Register
2 Vgl. Kapitel Investiturstreit, Nr. 1 b, S. 70 f.

IV Konziliarer Aufbruch und Hus

1. Theoretiker des Konziliarismus

a) Unfehlbarkeit der römischen Kirche? (William von Occam, ca. 1340)

Einige sagen ohne nähere Unterscheidung, weder die römische Kirche noch der römische Stuhl könnten im Glauben irren. Diese verstehen unter der römischen Kirche und dem apostolischen Stuhl nur den Papst oder bloß das Kardinalskollegium oder den Papst gemeinsam mit den Kardinälen. Andere behaupten, die römische Kirche könne im Glauben nicht irren, und verstehen unter ihr den römischen Klerus, der den Papst, die Kardinäle und die übrigen römischen Kleriker in sich begreift. Andere meinen, die römische Kirche, die alle Kleriker in allen Teilen der Welt in sich schließt, könne nicht irren. Einige von diesen nehmen an, daß wohl einzelne Kleriker irren können, daß aber deren Mehrzahl niemals irren wird. Andere wieder sagen, daß wohl die Mehrzahl der Kleriker irren kann, daß aber immer ein Teil davon den Glauben bewahren wird. Andere machen eine nähere Unterscheidung der römischen Kirche und sagen, bald sei darunter der Papst allein, dann die Kardinäle allein, dann beide zusammen, dann wieder der ganze römische Klerus, dann die ganze römische Diözese, zuweilen die ganze Gemeinschaft der Gläubigen zu verstehen. Von der römischen Kirche in diesem letzten Sinne genommen, meinen diese, daß sie nicht irren könne, wohl aber alle übrigen genannten einzelnen Teile. Es ist auch weder nach der Lehre der Schrift noch nach der Lehre der ganzen Kirche sicher, daß die Stadt Rom mit ihrer ganzen Umgebung, zu der das römische Bistum gehört, dem Antichrist bei seiner Ankunft nicht anhängen wird oder auch vor den Zeiten des Antichrist nicht von dem katholischen Glauben abfallen wird.

Aus: Wolfgang Lautemann, Mittelalter (Geschichte in Quellen, Bd. II), München 1969, S. 799f.

b) Der Papst als Antichrist? (John Wiclif, um 1380)

Das Papsttum. Wenn der Papst in Lehre und Leben Christo entgegen ist, so ist er der vornehmste Feind Christi … und der hauptsächlichste Antichrist … In Worten ist er dies, weil er Lügen ausstreut.

Wenn wir hinsehen auf die Schriften der Apostel, die geschrieben sind aus dem Glauben an den Herrn Jesum Christum, und auf die päpstlichen Schriftstücke, die Bullen und die Dekretalbriefe … dann können wir ersehen, wie wenig sie in ihrem Inhalt übereinstimmen; denn die päpstlichen Schriften sprechen von der Macht in der Welt, die evangelischen Schriften aber von demütiger Flucht aus der Welt.

Christus war sehr milde und sanftmütig, wie es bei Matthäus 11,20 heißt. Der Papst aber ist, wie man sagt, ein hochmütiger Mensch und ein grausamer Rächer. Denn wenn ihm die Macht des weltlichen Arms fehlt, so wendet er die Strafe der Exkommunikation an und verleiht angeblich Ablässe allen denen, die ihn an seinen Feinden rächen wollen…

Als Christus durch Samarien zog und den Seinigen Speise und Herberge verweigert wurde, da wollte er nicht, daß die Leute darum gekreuzigt würden, wie es aus Lukas 9,56 hervorgeht: „Des Menschen Sohn ist nicht gekommen, der Menschen Seelen zu verderben, sondern zu erhalten." Der Papst aber verdirbt, wie man sagt, viele Seelen; müssen wir ihn darum nicht für den Antichrist halten?

Wenn es hundert Päpste gäbe und alle Bettelmönche Kardinäle würden, man dürfte ihnen in Glaubenssachen doch nur insoweit beipflichten, als sie mit der Heiligen Schrift übereinstimmen.
Aus: Wolfgang Lautemann, Mittelalter (Geschichte in Quellen Bd. II) München 1969, S. 799

c) Primat des Konzils vor dem Papst (Nikolaus von Kues, um 1450)

Ob das allgemeine Konzil, das die ganze Kirche repräsentiert, über den Patriarchen und dem römischen Bischof steht, kann meines Erachtens nicht zweifelhaft sein. Wenn man auch verschiedenen Ortes liest, die Gewalt des römischen Bischofes stamme von Christus, so zeigt doch die Mehrzahl der Belegstellen, daß der Vorrang der römischen über alle anderen Kirchen auf die Bestimmungen der Apostel und deren Nachfolger zurückzuführen ist ... Und findet man in den Schriften, der Papst sei der Statthalter Christi, so doch auch, ihm komme Petri Stellvertretung und Sendung zu. Manches ließe sich über dergleichen Verschiedenheiten sagen: so nannten die einen Bischöfe wie Optatus den Papst einen Kollegen, andere, wie im Konzil zu Ephesus, Vater, andere Bruder, Bischof, Erzbischof, Patriarch. Für uns genügt die Feststellung, daß der römische Bischof als Nachfolger Petri von Christus große Privilegien und von seinem Amtssitz her große Gewalt hat – diese Privilegien sind mit dem Amtssitz fest verknüpft –, daß aber jener Vorrang, wodurch der römische Bischof Primas aller Kirchen ist, teilweise auch durch die Menschen und Kirchengesetze begründet wurde.
Welcher Mensch mit gesunden Sinnen könnte daran zweifeln, daß es dem allgemeinen Konzil zusteht, für seine Selbsterhaltung und ein heilsames Kirchenregiment gegen einen Mißbrauch und den, der ihn verschuldet, vorzugehen? Ich sage das, ohne die wahre Gewalt und das Privilegium des römischen Stuhles herabsetzen zu wollen. Die Behauptung, das allgemeine Konzil könne über die Vorrechte der römischen Kirche nicht erkennen, ist meines Erachtens falsch, da man doch in den Akten des Konzils von Chalcedon liest, daß es diesen Gegenstand behandelt und darüber geurteilt hat. Deshalb läßt sich ganz allgemein sagen, das allgemeine Konzil habe als Stellvertreter der katholischen Kirche seine Gewalt unmittelbar von Christus und steht in jeder Beziehung sowohl über dem Papst wie über dem apostolischen Stuhl. Diese Thesen beweisen zahlreiche Vorkommnisse, kirchliche Gesetze und Vernunftgründe.
Aus: Wolfgang Lautemann, Mittelalter (Geschichte in Quellen, Bd. II), München 1969, S. 802 f.

2. Auswirkungen des Konziliarismus

Die Zeit in Avignon[1] und das große Schisma[2] machten klar, daß der Papst selbst zum Hindernis notwendiger Reformen werden konnte. Da andererseits der Rechtsgrundsatz galt und von den Päpsten mmer wieder beschworen wurde, daß es keine irdische Instanz gebe, die über dem Heiligen Vater stehe und ihn richten könne („prima sedes a nemine iudicatur"), gab es keinen Weg an dieser Klippe vorüber. Einziger Ausweg schien das ‚Allgemeine Konzil': Wer sich seinen Entscheidungen verschloß, konnte nicht mehr behaupten, im Namen Christi und der Kirche zu sprechen, er war zum Glaubensfeind geworden. Schon ein solches Konzil zu verhindern war mit der Aufgabe des höchsten Hirten unvereinbar (Päpste beschränkten sich deshalb darauf, Konzilien zu verzögern, in ihr Gebiet zu verlegen, ergebenen Kardinälen die Leitung anzuvertrauen). Zu-

1 Papsttum in Avigon von 1309–1377.
2 Spaltung des Papsttums durch Doppelwahl 1378–1415. Näheres in der Übersicht.

gleich wandte sich die theologische Forschung, vor allem der Pariser Universität, der Überprüfung des alten Rechtssatzes zu. Denn es war ja vorauszusehen, daß zumindest bei konkurrierenden Päpsten der Schiedspruch des Konzils nicht akzeptiert würde. Es waren vor allem Marsilius von Padua, zeitweilig Rektor der Pariser Universität, und Wilhelm von Ockham (Occam), Professor in Oxford, welche die Lehre von der Überlegenheit des Konzils (genannt „Konziliarismus") entwickelten. Ihre Argumente spielten eine große Rolle: Ludwig der Bayer z.B. benützte sie, als er gegen päpstlichen Entscheid an ein Allgemeines Konzil appellierte, wie auch Martin Luther und die deutschen Fürsten.
Marsilius hob hervor (in seinem Hauptwerk „Defensor pacis", 1324), daß jeder Priester die gleiche geistliche Vollmacht innehabe: „und der römische Bischof oder irgendein anderer besitzt keinen umfassenderen (Vollmachtsanspruch) als jeder sogenannte einfache Priester". Einziges Haupt der Kirche sei Christus, alle anderen bildeten den Leib, d.h. die Kirche. – Ockham bestritt, daß Christus dem Petrus in geistlichen und weltlichen Dingen eine unbegrenzte Vollmacht verliehen habe. „Darum kann der Papst niemand seines Rechts berauben, insbesondere des Rechts, das er nicht von ihm, sondern von Gott oder von der Natur oder von einem anderen Mitmenschen empfangen hat, und mit demselben Grund kann er die anderen nicht ihrer ihnen von Gott oder von der Natur verliehenen Freiheiten berauben."
Aufgabe des Papstes sei die gleiche wie die aller Bischöfe: Gebet, Lesung, Predigt des Wortes Gottes, der Gottesdient und „alles das, was zur Erlangung des ewigen Lebens der Christen nötig" sei. Daraus konnte man folgern, daß keine Einzelperson beanspruchen durfte, die Kirche zu vertreten, sondern nur ein allgemeines Konzil.
Die Versammlung der Väter zu Kostanz machte sich diese Überzeugung zu eigen. Das Dekret „Haec sancta (synodus Constantiensis)" erklärte, daß dieses Konzil die katholische Kirche repräsentiere, seine Gewalt unmittelbar von Christus habe und ihm jeder Stand und jede Würde, auch die päpstliche, zum Gehorsam verpflichtet sei „in allen Fragen des Glaubens und zur Beseitigung des Schismas und zur allgemeinen Reform von Haupt und Gliedern".
Auch die Synoden von Basel und Ferrara wiederholten diesen Anspruch. Dennoch konnte sich der Konziliarismus nicht durchsetzen. Neben oder hinter allen Einzelgründen stand wohl auch das Gespür, daß Papst und Konzil sich zwar im Extremfall gegenüberstehen mochten, daß aber eine prinzipielle Unterordnung des einen oder anderen nicht zu rechtfertigen sei, ja ein Unding war. Kein damaliger Papst dachte daran, die Autorität eines Konzils durch seine eigene einfach zu „ersetzen", und umgekehrt wagten die Konzilien nicht, das Amt des obersten Hirten nach Art eines „Geschäftsführers" der Kirche zu definieren.

Aus: Roland Fröhlich, Lebendige Kirchengeschichte, Freiburg, Basel, Wien 1990, S. 118f.

3. Hus und das Konstanzer Konzil

Im Jahr des Bauernaufstands findet auch eine prunkvolle Hochzeit statt: Richard II. von England heiratet Anna von Böhmen. Viele Tschechen, die in Oxford studieren, sind bei der Vermählung zugegen, bringen von dort die Texte und Ideen Wyclifs in ihre Heimat mit. Gegen Ende des Jahrhunderts wird Hus sein handschriftliches Exemplar des De dominio mit begeisterten Kommentaren versehen, und Hieronymus von Prag wird erklären, daß der Dialogus, ein anderes Werk des Engländers, „die Wurzel der wahren Erkenntnis" sei.
Zu Beginn des 15. Jahrhunderts, zu der Zeit also, in der Hus und Hieronymus leben, ist die soziale und kulturelle Situation in Böhmen durch starke Spannungen gekennzeichnet. Nach 1378, dem Jahr des Schismas, hatten sich hier tiefe Risse aufgetan: Während der König und die tsche-

chische Bevölkerung sich im Streit der Päpste neutral verhielten und diejenigen Kardinäle unterstützten, die für eine Kirchenreform eintraten, standen der Erzbischof und die deutsche Bevölkerung auf der Seite Gregors XII. Diese Spaltung machte sich auch an der Universität bemerkbar, wo sich die Deutschen unter den hier vertretenen nationes zwar mittlerweile in der Minderheit befanden, aber immer noch über Einfluß verfügten. Hinzu kam das religiöse pathos, zu dem die Prager Bevölkerung neigte und das sich mit einer großen Bereitschaft zur radikalen Erneuerung verband. Die „Bethlehemskapelle" wurde zum Zentrum dieser Bewegung und Hus, der ihr Rektorat übernommen hatte, predigte dort seit 1402 beinahe täglich.
Ähnlich wie für Wyclif ist auch für Hus die Benutzung der nationalen Sprache (in diesem Fall des Tschechischen) ein nicht unbedeutendes Merkmal intellektueller Tätigkeit, mit der zugleich eine Haltung der Opposition in sozialer (gegen den Stand der Reichen), politischer (gegen die Deutschen) und religiöser Hinsicht (gegen die römische Kirche) zum Ausdruck gebracht wird. Daran läßt sich der Intellektuelle erkennen, der in den unruhigen Zeiten des späten Mittelalters eine Entscheidung für das politische Engagement getroffen, sich auf die Seite des Dissens und der Reform gestellt und gegen die Tradition gewandt hat. Wyclif und Hus entschließen sich zur Aufgabe des Lateinischen, der Sprache, die sie als Intellektuelle kennzeichnete und kenntlich machte. Beide verstehen die Übersetzung der Bibel und die Predigt in der Sprache des Volkes als Mittel, „die Dinge zu verändern", und nicht nur als Möglichkeit, eine größere Zuhörerschaft zu erreichen.
Dann überstürzen sich in Prag die Ereignisse. Es entsteht ein explosives Gemisch aus religiösen Reformforderungen, der Ablehnung der innerkirchlichen Hierarchie (insbesondere der Unterscheidung zwischen Laien und Geistlichen) und der heftigen Kritik am Luxus als Erscheinung sozialer Ungerechtigkeit. Hus hält an den Zielen seiner Lehre fest und verteidigt das Recht der Universität, auch Texte von Ketzern zu benutzen (zu einem solchen war Wyclif erklärt worden, dessen Bücher verbrannt werden sollten). Der Erzbischof verhängt über die Stadt Prag das Interdikt, doch verhindert König Wenzel seine Anwendung. Hus verteidigt daraufhin die Rechtmäßigkeit des königlichen Vorgehens, wobei er sich einer Argumentation bedient, die auf den Lehrer von Oxford zurückgeht. Der König, so behauptet er, ist ein Diener Gottes, und als solcher übt er seine Macht aus, die darin besteht, die Guten zu beschützen und die Bösen zu bekämpfen, unabhängig davon, welchem Orden sie angehören, ob es sich um Laien oder Geistliche handelt. Das Eingreifen König Wenzels scheint damit einer übergeordneten Zielsetzung zu folgen, nicht politischen, sondern „höheren" Charakter zu haben. Der Erzbischof dagegen behindert in erster Linie den apostolischen Auftrag der Priester. Die Reform der Kirche hat damit für Hus ebenso wie für Wyclif mit Hilfe der heiligen Macht der Herrscher zu erfolgen, die auf den alttestamentarischen Büchern der Könige gründet.
Am Tag, bevor er zum Scheiterhaufen geführt wird, schreibt Hus „an alle gläubigen Tschechen": „Ihr müßt wissen, daß das Konzil, das mich verurteilt, meine Bücher in tschechischer Sprache weder gehört noch gelesen hat. Auch wenn sie ihnen vorgelesen worden wären, hätten sie sie nicht verstanden, weil auf dem Konzil nur Italiener, Engländer, Franzosen, Spanier und Deutsche waren ..." Es ging nicht nur darum, daß das gemeinsame Verständigungsmittel der mittelalterlichen Intellektuellen, die lateinische Sprache, in Trümmern lag, sondern auch darum, daß der Entschluß, in der Landessprache zu schreiben und zu predigen, zum Zeichen einer grundsätzlichen Entscheidung in sozialer und politischer Hinsicht geworden war.

Aus: Der Mensch im Mittelalter, hrsg. von Jacques Le Goff, Frankfurt, New York ²1990, S. 220f.

4. Hus und unsere Zeit

Zeitloser Dissident

Die Wahrheit des Jan Hus freilich war die Wahrheit des Evangeliums. Die Wahrheit der Dissidenten war das nicht. Aber Hus selbst paßt wahrhaft in diese Rolle. Jan Patočka, der „große alte Mann" der Charta 77, der unter mehr als 1800 Christen mit weitem Abstand seines Lebensalters und seiner Standfestigkeit herausragt, konnte im tödlichen Polizeiverhör 1977 insofern durchaus als ein Nachfolger des Konstanzer Märtyrers gelten. Und galt nicht auch der Widerstand Vaclav Havels, der Patočka als Sprecher der Charta 77 folgte, in besonderer Weise der Wahrheit des Wortes und ihrem transzendenten Fundament und war deshalb nicht gar so verschieden von Hussens Bibelverständnis? Die Auseinandersetzung klingt noch heute nach. Sie wird ohne Zweifel nicht nur bei reformierten Christen mit Hus in Verbindung gebracht. Sie wirkt auch im neuen Hus-Verständnis einer breiteren intellektuellen Öffentlichkeit, die sich vom religiösen Leben seit langem entfernt hat. Die Positionen der noch immer weitaus größten, der katholischen Kirche stehen dem nicht grundsätzlich entgegen. Gab es doch, auf ihren Wegen und nach ihrem Selbstverständnis, vor und nach dem Zweiten Vatikanischen Konzil sogar den Versuch, den Hus-Prozeß 550 Jahre post factum regelrecht zu annullieren; immerhin hatte Papst Johannes XXIII. damals für Hussens Tod um Verzeihung gebeten …

Patron der Menschenrechte

Vielleicht ist es nicht nur Hussens Nonkonformismus, nicht nur eine jener Parallelen in der Ereignisgeschichte, die man oft aus ihrem Zusammenahng reißt; nicht nur sein Schicksal also: Vielleicht hat er wirklich auch unserer Gegenwart „etwas zu sagen": denn unser Jahrhundert, wie es sich im Rückblick allmählich abzeichnet, hat nicht nur in schrecklichen Weltkriegen vor aller Augen Millionen von Soldaten in Vernichtungsschlachten und bald danach Millionen von Nichtsoldaten in Vernichtungslagern geopfert; unser Jahrhundert hat zur gleichen Zeit auch versucht, dem Krieg Rechtsnormen überzuordnen. Angefangen von der mitunter belächelten Haager Landkriegsordnung bis zu jener Vereinbarung über die Menschenrechte in Europa, die inzwischen zum politischen Begriff geworden sind.

Unser Jahrhundert hat … nach langer Desorientierung, der Willkür des Wortes eine neue, eine zumindest im innerweltlichen Bezug objektive Basis geliefert: die Würde des Menschen. Und wir sehen staunend, wie diese Würde sich in wenigen historischen Atemzügen zum rechtlichen Fundament erhärtete. Der Terror geheimer Polizeiorganisationen aller Art und das Grauen der Lager, die beide in unserer Zeit ihre Triumphe feierten, sind zerstoben, in bloßen zwei Jahren. Benötigt man schon den Historiker, um das klarer zu erkennen? Dabei ist auch eine neue Form an die Stelle der klassischen europäischen Revolutionen getreten, die sanfte, „die samtene". Denn man kann im Namen der Menschenrechte keine Guillotine aufstellen. Haben wir recht begriffen, daß das eine völlig neue Form unserer politischen Kultur einleitet? …

Unter den Erfahrungen der letzten Jahrzehnte ist also gleichsam ein neuer Hus entstanden. Er ist aufgestiegen zum Schutzheiligen der Menschenrechte. In der Sprache unserer Zeit wurde er offensichtlich, nach den vorliegenden Zeugnissen für viele tschechische Dissidenten, zur Identifikationsfigur. Das ist ein Stück lebendigen Gespräches mit der Vergangenheit.

Der Kampf um den rechten Glauben

200 Jahre nach der Französischen Revolution hat die Idee der Menschenrechte, der Menschenwürde die Praxis der Menschenverachtung überwunden. Beide waren sie einst zur selben Zeit geboren worden. Und das ist letztlich der Grund, warum die „samtenen" Revolutionen ihre Kinder nicht verschlungen haben.

Wir werden eine Weile brauchen, bis wir die historischen Folgen dieser samtenen Revolutionen wirklich in unsere Gedankenwelt eingefügt haben. Denn es hat sich bei der Gelegenheit etwas Allgemeines ereignet, nicht nur etwas, das die Tschechoslowakei oder Polen, Bulgarien oder die Sowjetunion betrifft. Von den Ereignissen des Jahres 1989 und ihren unmittelbaren Folgen sind vielmehr alle Menschen betroffen, mindestens so sehr wie von den gerade so vielberufenen Folgen der Revolution in Frankreich 1789. Man könnte sagen, daß die Demonstrationen in Warschau und in Budapest, in Leipzig und in Prag und zu allerletzt, aber ganz besonders die Demonstrationen in Moskau Orientierungswert besitzen für alle Politik auf der ganzen Welt, auch wenn sie ringsum auf der Erde wohl unterschiedlich weiterwirken. Wie sollen wir uns nun aber einrichten in einer Welt, von der wir glauben, daß Gewalt und Schrecken in ihr vermindert worden seien und daß nach vielen Opfern ein besseres Miteinander für uns alle möglich würde? …
Vergessen wir nicht: die Dominante in unserem „Jahrhundert der Ideologien" war, ähnlich wie in Hussens Mittelalter, ein Kampf um den rechten Glauben …

Aus: Ferdinand Seibt, Ein neuer Hus, Aktualität eines nationalen Reformators, in: Neue Zürcher Zeitung, Nr. 291 vom 14./15. 12. 1991, S. 66.

V Verfassungsrechtliche Entscheidungen

1. Päpstlicher Approbationsanspruch und Kurverein von Rhense 1338

Die Regierungszeit Ludwigs IV. war geprägt von verfassungsrechtlichen Streitigkeiten in einem neuen Sinne – insofern, als die Beteiligten, zu denen als Hauptkontrahent der Papst gehörte, über zentrale Rechtsfragen der Königswahl präzise, juristisch geschärfte Argumente austauschten. 1338 traten die Kurfürsten in Rhense zusammen, um ihre Rechte in einem Weistum, einem hypothetischen Urteil, dem der Gerichtsumstand der anwesenden Fürsten seine Zustimmung gab, festzustellen: Wer von der Mehrheit der Kurfürsten gewählt ist, trägt den königlichen Titel und ist berechtigt, die Güter und Rechte des Reiches in Verwaltung zu nehmen, ohne jede Mitwirkung des Papstes. Der Kaiser hat anschließend diesen Rechtssatz auf das Kaisertum ausgedehnt und als Gesetz verkündet („Licet iuris"). Damit war nicht nur die altertümliche Gesamtstimme aller Wähler durch das rationale Mehrheitsprinzip abgelöst worden. Es zeichnet sich zugleich das Ende der gewohnheitsmäßigen Entwicklung des Wahlverfahrens ab.
Der Vorgang des Jahres 1338 machte die in dieser Zeit bewußt werdenden Unterscheidung von **Kaiser und Reich** anschaulich. Schon im letzten Viertel des 13. Jahrhunderts sind die Anzeichen für ein wachsendes korporatives Verständnis des Kurfürstenkreises nicht mehr zu übersehen. Seit Friedrich II. aktives politisches Zentrum des Reiches, bald auf Karl d. Gr. zurückgeführt, wächst den Kurfürsten nicht nur ein besonderer Rang, sondern auch die Aufgabe zu, Einheit und Dauer des Reiches zu symbolisieren. Daher halten sie sich für berechtigt, zu einschneidenden königlichen Maßnahmen, Rechtsübertragungen insbesondere, in „Willebriefen" (Zustimmung von Kurfürsten zu Königsurkunden) ihre Zustimmung zu geben. Der 1340 verfaßte Tractatus de iuribus regni et imperii des Lupold von Bebenburg, die erste reichsrechtliche Verfassungsschrift, ordnet das Königswahlrecht nicht mehr den einzelnen Kurfürsten, sondern ihnen insgesamt zu. Sie bilden zwar vor dem Ende des Mittelalters noch kein verfahrensrechtlich geordnetes „Kollegium". Aber sie vermögen gemeinsam für das Reich zu sprechen. Parallel zu der allmählichen Herausbildung dieses Kreises vornehmster Fürsten, findet die Formel „Kaiser und Reich" allgemeine Verbreitung. Dieses dualistische Verfassungsdenken sollte für die Zukunft des Reiches von größter Bedeutung sein, ging es doch in die Reichsreform des 15. Jahrhunderts ein.

Schon in der Bulle „Venerabilem" hatte der Papst das Recht in Anspruch genommen, die Person des zum König gewählten und zum Kaiser zu erhebenden (in imperatorem promovendum) Herrschers auf seine persönliche Eignung zu prüfen. Der Hinweis auf die denkbare Zumutung, andernfalls auch einen Exkommunizierten zum Kaiser krönen zu müssen, zeigt den geistlichen Ursprung des päpstlichen Mitsprachebegehrens. Daraus hatte sich bis zum Ende des 13. Jahrhunderts unter dem Einfluß des nun Kirche und Kanzleien beherrschenden juristischen Denkens der päpstlichen Approbationsanspruch entwickelt. Im Konflikt mit dem französischen Königtum behauptete Papst Bonifaz VIII. in der Bulle „Unam sanctam" 1302, daß dem Oberhaupt der einen Kirche sowohl die geistliche wie die weltliche Gewalt anvertraut sei.[1] Das Bild der zwei Schwerter[2] (Lk. 22,38), bisher Zeugnis für die Eigenständigkeit der beiden Gewalten, wurde nun allein auf Petrus und seine Nachfolger bezogen. Der daraus folgende Gedanke einer päpstlichen Weltmonarchie und konsequenten Unterordnung jeder weltlichen Macht unter den Papst veranlaßte Johann XXII. nach der Doppelwahl des Jahres 1314 die Entscheidung über die Person des rechtmäßigen Königs in Anspruch zu nehmen. Er erkannte den Schlachtensieg Ludwigs über den Habsburger Friedrich als Gottesurteil nicht an, sondern leitete 1323 gegen Ludwig einen Prozeß ein, weil dieser sich die Königswürde zu Unrecht angemaßt habe. Darüber hinaus beanspruchte der Papst auch das *Reichsvikariat*, also die Stellvertretung des Kaisers, da im Falle der Thronvakanz die Reichsrechte beim Papst verblieben. Diesen letzten schweren Konflikt zwischen Kaiser und Papst konnte keine der Parteien unbeschadet durchstehen. Einerseits hat die Unterstützung des Kaisers durch die führenden politischen Kräfte des Reiches 1338 deren dauerhafte Beteiligung an den Reichsgeschäften wesentlich gefördert. Auch erwies sich der permanente Konflikt mit dem Papst als eine vom Kaisertum kaum zu verkraftende politische Belastung. Andererseits mußte das Papsttum, seit 1309 in Avignon isoliert, 1328 nicht nur eine weltliche Kaiserkrönung Ludwigs in Rom hinnehmen. Es sah sich auch innerkirchlichen Oppositionsbewegungen gegenüber. Bedeutende Denker standen auf der Seite des Kaisers: der radikale Franziskaner Wilhelm von Ockham, der die Scheidung von weltlicher und geistlicher Gewalt[3] vorantrieb, und der wichtigste zeitgenössische Vertreter der aristotelischen, ganz innerweltlichen Staatstheorie Marsilius von Padua. Hinzu kam der Prestigeverlust, welcher mit der bis zum Konzil von Konstanz (1414/18) beibehaltenen Residenz Avignon verbunden war. So eröffnete sich schließlich die Möglichkeit einer Reform der Königswahl unter stillschweigender Übergehung des päpstlichen Approbationsanspruchs, der letztlich Episode blieb.

Aus: Dietmar Willoweit, Deutsche Verfassungsgeschichte, Vom Frankenreich bis zur Teilung Deutschlands, München ²1992, S. 68 f.

2. Regelung der Königswahl: Die Goldene Bulle 1356

a) Wesentliche Bestimmungen

1) Der Herrscher wird als „Rex Romanorum in imperatorem promovendus" (der zum Kaiser befördert werden soll) bezeichnet. Damit wird angedeutet, daß der von den Kurfürsten erwählte König de facto kaiserliche Rechte ausübt, ohne daß offen Stellung gegen die Kurie genommen wird.

1 Vgl. III, Nr. 1 und 2.
2 + 3 Vgl. den Artikel „Zweigewaltenlehre" im Komment. Register.

2) Festlegung der Zahl der Kurfürsten.
3) Genaue Bestimmung über den Wahlvorgang:
a) Wahlort ist Frankfurt, Krönungsort Aachen.
b) Erststimmrecht hat der Erzbischof von Trier, dann folgen der Erzbischof von Köln, der König von Böhmen, der Pfalzgraf bei Rhein, der Herzog von Sachsen-Wittenberg, der Markgraf von Brandenburg und der Erzbischof von Mainz, der mit der letzten Stimme unter Umständen eine Wahl entscheiden konnte; der Mainzer war Wahlleiter.
4) Majoritätsprinzip (Mehrheitswahlprinzip)
5) Erste Regierungshandlung des Gewählten mußte die Bestätigung der Privilegien der Kurfürsten sein, die den zweiten Hauptteil der Goldenen Bulle bildeten:
   a) Rangordnung unter den Kurfürsten
   b) Unteilbarkeit und Erstgeburtsrecht in den Kurlanden
   c) Privilegium de non evocando: Untertanen der Kurfürsten durften vor kein anderes Gericht als das der Kurfürsten geladen werden.
   Privilegium de non appellando: Sie hatten keine Appellationsmöglichkeit mehr.
   d) Die Regalien[1] fallen an die Kurfürsten.
   e) Verbot von Städtebünden und Einungen.
   f) Verbot der Aufnahme von Pfahlbürgern.
6) Durch bewußte Nichterwähnung des Papstes wurden die Beschlüsse des Kurvereines von Rhense bestätigt. Auch der päpstliche Anspruch auf Reichsvikariat im Falle der Vakanz wurde übergangen, statt dessen wurde festgelegt, daß der Pfalzgraf bei Rhein im Gebiet fränkischen Rechts und der Kurfürst von Sachsen in jenem sächsischen Rechts bei Erledigung des Reichs die Reichsverweserschaft ausüben sollten.
7) Vor dem Pfalzgrafen bei Rhein konnte auch Klage gegen den König erhoben werden, allerdings nur auf einem Hoftag und in Anwesenheit des Königs und der Kurfürsten.

Im wesentlichen war die Goldene Bulle *keine* umstürzende Neuerung, sondern brachte vor allem eine Kodifikation bestehender Rechte und Gewohnheiten.

Aus: Arbeitsbuch Geschichte, hrsg. von Eberhard Büssem, Michael Neher, Mittelalter (3. bis 16. Jahrhundert), Pullach [4]1975, S. 219 und 223.

b) Rolle der Kurfürsten

Die entscheidenden Maßnahmen, welche vor allem darauf zielten, für die Zukunft Doppelwahlen auszuschließen, trifft Karl IV. (1346–1378) in der Goldenen Bulle 1356. Dieses Privileg blieb bis zum Ende des Alten Reiches 1806 die maßgebende Grundlage der Königswahl. Seine Regeln fixierten weitgehend die bis dahin beachteten Rechtsgewohnheiten, präzisieren sie jedoch. So kehrt in der Goldenen Bulle das Quorum[2] der vier Wählerstimmen wieder, welches nun zugleich die Majorität darstellt. Denn die Goldene Bulle ordnet die Unteilbarkeit der Kurfürstentümer und zugleich die Primogenitur an. Damit war in Zukunft ausgeschlossen, daß mehrere Teilhaber einer Kurfürstenwürde zur Wahl schritten. Die konsequente Beschränkung der Wählerstimmen auf sieben hatte in Hinblick auf das beibehaltene Viererquorum die Folge, daß die Abwesenheit dreier Kurfürsten das Wahlverfahren nicht zu blockieren vermochte. Ein Ende hatte auch die Idee der Gesamtstimme[3] gefunden. Der Mainzer Erzbischof, dem die Ladung zur Wahl nach Frankfurt oblag, sollte die Voten der Stimmberechtigten in einer festgelegten Reihenfolge erfragen und seine Stimme selbst zuletzt abgeben. Diesen rationalen Kern des Wahlverfahrens umklei-

1 Rechte des Königs wie Zoll-, Münz- oder Jagdregal.
2 Zahl der Mitglieder eines Kollegiums, die für eine qualifizierte Mehrheit nötig ist.
3 Stimme, die nach Teilung eines Territoriums ungeteilt von mehreren Erbberechtigten gemeinsam abgegeben wird.

dete die Goldene Bulle mit einem Zeremoniell, das die Einzigkeit des Wahlaktes, neben dem eine weitere Wahl nicht mehr denkbar war, hervorhob.
Die Goldene Bulle regelt jedoch nicht nur die Wahl. Sie ist vor allem auch ein umfassendes Gesamtprivileg für die Kurfürsten, an dessen Zustandekommen diese selbst beteiligt waren. Ihre territoriale Gerichtshoheit schützt das Gesetz durch den Ausschluß von Appellationen an das königliche Hofgericht (privilegium de non appellando) und durch den Verzicht auf das königliche Recht, Prozesse an sich zu ziehen *(privilegium de non evocando)*. Dieser Machtsteigerung in den Territorien entspricht eine stärkere Beteiligung der Kurfürsten an den laufenden Reichsgeschäften. Jährlich einmal sollten sie sich am Königshof versammeln. Hat diese Regelung auch keine nennenswerte praktische Bedeutung erlangt, so hat die Goldene Bulle doch die vorrangige Verantwortung der Kurfürsten für das Reich und ihren dominierenden politischen Einfluß für die Zukunft festgeschrieben. Besonders deutlich zeigt dies der Sturz König Wenzels (1378–1400) durch die vier rheinischen Kurfürsten und die – in dieser Form von der Goldnenen Bulle ausdrücklich zugelassene – Wahl des Pfalzgrafen Ruprecht zum deutschen König (1400–1410). Als ein weiteres Symbol der kurfürstlichen Reichsrepräsentanz entwickelte sich alsbald auch das Reichsvikariat, welches die Goldene Bulle dem Pfalzgrafen bei Rhein und dem Herzog von Sachsen anvertraut hatte. Bei Vakanz des Kaiserthrones fiel das Reich nicht, wie die Kirche gemäß der Konstantinischen Schenkung behauptete, der Verwaltung des Papstes anheim, sondern blieb zunächst den beiden weltlichen Kurfürsten aus den Urwahlgebieten des Königtums anvertraut.
Aus: Dietmar Willoweit, Deutsche Verfassungsgeschichte, Vom Frankenreich bis zur Teilung Deutschlands, a. a. O., S. 69 ff.

B Alltag um 1300

Einführung in die Arbeitsthemen

Zur Alltagsgeschichte gehört der für das späte Mittelalter wesentliche Begriff der Mentalität. Mentalitäten sind nach František Graus „funktionierende, oft widersprüchliche, aber immer strukturierte (nie amorphe) Systeme, die das Handeln, Fühlen und die Meinungen von Menschen und Gemeinschaften mitbestimmen“[1]. Mit Johan Huizinga kann die „Spannung des Lebens“[2] als ein wichtiges Merkmal des Alltags im späten Mittelalter angesehen werden. Große Gegenstäze bestimmten das Denken, Tun und Empfinden der Menschen. Sie lebten zwischen überschäumender Lebenslust und quälender Angst vor Tod und Hölle, zwischen Stille und Lärm, zwischen Gruppenzugehörigkeit und Vereinsamung, zwischen Prassen und Hungern, zwischen Prunk und Schlichtheit, zwischen Mitleid und Grausamkeit, zwischen Hingabe an das Kind und seiner Vernachlässigung.
Aus der Fülle des Vorhandenen sind im Rahmen der oben genannte Kriterien Materialien ausgewählt, mit deren Hilfe wir typische Verhaltensweisen, Denken, Handeln und Fühlen von Menschen im Alltag um 1300 kennenlernen und im Vergleich mit analogen Situationen in heutiger Zeit erörtern können.
So kann z. B. die Rollenverteilung von Frau und Mann bei der Arbeit auf dem Lande, wo noch immer über 80 % der Bevölkerung lebte, oder in der Stadt untersucht werden.
Zum Alltag gehörte auch das Aufkommen der Kinderarbeit. In Unterschichten der Bevölkerung nötigte man Kinder, sich als Dienstboten oder Dienstmädchen in fremden Haushalten zu betätigen, um mit ihrem kleinen Lohn das Familieneinkommen zu verbessern bzw. über das Existenzminimum hinwegzukommen.
Kontraste der Zeit zeigten sich ferner im Nebeneinander von Frauenverachtung und Frauenlob. Einerseits verdammte man die Frau als angebliche Verführerin und Teufelin, andererseits priesen Dichter wie Walther von der Vogelweide ihre Schönheit.

1 Mentalitäten im Mittelalter, hrsg. von František Graus (Vorträge und Forschungen, Bd. XXXV), Sigmaringen 1987, S. 48.
2 Johan Huizinga, Herbst des Mittelalters, Stuttgart [11]1975, S. 1 ff.

Große Bedeutung hatten auch Feste und Feiern, die für die Menschen ein Gegengewicht zur harten Werktagsarbeit bildeten. So gaben sie sich am Karneval ausgelassenen Vergnügungen hin, dann aber unternahmen sie in Endzeitangst Wallfahrten, machten Stiftungen für die Kirche und kauften Ablaßbriefe.
Was also bisher im Schatten der Geschichtsforschung geblieben ist, darüber gibt uns die Alltagsgeschichte Auskunft.

Arbeitsthemen

1. *Welche Arbeiten von Bauern und Bäuerinnen im Juli sind auf dem Bild zu erkennen? Welche Werkzeuge wurden dabei benützt? Was bedeutet das Schloß Poitiers im Hintergrund der Miniatur? (Nr. 1 a)*
2. *Welche Arbeitsräume von Frau und Mann unterscheidet man je nach ihren Tätigkeiten in der Landwirtschaft? (Nr. 1 b)*
3. *In welchen Handelsgesellschaften waren Frauen tätig? Wodurch nahm der Waidhandel einen besonderen Aufschwung? Was ist über Kauffrauen in Montpellier bekannt? Wie groß war der Anteil von Frauen an Handelszweigen in Köln? Was bedeutete dies für berufliche Möglichkeiten der Frau in der Stadt? (Nr. 2 a)*
4. *Warum wurde die im Bild dargestellte Rollenzuweisung von Mann und Frau „verkehrte Welt" genannt? Wie kann man daraus auf die normale Rollenverteilung schließen? Wie bezeichnet man ein zeitkritisches Bild in unserer Zeit? Zu welchen Männerberufen haben sich Frauen in heutiger Zeit Zugang verschafft? (Nr. 2 b)*
5. *In welcher Weise wirkten Frauen in Zünften mit? Wodurch war dies bedingt? In welchen Wirtschaftszweigen waren sie in Köln vertreten? Wie war das Witwenrecht geregelt? Welche Bedeutung hatte dies für die Stellung der Frau in der Stadt? Welchen Zweck verfolgten die Bestimmungen des Witwenrechts? (Nr. 2 c)*
6. *Wie lange war vermutlich die Arbeitszeit im Baugewerbe? In welchem Verhältnis zur Arbeitszeit stand die Arbeitsproduktivität? Woraus schloß man auf längere Arbeitszeiten in der Woche? Wer setzte sich seit dem 14. Jahrhundert für mehr Freizeit ein? Welches Risiko gingen die Gesellen damit ein? In welchen Fällen war Handwerkern das Fehlen am Arbeitsplatz erlaubt? (Nr. 3 a)*
7. *Wodurch unterschieden sich Wallfahrten und Karneval von anderen Festen der Handwerker? Aus welchen Motiven unternahmen Handwerker Wallfahrten? Wie wurde am Karneval das „Heraustreten der Menschen aus dem Alltag" möglich? Inwiefern spricht man dabei von einer „Ventilfunktion des Karnevals" in der spätmittelalterlichen Gesellschaft? Inwieweit bedeutete er für die Menschen eine Alternative zu den Mühen des Alltags? Wie konnte der Karneval aber auch ausarten? (Nr. 3 b)*
8. *Welche angeblichen Legenden sollen den Anstoß für die Massenwallfahrten nach Gottsbüren gegeben haben? Wie erklärt es sich, daß man trotz Widerlegung weiterhin an die Legende glaubte? Was geht daraus über die Frömmigkeit der Menschen im 14. Jahrhundert hervor? (Nr. 3 c (1)*
   Wohin flossen nach dem Text die Opfergelder der Wallfahrer in Gottsbüren? Wie wurden die Erträge der Pilgerspenden im einzelnen verwendet? Für welche Waren hatte die Wallfahrtskirche ein Monopol? (Nr. 3 c (2)
9. *Welche Vor- und Nachteile hatten städtische Frauen in ihrer Ehe im Vergleich mit adligen Frauen? Wer fungierte jeweils als soziale Kontrolle der Ehefrauen? Welche Arbeitsrollen übernahmen Frauen in Handwerkerfamilien? Wie wirkte sich dies auf ihre Aufgaben als „Hausfrauen" aus? In welcher Beziehung blieben Frauen trotz der Übernahme gewerblicher Arbeiten von ihrem Mann abhängig? Zu welchen Konflikten führte dieser Zustand der Frauen am Ausgang des Mittelalters? (Nr. 4)*
10. *Wie wachsen nach dem Bild Kinder spielend in die Arbeitswelt ihrer Eltern hinein? Auf welche Weise erfolgt dabei Erziehung? Welche Funktionen übernehmen in dieser Aufgabe die Eltern? (Nr. 5 a)*
11. *Welche Erziehungsziele bestimmten im späten Mittelalter die Sozialisation des Kindes? Welche Erziehungsnormen von Theoretikern sind im Text genannt? Wie unterscheiden sich diese von Normen im frühen und hohen Mittelalter? Zu welchen Resultaten führt ein Vergleich der Rolle des Vaters in der Erziehung bei Alberti mit entsprechenden Erziehungsmethoden in unserer Zeit? (Nr. 5 b)*
12. *Welche Arbeiten von Kindern im Haushalt, auf dem Feld und beim Vieh sind im Text belegt? Welche dieser Beschäftigungen sind geschlechtsspezifisch, welche nicht? Was erwarteten die Eltern von der Arbeit*

ihrer Kinder? Welche Kinderarbeiten sind vom heutigen Standpunkt des Verbots der Kinderarbeit unzulässig? (Nr. 5 c)

13. *Von wem übernahmen italienische und altfranzösische Dichter seit dem 13. Jahrhundert das Thema der Abwertung der Frau? Welche Art der Frauenverachtung liegt in den Tiervergleichen des italienischen Anonymus vor? Wie begründet der Schriftsteller seine Diskriminierung der weiblichen Natur? Welches Verhalten der Frau verlangte der „Pariser Haushälter"? Wodurch gab es in der Kunst die „Verbindung von Frau und Teufel"? (Nr. 6 a)*
14. *Mit welchen Worten preist der Dichter sein Mädchen? Welchen Vorwurf von Standesgenossen weist er zurück? Was ist nach seiner Auffassung wahre Liebe? Warum gilt für ihn der „Ring mit dem Glasstein", den das Mädchen trägt, mehr als der „Goldring der Königin"? Welche Alltagsszene spiegelt sich in diesem Gesicht wider? An welchem Mißstand der Ständegesellschaft übt er Kritik? (Nr. 6)*
15. *Woraus bestanden die Menüs der Oberschicht? Zu welchem Anlaß wurden sie gekocht? Mit welcher Ernährung begnügten sich die Bauern? Woraus setzte sie sich im einzelnen zusammen? Wie unterschieden sich die Getränke der Ober- und Unterschichten? Welche Weinsorten wurden seit 1300 gereicht? (Nr. 7 a)*
16. *Welche Gegenstände sind im Bild der Küche zu erkennen? Welchen Arbeiten gehen die Personen nach? Welche Rangordnung der Bediensteten zeigt sich dabei? Welche Funktion hat der Küchenmeister? Auf welchen Hausherrn läßt das Ganze der Küche schließen? (Nr. 7 b)*
17. *Wie und wodurch veränderte sich die Kleidermode im späten Mittelalter? Was war bei Mann und Frau das Neue dabei? Welches Ideal der Gotik übernahm die Kleidung? Was bedeutete das „Ungeniert-Körperliche" der Kleidung? (Nr. 8 a)*
18. *Welche Entwicklung nahm im Bild Martin Schongauers die Frauenkleidung am Ende des 15. Jahrhunderts? Wie gestaltete der Künstler das Kleid, das Gesicht, die Haare und die Gestik des Mädchens aus? (Nr. 8 b)*

Materialien

1. Bäuerliche Alltagsarbeit

a) Juli: Ernte und Schafschur vor dem Schloß Poitiers (Buchmalerei, um 1415)

Auf der Miniatur sind landwirtschaftliche Arbeiten wie Ernte und Schafschur zu sehen. Für das Schneiden von Korn verwenden die Bauern Sicheln. Rechts unten halten ein Mann und eine Frau ein Schaf zum Scheren auf den Knien. Zum Schloß Poitiers führt eine schmale Holzbrücke. Die Schloßtürme haben Pechnasen und Vorsprünge.

b) Räume der Arbeit von Mann und Frau

Der Frauenraum schlechthin, in dem Männer nichts zu suchen hatten, ist natürlich die Wochenstube; in den spätmittelalterlichen Szenen des Marienlebens ist dies vielfach zur Darstellung gekommen. Eindeutige Frauendomäne ist auch der Waschplatz; ein Tabu, das sich nicht nur in den Mittelmeerländern bis in unser Jahrhundert gehalten hat. Die Wenzelsbibel (um 1400) ... zeigt eine Frau bei dieser kräftezehrenden Tätigkeit neben einem Kastenbrunnen ... und einen in ihre Sphäre eingedrungenen Mann.
Eine Reihe von Arbeiten sind dagegen allein Männern vorbehalten: Das Säen des Getreides oder das Keltern von Trauben wird stets von einem Mann vorgenommen; nur Männer gehen hinter Pflug und Egge ...
In vielen Bereichen des ländlichen Lebens arbeiten Männer und Frauen zusammen, wenn auch häufig in unterschiedlichen Sektoren: Die Männer ziehen mit den Schafen zur Außenweide, während das Rindvieh gewöhnlich beim oder im Haus von der Bäuerin versorgt wird; sie melkt die Kühe, sie arbeitet am Butterfaß. Bei der Heumahd gehen allein die Männer mit der Sense um, die Frauen rechen das Gras zusammen und wenden mit der Gabel das Heu. Getreide wird mit der Sichel zumeist von den Männern, gelegentlich jedoch auch von Frauen geschnitten. Männliches Reservat blieb dagegen der Getreideschnitt mit der Kniesense sowie die Schwerstarbeit des Dreschens. Auch bei der Flachsbearbeitung wird die Arbeit nach ihrer Schwere unter Männern und Frauen aufgeteilt ...
Faßt man die aus Text- und Bildquellen stammenden Befunde mit anderen Beobachtungen zusammen, so ergibt sich eine Aufteilung in Räume oder Sphären, welche zum großen Teil, aber nicht ausschließlich, durch die Arbeitsteilung von Mann und Frau bestimmt wird. Die Frau ist ans Haus gebunden, ist zuständig insbesondere für Herd und Feuer, zumeist auch, in Verbindung mit dem Wäschewaschen, für den Brunnen. Wochenstube, Waschplatz, Küche und Spinnstube unterliegen allein ihrer Zuständigkeit. Die Tätigkeiten des Mannes orientieren sich außerhalb des Hauses auf Handel, Jagd und Fischfang, Bergbau und Kriegsführung. Domänen der Männer sind die Straße, die Schänke, Wald und Weide. Männer hüten die Schafe, Schweine und Gänse und versorgen die Bienen; die Frauen sorgen für Kühe, Ziegen, Hühner und die Schweine im Haus. Schlachten, Schafschur, schwere Holzarbeiten, Mähen, Pflügen, Eggen, Säen, Dreschen und Flachsbrechen besorgen die Männer; Frauen helfen am Schlachttag und beim Entästen des Holzes, backen Brot und reinigen den Flachs, melken und buttern. Die Benutzung von Sense beim Gras- und Kniesense beim Getreideschnitt und die Arbeit mit Pferden ist dem Mann vorbehalten; die Frau arbeitet mit Sichel und Rechen und ist im Haus für die Textilherstellung und insbesondere die Kinderpflege zuständig.
Aus: Mentalitäten im Mittelalter, hrsg. von František Graus, Sigmaringen 1987, S. 270 f.

2. Alltagsarbeit der Städterin

a) Die Kauffrau

Im 14. und 15. Jahrhundert mehren sich die Mitteilungen über die Beteiligung von Frauen an Handelsgesellschaften. Einen solchen Gesellschaftsvertrag erwähnte z. B. die Lübecker Krämerin Mechthild von Bremen in ihren Testament von 1353. Aus dieser Gesellschaft mit einer anderen Handel treibenden Frau, der Socia Lubbe, standen ihr 30 Mark zu. Auch die Kölnerin Druitgen Kollers ging eine Gesellschaft mit nur einem Partner ein. Sie vertrieb für ihn Kölsches Tuch in Oberdeutschland. Vier weitere Kölner Bürgerinnen waren zwischen 1435 und 1505 in Handelsgesellschaften mit nicht mehr als zwei Partnern beteiligt. Mittlere und kleine Kapitaleinlagen von Frauen überliefert auch das Geschäftsbuch des Regensburger Kaufhauses Runtinger. An der Großen Ravensburger Handelsgesellschaft (1380–1530) hatten neben 267 Männern auch 39 Frauen mit ihren Kapitaleinlagen teil.

In Erfurt, dem Handelszentrum für den in Thüringen gewonnenen Waid, jenem blaufärbenden Pulver, das bis zur Einführung des Indigos in der zweiten Hälfte des 16. Jahrhunderts in Europa außerordentlich gefragt war, hatten im letzten Drittel des 15. Jahrhunderts zwei Frauen die Leitung einer Waidhandelsgesellschaft inne. Dieses Handelsunternehmen, dessen weitere Gesellschafter erwähnt, aber nicht namentlich überliefert sind, beschickte über seinen Faktor in Görlitz Abnehmer in Ost- und Südosteuropa. Aus den Magdeburger Schöffensprüchen, die dem Görlitzer Rat in den Angelegenheiten dieser überregionalen Handelsgesellschaft Rechtsauskunft erteilten, geht eine mehr als achtjährige Existenz der von Frau Katharina Amlingyn und ihrer Tochter geleiteten Gesellschaft hervor. Gegenstand des vor die Magdeburger Schöffen gebrachten Rechtshandels sind 20 Wagen nach Görlitz und weiter nach Ost- und Südosteuropa exportierten Waids.

Eine größere Zahl von Geschäftspartnerinnen, insgesamt achtzehn, weisen die Notariatsregister der bedeutenden südfranzösischen Handels- und Gewerbemetropole Montpellier für die Jahre 1293–1348 aus. In 15 Fällen treten diese Frauen als Investoren auf. Nur drei von ihnen wagen dabei jedoch das Risiko des Seehandels, darunter eine Alleinstehende und zwei Witwen. Witwen sind auch insgesamt der weitaus aktivste Teil unter den Geschäftspartnerinnen dieser Stadt.

Obwohl diese Beteiligung von Kauffrauen an den neuen Formen mittelalterlicher Handelstätigkeit verdeutlicht, wie sich die beruflichen Möglichkeiten der Städterin in den mittelalterlichen Kommunen erweitert haben, kann man nicht daran vorbeigehen, daß dies, bezogen auf das europäische Städtewesen in seiner Gesamtheit, keine typische Erscheinung war. Die selbständige Fern- und Großhändlerin blieb in der Regel eine auf die bedeutendsten Fernhandels- und Exportgewerbezentren beschränkte Erscheinung, von der aber angenommen werden darf, daß sie nicht ohne Wirkung auf die Zeitgenossinnen blieb.

Verweilen wir zunächst noch bei der Kauffrau (mercatrix), wie die Quellen die mittelalterliche Groß- und Fernhändlerin als Pendant zum Kaufmann bezeichnen. Quellenmäßig sehr gut belegt sind die Verhältnisse in Köln, das unter den deutschen Fernhandels- und Exportgewerbezentren eine bestimmende Rolle spielte. Hier führte in den Jahren 1460 bis 1468 z. B. eine einzige Frau, gegenüber 16 anderen Importeuren, 24 Prozent aller Zuckerimporte ein. Auch ein bedeutender Teil des Weinhandels lag in Frauenhänden – das begegnet uns übrigens auch in Jena, Neuss und Schwäbisch-Hall. Der Marktanteil der Kölner Weinhändlerinnen betrug 1468 bis 1469 zehn Prozent. In den siebziger Jahren stieg er noch darüber. Kölnerinnen hielten z. B. auch im Stahlimport einen hohen Marktanteil inne. Im Handel mit Blechen tätigte Karyssa under Helmslegern in den Jahren 1452 bis 1459 vom Gesamtexport 5,8 Prozent, was einer Warenmenge von 103 Fässern entsprach. Im gleichen Zeitraum befaßte sich diese Kauffrau auch mit dem Import von Kupfer. Mit einem Handelsvolumen von 624 Zentnern hatte sie 1,4 Prozent Marktanteil. Eine andere Kölner Metallwarenhändlerin importierte 1460 bis 1469 sogar 3288 Zentner Blei, was einem Marktanteil von 9,4 Prozent entsprach.

Aus: Erika Uitz, Die Frau in der mittelalterlichen Stadt Freiburg, Basel, Wien 1992, S. 40 f.

b) „Verkehrte Welt"
(Zeitkritische Rollenzuweisung)

Israhel von Meckenem, Kupferstich, Ende 15. Jh., Im späten Mittelalter gibt es nichts Schlimmeres, als wenn eine Frau die ihr vorgeschriebene Rolle verläßt, indem sie z. B. über ihren Mann herrschen will. Denn dies bedeutete nach damaliger Auffassung einen Verstoß gegen die vom Schöpfer eingerichtete Naturordnung. Undenkbar ist der Fall, daß die Frau das Schwert führt und der Mann die Spindel.

c) Frauen in Zünften

Frauen hatten vielfach an religiösen und gesellschaftlichen Aktivitäten der Zunft teil oder traten förmlich in die mit der Zunft verbundene Bruderschaft ein. Frauen übten aber auch innerhalb der Zunft in unterschiedlicher rechtlicher und wirtschaftlicher Stellung, mit oder ohne Beschränkungen auf bestimmte Rohstoffe und Produkte das Handwerk aus, als Meisterinnen mit vollem Zunftrecht – und Unterweisungsrecht –, als Lehrtöchter und unselbständige Mägde. Das sog. Witwenrecht in seinen verschiedenen Formen gestattete der Meisterwitwe die Fortsetzung der gewerblichen Produktion nach dem Tod des Ehemannes, ohne daß sie dabei in jedem Falle selbst handwerklich tätig war. Das sog. Töchterrecht erleicherte den Meistertöchtern und – was wohl noch wichtiger war – auch deren zukünftigen Ehemännern den Zunfteintritt . . .
Einen Sonderfall stellt das gewerbliche Köln dar, wo es kaum Wirtschaftszweige gab, in denen Frauen nicht vertreten waren. Nur wenige Zünfte (Schneider, Harnischmacher, Tuchscherer) legten den Frauen zeitweise oder teilweise Arbeitsbeschränkungen auf. Bei den Nadelmachern, Beutelmachern, Kürschnern, Gürtelmachern, Leinewebern, Sartuch- oder Barchentwebern, Wolltuchwebern, Wappenstickern und Fleischern waren die Frauen weitgehend gleichberechtigt. Der tatsächliche Anteil der Frauen am Handwerk läßt sich aufgrund der Quellenlage auch für Köln nur in wenigen Einzelfällen genauer ermitteln, in denen Zunftlisten überliefert sind. Die Garnmacherinnen, Goldspinnerinnen, Seidenmacherinnen und Seidenstickerinnen bildeten sogar Frauenzünfte, wofür es in Westeuropa vergleichbare Erscheinungen nur in Paris gab. Mitglieder waren fast ausschließlich Frauen, im Zunftvorstand saßen jedoch auch Männer. Die Ehemänner übernahmen in familiärer Arbeitsteilung den kaufmännischen Part, die Rohstoffbeschaffung und den Warenabsatz. Folgerichtig gab es ein Witwenrecht. Im Seidengewerbe lassen sich Frauen als Verleger nachweisen.
Das Witwenrecht war je nach Lage des einzelnen Handwerks unterschiedlich geregelt. Einige wenige Zünfte gestatteten der Witwe eines verstorbenen Meisters lediglich, die begonnenen Arbeiten zu vollenden oder noch vorhandenes Rohmaterial zu verarbeiten. In anderen Fällen durfte sie die Produktion nur für eine bestimmte Frist, etwa ein Jahr, fortsetzen. Häufiger erbte die Witwe, dies auch in Zünften, in denen Frauen nicht zum Handwerk zugelassen waren, das Zunftrecht und behielt es, solange sie Witwe war oder bis ein Sohn mündig wurde. War die Witwe nicht in der Lage, das Gewerbe mit eigener Hand zu treiben, so wurde ihr von der Zunft häu-

fig der erste zuwandernde Geselle oder ein Geselle eines Meisters zugewiesen. Gelegentlich wurde der Witwe zur Auflage gemacht, sich binnen eines Jahres wieder zu verheiraten, und zwar innerhalb der Zunft; bei einer Heirat außerhalb des Zunftkreises ging sie der Zunftmitgliedschaft verlustig. Bei den Kistenmachern und Radmachern Lübecks durften Witwen, die für eine erneute Heirat zu alt oder zu krank waren, den Betrieb bei reduzierten Zunftabgaben mit Hilfe eines Gesellen zeitlebens weiterführen. Andere Zünfte gestatteten grundsätzlich die unbefristete Fortführung des Betriebs bei Abgaben in gewöhnlicher Höhe, oder sie banden dieses Recht an die Voraussetzung, daß ein Sohn vorhanden war. …

Aus: Eberhard Isenmann, Die deutsche Stadt im Spätmittelalter, 1250–1500, Stadtgestalt, Recht, Stadtregiment, Kirche, Gesellschaft, Wirtschaft, Stuttgart 1988, S. 314 f.

3. Alltagsarbeit und Feste

a) Längere Arbeitszeiten

Die Forschungen über Arbeitszeit im Spätmittelalter stimmen weitgehend darin überein, daß im Jahresdurchschnitt an fünf Tagen in der Woche gearbeitet wurde. Grundlage sind Baurechnungen. Die effektiven Arbeitszeiten außerhalb des Baugewerbes sind in aller Regel unbekannt. Neben der Arbeitszeit ist die Arbeitsproduktivität, definiert als Menge der erzeugten Waren pro eingesetzter Arbeitszeit, eine wichtige Größe für die Beurteilung der handwerklichen Wirtschaft vor der Industrialisierung. Zu vermuten ist, daß bei langen Arbeitszeiten die Arbeitsproduktivität vergleichsweise niedrig blieb. Als Durchschnittswert sagt jedoch eine solche Kennziffer nichts über die tatsächliche Gestaltung einzelner Arbeitstage aus. Physiologische Notwendigkeiten zwangen offenbar dazu, die Arbeit mehrfach zu unterbrechen: „kein vieh, zu schweigen ein mensch [kann] den ganzen tage ungerast [= ohne Rast] noch ohngegessen nicht wohl seyn […]". Möglicherweise wechselten höchste Anstrengung und Ruhe oft einander ab. Trotz eines langsameren Lebensrhythmus, trotz der Pausen wird man nicht mehr vom „privilegierten Schlendrian des alten Zunfthandwerkers" (Max Weber) sprechen dürfen." Die offiziellen Verbote, in der Dunkelheit zu arbeiten, „bii nachte oder bii liechte" (Frankfurter Leineweber 1430), scheinen übertreten worden zu sein. Namentlich in den Textilgewerben provozierte erst Nachtarbeit Vorschriften dagegen, bei Kerzenlicht Wolle zu schlagen oder nachts den Webstuhl in Gang zu halten. Ob die Verbote eingehalten wurden, läßt sich nicht überprüfen. Wegen des Mangels an Quellen ist es daher letztlich müßig, darüber zu streiten, ob die wöchentliche Arbeitszeit 30 oder 70 Stunden betragen habe. Im Gegensatz zu Herman Freudenberger, der diese Alternativen diskutierte, erscheint mir eine längere durchschnittliche Arbeitszeit, länger als vermutet, wahrscheinlich zu sein. Zwölf und mehr Stunden Arbeitszeit pro Tag dürften nicht die Ausnahme gewesen sein.

Für eine Ausdehnung der wöchentlichen Arbeitszeit im Spätmittelalter sprechen die relativ häufigen Hinweise auf Arbeit an Sonn- und Feiertagen. So klagen Kölner Riemenschneider, daß etliche ihres Amtes an Vorabenden der Feiertage, die man doch in der Kirche zu feiern gehalten sei, „sitzen und wirken", was ungewöhnlich und ungebührlich sei. Nötige, dringende Arbeit der Schneider vor hohen Festen und Messen war ebenso ausdrücklich erlaubt wie das Schlachten der Fleischer am Sonntag nach dem Gottesdienst. Mit Recht hat Ulf Dirlmeier aus der häufigen Wiederholung der Feiertagsarbeit geschlossen, daß „eine von allen als angenehm empfundene Sache nicht bei Strafe geboten werden mußte". Bei der Wahl zwischen Freizeit und Mehrverdienst ga-

ben offenbar viele Handwerker letzterem den Vorzug. Einzelne haben so den sozialen Aufstieg gesucht.
Gewichtige Argumente für die zentrale Bedeutung von Arbeit lassen sich aus der Ächtung derer ableiten, die nicht arbeiteten. Dieser Ächtung (durch die Meister) setzten sich vor allem die Gesellen aus, die seit dem späten 14. Jahrhundert zusätzliche Freizeit für sich durchsetzen wollten. Die Anfänge des „freien Montags", seit dem 16. Jahrhundert als „blauer Montag" bekannt, wurden als Müßiggang verfolgt und als Arbeitsverweigerung interpretiert.
Der Werkstatt fernzubleiben, war nur in wenigen Ausnahmesituationen möglich: im Alter, bei Krankheit, Verletzungen oder Unfällen.

Aus: Wilfried Reininghaus, Arbeit im städtischen Handwerk an der Wende zur Neuzeit. In: Arbeit und Arbeitserfahrung in der Geschichte, hrsg. von Klaus Tenfelde, Göttingen 1986, S. 12 f.

b) Karneval und Wallfahrten

Die bisher aufgeführten Festtage[1] werden in, für und mit sozialen Gruppierungen begangen; sie überhöhen, bestätigen und festigen deren Zusammenhalt und damit auch die Wertvorstellungen, auf denen ihr Zusammenleben und ihr Alltag beruhen. Doch gibt es ferner Möglichkeiten, für eine begrenzte Zeit aus dem Alltagsleben herauszutreten und sich anderen Normen unterzuordnen; zwei Formen haben als kurze Abfolge kirchlich verankerter Feiertage im Leben spätmittelalterlicher Menschen ihren festen Platz gefunden. Dies sind einmal die Wallfahrten, die keinesfalls immer nach Rom, Jerusalem oder Santiago de Compostella führen, auch wenn diese Ziele besondere Anziehungskraft ausüben und viele, auch weniger bemittelte Zeitgenossen den langen Weg auf sich nehmen. Für die Handwerker, die ihre Werkstatt und ihren Laden nicht ohne weiteres längere Zeit allein lassen können oder wollen, spielen Pilgerfahrten zu regionalen und lokalen Wallfahrtsorten eine weit größere Rolle. Solche Reisen erfüllen dabei mehrere Funktionen zugleich: Die Erwirkung göttlicher Gnade steht, religiös gesehen, im Mittelpunkt. Außerdem bietet sich Gelegenheit, Neues zu hören und zu sehen, aus der gewohnte Enge herauszukommen, andere Leute zu treffen und eine Zeit vergleichsweiser Muße und Ruhe zu erleben. Auf die Bedeutung dieser Aspekte verweist die Tatsache, daß Wallfahrten oder ihr religiöser Nutzen in kirchlichen Kreisen der Zeit nicht unumstritten sind; daran erinnert auch die Tatsache, daß Chaucers Canterbury Tales in einer Gruppe von Reisenden erzählt werden, die sich auf dem Weg zum Grabe des Heiligen Thomas Beckett kennengelernt haben.
In das Kirchenjahr fest eingelassen ist der Karneval – in einigen Regionen übernimmt auch die Phase der zwölf Nächte, d. h. die Zeit zwischen Weihnachten und Dreikönig, seine Formen und Funktionen –, der ursprünglich nichtchristlichen Kulturkreisen zugehörte und wahrscheinlich von den Domkapiteln in einen kirchlichen Gesamtzusammenhang gebracht worden ist. Hier wird das Heraustreten aus dem Alltag durch dessen Umkehr bewirkt. Verkleidung, sogenannte ‚Sittenfreiheit', die aber durchaus ihren eigenen Gesetzen unterliegt, letzte Völlereien vor der Fastenzeit, Tanz, Spiel und Ausgelassenheit beherrschen das Bild. Dabei werden Bettler zu Königen und Männer zu Frauen. Die Wilden Leute und Fabelwesen kehren aus den Wäldern zurück, in die sie verdrängt wurden. Die ‚Volkskultur', die Kultur der Menschen, die nicht dem Klerus oder anderen Eliten angehören, eine Kultur, die auf mündlicher Überlieferung beruht und keine Schriftlichkeit kennt, die kaum oder nur oberflächlich christianisiert ist, tritt an diesen Tagen deutlich hervor und stellt sich neben die offizielle, klerikal geprägte Kultur.
Vieles, was sonst zu sagen, zu beschimpfen oder zu tun verboten ist, ist jetzt erlaubt oder geht zu-

1 Familienfeste, Feste zu Ehren des Patrons der Bruderschaft oder Zunft (Prozessionen), öffentliche Feste (Ritterschlag, Königshochzeit u. a.).

mindest straffrei aus. Die Wendung der „Ventilfunktion des Karnevals" gewinnt angesichts der spätmittelalterlichen städtischen Gesellschaft mit ihren rigiden Normen und ihrer strengen sozialen Gliederung, mit ihrem engen, quasi-öffentlichen Zusammenleben auf kleinstem Raum und ihrem starken Gefälle zwischen Arm und Reich, mit den alltäglichen Belastungen und den Nöten der großen Katastrophen besondere Aussagekraft. Wie in bestimmten Theaterszenen wird hier eine Gegenwelt geschaffen, die umso stärker wirken kann, als das Publikum das Geschehen nicht nur schauend und hörend im Geiste nachvollzieht, sondern, vermittelt durch Gesten und Riten, den Ausbruch aus Gesellschaft und Gewohntem sowie die anschließende Wiedereingliederung gewissermaßen leibhaftig durchlebt. Da der materielle und physische Druck der alltäglichen Lebensverhältnisse, je weiter wir uns sozial von stadtsässigen Adligen und Patriziern in Richtung auf die städtischen Unter- und Mittelschichten bewegen, tendenziell eher wächst und die Bewegungsfreiheit in vielerei Hinsicht abnimmt, liegt es nahe, daß der Karneval für Handwerkerkreise und insbesondere für die Gesellen keine unwichtige Rolle bei der Bewältigung ihres Alltags spielt. Bisweilen mißlingt jedoch die Ausgrenzung des Festtags aus dem Alltag, das ‚Ventil' versagt, und aus dem Scherz wird bitterer Ernst. Fastnacht, Karneval, ist nicht nur die Zeit des Vergnügens, sondern auch die Zeit der Messerstechereien und Krawalle; so mancher Aufstand des Spätmittelalters und der frühen Neuzeit hat hier seinen Ausgang genommen.

Aus: Juliane Kümmell, Alltag und Festtag spätmittelalterlicher Handwerker. In: Mentalität und Alltag im Spätmittelalter, hrsg. von Cord Meckseper und Elisabeth Schraut, Göttingen 1985, S. 88ff.

c) Wallfahrtsort Gottsbüren

(1) Legende der blutenden Hostie

In der Abgeschiedenheit des nördlichen Reinhartswaldes, zwischen Diemel und Weser, liegt, von Wäldern umgeben, das Dorf Gottsbüren. In der hessischen landesgeschichtlichen Literatur hat – seit der vor 130 Jahren erschienenen kleinen Studie des Hofgeismarer Pfarrers Carl Bernhard Nicolaus Falckenheimer – der Ort nur darum gelegentlich Beachtung gefunden, weil er das Ziel einer mittelalterlichen Wallfahrt gewesen ist.

Aber nirgends führt die – meist an Falckenheiner anschließende – seitherige Erörterung über den hessischen Bereich hinaus. Nirgends kommt zum Ausdruck, daß dieses arme, weltabgeschiedene Walddorf einmal ein Wallfahrtsziel von abendländischer Bedeutung gewesen ist, dem fremde Könige ihre Verehrung bezeugten und dessen Spuren in der schriftlichen und künstlerischen Überlieferung des Mittelalters weit über die deutschen Grenzen hinaus sich bis heute bewahrt haben ...

An den Beginn der Gottsbürener Wallfahrt hat ein Mißverständnis ihres ersten Geschichtsschreiber Falckenheiner eine phantastische Legende gesetzt, die trotz der nun schon sechzig Jahre zurückliegenden Richtigstellung durch den Kirchenhistoriker Walther Köhler noch immer Verwirrung stiftet und Glauben findet. Ein auf dem Lippoldsberger Klosterhofe in Gottsbüren gefundenes *corpus dominicum, verum corpus domini, corpus Christi sanguineis guttis* habe – so berichten übereinstimmend die zeitgenössischen Quellen – den Anlaß zur Entstehung der Wallfahrt gegeben. Jeden mit dem kirchlichen Sprachgebrauch auch nur einigermaßen Vertrauten läßt das klar erkennen, daß es sich dabei um eine der vielen „blutenden Hostien" gehandelt, daß also ein eucharistisches Wunder im Mittelpunkt des Kultes gestanden hat. Falckenheimer nahm jedoch „corpus" wortwörtlich und gelangte so zu der mehr als seltsamen Meinung, man habe damals hier im Reinhartswalde einen wirklichen Leichnam Christi „wohlerhalten, unverwest und mit blutigen Tropfen" gefunden und dem gläubigen Volke *in natura* zur Schau gestellt. Von dem Marburger Kirchenhistoriker und Theologen Heinrich Heppe approbiert, hat diese abstruse Fabel ihren Weg nicht nur in die populärwissenschaftliche, sondern leider auch in die ernsthafte Literatur genommen. Dem Geschichtsfreund ist sie ein Beispiel mehr für die schmerzliche Erkenntnis, daß die schlichte Wahrheit sich stets schwerer durchsetzt als noch so abenteuerliche Irrtümer und Phantastereien. Wurde doch noch zwanzig Jahre nach Köhlers Richtigstellung eine – nach der Meinung ihres „Entdeckers" der Wahrheit am nächsten kommende – Lösung dieses „Rätsels des Reinhartswaldes" angeboten, die an draufgängerischer Phantastik nichts zu wünschen übrig läßt. Danach war es die Lippoldsberger Äbtissin selbst, die in finanzieller Bedrängnis ihres Klosters ein planvolles Betrugsmanöver in Szene setzte. Einen im Hause des ihr treu ergebenen Klosterwaldschmieds (einer zu diesem Zwecke frei erfundene Figur!) in Gottsbüren zufällig gestorbenen und Christus ähnelnden fremden Handwerksburschen habe sie nach Anbringung künstlicher Stigmata im Walde zur bequemeren Auffindung niederlegen lassen: so sei der Anstoß zu der für ihr Kloster überaus ertragreichen Massenwallfahrt gegeben worden.

Aus: Kurt Köster, Gottsbüren, das hessische „Wilsnack". In: Festgabe für Paul Kirn, hrsg. von Ekkehard Kaufmann, Berlin 1961, S. 198f.

(2) Erträge und Nutzung der Wallfahrtseinkünfte

Die deutlichste Anschauung von dem so plötzlichen Aufschwung und der außerordentlichen Bedeutung der Wallfahrt vermitteln uns die Zahlen und Angaben über die von den Pilgern zurückgelassenen Opfergaben, Geld- wie Sachspenden. Allein der Anteil des Mainzer Ordinarius an den Pilgeroblationen war in den ersten Jahren der Wallfahrt so bedeutend, daß er aus ihnen den schon vor 1334 vollendeten Neubau der als Stützpunkt und Schutzwehr der Mainzischen Besitzungen im Diemel-Wesergebiet wichtigen Sababurg allein bestreiten konnte. Auch in Gestalt von Darlehen vermochte er für ähnliche Zwecke namhafte Summen aus dem Gottsbürener Opfergeld zu ziehen, so u.a. 1332 100 Mark reinen Silbers zur Einlösung des verpfändeten Anteils an der Burg Gieselwerder, des Mainzer Bollwerks gegen die Braunschweiger. In den 1330 begonnenen Neubau bzw. Umbau der Liebfrauenkirche in der Hofgeismarer Altstadt sind ebenfalls Gottsbürener Opfergelder geflossen. Das Kloster Lippoldsberg sah sich durch seine Einnahmen aus der Wallfahrt nicht nur zu einer Menge bedeutender Gütererwerbungen in den Stand gesetzt, sondern konnte sogar den Erzbischöfen gegenüber als Darlehensgeber auftreten. Aus dem dazu bestimmten Drittel konnte schließlich der Bau der staatlichen, in ihren Ausmaßen den zahlreichen Pilgern Rechnung tragenden neuen Wallfahrtskirche samt den zugehörigen Wohnbauten in kurzer Zeit vollendet werden. Die von den Wallfahrern geopferten Gegenstände, Kleinodien und Votivgaben (die Urkunden nennen silberne Lampen, wertvolle „Bylden", liturgische Gewänder, kostbare Gewebe und Kleider) waren so zahlreich, daß sie gar nicht alle zum Schmuck der Kirche und zur Verschönerung des Gottesdienstes verwendet werden konnten. Allein aus dem Einschmelzen der überflüssigen metallenen Objekte – wohl meist Votivgeschenken – erzielte man 1337 acht Mark reinen Silbers. Am eindrucksvollsten aber ist die Höhe des von den Pilgern in der Frühzeit der Wallfahrt in den Opferstock gelegten baren Geldes: es kamen in knapp vier Jahren (1334–1338) nicht weniger als 936 Mark reinen Silbers, dem Gewicht nach rund 220 kg zusammen, eine für die damalige Zeit unerhörte Summe ...

Aus diesem Zeitraum besitzen wir übrigens auch eine bisher übersehene urkundliche Nachricht, die ein bezeichnendes Licht auf die Bedeutung der wirtschaftlichen Erträge aus dem Verkauf der Gottesbürener Zeichen wirft. Als Erzbischof Heinrich III. von Mainz sich 1340 genötigt sieht, das Dorf Gottsbüren einigen Rittern der Gegend zu verpfänden, behält er sich ausdrücklich weiterhin die *zinse von brode, von wine, von bire, von vleysche, von zeychen und von allem dem, was vngelt pflicht zu gebene* [ist] *in dem selbin dorf* selbst vor. Wie fast allerwärts war also auch in Gottsbüren Herstellung und Verkauf dieser frommen Massenartikel ein Monopol der Wallfahrtskirche, für dessen Verleihung der Mainzer Ordinarius seinen „Zins" forderte. In die

Verkaufserlöse – oder falls das „Zeichenamt“ verpachtet war, in die Pachterträge – dürften sich die Lippoldsberger Nonnen und der Archidiakon von Hofgeismar in ähnlicher Weise wie in die Pilgeroblationen geteilt haben.

Aus: Kurt Köster, Gottsbüren, das hessische „Wilsnack“, a. a. O., S. 203 und 217.

4. Ehe

Eheleben in der Stadt

Zwar zeigten sich stadtbürgerliche Heiratsbräuche und stadtbürgerliches Familienleben für Frauen etwas weniger repressiv: So lag in diesen Kreisen das Heiratsalter für Frauen, zumindest in Mittel- und Nordeuropa, wesentlich höher – und stieg gegen Ende des Mittelalters weiter an, was einer Einflußnahme der ehewilligen Frauen auf die Partnerwahl dienen mochte. Auch die rechtlichen und wirtschaftlichen Möglichkeiten schienen hier bedeutend größer als im adligen Milieu. Die Unterwerfung unter den eheherrlichen Willen war aber auch hier oberstes Gebot.

Doch bot auch hier das Eheleben Frauen durchaus attraktive Seiten: Als „mater familias“ konnten sie über die Einkünfte der „domus“ verfügen – im Rahmen der Hauswirtschaft zumindest – und über eine (je nach Tätigkeit und Reichtum der Familie größere oder kleinere) Schar von Mägden, Knechten und sonstigen Dienstboten herrschen.

Generell waren im stadtbürgerlichen Milieu die Verhältnisse wesentlich enger als im Adel; der wirtschaftliche Rahmen erlaubte weit weniger persönliche Eitelkeiten: Im Gegensatz zu der an den großen Adelshöfen in Gebrauch gekommenen doppelten Hofhaltung und der traditionellen Funktion der adligen Ehefrauen als Statthalterinnen ihres Gatten entstand im städtischen Bereich eine auf Heller und Pfennig achtende gemeinsame, familienorientierte Haushaltsführung.

Auch die Präsenz des Ehemannes muß hier, bis auf die großen Handels- und Kaufmannsfamilien mit ihren reisenden Familienvätern, stärker spürbar gewesen sein, zumal wenn Haushalt und Werkstatt unter einem Dach versammelt waren, wie das in vielen Handwerken die Regel war. Dies kommt in zeitgenössischen Frauenbiographien vor allem dadurch zum Ausdruck, daß in den Adelsfamilien und an den Höfen neben den Ehemännern vor allem auch Verwandte, Hofdamen, Bedienstete und weitere Mitbewohner als Träger von sozialer Kontrolle der Ehefrauen fungierten; im stadtbürgerlichen Milieu waren es ausschließlich Ehemänner, die sich zur Kontrolle ihrer Frauen berechtigt fühlten.

Andererseits kam Frauen und ihrer Arbeitskraft im ländlichen und insbesondere im städtisch-handwerklichen Familienbetrieb eine weit größere wirtschaftliche Bedeutung zu als den Damen des Adels, die ja vor allem um der Fortführung des Familienerbes willen unverzichtbar waren.

Es wird geschätzt, daß etwa ein Drittel bis die Hälfte aller Handwerksmeister – zumindest in den mitteleuropäischen Städten – ohne Gesellen arbeiteten, so daß Familienmitglieder, meist Ehefrauen, teilweise auch die Kinder, einen großen Teil der anfallenden Arbeiten übernehmen mußten, häufig vor allem das Besorgen von Dienstgängen und das Verkaufen der in der Werkstatt hergestellten Waren. Die Vorstellung, daß Frauen im stadtbürgerlichen Milieu des späten Mittelalters weitgehend oder ausschließlich als „Hausfrauen“ tätig waren, ist deshalb, zumindest für den nördlich der Alpen gelegenen Teil Europas, nicht zutreffend“; die große Zahl der städtischen Versorgungshandwerker, der Bäcker, der Metzger, Schuhmacher, Schneider usw., spricht gegen die Vorstellung von einer autarken mittelalterlichen Hauswirtschaft unter weiblicher Führung. Insbesondere für Handwerkerfrauen war es selbstverständlich, neben einer im wesentlichen auf Nahrungs- und Kleidungszubereitung reduzierten Haushaltsführung eine Reihe anderer Arbeitsrollen zu übernehmen, damit das erforderliche Familieneinkommen zusammengebracht werden

konnte: spinnen und weben für den Markt oder für „Verleger", d. h. Fernhändler von Stoff und Textilien, die sich der zünftischen Bindung und Kontrolle entzogen, Bier- und Nahrungsmittelherstellung zum Verkauf, Kleinhandel u. ä. m. Bestimmte Hausarbeiten wurden im übrigen als billige Lohnarbeiten delegiert, wenn die Hausfrau in der gewonnenen Zeit mehr mit anderer Arbeit verdienen konnte. Selbst Schwangerschaft und Geburt schränkten die Zeit der Handwerkerfrauen für gewerbliche Arbeit weitaus weniger ein, als uns dies nötig erscheint. Ammen, Kindermädchen, ältere Geschwister und unverheiratete Verwandte übernahmen hier Aufsichtspflichten und Versorgungsfunktionen.
Nicht zuletzt durch die steigende wirtschaftliche Bedeutung der Ehefrauen bei gleichzeitig weiterbestehender rechtlicher und sozialer „Hegemonie" des Ehemannes erhielten die so angelegten Konflikte in den Geschlechterbeziehungen Auftrieb. Der „Kampf um die Hosen" begann hier bereits gegen Ende des Mittelalters. Die zahllosen derben, frauenfeindlich anmutenden Schwänke und Erzählungen der Epoche, die Geschichten von betrogenen Ehemännern, zänkischen Weibern und tölpelhaften Familienvätern kolportierten, finden hier ihren sozialen Hintergrund.

Aus: Geschichte der Frauen, hrsg. von Georges Duby, Bd. 2, Mittelalter, hrsg. von Christiane Klapisch-Zuber, a. a. O., S. 299 ff.

5. Die Situation des Kindes

a) Erziehungsmuster Elternhaus (Holzschnitt 1476)

Mittelalterliche Stube (Kachelofen, darüber ein Bord mit Gefäßen, Butzenscheiben, Balkendecke mit herabhängendem Kerzenleuchter, Fliesenboden, Schlafkemenate) mit Familie. Am Tisch sitzt rechnend der wohl als Handelsmann tätige Vater mit Barett, vor ihm ein Junge, der in einem Buch liest, Mutter und Tochter spinnen, ein kleines Kind liegt in der Wiege, davor ein schlafender Hund. Aus der von Johannes Baemler in Augsburg 1476 gedruckten „gut nüeczlich lere vnd vnderweysung".

b) *Sozialisation*

Fragen wir nach den Zielen der Sozialisation und befragen hierzu die mittelalterlichen Quellen, so erhalten wir eher divergierende Antworten. Nachdem Erziehungsziel auch hier Einordnung in einen von der Gesellschaft als sinnvoll angesehenen Lebenszusammenhang war, wird die Sozialisation des Kindes und des Jugendlichen auf seine spätere Rolle als Mitglied der christlichen Gemeinschaft im allgemeinen und als Glied der ständischen Gesellschaft im besonderen ausgerichtet. Eine solche Erziehung zielt folglich in gleicher Weise auf Körper und Geist (wie dies Enea Silvio Piccolomini, der spätere Papst Pius II., 1450 in seinem Traktat über Kindererziehung an König Ladislaus ausgeführt hat) und muß sich um das siebte Jahr entscheiden zwischen einer weltlichen oder geistlich orientierten Ausbildung; schließlich trennt sich nach Konrad von Megenberg (um 1350) hier die Erziehung von Knaben und Mädchen. „In diesem Zeitraum, der vom siebten bis zum vierzehnten Lebensjahr reicht, sind bei der Erziehung drei Dinge zu beachten: Denn der Mensch besteht in erster Linie aus Leib und Seele, und der Seele wohnen zwei hauptsächliche Mächte inne: Verstand und Wille. Demnach hat die Erziehung drei Ziele: sie bezieht sich erstens auf den Leib, zweitens auf den Willen und drittens auf den Verstand", formuliert um 1279 der Fürstenspiegel des Aegidius Romanus.

Im frühen und hohen Mittelalter war der Blick der nahezu ohne Ausnahme geistlichen Autoren und Schriften in erster Linie auf das Jenseits gerichtet. Johannes Chysostomus appelliert in diesem Sinn an den Vater, seine Erziehung an der Heiligen Schrift zu orientieren: „Erziehe einen Kämpfer für Christus und lehre ihn, auch in der Welt gottesfürchtig zu leben von frühester Jugend an." Die Lebensbeschreibungen von Heiligen und die Autobiographien dieser Zeit lassen erkennen, daß am Ende der Erziehung der christliche Erwachsene, der im Dienst Gottes heiligmäßig Lebende stehen soll.

„Irdische" Tugenden werden verstärkt ab dem 13. Jahrhundert in moralischen Schriften genannt: „Deshalb bedarf es der Mäßigung ...« (Petrus Gallego um 1260), „ebenso lernt der Mensch, das rechte Maß, solange er klein ist ..." (Bellino Bissolo). Spätmittelalterliche Tischzuchten bezeugen nicht zuletzt arabische Einflüsse; etwa wenn Armengandus Blazii die arabische Übertragung des Neupythagoräers ‚Bryson' als „Yconomica Galieni" ins Lateinische übersetzt und als Maximen aufstellt: „Höhergestellten muß das Kind Ehrerbietung und Ehrfurcht bezeugen, ihnen seinen Platz überlassen und ihnen auch dann, wenn sie altersmäßig jünger sind, als den nach Gesittung und Wissen Höheren Ehre erweisen. ... Dies gilt vor allem für die Kinder der Reichen, in gleicher Weise jedoch auch für die Kinder der Armen, die schon durch ihren Stand hierzu gezwungen sind ... Vor allem ziemt es dem Kind, seinen Eltern und Lehrern zu gehorchen und den Gelehrten mit Ehrfurcht zu begegnen ..."

Neben der Mutter und der Amme als Bezugspersonen kommt dem Vater bei der kindlichen Erziehung eine bedeutende Rolle zu. Leon Battista Alberti begründet dies in seiner 1432–1434 entstandenen Schrift über das Hauswesen daraus, daß die Kinder das Ebenbild ihrer Väter seien. Allerdings ist Alberti der Überzeugung, daß die Kinder in der frühkindlichen Phase eher in weibliche Obhut gehören, wenngleich sie bereits in diesem Alter die größte Freude ihres Vaters darstellten. Über die Verantwortung für die weitere Erziehung des Kindes führt er aus: „Wer hat die Aufgabe, die Kinder sittlich zu erziehen? Der Vater. Wer hat die Pflicht, sie Kenntnisse und Fähigkeiten erwerben zu lassen? Der Vater. Wer muß die schwere Bürde auf sich nehmen, sie eine oder die andere Fertigkeit, eine Kunst oder Wissenschaft lernen zu lassen? Gleichfalls der Vater ..."

Aus: Zur Sozialgeschichte der Kindheit, hrsg. von Jochen Martin, August Nitschke, Freiburg, München 1986, S. 452 f.

c) Kinderarbeit (Übergang zu nicht geschlechtsspezifischer Arbeit)

Die Kinder der weniger privilegierten Schichten, in den Städten wie auf dem Land, treffen wir allerdings weniger beim Lernen in Schulen und zu Hause an, sondern häufiger dort, wo sie sich praktische Fähigkeiten für ihr späteres Erwachsenenleben erwarben: auf dem Feld, beim Vieh oder im Haushalt.

Dabei ist die Vorbereitung auf spezifisch weibliche Aufgaben für die kleinen (und auch größeren) Mädchen erweitert durch spezifisch kindliche Aufgaben, wobei die oben zitierte Wunschvorstellung Vinzenz' von Beauvais gröblich überschritten und ignoriert wurde: das Beschränken des weiblichen Handlungsraumes auf das Innere des Hauses war in diesen nicht-adligen Kreisen wie beim Spiel so auch bei kindlichen Hilfsarbeiten und Aufgaben für die Mädchen nicht möglich. Dafür geben uns die Viten mehrfach Belege.

Eine dieser „raumgreifenden" Beschäftigungen für Mädchen war das Viehhüten. Johanna da Signa, die ländliche Heilige aus Norditalien hütete „in annis pubertatis", mit etwa 12 Jahren, die Schaf- und Ochsenherde ihres Vaters und war häufig außerhalb des elterlichen Wohnhauses anzutreffen, in Begleitung anderer Kinder und Jugendlicher beiderlei Geschlechts. Auch die nordfranzösische Inkluse und Bauerntochter Alpais hütete Schafe und Rinder, meist an Sonntagen. Während der Wochentage verrichteten ihre jüngeren Brüder diese Arbeit, da sie als die Älteste zu wichtigeren Arbeiten herangezogen wurde: sie mußte ihrem Vater auf dem Feld helfen. Der „emanzipatorische" Gehalt ihres Tuns allerdings war wohl für Alpais selbst sehr fraglich: während die Töchter der reicheren Bauern sich der sonntäglichen Ruhe erfreuten und sich gemeinsam durch Tanz und Gesang unterhielten („choreis deducendis et aliis inanibus iocis se inaniter occupabant"), waren ihr die Arbeitsaufgaben eines Knechtes aufgebürdet; sie hatte keine Wahl, welche Feiertagsbeschäftigung ihr lieber gewesen wäre. In den Augen der Zeitgenossen galt das Viehhüten übrigens als wenig erfreuliche Beschäftigung: Thomas von Cantimpré, der Biograph der ebenfalls viehhütenden Christina Mirabilis, bedauert das Mädchen um ihrer „niedrigen und schmutzigen Arbeit" willen, und Julianas Mithilfe in der Gemeinschaft des Leprosoriums[1] wird als „das niedrigste und schmutzigste Amt" eingeschätzt: sie führte das Vieh zur Tränke. Dennoch machen die Hagiographen (Verfasser des Lebens von Heiligen) nirgends Einschränkungen hinsichtlich der Zumutbarkeit des Viehhütens für Frauen (oder Mädchen). Anders als im Okzitanien des späten 13. Jahrhunderts war in Nordfrankreich und Norditalien das Viehhüten nicht zwangsläufig Männersache.

Als spezifisch weibliche Arbeit dagegen galten alle Tätigkeiten im Haushalt, auch die körperlich anstrengenden. Rosa von Viterbo wurde deshalb ganz selbstverständlich zum Wasserholen an den Brunnen gesandt. Sie traf dort mit anderen Mädchen zusammen, und die Kinder unterhielten sich eine Weile, bevor sie mit den gefüllten Krügen nach Hause zurückkehrten – „ut mos est",[2] wie der Text das Alltägliche dieser Tätigkeit unterstreicht. Auch Bona aus Pisa erfüllte weibliche Funktionen, wenn sie öfters für die Mutter auf dem Markt einkaufen ging. Auch sie übertrat das Wunschbild des Erziehungstheoretikers des 13. Jahrhunderts, denn sie war häufig auf den Straßen und Plätzen der Stadt unterwegs; dabei erwarb sie sich wesentliche ökonomische Fähigkeiten: schon als Zehnjährige war sie in der Lage, selbstgesponnene Seide zu einem angemessenen Preis zu verkaufen. Clara von Montefalco macht dagegen zunächst einen seriöseren Eindruck – im Sinne des Hagiographen. Sie war mit „domestica negotia" schon als junges Mädchen so beschäftigt, daß sie kaum Zeit fand für Gebet und Andacht. Bei näherem Hinsehen war aber auch ihr „Arbeitsraum" nicht auf das Innerhäusliche beschränkt: den Kirchgang, den

1 Krankenhaus für Leprakranke.
2 Wie es Sitte ist.

sie sich zeitlich eigentlich nicht erlauben durfte, gliederte sie heimlich in den Gang ihrer Besorgungen ein, die sie offenbar häufig außer Haus führten.
Margarethe von Ypern scheint da dem Ideal schon näher zu kommen. Die Arbeit, die ihre Mutter ihr auftrug, besorgte sie im Haus. Ermahnt, wie ihre Schwestern zu arbeiten, „nahm Margarethe die Spindel zur Hand oder etwas Ähnliches, um zu arbeiten".
Überraschend dagegen ist die Mithilfe eines Jungen im Haushalt der Mutter Margarethas: er war gerade zwölf Jahre alt und wurde zum Geschirrspülen angestellt, wie wir aus Margarethas Lebensbeschreibung erfahren. Als bereits im Alter der Pubertät befindlicher Junge erregt er nicht nur den Widerwillen der jungen Religiosen[1], die männliche Präsenz auf so engem Raum gar nicht schätzte, sondern auch unsere Aufmerksamkeit, da hier die geschlechtsspezifische Arbeitsteilung nun auch von der anderen Seite durchbrochen scheint. Da dieser Junge sich offenbar mit Hausarbeiten seinen Lebensunterhalt verdiente – er sollte auf Wunsch Margarethas „entlassen" werden – ist zu vermuten, daß Armut hier in gewisser Weise „Gleichberechtigung" schafft: Es wurde von den Kindern, gleichgültig welchen Geschlechts, erwartet, daß sie sich auf irgendeine Weise am Familieneinkommen (wie etwa Alpais) oder am eigenen Unterhalt beteiligten (wie der Tellerwäscher-Junge); auch mehrere andere Kinder waren als Dienstleistende „angestellt" und verdienten mit. Wo diese Beteiligung geleistet werden konnte, war offenbar gleichgültig – selbst die Konvention geschlechtsspezifischer Arbeitsteilung konnte so bereits (oder gerade) bei den Kindern aufgehoben werden.
Aus: Claudia Opitz, Frauenalltag im Mittelalter, Biographien des 13. und 14. Jahrhunderts, Weinheim, Basel 1985, S. 64ff.

6. Frauenverachtung und Frauenlob

a) Abwertung der Frau in der Dichtung

Die theologisch fundamentierte Abwertung der weiblichen Persönlichkeit trieb ihre Blüten auch in anderen wichtigen ideologischen Bereichen. In der italienischen und altfranzösischen Dichtung reichen Schriften, die sich speziell zum Ziel setzen, die Männerwelt vor den Tücken der Frau zu warnen und negative Beispiele über den Charakter der Frau zusammenzutragen, bis in das frühe 13. Jahrhundert zurück. So verfaßte ein unbekannter italienischer Schriftsteller eine lange Epistel von Belehrungen über die Schlechtigkeit und Falschheit der Frauen („Proverbia quae dicuntur super natura feminarum"). Zahlreich sind darin die Vergleiche aus dem Tierreich: „Ein störrisches Pferd reite man nicht bei Festen, sondern halte es im Stall oder brauche es als Lasttier ... Des Schweines, der Katze Natur hoffe keiner zu ändern, keiner aus Wolle Seide zu spinnen. Auch ein Weib mit milden oder mit harten Worten zu ziehen ist vergebliche Mühe ... Der Fuchs hat in seinem Bau mancherlei Ausgänge; wenn der Jäger seiner bereits habhaft zu sein meint, flüchtet das Wild durch den einen hinein und durch den anderen hinaus. So haben die Weiber Ausflüchte und Listen in Fülle bereit ... Der Wolf wechselt im Sommer seine Behaarung, aber seine böse Natur legt er nicht ab. Das Weib tritt manchmal schlicht und fromm wie eine Nonne auf, aber wo es ihr paßt, läßt sie ihrer Neigung plötzlich freien Lauf ... Der Basilisk tötet mit seinem giftigen Blicke; das geile Auge des Weibes macht den Mann zu Schanden und dörrt ihn wie Heu. Es ist ein Spiegel des Teufels; wehe auch dem frömmsten Manne, der oft hinein schaut ... Ein Tor, wer einer Schlange traut; hat doch die Schlange Eva betrogen und ist dafür verdammt, über Steine und Dornen zu kriechen. Kein Mann sollte dem Weibe trauen, seitdem es

1 Mitglieder einer Ordensgemeinschaft.

den Adam betrogen hat, weswegen man ja auch Haupt und Stirn bedeckt tragen läßt, damit es sich schäme. Weiberliebe ist keine Liebe, sondern nur Bitterkeit; besser würde man sie Schule für Narren nennen." ...

Wie tief das Herrschaftsbewußtsein des Mannes im städtischen Milieu verankert war, ist auch der zur weiblichen Belehrung verfaßten, weniger voreingenommenen didaktischen Literatur des 14. Jahrhunderts zu entnehmen. Selbst ein verständnisvoller Ehemann, „Der Pariser Haushälter" („Le menagier de Paris"), wie er sich in seiner zur Unterweisung der sehr jungen Ehefrau verfaßten Schrift nennt, fordert von seiner Hausfrau eine Unterwürfigkeit, wie sie der Treue eines Hundes vergleichbar ist. Sie hat alle seine Anordnungen, seien sie nun wichtig oder weniger wichtig, vernünftig oder unvernünftig, in bedingungslosem Gehorsam auszuführen. Auch in der bildenden Kunst fehlen Darstellungen nicht, die die Minderwertigkeit der Frau, ihr sündhaftes Wesen versinnbildlichen.

Abgesehen von der verbreiteten Darstellung des Sündenfalls mit der von der Schlange verführten Eva war die Gestaltung verschiedener Varianten der Verbindung von Frau und Teufel, fast immer bezogen auf die sexuelle Natur der Frau, ein beliebtes Thema.

Ethisch-moralisch ermöglichte die Herabwürdigung der Frau auch den Ausbau der Prostitution durch weltlichen und geistlichen Adel, einzelne Bürger und zahlreiche Stadträte.

Aus: Erika Uitz, a. a. O., S. 174 f.

b) Liebe ohne ständische Schranken (von Walther von der Vogelweide, gest. 1230)

Herzeliebez frouwelîn,
got gebe dir hiute und iemer guot!
Kund ich baz gedenken dîn,
des hete ich willeclîchen muot.
Waz mac ich dir sagen mê,
wan daz dir nieman holder ist? owê,
dâ von ist mir vil wê.

Meine geliebte kleine Herrin,
Gott behüte dich heute und immer!
Könnte ich schöner meine Wünsche ausdrücken –
ich tät es wahrlich gern.
Was aber kann ich dir mehr sagen
als daß dich niemand lieber haben kann? Ach das
macht mir manchen Kummer.

Sie verwîzent mir daz ich
ze nidere wende mînen sanc.
Daz si niht versinnent sich
waz liebe sî, des haben undanc!
Sie getraf diu liebe nie,
die nâch dem guote und nâch der schœne
minnent, wê wie minnent die?

Sie werfen mir vor, daß ich
an niedrig Geborne richte meinen Sang.
Daß sie nicht begreifen
was wirkliche Liebe ist – dafür sollen sie verwünscht sein!
Nie hat wahre Liebe sie getroffen,
die nach dem Grad von Reichtum und Schönheit entflammt
werden, – ach was für eine Liebe ist das?

Bî der schœne ist dicke haz;
zer schœne niemen sî ze gâch.
Liebe tuot dem herzen baz:
der liebe gêt diu schœne nâch.
Liebe machet schœne wzip:
des mac diu schœne niht getuon, si machet
niemer lieben lîp.

Hinter äußerer Schönheit verbirgt sich oft ein böses Herz.
Solcher Schönheit laufe niemand eilig nach.
Ein liebes Herz steht so viel höher,
und hinter ihm geht die Schönheit.
Ein liebes und liebendes Herz macht die Frau schön;
dergleichen kann die Schönheit nicht vollbringen: sie macht
das Herz nicht gut.

Ich vertrage als ich vertruoc
und als ich iemer wil vertragen.
Dû bist schœne und hâst genuoc:
waz mugen si mir dâ von sagen?

Ich trage ihren Vorwurf wie ich ihn immer getragen habe
und ihn immer tragen werde.
Du bist schön, und du bist reich –
aber was können sie mir davon schon sagen?

Swaz si sagen, ich bin dir holt,
und nim dîn glesîn vingerlîn für einer
küneginne golt.

Hâst dû triuwe und stætekeit,
sô bin ich des ân angest gar
Daz mir iemer herzeleit
mit dînem willen widervar.
Hâst aber dû der zweier niht,
so müezest dû mîn niemer werden. owê
danne, ob daz geschiht!

Was immer sie sagen mögen – ich hab dich lieb,
und dein Ring mit dem Glasstein ist mir mehr als
der Goldring der Königin.

Wenn du Beständigkeit und Treue hast,
so hab ich keine Sorge davor,
daß meinem Herzen je ein Leid
von deinem Herzen widerfahre.
Hast aber du sie nicht,
dann könntest du mir nie gehören. Ach,
wenn es je so kommt ...

Aus: Walther von der Vogelweide, Gedichte, ausgewählt, übersetzt und mit einem Kommentar versehen von Peter Wapnewski, Frankfurt a.M., 1976, S. 72f.

7. Essen

a) Ernährung der Oberschicht und der Bauern

Wir könnten einmal selber mit zu Tisch gehen und die Speisekarte im Detail studieren. 1303, am ersten Tag seines Aufenthaltes, wurde der Bischof Benno von Seitz vom Magistrat der Stadt Weißenfels anläßlich der Einweihung der Stadtkirche mit folgendem Menü begrüßt: Eiersuppe mit Safran, Pfefferkörner und Honig – Schaffleisch mit Zwiebeln – Brathuhn mit Zwetschgen – Stockfisch mit Öl und Rosinen – Bleie[1] in Öl gebacken – gesottener Aal mit Pfeffer – gerösteter Bückling mit Leipziger Senf – gesottene Fische, sauer zubereitet – eine gebackene Barbe – kleine Vögel in Schmalz gebraten – eine Schweinskeule mit Gurken (‚korcken'). Mehr als hundert Jahre später, am Sonntag, dem 17. Juni 1492, aßen in der Residenz des Bischofs von Trient, Ulrich III. von Frundsberg, Giorgio Contarini, Graf von Zapho und Paolo Pisano, die Gesandten Venedigs, mit dem Bischof zu Abend. Elf Gänge wurden aufgetragen: Gekochtes und gebratenes Fleisch mit Fisch aller Art und Salat – Weichseln und Kirschen – Ein mit Brot gefüllter Kapaun in einer gelber Sauce – Eier auf hölzernen Spießen – Hasen und Wildschweinfleisch in schwarzer Sauce – Eine Art Brezel in Öl gekocht – Weichselmus – Fische und gekochtes Fleisch – Trockener Braten – Eine Mixtur aus Milch und Eiern – Konfekt. Wiederum ein paar Jahrzehnte darnach gab der Nürnberger Bürger Gustav Scheuerl zu Ehren Philipp Melanchthons ein Festessen: Schweinekopf und Lendenbraten in saurer Sauce – Forellen und Äschen – Rebhühner, Kapaun und Hecht in Sülze – Wildschweinbraten in Pfeffersauce – Käse – Kuchen – Obst und Nüsse – Lebkuchen und Konfekt. Schwer auszumachen, wo hier Ausnahme aufhört und Regel beginnt. Beim ersten Mahl handelt es sich um ein festliches Empfangsessen des 14. Jahrhunderts, beim zweiten, heute würden wir sagen, um ein Arbeitsessen des Bischofs aus dem 15. Jahrhundert, beim dritten finden wir uns bei einem bürgerlichen Gastmahl aus dem ersten Viertel des 16. Jahrhunderts.

Daß unsere Menü-Beispiele jedenfalls nicht aus normalen Arbeitstagen stammen, ist zweifellos. Die Unterschiede in der Ernährung zwischen Adel und Bauern waren ungemein groß, ganz besonders, was den Fleischkonsum betraf. Wildbret war von der Tafel der Bauern durch das Jagdregal ausgeschlossen. Nur in den kalten Monaten konnte geschlachtet und ein gewisser Fleischvorrat gefahrloser aufbewahrt werden. Oktober und November waren die Schlachtmonate. Bauern decken ihren Haushaltsbedarf an Hülsenfrüchten – Erbsen, Wicken, Saubohnen – aus

1 Karpfenfisch

den eigenen Gärten. Der Bauer und seine Familie ernährt sich von Pflanzenkost und Milchprodukten, er vervollständigt seine Nahrung mit dem, was man aus Unterholz, Sumpfgebieten und Flüssen an Eßbarem holen kann. Aber auch hier sind Entwicklungen und regionale Abstufungen einzukalkulieren. Leopold V. soll auf einem Landfrieden bestimmt haben, daß die Bauern an Wochentagen Selchfleisch und Kraut und Gerstenbrei essen, an Fasttagen Hanf, Linsen und Bohnen. Reiche Bauern hielten im 13. Jahrhundert Hühner und Gänse. Aber sie hatten sie in so großer Zahl an ihre Grundherren als Pachtzins abzuliefern, daß sie selber selten in den Genuß ihres Federviehs kamen. Wildbret, Fische und Öl ist dem Adel und den Rittern vorbehalten. Das Brot der Bauern wurde meist aus Roggen- oder Hafermehl gebacken; Gerstenbrot galt als „herrenspise". Vor allem aber wurde Weizenbrot für die Adligen gebacken, das Wort „semel", das weißes Weizenmehl meinte, war schon verhältnismäßig früh bekannt. Den Bauern diente Wasser als Getränk, in süddeutschen und österreichischen Gegenden auch Birnen- und Apfelmost, in ganz Deutschland auch selbstgebrautes Bier. Bei den Rittern bevorzugte man seit Aufschwung des Weinbaus den Wein, noch gegen Ende des 13. Jahrhunderts lehnte man Bier in ritterlichen Kreisen als unfein ab. Die Sitte, für das Gesinde einen schlechteren Trank, den „leurentranc" zu bereiten, mag früh auch in Bauernhäuser gedrungen sein. Ab 1300 begann man in deutschen Landen, die Weinsorten genauer auseinanderzuhalten, man handelte ab dato den „Elsässer", den Neckarwein, den Rheinwein und so fort, weitere Unterscheidungen gab es nicht. Eine besondere Spezialität des Mittelalters war der über Kräuter, Gewürze oder Honig abgeklärte Weißwein. Er hatte im hohen Mittelalter auch die Bezeichnung Klarwein, Klartrank, „lûtertranc" oder „clarêt", war sehr schwer und berauschte rasch.

Aus: Otto Borst, Alltagsleben im Mittelalter, a.a.O., S. 326 ff.

b) Küche der Oberschicht

Inneres einer großbürgerlichen oder herrschaftlichen Küche. Vorne eine langstielige Pfanne zum Einhängen, dahinter Schüsseln, rechts daneben Holzgestell mit Tellern. Auf dem Herd drei Krüge und eine Pfanne, der Koch, mit Lederschuhen, Beinlingen und Mütze, das rechte Bein stützt sich auf die gemauerte Herdplatte, rührt in einer Pfanne auf kleinem Feuer, der am Haken hängende Kessel bleibt unbenützt. Rechts neben ihm eine Magd, die spült; auf Holzzapfen des Abzugskamins stecken Töpfe. Links vorne ein älterer Mann mit Lederstiefeln, umgebundener Schürze und einem Band ums Haar bei der Speisezubereitung, in beiden Händen je ein Gerät, hinter ihm kommt eine Frau mit Schüsseln. Der Männerkopf, der links hinten durchs Fenster sieht, ist wohl kein Besucher, sondern der „Chef", der kontrollierende Küchenmeister; in den herrschaftlichen Küchen hat er seinen eigenen und abgeschlossenen Beobachtungsstand. Holzschnitt eines Drucks von Peter Wagner, Nürnberg, um 1490.

8. Kleidung

a) Neuheiten der Mode

Die gotische, die spätmittelalterliche Mode registriert so starke und weitreichende Ortsveränderungen, wie sie die Kreuzzüge bringen, ebenso, wie sie aus einem veränderten Körpergefühl heraus lebt. Der Leibrock bei Mann und Frau liegt dem Oberkörper und den Armen satt an, von der Taille an besitzt er allerdings mehr Weite, besonders bei der Frau, und fällt unterhalb des Gürtels in reichen Falten. Über diesen Leibrock zieht die neue Mode ein Überkleid ohne Ärmel, den surkôt an, mit engerem oder weiterem Hals- und Armausschnitt. Selten einmal, daß der surkôt, von sehr viel gröberem Stoff gefertigt, auch bei den Bauersfrauen vorkam. Das Einsetzen von Spickeln – womit er wie der Leibrock für Handarbeitende überhaupt erst „tragbar" geworden wäre – war den Bauern nach der „Kaiserchronik" verboten.

Begnügte man sich vorher, für Hunderte von Jahren, für ein halbes Jahrtausend mit *einer* Kleidung und sozusagen mit einem härenen Einheitsgewand, wird jetzt „Mode" zu einer besonderen und eigengesetzlichen Landschaft, die in immer stärkere und in immer kürzerfristige Bewegungen hineingerät. Die Leinwand der Frauen-Unterkleider wird immer feiner, die Formen ihrer Ärmel immer ausgefallener. Die Haare sind weiterhin mit einem Schleier bedeckt, aber man trägt sie auch in langen Zöpfen geflochten oder läßt sie ganz offen herabfallen. Die ledige Frau zeigt ihre Haare freilich eher als die verheiratete, die nun das „gebende" anlegt, eine leinene, gesteifte, knapp aufsitzende Kopfbedeckung mit einem Kinnband. Das Kinnband war oft so stark angezogen, daß die Dame nur lispeln und erst nach ungeniert weiter Lockerung – essen konnte.

Der Mann hat seinen Mantel jetzt gleichmäßig über beide Schultern gelegt. Ist er weit geöffnet, dann verhindert ein Riemen, der „Tasselriemen", das Hinunterrutschen. Aus den metallenen Scheiben, die diesen Riemen hüben und drüben am Mantel festhalten und gleichzeitig das Ausreißen des Stoffes verhindern, werden prächtig gearbeitete Zierstücke, die Tasseln. Die von den Hüften bis zu den Knöcheln reichende Langhose germanischen und keltischen Ursprungs verschwindet allmählich und wird durch zwei Kleidungsstücke ersetzt: die Bruch (bruoch, Schamhose), eine eng die Lenden- und Gesäßpartie umspannende, sehr kurze Leinwandhose, und die Beinlinge, lange Strümpfe (auch Socken genannt, nach dem lateinischen soccus), die an der Bruch angenestelt wurden oder, wenn keine Bruch getragen wurde, an einem Gürtel. Diese Hosenform hat seit dem 13. Jahrhundert bis in die Reformationszeit hinein jede andere Art verdrängt. Die Gründe dafür, vom Reiz des Neuen abgesehen: die – auch bei den Frauen eingeführten – Beinlinge passen sich den Körperformen an, und die Möglichkeit, mehrere Bruche zu besitzen, gibt zu häufigerem Auswechseln Gelegenheit.

Das gotische Unterkleid, das ist das Neue, das Revolutionäre an der Sache, ist geschnitten. Es betont die Modellierung des Körpers, um die sich in gleicher Weise das Oberkleid und seine verschiedenen Abarten bemühen. Gewiß ist das bisherige weibliche Arbeitskleid hierfür die Grundlage, ein herabfließendes, ungegürtetes Gewand, das bis zu den Hüften am Körper anliegt und sich von da an gegen den Boden hin verbreitert, mit einem kleinen ovalen Ausschnitt und engen, langen Ärmeln. Aber was macht die Gotik daraus! Das Überkleid vereint sich mit dem Unterkleid, „das" Kleid liegt eng, am Ende geht es gar nicht mehr enger, am Körper an, der Körper tritt sichtbar hervor, die Vertikalität ist durch den Schnitt des Rocks betont, während die Falten des Leibchens in entgegengesetzter Richtung gerafft sind: die gotische Haltung, die S-förmige Beugung des Leibes, das Ideal der Gotik, wird in ihrer Mode am deutlichsten. Von der modischen Kleidung dieser Zeit werden feste Fäden zum formellen Kodex guter Sitten zurückgeknüpft, zu einer verbindlichen Gesellschaftsnorm, die sich nicht nur auf die Tafelmanieren beschränkt, sondern auch die Art des Gehens und die Haltung des Körpers, der Hände, der Füße und die vornehme Sitzstellung vorschreibt.

Man sollte hier allem Dekor, hinter den Stirnbändern und Netzhauben, den Ärmelmanschetten und Kopfbedeckungen, die den tiefen Ausschnitt, der den Busen betont, im wahrsten Sinne des Wortes abschließen und krönen: man sollte hinter all diesen komplizierten und raffinierten Zutaten, vom Dekolleté über das gestickte Netz bis zum klüglich drapierten Schleier, das suchen, was auch die Gotik gesucht hat: den Körper, den Menschen, die Wirklichkeit. Es gibt in der gotischen Kultur freilich auch jenen anderen Weg, die Flucht in die mystische „abgeschaidenheit", die antiköperliche-spiritualisierende Verbrämung. Aber die Eroberung des Diesseits durch die Mode, das heißt durch ständig wechselnde, sich gegenseitig treibende Kleidungs-Gewohnheiten ist sehr viel stärker. Wir erkennen das nicht nur daran, daß die hoch gegürteten Kleider mit diesem empire-ähnlichen Schnitt aus der Zeit Kaiser Wenzels vom Dekolleté bis zu den Knien mit Knöpfen besetzt sind, die typisch gotische, nämlich vertikale Linie durch ein neues Detail verstärken und die „brüstlin wolgestalt", wie der Mönch von Salzburg erstaunlicherweise singt, sichtbar werden lassen. Mindestens ebenso bedeutsam ist, daß mit dem Ungeniert-Körperlichen der Wirklichkeit überhaupt Rechnung getragen wird. Diese Mode kreist nicht mehr, wie die romanische, um eine Idee und mithin um ein Abstraktum, sondern um die Realität des Menschlichen.

Aus: Otto Borst, Alltagsleben im Mittelalter, a. a. O., S. 269 ff.

b) Mädchen mit enganliegendem Kleid

Höchste Mode in größter Lässigkeit: Mädchen mit enganliegendem Kleid und Mieder und einer kunstvoll geknüpften Haube. Kupferstich Martin Schongauers vom Ausgang des 15. Jahrhunderts.

C Gesellschaft und Wirtschaft um 1300

Einführung in die Arbeitsthemen

Das 14. Jahrhundert war in vielerlei Hinsicht ein Zeitalter der Krisen. Seit Beginn dieses Jahrhunderts erfolgte ein starker Rückgang der Bevölkerung, der durch immer mehr Mißernten, Hungersnot und durch die seit 1347 Europa in Wellen heimsuchende Pest verursacht wurde. Dieser demographische Einbruch war nach Werner Rösener „eines der wichtigsten Ereignisse der deutschen und europäischen Geschichte des Spätmittelalters"[1].

Mit dem Bevölkerungsschwund dieser Zeit verband sich eine länger andauernde Rezession der Landwirtschaft, die sog. Agrarkrise. Nachdem viele Dörfer von Menschen verlassen und viele bisher landwirtschaftlich genutzte Flächen aufgegeben wurden, entstanden Wüstungen. So sank die Zahl der Siedlungen im 14. und 15. Jahrhundert um 40000 auf etwa 130000. Dann stürzte die immer größere Differenz zwischen den sinkenden Preisen für landwirtschaftliche Produkte und den steigenden Preisen für gewerbliche Produkte („Preisschere") zahllose Menschen in Not und Elend. Dagegen erlebten Gewerbezweige wie die Textilproduktion, das Bauwesen, der Bergbau, die Eisenverarbeitung u.a. bald einen beachtlichen Aufschwung. Die Handelsstädte blühten nach Überwindung der Pestjahre auf, und in ihnen wie in den Dörfern gewannen genossenschaftliche Organisationsformen freiheitlicher Verfassungen die Oberhand.

Zudem expandierten der Binnen- und Außenhandel. Kaufleute der Hanse beherrschten den Warenverkehr auf See- und Landwegen von La Rochelle bis Nowgorod, von Krakau bis Stockholm[2]. Geldverkehr und Goldwährung bereiteten die Ära des Frühkapitalismus vor. Durch Kaufmannsfamilien und Handelsgesellschaften kamen Reichtum und Wohlstand in die Städte.

Wie das Thema „Gesellschaft und Wirtschaft um 1100"[3], so beginnt auch dieses Kapitel mit Materialien über den Wandel der Umwelt und ökologischen Probleme um 1300. Die seit dem späten Mittelalter immer deutlicher zu Tage tretende massive Übernutzung der Wälder und der Raubbau an ihnen führten zu einem Umweltproblem ganz besonderer Art. Holz war der wichtigste Rohstoff des Mittelalters. So verschlang zunächst der große Holzbedarf der sich entwickelnden Städte riesige Mengen zum Bau von Häusern und für gewerbliche und handwerkliche Zwecke. Im Gefolge der sich im 14. und 15. Jahrhundert sprunghaft entwickelnden Bergwerke und der zunehmenden Eisen- und/ Kupferverhüttung wurde dann Holz in bisher ungekanntem Maße als Baumaterial und Energieträger benötigt. Beispielsweise verbrauchte das Lüneburger Salzbergwerk soviel Holz, daß es zur Vernichtung der umliegenden Wälder kam, was die Entstehung der Lüneburger Heide zur Folge hatte.

Daß die mittelalterlichen Menschen dieses Problem erkannten, beweisen die Gegenmaßnahmen, die vor allem die Städte gegen die unkontrollierte Ausbeutung an den Wäldern zu ergreifen versuchten. Die Holznutzung wurde untersagt, und in Einzelfällen kam es sogar zur Entwicklung einer geregelten Forstwirtschaft. Zeitgenössische Text- und Bildquellen in diesem Kapitel bestätigen, daß um diese Zeit ein erstes Umweltbewußtsein der Menschen aufkam.

Im weiteren folgt dem Thema „Die Schwarze Pest" deshalb das Thema „Judenverfolgungen", weil „das Gerücht, die Juden hätten die Brunnen vergiftet und so das Massensterben verursacht"[4], zu grausamen Vernichtungen jüdischer Gemeinden in den Städten führte. „Das urbane Judentum hörte damals für einige Zeit auf zu existieren"[5].

Nach dem Abschnitt über die Entwicklung der Landwirtschaft stehen Materialien über die Ostsiedlung zur Verfügung. Denn „Bedrückung und Widerstand der ländlichen Bevölkerung in den Grundherrschaften des Altsiedellandes hat es sicher gegeben ... Neu waren jetzt allerdings die Alternativen für die Bauern ... Die Ostsiedlung bot ihnen die Chancen eines besseren Lebens"[6]. Sie kamen in den Genuß von mehr Freiheit für ihre Person.

Hauptthema der veränderten Sozialstruktur um 1300 sind die Armen. „Dem Armen fehlten Geld, Beziehungen, Einfluß, Macht, Wissen, technische Qualifikationen, ehrenhafte Geburt, physische Kraft, intellektuelle

1 Agrarwirtschaft, Agrarverfassung und ländliche Gesellschaft im Mittelalter, München 1992, S. 31.
2 Jacques Le Goff, Das Hochmittelalter, Frankfurt 1965, S. 286.
3 Siehe Einführung und Materialien Nr. 1 a bis d.
4 und 5 Bernd Roeck, Außenseiter, Randgruppen, Minderheiten, Fremde in Deutschland der frühen Neuzeit, Göttingen 1993, S. 24.
6 Peter Hilsch, Mittelalter, Frankfurt 1989, S. 315.

Fähigkeit, persönliche Freiheit, ja Menschenwürde. Er lebte von einem Tag auf den andern und hat keinerlei Chance, sich ohne die Hilfe anderer aus seiner Lage zu befreien“[1]. Außerdem erlitt er Diffamierung und Diskriminierung. „Im Mittelalter“ wurde „die Armut immer wieder mit Unmoral und Verbrechen gleichgesetzt“[2].
In der Zeit ohne staatliche Sozialpolitik und ohne soziales Netz war es für Städte, Dörfer und Klöster mit ihren begrenzten Mitteln und Einrichtungen nahezu unmöglich, die Probleme der enorm anwachsenden Zahl von Notleidenden zu bewältigen. Dennoch fanden sich Menschen zu persönlichem Engagement gegen Armut und Krankheit bereit. Elisabeth von Thüringen z. B. setzte es gegen den Widerstand ihrer Verwandten durch, den ihr als Witwe zustehenden Grund und Boden für die Errichtung eines Spitals zu verwenden, in dem sie Kranke pflegte. Elisabeth war entschlossen, durch die Wahl ihrer „freiwilligen Armut“[3] an einer Stelle des Massenelends Abhilfe zu schaffen.
Andere Frauen fanden bei mutigen Versuchen, die Kirche zu reformieren, ihre Selbstverwirklichung. So stehen z. B. die Beginen, die eine „Antwort“ „auf die Frauenfrage“[4] im 14. Jahrhundert waren, zur Diskussion.
Aufgabe dieses Kapitels ist es, wesentliche Indikatoren der gesellschaftlichen und wirtschaftlichen Entwicklung um 1300 zu erfassen und, wo es sich ergibt, diese auf unsere Gegenwart zu beziehen.

Arbeitsthemen

Zu Abschnitt I

1. *Wie wirkte die Natur im Mittelalter auf die Menschen ein? Welche Aufgaben stellten sich ihnen dabei? Wie wurde die Natur- in eine Kulturlandschaft umgewandelt? Welche Eingriffe in die Natur erfolgten durch die Menschen? (Nr. 1)*
2. *Wo begannen die Waldrodungen? In welchen Gebieten verursachten spätere Rodungen Waldschäden? Wie veränderte sich dadurch die Landschaft des Elsasses seit 1300? Welche Folgen hatten die Waldrodungen für die Ökologie des Oberrheins? Inwiefern sind diese Schäden mit Auswirkungen heutiger Umweltzerstörungen vergleichbar? Welche Folgen hatte die Holzknappheit für den Weinpreis? (Nr. 2 a)*
3. *Welche Ziele hatten spätmittelalterliche Waldverordnungen? Welches Prinzip setzte sich in den Waldgeboten durch? Wie erklärt es sich, daß trotzdem gebietsweise Holznotstand eintrat? Aus welchen Gründen wurden Strafen bei Waldfrevel abgestuft? Was ist aus heutigem Rechtsverständnis dagegen einzuwenden? (Nr. 2 b)*
4. *Was verursachte in London die Luftverschmutzung Ende des 13. Jh.? Wie ging man dagegen vor? Welche gesundheitlichen Schäden bei der Stadtbevölkerung waren aufgetreten? (Nr. 3 a)*
5. *Inwieweit kündeten sich in den im Text genannten Maßnahmen des Immissionsschutzes bereits im späten Mittelalter Prinzipien „moderner Umweltpolitik“ an? Welche Ansätze zur Bekämpfung des Lärms gab es? Warum blieb diesen Ansätzen aufgrund der städtischen Gesetzgebung und Rechtsentwicklung ein Durchbruch versagt? (Nr. 3 b)*
6. *Welche Einwände von Gegnern des Erzbergbaus bezieht Agricola in seine Darstellung mit ein? Welches Ausmaß nehmen die dadurch verursachten Schäden in der Natur an? Wie wirken sich diese auf das Leben der Menschen aus? Welche Art einer Umweltkatastrophe wurde damit bereits im 16. Jh. angesprochen? (Nr. 4 a)*
   Welche Schadstoffe in der Luft befürchten Gegner der Bergwerke? Welche Folgen haben diese für die Gesundheit der Menschen? Welche weiteren Gefahren führen die Gegner Agricolas an? Wie widerlegt dieser die Einwände seiner Gegner? Was ist zu diesen Gegenargumenten aus heutiger Sicht zu bemerken? (Nr. 4 b)

1 Michael Mollat, Die Armen im Mittelalter, München ^{2}1987, S. 14.
2 Soziale Sicherheit und soziale Disziplinierung, hrsg. von Christoph Sachße und Florian Tennstedt, Frankfurt 1986, S. 77.
3 TRE, Bd. 4, Berlin, New York 1979, S. 88.
4 TRE, Bd. 5, Berlin, New York 1980, S. 407.

7. *Welche Arbeitsgänge sind auf dem Bild dargestellt? Wie verändern Schmelzprozesse die Zweige der Bäume? Welche weiteren Waldschäden sind zu erkennen? Wodurch werden sie hervorgerufen? (Nr. 4 c)*
Inwiefern ruiniert der auf dem Bild wiedergegebene Arbeitsvorgang in der Hütte den Wald? Woran ist diese Art von Umweltschäden zu erkennen? Was ist bei deren Darstellung erstaunlich? (Nr. 4 d)

Zu Abschnitt II

8. *Welche Ursachen bedingen den Bevölkerungsrückgang im 14. Jahrhundert? Wie versucht man das Auftreten von Hungerperioden zu erklären? Wie hoch wird die Bevölkerungsverminderung in Deutschland eingeschätzt? Warum waren die Bevölkerungsverluste in Frankreich und England höher als in Deutschland? (Nr. 1)*
9. *Wie kam die Pest nach Europa? In welchen Krankheitsformen trat sie auf? Wie erklärt sich die unterschiedliche Zahl ihrer Todesopfer in der Stadt und auf dem Lande? Wo gab es die Pest als Epidemie, wo als Endemie? Wieviele Pestwellen registrierten zeitgenössische Quellen? Wie reagierte die Kirche auf die Pest, wie die Menschen? (Nr. 2 a)*
10. *Über welche Möglichkeiten verfügte die Medizin im späten Mittelalter bei Seuchen? Welche Bedeutung bekam das „Pariser Pestgutachen" von 1348? Welche Standardmaßnahmen zur „Verhütung und Bekämpfung" der Pest wurden in Deutschland üblich? Worin zeigt sich aus heutiger Sicht die Begrenztheit der Medizin des 14. Jahrhunderts, worin ihr Fortschritt? (Nr. 2 b)*
11. *In welchen Gebieten waren die Zentren jüdischer Gemeinden? Wo kam es 1349 zu den schlimmsten Verfolgungen von Juden? In welches Land zogen sich Überlebende zurück? (Nr. 3 a)*
12. *Welche Beschuldigungen gingen Judenpogromen seit dem 13. Jahrhundert voraus? Wie sind diese Beschuldigungen aus heutiger Sicht zu beurteilen? Seit wann gab es begründete Zweifel an ihrer Richtigkeit? Welches eigentliche Motiv führte zur Ermordung von Juden? Inwiefern waren Kreditgeschäfte für Juden ein Risiko? Wodurch hatten sie finanzielle Verluste? Welche Rolle spielte bei der Verfolgung der Juden ihre Religion? (Nr. 3 b)*
13. *Inwiefern war die Lehre der Kirche zur Judenfrage ambivalent? Welche Standpunkte der Kirche gab es dazu? Wer vertrat antijüdische Positionen? Wie ist dies zu begründen? Von wem ging der „militante Antijudaismus" aus? Warum fand er viele Anhänger? Welcher Art war diese Feindbild-Agitation? (Nr. 3 c)*

Zu Abschnitt III

14. *Welche Vorstufen hatte die Dorfgemeinde? Wo gibt es heute noch Einzelhöfe? Worin zeigte sich das genossenschaftliche Zusammenwirken der Dorfgenossen? Welche ständischen Unterschiede gab es jedoch? Wieweit blieb das herrschaftliche Element im Dorf erhalten? Welche politischen Auswirkungen hatte die korporative Organisation des Dorfs? (Nr. 1 a)*
15. *Von welchen herrschaftlichen und genossenschaftlichen Verfassungselementen war die innere Ordnung der Dorfgemeinde geprägt? Wann und in welchem Zusammenhang gelang „die Ausweitung genossenschaftlicher Rechte"? Wieweit ähnelten Rechte und Pflichten der Dorfbewohner denen der Stadtbürger, wieweit nicht? Welche Bedeutung hatten die statischen Rechtsverhältnisse im Dorf für dessen genossenschaftliche Entwicklung? (Nr. 1 b)*
16. *Welche Funktionen hatten die Gemeindeversammlung und die Amtsträger im Dorf? Wie erfolgte die Einsetzung des Dorfvorstehers? Welche Folgen hatte dieser Modus für die genossenschaftliche Entwicklung des Dorfs? (Nr. 1 c)*
17. *Aus welchen Gründen sanken die Getreidepreise im späten 14. Jahrhundert? Wie kam es zu Lohnsteigerungen? Warum hielt man sich kaum an Lohntaxen? Welche Folgen hatten die relativ hohen Preise für Gewerbeprodukte für die Landwirtschaft? Wodurch unterschied sich die Agrardepression des späten Mittelalters von den „Teuerungskrisen alten Typs"? Welche Faktoren bedingen in heutiger Zeit eine wirtschaftliche Rezession? (Nr. 2)*

Zu Abschnitt IV

18. *Aus welchen Motiven siedelten Bauern in Ostmitteleuropa? Wodurch erhielten sie dort „mehr Lebensqualität"? Wer bemühte sich um Neusiedler? Welche Aufgaben hatten die Lokatoren? Wie wurden sie privilegiert? Wie wirkte sich das Nebeneinander von Deutschen und Slawen in den Gebieten der Ostsiedlung aus? Welche Volksstämme entstanden durch das Zusammenwachsen der beiden Völker? Welche Siedlungsformen entwickelten sich? (Nr. 1)*

19. *In welchen Phasen und in welchen Gebieten entstanden bäuerliche Siedlungen? Welche Städte und Landschaften bildeten ihre jeweiligen Grenzen? Was geschah mit dem Adel in Polen und Livland? Wie gestalteten sich die Beziehungen zwischen deutschen, niederländischen und einheimischen Adligen in den anderen Gebieten der Ostsiedlung? (Nr. 2 a und b)*

Zu Abschnitt V

20. *Welche Faktoren verstärken die soziale Differenzierung der Landbevölkerung? Welcher dieser Faktoren trug am meisten zur Abstufung der bäuerlichen Betriebe bei? Wie kann die bäuerliche Gesellschaftsstruktur im Breisgau und in Brandenburg analysiert werden? Wie waren in Brandenburg 1375 die Klein, Mittel- und Großbauern prozentual verteilt? Was kann man daraus über die Besitzdifferenzierung in der brandenburgischen Landwirtschaft folgern? (Nr. 1)*
21. *Wie waren in den alten Städten die Bürger vom Stadtherrn abhängig? Welche Bürger konnten sich die Freiheit sichern, welche blieben zinspflichtig (censuales)? Welches Ziel verfolgten die conjurationes (Eidgenossenschaften) der Kaufleute und Handwerker? Von wo ging dieses Selbständigkeitsstreben aus? Welche Sozialstruktur der Stadt ergab sich daraus? Wie veränderte sich diese? Welche Rechte blieben den Unterschichten zunächst noch versagt? Wie erklärt es sich, daß sich Angehörige der Unterschicht religiösen Massenbewegungen anschlossen? Welche Minderheiten lebten in Städten? (Nr. 2 a)*
22. *Woran erkannte man Angehörige von Randgruppen in den Städten? Was bedeuteten die Kennzeichnungen für diese? Durch welche Veranstaltungen wurden Männer und Frauen der Unterschichten öffentlich diskriminiert? Was unterschied diese, was einte sie? (Nr. 2 b)*
23. *Seit wann kam der Hexenwahn auf? Wie stellte sich die Kirche noch im 11. Jahrhundert dazu? Aus welchem Vorfall, in Freising ging dies hervor? Seit wann und in welchen Ländern verbreiteten sich Hexenprozesse? Wodurch sind Zeichen von Massenpsychose dabei unverkennbar? Welche Frauen wurden von der Hexenverfolgung erfaßt? Wen trifft dabei die Hauptschuld? Welche Rolle spielte dabei die Medizin? Wodurch nahm die Hexenverfolgung schließlich immer größere Ausmaße an? (Nr. 3)*

Zu Abschnitt VI

24. *Wodurch unterschieden sich nach dem Text die beiden Arten der mittelalterlichen Armut? Wie beeinflußten sich die unfreiwillige und die freiwillige Armut? Warum blieben die durch materielle Not gezwungenen Armen lange von der Wissenschaft unbeachtet? Welche Ursachen hatte nach den Forschungen Michel Mollats, der die Bezeichnungen für materielle Armut in mittelalterlichen Quellen untersuchte, das Arm-Sein? (Nr. 1)*
25. *Welche Aufgaben der Kranken- und Armenfürsorge übernahmen die Kirchen am Beginn des Mittelalters, die ritterlichen-, bürgerlichen- und Spitalorden (bzw. Spitalbruderschaften) im 13. Jahrhundert? Warum ging die karitative Tätigkeit nach etwa 1450 zurück? (Nr. 2)*
26. *Welche karitativen Einrichtungen übernahmen im späten Mittelalter die Städte von den Kirchen? Wie verlief die „Kommunalisierung" der Armenfürsorge? Was bezweckte man mit der sozialen Disziplinierung der Armen? (Nr. 3)*

Zu Abschnitt VII

27. *Warum bestand Elisabeth gegenüber dem Familienverband auf ihrem Witwenrecht? Was bewog den Papst, ihr dabei zu helfen? Aus welchem Anlaß wollte sich Elisabeth „selbständig" machen? Worin sah sie ihre Selbstverwirklichung? Gegen welche Widerstände der Familie setzte sie sich durch? Mit welcher Tatsache wollte sich die Familie nicht abfinden? (Nr. 1 a)*
28. *Welcher zeitgenössischen Laienbewegung stand Elisabeth nahe? Was war deren Ziel? Gegen wen wandte sich die Kritik dieser Laien? Wodurch distanzierte sich Elisabeth vom Adel ihrer Zeit? Zu welcher „Alternative" des höfisch-adligen Lebens entschied sie sich? Welches Ideal verband sie mit Franz von Assisi? (Nr. 1 b)*
    Welche der beiden Würdigungen Elisabeths überzeugt wohl am meisten? Wie ist die zu begründen? (Nr. 1 a, b)
29. *Wie breitete sich die Laienfrömmigkeit der Beginen von den Niederlanden und vom Rheinland aus? Welches waren ihre zentralen Forderungen? Nach welchem Vorbild sollte eine Kirchenreform durchgeführt werden? Worin ähnelten die Beginen den Mönchsorden, worin unterschieden sie sich von diesen?*
    Wie wandelte sich ihr Verhältnis zur Amtskirche? (Nr. 2 a)

30. *Inwiefern waren die Beginen eine Frauenbewegung im religiösen Bereich? Worin bestand die Vielfalt ihres Engagements? Was versteht man aus heutiger Sicht unter einer Frauenbewegung? (Nr. 2 b)*
31. *Was versteht man unter der „Frauenfrage des Hochmittelalters“? Inwiefern war die Beginenbewegung ein Versuch, diese zu lösen? Welche sozioökonomischen Bedingungen sind im Text genannt? Welche weiteren Ursachen für die Einrichtung von Beginenhöfen gehen aus den Quellen hervor? Aus welchen Bevölkerungsschichten kamen die Beginen? (Nr. 2 c)*
32. *Wie entwickelten sich Beginengemeinschaften und -höfe in der Zeit ihrer kirchlichen Anerkennung? Wie wurde in Flandern und Wallonien ihr Gebiet von der Pfarrgemeinde abgetrennt? Seit wann verdächtigte man Beginen als Ketzer? Welche Lehren des „freien Geistes“ zählte das zweite Dekret von Vienne 1311 auf? Warum wurden nur nichtregulierte Beginengemeinschaften verfolgt? Was befürchtete die Kirche von diesen Gruppen? (Nr. 2 d)*

Zu Abschnitt VIII

33. *In welchen Gewerbezweigen waren die meisten Arbeitskräfte beschäftigt? In welchen Gegenden waren die Textilzentren? Welche Innovationen setzten sich in diesen durch? Wie wirkten sie sich auf die Produktion aus? Was trug zum Aufschwung des Eisengewerbes bei? Wie erklärt sich die steigende Nachfrage nach Eisenprodukten? Inwiefern kann man den Bedarf an Leder im Mittelalter mit dem Bedarf an Kunststoff heute vergleichen? (Nr. 1)*

Zu Abschnitt IX

34. *Zu welchem Zweck bildeten sich Städtebünde? Wo waren außerdem Ansätze zu einer künftigen staatlichen Ordnung zu beobachten? Welche Einungen von Städten, Rittern und Bauern kamen zustande? Wie zeichnete sich wirtschaftlich die „tiefgreifende Krise des 14. Jahrhunderts“ ab? Welche Selbsthilfeinstanzen setzten sich gegen diese zur Wehr? Wie stellten sich die Kaiser zu den Einungsbewegungen? Woran scheiterte das Ziel der antifürstlichen Bünde, eine „Reichsreform von unten“ herbeizuführen? (Nr. 1)*
35. *In welchen Gebieten bildeten sich Städtebünde? Welche Städtebünde erlangten in Konflikten mit den Territorialfürsten besonderes Gewicht? Wo entwickelte sich aus einem Städtebund ein souveräner Staat? (Nr. 2)*
36. *Welche Strukturwandlungen machte die Hanse im Laufe ihres Bestehens durch? Weshalb übernahmen im 13. Jahrhundert in zunehmendem Maße Städte anstelle der Gruppen deutscher Kaufleute Organisationsaufgaben? Warum war im 14. Jahrhundert die Errichtung einer Städtehanse notwendig? Welche Kompetenzen beanspruchte diese Organisationsform der Hanse? Warum konnte der Konsolidierungsversuch im 16. Jahrhundert den Niedergang der Hanse nicht mehr aufhalten? (Nr. 3 a)*
37. *Wo verliefen die Handelswege der Hanse und Italiens? Mit welchen Gütern trieb man Handel? Welche Städte waren Zentren der Wirtschaft? (Nr. 3 b)*
38. *Wie entstand die Seeherrschaft der Hanse in Nord- und Südeuropa? Woraus ergab sich die Verteilung der Hafenstädte? Was charakterisierte die Organisation der Hanse in der Zeit ihrer wirtschaftlichen und politischen Hegemonie? Mit welchen Zwangsmaßnahmen ging die Hanse gegen Konkurrenten vor? Wieweit übte sie dabei Gewalt aus? Welche Maßnahmen von Staaten sind bei Handelskriegen unserer Zeit bekannt? Wodurch kam die größte Ausdehnung der Hanse im 14. Jahrhundert zustande? Welche Funktion hatte dabei das Meer? Mit welchen Seemächten kann man die Hanse vergleichen? (Nr. 3 c)*

I Umweltkrise

Materialien

1. Erleben und Nützen der Natur

Das Erleben der Natur

Die Natur wird erlebt als eine dem Menschen feindliche, als eine ihm gleichgültige und dann auch wieder hilfreiche Macht.

Sie gewährt dem Menschen nur widerwillig seinen Lebensraum und entreißt ihn ihm wieder, wenn er nicht um ihn kämpft. „Wald“ ist gleichbedeutend mit Wildnis. Luft, Wasser, Erde und Feuer in der Gestalt des Klimas und der zerstörenden Stürme, des Frostes und der Überschwemmungen, des Erdbebens und der Brände suchen den Menschen heim, und dies wortwörtlich: Sie bringen ihm den Tod.

Die großen Sturmfluten an der Nordsee verändern die Küste. Im 14. Jahrhundert finden sechs verheerende Marcelli-Sturmfluten statt, benannt nach dem Heiligen des 16. Februar. „De grote Manndrank“ von 1362 reißt den Jadebusen und den Dollart auf. Viele Hafenzufahrten, wie bei Perpignan, und Flüsse, wie die Ilmenau, müssen ununterbrochen ausgebaggert werden. Brückenpfeilern droht die Unterspülung. Wiesen drängen zum „Naturzustand“, zum Wald zurück.

Die Menschen erfahren, daß die Natur sich nicht um sie „kümmert“: Als Erde, als Bergwelt oder als Meer ist die Natur lange vor dem Menschen da, und sie wird das im Vergleich zu ihrer Lebensdauer knapp bemessene Menschenleben überdauern. „Wir sind nur Gast auf Erden“, dichtet Notker der Stammler.

Die Natur bietet ihren Reichtum den Menschen an. Wenn sich die Menschen erzählen, daß sich die Seligen des nordischen Paradieses der Urzeit vom Schwein Saerimnir ernähren, dem nachts nachwächst, was die Seligen tagsüber von ihm verzehrten, so drückt sich vielleicht schmerzlich aus, wie wenig ausschöpfbar der natürliche Reichtum und wie unerläßlich andererseits die Arbeit ist.

Sonne und Regen lassen die Saat, aber auch das Unkraut gedeihen. Was wächst, kann nützen, kann aber auch wie das tollwütige Tier oder der stürzende Baum bedrohlich werden. Kräfte sind in die Hand des Menschen gelegt, doch das Maß hat er erst zu finden. Kräuter blühen auf und sind zum Heilen oder auch Vergiften, zur Abtreibung und zur Lebensstärkung geeignet. Der Mensch muß auswählen, den Gebrauch bestimmen und um den möglichen Mißbrauch wissen. Die Menschen erfahren an sich selbst die ihnen gegebene Macht zum Guten und zum Bösen und daß sie selbst sich mißbrauchen können.

Die Natur nimmt die Züge des Menschen an

Der Mensch hat je nach dem Raum, den er in Besitz nimmt, eine seit Jahrhunderten vermenschlichte Kulturlandschaft um sich und unter sich, die allerdings oft wie die oberitalienische oder dalmatinische vom Raubbau gekennzeichnet ist. Oder er stößt in noch nicht kultivierte Räume vor, die ihm nicht viel Auswahl lassen. Er muß sich lange mit wenigen geeigneten Plätzen, etwa an den See- und Flußufern, und ihrer oft schmalen Bemessung zufrieden geben.

Mit der Zeit weitet sich aber auch dort der Raum des Menschen. Er rodet und legt Äcker und Wiesen an, die uns fälschlicherweise als Inbegriff des Natürlichen gelten. Pflanzen, die es zuvor in Mitteleuropa nicht gab, wandern aus dem Süden in die offenen Wiesenlandschaften ein. Mit ihnen fliegen auch die Schmetterlinge ein, die erst auf den Wiesen Lebensraum und Raupenfutter finden.

Der Mensch baut seine Welt auf, Hütten, Dörfer, Burgen und Klöster. Ein Bergfried überragt den Felsen, eine Totenleuchte weist dem nächtlichen Wanderer den Weg. Klippenfeuer, Feuer in Holzkörben als Vorläufer der Leuchttürme, warnen vor Klippen und Sandbänken, Schneisen ziehen sich durch die Wildnis. Ab und zu deutet jemand auf ein Feld und erzählt von einer Schlacht. Die Natur trägt zunehmend die Spuren des Menschen.

Aus: Norbert Brieskorn, Finsteres Mittelalter? Über das Lebensgefühl einer Epoche, Mainz 1991, S. 60 f.

2. Waldrodungen und Ökologie

a) Rodungen von Wäldern am Oberrhein

Die großen Rodungen des Mittelaters begannen harmlos. Sie nahmen ihren Ausgang am Rande dicht bevölkerter Dörfer, wo es potentiell fruchtbares, aber noch unerschlossenes Land gab. Gegen Ende des 13. Jahrhunderts jedoch hatten sich diese Rodungen in die Gebiete Europas mit den schlechten Böden, in den Schwarzwald, die Walisischen Hochländer und in die höher gelegenen Regionen der Alpen ausgedehnt. So hat uns ein Klosterbruder aus dem Elsaß eine nostalgische Beschreibung seiner Heimatlandschaft hinterlassen, bzw. dessen, was aus ihr am Ende seines langen Lebens um 1300 geworden war. In seiner Jugend war dieses Land kaum besiedelt gewesen, es gab nur wenige verstreute Weiler, umgeben von kornbewachsenem Land in der Rheinebene, und ein paar Weinhänge am Fuße der Vogesen. Aber dies hatte sich alles verändert. Wo Dörfer gewesen waren, gab es nun mauerbewehrte Städtchen; wo Wälder und Sümpfe gewesen waren, Dörfer und Getreidefelder. Der Weinbau war die Berghänge hinauf getrieben worden, und große Schafherden weideten in den höheren Regionen. Jenseits des Rheins, im Schwarzwald, hatte der Landesausbau schon früher begonnen. Die Herzöge von Zähringen hatten sich aus einer riesigen Wildnis ein eigenes Territorium geschlagen. In einer Basler Chronik findet sich um 1300 der Hinweis, daß all das Roden der Wälder negative Auswirkungen auf die Ökologie des Oberrheins gehabt habe: es wird berichtet, die Kornernte in den fruchtbaren Flußtälern sei häufig durch starke Überflutungen vernichtet worden, was seine Ursache in den die entwaldeten Hänge hinabfließenden Wassern habe. Darüber hinaus existieren Berichte, daß Schädlingsplagen häufig die Ernte zerstörten, das heißt, die Feinde des Getreides verbreiteten sich wahrscheinlich im selben Maße wie das kultivierte Gebiet. Selbst der Weinbau litt gegen Ende des 13. Jahrhunderts, denn die Trauben verfaulten, da zu wenig Eichenfässer vorhanden waren, um den Wein zu lagern und zu transportieren. Am Ende des 13. Jahrhunderts wurde der Preis des Weins stärker von den verfügbaren Eichenfässern diktiert als von der Quantität oder Qualität der Weinernte.

Aus: Charles R. Bowlus, Die Umweltkrise im Europa des 14. Jahrhunderts. In: Fortschritte der Naturzerstörung, hrsg. von Rolf Peter Sieferle, Frankfurt a. M. 1988, S. 16.

b) Waldgebote und Strafen

Während ursprünglich nur dem König die Bannlegung eines Waldes zustand, nahmen die Grundherren seit dem 9. Jahrhundert dieses Recht selbst in Anspruch. Um ihre Jagdausübung zu sichern, verboten die Inhaber der Bannforste Rodungen und begrenzten sonstige Waldnutzungen. Lokale Nutzungsordnungen existierten schon frühzeitig durch die Siedlergemeinschaften, um dem Mißverhältnis zwischen den vorhandenen Holzvorräten einerseits und den Nutzungsbedürfnissen andererseits sowie der dadurch eintretenden Gefährdung der lebensnotwendigen Versorgung aus dem Wald zu begegnen. Die Beschränkungen der Waldnutzungen richteten sich zunächst nur gegen Fremde außerhalb des Siedlungsverbandes. Allmählich verfügten Genossenschaften und Grundherren aber auch bei den nutzungsberechtigten Gruppen Beschränkungen nach Holzmenge und -sorten bzw. ordneten Hiebzeiten an. Eine schriftliche Niederlegung der Waldgebote in Form von Weistümern (aufgezeichnetes Gewohnheitsrecht), Holzthing oder Waldordnung erfolgte vom 11. Jahrhundert an. König Heinrich VII. bezeichnete 1309 die Verwandlung von Wald in Kulturland sogar als Verwüstung und verordnete strikte Waldschonung. Im übrigen stand im Vordergrund, die Nutzung der Wälder in geordnete Bahnen zu lenken und Mißbrauch zu verhindern. Ausweislich des Frankenspiegels, einer um 1350 abgefaßten Aufzeichnung deutscher Rechtsgewohnheiten, wurde zur Schonung der Waldbestände verlangt, daß „auch bescheidentlich werde gehouwen, ane Wüstungen". In der Umgebung von Salinen und Bergwerken wurden absolute Rodungsverbote erlassen, so etwa im Erzbistum Salzburg 1202 und 1237.

Zahlreich sind auch die *Strafandrohungen* bei Wald- und Baumfrevel. Die hohe Wertschätzung des Baumes, aber auch barbarische Sanktionen dokumentieren sich in Markweistümern: So sollten dem, der eine Eiche köpft, der Kopf abgeschlagen werden. Und böswilliges Entrinden sollte zur Folge haben, daß dem Frevler die Gedärme aus dem Leib gezogen werden. Auch der Vollzug dieser Strafen läßt das Talionsprinzip[1] deutlich werden, wenn der abgeschlagene Kopf des Täters dem Baum aufgesetzt werden sollte, bis er anwuchs, und die Gedärme auf die entrindete Stelle zu legen waren. Diese Rechtsübungen sind als in uralte Zeit zurückreichende Sakralstrafen zu begreifen, als Opfer an die Baumseele. Weniger mystisch ausgerichtet, aber ebenso auf Abschreckung setzte das Freiburger Stadtrecht. Bei großem Forstfrevel wurde der Täter „mit ruten ußgeschwingt" und es wurde ihm ein „geschundener Baum" umgehängt. Ferner wurde er „ins halsysen gestellt" und aus der Stadt verwiesen. Bayrische Landfrieden des 13. Jahrhunderts sanktionierten das Abholzen von Baumgärten mit dem Verlust der Hand und stuften dieses Delikt sogar als Landfriedensbruch ein.

Aber selbst mit solchen drastischen lokalen Verboten war vielerorts ein Holznotstand nicht zu verhindern. Zwar wurde der Holzmangel von den Herrschenden ständig beschworen, aber völlig mißachtet, wenn die Geldnot, das Jagdinteresse des Fürsten oder die Kriegslasten es geboten erschienen ließen. So war etwa häufig das Harzen der Bäume als „schädliche Verwüstung des Holzes ganz und gar abgetan und verboten". Da indes die Standesherren aus der Vergabe des Harzrechts durch Abgaben der Harzer Nutzen ziehen konnten, waren derartige Eingriffe häufig sogar erwünscht.

Fußend auf den gemeinschaftlichen Beratungen der Markgenossen über eine möglichst unschädliche Nutzung schlägt sich aber in zahlreichen Verordnungen des Spätmittelalters langsam der Gedanke der Nachhaltigkeit nieder, der heute allgemein anerkanntes Prinzip der Forstwirtschaft ist. So machten etwa bayrische Herzöge bzw. die Stadtherren von Bad Reichenhall den Nutznießern von Baumbeständen zur Pflicht, für jeden gefällten Baum eine vielfache Zahl neuer Bäume zu pflanzen. Diesen Regelungen läßt sich tendenziell eine geänderte Einstellung entnehmen, eine Einstellung, die sich ihrer Verantwortung für zukünftige Generationen bewußt ist. Diese Sicht kommt plastisch in einer eidgenössischen Ordnung von 1480 zum Ausdruck, wenn formuliert wird, daß der Wald deshalb zu schonen sei, weil auch „die Nachkommen des Holtzes deheinst nottürftig" sein werden.

Aus: Günter Heine, Umweltbezogenes Recht im Mittelalter. In: Umwelt in der Geschichte, Beitr. z. Umweltgeschichte, hrsg. von Bernd Herrmann, Göttingen 1989, S. 121 f.

1 Vergeltung

3. Erster Umweltschutz

a) Maßnahmen gegen Luftverschmutzung

Der den Steinkohlefeuern entströmende Rauch bildete schon im letzten Viertel des 13. Jahrhunderts ein allgemeines Ärgernis in London. Ein im Jahre 1285 eingesetzter königlicher Untersuchungsausschuß, der die Aktivitäten gewisser Kalköfen untersuchen sollte, gelangte zu dem Schluß, „daß dort, wo der Kalk früher mit Holz gebrannt wurde, er nun mit Steinkohle gebrannt wird". Infolgedessen „ist die Luft verunreinigt und verdorben und eine Gefahr für alle, die solche Landstriche bereisen oder ... bewohnen". Die Kalkbrennereien jedoch blieben bestehen, weshalb 1288 eine zweite Untersuchungskommission gebildet wurde „aufgrund von Beschwerden vieler Einwohner, die durch die Kalköfen belästigt werden". Im Jahre 1298 entschloß sich eine Gruppe Londoner Schmiede freiwillig, „daß kein Zunftmitglied nachts arbeiten soll wegen der Gesundheitsschädlichkeit der Steinkohle und der Gefährdung seiner Nachbarn".

Die Untersuchungskommissionen und die freiwilligen Anstrengungen der Schmiede reichten nicht aus, um Londons Problem der Luftverschmutzung zu lösen. Daher erließ Edward I. im Jahre 1307 eine königliche Proklamation, die die Verwendung der Steinkohle in den Kalköfen verbot, „da der König Kenntnis erhalten hat von Beschwerden der London oft auf sein Geheiß und zum öffentlichen Wohl besuchenden Prälaten und Magnaten seines Reiches wie auch von Klagen seiner Bürger und seines ganzen Volkes hier und in Southwark, wonach die Arbeiter in besagten Städten und Dörfern und in ihren Grenzen ihre Brennöfen nunmehr mit Hilfe der Steinkohle betrieben statt mit Feuerholz und Holzkohle, wodurch ein unerträglicher Geruch sich in der Nachbarschaft verbreite und die Luft grob verunreinigt sei zum Verdrusse der Magnaten, Bürger und anderer dort Ansässiger sowie zum Schaden an ihrer körperlichen Gesundheit".

Zwei Wochen später versuchte eine weitere königliche Kommission, die autorisiert war „Gesetzesbrecher mit hohen Bußgeldern zu belegen", herauszufinden, warum die königliche Proklamation nicht befolgt wurde.

Aus: Charles R. Bowlus, Die Umweltkrise im Europa des 14. Jh., a. a. O., S. 32 f.

b) Immissionsschutz

Erste Anfänge der Grundprinzipien moderner Umweltpolitik finden wir in den Konstitutionen von Melfi:[1] Das Verursacherprinzip ist angesprochen, wenn Friedrich II. verordnete, daß bei Zuwiderhandlungen gegen Lufteinhaltevorschriften, so durch Einweichen von Flachs oder Hanf, diese Tatobjekte zugunsten des kaiserlichen Hofes verfallen. Daß auch in den Städten teilweise die Belastung der Luft durch gewerbliche Tätigkeit Rechtsnormen unterworfen wurde, zeigen mehrere Beispiele: Verschiedentlich sind geräuschintensive und luftverunreinigende Gewerbe an den Stadtrand oder gar vor die Mauer verlegt worden. In Zürich bewilligte der Rat zwar den Betrieb eines Färberkessels, wollte aber durch die Pflicht, einen Kamin zu errichten, sichergestellt sehen, daß die Nachbarn möglichst wenig „von gesmak und von rauches wegen" belästigt werden. Nürnberg verbot das Schmelzen von schlechtem Schmalz und das Brennen von Töpfen. Dies hatte außerhalb der Stadt zu geschehen, aber so, „daz der wint den smac von der stat treibe". Aus Kaufverträgen erschließt sich ferner, wie wichtig auch die *Lärmbekämpfung* mitunter genommen wurde, wobei es freilich den Bürgern überlassen wurde, sich adäquat abzusichern: So verkauften die Franziskaner 1292 in Andernach ein Anwesen nur unter der Bedingung, daß es nie an einen Schmied, Zöllner oder Wirt wegen des Lärms ihrer Betriebe verpachtet werden dürfe. Gleiches Recht ließ sich die Universität Tübingen 1513 einräumen.

1 Gesetze für Sizilien 1231, Melfi in Apulien

Unsere Betrachtung der mittelalterlichen Rechte hat gezeigt, daß vielerorts die Bereiche Wasserversorgung und -entsorgung, Abfallbeseitigung und Immissionsschutz als regelungsbedürftig erkannt und in Ansätzen rechtliche Schutzmechanismen entwickelt wurden. Freilich darf nicht in den Hintergrund gerückt werden, daß die Schwerpunkte städtischer Gesetzgebung und Rechtsentwicklung auf anderen Gebieten, insbesondere der Regelung der Wirtschaftsordnung, lagen. Für Normen mit ökologischer Tönung war wohl nur dort Raum, wo unmittelbare Wirkungen auf die Menschen eintraten oder zu befürchten waren – wobei freilich auch die Erkenntnisbedingungen effektiveren Rechtsschutz verhinderten. Im übrigen war die bürgerliche Obrigkeit wohl nur zögernd bereit, neben ihrer rechtlichen Zuständigkeit für diese Materien auch ihre soziale Verantwortung zu übernehmen und durchzusetzen.

Aus: Günter Heine, Umweltbezogenes Recht im Mittelalter, in: Umwelt in der Geschichte, Beiträge zur Umweltgeschichte, hrsg. von Bernd Herrmann, Göttingen 1989, S. 118f.

4. Umweltschäden durch Erzbergbau

a) Folgen für den Wald und die ganze Natur (Agricola[1], De re metallica)

Außerdem heben sie[2] folgende Beweisgründe hervor: durch das Schürfen nach Erzen werden die Äcker verwüstet. Deshalb ist einst in Italien durch ein Gesetz Vorsorge getroffen worden, daß niemand um der Erze willen die Erde aufgräbt und jene so ertragreichen Felder und die Wein- und Ölpflanzungen verdirbt. Wälder und Haine werden gefällt; denn man braucht eine Unmenge Holz für die Bauten, für das Gezeug und Erzschmelzen. Wenn aber die Wälder und Haine niedergelegt sind, dann werden Vögel und Tiere verjagt, von denen sehr viele ausgesuchte und angenehme Speise für den Menschen sind. Die Erze werden gewaschen. Dieses Waschen tötet die Fische oder vertreibt sie, weil es die Bäche und Flüsse vergiftet. Da also die Bewohner der Gegenden wegen der Verwüstung der Felder, Wälder, Haine, Bäche und Flüsse in große Verlegenheit geraten, wie sie Dinge, die sie zum Leben brauchen, sich verschaffen sollen, und wegen des Mangels an Holz größere Aufwendungen machen müssen für die Errichtung von Gebäuden, so liegt offen vor aller Augen, daß bei dem Schürfen mehr Schaden entsteht als die Erze Nutzung bringen, die bei dem Schürfen gewonnen werden.

Aus: Georgius Agricola, De re metallica libri XII (Bergbau und Hüttenkunde, 12 Bücher), übers. von Georg Fraustadt und Hans Prescher, Berlin (Ost) 1974, S. 59.

b) Schadstoffimmission und Gefahren

Weiter sagen sie[3], es sei gefährlich, sich um den Bergbau zu bemühen, weil die Häuer bald von verpesteter Luft dahingerafft werden, die sie einatmen, bald an Abmagerung dahinsiechen, weil sie Staub in sich aufnehmen, der die Lungen vereitert, bald zu Grunde gehen, von den Einstürzen der Berge erdrückt, dann wieder, weil sie von den Fahrten in die Schächte abstürzen und die Arme, Beine und den Hals brechen; man dürfe aber keinen Nutzertrag so hoch einschätzen, daß wegen seiner Größe des Menschen Wohl und Leben in denkbar große Not und äußerste Gefähr-

1 Agricola, Arzt und Humanist in Joachimsthal (nördlich von Berlin), gab Zeichnern, die von ihm dazu beauftragt waren, genaue Anweisungen über technische Anlagen im Erzbergbau. Bedeutsam war dabei die Darstellung der Schäden im Baumbestand.
2 Agricola setzt sich mit Gegnern des Erzbergbaus auseinander.
3 Siehe Anm. 1

dung gebracht wird. Diese Dinge, gestehe ich zu, sind überaus schwerwiegend und so voller Schrecknis und Gefahr, daß ich, um sie zu vermeiden, entscheiden würde, man solle nicht nach Erzen schürfen, wenn die Häuer entweder öfter darein gerieten oder wenn sie sich auf keine Weise davor hüten könnten. Denn wie sollte nicht der Trieb zu leben mächtiger sein als selbst die ganze Welt zu besitzen, von den Erzen ganz abgesehen? Freilich, wer so zu Grunde geht, besitzt allerdings nichts, sondern hinterläßt es nur dem Erben. Da aber solche Dinge nur selten geschehen und nur unvorsichtigen Häuern zustoßen, schrecken sie die Bergleute nicht vom Bergbau ab, wie auch von ihrem Handwerk nicht die Zimmerleute abschreckt, wenn einer von ihnen, weil er unvorsichtig verfuhr, von einem hohen Gebäude abgestürzt ist und seine Seele ausgehaucht hat. So habe ich auf die Einzelheiten geantwortet, die mir diejenigen entgegenzuhalten pflegen, die erklären, der Bergbau sei für die, die ihn betreiben, ohne Nutzen, einmal, weil sie Kosten aufwenden für eine unsichere Angelegenheit, dann besonders, weil er selbst ein wechselhaftes Unternehmen ist und Verderben bringt.

Aus: Georgius Agricola, De re metallica, a. a. O., S. 56.

c) Baum- und Bodenschäden durch Schmelzprozesse

Gewinnung von Zinngraupen durch Verwaschen der Zinnseifen. Der „Lamettabehang" der Bäume deutet auf durch Schmelzprozesse hervorgerufene Rauchgase sowie Schädigung des Bodens.

d) Hüttenwesen als „Holzfresser"

Erschmelzen von Wismut[1] in offenen Gruben und Rinnen. Das Hüttenwesen erweist sich hier als „Holzfresser", dem die umliegenden Waldbestände zum Opfer fallen.

1 Rötlich-weißes Schwermetall

II Bevölkerungsrückgang im 14. Jahrhundert

1. Ursachen

Ursachen der Bevölkerungsverminderung im 14. und beginnenden 15. Jahrhundert waren:

- Die *Pest,* die aus Asien über das Mittelmeer nach Europa eingeschleppt wurde und sich von den Küsten Italiens und Frankreichs (1347) bis nach Nordeuropa (Ostseeraum, d.h. z.B. Danzig und Skandinavien 1350) ausbreitete.
- In den folgenden Jahrzehnten traten weitere Pestwellen auf, die aber im 15. Jahrhundert in ihrer Wirkung abklangen, was teilweise auf einen Immunisierungseffekt zurückgeführt wird.
- Seit dem Beginn des 14. Jahrhunderts gab es zudem mehrere Hungerperioden (z.B. 1316 und 1317), und zwar infolge von Mißernten. Die Erklärungsversuche hierfür sind sehr verschieden:
  - Eine zunehmende Bodenknappheit aufgrund der zu stark wachsenden Bevölkerungszahl (Erreichen der Nahrungsgrenze nach dem damaligen Stand der Produktionstechnik bewirkte rückläufige Geburtenraten; so vor allem der englische Wirtschaftshistoriker M. Postan).
  - Aufgrund der stark schwankenden Ernteerträge fehlte ein Ausgleich durch entsprechende Lagereinrichtungen ...

Der Bevölkerungsrückgang wird für Deutschland folgendermaßen eingeschätzt:

- Die Reduzierung durch die verschiedenen Hungerperioden bis in die Mitte des 14. Jahrhunderts wurde schon nach wenigen Jahren durch das allgemeine Bevölkerungswachstum wieder ausgeglichen.
- Die am stärksten wirkenden *Pestumzüge* 1347 bis 1350, 1357 bis 1362, 1370 bis 1376 und 1380 bis 1383 verminderten die Bevölkerung um mehr als 33 v.H.:
  - Regionale Unterschiede wurden begleitet von
  - Unterschieden zwischen Städten (etwa 40 v.H.) und Land (etwa 33 v.H.), da die Ansteckungsgefahr in den Städten größer war.
- Von 1383 bis 1470 stagnierte die Bevölkerungszahl
  - in Westdeutschland um 4 bis 4,5 Mill. (15 bis 18 je qkm) und
  - im gesamten zu Deutschland zählenden Gebiet um 8 bis 9 Mill. (12 bis 15 je qkm) als Folge immer wieder auftretender kleinerer Pestumzüge.

Rückgang der Bevölkerungszahl in anderen europäischen Ländern:

- Frankreich 1340=21 Mill. Einwohner (43 je qkm)
  1400=13 Mill. Einwohner (28 je qkm)
  Die Auswirkungen der Pest wurden hier noch durch den Hundertjährigen Krieg (1339 bis 1453) verstärkt.
  England 1340=3,8 Mill. Einwohner (25 je qkm)
  1400=2,3 Mill. Einwohner (15 je qkm)

Aus: Friedrich-Wilhelm Henning, Das vorindustrielle Deutschland 800 bis 1800, Paderborn [3]1977, S. 125 f.

2. Der Schwarze Tod

a) Die Pest und das „große Sterben"

Die wichtigste Epidemie des späten Mittelalters ist zweifellos die Pest. Zum Jahre 1349 notierte der Straßburger Chronist Jakob Twinger: Es herrscht „der groesste sterbotte in aller welte, von dem man ie hatte gehört sagen". Erschütterung in scheinbar lapidarer Notiz. Völlig unvorbereitet wurde Europa 1349/50 von der Pest getroffen. Die Seuche kannte man nicht mehr, seit sie, von Prokop und Gregor von Tours beschrieben, Mitte des 6. Jahrhunderts Spanien, Gallien und die Rheinlande heimgesucht hatte und nach einigen regionalen Nachzüglern verloschen war.

Genueser Kaufleute hatten sich 1347 bei den Krimtataren infiziert und schleppten die Pest nach Europa, die sich hier verbreiten konnte, nachdem durch den intensiveren Seeverkehr Ratten als Seuchenträger aus dem Orient nach Europa eingewandert waren. 1349 erreichte die Krankheit Deutschland. Der Schock saß am Anfang tief: Als ein Jahr „grosser Unmenschlichkeit", was er im wörtlichen Sinne begriff, bezeichnete der Lüneburger Ratsschreiber das Jahr des „Pesttodes" 1350. „Terror mortis" (Schrecken des Todes) nennt die ältere Chronik von Oliva diese Seuche. Bis zu diesem Chronisten, bis an den fernen Ostseestrand, muß binnen kurzem die Nachricht durch die Lande geflogen sein, daß in Genua anlandende Galeeren die Pest eingeschleppt hatten, daß aufwendige Vorbeugungsmaßnahmen in Marseille ergebnislos geblieben waren.

Die Pest kennt zwei unterschiedliche Krankheitsformen, die Beulen- und die Lungenpest. Während letztere, nach kurzem Krankheitsverlauf, stets tödlich endet, können bei der häufigeren Beulenpest 20–40 % der Betroffenen überleben, nachdem sich der Eiterherd um den Flohstich zu harten Beulen ausgewachsen hat. Nur diese Beulenpest wird von der Ratte durch Flöhe auf den Menschen übertragen und tritt deswegen fast nur im Sommer auf, wenn Lufttrockenheit und hohe Temperaturen den Flöhen ideale Lebensbedingungen schaffen. Pestnot zur Winterszeit meint fast immer die Lungenpest.

Lokal ganz unterschiedlich sind Dauer und Auswirkung der mittelalterlichen Pest. Während sie meistens nach einem halben Jahr abklang, gab es, wie die Limburger Chronik notiert, etliche Städte und Lande, wo sie länger als ein Dreivierteljahr oder sogar über ein Jahr hinweg wütete. Manche Städte konnten von der ersten Pestwelle verschont bleiben wie erstaunlicherweise Nürnberg, das von der Wohndichte und den weiten Handels- und Verkehrsbeziehungen her geradzu prädestiniert für einen verheerenden Seuchenzug schien. (Eine wirksame Gesundheitspolizei ist als Begründung auszuschließen, da die Stadt späterhin mehrfach von der Pest heimgesucht wurde.) Auch wenn für Deutschland keine verläßlichen Vergleichszahlen vorliegen, so scheint doch die Seuche vor allem die Städte und ihr Umland getroffen, abgelegene Landstriche eher gemieden zu haben.

Verlauf und Auswirkung der Pest können hier nur generalisierend dargestellt werden. Daß ein Drittel der Bevölkerung gestorben sei, ist eine letztlich unbrauchbare Verallgemeinerung, beruht auf Analogieschlüssen, indem Folgen späterer lokaler Pestausbrüche übertragen wurden, die statistisch einigermaßen faßbar sind. Daß Pestseuchen die in elenden Wohnungen zusammengepferchten unteren Schichten stärker trafen als die Wohlhabenderen, die leichter entfliehen konnten, ist nicht mehr als eine plausible Annahme. Wohl traf nachweislich die Seuche eher den in Krankenhilfe und Seelsorge tätigen Bettelmönch als den reichen, sein Pfründeeinkommen verzehrenden Prälaten, aber eine allgemeine Regel ist daraus nicht abzuleiten. In Hamburg starben 1350 16 Ratsmitglieder von 21, in Lübeck aber nur 11 von 30, in Lüneburg nur 4 von 12.

Genaue Zahlen über die pestbedingte Mortalität lassen sich nicht ermitteln, sie reichen von 25 % bis zu 70 %, die für Norwegen angenommen wurden. Oft stehen die Zeitgenossen noch unter dem Schock der Ereignisse, wenn sie von den Todesfolgen der ersten Pestwelle berichten. So soll in Tirol nach der Chronik des Goswin von Marienberg nur der sechste Teil der Bevölkerung überlebt haben. Bewundernswert nüchtern genügt Tilman Elhen seiner Chronistenpflicht, indem er von Limburg mit seinen etwa 4000 Einwohnern berichtet, wo täglich 20 bis 30 Menschen starben, insgesamt mehr als die Hälfte der Bevölkerung. In Lübeck scheint ein Drittel der Bevölkerung, 6000 bis 7000 Menschen, der Seuche zum Opfer gefallen zu sein.

Immer löst die Pest eine Flucht aufs Land aus. Natürlich bleiben Dörfer von dieser kontagiösen (ansteckend, übertragbar) Epidemie nicht verschont, aber sie scheint hier doch nicht so wie in den Städten zu wüten. Die verängstigten Bürger wissen in ihrer Not, daß die Stadt Nährboden der Seuche ist. Augenschein und Erfahrung haben sie dies gelehrt.

Nur in der Stadt, wo die Menschen dicht beieinander wohnen, stellen Dreck und Mist auf den Straßen gesundheitliche Gefahren dar. Dreck und Mist aber gehören bis tief in die frühe Neuzeit hinein zum urbanen Straßenbild. Wenn die Pest mit dem ausgehenden 17. Jahrhundert in Europa zu verlöschen beginnt, zu einem Zeitpunkt, als man ihren komplizierten Übertragungsweg noch nicht hatte erkennen können, so dürfte der wesentliche Grund dafür in einer verbesserten Stadthygiene zu suchen sein, die den Ratten weniger Lebensraum ließ.

Da die Pest allen Indizien zufolge mehr zur Stadt als zum Land gehörte, ist Vorsicht bei dem Versuch geboten, die im wesentlichen nur von städtischen Chronisten genannten Zahlen der Seuchenopfer auf die Gesamtbevölkerung, die zu weit über 90% auf dem Lande wohnte, umzurechnen.

Der Charakter der Pest änderte sich seit ihrem ersten Auftreten 1348 von der Epidemie zur Endemie. Die Seuche verharrt bei ihren Ausbrüchen in lokaler bzw. regionaler Beschränkung, durchfliegt nur noch ausnahmsweise mit rasender Schnelligkeit die Lande, sie bleibt damit jedoch den Zeitgenossen als latente Gefahr, als lauernde Drohung im stets gefährdeten Alltag bewußt. Aus seinem hessisch-mittelrheinischen Erfahrungsraum notiert Tilman Elhen 1395: „unde der großen pestelencien han ich vir gesehen unde irlebet." Was 1348 als Katastrophe empfunden wurde, galt späterhin selbst bei verheerendem lokalen Wüten der Seuche nur noch als Schicksalsschlag, als Plage. Die Chroniken berichten immer wieder von regionalen Ausbrüchen der Pest, etwa in Mitteldeutschland von einem „grausamen Landsterben", das sich von 1403 bis 1406 hinzog, oder 1483 und 1495 von einem großen Sterben in Oberdeutschland (Veit Arnpeck). Wählen wir Franken im Vergleich zu Nordwestdeutschland, um das endemische Auftreten der Pest mit regionalen, zeitlich unterschiedlichen Ausbrüchen zu belegen. 1356 ist die Seuche in Bamberg bezeugt, es ist das „zweite große Sterben", das auch die Limburger Chronik notiert. Ausläufer dieser Pestwelle begegnen auch 1358/59 in Norddeutschland. Danach aber, 1366, geht die Seuche, offenbar in Gestalt der Lungenpest, in Norddeutschland selbst während einer Kälteperiode nicht zurück; Franken erreicht sie erst 1369 wieder, offenbar aus Böhmen eingeschleppt. Die Ausbrüche der Krankheit 1375/76 und 1387/88 in Norddeutschland haben keine süddeutschen Entsprechungen. Wohl aber sind die 1383 in Franken und bereits 1382 in Norddeutschland begegnenden Seuchennachrichten wieder Indizien einer größeren Pestwelle – der des „großen dritten Sterbens", das Tilman Elhen notiert hatte. Lokale Ausbrüche begegnen dann immer wieder in der Folgezeit, z. B. 1397 im Bistum Eichstätt. Nürnberg wurde im 15. Jahrhundert siebenmal von der Beulenpest heimgesucht, wobei 1462 und 1474 als verheerende Seuchenjahre den Zeitgenossen im Gedächtnis blieben ...

Als verheerende Katastrophe wurde die erste Pestwelle von den Zeitgenossen empfunden. Aus dieser Erschütterung heraus wird der Totentanz verbreitet und bleibt dem Spätmittelalter ein stetes memento mori. Die als Strafe Gottes verstandene Seuche hatte die Menschen in Scharen nach Rom pilgern lassen, um den verkündeten Sündenablaß des Jubeljahres 1350 zu erlangen. Die einen reagierten, indem sie als einzelne dem Aufruf des Papstes folgten, die anderen, indem sie kollektiv Buße leisteten, ohne sich um den Papst zu scheren: die Geißler ...

Aus: Ernst Schubert, Einführung in die Grundprobleme der deutschen Geschichte im Mittelalter, Darmstadt 1992, S. 11–14.

b) Medizinische Maßnahmen

Was ins Auge springt, ist der Unterschied zur spätantik-frühmittelalterlichen Zeit: Im 6. bis 8. Jahrhundert begegnet ein Medizinalwesen, das unfähig erscheint, auf die Herausforderung des Seuchengeschehens überhaupt zu reagieren, während die spätmittelalterliche Medizin ein Bild äußerster Aktivität zeigt, das sich in einer Vielzahl therapeutisch-prophylaktischer Maßnahmen äußert und nicht zuletzt in einer sprunghaft anschwellenden Flut von Pestschriften zum Ausdruck kommt.

Freilich ist die Medizin des 14. mit der des 6. Jahrhunderts nicht zu vergleichen: Die spätmittelalterliche Heilkunde verfügte über all jene neuen Strukturen, die das 11. bis 13. Jahrhundert entwickelt hatte, vorweg über ein vergleichsweise straff organisiertes Medizinalwesen mit Universitäten an der Spitze sowie zahlreichen gebietskörperschaftlichen Gliederungen, und von diesen Gliederungen bzw. Untergliederungen aus wurde die Auseinandersetzung mit der Pest geführt. Zu nennen ist insbesondere das „Pariser Pestgutachen", das – angeregt durch Gentile da ligno und vorbereitet durch Pierre de Damouzy – im Herbst 1348 von der Medizinischen Fakultät zu Paris ausgearbeitet wurde und bis in die Neuzeit hinein Grundlage der Pestbekämpfung blieb; erinnert sei an die Prager Universität und die von der deutschen Hauptstadt ausgehenden Versuche, weniger durch theoretische als durch empirisch am Verlauf ausgerichtete Maßnahmen des Krankheitsgeschehens Herr zu werden. Der Katalog therapeutisch-prophylaktischer Verfahren zeigt zunächst weite Auffächerung im Sinne einer initialen Polypragmasie[1], doch lassen sich schon im 14. Jahrhundert Tendenzen zur Vereinheitlichung greifen, die früh eine gewisse Standardisierung der Pestbehandlung zur Folge haben. Legt man die am weitesten verbreiteten landessprachlichen Prestschriften zugrunde, zeichnen sich folgende Standardmaßnahmen der Verhütung und Bekämpfung ab:

1. Menschenansammlungen waren zu meiden, 2. genauso die Erkrankten; 3. bei Herannahen der Seuche galt es, in sicher erscheinende – das heiß in entlegene Gebiete – zu fliehen; 4. war eine Flucht nicht möglich, mußten Räucherungen der Wohnräume und 5. starke Parfümierungen den „Pesthauch" beseitigen. – 6. Im Erkrankungsfall sollten gleich nach Auftreten des Primärkomplexes milde Maturativa sowie Ätzmittel die Bubonen zum Reifen und Durchbrechen nach außen bringen; 7. mit gleicher Zielsetzung wurde das Naßschröpfen über den geschwollenen Lymphdrüsenpaketen empfohlen. – 8. Pesttote mußten unverzüglich bestattet werden, und selbst Tierkadaver durften nicht frei liegenbleiben: auch sie galt es zu vergraben.

Man kann der mittelalterlichen Medizin gewiß vorwerfen, daß sie wichtige Einzelheiten des Seuchengeschehens – beispielsweise das Rattensterben – beobachtete, aber nicht zu deuten wußte: die herrschende Theorie gestattete keine Integration. Im Rahmen des ihr Möglichen – und das bedeutet im Rahmen der Humoralpathologie – hat sie jedoch das Pesthauchmodell entwickelt, das ihr wirksame Maßnahmen zur Verringerung der Kontaktdichte sowie für Repellentien[2] an die Hand gab, gegen Tierkadaver vorzugehen erlaubte und das Einführen der Quarantäne nahelegte.

Gewiß haben Verschiebungen in der Rattenpopulation sowie Veränderungen in der Körper- und Wohnungshygiene mit das Ihre zur Seuchenbekämpfung beigetragen –: daß von den zahlreichen nach 1351 beobachteten Pestzügen indessen keiner mehr pandemische[3] Ausmaße annahm, ist zweifellos auch der Medizin zuzuschreiben, die mit ihren theoriegestützten Maßnahmen das Rüstzeug für eine zwar noch nicht durchgreifende, deswegen aber keineswegs unwirksame Bekämpfung bzw. Eindämmung des Seuchengeschehens bereitstellte.

Aus: Gundolf Keil, Medizin und Demographie im Mittelalter, in: Determinanten der Bevölkerungsentwicklung im Mittelalter, hrsg. von Bernd Herrmann und Rolf Sprandel, Acta humaniora VCH 1987, S. 177f.

1 Das Ausprobieren vieler Behandlungsmethoden und Arzneien
2 Abschreckmittel 3 sehr weit verbreitet, Epidemie größten Ausmaßes

3. Judenverfolgungen

a) Jüdische Gemeinden in Deutschland

Jahrhundertelang lebten jüdische Gemeinden unter eigener Verwaltung inmitten anderer Städte. Auch noch nach Vertreibungen aus Frankreich und England fanden die Juden in Deutschland als „königliche Kammerknechte" Schutz. Erst eine Verfolgungswelle im Pestwahn um 1348 vernichtete etwa zwei Drittel der jüdischen Bevölkerung. Viele Überlebende zogen damals nach Polen weiter und bildeten dort, auf mittelhochdeutscher Sprachgrundlage, den „jiddischen" Kulturbereich.

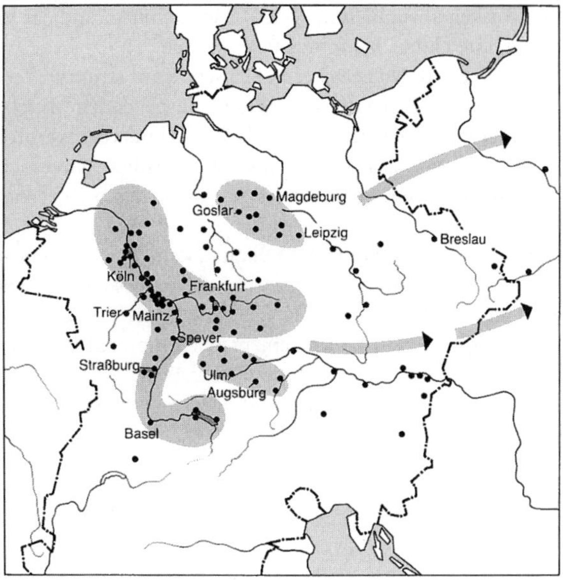

b) Juden als Sündenböcke

Den tiefsten Einschnitt in der spätmittelalterlichen Geschichte auch der deutschen Juden hat das krisenhafte 14. Jahrhundert, mit den Pestzügen von 1348/50, gebracht. Im Zusammenhang mit der Epidemie kam es im ganzen Reich zu Pogromen. Das Gerücht, die Juden hätten die Brunnen vergiftet und so das Massensterben verursacht, verbreitete sich und lieferte Anlaß oder Vorwand, gegen sie vorzugehen. Man vertrieb die Juden aus den Städten, erschlug, verbrannte sie, zerstörte ihre Häuser, ihre religiösen und kulturellen Einrichtungen. Das urbane Judentum hörte damals für einige Zeit auf zu existieren.

Die Judenverfolgungen dieser Zeit haben ihre Vorgeschichte in bizarren Beschuldigungen, denen sich die Juden schon im ersten Drittel des 13. Jahrhunderts ausgesetzt gesehen hatten: zu dieser Zeit hatte man sie ritueller Morde bezichtigt, am Ende des Säkulums war es im Fränkischen zu Pogromen gekommen, weil man den Juden unterstellte, Hostien geschändet zu haben. Etwa 5000 sind damals ermordert worden.

Erklärungsversuche müssen mit einer ganzen Reihe von Faktoren rechnen. Zunächst ist daran zu erinnern, daß es schon unter den Zeitgenossen Zweifel gab, ob die Juden die ihnen zur Last gelegten Verbrechen tatsächlich begangen hatten. Manchmal dienten die absurdesten Vorwürfe erst im nachhinein zur Rechtfertigung bereits vollzogener Übergriffe: die Juden ermorden hieß für viele Bürger vor allem, sich unbequemer Gläubiger entledigen. Diesen sehr weltlichen und ‚praktischen' Beweggrund wird man nicht übersehen dürfen; auch nicht einen Mechanismus, der die Situation der Juden grundsätzlich verkomplizierte: einerseits waren ihnen die meisten bürgerlichen Gewerbe verschlossen, was im Interesse der Zünfte lag; andererseits waren sie gezwungen, die von ihnen geforderten „Schutzgelder" und Sondersteuern aufzubringen. Allein Handel und vor allem das Kreditwesen boten die Chance eines hinlänglichen Auskommens. Letzteres war angesichts der unsicheren sozialen und rechtlichen Stellung der Juden mit hohen Risiken verbunden. So mußten es die Juden wiederholt hinnehmen, daß das Königtum die bei ihnen gemachten Schulden für nichtig erklärte und sich für diese ‚Gnade' von den begünstigten Städten und Territorialstaaten hohe Zahlungen leisten ließ. So wuchs der Druck auf die Gläubiger. Sie mußten, um

ihre Risiken abzumildern, hohe Zinsen nehmen, und das wiederum merkten die Leute, die Geld liehen, ihre Habe „beim Juden" versetzten.
So hatten die Juden gewissermaßen schon aus strukturellen Gründen ihre Feinde. Kamen krisenhafte Entwicklungen dazu – wie es im ausgehenden Mittelalter der Fall gewesen ist –, waren viele nur allzu disponiert, der ungeliebten Minderheit verbrecherische Aktivitäten zu unterstellen. Hier fand, auch das war wichtig, die christliche Gesellschaft ihre *Sündenböcke,* waren ‚Ursachen' für Vorgänge gefunden, die ermöglichten, von eventueller eigener Schuldhaftigkeit zu abstrahieren.
Dazu kam die Bedeutung der Religion, kam der Argwohn gegenüber dem Fremden, dessen sichtbarer Ausdruck die Stigmatisierung durch besondere Kleidung und Attribute – so den gelben Ring und den Judenhut – war. Gegen die Juden vorzugehen, konnte religiösen Bedürfnissen in einer religiös erregten Epoche entsprechen (und natürlich mochte man sich der Religion auch als Deckmantel anderer Beweggründe bedienen).

Aus: Bernd Roeck, Außenseiter, Randgruppen, Minderheiten, Fremde im Deutschland der frühen Neuzeit, Göttingen 1993, S. 24 f.

c) Widersprüchliche Einstellung der Kirche

Die Lehre der Kirche war ambivalent. Einerseits wurde den Juden vorgeworfen, Christus, den wahren Messias, nicht erkannt und seinen Tod verschuldet zu haben. Das begründete ihre Diasporasituation. Aber war andererseits der Tod Christi nicht Voraussetzung seiner Auferstehung gewesen und damit eine heilsgeschichtliche Notwendigkeit? So galt der jüdische Glaube als Zeugnis für die Wahrheit der gegnerischen monotheistischen Religion. Die Universalität des Christentums wurde in den Augen der Kirche zum überzeugenden Beweis der Auserwähltheit des *wahren,* eben des christlichen Gottesvolkes. Vom theologischen Standpunkt aus betrachtet waren die Juden weder physisch zu vernichten, noch zwangsweise zu bekehren, dem stand ihre Zeugenschaft für Christi Tod und Auferstehung entgegen. Tatsächlich bemühte sich das Papsttum denn auch wiederholt, sich schützend vor die Juden zu stellen, bei klarer Abgrenzung der Sphären von Judentum und Christentum. Hetze gegen die Juden kam von anderswoher: beispielsweise waren es häufig die Bettelorden, die sich scharf gegen die Juden wandten. Auch der Pfarrklerus, der sozial eng mit den Bürgerschaften der Städte verbunden war, vertrat häufig dezidiert antijüdische Positionen. Darin spiegelten sich die entsprechenden Ressentiments des Zunfthandwerks. Man forderte das Verbot des Zinsnehmens, darüber hinaus den Einzug oder die Verbrennung jüdischer Texte, insbesondere des Talmuds, der vielfach als Hauptvoraussetzung jüdischer ‚Verstocktheit' gesehen wurde. In gewissem Gegensatz zu manchen Positionen Roms wurde immer wieder die Bekehrung der Juden auch mit Hilfe von Zwangsmitteln propagiert. Sie sollten beispielsweise zum Anhören von Missionspredigten genötigt werden.
Von dem militanten Antijudaismus, der während des ausgehenden Mittelalters und der beginnenden Neuzeit von den Kanzeln der spätgotischen Hallenkirchen schallte, der von Wanderpredigern im ganzen Reich verbreitet wurde, verschwammen die differenzierteren Positionen der Theologie, wie sie insbesondere in der »Summa Theologiae« des Thomas von Aquin formuliert waren (ganz abgesehen davon, daß auch die ‚offizielle' Lehre der Kirche alles andere als judenfreundlich war). Die antijüdischen Hetzpredigten fanden jedenfalls offene Ohren, ebenso wurden Behauptungen, die Juden schlachteten zum Passahfest Christenkinder, da sie deren Blut für rituelle Zwecke benötigten, gerne geglaubt, obwohl sie nicht weniger unsinnig waren als die Mär von der Brunnenvergiftung.

Aus: Bernd Roeck, Außenseiter, Randgruppen, Minderheiten, Fremde im Deutschland der frühen Neuzeit, a.a.O., S. 25 f.

III Dörfliche und landwirtschaftliche Entwicklung

1. Herrschaft und Genossenschaft im Dorf

a) Bildung der korporativen Selbständigkeit der Dorfgemeinde

Die rasche Entwicklung des Städtewesens darf nicht darüber hinwegtäuschen, daß die Masse der Bevölkerung weiterhin den ländlichen Raum besiedelte und dort ihr Auskommen suchen mußte. Es entsteht die Dorfgemeinde. Nicht überall bildet das Dorf die urtümliche Siedlungsform, wie dies in den fränkisch geprägen Regionen der Fall ist. Vielfach entsteht es aus Einzelhöfen und Weilern über „nachbarschaftliche Vorstufen", die zugleich eine Überwindung des älteren „extremen Familienindividualismus" und den „Übergang vom Nebeneinander zum Miteinander" bedeuten. Dieser Prozeß kommt nicht überall in Gang. Im Schwarzwald und im Voralpenland z. B. dominiert noch heute der Einzelhof, in Oberschwaben und im Sauerland der Weiler. Der größte Teil des im Reiche verfügbaren Altsiedellandes mußte jedoch unter zunehmendem Bevölkerungsdruck so aufgeteilt und mit der Dreifelderwirtschaft in einem komplizierten System gegenseitiger Beschränkungen genutzt werden, daß ein genossenschaftliches Zusammenwirken unumgänglich notwendig wurde. Auch das soziale Zusammenspiel der Dorfgenossen im Dorfraum, innerhalb des „Etters"[1] kann ohne deren aktive Mitwirkung nicht geregelt werden. Das Dorf bedarf nicht anders als die Stadt eines dauerhaften Friedens unter seinen Bewohnern, den nur ein regelmäßig zusammentretendes Dorfgericht gewährleisten kann. Dort ist die männliche Bevölkerung dingpflichtig, in der Regel wohl ohne Rücksicht auf den sozialen Status. Doch ist das im fränkischen Siedlungsraum allgemein verbreitete Schöffenamt den vornehmeren Vollbauern vorbehalten, die sich von den geringeren Häuslern und Kätnern, Tagelöhnern und gar Angehörigen „unehrlicher" Berufe, wie etwa Abdeckern, abgrenzen. Auch das Dorf hat seine Ständeordnung, kennt keine Gleichheit. Unter diesen Bedingungen vermochte es freilich auch selbstbewußte Wortführer hervorzubringen, die gegenüber oft konkurrierenden Grund- und Gerichtsherren Vorteile für die Dorfgemeinde herausschlugen. Die bäuerlichen Honorationen waren auch die Träger der örtlichen Rechtstradition, über welche sie in „Weistümern", hypothetischen Urteilen, Auskunft gaben. So gewann die „Gemeine" des Dorfes korporative Eigenständigkeit, welche eine wesentliche Voraussetzung für die in der Neuzeit zu beobachtenden politischen Aktivitäten der bäuerlichen Bevölkerung bildete ...

Die herkömmlichen Verpflichtungen der einzelnen Dorfgenossen gegenüber ihren Grundherren blieben von der dörflichen Gemeindebildung im Prinzip unberührt. Nicht selten teilten sich mehrere Grundherren in die Dorfflur. Daher gehörten die Bauern nicht nur dem dörflichen Gerichtsverband, sondern auch dem jeweiligen grundherrlichen Gericht an, welches allerdings nur für grundherrliche Angelegenheiten zuständig war. Hochgerichtliche Kompetenzen besaßen die Dorfgerichte nur selten, vor allem östlich der Elbe. Im Altsiedelland mußte die bäuerliche Bevölkerung gewöhnlich regionale Hochgerichtsplätze besuchen, wo Schöffen aus verschiedenen Dörfern unter oft wiederum anderen Gerichtsherren über schwere Kriminalität Recht sprachen.

Aus: Dietmar Willoweit, Deutsche Verfassungsgeschichte, Vom Frankenreich bis zur Teilung Deutschlands, München ²1992, S. 89 f.

1 Bebautes Dorfgebiet

b) Verfassungsrechtliche Struktur

Wie schon die Entstehung des Dorfes als genossenschaftlicher Verband im Rahmen einer festgefügten herrschaftlichen Umwelt nahelegt, war die innere Ordnung der Dorfgemeinde sowohl von herrschaftlichen wie von genossenschaftlichen Verfassungselementen geprägt. „Gebot und Verbot", „Zwing und Bann" des Gerichtsherrn und des Grundherrn einerseits, Schöffenrecht und Einung der Dorfgenossen andererseits – dies sind die Pole, zwischen welchen sich die verfassungsrechtlichen Strukturen der Dörfer in unübersehbarer Vielgestaltigkeit entfalten. Nicht immer ist ein Gleichgewicht der beiden Elemente festzustellen. Wo es die Bauern nur mit einem Herrn zu tun haben, dominiert dessen Gebotsgewalt oft derart, daß sie die Zuständigkeit der Schöffenbank bis zur Unkenntlichkeit einengt. Seltener gelingt umgekehrt die Ausweitung der genossenschaftlichen Rechte auf Kosten eines Herrn, z.B. wenn er im Hinblick auf konkurrierende Herrschaften zu politischer Rücksichtnahme gezwungen ist. Auch im dörflichen Alltag spielt die herrschaftliche Gebotsgewalt regelmäßig eine große Rolle. Durch Gebote und Verbote regelt der Dorfherr den Zugang zu Feld und Weide, Wald und Wasser. Er befiehlt die Dorfleute zur Arbeit an der Dorfbefestigung, an seiner Burg, auch zum bewaffneten Aufgebot, je nach Art und Umfang der ihm zukommenden Rechte.

Die spätmittelalterliche Geschichte der Dorfgemeinde weist zum Teil frappierende Ähnlichkeiten mit der Stadt auf. Wie die Bürgerschaft, so übernimmt auch die Bauernschaft eines Dorfes gemeinsam Steuerpflicht und Waffendienst. Im norddeutschen „Bauermeister" war ein genossenschaftliches Amt entstanden, dessen Name auf das Vorbild des städtischen Bürgermeisters hinweist. Der süddeutsche Schultheiß nimmt oft eine Mittlerrolle zwischen Herrschaft und Dorfgemeinde ein. Wie die Stadt, so kann auch das Dorf gemeinsames Vermögen besitzen, etwa in Gestalt der Allmende, einer in den Siedlungsprozessen des Hochmittelalters vorbehaltenen Nutzungsreserve. Aber die Parallele zwischen Stadt- und Dorfgemeinde versagt an einem entscheidenden Punkt. Die Teilhabe am Dorfrecht ist vom Besitz einer zugehörigen Hofstatt abhängig, also regelmäßig nicht, wie das Stadtbürgerrecht, persönlich zu erwerben. Die ländlichen Rechtsverhältnisse bleiben damit statisch und weitgehend an ererbte Güter gebunden. Dem entspricht der intensivere herrschaftliche Zugriff, dem die dörflichen Verhältnisse auch in Zukunft unterliegen.

Aus: Dietmar Willoweit, a.a.O., S. 90f.

c) Selbstverwaltungsprinzip

Die einzelnen Bauernfamilien fanden im Spätmittelalter ihren festen Rückhalt in der Dorfgenossenschaft. In der Dorfgemeinde bildete die Gemeindeversammlung aller vollberechtigten Gemeindemitglieder das grundlegende Organ der bäuerlichen Selbstverwaltung. Sie trat mindestens einmal jährlich zu unterschiedlichen Terminen zusammen; Versammlungsort war häufig der Kirchhof oder der Anger. Die Gemeindeversammlung hatte die Aufgabe, den Gemeindehaushalt zu überprüfen, die Anbauordnung in der Dorfflur festzusetzen und die Organe der Dorfgemeinde zu wählen.

Leiter der Dorfgemeinde war ein Amtsträger, dessen Bezeichnung von Landschaft zu Landschaft wechselte. In Süddeutschland nannte er sich Schultheiß, Ammann oder Vogt, in den nord- und ostdeutschen Gebieten begegnet er zumeist als Schulze oder Bauermeister; im Mittelrheingebiet und in Thüringen überwog dagegen die Bezeichnung Heimbürge. Der Dorfvorsteher entstammte zwar der Gemeinde, wurde aber in der Regel vom Dorfherrn eingesetzt. Diese Einsetzungspraxis verrät seine besondere Stellung. Er ist Vertrauensperson des Dorfherrn und zugleich Repräsentant der Dorfgemeinde. Zu den Aufgaben des Dorfvorstehers gehört es, die Gemeindeversamm-

lung zu leiten, den Vorsitz im dörflichen Niedergericht einzunehmen und die Gemeinde nach außen zu vertreten.
Zu den von der Gemeindeversammlung eingesetzten Organen und Amtsträgern zählte ein Kollegium, das nach der Anzahl seiner Mitglieder benannt wurde und als Vierer, Fünfer usw. auftrat. Zu diesem Gremium gehörten erfahrene Leute, die vielfältige Aufgaben in der Gemeinde erfüllten, Überwachungsfunktionen wahrnahmen oder als Urteiler im Dorfgericht tätig waren. Unter den übrigen Amtsträgern der Dorfgemeinde befanden sich weitere Personen mit unterschiedlichen Bezeichnungen: der Bannwart (Flurschütz) kontrollierte die Flur- und Allmendeordnung, der Forstwart (Förster, Waldschütz) überwachte die Waldflächen, der Büttel erledigte auf Befehl des Dorfvorstehers Botengänge. Wichtig war auch der Dorfhirte, dem das Weidevieh des Dorfes anvertraut wurde. Zwischen den Dorfgemeinden gab es naturgemäß große Unterschiede in der Anzahl der Amtsträger und im Ausmaß der Selbstverwaltung. Wie sehr die Dorfgemeinde im Laufe des Spätmittelalters erstarkt war, zeigte sich dann im frühen 16. Jahrhundert, als die Dorfgemeinde während des Bauernkrieges von 1525 zu einer Hauptbasis der bäuerlichen Erhebungen wurde.
Aus: Werner Rösener, Agrarwirtschaft, Agrarverfassung und ländliche Gesellschaft im Mittelalter, München 1992, S. 46 f.

2. Agrarische Entwicklung

Die Agrardepression

Der starke Bevölkerungsverlust und die gesunkene Nachfrage nach Getreide, dem wichtigsten Nahrungsmittel, führten seit der zweiten Hälfte des 14. Jahrhunderts zu einem langdauernden Fall der Getreidepreise. Da das Angebot an Getreide nicht parallel zur geschrumpften Nachfrage zurückging, entstand ein Überhang; die Preise sanken und leiteten im späten 14. Jahrhundert eine Niedrigpreisperiode ein, die sich über mehr als ein Jahrhundert hinzog. Bis zum Ende des 15. Jahrhunderts war der Trend abwärts gerichtet; er stieg erst zu Anfang des 16. Jahrhunderts allmählich wieder auf ein höheres Niveau an ... Die Preise für Metall, Textilien, Baumaterial und auch für Vieh und Viehprodukte schlossen sich dieser fallenden Tendenz der Getreidepreise in der Regel nicht an.
Da die Arbeitskräfte infolge der Verluste an Menschen knapp geworden waren, stiegen die Löhne weit über das Niveau der Zeit vor der Pest. Mit Lohntaxen wollte man die Lohnsteigerungen in den Griff bekommen, doch hatte dies nur wenig Erfolg, wie allein schon die häufige Wiederholung dieser Maßnahme zeigt. Derartige Lohntaxen wurden in Tirol, in Sachsen und in anderen deutschen Territorien erlassen. Sie nahmen teils Bezug auf die durch die Pest hervorgerufene Entwicklung, teils wiesen sie auch die Schuld für die Lohnsteigerungen den Arbeitgebern zu, die sich durch Zahlung höherer Löhne gegenseitig die Gesellen und Dienstboten abwarben. Die Taxen wurden zwar allgemein verkündet, doch hielt man sich offenbar kaum daran.
Im Gegensatz zu den Agrarerzeugnissen behielten die gewerblichen Produkte auch im 15. Jahrhundert einen relativ hohen Preis, so daß sich zwischen Agrarprodukten und den Gewerbeerzeugnissen eine deutliche „Preisschere" öffnete. Dies führte dazu, daß die Agrarproduzenten angesichts des Sinkens der Erlöse vor allem dann mit dem Steigen der Kosten zu rechnen hatten, wenn sie Lohnknechte beschäftigten und teure Arbeitsgeräte erwerben mußten. Nach einer langen Periode hoher Agrarpeise während der hochmittelalterlichen Aufschwungphase folgte im Spätmittelalter ein Abwärtstrend vor allem bei den Getreidepreisen, der für Bauern und Grund-

herren in gleicher Weise gravierende Folgen hatte. Diese als Agrardepression gekennzeichnete Entwicklung veränderte Agrarwirtschaft und Bodennutzung grundlegend.
Von dieser langfristigen Agrardepression des Spätmittelalters, die angesichts eines überfüllten Marktes in erster Linie eine Absatzkrise für Getreide war, müssen die Teuerungskrisen alten Typs unterschieden werden, die es auch im 14. und 15. Jahrhundert gab. Die kurzfristigen Teuerungskrisen entstanden durch das Schwanken der Enteerträge; Mißernten verursachten eine Verteuerung des Getreides, und Hungersnöte traten während des Mittelalters in allen Jahrhunderten und in allen Landschaften mit unterschiedlicher Intensität auf; sie wurden auch im Spätmittelalter von den Chronisten bezeugt, wie z. B. die Hungersnot der Jahre 1315/17. Die unregelmäßigen Ernteschwankungen und Hungerkrisen des 14. und 15. Jahrhunderts sind jedoch eingebettet in eine langfristige Depressionsphase.

Aus: Werner Rösener, Agrarwirtschaft, Agrarverfassung und ländliche Gesellschaft im Mittelalter, a. a. O., S. 33 f.

IV Landgewinnung in der Ostsiedlung

1. Besseres Leben für die Bauern?

Umstritten sind die Gründe und Motive für das Verlassen des alten Siedlungslandes. Ein gewisser Bevölkerungsüberschuß im Altsiedelland wird vermutet (nach Erschöpfung der Reserven durch den inneren Landesausbau) und selbstverständlich auch eine Aufnahmefähigkeit in den wohl sehr unterschiedlich dicht bevölkerten Gebieten Ostmitteleuropas, in denen noch viel Sumpfland und große Waldgebiete in den Mittelgebirgen der Erschließung harrten. Neuere Schätzungen besagen allerdings, daß im 12. und 13. Jahrhundert nur jeweils etwa 200 000 Personen das deutsche Altsiedelland verlassen haben; weitere Siedler sollen sich aus ihren Nachkommen rekrutiert haben, so daß wir von einer wellenförmigen, sich demographisch selbst tragenden Siedlungsausbreitung sprechen könnten.
Bedrückung und Widerstand der ländlichen Bevölkerung in den Grundherrschaften des Altsiedellandes hat es sicher gegeben, aber wohl auch schon vor dem 12. Jahrhundert. Neu waren jetzt allerdings die Alternativen für die Bauern: die Städte und die Ostsiedlung boten ihnen die Chancen eines besseren Lebens. Dem Rodungssiedler mußte man schon immer vorteilhafte Bedingungen anbieten, um ihn für die schwere Arbeit der Urbarmachung zu gewinnen. Bereits den ersten Siedlern wurden persönliche Freiheit und Freizügigkeit, Erbzinsleihe des Grundbesitzes, häufig freie Pfarrer- und Richterwahl und mehrere Freijahre bis zu den ersten Abgaben eingeräumt. Frondienste gab es keine mehr. Dieses Siedlerrecht wurde im Osten, im Gegensatz zu den alten, sehr viel drückenderen Abhängigkeiten der slawischen Bauern „deutsches Recht" *(iūs Teutonicum)* genannt.
Neben den Fürsten oder im Auftrag von ihnen bemühten sich auch Bischöfe und Prämonstratenser- sowie Zisterzienserklöster besonders um Neusiedlungen, obgleich der Anteil der Zisterzienser an der Ostsiedlung früher wohl überschätzt worden ist. In der Regel beauftragten sie wohlhabende Siedelunternehmer, Lokatoren genannt, mit der Anwerbung der Siedler. Sie organisierten auch die Hufenvermessung, die Rodung und die Ansiedlung selbst. Als Gegenleistung bekamen die Lokatoren, die häufig aus bürgerlichen oder ritterlichen Familien stammten, eine bevorzugte Stellung in den neuen Dörfern, z. B. eine größere Anzahl von Hufen, die Position des Richters bzw. „Schulzen", das Recht, eine Gastwirtschaft oder eine Mühle zu betreiben. Einige von

ihnen stiegen seit dem 15. Jahrhundert in den Landadel auf, wurden zu Orts- und Gutsherren. In den Gebieten der Ostsiedlung entwickelten sich dann vielfach neue Formen bäuerlicher Unfreiheit.

Sofern es sich nicht um reine Rodegebiete handelte, lebten die deutschen Siedler neben den slawischen Bauern, die zunächst wegen ihrer schlechteren Rechtsstellung Einwohner zweiter Klasse waren. Aber auch ihnen konnte das neue, bessere Recht auf die Dauer nicht vorenthalten werden; viele ihrer Dörfer wurden nach deutschem Recht umgesetzt, slawische Bauern wurden zunehmend selbst in die Siedlungs- und Rodungsbewegung einbezogen. Über das Zusammenleben in den national gemischten ländlichen Gebieten haben wir kaum Nachrichten. Das Ergebnis war in vielen Fällen eine Sprachangleichung in der einen oder anderen Richtung. Trotz dieser Angleichungsvorgänge blieben große Teile Ostmitteleuropas bis ins 20. Jahrhundert sprachlich-national verzahntes und mit Sprachinseln durchsetztes Gebiet. Durch das Zusammenwachsen von Deutschen und Slawen entstanden die deutschen Neustämme der Mecklenburger, Brandenburger, (Ober-) Sachsen, Pommern und Schlesier; das deutsche Siedlungsgebiet wurde insgesamt fast verdoppelt.

In der Ostsiedlung wurden Vorformen des Altsiedellandes zu typischen ländlichen Siedlungsformen weiterentwickelt. Während im Westen das unregelmäßige Haufendorf dominierte, sind die Dörfer, je jünger und je weiter östlich, immer planvoller angelegt worden: mehr oder weniger regelmäßige Platzdörfer (Rundlinge), Straßen- und Angerdörfer im Flachland, gereihte Marschhufendörfer sowie Waldhufendörfer in den Mittelgebirgen.

Aus: Peter Hilsch, Mittelalter, Grundkurs Geschichte 2, Frankfurt a. M. 1989, S. 315 f.

2. Die Phasen der bäuerlichen Siedlungen 12.–14. Jh.

a) Karte

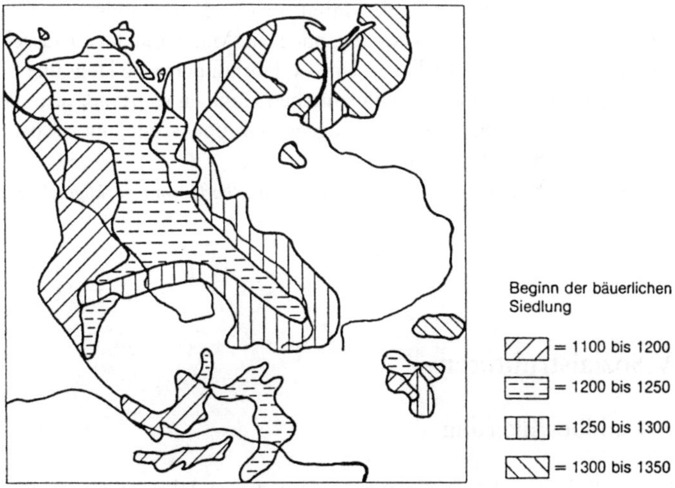

b) Kommentar

Die bäuerliche Siedlung erfaßte die einzelnen Teile des gesamten Gebietes der Ostsiedlung in unterschiedlicher Weise. Zunächst lag der Schwerpunkt der Siedlung in den ehemaligen Marken. Bis zum Ende des 12. Jahrhunderts, mit Schwerpunkt in der zweiten Hälfte dieses Jahrhunderts

und mit nur wenigen Ansätzen in der vorhergehenden Zeit, war das Gebiet einbezogen, das nach Osten in etwa durch eine Linie von der Travemündung über Havelberg und Berlin nach Dresden begrenzt wird. Dazu gehörten im Süden insbesondere auch das Vogtland und das Land Pleissen. In Österreich wurde das Gebiet zwischen Linz und Iglau besiedelt, vgl. Abbildung oben.
Im 13. Jahrhundert schloß sich dann nördlich Böhmens das Gebiet bis zur Oder und auch darüber hinaus an. Die östliche Begrenzung war in etwa mit einer Linie von Rugenwalde in Hinterpommern über Landsberg in der Neumark ferner am Ostrande Schlesiens und bis Bielitz gegeben. Hinzu kamen Randgebiete von Böhmen und Mähren, ferner ein Gebiet östlich der unteren March und um den Neusiedler See. Im Land des Deutschen Ordens war das Gebiet östlich des Unterlaufs der Weichsel von Thorn bis Braunsberg und Danzig einbezogen. In Ungarn waren kleinere Siedlungsinseln im slowakischen Gebiet (Oberungarn) und in Siebenbürgen mit ländlichen Wohnstätten versehen worden.
In der ersten Hälfte des 14. Jahrhunderts kamen der Landstrich von der unteren Netze bis Lauenburg (östliche Neumark und östliches Hinterpommern), ferner einige Gebiete im Land des Deutschen Ordens und in Galizien um Tarnow und Landshut (ab etwa 1340) hinzu. So gut wie keine geschlossenen Siedlungsgebiete gab es in Polen und in Livland. Diese beiden Teilgebiete unterschieden sich aber dadurch, daß in Polen der einheimische Adel, wie in den anderen Gebieten der friedlichen und von einheimischen Fürsten organisierten Kolonisation (Mecklenburg, Pommern, Schlesien), erhalten blieb und ein deutscher Adel kaum angesiedelt wurde. In Livland wurde der einheimische Adel im Zuge der Christianisierung als Träger des Widerstandes weitgehend vernichtet, während zugewanderter deutscher Adel den Grundstock für den bis in das 20. Jahrhundert als Korporation wirkenden baltischen Adel stellte. Es waren vor allem westfälische und allgemein nordwestdeutsche Adlige, die hier ihre Burgen bauten, z. B. die aus dem westfälischen Ruhrgebiet stammenden Familien der Dönhoffs (vom Dunehof), ab 1330 in Kurland ansässig, oder der Lambsdorffs (aus Lamestorpe, heute Lanstrop), seit spätestens 1410 in Estland ansässig.
In die anderen Teile der Ostkolonisation wanderten zahlreiche Adlige aus fast allen Teilen Deutschlands und auch den Niederlanden ein. Man kann davon ausgehen, daß mit der allgemeinen Abschließung des Adels seit dem 13. Jahrhundert eine langsame Integration der verschiedenen zugewanderten und der einheimischen Familien stattfand, d. h. daß die *Adelsschicht* untereinander immer mehr zu einer homogenen Gruppe wurde, unter Überwindung der sprachlichen und nationalen Unterschiede.

Aus: Friedrich-Wilhelm Henning, Deutsche Wirtschafts- und Sozialgeschichte im Mittelalter und in der frühen Neuzeit, a. a. O., S. 357 ff.

V Sozialstrukturen

1. Landbevölkerung

Die ländliche Gesellschaft zeigt zu Anfang des 14. Jahrhunderts eine ausgeprägte soziale Schichtung. Von den Faktoren, die während des Mittelalters die soziale Differenzierung in der bäuerlichen Bevölkerung vorantrieben, sollen im folgenden kurz die wichtigsten genannt werden. Die Unterschiede der Ausstattung mit Landbesitz – sie reichte von den großen mehrhufigen Bauernhöfen bis zu den bäuerlichen Kleinstellen – brachten bereits grundlegende Unterschiede in den ökonomischen Ausgangsbedingungen mit sich. Im Zuge der Bevölkerungsverdichtung des

Hochmittelalters kam es dann zu einer weiteren besitzmäßigen Differenzierung innerhalb der Bauernschaft, da die Zahl der bäuerlichen Anwesen in den Dorfgemarkungen sich erhöhte und insbesondere die bäuerlichen Kleinstellen zunahmen. Die soziale Differenzierung wurde auch durch die unterschiedliche Rechtsstellung der Bauern und durch die verschiedenen Abhängigkeitsformen beeinflußt; Bauern mit geringerer Abgabenbelastung und günstiger Rechtsstellung verfügten über bessere Möglichkeiten zur Vergrößerung ihres Land- und Viehbesitzes.
Während der hochmittelalterlichen Aufschwungphase der Agrarwirtschaft wurde die unterschiedliche Beteiligung der Bauern an der Produktion für den städtischen Markt ein Hauptfaktor der Abstufung unter den bäuerlichen Betrieben. Bauernhöfe in günstiger Lage konnten durch den Verkauf von Überschüssen beträchtliche Gewinne erzielen und sie in ihrer Wirtschaft vorteilhaft investieren. Der Prozeß der sozialen Differenzierung verstärkte sich daher seit dem Hochmittelalter besonders in Dörfern, die in fruchtbaren Getreide- und Weinbaulandschaften sowie in der Nähe von Städten lagen, wo der Markt für Agrarprodukte expandierte.
In Dörfern und Regionen dichter Quellenüberlieferung kann man die bäuerliche Sozialstruktur zu Beginn des 14. Jahrhunderts gut analysieren. Dies ist bei einigen Dörfern in der Umgebung der Stadt Freiburg im südlichen Oberrheingebiet der Fall, wo die Bevölkerungszahl im Laufe des Hochmittelalters stark angestiegen ist. Die Eingliederung der Bauernbetriebe in die sich intensivierenden Marktbeziehungen des Breisgaus hat die Besitzdifferenzierung in den Dörfern beschleunigt und die Abstufung zwischen reichen und armen Bauern verstärkt.
In zahlreichen Dörfern des Breisgaus dominieren bereits die Kleinbauernstellen, die sich im Laufe der Zeit durch die fortgesetzte Teilung der Bauerngüter vermehrt haben. Diese Kleinbauern bilden die bäuerliche Unterschicht. Die Mitglieder der bäuerlichen Oberschicht sind Inhaber der großen Meier- und Dinghöfe, zu denen ausgedehnte Grundbesitzungen gehören. Unterhalb dieser schmalen Oberschicht befindet sich eine mittlere Schicht von Bauern mit durchschnittlicher Besitzausstattung.
Instruktive Einblicke in die Sozialstruktur brandenburgischer Dörfer während der zweiten Hälfte des 14. Jahrhunderts gewährt das Landbuch Kaiser Karls IV. vom Jahre 1375. Der durchschnittliche Hufenbesitz beträgt in den Dörfern der Altmark etwa zwei Hufen, doch ist er äußerst ungleich auf die einzelnen Bauerngruppen verteilt. Nimmt man für eine Hufe eine Größe von 7,5 ha, so ergibt sich folgende Klassifikation: 6 Prozent der Bauern verfügen über Klein- und Kleinststellen von 0,5 bis 5 ha; etwa 70 Prozent besitzen mittlere Bauernbetriebe zwischen 5 und 20 ha, und ungefähr 24 Prozent gehören zu einer großbäuerlichen Schicht mit Höfen zwischen 20 und 40 ha. Diese Zahlenangaben zur Besitzdifferenzierung innerhalb der brandenburgischen Bauernschaft lassen erkennen, daß das spätmittelalterliche Dorf in der Altmark durch eine relativ breite Schicht mittlerer und großer Bauern geprägt ist; gegenüber diesen beiden oberen Schichten hat die Unterschicht der Kleinbauern kein großes Gewicht.

Aus: Werner Rösener, Agrarwirtschaft, Agrarverfassung und ländliche Gesellschaft im Mittelalter, a.a.O., S. 42 f.

2. Städte

a) Ober- und Unterschichten (Gesellschaftliche Mobilität)

Eine zweite Linie der Mobilität[1] führte aus der familia des Stadtherren zum städtischen Bürger (civis). In den alten Städten standen Verwaltung und Wirtschaft unter dem Regiment der Beamten des Stadtherrn (des Königs oder Bischofs). Solche Beamten waren der Burggraf oder der

1 Die erste Linie der Mobilität war der Aufstieg der Ministerialen von Unfreien in fränkischer Zeit zu Helfern der Reichspolitik in der Stauferzeit.

Hausgraf. Unter ihm standen die Bewohner als urbani[1]. Zu ihnen gehörten mit der Ausbildung der Ministerialität Dienstleute des Stadtherren, eines Stifts oder Klosters, weiter die Fernhändler (negotiatores, mercatores), die sich wegen ihres Wohlstands durch königliches Diplom die Freiheit sichern konnten. Die übrigen urbani vom Ministerialen bis zum Handwerker oder sonst von körperlicher Arbeit Lebenden waren censuales[2] ihres Herren.

Kommt das Selbständigkeitsstreben der aus Stadtkern und Vorstädten zusammenwachsenden Bürgergemeinschaft in der Form der conjuratio[3] durch Zusammenwirken von Kaufleuten und Handwerkern am frühesten im Westen des Reichs zum Ausdruck, so greift dieser Prozeß in der Zeit der Salier und Staufer nun weiter. Das Ziel war die Unabhängigkeit von den Bindungen des Stadtherren. Für den Einzelnen bedeutete dies, daß er, soweit er nicht schon frei war, sich der familia[4], dem Hofrecht seines bisherigen Herren entziehen mußte.

Diese Bewegung ging vor allem von den Vorstädten aus, die sich um Klöster, Kirchen und Märkte gebildet hatten und im Zusammenhang mit den Stadterweiterungen dann in den Mauerring einbezogen wurden. Seit dem 13. Jh. setzte sich der Grundsatz durch, daß denjenigen, der sich in die Immunität[5] der Stadt begab, „Stadtluft frei mache binnen Jahr und Tag".

Mit dieser Entwicklung erfolgte eine Gliederung der städtischen Gesellschaft von oben nach unten. An der Spitze standen zunächst Ministerialen, die als Verwalter von Geldgefällen, in Form von Weg- und Brückenzöllen, Marktgebühren oder Beden[6], und als Hausbesitzer zu Wohlstand und Reichtum gelangten, Verteidigungsaufgaben übernahmen und sich teilweise auch am Handel beteiligten. Vielfach wurden die Ministerialen dann von den aufstrebenden Kaufleuten aus der Stadt verdrängt. Oft waren sie mit dem Landadel versippt. Auch muß man an Abstieg und Ermüdungserscheinungen denken, wie sie die Generationsabfolge mit sich brachte. Teilweise versippten und verbündeten sich Ministeriale mit den Kaufleuten (Köln, Regensburg, Augsburg).

Als zweite Schicht heben sich die Kaufleute und die Fernhändler ab, zu denen die Neureichen, meist auf dem Weg des connubium[7] stießen. Ihnen gegenüber machten sich dann mit wachsender Kraft die in der Zunft organisierte Handwerkerschaft geltend.

Schließlich muß man an die Angehörigen jener denken, die man heute als Unterschicht bezeichnet. Dazu gehörten Dienstleute, Taglöhner, Verkehrs- und Transportarbeiter, von Handarbeit und Zufallsverdienst aller Art Lebende, denen die rechtlichen und damit verbundenen materiellen Vorteile des civis[8] vorerst noch vorbehalten blieben. Es war begreiflich, daß gerade unter ihnen die sozialrevolutionären Parolen der religiösen Massenbewegungen jener Zeit ihre Anhänger fanden, die Katharer, Waldenser und Begarden[9] ebenso wie die Predigten der Bettelmönche des heiligen Franziskus, die ihre Klöster ja gerade in die Städte verlegten (Nürnberg um 1224). Vielfach gingen dabei allerdings reiche Leute voran. Im übrigen war das wohlsituierte Bürgertum bestrebt, dem sich ankündigenden Pauperismus[10] durch fromme Stiftungen abzuhelfen.

Nicht übersehen darf man die Fremden und Andersgläubigen. In Regensburg lebten Walen, in denen man eher Wallonen oder Franzosen als Italiener sehen muß. Im Zusammenhang mit den Champagnermessen, insbesondere seit ihrem Niedergang, ließen sich in verschiedenen Städten des Rheinlandes Lombarden nieder. In zahlreichen Städten gab es jüdische Niederlassungen.

Aus: Europäische Wirtschafts- und Sozialgeschichte im Mittelalter, hrsg. von Jan A. van Houtte, Stuttgart 1980, S. 530f.

1 Burgmannen, die sich später mit den Bürgern vermischten 2 Zinspflichtige
3 Schwureinung, Eidgenossenschaft 4 Von einer Herrschaft abhängige Gemeinschaft
5 Befreiung von jedem unmittelbaren Eingriff von oben 6 Landesherrliche Steuer
7 Ehe 8 Bürger
9 Religiöse Männergemeinschaften, die bei der Krankenpflege, Leichenbestattung und bei handwerklichen Arbeiten halfen und vom Betteln lebten. Die Kirche warf ihnen Ketzerei vor und verfolgte sie.
10 Massenarmut

b) Randgruppen

In der mittelalterlichen Kultur wird die gesellschaftliche Stellung jeweils kenntlich gemacht. Das gilt auch für die Außenseiter. Einige Gruppen hoben sich erkennbar ab, sei es durch die Hautfarbe oder die Sprache im Falle der ethnischen Minderheiten, sei es durch die Art der ausgeübten Tätigkeit oder die äußeren Symptome einer Krankheit bzw. einer sichtbaren Verkrüppelung. Die verbreiteste Form der ‚Kennzeichnung' ist die Kleidung. Landstreicher und Verbrecher unterscheiden sich in der Kleidung nicht grundlegend von den unteren Volksschichten, aber man darf vermuten, daß Lumpen am Leib und ein Stock in der Hand – das Bild, das die Stiche späterer Jahrhunderte zeigen – einen Menschen definierten. Ein abgeschnittenes Ohr war eine äußerlich sichtbare Warnung vor einem Dieb. Bei den Bettlern waren Lumpen und ein nackter Leib – sie gehörten zu den Techniken, um Almosen zu erlangen – sichtbare Zeichen. Die Juden waren an ihrer Kleidung zu erkennen, in Deutschland am charakteristischen Spitzhut. Im Jahre 1215 führt das IV. Lateranische Konzil ein zusätzliches, diskriminierendes Kennzeichen für die Juden ein, das in allen christlichen Ländern gebräuchlich wird. Die Prostituierten müssen sich in vielen Ländern an strenge Kleidervorschriften halten und ebenfalls ein Signum tragen. Auch für Häretiker wird gelegentlich ein Büßerzeichen eingeführt, dergestalt, daß ihre Kleider vorn und hinten ein Kreuz zeigen müssen; und eine der Strafen, zu denen der Häretiker verurteilt wurde, bestand darin, ihn mit diffamierenden Kennzeichnungen (zum Beispiel mit einer Mitra bedeckt, mit dem Buchstaben H gekennzeichnet usw.) öffentlich zur Schau zu stellen. All diese äußeren Zeichen dienen der Diffamierung, der Ausgrenzung oder der Repression.

Die Ehrlosigkeit der Randgruppen wurde im gesellschaftlichen Leben wachgehalten und für verschiedene Zwecke genutzt. Die Pflicht zur Teilnahme am ‚Einzug des Königs' (entrée royale) nahm für die Juden einen herabwürdigenden Charakter an, und späteren Zeugnissen zufolge (in Krakau verzeichnet man dies im 17. Jahrhundert) wird diese Übung bei Fronleichnamsprozessionen fortgesetzt. Eine Untersuchung über diffamierende kollektive Aktionen, wie man sie während der kriegerischen Auseinandersetzungen zwischen italienischen Städten im 14. Jahrhundert antrifft, hat ergeben, daß zwischen Dirnen und ‚Bütteln' (ribaldi, barattieri) Wettläufe im Stile aggressiver Happenings veranstaltet wurden. Solche an den Karneval erinnernden Wettläufe zwischen den Angehörigen von ‚unehrlichen' sozialen Gruppen sind in Périgueux bereits im Jahre 1273 aktenkundig. Zu einem bemerkenswerten Ausmaß entwickelten sie sich in den Städten Italiens in Form des palio, der mit Sicherheit bereits in der ersten Hälfte des 14. Jahrhunderts durchgeführt wurde. Es waren Männer und Frauen aus den untersten Schichten, aus den Kreisen der Landstreicher, die an diesen Wettläufen oder an Wettrennen auf Pferden und Mauleseln teilnahmen.

Zwischen den einzelnen Randgruppen des Mittelalters gab es bedeutsame Unterschiede. Bei Ausschließung und Segregation finden sich Abstufungen: Für den Ritter hatte die Deklassierung andere Folgen als für den Bauern, und eine niedere soziale Stellung war nicht immer gleichbedeutend mit Außenseitertum. Selten waren die Grenzen so unverrückbar wie im Falle der Aussätzigen. Was aber all diesen Gruppen und Existenzen gemeinsam ist, ist die vom allgemeinen Muster abweichende Lebensweise, die mangelnde Unterordnung unter die herrschenden Normen und die Verhaltensmuster, die Weigerung, zu arbeiten oder die vorgezeichnete soziale Rolle auszufüllen. Was sie außerdem eint, ist die Abneigung, die Fremdheit, die Angst, manchmal auch der Haß, den die Gesellschaft ihnen gegenüber an den Tag legt.

Aus: Der Mensch des Mittelalters, hrsg. von Jacques Le Goff, Frankfurt/New York ²1990, S. 400 f.

3. Hexenverfolgung und Massenpsychose

„Wilde Männer und Frauen" erfreuten sich offenbar einer gewissen stillschweigenden Toleranz; vor allem wohl, weil sie in Bildern gegenwärtiger waren als in der Wirklichkeit. So blieben sie geduldete, weil ungreifbare Außenseiter, fern und harmlos. Weil aber die wachsende Teilnahme am Reden, Hören und Hörensagen Ideen nicht nur von oben nach unten trug, auf Kathedern, Kanzeln und Marktplätzen, sondern weil nun auch ins Gespräch kam, was sich in älteren Zeiten nicht hatte mitteilen dürfen, nicht gehört worden war und nichts zu sagen hatte, so gewann in den Krisenjahrzehnten des Mittelalters schließlich auch längst Überholtes und alter Glaube etwa an die Verbindung von Dämonen und Menschen eine neue Öffentlichkeit.

Wirklich alter Glaube: Ohne daß wir Anfang und Umfang kennen, begegnen wir ihm doch schon zur Zeit Karls des Großen als einer realen Macht. Karl bestimmte nämlich in einem seiner Kapitularien die Todesstrafe für jedermann, der an Hexen glaube: ein Zeugnis für die sieghafte Überwindung des Heidentums durch die Kirche, die „alles segnete" und damit den Teufel austrieb. Übrigens hatte der Teufel zu jener Zeit noch gar keine rechte Gestalt. Menschenähnlich wurde er erst im Laufe des 13. Jahrhunderts. Dann aber fand er auch besondere Wege der Versuchung. Hexenglauben wurde noch im 11. Jahrhundert kirchlich verfolgt. Als in Freising zu dieser Zeit, ausdrücklich in Abwesenheit der Priester, das Volk drei Hexen aufspürte und verbrannte, wurden die armen Opfer von der Kirche zu Märtyrern erklärt. Aber 1272 gestand eine Frau in Südfrankreich die sogenannte Teufelsbuhlschaft, und allmählich wurden neben Ketzern auch Hexen zum Inquisitionsobjekt. Der Hexenwahn verbreitete sich jedoch nur langsam. Wollte man die Zeit verteidigen, könnte man immerhin darauf verweisen, daß er eigentlich der frühen Neuzeit angehört; der Höhepunkt der Verfolgungen lag um 1600. Auch blieb der Hexenwahn keine katholische Spezialität, sondern verbreitete sich ebenso in reformierten Ländern, bekanntlich sogar in der Neuen Welt. Dennoch verdüstern die Hexenprozesse seit dem späten 14. Jahrhundert das Ende des Mittelalters, auch wenn sie das römische Papsttum erst 1484 aufgrund des besonderen Eifers deutscher Inquisitoren institutionalisierte. Vorgesehen war, die Delinquenten zum Zwecke der Besserung zu inhaftieren. Bis zur Mitte des 18. Jahrhunderts sollen statt dessen etwa einhunderttausend Menschen zum Feuertod verurteilt worden sein, meist Frauen, nur etwa ein Zehntel Männer.

Unverkennbar sind die Zeichen von Massenpsychose in diesem Zusammenhang. Gewiß spielen in den Hexenprozessen alle möglichen bösen Rivalitäten eine Rolle, geweckt durch die Möglichkeit zu freier Denunziation. Und ganz ohne Zweifel waren viele Tausende, die da auf den Scheiterhaufen kamen – vornehmlich in West- und Mitteleuropa, sehr spät in Böhmen, kaum in Skandinavien, in Polen oder Ungarn –, unschuldig im Sinne der Anklage. Es gibt allerdings auch Berichte von „Hexensalben", Halluzinogene, von denen in den Geständnissen die Rede ist. Es mag sein, daß ein Teil der Angeklagten in uralten Okkultismus verstrickt war und daß etwa die fliegenden Hexen auf dem Besenstiel vorchristlichen Frauenzauber trieben. Hatte die alte, aristokratische Kirche diesen Zauber noch mit Milde geahndet und allenfalls den mit dem Tode bestraft, der Hexenfleisch aß, so verlangte die spätmittelalterliche Laienkirche wohl auch nach einem Feindbild, einem inneren Feind, um auf ihn den Eifer der Massen zu lenken. Dasselbe Motiv hat vermutlich die Staaten der frühen Neuzeit veranlaßt, der Kirche die Hexengerichtsbarkeit aus der Hand zu nehmen.

Die Hexenverfolgung erfaßte mitunter auch Frauen, die nur ihrer besonderen Funktionen wegen betroffen waren: Hebammen, Kräuterkundige, „weise Frauen". Kräuterkenntnis und Hexerei werden in den erpreßten Geständnissen einander so nahe gerückt wie Hexensalbe und Teufelsbuhlschaft. Medizinische Kenntnisse, und das heißt immer auch magische Künste, mögen ebenfalls Teil des alten Volkswissens gewesen sein. Sie stammten aus einer vorchristlichen Lebensganzheit, welche die fortschreitende christliche Zivilisation zwangsläufig bekämpfen mußte, da in ihrem Kulturkreis dafür kein Raum war. Auch die akademische Medizin scheint an jenem Prozeß beteiligt gewesen zu sein, der nicht schlechthin ein Wahn zu nennen ist, sondern ein Konkurrenzkampf. Die Medizin war gewissermaßen der letzte Punkt der Auseinandersetzung zwischen Christlichem und Heidnischem, sozusagen der wahre Kern des Hexenglaubens, dem freilich viele Unbeteiligte zum Opfer fielen. Vielleicht hätte sich die Zahl der Opfer in Grenzen gehalten, wenn nicht die kirchliche Inquisition mit der Hexenverfolgung beauftragt worden wäre und in ihrer Nachfolge der schließlich alles umfassende Staat, zunächst der protestantische, nicht Sondergerichte eingesetzt hätte.

Aus: Ferdinand Seibt, Glanz und Elend des Mittelalters, Berlin 1987, S. 404 ff.

VI Die Armut

1. Unfreiwillige und freiwillige Armut

Das Mittelalter kennt zwei unterschiedliche Weisen der Armut, die unfreiwillige und die freiwillige. Beide haben ihre je eigene Geschichte, wenn auch die geistliche Armut oft versucht hat, in Gestalt ihres leiblichen Gegenstückes zu erscheinen. Unfreiwillige Armut war eine Folge unzulänglicher materieller Lebensbedingungen. Sie verwies in ein bedrängendes Ringen um Selbstbehauptung und zog bittere Weiterungen nach sich. Ohne Zugang zu den erfolgverheißenden Möglichkeiten des sozialen Ordnungsgefüges sah sich der Arme ebensosehr der Ungerechtigkeit wie Hunger und Krankheit ausgesetzt. Freiwillige Armut dagegen entsprang einer aus der Bibel gewonnenen, von den Kirchenvätern aufgenommenen christlichen Überzeugung, daß der wahrhaft Arme Gott nahe sei. Die erste Seligpreisung ... verhalf dazu, die rechte Beziehung zwischen den beiden Staaten des Augustinus zu finden. Andererseits verlor jeder, der sich an irdischen Besitz klammerte, die Aussicht auf wahres Leben.
Im Mittelalter gründet Armut in materiellen Bedingungen und in kulturellen Voraussetzungen. Armut – das konnte sowohl hartes Schicksal als auch hehres Ideal bedeuten. Beide Weisen der Armut beeinflußten einander, begegneten sie einander doch in der sozialen Wirklichkeit dort, wo es um die materiellen Existenzgrundlagen ging. Die Armen drängten zu den Klosterpforten, um von den pauperes Christi [1] Brot zu bekommen. Sie bettelten an den Stadttoren, wo sich oft auch die Niederlassungen der Bettelorden fanden. Der geistlichen Armut hat man große Aufmerksamkeit geschenkt; denn Theologen des Mittelalters haben ausgiebig über sie geschrieben, und mit ihren Werken haben sich Gelehrte der Neuzeit beschäftigt. Die Armen des Mittelalters aber haben ihren Platz im Rampenlicht der Geschichte erst neuerdings erringen können, seit sich die Geschichtswissenschaft von der Ausrichtung auf Kriegs- und Ideengeschichte der Kultur- und Gesellschaftsanalyse zugewandt hat. Beide Weisen der Armut stehen, so deutlich sie auch geschieden sind, stets in enger Beziehung zueinander.

Aus: Theologische Realenzyklopädie, hrsg. von Gerhard Krause und Gerhard Müller, Bd. 4, Berlin, New York 1979, S. 88.

1 Die Armen Christi

2. Kirchliche Armen- und Krankenpflege

Zu Beginn des Mittelalters entwickelten insbesondere Klöster und Mönchsorden mit der Gründung von Spitälern neue Formen der Wohlfahrtspflege. Derartige Spitäler, denen sich später vielfach Siechen- und Armenhäuser sowie Waisenanstalten anschlossen, entstanden zumeist aus den Unterkunftsstätten, die die Klöster einrichteten, um pilgernde und wallfahrende Gläubige zu beherbergen. Daneben machte es sich eine Reihe von Mönchsorden zur besonderen Aufgabe, für Arme und Kranke zu sorgen und – wie vor allem die religiösen Bettelorden – wandernden Bettlern vorübergehend Unterkunft zu gewähren ...
Eine besondere religiöse Begeisterung, die zu zahlreichen wohltätigen Werken und Stiftungen für Kranke und Notleidende führte, weckten schließlich die Kreuzzüge (1096–1270). Der religiöse Eifer regte nicht nur zu großzügigen Spenden an, sondern bildete auch den Ausgangspunkt für die Gründung verschiedener ritterlicher und bürgerlichen Orden, die sich die Aufgabe stellten, Pilger und Krieger, die auf dem Wege ins Heilige Land erkrankten oder verwundet wurden, zu versorgen. Während die ritterlichen Orden (am bedeutendsten in diesem Bereich waren der Johanniteroden und der Deutsche Orden, die 1113 bzw. 1190 in Jerusalem gegründet worden waren) später den Spitaldienst teilweise vernachlässigten, waren die bürgerlichen Orden überall in Europa maßgeblich am weiteren Ausbau des Hospitalwesens beteiligt. Im Gegensatz zum Lazarusorden, der sich auf die Pflege von Aussätzigen spezialisierte, widmeten sich die Alexianer, Antoniter und Kreuzträger allgemein der Kranken- und Armenpflege.
Ebenfalls entscheidenden Anteil an der Entwicklung des späteren Krankenhauswesens hatten die Spitalorden und Spitalbruderschaften, die die Ritterorden in der sozialen Fürsorge ablösten. Im bedeutendsten Spitalorden, dem Orden des Heiligen Geistes, der ab 1204 eine große Verbreitung erreichte, waren neben Brüdern erstmals auch Schwestern tätig. Die Mittel für die Gründung und Unterhaltung von Hospitälern sowie die Pflege und Versorgung der Kranken, Wöchnerinnen und Waisen stammten überwiegend aus Schenkungen, Belehnungen (Überlassung zur Nutznießung) und Sammlungen.
Wachsende wirtschaftliche und politische Probleme, der Wandel der religiös-sittlichen Anschauungen, vor allem aber die im Zuge der aufkommenden Reformationsbestrebungen einsetzenden innerkirchlichen Auseinandersetzungen, ließen die kirchlichen Fürsorgeaktivitäten (caritas) ab der Mitte des 15. Jhdts. spürbar abnehmen.

Aus: Johannes Frerich, Martin Frey, Handbuch der Geschichte der Sozialpolitik in Deutschland, Bd. 1, München, Wien 1993, S. 7.

3. Städtische Armenfürsorge

Die sich ab der Jahrtausendwende überall in Deutschland herausbildenden Städte begannen ab dem 13. und 14. Jhdt. mit der Entfaltung eigener Wohlfahrtsaktivitäten. Neben der Gründung eigener Hospitäler übernahmen sie vielfach die Verwaltung ehemals kirchlicher Einrichtungen, die durch Mißwirtschaft in materielle Abhängigkeit der Städte geraten waren. Zudem wurden mildtätige Stiftungen, auch wenn sie weiterhin aus religiösen Gründen erfolgten, nun vermehrt in die Obhut weltlicher Behörden gegeben, da dort eine bessere Verwaltung vorausgesetzt wurde. Während zunächst die Spitäler meist alle Bedürftigen versorgten, kam es später häufig zu einer Spezialisierung auf bestimmte Aufgaben. Andere Spitäler wiederum wurden gezielt als Waisenhäuser und Altenheime oder zur Versorgung von Schwangeren, Invaliden und Leprakranken gestiftet. Zwar verfügten einzelne Städte über angestellte Stadtärzte, zu deren Pflichten auch die

Versorgung der Kranken in den Spitälern gehörte, insgesamt blieb jedoch die medizinische Versorgung höchst unzureichend.
Die Städte übernahmen von den Kirchen nicht nur sukzessive die Leitung der Hospitäler und die Verwaltung und Verteilung der wohltätigen Stiftungen und der Almosen, sondern begannen auch allmählich, das Armenwesen durch Verordnungen zu reglementieren. Mit der „Kommunalisierung" der Armenfürsorge setzte zugleich deren lokale Beschränkung ein, indem sich die Städte zunehmend gegenüber dem Umland abschotteten, die Fürsorgepflicht auf die „eigenen" Armen beschränkten und Bemühungen unternahmen, um fremde Bettler fernzuhalten. Frühe städtische Bettelordnungen (z.B. Nürnberg 1370, Eßlingen 1384) machten nicht nur die Erlaubnis zum Betteln vom Tragen eines Bettelzeichens und vom Vorliegen einer Bedürftigkeit abhängig; sie enthielten zugleich starke Beschränkungen für fremde Bettler ...
Hintergrund der in jener Zeit einsetzenden Bemühungen um eine soziale Disziplinierung der Armen war vermutlich weniger die von den Zeitgenossen beklagte Zunahme der Bettelei und des Gaunertums zum Ende des 15. Jhdts., als vielmehr eine sich verändernde gesellschaftliche Wertung des Bettelns und der Armut. Dies zeigte sich insbesondere darin, daß nunmehr schärfer zwischen Arbeitsunfähigen und Arbeitsunwilligen unterschieden und durch Einführung eines Arbeitszwanges angestrebt wurde, Bettler an regelmäßige Arbeit zu gewöhnen, sie vom Trinken und Spielen abzuhalten und ihnen die bürgerlichen Tugenden des Fleißes, der Ordnung und der Sparsamkeit anzuerziehen.

Aus: Johannes Frerich, Martin Frey, Handbuch der Geschichte der Sozialpolitik in Deutschland, Bd. 1, München, Wien 1993, S. 7ff.

VII Identität der Frau

1. Elisabeth von Thüringen

a) Witwenrecht und Hospitalgründung

Vollends eindeutig wird diese Art der Beschränkung von Witwenrechten im Schicksal der Elisabeth von Thüringen etwa zur gleichen Zeit. Bereits als 20jährige verwitwet und Mutter von drei Kindern, beschloß Elisabeth, das höfische Treiben und die Landgrafenfamilie hinter sich zu lassen. Auch sie war von der „religiösen Armutsbewegung" erfaßt und träumte nun von einem Leben in Armut und Selbstverleugnung. Dies war nicht ganz einfach, denn in Thüringen herrschte das Recht der Anerben, der gemeinsamen familiären Nutzung des Gesamterbes. Aber 7 Jahre vor Elisabeth hatte sich ihre Schwiegermutter, die alte Landgräfin Sophie, bereits erfolgreich „selbständig" gemacht und hatte ein Enthaltsamkeitsgelübde abgelegt, um sich im Katharinenkloster ihren Alterssitz zu wählen. Wie Hedwig von Schlesien verwaltete auch Sophie ihre Besitzungen selbständig, wenn auch „auf den Rat kluger Männer hin", um davon die Schäden ihres Gatten, wie es in der Quelle weiter heißt, wiedergutzumachen.
Auch Elisabeth sollte sich auf diese Weise von der höfischen Welt zurückziehen, wenn sie schon nicht wieder heiraten wollte[1], was sie aufs lebhafteste verweigert hatte. Doch Elisabeth hatte eigene Pläne und weit anspruchsvollere Vorstellungen von ihrem Witwengut: Sie wollte ein Hospital gründen, in dem sie leben und als Krankenpflegerin wirken konnte – und das über ihre Lebenszeit hinaus Bestand haben sollte. Dafür brauchte sie Grund und Boden – und nicht nur im

1 Ihr Mann war 1227 gestorben.

Nutz-, sondern im Eigentumsrecht. Die Nutzrechte sollten nach ihrem Tod beim Spital bleiben und nicht an die Landgrafenfamilie zurückfallen. Das wollte sich die thüringische Landgrafenfamilie ganz und gar nicht gefallen lassen, und so brach ein geharnischter Konflikt aus, der sich über Elisabeths Tod hinaus erstrecken sollte. Zwar wurden diese Streitigkeiten vorübergehend – und durch allerhöchsten päpstlichen Eingriff befördert – durch die Zahlung von 2000 Silbermark an Elisabeth als Ablösung ihrer Witwenrecht beigelegt, doch Elisabeth wollte mehr und ignorierte dieses Abkommen: In ihrer letztwilligen Verfügung vermachte sie dem von ihr gegründeten Hospital in Marburg den Grund und Boden, auf dem sie es errichtet hatte, der ihr rechtlich aber eigentlich nicht zur Veräußerung zustand. Verständlich, daß sich ihre Verwandten bitter beschwerten und bei der Kurie nach Elisabeths Tod Widerspruch dagegen einlegten. Doch schlußendlich blieb das Grundstück beim Spital: das Renommee der verstorbenen Heiligen, vor allem aber ihr geschicktes Taktieren, wogen das Familieninteresse im Endeffekt auf.
Die Sorge um den Zusammenhalt des Familienbesitzes beseelte in der Tat die Zeitgenossen Elisabeths und nicht nur im Adel zunehmend. Überall, wo es um Landbesitz ging, versuchte man, den „Schaden" durch Witwenanteile und Mitgiften so gering wie möglich zu halten. Da mochten die Rechtsansprüche von Witwen im späten Mittelalter – wie auch die der Töchter und Ehefrauen – durchaus wachsen; problematisch blieb, welche Durchsetzungschancen diese für ihre Ansprüche hatten angesichts der generellen Minderwertigkeit von Frauen vor Gericht und der relativ schwachen Position der Einzelnen gegenüber einem geschlossenen Familienverband.
Doch auch hier konnte sich ein Weg finden, besser gesagt: ein Umweg. Besonders für hochadlige Witwen hatte der Heilige Stuhl gerne ein offenes Ohr, da sich die Kirche von alters her als Anwältin der Armen und Schwachen, Witwen und Waisen zu profilieren suchte, und namentlich dort, wo sich ein solcher Einsatz auch ökonomisch auszahlte. So suchte und fand auch Elisabeth, wie vor ihr die alte Landgräfin Sophie und ihre Schwägerin Jutta und zahlreiche andere Frauen in Rechtsnöten, den Schutz des Papstes.

Aus: Emanzipiert oder marginalisiert? Witwen in der Gesellschaft des späten Mittelalters. In: Auf der Suche nach der Frau im Mittelalter, hrsg. von Bea Lundt, München 1991, S. 42 ff.

b) Karitatives Engagement

Elisabeth, Landgräfin von Thüringen, Enkelin Bertholds VI, von Andechs, Tochter der Königin Gertrud von Ungarn, einer Tochter Bertholds VI., war eine Vertreterin der christlichen Emanzipation der adeligen Frau und der Frau überhaupt, die in Frankreich mit Macht im 11. Jahrhundert einsetzte und auch in Deutschland, vor allem in den adeligen Damenstiften sich durchsetzte und dies in Bayern, Österreich und Elsaß. Das bezeugen Gottfried von Straßburg und Gunther von Pairis, die vermutlich identisch und Augustinerchorherren waren und in adeligen Damenstiften theologische Gespräche auch über häretische Fragen führten. Elisabeth stand diesen Laienbewegungen, die Armuts-, Arbeits-, Frömmigkeitsbewegungen waren, sehr nahe, die nicht nur in Franz von Assisi und der heiligen Klara Sciffi einen Höhepunkt fanden, sondern auch sehr stark in die Häresie (Waldenser, Katharer) ausmündeten. Ihre Frömmigkeit, Askese, Mildtätigkeit und freiwillige Armut, die sie der adeligen Gesellschaft entfremdeten, reihen sie in die großen mobilen Bewegungen des 12./13. Jahrhunderts ein, die auch harte Kritik an der reichen Macht- und Herrschaftskirche und an der weltlichen Macht der Laien übten.
Nach dem Kreuzfahrertod ihres Mannes (1227) mußte die zwanzigjährige Witwe Elisabeth Marburg verlassen und zog rastlos durch die Lande, wie die Frauen der Wanderpredigerbewegung. Sie stiftete in Marburg ein Hospital und wurde schon vier Jahre nach ihrem Tode 1231 heilig gesprochen; im Beisein des letzten Stauferkaisers Friedrich II. wurde sie beigesetzt; über ihrem Grab erbaute der Deutschorden zu Marburg die Elisabethkirche. In der Gesellschaft, in

der sie lebte, deklassierten Armut und Arbeit; darum schockierte sie das „gemeine" (=niedrige) Leben dieser hochadeligen Dame. Eine Betschwester, die der Armut Christi und dem mystischen Ideal der Gottesbewegung, dem nackten Christus auf dem nackten Kreuzesholz, wie die Wanderprediger sagten, anhing, hielt sie nicht für adels- und fürstenwürdig. Die Menschen dieser Zeit, die Massen, auch ernster Adel und kirchliche Hierarchie waren von dieser Alternative zum höfisch-ritterlichen Leben beeindruckt und gefordert. Elisabeth ware eine franziskanische Frau wie Clara Sciffi, die Gründerin des Klarissinnenordens; sie unterstützte die Franziskaner und trat in den Dritten Orden des hl. Franz ein.
Das 12./13. Jahrhundert trägt im Kontext einer tiefgreifenden Aufbruchs-, Armuts-, Frömmigkeitsbewegung neben seiner aristokratisch-feudalen Struktur auch deutliche Grundzüge einer europäischen Gemeinsamkeit im persönlich-menschlich-religiösen Bezug, der nicht nur kirchlich, wohl aber christlich ist. Elisabeth ist pauper Christi (=Arme Christi) ihrem Verständnis nach, sie folgte dem Idealbild der Wanderprediger vom nackten Christus auf dem nackten Kreuzesholz, sie verstand Christus nicht mehr als adeligen Herrengott, sondern als leidendes, jammervolles, gekreuzigtes und erbarmungswürdiges menschliches Wesen. Seit dem 11./12. Jahrhundert trat in solcher Haltung und Sicht ein neuer Menschentyp auf, dessen Mentalität, Intellektualität, Geistigkeit sich grundlegend vom Archaismus absetzte und den Tugenden der Armut, Caritas, Operbereitschaft nachging. Die sehr zahlreichen Häretiker forderten dieselben Tugenden. Das drang auch in die Religiosität des Volkes ein, die weder häretisch, noch auch theologisch-rational, sondern menschlich und auch traditionell war. Franz von Assisi, der aus der mobilen Welt des italienischen Bürgertums kam, wurde Sprachrohr und charismatischer Geist der starken Unruhe und Bewegung in dieser Zeit, die tief reichte und die Massen bewegte. Elisabeth von Ungarn-Thüringen hat auf der Menschheit Höhen das franziskanische Armutsideal und die Ideen der europäischen Armutsbewegung auch in der Arbeit und als Magd Gottes (serva) vorgelebt. Freie religiöse Frauen- und Männerbewegung der Beginen und Begarden hat in ganz Europa die religiösen Anliegen der Laienfrauenbewegung befriedigt. Das war Aufbruch zu neuem Geist und neuer Moral, der europakonstitutiv wurde, d.h. in das Wesen Europas einging. An diesem Aufbruch auf allen Ebenen wirkten mehr, als wir bisher wußten, die Frauen mit, die der Unter- und Mittelschichten, vor allem auch die auf der Höhe der Gesellschaft seit dem 11. Jahrhundert.

Aus: Karl Bosl, Gesellschaft im Aufbruch, Die Welt des Mittelalters und ihre Menschen, Regensburg 1991, S. 146f.

2. Die Beginenbewegung

a) Reform nach dem Vorbild der Urkirche

Die religiöse Frauenbewegung, die unter dem Namen der Beginen bekannt ist, und ihr männliches Gegenstück, die Begarden, sind ein Teil des vielgestaltigen, blühenden Frömmigkeitslebens, das im Zusammenhang mit der Verstädterung und einer zunehmenden Mitsprache der Laien in religiösen Fragen während des Hoch- und Spätmittelalters entstand. Vor allem in den Niederlanden und im Rheinland beheimatet, von wo sie sich nach Nordfrankreich, in die Schweiz und mit einigen Ablegern auch nach Mitteleuropa ausbreiteten, machten sich die Beginen ... zum Anwalt einer Kirchenreform unter dem Zeichen der vita apostolica. Sie forderten ein Leben in Armut, Einfachheit, Demut und Buße nach dem Vorbild der Urkirche, wie sie in den Evangelien und der Apostelgeschichte gezeichnet wird. Als Kapitel einer vergleichenden mittelalterlichen Frömmigkeitsgeschichte bieten vor allem die Beginen ein schlagendes Beispiel innerer Vielfalt, gekennzeichnet durch das Fehlen einer gemeinsamen Regel, einheitlichen Lebensgestaltung und sogar eines gemeinsamen Namens. Sie lassen sich am besten als eine nichtregulierte oder quasi-monastische[1] Bewegung beschreiben, da sie einerseits durch Keuschheit oder Enthaltsamkeit und freiwillige Armut nach geistlicher Vollkommenheit strebten, zugleich aber auf feierliche Gelübde und ursprünglich auf jeden organisatorischen Zusammenhalt verzichteten. Später wurden sie freilich, um dem Vorwurf der Häresie[2] zu entgehen und um ihre Stellung im Gesellschaftsgefüge aufzubessern, unter gebührender Rücksicht auf lokale Gepflogenheiten als mulieres religiosae,[3] ... an die Zisterzienser, Prämonstratenser und vor allem die Bettelorden kirchlich angegliedert und damit integriert.

Aus: Theologische Realenzyklopädie, hrsg. von Gerhard Krause und Gerhard Müller, Bd. V, Berlin, New York 1980, S. 404.

b) Frauenbewegung

Der Begriff der Frauenbewegung ... umfaßt aber mehr als sozioökonomische Aspekte: Er bezeichnet eine bewußte, aktive Beteiligung von Frauen an geistlichen Übungen und zugleich einen gewichtigen Beitrag zur Bereicherung des geistlichen Lebens überhaupt. Während Frauen durch den Machtspruch der Kirche von Tätigkeiten wie der Predigt ausgeschlossen waren, zeichneten sich orthodoxe Beginen, oft innerhalb zisterziensischer Kreise, als Kritikerinnen klerikaler Mißstände aus, als Visionärinnen und Mystikerinnen, deren Erlebnisse nicht nur in Viten, sondern in einigen bemerkenswerten Fällen auch in ihrer eigenen, oft in der Volkssprache (vor allem Niederländisch und Deutsch) abgefaßten Schriften festgehalten wurden. Neben dieser Gruppe, die sich suchender Erforschung des inneren Lebens widmete, die Verehrung der Eucharistie (Abendmahl), der Dreifaltigkeit und des Leidens Christi (Passionsfrömmigkeit) zu verbreiten suchte und manchmal selbst der Wundmale teilhaftig wurde, engagierten sich andere auf dem Gebiet der Erziehung, der Krankenpflege und der Handarbeit (Weben, Klöppeln).

Aus: Theologische Realenzyklopädie, a. a. O., S. 408.

c) Sozioökonomische Bedingungen

Bei aller Würdigung ihrer religiösen Bedeutung läßt sich die Beginenbewegung, ihr Ursprung und mehr noch ihre weitere Entwicklung, kaum zureichend erklären, wenn man nicht auch den Einfluß sozioökonomischer Faktoren in Rechnung stellt. Sie war eine Antwort auf das, was man die Frauenfrage des Hochmittelalters genannt hat, eine Antwort nämlich auf die Auswirkungen eines chronischen Überschusses an ledigen Mädchen und verwitweten Frauen, der eine Vielzahl von Gründen hatte: weibliche Langlebigkeit, eine hohe Todesrate der Männer aufgrund von Kreuzzügen und Lehnskriegen, den Zölibat der Priester, die Seltenheit anerkannter Frauenberufe, eine begrenzte Zulassung von Frauen zu etablierten Ordenshäusern. In Städten mit ihren eingeschränkten Möglichkeiten der Unterhaltssicherung und zu einer Zeit, in der die städtische Arbeiterschicht im Zusammenschluß unter dem Zeichen der Religion gegenseitigen Schutz und Abhilfe in ihrer prekären Situation suchte, boten die *curtes beguinarum*[4] alleinstehenden Frauen einen Weg, um einen bescheidenen Rückhalt in einer Gemeinschaft zu erlangen. Der Graf von Flandern, Ludwig von Maele, nannte im Jahr 1354 folgende Ursachen, warum seine Vorgängerinnen, die Gräfinnen Johanna und Margarete, im 13. Jh. Beginenhöfe eingerichtet hatten: die große Zahl von Frauen, die keine Ehegatten von Rand und Stand fanden; der Mangel an Klöstern für die Fülle adliger und

1 mönchisch
2 Ketzerei
3 Religiöse, fromme Frauen
4 Beginenhöfe

anderer Frauen, die ein Leben in Keuschheit und Enthaltsamkeit suchten; und die Armut, in die viele Töchter aus Adelsfamilien abgesunken waren.... Ähnlich beschreibt die Genter Denkschrift von 1328 – vielleicht verfaßt auf Betreiben des Bischofs von Tournai, um die lokalen Beginen zu rehabilitieren –, wie Flandern und der Hennegau voll seien von Frauen, denen ihre eigene oder die Lage ihrer Freunde jede Aussicht auf eine angemessene Heirat verwehrte; zahlreiche Töchter ehrbarer Männer von adliger wie nichtadliger Geburt hegten den Wunsch, Keuschheit zu halten, den sie aber wegen ihrer großen Zahl oder wegen der Armut ihrer Eltern nicht verwirklichen könnten. So seien ehrbare Mädchen und verarmte Adelsfrauen gezwungen, ein für sie selbst und ihre Familien erniedrigendes Leben zu führen, sofern nicht eine schickliche Abhilfe gefunden werde. Nachdem der Rat und die Billigung der bischöflichen und weltlichen Obrigkeiten eingeholt worden seien, habe man in verschiedenen Teilen von Flandern Beginenhöfe gegründet. Durch das Zusammenleben seien diese Frauen in der Lage, mit oder ohne Gelübde ihre Keuschheit zu bewahren und sich mit Nahrung und Kleidung zu versorgen ...
Wieviel auch soziale Probleme zu ihrer Entstehung und zur Rekrutierung ihres Nachwuchses beitragen mochten, die Beginen überschnitten ... alle Klassengrenzen. Adlige und wohlhabende Bürgerfrauen waren nicht nur in Flandern und Brabant, sondern auch in deutschen Städten wie Köln, Mainz und Frankfurt stark vertreten, wogegen in Straßburg die Handwerkerschicht eine dominierende Rolle gespielt zu haben scheint.

Aus: Theologische Realenzyklopädie, hrsg. von Gerhard Krause und Gerhard Müller, Bd. V, a. a. O., S. 407 f.

d) Zwischen Duldung und Verfolgung

Trotz aller Bemühungen des 4. Laterankonzils (1215) ... das Emporschießen neuer Orden einzudämmen und die Unterwerfung unter eine approbierte Regel zu erzwingen, erlangte Jakob von Vitry, erwählter Bischof von Akkon, 1216 bei Papst Honorius III. eine mündliche Genehmigung für die mulieres religiosae in Frankreich und im Reich ebenso wie im Bistum Lüttich, „in einem Hause zusammenzuleben und einander wechselseitig zum Guten zu ermuntern" ...
Die Beginenhöfe erweckten lebhafte Sympathien, so daß einige Bischöfe dazu übergingen, sie als eine von der Kurie anerkannte Bewegung zu behandeln. Grundlage dieser Auffassung und damit ein wichtiger Faktor für die Weiterentwicklung der Beginengemeinschaften war die Bulle Gloriam virginalem Gregors IX., betreffend ... unsere in Christus geliebten Töchter, die Gott beständige Keuschheit gelobenden, enthaltsamen Jungfrauen in Deutschland] (30. Mai 1230).
Mit der Gründung von Beginengemeinden tat die Bewegung in den Niederlanden einen Schritt über die curtes [Höfe] hinaus. Kirchliche Obrigkeiten erhoben in der ... Schlußphase ihrer Entwicklung bestimmte curtes zu selbständigen Gemeinden, wodurch diese mit einer zivilen und kanonischen Rechtspersönlichkeit ausgestattet wurden. In Flandern und Wallonien trennten die Bischöfe, wo eine curtis groß genug war, auch der nichtregulierten Bevölkerung Raum zu geben, deren Gebiet von der ursprünglichen Pfarrgemeinde ab. Bei nicht genügender Größe wurde eine günstigere Örtlichkeit zur Verfügung gestellt, der gewöhnlich ein Lehnsherr oder ein Kloster vollen Rechtstitel verlieh. Die weltliche Macht trug das Ihre bei durch Gewährung der privilegia beguinalia, darunter Immunität und im Falle der Begarden[1] Befreiung vom Militärdienst. In Brügge, Gent und selbst im neuzeitlichen Amsterdam formierten sich die Beginengemeinden zu weitläufigen, ummauerten Siedlungen, die Straßen mit Häusern oder Konventen gesäumt – ein äußeres Abbild ihrer Tendenz zur Stabilität ...
Um 1300 wurden selbst die Beginen in Flandern und Brabant ketzerischer Neigungen verdächtigt, wie man sie den weniger organisierten Begarden zuschrieb. Margarethe Porete aus dem

1 männliches Gegenstück der religiösen Frauenbewegung der Beginen

Hennegau, deren pantheistische Anschauungen zu einem Prozeß und zu ihrer Hinrichtung in Paris (1310) führten, und Bloemardinne von Brüssel (gest. 1336) schienen diese Anschuldigungen zu bestätigen. Den größten Anlaß zur Sorge aber gaben die Nichtregulierten in den rheinischen Städten. ... Erste, noch zaghafte kirchliche Ordnungsmaßnahmen steigerten sich bis zu den Erlassen des Kölner Erzbischofs Heinrich II. von Virneburg (1306–32). Dieser verurteilte 1307 Begarden und Apostolici beiderlei Geschlechts, die ohne approbierte Regel lebten, ihr Leben durch Bettelei fristeten und für die Lehren der Brüder und Schwestern des freien Geistes anfällig waren. ...

Aber erst mit den beiden Dekreten Clemens' V. ... die 1311 auf dem Konzil von Vienne verkündet und 1317 von Johannes XXII. veröffentlicht wurden, fanden die Bemühungen der örtlichen Bischöfe, die häretischen Bruderschaften zu unterdrücken, höchste päpstliche Unterstützung. So streng auch (das erste Dekret) mit den Beginen umsprang, es endete gleichwohl mit einer versöhnlichen Klausel, die die Weiterführung und Neugründung achtbarer Beginenhöfe erlaubte. In einer Spezifizierung der Irrtümer der nichtregulierten Gemeinschaften, vor allem in Deutschland, zählt das zweite Dekret die Lehren des „freien Geistes" auf: 1. Der Mensch kann in seinem irdischen Leben einen solchen Grad der Vollkommenheit erwerben, daß er unfähig wird zur Sünde. 2. In einem solchen Vollkommenheitszustand werden Fasten und Beten bedeutungslos. 3. Diese Vollkommenheit und Freiheit des Geistes hebt die Gehorsamspflicht gegenüber Menschen und kirchlichen Vorschriften auf 4. Der Mensch kann hier dieselbe Seligkeit erlangen, wie er sie im Leben nach dem Tode genießt. 5. Da jedes vernünftige Wesen an sich gut ist, kann die Seele die beseligende Schau erreichen, ohne dazu göttlicher Erleuchtung zu bedürfen. 6. Praktizierte Tugend ist ein Zeichen von Unvollkommenheit. 7. Der Geschlechtsverkehr ist, solange die Natur ihn verlangt, nicht sündhaft. 8. Bei der Elevation[1] des Leibes Christi muß sich der Vollkommene nicht erheben oder seine Ehrerbietung bezeugen.

1317 exkommunizierte Bischof Johannes von Dürbheim in Straßburg die Anhänger des „freien Geistes" und die Willigen Armen. Als Dominikaner und Franziskaner zugunsten rechtgläubiger Beginen Einspruch erhoben, suchte er beim päpstlichen Stuhl um weitere Klärung nach. Johannes XXII. erkannte in seiner Bulle Racio recta non patitur 1318 an, daß viele Beginen ein untadeliges Leben des Gehorsams führten und deshalb Duldung verdienten. Im folgenden Jahr ergänzte er diese Aussage durch eine weite Bulle, Sacrosancta Romana ..., in der die beguinae clausae von Brabant mit ihren Besitz dem päpstlichen Schutz unterstellt wurden. Im gleichen Sinne wurden die Bischöfe von Tournai, Cambrai und wahrscheinlich auch Lüttich und Utrecht durch die Bulle Cum de mulieribus angewiesen, den Glauben und die Moral der mulieres religiosae in ihren jeweiligen Sprengeln persönlich zu untersuchen, zur Verteidigung der materiellen und geistlichen Interessen der Rechtgläubigen unter ihnen. Im Verlauf des 14. Jh., das durch so viele politische, soziale und religiöse Krisen erschüttert wurde, waren die Nichtregulierten weiterhin sporadischen Verfolgungen ausgesetzt, so vor allem 1366 unter Kaiser Karl IV. Trotz schwerer Rückschläge durch die Reformation und die Französische Revolution haben die Beginen die Wende zur Neuzeit überstanden und sind, nach einem Wiederaufschwung im 17. Jh., noch heute in Städten wie Brügge und Amsterdam anzutreffen.

Aus: Theologische Realenzyklopädie, hrsg. von Gerhard Krause und Gerhard Müller, Bd. V, S. 406 ff.

1 Emporheben der Hostie und des Kelches in der Kathol. Messe

VIII Gewerbliche Technologie

Die Entwicklung der mittelalterlichen Wirtschaft

Zwar stand das Gewerbe in der Beschäftigtenzahl weit hinter der Landwirtschaft zurück, jedoch war es aus der mittelalterlichen Wirtschaft keineswegs wegzudenken und gewann im Laufe der Jahrhunderte beständig an Bedeutung. Gegenüber der Antike mögen im frühen Mittelalter die technischen Fähigkeiten, beispielsweise in der Architektur und im Bauwesen ein wenig zurückgegangen sein; bis zum Jahr 1000 aber war der technologische Standard im Durchschnitt mindestens so hoch wie im Altertum. Und in der Folgezeit kamen stets mehr Innovationen auf, so daß es in technikgeschichtlicher Hinsicht überhaupt keine Kluft zwischen dem Mittelalter und der Neuzeit gibt.

Der größte und fast überall verbreitete Wirtschaftszweig war zweifellos das Textilgewerbe, vor allem die Tuchmacherei. Nimmt man jedoch alle Sparten des Bausektors zusammen, so dürfte er dem Textilbereich sehr nahe gekommen sein. Jedes Land, jede Provinz und fast jeder Haushalt in Europa stellte Stoffe her, aber am Ende des 11. Jahrhunderts hatten einige Gegenden begonnen, sich endgültig auf das Textilgewerbe zu spezialisieren. Das waren vor allem Flandern und weitere Regionen in Belgien sowie die angrenzenden Gebiete in Nordfrankreich. Andere Textilzentren lagen in Norditalien und der Toskana (wo allein Florenz im 14. Jahrhundert mehrere tausend Tuchmacher beschäftigte) sowie im Süden und Osten Englands und in Südfrankreich. Der bei weitem wichtigste Rohstoff war Wolle und Wolltuch folglich das Hauptprodukt. Da die verschiedenen Regionen ihre Tuche in unterschiedlicher Art und Qualität herstellten, wurden die mannigfaltigen Stoffe in ganz Europa gehandelt. Neben Wolltuchen verlegten sich einige Gegenden namentlich in Frankreich und Osteuropa auch auf Leinen, während die Seiden- und Baumwollherstellung auf Italien und den moslemischen Teil Spaniens beschränkt blieb.

Wenngleich die besser ausgebildeten Handwerker, wie Färber, Walker, Scherer und selbst Weber, sich zu Zünften zusammengeschlossen hatten, so waren es doch die (in Gilden ebenfalls organisierten) Kaufleute, die das Gewerbe beherrschten. Sie kauften die Rohstoffe und verfügten über das Endprodukt. Die weniger qualifizierten Arbeitskräfte, unter ihnen Spinner und Spinnerinnen, besaßen weder Zunft noch Gilde und arbeiteten im allgemeinen direkt für den Kaufmann. In Flandern und England vergaben diese Verleger (kaufmännische Unternehmer) die Rohstoffe oder Halbfertigwaren an Weber oder andere Handwerker, die sie dann zu Hause in ihrer eigenen Wohnung oder Werkstatt weiterverarbeiteten. Diese Arbeit wurde in Italien in Betrieben oder Werkhallen unter Aufsicht durchgeführt. Drei miteinander verknüpfte technische Innovationen steigerten die Arbeitsproduktivität gegenüber dem Altertum um ein Mehrfaches: Der Trittwebstuhl ersetzte den einfachen Webrahmen, das Spinnrad trat an die Stelle des Spinnrockens, und Walkmühlen wurden nun mit Wasserkraft betrieben. Niemand kennt mehr die Schöpfer dieser Neuerungen, aber die Erfindungen selbst verbreiteten sich zu Beginn des 12. Jahrhunderts überraschend schnell in ganz Europa. Daß sie die Produktionskosten senkten, ist sicherlich der Hauptgrund für die Diffusion, überdies machten sie aber auch die Arbeit weniger mühevoll.

Die Gewinnung und Verarbeitung von Metall war zwar weniger umfangreich als das Textilgewerbe, jedoch für die wirtschaftliche Gesamtentwicklung strategisch wichtiger. Im Spätmittelalter machte sie mit allen von ihr abhängigen Nebengewerben beachtliche Fortschritte. Nach konventioneller Einteilung begann das „Eisenzeitalter" etwa um 1200 v. Chr., aber während des gesamten klassischen Altertums waren Gegenstände und Werkzeuge aus Eisen selten und teuer. Fast ausschließlich zu Waffen und Schmuckstücken verarbeitet, war das Eisen den wenigen Mitgliedern der herrschenden Klassen vorbehalten. Selbst die etwas zahlreicheren Stücke aus Kupfer und Bronze spielten im täglichen Leben der einfachen Leute kaum eine Rolle. Im Mittelalter da-

gegen kehrten sich die Preisverhältnisse um: Als nunmehr billigeres Metall wurde das Eisen neben dem bisherigen Einsatz für Waffen und Rüstung immer häufiger auch zu höchst verschiedenartigen Geräten und anderen nützlichen Gegenständen verarbeitet. Die größere Menge und der geringere Preis des Eisens hängen zum Teil damit zusammen, daß sowohl Eisenerz als auch vor allem Holzkohle als Brennstoff zur Eisenschaffung im nördlich der Alpen gelegenen Teil Europas besser zugänglich wurden. Natürlich waren auch technische Verbesserungen wichtig, hier vor allem der Einsatz der Wasserkraft zum Antrieb von Blasebälgen und großen Schmiedehämmern. Zu Beginn des 14. Jahrhunderts tauchten die ersten Vorläufer des modernen Hochofens auf und verdrängten die alten Rennöfen (Katalanische Schmiede). Der Zusammenschluß von Bergleuten und Arbeitern in der primären Metallerzeugung zu freien Gemeinschaften, der im krassen Gegensatz zu den Sklavenkolonnen der Römerzeit stand, förderte den technischen Wandel.
Die Nachfrage der Konsumenten spielte eine weitere Rolle beim Produktionszuwachs und bei den Zwängen zur technischen Verbesserung. Wenn Bauern, sogar leibeigene, und Handwerker über eigenes Werkzeug verfügten und sie ihr Wohlergehen unmittelbar dem eigenen Arbeitseinsatz verdankten, so mußten sie sich tunlichst die besten Geräte und Werkzeuge kaufen, die sie sich bei ihrem Einkommen leisten konnten. Und das taten sie offenbar wirklich, wie der Gebrauch von Hufeisen und die eisernen Beschläge an Geschirren, Pflügen und Fuhrwerken zeigen. Die Häufigkeit der Namen Schmidt und Smith im Deutschen und Englischen belegt weiterhin, daß viele Handwerker aus der Nachfrage nach Metallwaren ihren Lebensunterhalt bestritten.
Gerberei und Lederverarbeitung war ein weiteres Gewerbe mit hohem Nutzwert, das sich gegenüber der Antike beträchtlich ausweitete. Ein Städter aus dem 20. Jahrhundert, der von Plastik und Kunststoff umgeben ist, kann sich nur schwer vorstellen, wie wichtig Leder in früheren Zeiten war. Es wurde nicht nur für Sättel, Geschirre für Zugtiere und ähnliches gebraucht, sondern auch für Möbel, Kleidungsstücke und gewerbliche Apparate wie Blasebälge oder Verschlußklappen. Auch die Holzverarbeitung nahm im mittelalterlichen Gewerbe einen viel größeren Raum ein als zu früheren Zeiten oder auch heute. Holz diente Hunderten von Zwecken, dekorativen wie rein nützlichen.

Aus: Rondo Cameron, Geschichte der Weltwirtschaft, Bd. 1, Stuttgart 1991, S. 106 ff.

IX Städtebünde und Fernhandel

1. Motive der Einungen

In Deutschland ist diese Entwicklung[1] durch den Verfall der Reichsgewalt im 13. Jahrhundert forciert worden. Nunmehr traten Städtebünde auf wie der Rheinische von 1254, die nicht nur zur Förderung des Handels geschlossen worden waren (wie die bekannte, aus einer Kaufmannsvereinigung hervorgegangene norddeutsche Hanse), sondern Einungen zum Schutz des Landfriedens darstellten. Sie übernahmen in der Phase des Niedergangs der Reichsgewalt die Wahrung der öffentlichen Ordnung auf bündischer Grundlage, mit einer Schiedsgerichtsbarkeit zur Schlichtung von Streitigkeiten unter den Bundesmitgliedern. Neben der sich ausbildenden Territorialherrschaft, neben den Resten einstiger Reichsgewalt, den selbständig gebliebenen kaiserlichen Landgerichten in Süddeutschland und der berühmt-berüchtigten westfälischen Veme[2], bildeten so die Städte einen weiteren Ansatz für eine künftige staatliche Ordnung.

1 Korporative Einungen von Ständen, z. B. der Bürger gegen die Stadtherrschaft
2 Gerichte in Westfalen und anderen Gebieten Niederdeutschlands, die die Strafgerichtsbarkeit für schwere Verbrechen beanspruchten, u. a. die Todesstrafe verhängten.

Dem Rheinischen Städtebund folgten zahlreiche andere im 14. Jahrhundert, z. B. im Elsaß 1354, in Schwaben 1376, in Niedersachsen 1382. In ihnen schlossen sich zum Teil 70, 80 und mehr Städte zusammen; auch Fürsten und Ritter wurden gelegentlich Mitglieder. Die Ritterschaft folgte dem Beispiel. Seit den siebziger Jahren des 14. Jahrhunderts finden wir eine Anzahl von Ritterbünden wie die „Gesellschaft mit St. Jörgenschild in Schwaben" zur Verteidigung von Standesinteressen. Auch bäuerliche Einungen und sogar eine Art von Bauernrepubliken an der Peripherie des Reiches hat es gegeben, an der Nordseeküste wie in den Alpen, wo sich schon zur Zeit des Interregnums die drei Waldstätten Uri, Schwyz und Unterwalden zusammengeschlossen und 1291 einen „Ewigen Bund" zur Aufrechterhaltung des Landfriedens gebildet haben.
Anscheinend hat die tiefgreifende Krise des 14. Jahrhunderts – der schon erwähnte Zusammenbruch der mittelalterlichen Wirtschaftsorganisation mit seinen Hungerepidemien und Seuchenwellen, mit einer Bevölkerungsabnahme um etwa ein Drittel und einem spektakulären Rückgang der Agrarproduktion – die Selbsthilfetendenzen der Städte und der durch den Verfall der Agrarpreise besonders betroffenen Bauern und Grundherren noch gestärkt, zumal ein staatliches Krisenmanagement – im Gegensatz zu der Zeit nach dem Dreißigjährigen Krieg – ausblieb; es war angesichts des Entwicklungsstandes von Reich und Territorien wohl auch nicht zu erwarten. Die in jener Zeit beobachtbaren Selbsthilfeansätze reichten von den simplen Überlebensstrategien depravierter Adliger im Raubrittertum bis hin zu großen, Stände übergreifenden Bündnissystemen wie dem Schwäbischen Bund von 1488, der sich gegen bayerische Übergriffe zur Wehr setzte. Es ist bezeichnend, daß im 14. Jahrhundert die Landfriedenseinungen die kaiserliche und fürstliche Gesetzgebung in diesem Bereich übertrafen; überhaupt scheint die Gesetzgebung wie auch das Verhandlungwesen zwischen Fürst und Ständen in den Territorien damals in Stocken gekommen zu sein.
Das Reich hat der Einungsbewegung ambivalent gegenübergestanden. Die Kaiser haben immer wieder die Bildung von Städtebünden mit Rücksicht auf die Fürsten untersagt (so z. B. Karl IV. in der berühmten Goldenen Bulle von 1356). Gelegentlich hat man jedoch auch Ansätze zu einer Reichsreform auf die bündische Idee gestützt, so vor allem Kaiser Sigismund, der die Vorstellung von einem unter seiner Führung stehenden Städtebund entwickelte und 1422 der gesamten deutschen Ritterschaft das Recht zugestand, sich korporativ zusammenzuschließen und mit den Städten zu vereinen. Damit deutete sich eine neue, antifürstliche Konstellation im Reich an. Eine „Reichsreform von unten" schien möglich zu werden. Dennoch sind diese Organisationssätze am Ende alle gescheitert, außer an der Peripherie des Reiches, in der Schweiz und etwas später in den Niederlanden. Das lag sicherlich zum Teil daran, daß sie keine nachhaltige Unterstützung durch das Reich fanden; schließlich waren die Kaiser ja selbst Landesherren und damit Kollegen der Fürsten, gegen die sich die Förderung der Bünde richtete. Es lag aber auch daran, daß die vielen Mitglieder eines Bundes nicht zu einem dauerhaften Zusammenhalt und zu einer wirksamen Machtkonzentration zu bewegen waren. Darüber hinaus waren die Gegensätze zwischen den Städten und der Ritterschaft, die sich 1381 sogar in einer kriegerischen Auseinandersetzung entluden, zu groß, um eine dauerhafte Einigung zwischen beiden erhoffen zu lassen. Schließlich erwiesen sich die Fürsten ihnen militärtechnisch und politisch überlegen, so schon im sog. Ersten Städtekrieg 1388/89, in dem die Fürsten dem Schwäbischen Städtebund bei Döffingen und den rheinischen Städten bei Worms vernichtende Niederlagen beibrachten, wie dann auch im Zweiten Städtekrieg 1449/50. Beide Kriege markieren die Zeitspanne, in der die bündische Idee zwar noch einmal im Rahmen der Überlegungen zu einer Reichsreform auflebte, die Entscheidung aber endgültig für den fürstlichen Territorialstaat als der Ordnungsmacht der Zukunft fiel.
Aus: Hans Boldt, Deutsche Verfassungsgeschichte, Bd. 1, München 1984, S. 206 f.

2. Die Verteilung der Städtebünde

Durch den Zusammenschluß in weitreichenden Bünden wurden Städte zu Machtfaktoren. In der Auseinandersetzung zwischen Reichsstädten und Reichsfürsten erreichten der Rheinische, der Schwäbische Bund und die losere Städtevereinigung der Hanse zur Zeit Kaiser Karls IV. besonderes Gewicht. Italienische Städtebünde waren traditionelle Gegenspieler jedes kaiserlichen Italienzuges. Nur die Schweizer Eidgenossenschaft konnte sich schließlich als territoriale Einheit unter städtischer Führung behaupten.

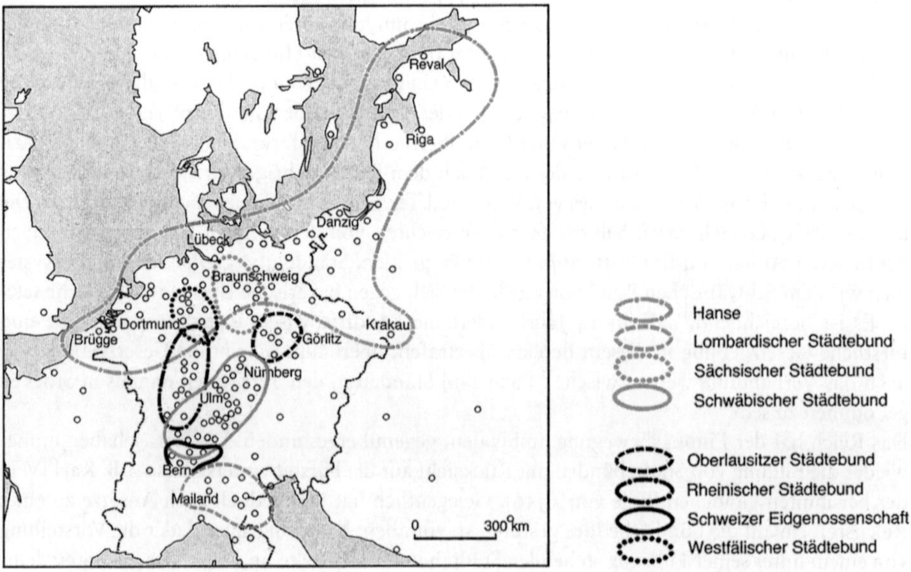

3. Die Rolle der Hanse

a) Strukturwandlungen

Die Hanse, die aus dem Wunsch der Kaufleute der norddeutschen Städte nach gegenseitiger Unterstützung bei der Verteidigung und Erweiterung ihrer Interessen im Ausland entstanden war, bewahrte zwar vom 12. bis zum 17. Jahrhundert eine gewisse Einheit, machte aber erhebliche Strukturwandlungen durch und blieb dabei ein sehr locker zusammenhängender Organismus. Zuerst war sie ein Zusammenschluß von Kaufleuten, die Gotländische Genossenschaft, da diese Insel der Versammlungsort für ihre regelmäßigen Begegnungen war. Nach einem Jahrhundert trat dieser Organismus, der wenig dazu geeignet war, die Leitung einer Tätigkeit zu übernehmen, welche sich auf alle Küsten der nordeuropäischen Meere ausgedehnt hatte, in den Hintergrund, ohne institutionell durch etwa anderes ersetzt zu werden: die Gruppen deutscher Kaufleute, die im Ausland Handel trieben, blieben, ohne feste Organisation, durch ihre gemeinsamen Interessen in den Niederlassungen zusammengeschlossen, welche nach und nach mit bedeutenden Pri-

vilegien ausgestattet wurden. Tatsächlich traten von diesem Zeitpunkt an die Städte, die durch Regionalbünde zueinander in Beziehung zu treten begannen, in der Leitung und im Schutz ihrer Kaufleute im Ausland an die Stelle der Gotländischen Genossenschaft.
Als in der Mitte des 14. Jahrhunderts die Gefahren wuchsen, spürten die am Auslandshandel interessierten deutschen Städte das Bedürfnis nach einer strafferen Organisation. Sie schlossen sich zusammen und errichteten die Städtehanse, zu deren Organ der Hansetag wurde, welcher sich aus den Vertretern der Städte zusammensetzte, unregelmäßig zusammentrat, aber in jeder Hinsicht die oberste Instanz der Gemeinschaft war. Außerdem unterstellten die Städte die bis dahin unabhängigen Kontore im Ausland ihrer Gewalt und stellten den Grundsatz auf, daß ausschließlich Bürger von Hansestädten an Handelsprivilegien teilhaben könnten: die Städtehanse war an die Stelle der Kaufmannshanse getreten. Von da an zeichnete sich der Versuch ab, aus der Gemeinschaft nicht nur ein wirtschaftliches, sondern auch ein politisches und militärisches Gebilde zu machen und sie dadurch noch mehr zu festigen. Aber die zu diesem Zweck während des ganzen 15. Jahrhunderts geschaffenen Bünde bestanden neben der Hanse und waren im übrigen wenig wirksam. Erst in der Mitte des 16. Jahrhunderts wurde die Hanse im Verlaufe einer letzten Neugestaltung zu einem Bund, dessen Mitglieder zu regelmäßigen Beitragszahlungen verpflichtet waren. Sie war jedoch bereits so schwach, daß dieser letzte Konsolidierungsversuch den Niedergang und das schließliche Verlöschen nicht mehr aufhalten konnte.
Aus: Philippe Dollinger, Die Hanse, Stuttgart [4]1989, S. 479 f.

b) Handelswege

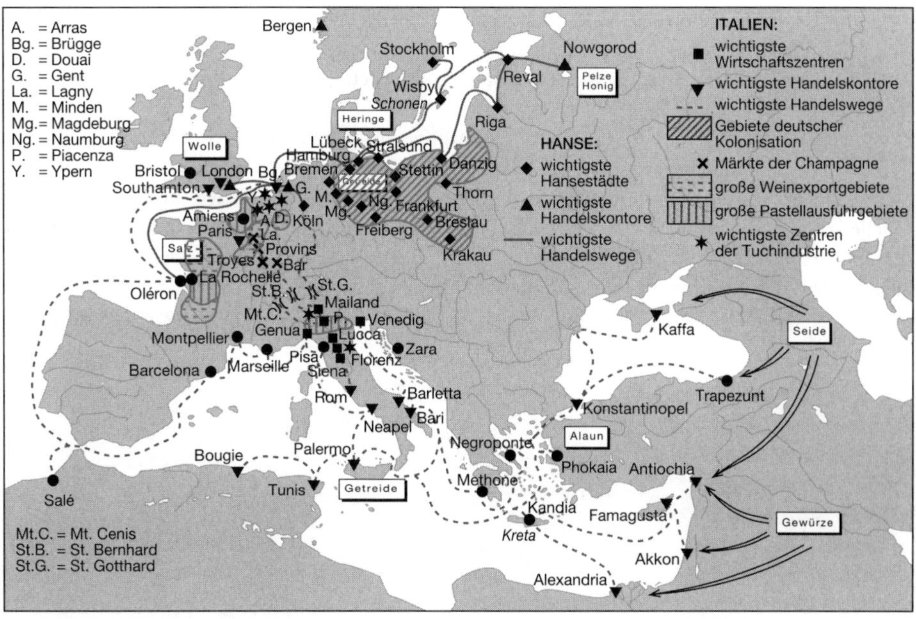

c) Das Herrschaftssystem

In Nordeuropa entstand schon in der Mitte des 12. Jahrhunderts ein Herrschaftssystem, das in erster Linie auf dem Meer basierte. Die Neugründung von Lübeck durch Heinrich den Löwen 1158/59, die Bünde von Kaufleuten und dann von Städten waren das Vorspiel zur Herrschaft der Hanse über die Nord- und die Ostsee und der anschließenden Expansion ihres Handels bis nach Südeuropa. Hier scheint der Begriff Seeherrschaft wirklich angebracht. Die Hanse ... faßte nach und nach fast 200 Handelsstädte von der Zuidersee bis zum Finnischen Meerbusen zusammen. Die größten waren Küstenstädte wie Stralsund, Danzig, Visby, Riga, Hamburg und Bremen. Kontore im Ausland sicherten die meistbefahrenen Handelsrouten, Hauptstützpunkte waren die Kontore in Brügge, London, Bergen und Nowgorod. Diese Verteilung ergab sich zwingend aus den Seerouten, wobei aber auch zahlreiche kleinere Hafenstädte einbezogen wurden. In der effektvollen Organisation, die bis zum Mittelmeer reichte, spiegelt sich das ferne Erbe des friesischen Handels. Folgerichtig erwuchs aus der wirtschaftlichen die politische Hegemonie, wobei der Schutz der Seerouten die entscheidende Rolle spielte, wie aus den Beschlüssen der Hansetage und des Rats der Stadt Lübeck hervorgeht, welche die Führungsrolle übernahm. Die Organisation, die aus den günstigen geographischen Bedingungen erwachsen war, vereinte Geschmeidigkeit und Tatkraft. Die vier großen Kontore waren in ihren Entscheidungen autonom; sie regten gemeinsame oder lokale Aktionen an, dienten aber gleichzeitig als Ausführungsorgane kollektiver Entscheidungen. Ein solcher Pragmatismus, der für lateinisch geprägtes Rechtsdenken etwas Verwirrendes hatte, wirkte sich gegen Konkurrenten vernichtend aus. So bekämpfte die Hanse die gefürchtete Piratenorganisation der Vitalienbrüder, setzte sie aber manchmal sogar auf Anregung eines Hansemitglieds für ihre Zwecke ein. Der Anwendung von Gewalt wie in Visby gegen Dänemark oder auch gegen England zog die Hanse jedoch den Einsatz ökonomischer Zwangsmaßnahmen vor, wobei sie das Risiko eines Krieges durchaus in Kauf nahm. Blockaden, Schließung von Kontoren oder Faktoreien oder Belegung der Konkurrenten mit überhöhten Zöllen konnten zu den erstrebten vertraglichen Regelungen führen. Mit Hilfe geschickter Dosierung dieser Mittel drang die Hanse in Skandinavien, den Niederlanden und in England ein, zwang sie sich den Dänen auf, vertrieb sie die Engländer aus Bergen, eröffnete sie sich die Route durch den Ärmelkanal zu den am Atlantik gelegenen Salinen der Bretagne, des Poitou und Portugals, wohin sie Holz und Getreide lieferte.

Die ungeheure Expansion der Hanse und ihre größte Ausdehnung gegen Ende des 14. Jahrhunderts sind dem Unternehmungsgeist der Kaufleute zu verdanken, der Unerschrockenheit der Seeleute sowie der Zahl und der Qualität der eingesetzten Schiffe. Das Meer war in einem Maße zur Quelle von Reichtum und Macht geworden, das den Vergleich mit den großen Mittelmeerhäfen durchaus rechtfertigt. Aus der Verbindung dieser Handelszentren sollte – allerdings erst nach langer Zeit – das maritime Profil des modernen Europa entstehen.

Aus: Michel Mollat du Jourdin, Europa und das Meer, aus dem Franz. übers. von Ursula Scholz, München 1993, S. 72f.

D Die Kunst um 1300

Übersicht

um Die gotische Baukunst, Skulptur und Malerei entwickelten sich von einem französischen zu einem
1150– europäischen Kunststil. Ihr Ursprung war die Île de France.
um Ausgangspunkt des Sakralbaus der Gotik war die Kirche von St. Denis, die Grabstätte der französi-
1500 schen Könige, die der Abt Suger errichten ließ (ab 1140). In dieser Klosterkirche bildeten der Chorumgang und der Kapellenkranz eine Einheit. Wie Abt Suger schrieb, drang durch die Scheiben der neun Kapellen, die sich nach außen wie farbige Knospen öffneten, „wundervollstes Licht ein“ und erfüllte „das Innere mit Schönheit“ (De consecratione ecclesiae sancti Dionysii). Diese Lichtfülle (claritas) im Chor war für den Bauherrrn Suger wichtig, die Farbfenster der Kapellen kosteten ihm fast soviel wie der ganze Chor, und er opferte dafür viele Edelsteine. Denn „hell glänzt das edle Werk. Es soll die Herzen erhellen, damit sie durch diese Lichtfülle zum wahren Licht gelangen“[1]. In dieser Lichtsymbolik zeigte sich ein Wesenszug des gotischen Kirchenbaus. Bei der Weihe des Chors, die Suger mit dem König und den Bischöfen der Kirchenprovinz feierte, trug der König mit ihnen die Reliquien aus der Krypta in den Chor, wo sie in einem Schrein aus Gold und Edelsteinen ruhen sollten. Seitdem baute man in den Kirchen keine Krypten mehr, da sie ihre Bedeutung verloren hatten.

In der Zeit der Frühgotik baute man außer in St. Denis in Sens (ab 1140), in Noyon (ab 1150), in Laon ab 1160 und in Paris (ab 1163) Kirchen. In ihnen wurde bereits der Zug zu mehr Vertikalisierung, zu leichteren Baugliedern und zur Auflösung der Wände sichtbar. Bei den Kathedralen in Paris (1180–1200), Noyon (1185–1200) und Laon (1178–1204) gliederte man die Wand in vier Abschnitte auf: die Arkaden, die Empore, das Triforium und die Lichtgaden.

1180– Zu den namhaftesten Kathedralen der französischen Hochgotik zählten Chartres, deren Wieder-
1270 aufbau 1194 begonnen wurde, Reims (ab 1211) und Amiens (ab 1220). Sie wurden in der Zeit König Ludwigs IX., des Heiligen, erbaut und galten als beispielhaft für die Kathedralen in anderen Ländern. Dies betrifft vor allem folgende Stilmerkmale: Die „Durchsichtigkeit der Konstruktion, das Gerüsthafte und Stabförmige im Aufbau, die Vertikalisierung im Rauminnern und die weiten und hohen Dimensionen, die Doppelturmfassade und der dreigeschossige Wandaufriß (also ohne
um Empore), das vierteilige Kreuzrippengewölbe, dreischiffiges Querhaus und Chorumgang mit Ka-
1220 pellenkranz. Seit den Reimser Chorkapellen haben die Fenster Maßwerk und naturalistisch gestaltetes Blattwerk an Kapitellen und Gesimsen“[2].

Hand in Hand mit der Entwicklung des Sakralbaus in der Hochgotik bildete sich, vor allem an der Universität in Chartres, ein neues Selbstverständnis des Menschen in der Theologie und Philosophie heraus. Zudem bezog man die Theologie auf die Geometrie. Und wenn Gott in Miniaturen mit dem Zirkel als Architekt des Kosmos dargestellt wurde, so bedeutete dies, daß auch eine Kathedrale nach göttlichem Vorbild, d. h. nach mathematischen Gesetzen und geometrischen Figuren errichtet wurde. Der Baumeister der Gotik benützte für den Grund- und Aufriß seiner Kirche das Quadrat und das gleichseitige Dreieck.

14. Jh. Im 14. Jahrhundert baute man in Frankreich in einer großen Vielfalt von Formen und Typen Kirchen, und im Maßwerk setzte sich der Stil des Flamboyant (franz. flammend: langgezogenes, kur-
1370– vig-züngelndes Maßwerk) durch. Deshalb nannte man diese Spätphase der Gotik in Frankreich
1520 flamboyant.

In Deutschland begann die gotische Sakralarchitektur etwa 100 Jahre später als in Frankreich.

1235– In frühgotischer Zeit führte ein Meister der bedeutenden Straßburger Hütte den im romanischen
1250 Stil begonnenen Bau des Münsters in Freiburg i. Br. im neuen Stil weiter. Unter seiner Leitung baute er das Mittel- und die Seitenschiffe in der Art der entsprechenden Bauteile in St. Denis und Reims aus und sicherte das Gewölbe über dem Mittelschiff durch das Strebewerk nach außen so gut, daß es auch den Druckwellen beim Bombenangriff auf Freiburg im November 1944 nicht nachgab[3].

1 Zitiert bei Eduard Syndicus, Christliche Kunst des Mittelalters, Aschaffenburg 1962, S. 82.
2 Lexikon des Mittelalters, Bd. 1, München und Zürich 1980, Sp. 1645.
3 Wolfgang Hug, Das Freiburger Münster erzählt seine Geschichte, Freiburg 81988, S. 11.

1270– Der Turm des Münsters, der eine Höhe von 115 m erreichte, stellt einen kunstvoll durch Rippen
1350 und Maßwerk durchbrochenen Turmhelm dar. Wie in Freiburg wurde der zweigeschossige Aufbau der Wände ohne Triforium (Laufgang zwischen Arkaden und Obergadenfenstern) auch in folgenden Städten gewählt: in Trier (1235/40), in Marburg (1235–83), in Halberstadt, Magdeburg und Breslau.

1248 Den Kölner Dom, zu dem der Grundstein 1248 gelegt wurde, konzipierte man nach dem Muster
ab ca. der Kathedrale von Amiens. Dem auf romanischen Fundamenten errichteten Straßburger Münster
1230 lagen Baustrukturen von St. Denis (Langhaus) und von Chartres (Kreuzgewölbe, Engelspfeiler und
ab Fensterrosen) zugrunde. Die Westfassade des Münsters, die schon Goethe begeisterte, (Von deut-
1276 scher Baukunst 1773), war ein Werk des Meisters Erwin von Steinbach, nach seinem Tod leitete Meister Hans Gerlach die Arbeiten.

1350– Mit dem Auftreten der deutschen Baumeister- und Bildhauerfamilie der Parler setzte die deutsche
1520 Spätgotik oder Sondergotik ein. Die Parlers stammten aus Schwäbisch Gmünd, wo Heinrich P., der 1399 starb, als Baumeister den spätgotischen Chor der Heiligkreuzkirche errichtete.

Sein Sohn, Peter Parler, wurde von Kaiser Karl IV. nach Prag berufen, um nach dem Tod von Matthias von Arras den Bau des Veitsdoms weiterzuführen. Der von ihm errichtete Chor wurde 1385 geweiht, das Grabmahl Ottokars entstand 1377, und das Triforium des Doms stattete er mit
ab 21 Bildnisbüsten aus, darunter er selbst; auch der Bau der Prager Karlsbrücke geht auf ihn zurück.
1357 Nicht nur die Familie Parler, sondern auch die Prager Domhütte gewann an Ansehen bei französischen, italienischen und rheinischen Bauhütten. Prag wurde – neben Straßburg – zu einem Hauptzentrum der europäischen Gotik.

14. Jh. Dies galt nicht nur in der Architektur, sondern auch in der Skulptur. So gewann von der Prager Bauhütte aus der neu Stil des heiteren, individuellen Personenbildnisses, z. B. der Anna von Schweidnitz durch Peter Parler, im Abendland an Einfluß. Man begann allmählich Skulpturen von Zeitgenossen nicht mehr ausschließlich als Typus der Frömmigkeit zu gestalten, sondern neben Zügen des Idealismus, das Göttliche darstellend, zusehends auch naturalistische Züge, d. h. die Wirklichkeit, das Einmalige der Gesichtszüge einer Königin z. B., herauszuarbeiten. Dazu gehörte auch die sog. S-Linie, die in der Gestalt und im Gewand einer Frau die Bewegung, das Lebendige, Anmutsvolle, Heitere wiedergab. Dies war eine wichtige Vorstufe zur Kunst der Renaissance.

Einführung in die Arbeitsthemen

Die Gotik war eine gesamteuropäische Epoche. Sie ging von Frankreich aus und breitete sich im Norden nach England und Skandinavien, im Osten über das deutsche Reich bis nach Polen und Ungarn und im Süden nach Spanien und Italien aus.

Weil in der Gotik die Bereiche der Skulptur, der Malerei und des Kunsthandwerks von der Architektur ausgehen, spricht man deshalb von dem „Primat der Baukunst"[1].

Nun wäre es verfehlt, wollte man in der deutschen Kirchenbaukunst der Gotik einen einheitlichen Stil annehmen. Mit Recht kommt Norbert Nußbaum bei dieser Frage zum Schluß, daß die Epoche der gotischen Sakralarchitektur „kein System" hat, „sondern allenfalls eine Vielzahl von Systemen, die sich wechselseitig durchdringen und höchst eigenwillige Schöpfungen hervorbringen"[2].

Im einleitenden Text der folgenden Materialien und Themen ist Gelegenheit, Einblicke in die Theorie der Lichtmetaphysik als wesentliches Kennzeichen der gotischen Kathedrale zu gewinnen. Erst in einem Zusammenspiel von Wissenschaft und Architektur konnte diese Bauidee verwirklicht werden. Dabei ging man vom Weltall als Ganzem aus. „Der Kosmos galt in der Schule von Chartres als ein Bauwerk, das Gott mit einem System mathematischer Proportionen entworfen hatte"[3]. So sollte auch die Kathedrale, wenn man die Wände weitgehend durch Fenster ersetzte, zu einem „Abbild des Himmels"[4] werden. In diesem Zusammenhang bezeichnet Georges Duby die nach Robert Grossetestes optischer Theorie errichtete Kathedrale als „eine in Licht gewebte Geometrie"[5].

1 Louis Grodecki, Gotik, Stuttgart 1986, S. 20.
2 Norbert Nußbaum, Deutsche Kirchenbaukunst der Gotik, Köln 1985, S. 13.
3 Spiro Kostof, Geschichte der Architektur, Band 2, Stuttgart 1993, S. 312.
4 Vgl. Materialien I, Nr. 1   5 Vgl. Materialien II, Nr. 1 g

Aus der Fülle gotischer Kirchen boten sich das Straßburger Münster und der Veitsdom in Prag aus folgenden Gründen als Themen an: Straßburg hat, besonders auch in seiner Bauhütte, Brückenfunktion von Frankreich nach Deutschland. Und Prag sieht man in der Fachliteratur zutreffend als „Hauptzentrum der internationalen Gotik"[1] oder auch als „Drehscheibe der europäischen Kunst"[2] an, auf der französische, italienische und deutsche Bauideen ausgetauscht wurden.

Wie nun auf romanischer Basis der Ausbau der Kathedralen in Straßburg und in Prag unter der Leitung der Meister (Architekten) erfolgte und wie das Problem der in die Höhe gerückten Decken durch das Strebewerk außerhalb der Wände gelöst wurde, kann dabei erörtert werden. Die Technik, wie die hohen Decken in Kathedralen jahrhundertelang allen Erschütterungen von außen standhielten, ist beim damaligen Fehlen heutiger Statik[3] beachtenswert.

Beim Abschnitt über gotische Skulptur erhebt sich die Frage, wie Bildhauer, z. B. Peter Parler, imstande waren, ihre Personenbildnisse wirklichkeitsnah zu gestalten und dennoch ihre Transzendenz zum Ausdruck zu bringen: so bei den Gestalten im Triforium des Prager Doms.

Andere Zeugnisse weisen Peter Parler als Angehörigen der Architekten- und Bildhauerfamilie Parler aus, die sich in Europa durch ihr künstlerisches Schaffen auszeichnete.

Die Forschung, vor allem Günther Bindung[4], legt es dann nahe, in den Materialien außer den Bauhütten auch den mittelalterlichen Baubetrieb vorzustellen. Wie dabei Bauarbeiten technisch und organisatorisch, d. h. in der Rangordnung der Beschäftigten, bewältigt wurden, eröffnet Perspektiven aus zeitgenössischer Sicht.

Arbeitsthemen

Zu Abschnitt I

1. *Was unterscheidet im wesentlichen die gotische von der romanischen Kirche? Welche politischen Gründe ermöglichten den Aufschwung der Gotik in Frankreich, verursachten aber auch ihren Niedergang im 14. Jahrhundert? Welche „geistige Motivation" führte zum Bau von Kathedralen? Inwiefern war die gotische Kathedrale eine „geistige Kirche"? Was bedeutete die Acht in der Zahlensymbolik? Welche Widersprüche enstanden durch die Theorie, die Kathedrale sei ein Abbild des Himmels? (Nr. 1 a, vgl. im Abschnitt Romanik I, Nr. 3 a, S. 133)*
2. *An welchen Merkmalen ist eine gotische Kathedrale erkennbar? Was unterscheidet sie im wesentlichen von der romanischen Kirche? Welche Kennzeichen der Gotik finden sich beim Münster in Straßburg? (Nr. 1 b und c; im Abschnitt Romanik I, Nr. 3 a, S. 133; zum Straßburger Münster: Nr. II 1 a, b, c, f und g)*

Zu Abschnitt II

3. *Welchen Eindruck vom Bauwerk vermittelt die Silhouette des Straßburger Münsters dem Betrachter? Wieweit wich „ein deutscher Meister" bei der Errichtung des Langhauses von den Proportionen der französischen Gotik ab? Wie gestaltete Erwin von Steinbach die Westfassade aus? Wie führten die Nachfolger den Kirchenbau weiter? (Nr. 1 a und b)*
4. *Wovon war Goethe beim ersten Anblick der Westfassade fasziniert? Welches Vorurteil gegen die Gotik revidierte er im Gespräch, das der „große Werkmeister" mit ihm führte? Wie erläutert Norbert Nußbaum die Baukunst der Westfassade? (Nr. 1 c und d)*
5. *Wie interpretiert der Kunstgeschichtler Sauerländer die Haltung, das Gesicht, die Gesten, die Bewegungen und die Gewänder der beiden Gestalten? Auf welche Bibelstelle bezieht er die Synagoge? Wie wirken die beiden Skulpturen körperlich und in ihrer Stimmung auf den Betrachter? Nach einer anderen Interpretation werden Ecclesia und Synagoge als „Bräute Christi" bezeichnet. Nach Sauerländer bedeuten sie „die szenisch dramatische Zuspitzung des Gegensatzes zwischen triumphierender Kirche und dem überwundenen Glauben des Judentums". Wie kann dieser Widerspruch bei der Deutung der beiden Statuen diskutiert werden? (Nr. 1 e (1) und (2))*

1 Gottfried Biedermann, Internationale Gotik in Mitteleuropa, hrsg. von Götz Pochat, Graz 1991, S. 23.
2 Gottfried Biedermann, a. a. O., S. 174.
3 In der Bautechnik Berechnung der Belastung eines Bauwerkes und der Kräfte, die auf Bauteile von innen und außen einwirken, um Veränderungen der Form von Bauteilen zu beurteilen; heute mit Hilfe von Computern.
4 Baubetrieb im Mittelalter, Darmstadt 1993.

6. *Welche Baustruktur weist das Langhaus auf? Wie bezog sich die Architektur des 13. Jahrhunderts auf die Optik Robert Grossetestes? Inwiefern bemühte sich die Kathedrale um die „Klarheit der scholastischen (siehe Komment. Reg., S. 267 f.) Beweisführung"? Wodurch wurde sie zu „einer in Licht gewebten Geometrie"? Auf welche Weise führte sie dem „Volk ... die Theologie der Kirche vor Augen"? (Nr. 1 f und g)*
7. *Was bezweckte Karl IV. mit dem Neubau seiner Residenz und mit der Errichtung des Doms? Was war der Dom ursprünglich? Wofür bestimmte ihn der Kaiser? Welche Ideen realisierte Matthias von Arras beim dreiteiligen Aufriß des Baus? Wodurch erfuhr dessen Bauplan durch Peter Parler tiefgreifende Veränderungen? (Nr. 2 a und b)*
8. *Wie wurden die Strebepfeiler konstruiert? Welche Funktionen haben sie für den Innenraum? Worauf ruhte die Gewölbelast in der romanischen Kirche? Wodurch erzielte die gotische Kirchenarchitektur „eine Auflösung" der „statischen Geschlossenheit des" romanischen „Baukörpers"? Welchem Zweck dient die Verdrängung der „Wandmassen" durch „größere Fensterflächen"? Warum wurden farbig gedämpfte Fenster entwickelt und verwendet? (Nr. 2 c und d)*
9. *Warum werden in den Skulpturen der vier Frauen sakrale und profane Züge miteinander verbunden? Worin zeigt sich das neue Verständnis der Frau? Inwiefern können der Veitsdom und der Karlstein als Ausgangspunkte des neuen Frauenbildnisses gelten? (Nr. 2 e (1) und (2))*
10. *Woher leitet sich nach dem Text der Name „Parler" ab? Was ist über die Vorfahren Peter Parlers zu erfahren? Wieweit inspirierte ihn bei den Bauarbeiten am Veitsdom das Vorbild Köln, wieweit realisierte er eigene Ideen? Welche weiteren Aufträge erteilte ihm der Kaiser? Was hat die Liebfrauenkirche in Nürnberg mit der Heilig-Kreuz-Kirche in Schwäbisch Gmünd gemeinsam? (Nr. 3 a) Welche Züge prägen das Gesicht Peter Parlers? Was für ein Selbstverständnis des Architekten und Bildhauers spricht aus ihm? Welchen Aufschluß über das Selbstbildnis Peter Parlers geben die beiden Erläuterungen? (Nr. 3 b, c, d)*
11. *Wie kamen Städte in den Genuß von Einkünften der Grundherrschaft? Welcher Zusammenhang zwischen der Arbeit der Bauern und dem Bau der Kathedralen ergibt sich aus dem Text? Wie wird dies beim Bau von Kathedralen sichtbar? (Nr. 4)*

Zu Abschnitt III

12. *Was ist über eine „Hütte" in den Anfängen bekannt? Wovon hing später der organisatorische Aufbau einer Bauhütte ab? Wodurch unterschied sich die Straßburger Bauhütte in ihrer Organisation und Leitung von anderen? Wie war eine Bauhütte personell gegliedert? Welche Arbeitskräfte gab es in Straßburg? Mit welchen Alltagsproblemen befaßten sich die Bauhütten? Wie wurden Rechnungsbücher im Bauwesen geführt? (Nr. 1)*
13. *Wie waren die Lohnkosten in Bauhütten abgestuft? Nach welchem Modus erfolgte die Bezahlung der Steinmetzen? Wie war die Arbeitszeit geregelt? Wieviel tägliche Arbeitszeit und wieviele Arbeitstage im Jahr ergaben sich aus der Freiburger Aufstellung? Was konnte sich ein Werkmeister nach Schätzungen mit seinem Lohn erwerben? Für welche Fälle zahlten Steinmetzen Beiträge in die sog. „Büchse" ein? (Nr. 2)*
14. *Über welchen Unfall am Bau berichtet der Text? Welche Schutzmaßnahmen trafen die Bruderschaften dagegen? Wieviel täglichen Arbeitszeiten stand für Gesellen ein arbeitsfreier Sonntag gegenüber? Welche Forderung wurde bei Zahlungen von Geld an Kranke erhoben? Für welche Kosten kamen die Bruderschaften und die Bauhütten bei einem Todesfall auf? Welche Vorsichtsmaßnahmen sollten Unfälle und gesundheitliche Schäden der Arbeitskräfte am Bau verhindern? (Nr. 3)*
15. *Was ist auf dem Bild über die einzelnen Bauarbeiten zu sehen? Womit sind die Handwerker und Arbeiter beschäftigt? Welche Werkzeuge benützen sie? Wie wird das technische Problem des Transportierens von Baumaterialien gelöst? (Nr. 4)*

I Charakteristika des gotischen Sakralbaus

a) Unterschiede der romanischen und gotischen Kirche

Ein wesentlicher Unterschied zur vorhergehenden romanischen Zeit besteht darin, daß die gotische Kathedrale die romanische Auffassung vom starren, aus lastendem Material gefügten Bau aufgibt. Sie wandelt ihn zu etwas Abstrakterem, zu einem bis ins Ungewisse Aufstrebenden, indem sie glauben macht, die Materie auflösen und in einem Gliederbau verschleifen zu können. Der insbesondere am Querschnitt erkennbare Unterschied in den Maßen wie in der Konstruktion einer späten hochgotischen Kathedrale und einer romanischen Basilika läßt in einprägsamer Weise die bauliche Entwicklung dieses Zeitraumes deutlich werden.
Der Innenraum wird in Teile „dividiert", er löst sich im Gegensatz zum „additiven" romanischen Raum in ein System von Kraftlinien auf.
Die Bilder auf den romanischen Wänden werden zu diaphanen[1] farbigen Fensterflächen zwischen dem Skelett der Konstruktion: sie steigen gleichsam ins Unendliche auf.
Bei vergleichender Betrachtung romanischer und gotischer Architektur stellt sich ebenso die Frage nach dem Beweggrund für einen derartigen Wandel der Bauauffassung wie die Frage nach der diesem Wandel zugrunde liegenden Idee.
Die Kathedrale verkörpert ein Gemeinschaftswerk der Zeit. In Frankreich ist die enge Bindung des Königshauses an die Kirche wegen des Macht- und Mittelhintergrundes von großer Bedeutung. St. Denis bildet die Grablege, Reims die Königskirche der französischen Könige.
Während der französische König (als erster Philipp II. Augustus, 1180–1223) mit der Einigung seines Landes die Voraussetzung für einen auch zum Bauen notwendigen materiellen Aufschwung erreicht, verhindert demgegenüber in Deutschland der Streit zwischen Kaiser und Papst eine derartige Zentralisierung und bringt das Land in weitgehende Abhängigkeit von seinen Nachbarn. Außerdem ist die Geschichte Frankreichs im Mittelalter eng mit derjenigen Englands verknüpft. Ein politisch derart stabilisierter Raum macht die Entwicklung der gotischen Kathedrale möglich. Schließlich lassen der Niedergang des Papsttums während des babylonischen Exils in Avignon, das Erstarken des Bürgertums gegenüber der königlichen Zentralgewalt und die große Hungersnot 1315–1317, gefolgt von der erbarmungslosen Pestepidemie 1340–1350, die Kraft und Begeisterung zum Kathedralenbau erlahmen: angefangene Bauten bleiben unfertig liegen (Straßburg, Beauvais, Köln).
Wichtig ist aber die geistige Motivation zum Kathedralenbau. Sedlmayr[2] nennt aufgrund mittelalterlicher Literatur die Kathedrale ein „Abbild des Himmels". Nach ihm liegt der eigentliche Sinn der Kathedrale als sichtbare Erscheinung im Transzendenten. Die Kathedrale sei einerseits eine menschliche Schöpfung, zum anderen eine Vision symbolischen Charakters. Die Offenbarung des Johannes und apokryphe Schriften[3] zeigten die Himmelsstadt und den himmlischen Thronsaal auf, sie setzten das Himmlische Jerusalem mit dem Abbild der Kirche gleich. Jerusalem gelte gleichsam als das neue Paradies. Auch die frühchristlich-romanische Kirche wolle Abbild des Himmlischen Jerusalem sein. Vorbild der frühchristlich-romanischen Zeit sei dagegen die römische Stadt.
Die gotische Kirche ist Sedlmayr zufolge eine „geistige" Kirche, gestützt auf die Apokalypse; sie erfordert eine neue Liturgie; der Bau selbst erlebe seine Entmaterialisierung.

1 durchscheinend
2 Hans Sedlmayr, Die Entstehung der Kathedrale, Zürich 1958.
3 nicht im Kanon der Biblischen Schriften enthaltene, aber ihr ähnliche Schriften im Alten Testament

In der Romanik werde die Kirche durch die Lichtkronen in der Gestalt des Himmlischen Jerusalem ausgeleuchtet. Die gotische Kathedrale dagegen leuchte aus sich heraus. Sie stelle den Himmel dar, hebe sich aus dem Irdischen heraus: „In ihr habe somit auch die „Unterwelt“ in Gestalt der Krypta keinen Platz mehr (letztere werde folglich im gotischen Kirchenbau aufgegeben).
In der zeitgenössischen Literatur finden sich genügend Belegstellen für das Herabschweben und die Vereinigung der unsichtbaren mit der sichtbaren Kirche, der überirdischen mit der irdischen Architektur.
Zur vielschichtigen Symbolik der gotischen Kathedrale gehören als Einheit auch Musik und Liturgie.
In der Zahlensymbolik dominiert die Zahl 8 (auch die Reichskrone war achteckig), wobei sich die Acht auf die acht Töne der Oktave bezieht.
Prim bedeutet Seligkeit. Der achte Ton ist den Greisen – ernst und angenehm – zugeordnet; mit ihm berührt sich Irdisches mit dem Jenseitigen. In den Baldachinen und Taufkirchengrundrissen kehrt die Acht wieder.
Indem das Himmlische in die Kathedrale eingeschlossen und das Kakodämonische[1] in die äußeren dunklen Zonen verbannt ist, scheint durch eben diese scharfe Trennung des Himmlischen vom Höllischen die Gleichung vom Abbild des Himmels und der Hölle an der gotischen Kathedrale aufzugehen. Doch bleiben nach Sedlmayr Antinomien[2] der Kathedrale:
so lassen sich zwei Altäre in der Achse der Kirche liturgisch wie künstlerisch nicht klären, denn im Himmel sind zwei Altäre nicht möglich;
auch der Lettner[3] ist Störung des künstlerischen Konzepts, denn der Himmel kann nicht geteilt werden.
Für uns läßt sich die Kathedrale nicht mehr wie ehedem aus Philosophie, Religion und Symbolik deuten. Keinesfalls kann man Gotik nur als einen von Spitzbogen und Rippengewölbe bestimmten Baustil erklären, geben doch Gläubigkeit und Mystik der Kathedrale sinnliche Gestalt durch Transformierung![4]

Aus: Die Architektur des Mittelalters, hrsg. von Martin Grassnick, Braunschweig, Wiesbaden 1982, S. 67 f.

b) Grundriß einer gotischen Kathedrale

Grundriß einer gotischen Kathedrale:
1 Mittelschiff
2 Seitenschiffe
3 Vierung
4 Querhausarme
5 Chorraum
6 Apsis im Osten

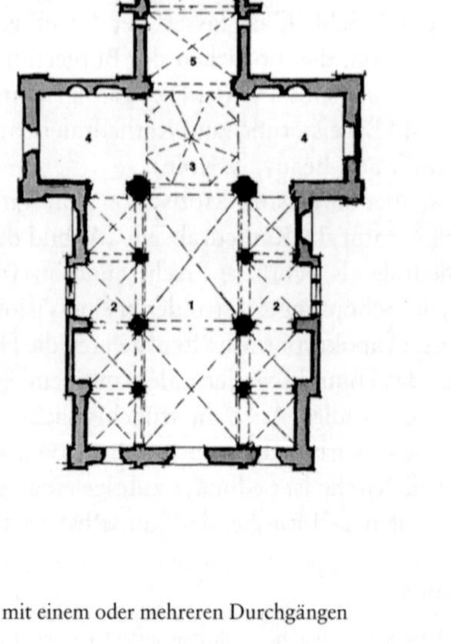

1 Das böse Dämonische
2 Widersprüche
3 Schranke zwischen Chor (für Priester) und Schiff (für Laien) mit einem oder mehreren Durchgängen
4 Umwandlung

c) Kennzeichen der gothischen Kathedrale

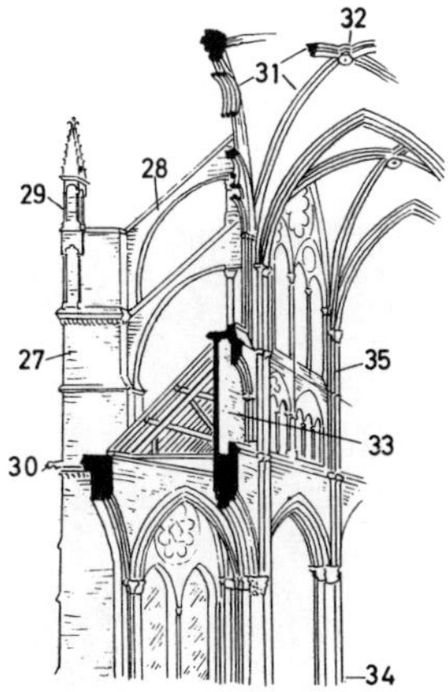

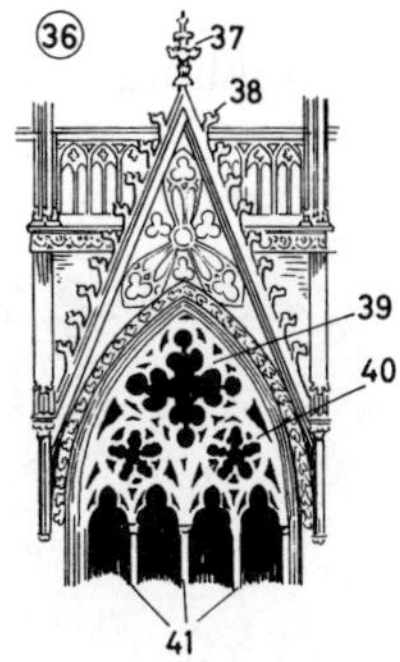

22 *die gotische Kirche [Westwerk, Westfassade, ein Münster:*
23 *die Rosette (Fensterrose)*
24 *das Kirchenportal, ein Gewändeportal*
25 *die Archivolte*
26 *das Bogenfeld (Tympanon);*
27–35 *das got. Bausystem,*
27 *u.* 28 *das Strebewerk*
27 *der Strebepfeiler*
28 *der Strebebogen (Schwibbogen);*
29 *die Fiale (das Pinakel), ein Pfeileraufsatz*
30 *der Wasserspeier*
31 *u.* 32 *das Kreuzgewölbe:*
31 *die Gewölberippen f (Kreuzrippen)*
32 *der Schlußstein (Abhängling);*
33 *das Triforium (der Laufgang)*
34 *der Bündelpfeiler*
35 *der Dienst*
36 *der Wimperg (Ziergiebel):*
37 *die Kreuzblume*
38 *die Kriechblume (Krabbe)*
39–41 *das Maßwerkfenster, ein Lanzettfenster,*
39 *u.* 40 *das Maßwerk:*
39 *der Vierpaß*
40 *der Fünfpaß*
41 *das Stabwerk*

II Kirchenbau der Gotik

1. Straßburger Münster

a) Silhouette

Straßburgs Wahrzeichen ist die unverwechselbare Silhouette seines Münsters. Zwei Türme waren geplant, aber nur einer wurde ausgeführt. Viele Generationen arbeiteten am riesigen Bau. Ein Teil der Krypta wurde um 1015 errichtet, Meister Erwin von Steinbach arbeitete von 1284 bis 1318 an der Westfassade. Der Turm, 1399 begonnen, wurde erst 1439 zu Ende geführt.

b) Baustufen

Hier ließ ein deutscher Meister, der in St. Denis die modernste Gotik gesehen hatte, den dunklen romanischen Chor mit dem großen Querhaus stehen, weil er die Kraft der bergenden Mauern schätzte, und nahm von der alten Anlage auch die Proportionen für das gotische Langhaus. Es wurde breiter und niedriger als alle französischen ... In Straßburg hatten die Bürger nach einem Streit mit dem Bischof die Verantwortung für den Bau übernommen. Tatkräftig vollendeten sie in 25 Jahren das Langhaus. 1277 begann ein Meister Erwin – später von Steinbach genannt – den Bau der Fassade. Von den zwei erhaltenen Plänen dürfte der zweite, der Riß B, von ihm stammen. Er wagte für den Außenbau das Kühnste und Letzte. Was es bisher im geschützten Innenraum an dünnen Diensten und Fensterrippen gegeben hatte, das spannte er draußen wie Harfensaiten frei vor das Mauerwerk und ließ es in spitze Maßwerkgiebel münden, hinter denen wieder neue Vertikalen hervortreiben. Überwundene Materie wird zu tausendfachem Hochdrang. Erwins Nachfolger haben seinen Plan schon vom zweiten Geschoß an verändert ... Müde des Bauens schloß man 1365 die freien Turmgeschosse durch ein Verbindungsstück zu einer ragenden Schildmauer zusammen. Aber schon die nächste Generation verlangte nach einem hohen Wahrzeichen über die Rheinebene hin. So baute Ulrich Ensinger aus Ulm das kunstvolle Achteck mit den vier freistehenden Ecktürmen. Sein Nachfolger Johannes Hültz aus Köln krönte es mit einem noch kühneren Gebilde: acht Rippen, die aus je sechs Treppentürmchen bestehen, wachsen zur Spitze zusammen, die ein Marienbild trägt (1439). Wenn die Franzosen im Verzicht auf die Turmhelme sowohl ihren Sinn für das klassische Maß bewiesen als auch die Unerfüllbarkeit des gotischen Himmelsdranges andeuteten, so lockte es die Deutschen, gerade das Äußerste zu versuchen. Die geplanten Türme von Köln, Ulm und besonders Regensburg, die gebauten von Straßburg, Freiburg und Wien strecken sich hoch und steil dem göttlich Grenzenlosen entgegen und öffnen sich ihm in den durchbrochenen Turmhelmen so sinnfällig, wie keine andere Epoche der Kunst es gestalten konnte.

Aus: Eduard Syndicus, Christliche Baukunst des Mittelalters, Aschaffenburg 1962, S. 130f.

c) Hauptportal und große Rosette

d) Die Wirkung der Westfassade auf Goethe und den Betrachter heute

Die 1277 begonnene Westfassade des Straßburger Münsters war kein geringeres Unternehmen als der Kölner Domchor. An dieser Aufgabe maßen sich bis zur Vollendung des Nordturms 1439 ein erster, namentlich nicht bekannter Meister, der den berühmten Riß B schuf, Erwin von Steinbach, Erwins Sohn Johannes, ein Meister Gerlach, Michael von Freiburg, Ulrich von Ensingen und Johannes Hültz aus Köln als bauleitende Architekten. Die beeindruckende Gliederfülle dieses großen Fassadenkörpers schärfte Goethes Urteil[1] über eine Ästhetik, die dem klassisch-humanistisch Gebildeten zunächst fremd geblieben war: „Nicht gescheiter als ein Volk, das die ganze fremde Welt barbarisch nennt, hieß alles gotisch, was nicht in mein System paßte, von dem gedrechselten, bunten Puppen- und Bilderwerk an, womit unsre bürgerlichen Edelleute ihre Häuser schmücken, bis zu den ernsteren Resten der älteren deutschen Baukunst, über die ich, auf Anlaß einiger abenteuerlichen Schnörkel, in den allgemeinen Gesang stimmte: ‚Ganz von Zierat erdrückt.' und so graute mir's im Gehen vorm Anblick eines mißgeformten brausborstigen Ungeheuers. Mit welcher unerwarteten Empfindung überraschte mich der Anblick, als ich davor trat! Ein ganzer großer Eindruck erfüllte meine Seele, den, weil er aus tausend harmonisierenden Einzelheiten bestand, ich wohl schmecken und genießen, keineswegs aber erkennen und erklären konnte ... Da offenbarte sich mir, in leisen Ahnungen, der Genius des großen Werkmeisters. Da staunst du, lispelt' er mir entgegen. Alle diese Massen waren notwendig, und siehst du sie nicht an allen älteren Kirchen meiner Stadt? Nur ihre willkürliche Größen habe ich zum stimmenden Verhältnis erhoben. Wie über dem Haupteingang, der zwei kleinere zu'n Seiten beherrscht, sich der weite Kreis des Fensters öffnet, der dem Schiffe der Kirche antwortet und sonst nur Tageloch war, wie hoch drüber der Glockenplatz die kleineren Fenster forderte! Das all war notwendig, und ich bildete es schön."

An dieser Laudatio überrascht am meisten, mit welchem Nachdruck Goethe seinen Meister Erwin von der Notwendigkeit berichten läßt, mit der sich alle bislang „willkürlichen Größen" zum „stimmenden Verhältnis" gefügt hätten. In der Tat fordert die Straßburger Fassade zum Vergleich mit dem in Köln Erreichten heraus, und der Eindruck eines normativen, zusammenfassenden Stils drängt sich hier nicht minder auf. Was sich Goethe aus „tausend harmonisierenden Einzelheiten" formte, die ihm in ihrer Vielfalt unbeschreiblich schienen, ist auch nach 200 Jahren Forschungsgeschichte nur mühsam in Begriffe zu fassen. Für das 13. Jahrhundert zählen allein die Portalzone und das um 1340 von einer umlaufenden Galerie abgeschlossene, wohl ebenfalls von Erwin erbaute Rosengeschoß. In dieser unteren Partie der Fassade bereiten schmale, von Maßwerkblenden und offenen Tabernakeln übergliederte Strebepfeiler eine strenge Feldteilung vor. Die drei Portalwände, die große Rose und die seitlichen Fensterwände der Türme sitzen paneelartig[2] flach zwischen den Zungenmauern der Pfeiler. Vor dieser rückwärtigen, in großen Partien unbehandelten Fläche spannt sich wie ein durchbrochener Schleier ein Maßwerkgespinst, das den Wandgrund nur halb verhüllt – ein ‚Harfenmaßwerke' saitendünner Stäbe, teils dicht an dicht gereiht, teils loser verbunden, Feld für Feld zwischen den Strebepfeilern ausgrenzend und Kontrastwirkungen erzeugend.

Aus: Norbert Nußbaum, Deutsche Kirchenbaukunst der Gotik, Entwicklung und Bauformen, Köln 1985, S. 72f.

1 In seiner Schrift „Von deutscher Baukunst" 1773
2 Paneel: aus senkrechten Feldern zusammengesetzte Wandbekleidung

e) Ecclesia und Synagoge (Südportal des Straßburger Münsters, um 1220–1230)

(1) Statuen

(2) Erläuterungen

Die Personifikation der Ecclesia entspricht dem im Hochmittelalter üblichen Typus. Sie ist eine hoch aufgeschossene weibliche Gestalt in langem, gegürtetem Gewand und weitem Mantel, die auf dem Haupt eine Krone trägt. Ihre Rechte umgreift die Kreuzesfahne, die Linke hält den Kelch. Ihre Haltung ist triumphierend aufgerichtet, der Mund offenbar im Sprechen leise geöffnet. Die Synagoge ist dagegen, wie auch anderwärts, mantellos gegeben. Ihre Krone ist vom Haupt geglitten und zu Boden gestürzt. Die Lanze mit der Fahne ist zerbrochen, und der Linken entfallen die Tafeln, auf denen das Gesetz des Alten Bundes aufgezeichnet war. Sie ist mit verbundenen Augen dargestellt, denn sie hat den Erlöser nicht erkannt. Besiegt wendet sie sich ab und beugt in einer pathetisch niederbrechenden Bewegung das Haupt. Dieses im Hochmittelalter verbreitete Bild der Synagoge geht von einer Jeremiasstelle aus: „Die Krone unseres Hauptes ist abgefallen. O weh, daß wir so gesündigt haben! Darum ist auch unser Herz betrübt, und unsere Augen sind finster geworden“ (Klgl. 5, 16f.).
Statuenpaare, welche Ecclesia und Synagoge vorstellen, gibt es in der Skulptur des 13. Jh. nicht selten. Das Thema ist alt, es wird aber seit dem 12. Jh. häufiger dargestellt …
Die Straßburger Darstellung unterscheidet sich von allen Ecclesia-Synagoge-Gruppen in der monumentalen Skulptur durch die szenisch dramatische Zuspitzung des Gegensatzes zwischen triumphierender Kirche und dem überwundenen Glauben des Judentums …
Die schlanken Figuren sind in fließenden Gewändern aus leichten, durchscheinenden Stoffen gezeigt. Der Eindruck gesteigerter Lebendigkeit wird durch prononcierte, von heftigem Affekt zeugende Bewegungen hervorgerufen: Drehungen des Körpers, Abbiegen der Gelenke. Zu der Zartheit der Körper steht das Flammende oder tragisch Gebrochene des Ausdrucks in einem pointierten Gegensatz. Technisch gesehen, zeugen die beiden Figuren mit den tief unterschnittenen Falten, den frei ausgearbeiteten Locken von einer ungewöhnlich virtuosen Meißelarbeit. Zusammen mit den anderen Bildwerken am Straßburger Südquerhaus, die freilich nicht durchweg von gleichem Rang sind, sind sie die frühesten Zeugnisse der neuen gotischen Skulptur am Oberrhein. Die Werkstatt war sicher in Frankreich geschult, vermutlich in Sens und Chartres. Sie steht ganz im Schulzusammenhang der antikisierenden Strömung des beginnenden 13. Jh. Als Datum kommt das dritte Jahrzehnt in Frage.

Aus: Die Zeit der Staufer, a. a. O., S. 322f.

f) Das Langhaus des Straßburger Münsters

Das Langhaus ist 32 Meter hoch, seine Breite 33 Meter, Seitenschiffe inbegriffen; man bemerkt einen geöffneten Laubengang, der dritte in der Reihe nach demjenigen der Kathedrale zu Saint Denis.

g) „Eine in Licht gewebte Geometrie"

Die Optik Robert Grossetestes[1] mündete in einem *Traktat über die Linien, die Winkel, die Figuren, die Spiegelung und die Lichtbrechung.* Das heißt, sie lief auf eine Geometrie, auf die Geometrie der architektonischen Aufrisse hinaus. Von ihr bezog die Architektur des 13. Jahrhunderts ihre strahlende Strenge. In ihr spiegelten sich die neuen Strömungen des Wissens, die die Fakultät der freien Künste verbreitete. Die Kathedrale ist nicht mehr so rhetorisch, weniger um Gefälligkeit bemüht; sie sorgt sich eher um eine dialektische Analyse der Strukturen. Sie strebt nach der Klarheit der scholastischen Beweisführung. Ihre Formen entsprangen dem Geist jener gelehrten Geistlichen, die sich das ganze Jahr damit beschäftigten, die Waffen ihres Verstandes zu schärfen, um bereit zu sein für die großen Osterturniere mit ihren vielseitigen Disputen und spitzfindigen Denkgefechten. Der Baumeister bedient sich derselben Vorgehensweisen wie sie; er isoliert homologe Teile durch Dissoziation[2], zerlegt diese Teile nochmals, um sie anschließend logisch zu gruppieren. In der Vertikale entwickelt die Kathedrale ein überzeugendes Intelligenzspiel, eine in Licht gewebte Geometrie.

Sie zeigt Ornamente, die keineswegs auf ihre Anmut hin ausgewählt wurden. Sie führen dem Volk vielmehr die Theologie der Kirche vor Augen. In der Haltung des Eroberers, wie eine Bekräftigung der Macht inmitten der Gassen der Stadt, werden all diese Bilder dargeboten. In Reims und in Amiens sind die Statuen aus ihren Nischen herausgetreten. Sie rücken vor, um sich den Gläubigen wie eine stumme Predigt von den Werten des Priesteramtes darzubieten. Diese Figuren verherrlichen die Mission aller Geistlichen, aller Lehrer, aller Priester, die das Brot und den Wein weihen, die Mission des Bischofs und die des Inquisitors.

Aus: Georges Duby, Die Zeit der Kathedralen, Kunst und Gesellschaft 980–1420, Frankfurt 1980, S. 254f.

1 Physiker, Wissenschaftler in Oxford, Lehre: Gott ist Licht, menschliches Wissen ist spirtualisierte Ausstrahlung des göttlichen Lichts

2 Trennung

2. Veitsdom in Prag

a) Außenansicht

b) Die spätgotische Ausgestaltung
(Symbol der Herrschaft Kaiser Karls IV.)

Auf der anderen Seite des Flusses,[1] hoch über der Stadt, ließ er den Neubau der eigenbefestigten Residenz errichten; in ihrer Mitte wuchs der Dom empor, dessen Südseite das gesamte Gemeinwesen beherrschen sollte. Mit diesem städtebaulichen Vorhaben wollte der Kaiser mit den größten Beispielen der Antike konkurrieren.

1 Moldau

Der Veitsdom sollte die Politik des Kaisers verherrlichen und sie in einem innerhalb der Christenheit einzigartigen ikonographischen Programm zur Anschauung bringen. Er ist aus einer herrschaftlichen Eigenkirche hervorgegangen, was seine Lage innerhalb des Schloßbezirks erklärt, und er sollte den Leichnam des heiligen Wenzel bergen, eines 929 von seinem Bruder ermordeten Herzogs von Böhmen. Er wurde erzbischöflicher Sitz, bevor Karl IV. ihn auch zur Krönungskirche, zur Grablege seiner Familie und zum Aufbewahrungsort der böhmischen Kroninsignien bestimmte. Um dieses umfassende Vorhaben zu verwirklichen, berief Karl einen Baumeister, dem er in Avignon begegnet war, Matthias von Arras, der den Plan der Kathedrale entwarf und 1346 mit den Arbeiten begann, jedoch bereits 1352 verstarb. Es ist nicht daran zu zweifeln, daß die allgemeinen Richtlinien vom Herrscher selbst diktiert waren, der einen für die Zeit und die Landschaft außergewöhnlichen Grundriß mit Chorumgang und Kapellenkranz sowie die Einbeziehung der Wenzelskapelle vorschrieb (10 × 10 m), die auf der Südseite zwischen Querhaus und Chor vorspringt. Der dreiteilige Aufriß folgt einem französischen Konzept. Matthias von Arras hat sich die eben errichteten südfranzösischen Kathedralen von Narbonne und Toulouse zum Vorbild genommen. Die Stützenform, die Steilheit der Arkaden und das wahrscheinlich blind entworfene Triforium sowie die durch die Horizontale des Kapellenkranzes klar definierte Massenverteilung am Außenbau erinnern an diese Architektur. Bei seinem Tod hinterließ Matthias von Arras einen gerade begonnenen Bau. Die Arkaden waren nicht alle hochgezogen. Karl IV. berief daraufhin einen jungen, dreiundzwanzig Jahre alten Baumeister, Peter Parler, der unter der Leitung seines Vaters am Chor des Heiligkreuzmünsters von Schwäbisch Gmünd tätig war. Dieser änderte den Aufriß seines Vorgängers von Grund auf, der, dem französischen Jochsystem verhaftet, ihn mit einer kräftigen Vertikalgliederung hatte versehen wollen. Durch die Kappung dieser Tendenz, die Belichtung des Triforiums und das Einziehen eines nicht mehr jochweise kompartimentierten,[1] sondern vereinheitlichten Gewölbes schuf er einen neuen Innenraum. Das Triforium ist als leuchtendes Horizontalband konzipiert, dessen Gesims durch Schrägen mit den Diensten verbunden ist. Die Wölbung entspricht diesem Konzept: die Gurtbögen[2] sind durch Flechtrippen ersetzt. Das Ergebnis ist ein Einheitsraum, in dem das Licht Hell-Dunkel-Effekte hervorruft. Der Baumeister hatte in der Wenzelskapelle, die Matthias nicht mehr hatte erneuern können, freie Hand: ein Horizontalgesims ist über die Wände gezogen, und die reich profilierten Rippen steigen übergangslos aus den Vorlagen empor. Im Turmgewölbe strahlen Radialrippen von einem Scheitelkranz aus. Die der Stadt zugewandte südliche Eingangsfront schließlich erhielt mit ihrer Vorkragung[3], ihren drei Öffnungen und ihrem Doppelportal, dessen Mittelpfeiler vorgezogen ist, eine bemerkenswerte Betonung. Sie hat zwei flankierende Strebepfeiler, die mit der Wand verschmelzen, und ist mit einem großen Mosaik des Jüngsten Gerichts verziert, das auf Wunsch des Kaisers ein venezianisches Vorbild wiederholt.

Diese neue Raumform, die in der Architekturentwicklung des Reichs entscheidend werden sollte, geht auf Heinrich Parler zurück, den Vater Peters, der seit 1351 den Chor des Heiligkreuzmünsters in Schwäbisch Gmünd errichtete. Dieser ist als Hallenchor konzipiert; Rundstützen tragen das mit einem dichten Rippennetz überzogene – spätere – Gewölbe und sorgen für eine freie Raumentfaltung. Ein Gesimsband, das jeweils über den Strebepfeilern hochgeschürzt ist, faßt die Außenwand zusammen und bildet eine Zäsur zwischen den beiden Geschossen.

Aus: Alain Erlande-Brandenburg, Triumph der Gotik 1260–1380, München 1988, S. 332 und 337.

1 abteilen
2 Unter einem Gewölbe angebrachte Querbogen, die sowohl der Verstärkung als auch der Gliederung dienen
3 Mauervorsprung

c) Strebepfeiler am Ostchor

Prag, Strebepfeilersystem am Ostchor des Veitsdomes (um 1356–85)

d) Das Kreuzrippengewölbe und das System der Strebepfeiler

Das Kreuzrippengewölbe erlaubte eine Ausdehnung der Bewegungsrichtung des Baukörpers in die Senkrechte. Hier liegt einer der wesentlichen Unterschiede zwischen der gotischen und der romanischen Baukunst: Wird bei romanischen Kirchenbauten die schwere Gewölbelast gleichmäßig von massigen Mauern aufgenommen – ein mächtiger, in sich ruhender, in die Waagerechte gerichteter Außenbau und glatte Wandflächen sind hier charakteristisch – so erzielt die Baukunst der Gotik eine Auflösung dieser statischen Geschlossenheit des Baukörpers: Der Außenbau wird reich gegliedert durch dekorative Einzelformen (Strebewerk mit Fialen und Wimpergen), im Innenraum werden die Wandmassen zugunsten größerer Fensterflächen verdrängt – weitaus mehr Licht gelangt dadurch in das Kircheninnere. Bisweilen sind die Fenster gotischer Kathedralbauten so breit, daß sie von einem Gewölbejoch zum nächsten reichen.
Der Einfall des hellen Tageslichts durch die hohen und breiten Fenster erschien den Baumeistern vermutlich „zu weltlich“. Um die Beleuchtung angemessen zu gestalten, wurden die Buntglasfenster entwickelt, die das Licht farbig gedämpft in den Kircheninnenraum eindringen lassen.

Aus: Eva Howarth, DuMonts Schnellkurs ‚Architektur‘, Von der Antike bis zur Postmoderne, Köln ²1993, S. 106

e) Triforiumsskulptur im Veitsdom in Prag(von Peter Parler)
(1) Frauenbildnisse

*Elisabeth von Pommern * 1347 ∞ 1363, † 1393, vierte Gemahlin Karls IV.*
*Blanche von Valois * 1316 ∞ 1323, † 1348, erste Gemahlin*

*Anna von der Pfalz * 1329 ∞ 1349, † 1353, zweite Gemahlin*
*Anna von Schweidnitz * 1339 ∞ 1353, † 1362, dritte Gemahlin*

2) Kommentar des Bildnisses Annas von Schweidnitz
(Das neue Frauenbild)

Um die Wurzeln der Internationalen Gotik zu finden, muß man an mehreren Stellen suchen, wobei die Kunst selbst nicht Auskunft über die eigentlichen Ursachen und Beweggründe gibt, die die ganze Stilbewegung in Gang gesetzt haben. Es ist zweifellos ein Irrtum zu glauben, daß Künstler es waren, die als erste hier initiativ wurden. Zwei Ansatzpunkte, die wahrscheinlich denselben Ausgang nahmen, sind ins Auge zu fassen und könnten für die Kunst um 1400 entscheidend gewesen sein. Es überrascht nicht, im Veitsdom und in Karlstein gerade das Frauenbildnis in neuer Art formuliert zu sehen, das charakteristischerweise sakrale und profane Merkmale in sich trägt. Eine Schlüsselstelle sozusagen ist die vor 1380 entstandene Triforiumsbüste der Anna von Schweidnitz, der dritten Gemahlin des Kaisers – vielleicht ein Bildwerk Peter Parlers. Für K. M. Swoboda stellte gerade dieses Bildwerk das „klassischste der ganzen Reihe" dar. Ganz abgesehen von den stilistischen Wurzeln dieser und anderer Büstenfiguren, für die Parallelen, Vorbilder und Nachfolger in Köln (Petersportal) und Nürnberg gefunden werden können, handelt es sich bei dem genannten Werk um ein ikonographisch zentrales Bildnis, weil hier in eindrucksvoller Art sakrale und profane Vorstellungen zu einer Synthese gebracht erscheinen. Man muß annehmen, daß der Kaiserin eine wichtige Position im Programm eingeräumt wurde. Nur sie „... bewahrt sich eigentlich ... jenen Zauber" (G. Schmidt); J. Homolka spricht von „profaner Frauenschönheit". Es scheint so, daß dieses anmutige, neue Bild der Frau nicht zuerst in der Skulptur zur Wirkung kam, sondern in der Malerei vorgebildet wurde; Vergleiche nämlich legen nahe, daß die Malerei typenprägend war. Das Bildnis der Kaiserin im Veitsdom initiierte allerdings die idealisierende Phase, die letzten Endes im Laufe der folgenden Jahrzehnte zur beinahe gänzlichen Austauschbarkeit der Typen geführt hat. Das Apokalyptische Weib in der Marienkapelle der Burg Karlstein, die mit ihrer gesamten Inkrustation die Vorstellung eines kostbaren Reliquienschreins gibt und als Bild der Stilphase um 1360 angehört, zeigt einen ikonographisch festgelegten Typus, der aber individuelle Porträtzüge, nämlich solche der Kaiserin selbst, besitzt. Zweifellos können hier Anflüge des neuen Frauenbildes entdeckt werden, das dann in den Schönen Madonnen umgesetzt und variiert erscheint. In Prag wurde dafür der Boden bereitet, aber es kam in ganz Europa zu einem neuen Verständnis der Frau, die ... selbstbewußt und gleichberechtigt neben dem Mann auftrat.

Aus: Gottfried Biedermann, International, regional, lokal. In: Internationale Gotik in Mitteleuropa hrsg. von Götz Pochat und Brigitte Wagner (Kunsthistor. Jahrb. Graz 24), Graz 1991, S. 24f.

3. Parler-Architekten

a) Die Parlerfamilie

Der Name dieser Steinmetzfamilie ist wahrscheinlich aus der Berufsbezeichnung Parlier entstanden. Der Parlier war zur Zeit der Gotik Stellvertreter des Bauhüttenmeisters, des Magister operis. Im 14. Jh. wurde daraus östlich des Rheins der verdeutschte Nachname Parler für diese berühmt gewordene Sippe. Der älteste nachgewiesene Parler war Heinrich, als Parlier in Köln am Dombau tätig, bevor er im Jahre 1351 nach Gmünd (heute Schwäbisch Gmünd) übersiedelte und dort die Heilig-Kreuz-Kirche baute. Er hatte drei Söhne: Peter (1330–1399), der als Dombaumeister nach Prag berufen wurde, Michael (1.) und Johann (1.). Aus der ersten Ehe Peters gingen zwei Söhne hervor: Wenzel, der wahrscheinlich derselbe ist, der 1400–1404 als Meister an der Wiener Dombauhütte genannt wurde, und Johann (4.), der den Chor von Kuttenberg (Kutna-Hora) in Böhmen schuf. Die deutsche Forschung spricht von nun an von einer „südlichen Linie" der Parler mit Johann (3.), Meister am Freiburger Münster, auch in Basel tätig, und seinem Sohn Michael (3.), vorübergehend Bauhüttenmeister in Straßburg ...

Wie die beiden Münster zu Freiburg und Ulm ist die Heilig-Kreuz-Kirche zu Schwäbisch Gmünd eine Pfarrkirche und in ihrer Art bezeichnend für die städtische deutsche Bürgerschaft. Für dieses Bauwerk, das im ersten Viertel des 14. Jhs. begonnen wurde, hat Peters Vater, Heinrich Parler, einen Hallenbau entworfen, der in seinen Formen und Strukturen vom Schema des Kathedralbaus abweicht und der Ästhetik der Bettelorden folgt. Wie übrigens bei den Zisterziensern hat diese Kirche eine einfache Giebelfassade, deren Dreiteilung sich aus den Strebepfeilern, dem Portal und den drei darüberliegenden Rosenfenstern ergibt. Diesen Unterbau schließt ein Steingeländer, hinter dem das Giebeldach steil aufstrebt. Der Giebelfläche ist eine Fünfergruppe von Stab- und Maßwerklanzetten vorgeblendet. Die einfache Behandlung dieser Fassade ist weniger von der religiösen Ideologie her zu verstehen als durch das neue Ideal eines bürgerlichen Humanismus, der die großen Veränderungen des ausgehenden Mittelalters ankündigt. Der Innenraum erfüllt alle Voraussetzungen der Hallenkirche.

Als Heinrich Parlers Sohn Peter nach Prag berufen wurde, stellte sich diesem eine völlig andere Aufgabe. Dem Prager Veitsdom lag der Plan der französischen Kathedrale zugrunde: Chorumgang mit Kapellenkranz, ein Prinzip, an dem Parler nichts änderte. Dabei ist jedoch interessant, daß gegenüber den Stilmerkmalen, die sein Vorgänger, Matthias von Arras, aus Narbonne und Toulouse mitgebracht hatte, Peter dem Kanon der Kölner Bauhütte folgte, beispielsweise in der bewußt ornamentalen Behandlung der Hochfenster. Hingegen sind in der Sakristei und in der Wenzelskapelle – nördlich und südlich des Chors – Anlehnungen an Vorbilder kaum zu beobachten. Peter Parler spannte hier über quadratischen Grundrissen zwei Sterngewölbe, in der Sakristei mit hängenden Schlußsteinen. Der Verzicht auf Kapitelle, die Verwendung gleichartiger Profile für alle Teile des Gewölbes und der Stützen, ungeachtet ihrer unterschiedlichen Funktionen, dazu die besonders kantige Behandlung der plastischen Strukturen weisen auf die deutsche Spätgotik. Die wenigen Fenster sind nicht sehr groß. Wir haben es mit einer schmuckvollen, verfeinerten Architektur zu tun, deren Wirkung sich jedoch auf die Vertikalgestaltung des Innenraums konzentriert. Im Chor entfallen die Gurtbögen. Dies ermöglichte, die Gewölbeabschnitte miteinander zu verschmelzen, zahlreiche Rippen zu verkreuzen und die räumlichen Begrenzungen aufzuheben. Der Horizontallauf des Triforiums ist vom Gesims der Hochfenster bestimmt. Auch hier hat Peter Parler den Akzent auf Verschmelzung der Bauteile gelegt.

Peter Parler ist von Kaiser Karl IV. hoch geehrt worden. Er hat ab 1366 die Allerheiligenkirche auf dem Hradschin gebaut, die Karlsbrücke über die Moldau (1357) mit dem Altstädter Brückenturm und ab 1360 den Chor der Kirche von Kolin. Als Bildhauer schuf er 1377 das Grabmal König Ottokars I. (reg. 1197–1230) und das 1541 verbrannte Chorgestühl im Prager Dom.

Ob Peter Parler auch die Liebfrauenkirche zu Nürnberg gebaut hat, ist nicht völlig gesichert, aber wahrscheinlich. Die Kirche, eine Stiftung Kaiser Karls IV., liegt im Bezirk eines ehemaligen jüdischen Gettos. Die Beschleunigung der Arbeiten und ihre Weihe im Jahre 1358 fallen mit der Zeit zusammen, in der Peter vom Kaiser als Nachfolger des verstorbenen französischen Meisters Matthias von Arras nach Prag gerufen wurde. Die Liebfrauenkirche ist wie die Heilig-Kreuz-Kirche (Schwäbisch Gmünd) ein Hallenbau, und manche Elemente – wie das fortlaufende Sims innen und außen – sind typische Parler-Merkmale.

Aus: Louis Grodecki, Gotik, Stuttgart 1986, S. 148ff.

b) Selbstbildnis Peter Parlers

c) Erläuterung I

Der Kopf ist kein Porträt, und doch wie ein Porträt, das, wenn auch gesteigerte, zu typischer Bedeutung erhöhte Abbild eines Menschen, der einmal so gelebt haben kann. Und wirklich steht ja auch das Porträt schon im Wollen und Können Peter Parlers. Die Köpfe des Kaisers und seines Sohnes Wenzel sind ohne Frage Bildnisse, und die anderen der Büstenreihe der Triforien sind es, mit wenigen Ausnahmen, jedenfalls auch. Der Vergleich der Köpfe unter sich wird nun wohl übereinstimmende, durch die Stilgebärde vereinheitliche Züge herausstellen lassen. Aber wesentlicher als das Vergleichbare, Allgemeine, ist nun doch das Unvergleichbare, Besondere. Man stelle nur den Kopf des Kaisers gegen den des Meisters selbst, um der unverrückbaren Grenze zwischen Person und Person gewahr zu werden. Auch die früh- und hochgotischen Bildhauer hätten ja sicher Menschen, Personen, abbilden, porträtieren können, wäre die Aufgabe nur eine denkbare gewesen. Wurde sie erst jetzt gestellt, dann aus dem Grunde einer neuen, im Ansatz „modernen", die Individualität der natürlichen Erscheinung erkennenden und anerkennenden Welterfahrung.

Aus: Alexander Freiherr von Reitzenstein, Deutsche Plastik der Früh- und Hochgotik, (Deutsche Plastik des Mittelalters, 2. Teil), Königstein i. T. 1961, S. 19

d) Erläuterung II

Ohne Peter Parler und seine Werkstatt, ohne die Maler am Hofe in Prag wäre der „Augenblick des Porträts" nicht denkbar. Hier ist an das Selbstbildnis Parlers, des Architekten und Bildhauers, zu erinnern, bei dem „vor Monumentalität Sachlichkeit tritt, vor die Repräsentation Nähe, Anwesenheit, Ähnlichkeit".

Das alles spielt sich hoch über den Gläubigen im Inneren der Kathedrale ab, zwischen den Lichtwänden des Chores. Das Schwebende, Entrückte, ganz in die Architektur Gebundene, die Wirkung, als wären die Büsten überlebensgroß, der gleichzeitig geringe Abstand, wenn wir selbst im Triforium stehen und nicht nur Fotos betrachten, dies alles läßt die Reihe noch eigenartiger erscheinen und hebt Nähe und Lebendigkeit – etwa bei Wenzel IV. – doch wieder auf.

Aus: Johanna v. Herzogenberg, Die Bildnisse Karls IV. In: Kaiser Karl IV., Saatsmann und Mäzen, hrsg. von Ferdinand Seibt, München 1978, S. 326

4. Die Kathedralen als Spiegel bäuerlicher Arbeit

Ihrer Definition nach ist die Kathedrale die Kirche des Bischofs und folglich die Kirche der Stadt; so bezeichnete die Kunst der Kathedralen in Europa denn auch zunächst eine Renaissance der Städte. Letztere wachsen im Lauf des 12. und 13. Jahrhunderts unaufhörlich an, werden immer belebter, und ihre Vorstädte dehnen sich längs der Straßen zunehmend aus. Sie verschlingen allen Reichtum ... Ihre Lebenskraft beziehen sie immer noch fast vollständig aus den Ländereien der Umgebung. Die meisten Grundherren entschlossen sich damals, ihre Residenz in die Stadt zu verlegen. Seitdem flossen die Erzeugnisse ihrer Domänen ebenfalls der Stadt zu. Die aktivsten städtischen Kaufleute sind Weizen-, Wein-, und Wollhändler. Als städtische Kunst bezog die Kunst der Kathedralen die wesentliche Nahrung für ihr Wachstum aus den nahegelegenen Feldern; es waren die Anstrengungen zahlloser Pioniere, Roder, Weinbauern, Graben- und Deichbauer, die ihr durch den Erfolg einer umfassenden landwirtschaftlichen Eroberung zur Vollendung verhalfen. Die Türme von Laon erwuchsen aus dem Boden neuer Ernten und junger Weinreben, gekrönt von dem in Stein gehauenen Abbild der Pflugochsen; in den Kapitellen aller Kathedralen blühen Weinstöcke; die Fassaden von Amiens und von Paris stellen den Zyklus der Jahreszeiten anhand der bäuerlichen Arbeiten dar. Sie werden zu Recht gefeiert: der Erntearbeiter, der seine Sense wetzt, der Weinbauer, der das Land umgräbt, die Reben beschneidet oder sie absenkt, sie allein haben das Monument durch ihr Werk aus der Erde entstehen lassen. Es ist die Frucht der Grundherrlichkeit, das heißt, ihrer Ackerarbeit ...

Aus: Georges Duby, Die Zeit der Kathedralen, a. a. O., S. 163 f.

III Bauhütten

1. Entstehung, Aufgaben und Personal der Bauhütten

Der Begriff der „Hütte" geht vom überdeckten Werkplatz der Steinmetzen aus, wie er vielerorts bis in unsere Zeit üblich war. Ein teilweise mit Schutzwänden versehener Schuppen aus Holz oder Stein mit Überdachung zum Regen- und Sonnenschutz, später auch mit Nebenräumen, bildete die Werkstatt der Steinarbeiter. Schon in mittelalterlichen Darstellungen findet sich ihre bezeichnende, durch Jahrhunderte kaum veränderte Form. In Anlehnung an diesen Werkstattbetrieb im Schatten der großen Dome und Kathedralen, hieß dann auch die für den Kirchenbau zuständige Organisation der Bauleute „Bauhütte" und regelte über die gemeinsame Arbeit hinaus auch die berufsständischen, arbeitsrechtlichen und gesellschaftlichen Anliegen ihrer Mitglieder. Eigene Statuten, die Hüttenordnungen, entstanden an den Orten der großen, oft jahrhundertelang unterhaltenen Baustellen, und mehrere Hütten unterstanden in regionaler Zuordnung einer Haupthütte, in Deutschland vornehmlich der von Straßburg. Eine umfangreiche Literatur behandelt diese Hüttenorganisationen und ihr ausgeprägtes Brauchtum, oft freilich unter mystisch verklärten Vorstellungen und auch in geheimnisvoller Esoterik, wie sie gelegentlich in der Spätzeit von den Hütten ausging und dann den Hintergrund abgab für das Entstehen der Freimaurerbewegungen, die sich als Nachfahren auf die Hüttentraditionen der Maurer und Steinmetzen (und deren Geheimnisse) berufen. Erst in jüngster Zeit wurde von einigen Autoren grundlegend neues, objektives Material über die mittelalterlichen Bauhütten vorgelegt.

Über die Entstehung der Hütten sind wir bisher nur unzureichend unterrichtet, zumal auch in dieser Frage die Nachrichten aus dem 12. und 13. Jahrhundert äußerst lückenhaft sind. So ist auch aus dem Entstehungsgebiet der Gotik, aus Nordfrankreich, kaum etwas hierüber bekannt. Die französischen Quellen schweigen über die Bauhütten, so daß deren Existenz für Frankreich überhaupt bezweifelt worden ist.

Der organisatorische Aufbau der Hütten wurde bestimmt durch den Bauträger und durch die Größe und Art des jeweiligen Bauobjekts. Vertreter des Bauherrn (rectores) kontrollierten die Finanzen und die Organisation, der Verwalter sorgte für Materialbeschaffung und Entlohnung, der Werkmeister für die technische und künstlerische Durchführung der Bauaufgabe. Die „rectores" oder „directores fabricae", bei Kirchenbauten gewöhnlich Geistliche, wurden vom Bischof ernannt und auch von ihm bezahlt. In Straßburg dagegen erscheint die Bauhütte „Unser lieben Frau Werk" als ein städtisches Organ, das dem Rat gegenüber verantwortlich war. Der Rat ernannte zwei Pfleger, die ihrerseits neben dem Werkmeister einen „Schaffner" einstellten, der die Verwaltung und Organisation leitete und die Rechnungsbücher führte.

Im personellen Aufbau der Hütte steht an hervorragender Stelle der Werkmeister. Seine Stellvertreter sind die Parliere (heute: Poliere). Parliere konnten auch, etwa beim Wechsel der Hütte, zum Meister aufsteigen. In Basel wurde entweder ein Parlier oder ein Meister angestellt. Nach den Parlieren rangieren die sog. Meisterknechte, Gesellen, die nach ihrer Wanderzeit weiter unterwiesen wurden, die das Zeichnen und das Anreißen der Werkstücke lernten und wohl auch die Steinmetzbücher studierten. Danach kommen die Gesellen, die nach einer Lehrzeit von in der Regel 5 Jahren auf eine zweijährige Wanderschaft gingen, um auf auswärtigen Baustellen zu arbeiten und dort ihr Wissen und Können zu vertiefen. Lehrlinge traten mit etwa 14 Jahren in die Hütte ein. Ein Meister durfte 1 bis 3 Lehrlinge ausbilden und war voll für sie verantwortlich. Von den vorgeschriebenen 5 Jahren konnte man ein Jahr auch durch Zahlung einer gewissen Summe abgelten. Am Ende rangiert der Hüttenknecht, der für die verschiedenen Hilfsdienste zuständig war.

In Straßburg waren neben dem Werkmeister noch ein Schmiedemeister und ein Zimmermeister sowie mehrere Gesellen dieser Fachrichtungen angestellt, denn die Hütte umfaßte auch die Handwerker der übrigen Sparten am Bau. Dazu kamen schließlich noch die Windenknechte zur Bedienung der Hebezeuge (z.B. Tretrad), die Fuhrknechte, die Boten und Schreiber und die Arbeiter im Steinbruch, eine umfangreiche, arbeitsteilige Organisation also, die zur Bewältigung größerer Bauvorhaben unterhalten werden mußte, eine Organisation, deren strenge Hierarchie einen gesicherten Ablauf der Bauarbeiten zu gewährleisten hatte. Kleinere Hütten begnügten sich mit einem geringeren Organisationsgrad.

So ging es in den mittelalterlichen Bauhütten nicht in erster Linie um geheime Verbrüderungen und um die Pflege des Brauchtums der Steinmetzen, sondern vorwiegend um nüchterne Alltagsprobleme: um Materialbeschaffung, Abrechnung von Bauleistungen und Arbeitszeiten, Entlohnung und Disposition der Arbeit, kurzum, es standen alle die Fragen an, die noch heute auf Baustellen dieser Größenordnung auftreten und fachmännisch gelöst werden müssen. Hierzu bedurfte es verbindlicher Festlegungen und einer Kontinuität in der Organisation.

Erst im Spätmittelalter, also vom 15. Jahrhundert an, sind als aufschlußreiche Beiträge zur Kenntnis des Baugeschehens auch manche Rechnungsbücher der Bauhütten erhalten, von denen einige bearbeitet und publiziert worden sind. Sie erlauben wichtige Einblicke in das mittelalterliche Rechnungswesen und sind daher eine grundlegende Quelle zur Beurteilung mancher Bauvorgänge. Die Bücher bezeugen eine exakte Rechnungslegung und Buchführung, auch im Hinblick auf die Einnahmen einiger Hütten. Die Ausgaben wurden nach Rubriken getrennt geführt und dann addiert, so etwa für die Schmiede, Schlosser, Seiler und auch gegliedert nach den Materialien wie Steine, Kalk, Sand und Bauholz. Alle diese Abrechnungen wurden überprüft, Unregelmäßigkeiten in schweren Fällen geahndet.

Aus: Dankwart Leistikow, Der mittelalterliche Baubetrieb im 12.–14. Jahrhundert. In: Alltag in der Stauferzeit, Göppingen 1984, S. 55ff.

2. Arbeitszeit und Löhne

In allen Hütten standen die Lohnkosten der Steinmetzen an der Spitze der Ausgaben. Den höchsten Lohn erhielt der Werkmeister, der ein außerordentlich wohlhabender Mann sein konnte. Danach kamen die Steinmetzen, und nach diesen rangierten – mit Abstand – die Schmiede, die das Werkzeug herstellten und laufend zu stählen hatten, die aber auch die zahlreichen am Bau benötigten Eisenteile fertigten. Namentlich in der spätgotischen Architektur wurde viel Eisen verwandt, um die meist filigranhaften Konstruktionen zu verbinden und auszusteifen.
Die Bezahlung der Steinmetzen erfolgte im „Geding", das heißt nach der Stückzahl der von ihnen fertiggestellten Steine oder aber im Taglohn, der am Ende einer Woche ausbezahlt wurde.
Gearbeitet wurde überall sechs Tage in der Woche, und von Freiburg im Breisgau sind uns zum Beispiel auch die Arbeitszeiten überliefert. Die Gesellen arbeiteten von morgens fünf bis abends sieben Uhr, mit jeweils einer halben Stunde Essenszeit morgens und mittags. An Samstagen war die Arbeit um fünf Uhr beendet, alle zwei Wochen aber schon um drei Uhr, um den Gesellen ein bezahltes Bad zu ermöglichen.
Hieraus errechnen sich $67^1/_2$ Stunden Arbeitszeit pro Woche, wenn auch infolge der zahlreichen kirchlichen Feiertage nur in wenigen Wochen wirklich an sechs Tagen gearbeitet wurde. Es gab daher viele Wochen mit nur fünf oder gar vier Arbeitstagen. Die Freiburger Aufstellung ergibt insgesamt 268 bezahlte Arbeitstage im Jahr, bei 11,5 Stunden im Sommer und 10 Stunden im Winter täglicher Arbeitszeit.
Wenn man den Lohn auf seine Kaufkraft hin abschätzen will, erweist sich das als schwierig. Errechnet wurde, daß ein Steinmetz das Dreifache dessen verdiente, was er zum Essen ausgeben mußte. Unterkunft (bis zu einem Haus) wurde an manchen Orten von der Hütte gestellt, während die Werkmeister durchaus Häuser und Grundstücke besitzen konnten.
In den Zeiten, in denen Gesellen von Hütte zu Hütte zogen oder keine Arbeit hatten, waren sie auf ihre Ersparnisse angewiesen oder aber auf die Fürsorge. Andererseits gab es zum Beispiel in Straßburg eine sog. „Büchse", in welche die Hütte für jeden Steinmetzen einen Pfennig pro Woche einzahlte, um für Notfälle vorzusorgen.

Aus: Dankwart Leistikow, Der mittelalterliche Baubetrieb, a. a. O., S. 57f.

3. Schutzmaßnahmen gegen Unfälle

Der Bau gewaltiger Kathedralen ist für den Menschen mit erheblichen Gefahren verbunden, und nicht selten werden sie dabei das Opfer tragischer Unglücksfälle. Zu den wohl bekanntesten Opfern zählt der Franzose Wilhelm von Sens. Als beim Neubau der Kathedrale von Canterbury im Herbst 1178 das Gerüst zusammenbrach, stürzte er aus einer Höhe von etwa 15 Metern herab und wurde von Steinen und Balken schwer verletzt. Da seine Gesundheit nicht wiederhergestellt werden konnte, mußte er die Leitung des Bauwerkes aufgeben.

Als nahezu zwangsläufig erscheint es darum, daß sich innerhalb der Bruderschaft ein Bewußtsein entwickelt, wie durch geeignete Schutzmaßnahmen derartige Unglücksfälle verhindert oder doch wenigstens gemildert werden können. Entsprechende Überlegungen finden sich in den Regeln der Bruderschaften. Diese Bestimmungen lassen auch in sozialmedizinischer Hinsicht einige Schlußfolgerungen zu. Eine genaue Abgrenzung zwischen Arbeits- und Ruhezeit schützt die Gesundheit. Zwar sind für Gesellen Arbeitszeiten von 17 bis 18 Stunden täglich keine Seltenheit, der Sonntag jedoch ist arbeitsfrei. Ein Kranker erhält eine finanzielle Unterstützung, die er später aber wieder zurückzahlen muß. Bei einem Todesfall wird ein Sterbegeld gezahlt. Die Bauhütte übernimmt ferner die Begräbniskosten und sorgt nicht zuletzt auch für die notwendigen Seelengottesdienste. Bei besonders gefährlichen Arbeiten werden Schutzmaßnahmen verlangt. Sichere Gerüste und Festbinden schützen vor einem möglichen Absturz. Zum Schutze der Augen dienen Holz- oder Knochenleisten, die auf der Rückseite über den Augen einen Hohlraum und einen Sehschlitz besitzen sowie Gesichtsmasken aus engem Drahtgeflecht in Form eines Schleiers. Gegen Steinstaub und vor allem gegen die giftigen Dämpfe der im Mittelalter häufig benutzten Bleifarben helfen Mundtücher und Schwämme. Auch vor das Gesicht gebundene Schutzmasken aus Blasenhäuten oder anderen Membranen erfüllten diese Aufgabe.

Aus: Volker Zimmermann, Ansätze zu einer Sozial- und Arbeitsmedizin am mittelalterlichen Arbeitsplatz. In: Mensch und Umwelt im Mittelalter, hrsg. von Bernd Herrmann, Stuttgart 1986, S. 142.

4. Bauarbeiten an einer Kathedrale (um 1250)

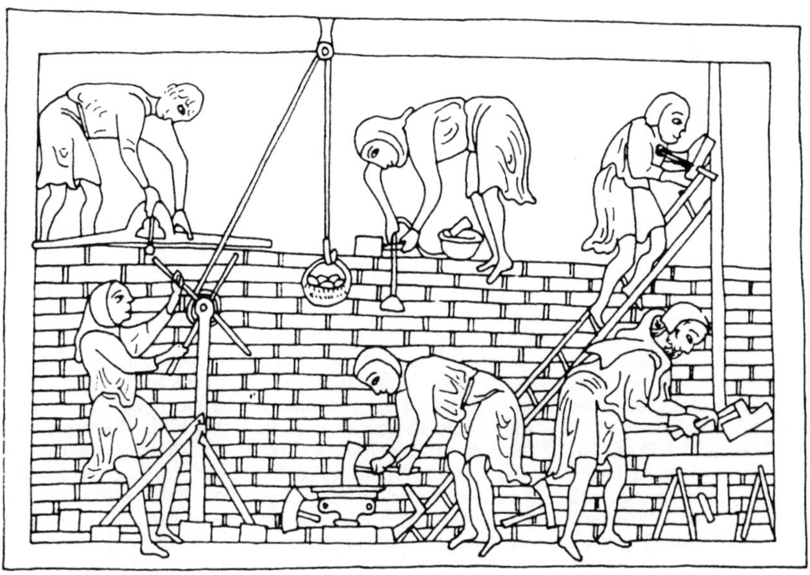

Matthew Paris, Vita der hl. Albanus und Amphibalus, um 1250. In der Mitte steht ein Mann, der mit einer Doppelfläche ein vor ihm auf dem Boden liegendes Kapitell behaut. Hinter ihm bearbeitet ein Zimmermann mit dem beidhändig geführten Breitbeil einen aufgebockten Balken. Auf einer Leiter steht ein Arbeiter mit einem Brustbohrer. Auf der bereits errichteten Mauer steht ein Maurer, der mit einem Lot die Mauerflucht kontrolliert; ganz links ein weiterer Maurer, der mit beiden Händen eine Lotwaage auf die Mauer setzt.

Kommentierendes Register

Adel (11ff., 17, 35f., 43ff., 48, 54, 57, 66, 76, 79, 96, 113ff., 117, 119, 129, 145, 156, 169, 176, 178, 183f., 191, 209f., 212, 218f., 221, 225)
Der Begriff leitet sich ab von ahd (althochdeutsch) adal, mhd (mittelhochdeutsch) adel und bedeutet ursprünglich soviel wie „vornehmes Geschlecht", „edler Stand", „edles Wesen". In der Zeit nach der Völkerwanderung bis zum 7. Jahrhundert glichen sich in Gallien die Unterschiede zwischen Nachkommen des Senatorenstandes und der germanischen Heerführer allmählich aus. Merkmale dieser Adligen waren freie Geburt, vererbbarer Grundbesitz, christlicher (römisch-katholischer) Glaube und monarchische Einstellung. Es gab unter diesen Adligen (lat. nobiles, proceres, domini, optimates) Laien und Kleriker bzw. Mönche. Feudale Abhängigkeit gliederte sie in Lehnsherren und Lehnsmannen auf. Könige, die aus Familien mit göttlichem Charisma hervorgingen, waren während ihrer Regentschaft unterwegs von Hofgut zu Hofgut (Pfalzkapelle), deshalb nannte man sie auch Reisekönige. Dagegen residierten Bischöfe an Domkirchen. Häufig entstanden Bischofsstädte auf dem Boden alter römischer Städte.
Im Frühmittelalter versteht man unter Adligen also die Angehörigen einiger hundert privilegierter Familien, die gesellschaftlich, wirtschaftlich, politisch und kulturell maßgebend waren. Freilich darf man sich den Adel nicht als homogene Führungsschicht der Bevölkerung vorstellen, sondern Adlige nahmen je nach Besitz, Familie und Funktionen verschiedene Ränge ein. Im obersten Rang befanden sich Könige, Herzöge, Bischöfe, Grafen, Reichsadlige, darunter Adlige mit militärischen Funktionen, (schwertführende „Männer"). In der Karolingerzeit hieß die Elite des Adels, der die Spitze weltlicher und geistlicher Herrschaft einnahm, „Reichsaristokratie". Darunter stand der Rang der Ritter und des landsässigen Niederadels.
Im Hochmittelalter bildeten sich in der adligen Führungsschicht neue dynastische Verbände heraus, die Königsfamilien der karolingischen Nachfolgestaaten (→ Ottonen, Salier usw.). Bei diesen Dynastien wurde die Erbfolge Vater – Sohn (Primogenitur) üblich. Ihre Macht basierte auf autonomen Herrschaftsrechten und auf eigenem oder als Lehen ausgegebenen Grundbesitz. Auch der Adel dieser Epoche war in verschiedene Ränge eingeteilt, wie aus der Heerschildordnung im → Sachsenspiegel (um 1220–1230) zu sehen ist. In dieser Zeit begann der Aufstieg der Reichsfürsten (domini terrae: „Landesherren" in Urkunden Friedrichs II.). Durch diese wurden die Angehörigen des mittleren Adels aus ihrem Rang verdrängt, jedoch gelangten die Ministerialen (Dienstmann, Edelknecht), die vorher Unfreie waren, durch militärische, politische oder geistliche Dienste zur Zeit der Staufer in den Rang des Hochadels. Sie betätigten sich auch als Verwaltungsfachleute in Städten. Aus der Schicht der Ministerialen kamen die Ritter, deren Reiterkriegsdienste im Zeitalter der → Kreuzzüge von der Kirche aufgewertet wurden, als sie, jetzt Kreuzfahrer, zur Befreiung des Heiligen Grabes nach Jerusalem zogen. Eine neue Identität des Adels begann mit dem Ethos des Rittertums, das Maß, Ehre, Selbstbeherrschung, Treue, Stetigkeit, Minnedienst (Abenteuer, Turniere im Dienste einer Frau, die auch verheiratet sein konnte, bestehen) u.a. Verhaltensnormen des Ritters aufstellte. Der Begriff mhd „hovelich" bedeutete nicht wie heute „höflich", „zuvorkommend", sondern ein Verhalten des Ritters, das in allem den am Hof üblichen Vorschriften entsprach, also „hofgemäß", „gebildet", „gesittet" u.a. Ein herausragender Repräsentant der höfischen Dichtung war → Walther von der Vogelweide, der in seinen politischen Gedichten zum „Publizisten" des staufischen Zeitalters wurde und der, wie das Beispiel (Alltag um 1300, Nr. 6b) zeigt, nicht nur die höfische Minne pries, sondern auch die Liebe eines Ritters zu einem einfachen, aber hübschen Mädchen.
Im späten Mittelalter verflachte das Ritterleben. Aus der wirtschaftlich bedingten Krise des 14. Jahrhunderts ergaben sich auch für die Ritter Einbußen ihres Reichtums. Soweit sich Ritter nicht auf die abschüssige Bahn des Überfalls auf Warentransporte städtischer Kaufleute begaben (Raubrittertum), hatten sie im Dienst für die immer mächtiger werdenden Landesherren mit Anpassungsschwierigkeiten zu kämpfen. Manche Adlige zogen ihrem Niedergang Heiraten mit Töchtern des durch Fernhandel und später Geldgeschäfte (Fugger in Augsburg) wohlhabenden Stadtpatriziats vor. Kritisch wirkte sich im Ritterstand auch die Münzverschlechterung seit dem 14. Jahrhundert aus, deren Folge ein Kaufkraftschwund der von den Bauern geleisteten Geldzinsen war, die langfristig festgelegt waren. Im 16. Jahrhundert endete ein letzter Versuch des Rittertums, sich im Aufstand Sickingens 1522–1523 gegen das emporstrebende Territorialfürstentum zur Wehr zu setzen und – in der Hoffnung auf die Hilfe durch den Kaiser – sich alte Herrschaftsrechte zu erkämpfen, mit einer Katastrophe.

Adelheid (23)
Adelheid, Tochter König Rudolfs II. von Burgund, wurde 947, 16jährig, mit König Lothar von Italien verheiratet. Markgraf Berengar von Ivrea nahm Adelheid, deren Mann 950 starb, gefangen, weil ihm die Königin im Wege stand in seinem Bestreben, die Herrschaft über das Königreich an sich zu reißen. In abenteuerlicher Flucht gelang Adelheid die Flucht aus dem Gefängnis. Nachdem der deutsche König

Otto I. Markgraf Berengar, der sich 950 in Pavia zum König von Italien hatte krönen lassen, durch die Einnahme von Pavia vertrieben hatte und König der Langobarden wurde, heiratete er in der gleichen Stadt die 20jährige Erbin des Königreichs Italien und wurde 962 mit ihr zusammen in Rom zum Kaiser gekrönt. Als Mitregentin (consors regni) ihres Mannes, die ihn auf seinen Italienzügen begleitete, und als Erzieherin und Beraterin ihres Sohnes, Ottos II., stellte sie ihre politischen Fähigkeiten unter Beweis. Nach Auseinandersetzungen mit ihrem Sohn zog sie sich zeitweilig zurück, sicherte dann aber 983, zusammen mit ihrer Schwiegertochter Theophanu, ihrem Enkel Otto III. den Thron. Nach Meinungsverschiedenheiten mit Theophanu trennte sie sich wiederum vom Hof, übernahm jedoch nach deren Tod 991 noch einmal für drei Jahre die Regentschaft. Erst nachdem Otto III. mündig geworden war, suchte sie die meiste Zeit bis zu ihrem Tod 999 das Kloster Selz im Elsaß auf, das sie selbst gegründet hatte. Wenn Gerbert von Aurillac, der Gelehrte und spätere Papst Silvester II., Adelheid die „mater regnorum" (Mutter der Königreiche) nannte, geht daraus hervor, daß sie zu den herausragenden Frauengestalten des 10. Jahrhunderts zählte, die mit ihrem hübschen Aussehen, ihrer Klugheit und überzeugenden Religiosität sich bei ihren Zeitgenossen einen Namen machte. Offenheit für Reformen zeigte sie durch ihre Verbindungen zu den Äbten Maiolus und Odilo von Cluny. Von Urban II. wurde sie 1097 heiliggesprochen.

Bann → Exkommunikation

Bauer (10f., 29ff., 37, 43, 46ff., 51, 57, 63, 84, 86, 90f., 107, 113, 116, 119, 120, 122, 148, 153f., 162, 169ff., 181, 188, 190ff., 206ff., 211, 213, 224f.)

Der Begriff „Bauer" leitet sich sprachlich von ahd geburo, mhd gebür(e) ab und bedeutet soviel wie Nachbar, Mitbewohner, Dorfgenosse. Daraus geht hervor, wie wichtig zunächst die Siedlungsform für Bauern war; ursprünglich lebten sie in Einzelhöfen wie heute noch z.B. im Hotzenwald, dann bildeten sich Dörfer. Erst im Laufe der sozialen Entwicklung wurde die Bezeichnung „Bauer" auch auf die Arbeit und auf den Stand bezogen.

Beim umfassenden Thema „Bauerntum" im Mittelalter können folgende Bereiche unterschieden werden: die Arbeitsweise des Bauern, die jeweiligen agrarischen Verhältnisse (Grund und Boden, Witterung, Lage), die Formen der Bewirtschaftung, die gesellschaftlichen Strukturen im Dorf, die allgemeine wirtschaftliche Entwicklung (Geld, Handel, Städte), die politische Entwicklung und die verfassungsrechtliche Stellung der Dörfer (Selbstverwaltung, Genossenschaft und Grundherrschaft (→ Feudalismus) und der ständische Stellenwert des Bauerntums in der dreifunktionalen Einteilung in Priester (Betstand, oratores), Krieger (Adel, Wehrstand) und Bauern (Nährstand, laboratores).

Als gottgewollt sah man im Mittelalter die Ordnung an, daß der Bauer mit den Erträgen der harten Arbeit auf dem Feld, die von unberechenbaren Wetterbedingungen abhängig war, den Stand der Kleriker und des Adels ernährte.

Schon im frühen Mittelalter erfolgte ein Wandel der landwirtschaftlichen Produktionsformen. Ursprünglich überwogen Weidewirtschaft, Viehzucht und eine sehr extensive Bebauung des Bodens mit äußerst geringen Ernteerträgen. Seit dem 9. Jahrhundert wurde jedoch in den Anbausystemen die Zweifelderwirtschaft (Wechsel von Getreide und Brache oder Wechsel von Sommer- und Wintergetreide) durch die Dreifelderwirtschaft abgelöst (Wechsel von Sommer-, Wintergetreide und Brache). Dadurch erzielte man etwas höhere, aber im Vergleich mit heute immer noch geringe Ernteerträge. Die heutige Vorstellung, daß die Landwirtschaft sich nach dem Absatz möglichst großer Erträge auf dem Markt (z.B. Bauern in der EG) richtet, war dem Mittelalter fremd. Landwirtschaft wurde erst allmählich seit dem späten Mittelalter, z.B. in ostdeutschen Gutswirtschaften, zu einem kaufmännischen Unternehmen mit dem Ziel, Gewinne zu machen und sie zu steigern. Ein Aufschwung der landwirtschaftlichen Produktion in Europa vom 9. bis zum 13. Jahrhundert wurde durch folgende Bedingungen erreicht: durch die Verwendung von Pferden statt Ochsen als Zugtiere, durch technische Innovationen wie tiefer eindringender Pflüge statt der früheren Hackenpflüge, durch intensivere Nutzung des Bodens mit Hilfe der oben schon erwähnten Dreifelderwirtschaft, durch Neulandgewinnung beim Landesausbau und bei der → Ostsiedlung, beim Deich- und Dammbau, durch den wachsenden Bedarf der Bevölkerung in den Städten in der Ära der Städtegründungen (→ Stadtrechte) und des wirtschaftlichen Aufschwungs der Städte, durch Düngung mit Stallmist u.a. Diese Voraussetzungen ermöglichten es, die Ernteerträge durchschnittlich auf das Dreifache zu steigern.

Seit dem frühen Mittelalter gab es freie und unfreie Bauern. Seit den Karolingern arbeiteten auch Halbfreie auf Bauernstellen, die ihnen der Grundherr in Leihe zur Verfügung stellte, dem sie zu Leistungen verpflichtet waren. Auf → Fronhöfen waren Unfreie oder Bauern gegen Abgaben und Dienste mit Landarbeiten beschäftigt. Fronhöfe bildeten einen wesentlichen Bestandteil der mittelalterlichen Grundherrschaft (→ Feudalismus). Häufig waren die Grenzen zwischen Freien, Halbfreien und Unfreien fließend, gesellschaftliche Mobilität ermöglichte Unfreien, zu Freien aufzusteigen, wie z.B. den Ministerialen (→ Adel). Ferner begünstigte die Ersetzung von Diensten durch Abgaben in Geld den Aufstieg von Unfreien zu Freien (Rentengrundherrschaft). Umgekehrt verloren viele freie Bauern dadurch ihren Rechtsstatus, daß sie sich einem Grundherrn unterstellten, weil sie nicht mehr in der Lage waren, den wachsenden Aufwand (Reiter, Ausrüstung) für den immer länger dauernden Kriegsdienst aufzubringen und zugleich den notwendigen Arbeiten in ihrer Landwirtschaft nachzukommen. Dieser Prozeß der „Vergrundholdung“ seit dem 9. Jahrhundert „führte zu einer fortschreitenden Verwischung des Unterschiedes zwischen den kleinen bäuerlichen Grundbesitzern und den abhängigen Hintersassen, zwischen Freiheit und Sklaverei“ (Fischer Lexikon der Geschichte, 1990, S. 352). Dörfer, in denen sich selbständig wirtschaftende Bauern niederließen, entstanden in der Zeit vom 11. bis zum 14. Jahrhundert. Bezeichnend für die Entstehung des Dorfs war die Verbindung der drei Faktoren: Siedlung, bebaute Flur und Allmende. Zur Allmende, die von den Dorfbauern genossenschaftlich genutzt wurden, gehörten Weide, Wald und Gewässer. Wegen der Bodenknappheit im hohen Mittelalter gab es zwischen den einzelnen Äckern keine Wege. Deshalb mußten Saat und Ernte auf diesen Äckern von den Bauern zu gleicher Zeit erfolgen. Diese Regelung konnte zu Streit zwischen einzelnen Bauern führen. Andererseits bildete die genossenschaftliche Zusammenarbeit der Bauern die Grundlage für die Entwicklung einer Dorfgemeinde. Die Gemeindeversammlung, in der meistens nur Hofbauern vertreten waren, wurde zuständig für die Aufstellung der Dorfsatzung, für die Ernennung der Ordnungskräfte, die die Flur, den Wald und Gemeinschaftseinrichtungen wie Schmiede, Taverne und die Einhaltung des Friedens im Dorf überwachten, also polizeiliche Funktionen ausübten. Aber auch für die niedere Gerichtsbarkeit war die Gemeindeversammlung zuständig. Dabei wirkte mitunter auch der Grundherr mit. Die politische Funktion einer so gewachsenen Dorfgemeinde zeigte sich dann in ihrem Anspruch, auch in Ständevertretungen mitzubestimmen.

Im späten Mittelalter entstanden zwischen den inzwischen autonom gewordenen Dorfgemeinden und den feudalen Herrschaftsinstanzen Spannungen und Konflikte. Ursachen dafür waren u. a. „die Krisenanfälligkeit der Landwirtschaft, die den feudalen Belastungen vor allem bei Mißernten, Kriegen und starkem Bevölkerungswachstum kaum gewachsen war und angesichts der Wertvorstellungen der Bauern von Auskömmlichkeit und Gemeinnutz das Billigkeitsprinzip auf seiten der Herren vermißte“ (Fischer Lexikon der Geschichte, a. a. O., S. 147). Aus diesen Motiven erhoben sich Bauern in England (1381, 1450), in Frankreich 1356 (die „Jacquerie“), in Ungarn (1514) und in Deutschland ca 60mal vor dem großen deutschen Bauernkrieg 1525, der „Revolution des gemeinen Mannes“.

Die Bauern, obwohl nach der Dreiteilung der niederste Stand, waren jedoch für die Gesellschaft und Wirtschaft des Mittelalters, da 80–90 % der Bevölkerung in der Landwirtschaft arbeiteten, ökonomisch ein sehr bedeutsamer Stand. Gegenüber dem genossenschaftlichen Organisationsprinzip der Dorfgemeinde setzte sich seit dem späten Mittelalter jedoch bald der aufstrebende Territorialstaat der Landesfürsten durch.

Beginen (219 ff.)

Ob der Begriff abgeleitet ist von der heiligen Begga oder dem Priester Lambert le Bègue als Stiftern der Frauenbewegung oder von der beigen Farbe ihrer Kleidung oder ob er eine Bezeichnung der kirchlichen Gegner der Beginen ist, um sie in Zusammenhang mit den südfranzösischen Albigensern zu bringen und sie als Ketzer zu verdächtigen, konnte bisher nicht geklärt werden. Als erwiesen kann jedoch die These gelten, daß die Beginen eine Antwort auf die Frauenfrage des Mittelalters waren, da viele Frauen aus Adels-, Bürger- und Handwerkerfamilien bei der sinkenden Zahl von Männern keine Möglichkeit hatten, sich zu verheiraten und auch beim Mangel an Frauenklöstern der Zisterzienser keine Aufnahme in Ordensgemeinschaften fanden und deshalb eigene Frauengemeinschaften (Beginenhöfe) gründeten, wo sie ihren Wunsch, ein frommes Leben in Ehelosigkeit zu führen, verwirklichen konnten. Ohne sich an eine Klosterregel oder ein Gelübde zu binden, lebten sie von Handarbeit, Krankenpflege, Leichenbestattung oder von der Erziehung von Mädchen. Die Bewegung der Beginen entstand um 1200 in den Niederlanden und breitete sich dann in Deutschland (Niederrhein) und Frankreich aus. (s.: „Die Beginenbewegung“, Gesellsch. u. Wirtschaft um 1300; II, Nr. 2 a–d). Es gab neben den Beginenhöfen auch andere Organisationsformen der Beginen wie etwa kleinere Gruppen von zusammenlebenden Frauen oder frei umherziehende Frauen, die für ihre Lebensform der freien Laienfrömmigkeit warben und deshalb besonders dem Verdacht der Ketzerei durch die Kirche ausgesetzt waren. Die Rechtsprechung des Papstes suchte „zwischen ‚guten‘ und ‚schlechten‘ Beginen zu scheiden, doch werden zweifelsohne nur zu oft auch gehorsame, den Regeln der Kirche treu folgende Frauen verleumdet worden sein“ (Auf der Suche nach der Frau im Mittelalter, hrsg. von Bea Lundt, München 1991, S. 219). So lebten die Beginen, wie auch die männlichen Vertreter dieser Glaubensrichtung, die Begarden, zwischen Duldung und Verfolgung durch die Kirche. Die Begarden widmeten sich seit 1220 in den Niederlanden der Krankenpflege und Totenbestattung; diese war bei den zahlreichen Seuchen im Mittelalter ein gefährlicher und Mut erfordernder Dienst. Noch heute existieren in Brügge und Amsterdam Beginengemeinschaften.

Bernward von Hildesheim (98, 140)

Nicht nur mit der Errichtung der Michaelskirche, die Bernward, Bischof von Hildesheim 1010 für die Benediktiner in romanischem Stil erbaute, sondern auch mit der von ihm veranlaßten Herstellung der Bronzetüren dieser Kirche (1015) und der Christussäule, die etwas später gegossen wurde, waren in der Architektur und in der Monumentalskulptur Kunstwerke von europäischem Rang entstanden.

Bernward stammte aus sächsischem Adel und wurde auf der Domschule in Hildesheim in wissenschaftlichen und künstlerischen Fächern ausgebildet, bevor er als Lehrer des dreijährigen

Otto III. am kaiserlichen Hof tätig wurde (987). Reisen nach Rom und Frankreich weiteten seinen Blick für die → Romanik. 993 wurde er zum Bischof von Hildesheim geweiht. Er regte außer der Architektur und Skulptur auch die Buchmalerei, Holzschnitzerei und Goldschmiedearbeiten an. Er starb 1022 und wurde in einem von ihm konzipierten Sarkophag (Steinsarg) in der Krypta der Michaelskirche beigesetzt. Die Bernwardstür und die Bernwardssäule brachte man 1035 in den Dom.

Brun (22)
Der aus sächsischem Königshaus stammende Brun, 925 geboren, war der jüngste Sohn Heinrichs I. (→ Ottonen). Als vierjähriger wurde er dem Bischof von Utrecht zur Erziehung anvertraut und in dessen Domschule ausgebildet. Schon früh erwachte sein Interesse an den Wissenschaften. Im 15. Lebensjahr berief ihn sein Bruder Otto I., seit 936 zum König gewählt, an den Hof (939). Hier arbeitete er sich bald in die vielfältigen Aufgaben der Reichspolitik ein. Ein Jahr später war er Kanzler Ottos I. und gewann durch dieses Amt, das er bis 953 innehatte, in wachsendem Maße Einfluß auf die Verwaltung des Reichs und auf die Ausbildung der Hofkleriker. Nachdem ihn Otto I. 953 zum Erzbischof von Köln einsetzte und etwas später zum Herzog von Lothringen erhob, erwies er sich als bedeutender Repräsentant des → Reichskirchensystems, mit dem der König nach Aufständen Hochadliger dadurch mehr Anerkennung und Macht im Reich zu gewinnen hoffte, daß er geistliche Fürsten zu Reichsaufgaben heranzog. Durch seine Leitungsfunktionen im geistlichen und weltlichen Bereich wurde er, seit 951 als Erzkaplan, d. h. Leiter der → Hofkapelle des Königs, ein wichtiger Helfer Ottos I. bei allen Aufgaben der Reichsverwaltung. Sein Biograph Ruotger nannte ihn „Erzherzog" Lothringens, weil er für die Befriedung des Landes sorgte. Als er auch Leiter der Kölner Domschule wurde, übernahm er die Verantwortung für die Ausbildung von Kandidaten, die später in die wichtigsten Bistümer eingewiesen wurden. 961 krönte Brun Otto II., den Sohn Ottos I., in Aachen zum König und war, zusammen mit dem Erzbischof von Mainz, während des Italienzugs Ottos I. bis 965 dessen Vertreter in der Reichsverwaltung. Bei einer diplomatischen Reise nach Frankreich starb Brun 965 in Reims.

Bürgerfreiheit → Stadtrechte

Dreifelderwirtschaft → Bauer

Eigenkirche (5, 12f., 17, 65, 67, 129, 242)
Seit dem frühen Mittelalter gab es im Abendland Kirchen mit einem weitgehenden Herrschafts- und Nutzungsrecht adliger Eigentümer. Die → Karolinger erkannten in ihren Gesetzen das Recht auf eine Eigenkirche an, wollten aber den Eigenkirchenherrn verpflichten, für den Unterhalt des Geistlichen zu sorgen. Zu Eigenkirchen zählten Pfarrkirchen und Kapellen, ferner Klöster, die in der Obhut des Königs oder anderer weltlicher und geistlicher Adliger standen. Wichtig für den Eigenkirchenherrn war das Recht, in seiner Kirche den Kleriker einzusetzen. Otto I. (→ Ottonen) wandte das Eigenkirchenrecht auch auf die Besetzung von Bischofsstühlen an, ohne daß dies das Papsttum, das vom Kaiser abhängig war, verhindern konnte. Erst im → Investiturstreit kämpfte das Papsttum mit dem Grundsatz, daß die Laieninvestitur unzulässig sei, gegen die Einweisung von Klerikern in geistliche Ämter durch weltliche Instanzen.

Exkommunikation (65, 70f., 150, 160, 222)
Der Begriff bedeutet, abgeleitet vom kirchenlat. Verbum „excommunicare" im Sinne von „ausscheiden aus allem Gemeinsamen", die Strafe des Kirchenbanns, den der Papst verhängen und von dem der Papst absolvieren konnte. Man unterscheidet den kleinen Bann, d. h. den Ausschluß des Betroffenen von Sakramenten (Abendmahl usw.) und vom Zugang zu kirchlichen Ämtern, von dem großen Bann, d. h. Ausschluß von jeder Beziehung zur Kirche, z. B. vom Gottesdienst oder von einer Beerdigung durch die Kirche. Päpstliche Bannungen von Kaisern gab es etwa bei Heinrich IV. 1076 durch Gregor VII. (→ Investiturstreit, Salier) oder bei Friedrich II. durch Gregor IX. 1227 (→ Staufer). In Zeiten des Konflikts der geistlichen Gewalt mit der weltlichen Herrschaft (→ Zweigewaltenlehre) diente der Bann als Mittel der Auseinandersetzung zwischen Papst und Kaiser, verlor aber bei wiederholter Anwendung an Wirkung. Durch den Gang Heinrichs IV. nach Canossa 1077 sah sich der Papst genötigt, den Bann unter bestimmten Bedingungen zu lösen (→ Salier). Das Papsttum der Zeit des → Investiturstreits übersah bei der Verhängung des Kirchenbanns gegen Salier, daß Bischöfe in Deutschland aufgrund ihrer Investitur und Stellung im → Reichskirchensystem den Kaiser zeitweilig in seinem Kampf unterstützten und daß deshalb eine konsequente Durchführung der Strafe des Kirchenbanns nicht möglich war.

Feudalismus (11, 94f., 108, 115, 148, 155f., 219)
Der Begriff leitet sich von mittellateinisch feudum ab, das eine Leihe von Grund und Boden beinhaltet, bei der der Lehnsherr „Schutz und Schirm", der Lehnsmann „Rat, Hilfe und Gehorsam" verspricht. Das Lehensverhältnis kam durch ein persönliches Element der gegenseitigen Treuezusicherung und durch ein dingliches Element, die Überlassung von Grund und Boden, zustande. Auf dieses dingliche Element bezieht sich der Begriff „Grundherrschaft", die im Mittelalter, als das Geld noch eine geringe Rolle spielte, von großer Bedeutung war. Darin wird deutlich, daß die meisten Bauern nicht Eigentümer des von ihnen bewirtschafteten Landes waren, sondern Lehnsabhängige von Adligen oder Klerikern, die ihnen das Land (beneficium) zur Nutzung überließen. „Grundherrschaft" bedeutet, vom Begriff her gesehen, die Herrschaft eines Adligen bzw. Geistlichen über Grund und Boden von Abhängigen. Daneben fungierten Grundherren oft auch als Leibherren (Leibeigenschaft) und Gerichtsherren der Bauern. Daraus ergibt sich, daß „die ding-

liche Beziehung (im Feudalismus) gegenüber der personalen in der Regel im Vordergrund stand..." (Fischer Lexikon Geschichte, 1990, S. 146). Ein Gegenstück zur „horizontalen Einbindung des Bauern in die Dorfgemeinde" stellte die „vertikale in die Grundherrschaft, die Gutsherrschaft und den Staat" dar (ebd. S. 145).

Feudalismus war in der ersten Hälfte des 19. Jahrhunderts ein politisches Schlagwort für den Kampf der Französischen Revolution gegen die Lehnsverhältnisse (féodalité) des Mittelalters. Heute bedeutet Feudalismus für Länder der Dritten Welt soviel wie altüberlieferte Gesellschafts- und Wirtschaftssysteme. Als wissenschaftlicher Begriff existierte „Feudalismus" seit der zweiten Hälfte des 19. Jahrhunderts. Man benützte ihn als historischen Epochen- und Typenbegriff für das soziale, rechtliche, wirtschaftliche und politische System des mittelalterlichen Lehnsstaats, in dem der Hochadel vom König mit Land und Rechten (Grundherrschaft) belehnt wurde und so die Herrschaft über andere Schichten gewann, die als Untervasallen in das Lehnssystem einbezogen waren oder die außerhalb des Lehnsverbands als Hörige, Unfreie oder Leibeigene Untertanen blieben.

Die Stauferzeit bildete den Höhepunkt des Feudalisierungsprozesses im Staat, in den Herzogtümern und geistlichen Territorien.

Die Grundherrschaft bedeutete im Mittelalter allgemein eine Herrschaft über Land und Leute. Friedrich Lütge bezeichnete sie als die „Herrschaft über Menschen, die auf einem bestimmten Grund und Boden ansässig sind". Mit dem System der Grundherrschaft verbanden sich das Hofrecht, Hofgerichte, Landleiheformen, Leiherechte und Leistungspflichten der von Grundherren abhängigen Personen wie Dienste (Hand- und Spanndienste, d.h. Dienste mit Zugtieren) und Abgaben von Produkten, später in Geld (→ Fronhof). Oft kamen zwischen Grundherrn und Abhängigen Gegensätze auf, die zur Auflehnung von → Bauern führten. Für die Agrarwirtschaft im hohen Mittelalter, in der der → Adel, der König, die Kirche und die Städte das Sagen hatten, war die Grundherrschaft von existentieller Bedeutung. Auch in der Landesherrschaft im späten Mittelalter kam ihr eine maßgebende Rolle zu. Während sich im Westen des Reiches die Bindungen von Bauern an den Grundherrn lockerten, verschärften die Grundherren in der Gutsherrschaft im Osten des Reiches die Abhängigkeit der Bauern immer mehr (Leibeigenschaft).

Frau (31ff., 47, 49, 85, 87, 89, 90f., 94ff., 106f., 115f., 118, 124, 168ff., 175, 178f., 181ff., 185f., 189, 191f., 213f., 217ff., 231, 244f.)

Abgeleitet von mhd „vrouwe". got. „frauja" (= Herr) und altengl. „friega", ist „Frau" ursprünglich verwandt mit der altisländischen Gottheit „Freyr" und bedeutete soviel wie „Herrin". In der patriarchalischen, d.h. weitgehend von Männern beherrschten Gesellschaft des Mittelalters war die Frau weitgehend dem Mann untertan. So durften Frauen wie Unfreie keine Waffen tragen, keinen Grund und Boden besitzen und ihren Ehemann nicht frei wählen. Juristisch blieben sie stets einem Vormund unterworfen, d.h. ihrem Vater, nach der Eheschließung ihrem Mann. Die Kirche vertrat mit Bezug auf den Sündenfall im Alten Testament die Theorie, die Frau sei unrein und deshalb dem Mann unterlegen. Der Zutritt zu höheren Ämtern war der Frau untersagt, und nach kanonischem (kirchlichem) Recht blieb die Ehe unauflöslich.

In einzelnen Fällen gelang es Frauen, sich von der Abhängigkeit von Männern zu lösen: Wenn beim Tod eines Königs der Sohn noch minderjährig war, übernahmen Königinnen wie z.B. → Adelheid oder → Theophanu zeitweilig die Regentschaft (→ Ottonen). Dabei entstanden in der Regel Konflikte mit den Großen des Reichs, wie etwa in der Kindheit Heinrichs IV. (→ Salier). In der Ritterdichtung wurde die Frau idealisiert. Der Minnedienst des Ritters, das Werben um die Gunst einer adligen Dame durch das Bestehen von aventiure (abenteuerlichen Kämpfen), verfeinerte zwar den Umgang am Hof, verbesserte aber die gesellschaftliche Stellung der Frau wenig. Die Marienverehrung (Maria als Mutter Gottes) wurde nicht nur ein Bestandteil der Liturgie der Messe, sondern auch ein viel beachtetes Motiv der Kunst. Frauen der unteren Bevölkerungsschichten starben früh, nicht nur wegen harter Arbeit auf dem Feld, im Textilgewerbe, wo sie unterbezahlte Handarbeit leisteten, und im Handwerk, sondern auch wegen dicht aufeinander folgender Schwangerschaften.

Eine allmähliche Aufwertung des gesellschaftlichen Rangs der Frau wurde durch ihre berufliche Arbeit im Handel und Gewerbe in den aufblühenden Städten möglich. (S. Alltag um 1300).

Auch im Rahmen der Kirche, z.B. in der Frauenbewegung der Beginen, versuchten Frauen, ihre Identität zu verwirklichen. Solche Emanzipationsversuche zeigten sich z.B. bei Elisabeth von Thüringen.

Um die Realität der Situation von Frauen genauer zu erfassen, schlug die Forschung, die sich mit der Geschichte der Frauen im Alltag befaßt, in den letzten Jahren neue Wege ein. So fordert Claudia Opitz z.B., man dürfe „keine Rückprojektionen heutiger Verhältnisse" auf das Leben von Frauen im Mittelalter machen (Frauenalltag im Mittelalter, 1991, S. 10). Man müsse dagegen ihre „normalen" Lebensbedingungen untersuchen (S. 12). Georges Duby und Michelle Perrot setzten sich in ihrer „Geschichte der Frauen" (Frankfurt 1993) das Ziel, die Frau dieses Zeitalters „aus dem Schatten herauszuholen" (S. 9), ihre Existenz im Alltag zu erfahren und ihre zeitgenössischen Deutungen als „Göttin, Madonna, Hexe" (S. 9) zu erklären. In Fragen der Liebe und Ehe blieb, wie der Titel einer Studie (Frankfurt 1993) von Georges Duby lautet, „die Frau ohne Stimme".

Fronhof (63, 208)

Fronhöfe waren ein wesentlicher Bestandteil der Grundherrschaft

(→ Feudalismus) vom 8. bis zum 12. Jh. Der Fronhof wurde auch Herrenhof, Salhof, Zwinghof genannt. Zu ihm zählten die Wohnung des Grundherrn, die Wirtschaftsgebäude mit Ställen und Vorratsräumen. Die Ländereien, das sog. Salland, bebauten die Meier im Auftrag des Grundherrn (Adliger, Abt) als Eigenwirtschaft zusammen mit Unfreien und mit Hilfe von Abgaben und Dienstleistungen abhängiger Bauern. Größere Grundherrschaften umfaßten viele Fronhöfe und Nebenhöfe. Diese bildeten einen Fronhofsverband (Villikationssystem). Dadurch wuchs die Macht der Verwalter des oft weit zerstreuten Grundbesitzes auf Kosten der freien Bauern. Durch Schenkungen um des Seelenheils willen vergrößerte sich der Besitz der Klöster. Adlige Grundherren übernahmen Lehngüter gegen die Pflicht, Kriegsdienst zu leisten. Die Rechtslage im Fronhof- bzw. Villikationssystem war für die darin beschäftigten Menschen sehr verschieden gestuft; es gab unfreie (Hörige), halbfreie und freie Bauern. Je nach ihrer Abhängigkeit waren zeitlich begrenzte Dienste oder ungemessene Frondienste an den Grundherrn zu leisten. Naturalabgaben erfolgten auf dem Fronhof. Als im 12. Jahrhundert das Geld als Zahlungsmittel in Gebrauch kam, gingen die Villikationen allmählich in die Rentengrundherrschaft (Leistung von Abgaben an den Grundherrn in Zinsen, Renten) über.

Gelasius I. → Zweigewaltenlehre

Gilde → Zunft

Gotik (129, 170, 186 f., 230 f., 233 f., 236, 238 f., 241, 243 f., 249 f.)

Gotik bezeichnet die Baukunst und andere Kunstbereiche in der Zeit von etwa 1150 bis etwa 1500, die zwischen der Ära der → Romanik und Renaissance liegt. „Gotisch" nannte man in Italien im 15. Jh. die vermeintlich barbarische und roh wirkende Architektur der germanischen bzw. gotischen Eroberer Italiens in der Zeit ihrer Herrschaft nach der antiken Kunst bis zu ihrer Wiederbelebung in der Renaissance. Giorgio Vasari (gest. 1574) sprach deshalb nicht von „gotischer", sondern von „deutscher" (tedesca) Kunst. Eine positive Einschätzung fand die Baukunst der Gotik bei Enea Silvio Piccolomini, dem Frühhumanisten und späteren Papst (gest. 1464). In der heutigen Bedeutung tauchte der Begriff „Gotik" 1610 auf. Anerkennend schrieb Goethe 1771 am Beispiel des Straßburger Münsters über die Gotik (Von deutscher Baukunst). Die Romantiker sahen in der gotischen Architektur eine wahrhaft christliche Kunst. Und Hegel sprach in seiner Ästhetik (III, 1,3) von der gotischen Baukunst als dem „Zusammenstimmen mit dem inneren Geist des Christentums" (TRE, Bd. 13, 1984, S. 594). (siehe Übersicht und Materialien im Kapitel „Die Kunst um 1300).

Eine besondere Bedeutung bekam bei gotischen Kirchen die Glasmalerei. Folgende Faktoren bewirkten ihre faszinierende Wirkung auf den Betrachter: das Glas, das Farbpigment, das Blei und das bei Sonne eindringende Licht, das die Farben erst richtig aufleuchten läßt. Im Münster in Freiburg i. Br. stifteten Zünfte an der Wende des 13. zum 14. Jh. im Langhaus Glasmalereien, auf denen Küfer, Bäcker, Schmiede, Schneider, Maler, Tucher, Schuster, Bergleute u. a. abgebildet sind.

Graf (1, 6, 9 f., 17, 25, 44, 47 f., 55)

Der Begriff wird abgeleitet von mittellateinisch „graphio" und griechisch „graphéus", einem Amtstitel am Hof in Byzanz, der ursprünglich „Schreiber" bedeutet. Althochdeutsch bildete sich daraus „grafio", mittelhochdeutsch „grave". Vor 750 gab es den „grafio" in nord- und ostfränkischen Gebieten, während in Süd- und Mittelgallien der „comes" (Graf in der Bedeutung von „Begleiter") tätig war, der sich auch in der späten römischen Verwaltung findet. Beide hatten militärische Funktionen und waren mit Aufgaben der Gerichtsbarkeit betraut. Im Frankenreich Karls d. Gr. (→ Karolinger) standen Grafen im Dienst des Königs. Sie waren zuständig für die Verwaltung des Königsguts, für das Aufgebot des Heeres, für die Einhaltung der → Kapitularien, für den Schutz des Königs und für den Vorsitz bei Gerichtsverhandlungen (Hochgericht). In den Quellen werden die Grafen nicht „officiati" (Beamte), sondern „ministri" (Diener, Minister) genannt. Mit „ministri" bezeichnete man vor Karl d. Gr. persönliche Hausdiener eines Grafen oder anderen Herrn. Seit Karl d. Gr. hießen dann auch Grafen oder Herzöge „Diener des Königs", ihre Funktion nannte man „ministerium". Dieser Tatbestand führte Dietmar Willoweit zu folgender Feststellung: „Auch die Inhaber der hohen Würden eines Herzogs oder Grafen stehen gegenüber dem König in einem ähnlich strikten Unterwerfungs- und Gehorsamsverhältnis wie der untergeordnete Gehilfe und Hausdiener. Können beide als Diener des Königs bezeichnet werden, dann ist dieser „Dienst" aber doch nicht identisch mit einem „Amt" in unserem Sinne, mag auch der Amtsgedanke hier und dort schon in das Bewußtsein getreten sein; Realität in den weltlichen Verfassungsstrukturen gewinnt er erst sehr viel später" (a. a. O., S. 31).

Seit spätkarolingischer Zeit gelang es einem Teil der Grafen, Lehnsherr zu werden, die Lehen (→ Feudalismus) wurden erblich, und die Grafen gehörten zum Reichsfürstenstand (→ Sachsenspiegel). Andere wurden landsässig und bildeten den niederen → Adel. Pfalzgrafen hatten in karolingischer Zeit die Aufgabe, den König im Gericht zu vertreten und Gesandtschaftsreisen zu machen. Im 9. und 10. Jh. wurden sie Territorialherren, die der König zur Stärkung seiner Macht gegenüber den Herzögen brauchte. Später löste sich ihre Tätigkeit auf, nur der „Pfalzgraf bei Rhein" existierte als Landesherr weiter. Er war bei der Vakanz des Königsamts dessen Stellvertreter (→ Goldene Bulle) im Reich.

Gregor VII. → Investiturstreit

Grundherrschaft → Feudalismus (48, 49, 53)

Handwerk → Zunft

Hanse (188, 192, 224, 226 ff.)

Der Begriff leitet sich ab von mhd

„hanse“ (Genossenschaft, Kaufmannsgilde), von ahd „hansa“ (Kriegerschar, Gefolge). Unter „Hanse“ verstand man einen Zusammenschluß von Kaufleuten, die sich gegenseitig auf ihren auswärtigen Handelsreisen unterstützten. Aus einem solchen Bund norddeutscher und nordwestdeutscher Kaufleute, die sich zum Schutz ihres Handels in der Ostsee zusammengeschlossen hatten (13. Jh.), entstand im Laufe des 14. Jh. die „Deutsche Hanse“, ein Städtebund unter der Führung Hamburgs, Lübecks und Kölns, zu dem ca. 90 Städte gehörten. Bis zum 17. Jh. änderte sich manches in der um Zentralisierung bemühten, aber locker organisierten Genossenschaft. Im Laufe ihrer Entwicklung unterstellten sich Regionalbünde von Städten der gemeinsamen Leitung der Hanse.
Der Aufschwung des Textilgewerbes in Flandern und Brabant veranlaßte Kaufleute aus Italien, Spanien und der Hanse, in Brügge Niederlassungen zu gründen. Nachdem die geräumigen Koggen der Hanse in Brügge anlegten, ging die Bedeutung der leichteren Barken und der flandrischen Handelsschiffe allmählich zurück. Die Hanse-Kaufleute wurden durch die Grafen von Flandern wohlwollend gefördert. Ihre Handelsniederlassung in Brügge (seit der 2. Hälfte des 13. Jh.) wurde die bedeutendste außerhalb Deutschlands.
Die Hanse exportierte Naturprodukte agrarwirtschaftlicher Länder: aus Preußen Getreide, aus Rußland Pelze und Honig, aus Schonen (Südschweden) Bauholz, Teer, getrocknete Fische und gepöckelte Heringe, aus England Wolle. Brügge hatte für den Handel Schlüsselposition, denn es liegt etwa in der Mitte zwischen der Ostsee und dem Golf von Biskaya. Von Brügge transportierten Hanseschiffe Gewürze aus Italien, Tuche aus Flandern und Brabant nach Südpolen und Nowgorod. Im Handelsvolumen übertraf die Hanse die italienischen Handelsstädte, aber im Finanz- und Kreditwesen waren diese der Hanse überlegen.
Seit etwa 1350, als die Gefahren größer wurden, entschlossen sich die Hanse-Kaufleute zu einem förmlichen Bündnis der westfälischen, sächsischen, pommerschen und preußischen Städte (Hansequartiere), denen sich noch weitere 130 Städte in lockerem Rahmen anschlossen. Zentrales Organ waren die Hansetage, Hauptversammlungen der Mitglieder, die bindende Beschlüsse (Hanserezesse) faßten. In der Folgezeit wurde die Hanse häufig in Konflikte mit den skandinavischen Herrschern verwickelt. Zeitweise schien es, als ob sich der wirtschaftliche Zusammenschluß der Hansestädte zu einer politischen Vereinigung weiterbilden würde, wie dies bei Städten der Schweizerischen Eidgenossenschaft erfolgte. Dadurch kam es aber nach dem Aufstieg der Territorialherrschaft der Fürsten nicht. Eine gewisse Zugehörigkeit zum Reich zeigte sich in ihrer Bezeichnung die „dudesche Hanse“. Die Schließung des Hansekontors in Nowgorod 1494 und in London 1598 waren Symptome ihres Niedergangs. Der Städtebund der Hanse war auf die Dauer den konkurrierenden Handelsmächten im Westen, Holland, England, Frankreich und Spanien nicht gewachsen. Der letzte Hansetag fand 1669 statt.

Heerschildordnung → **Sachsenspiegel**

Heinrich IV. → **Salier**

Hofkapelle (2, 11, 22)
Seit der Merowingerzeit bildeten die vereinigten Hofkapläne (Kapläne an einem weltlichen Hof) die Hofkapelle. Unter den → Karolingern standen die Hofkapläne unter Leitung des Erzkaplans, der später zugleich Erzkanzler (Kanzleivorstand) war. Karl d. Gr. holte seine Schreiber, die er für die Ausfertigung von Urkunden brauchte, die sog. cancellarii, aus den Klerikern der Hofkapelle. In der Zeit Ottos d. Gr. wuchsen in der Hofkapelle auch die späteren Bischöfe und Erzbischöfe heran, die für den König im Rahmen des → Reichskirchensystems politische und diplomatische Dienste leisteten. Auch Reichsabteien wurden vom König mit Hofkaplänen besetzt, die häufig aus dem hohen → Adel stammten und wie Erzbischof → Brun mit dem König verwandt waren. Mit der Verselbständigung der Kanzlei des Königs, die nur noch politische Dienste übernahm, verlor die Hofkapelle seit dem 11. Jahrhundert an Bedeutung.

Hrotsvit von Gandersheim (23, 107, 117f.)
Um 935 geboren, lebte und schrieb Hrotsvit im Hauskloster der → Ottonen, in Gandersheim, das westlich des Harzes liegt. Wie andere Frauen im Kloster, so las auch die Nonne Hrotsvit, die vermutlich aus sächsischem Adel stammt, Werke des Komödiendichters Terenz, (200–159 v. Chr), um sich im Gebrauch der lateinischen Sprache zu üben. Terenz, ursprünglich als Sklave nach Rom gekommen, wurde von seinem Herrn, Terentius Lucanus, freigelassen. In den Jahren 166–160 führte er sechs seiner Stücke auf. Man hat Hrotsvit einen Anti-Terenz genannt, weil sie anstelle der vom römischen Dichter herausgehobenen humanitas (Menschlichkeit) die „divinitas“ (Göttlichkeit, göttliches Wesen) als zentrales Motiv für ihre Dichtungen wählte. So veränderte Hrotsvit die Komödien des Terenz von Grund auf. Da ein Theater wie im alten Rom fehlte, schrieb Hrotsvit Lesedramen in mittellateinischer Sprache. Aus der Konstantia des Terenz wird z. B. im Drama „Gallicanus“ unter Hrotsvits Hand ein „Werkzeug des göttlichen Willens“ (Heloise und ihre Schwestern, hrsg. v. F. Bertini, 1991, S. 119). Konstantia wies den Gallicanus, der um ihre Hand warb, ab. Denn sie wollte ihrem Entschluß, ehelos zu sein, treu bleiben. Durch diesen Entschluß triumphiert in diesem Stück ihre „weibliche Schwäche“ über die „männliche Stärke“ (S. 119) des Gallicanus. Außerdem erreichte Konstantia in ihrer Rolle als Erlöserin, daß sich Gallicanus zum Glauben bekehrte.
Auch in den 6 Legenden dominieren bei Hrotsvit die Motive, wie der Sünder, der seine Taten bereut, durch die Gnade Gottes Vergebung findet oder wie Märtyrer Christi den Tod überwinden.

Bekannt wurde Hrotsvit auch durch ihr in Hexametern abgefaßtes Epos „Die Taten Ottos I.", in dem sie die Zeit der → Ottonen vom Beginn der Regentschaft Heinrichs I. (919) bis zur Kaiserkrönung Ottos I. (962) darstellt. Ihr letztes Werk vor ihrem Tod (um 975) waren „Die Anfänge des Klosters Gandersheim" von 856–919. Am Beispiel der Äbtissin Gerberga, die nach ihrer Verlobung mit Bernhard auf die Ehe verzichtete, um als Kanonissin ehelos zu bleiben, nahm Hrotsvit wiederum das Thema früherer Dichtungen auf.

Immunität (25, 212)
Dieser Begriff geht auf das römische Staatsrecht zurück, wo er bedeutete, daß kaiserliche Domänen und Besitztümer von Herren von öffentlichen Abgaben, Dienstleistungen und Steuern befreit waren (emunitas). Im fränkischen Reich bedeutete Immunität seit der Merowingerzeit weitaus mehr: die vollständige Befreiung der Kirchen und Klöster von Eingriffen der Amtsträger herrschaftlicher Gewalt. So beinhaltete Immunität das Verbot für Amtsträger von außen, das Gebiet, dem der König Immunität verliehen hatte, zu betreten (introitus), Abgaben jeder Art zu erheben (exactio) und Bewohner des Immunitätsgebiets vor ein auswärtiges Gericht zu laden. Damit entstand in den Immunitätsgebieten eine eigene Gerichtsbarkeit unter Leitung eines vom Inhaber der Immunität eingesetzten Vogts, der mit dem zuständigen Grafen ranggleich war. Das Privileg der Immunität wurde vom König den Grundherren in einer Urkunde gewährt. Unter Otto I. wuchs auch die Macht der bischöflichen Territorien durch die Verleihung der Immunität. Verfassungsgeschichtlich sollten Immunitätsgebiete für das Königtum ein Gegengewicht gegen territoriale Herrschaft bilden. Jedoch konnten Grundherren, die mit eigener Gerichtsbarkeit ausgestattet waren, sich auch zu „‚Inseln' innerhalb des Reichsverbandes" (R. Schneider, Das Frankenreich, 1990, S. 48) zum Schaden des Königtums entwickeln.

Imperium (2 ff., 7, 23 f., 106, 136 ff.)
Der Begriff stammt vom lateinischen „imperium" ab und bedeutet Befehl, (Staats)gewalt, Herrschaft, (Kaiser)reich. Im Mittelalter wird der aus der römischen Antike kommende Begriff bedeutsam, als Papst Leo III. Karl d. Gr. 800 zum Kaiser krönte und damit eine „translatio imperii" (Übertragung des Kaisertums) von den Griechen (Byzanz) zu den Franken vollzog. Karl d. Gr. führte seitdem den Titel „Romanum gubernans imperium" (Kaiser des römischen Reichs). Dies führte zu Rivalitäten mit dem Kaiser von Byzanz, der diesen Titel bisher allein beanspruchte (Zweikaiserproblem). Otto d. Gr. → Ottonen griff im 10. Jh. die Idee einer „renovatio Romani imperii" (Erneuerung des römischen Reichs") auf, und sein Enkel Otto III. scheiterte an seinem Gedanken eines „imperium mundi" (Weltkaisertum), eines universalen Kaisertums mit dem Sitz in Rom. In den Urkunden Friedrichs I. Barbarossa (→ Staufer) wurde der Begriff „sacrum imperium" (Heiliges Reich) gebräuchlich, das dem Reichstitel im späten Rom und in Byzanz entsprach. In der Formel der Heiligkeit des Reichs zeigte sich der Anspruch des Staufers, „die kaiserliche Position gegenüber einem gestärkten Papsttum" (D. Willoweit, a. a. O., S. 53) zu wahren. Schon im → Investiturstreit war es in dem durch die Kirchenreform verursachten Konflikt zwischen Kompetenzen des „Imperiums" der → Salier und des Papsttums zu erbitterten Auseinandersetzungen zwischen den Repräsentanten der weltlichen und geistlichen Herrschaft gekommen. Seit dem 15. Jahrhundert wurde dann der neue Reichstitel üblich, das „Heilige Römische Reich Deutscher Nation", der neben den traditionellen Bedeutungen auch den Hinweis auf das entstehende Nationalbewußtsein in Deutschland enthielt.

Interregnum (145, 153)
Der Begriff bedeutet in der Herleitung vom lateinischen „interregnum" soviel wie Zwischenherrschaft. Allgemein bezeichnet man damit die Zeit zwischen dem Ende der Amtszeit eines Herrschers durch Abdankung, Absetzung oder Tod und dem Amtsantritt eines Nachfolgers; im 13. Jahrhundert versteht man darunter die Zeit nach dem Niedergang der → Staufer (d. h. des Todes Konrads IV. 1254) bis zur Wahl Rudolfs I. aus dem Hause Habsburg 1273. Von Friedrich Schiller wird das Interregnum im Gedicht „Der Graf von Habsburg" „die kaiserlose, die schreckliche Zeit" genannt. Historisch bedeutete sie fortwährende Verluste des Reichsguts, den Zerfall königlicher Herrschaft und die wachsende Macht des Landesfürstentums, die zu einem Strukturwandel der Reichsverfassung führte. Denn 1257 herrschten nach einer Doppelwahl Richard von Cornwall und Alfons von Kastilien, die sich nur kurz bzw. nie in Deutschland aufhielten, so daß die Reichsgewalt zerfiel. Die Wiederholung eines Interregnums und von Doppelwahlen in Deutschland wurde durch die „Goldene Bulle" mit der reichsgesetzlichen Regelung der Königswahl durch die Kurfürsten verhindert.

Investiturstreit (55, 65 ff., 76, 78, 116, 129, 138)
Investitur, lat. investitura, bedeutet im Mittelalter die Einweisung, Einsetzung eines Klerikers in sein Amt durch den zuständigen Vorgesetzten. Seit der Kirchenreform von Cluny sollte die Laieninvestitur, d. h. die Besetzung von Bischofsstühlen durch weltliche Instanzen (Laien), abgeschafft werden und die Erhebung von Bischöfen künftig nur noch Sache der Kirche sein. Von dieser Befreiung der Kirche von Rechtsansprüchen weltlicher Herrscher waren vor allem die deutschen Bischöfe betroffen. Denn im 10. Jahrhundert hatte sich das → Reichskirchensystem Ottos d. Gr. herausgebildet, das so weit ging, daß durch die Abhängigkeit des Papsttums vom Kaisertum sogar die Papstwahl von Otto I. beeinflußt wurde. Im Jahrhundert der → Salier machten die Kaiser bis zu Heinrich IV. noch regen Gebrauch von ihrem Recht auf Laieninvestitur. Jedoch seit Gre-

gor VII., der als Repräsentant der Reformen Clunys 1073 zum Papst erhoben wurde, wollte die Kirche das Mitbestimmungsrecht der Kaiser bei Bischofswahlen nicht mehr hinnehmen. Ebensowenig war Heinrich IV. dazu bereit, auf die angestammten Rechte bei Bischofswahlen zu verzichten. Denn die deutschen Bischöfe waren aus seiner Sicht wichtige Helfer in der Reichspolitik. Deshalb verlief der Investiturstreit in Deutschland auch dramatischer als in anderen europäischen Ländern. Nachdem Heinrich IV. auf der Synode in Worms Gregor VII. durch seine Bischöfe hatte absetzen lassen (1076) und der Papst den König darauf bannte, entstand daraus ein langwieriger, unüberbrückbarer Konflikt, in dem auch Heinrichs IV. Bußgang nach Canossa (1077) den Ausbruch des Krieges zwischen → Imperium und sacerdotium nicht verhindern konnte. (siehe Übersicht, Polit. u. Kirchl. Entwicklung um 1100). Heinrich IV. zog in Rom ein und ließ sich von dem inzwischen zum Gegenpapst gewählten Clemens III. zum Kaiser krönen. Der Papst, der sich in der Engelsburg aufhielt, floh mit den Normannen nach Süditalien, wo er 1085 starb. Nach weiteren Kriegen Heinrichs V. mit dem Papsttum kam aufgrund der Theorie des Ivo von Chartres, die eine Trennung des geistlichen vom weltlichen Bereich (spiritualia und temporalia) beinhaltete, das Wormser Konkordat als eine Kompromißlösung zustande, die aber nicht dauerhaft war.
Die Zeitgenossen verfolgten den Investiturstreit, vor allem auch die Härte der gegenseitigen, bisher noch nicht angewandten Kampfmaßnahmen der weltlichen und geistlichen Herrschaft, mit Schrecken und Entsetzen. Das Problem der „libertas ecclesiae" (der Freiheit der Kirche) blieb ungelöst. Neue Auslegungen der → Zweigewaltenlehre folgten.

Jerusalem → Kreuzzüge

Kapitularien (2, 7, 9, 12, 17 ff.)
In der Zeit der → Karolinger waren Kapitularien Anweisungen, Verordnungen des Königs, die an einzelne Reichsgebiete oder an das ganze Reich gerichtet waren. Ihr Name leitet sich von der Einteilung dieser Verordnungen nach Kapitel ab. Sie bezogen sich auf kirchliche oder weltliche Angelegenheiten und konnten auch als Amtsanweisungen an Grafen oder Königsboten (missi dominici) gerichtet sein. Seit dem 10. Jahrhundert kamen sie völlig außer Gebrauch. Bei Änderungen alter Stammesrechte durch den Frankenkönig war die Zustimmung des Adels nötig. Das Kapitular Karls d. Gr. von Paderborn 785 enthielt Bestimmungen zur gewaltsamen Missionierung der Sachsen (vgl. Mat. II, Nr. 2 a, Politik und Kirche unter Karl d. Gr.). In diesem Kapitular war für Sachsen, die sich weigerten, sich taufen zu lassen, die Todesstrafe vorgesehen.

Karl d. Gr. → Karolinger

Karolinger (1 ff., 12 f., 25, 36, 44 f., 54, 72, 85, 102, 115, 129, 137)
Als Hausmeier (Verwalter, Heerführer) der Merowinger, deren Reich durch innere Wirren zerfiel, stiegen die Karolinger, benannt nach Karl d. Gr., zur führenden Dynastie im fränkischen Reich auf. Sie stammten aus dem Gebiet zwischen Maas und Mosel. Karl Martell verhinderte durch seinen Sieg über die von Spanien her eindringenden Araber bei Tours und Poitiers 732 eine weitere Invasion des Islams in Europa. Sein Sohn Pippin der Jüngere setzte 751 den letzten König der Merowinger, Childerich III., ab und wurde „gratia Dei" (durch Gottes Gnade) in Soissons mit Zustimmung des Papstes zum „rex Francorum" (König der Franken) gekrönt. Unter Karl d. Gr. entstand das fränkische Großreich und wurde 800 das weströmische Kaisertum begründet (siehe Übersicht, Politik und Kirche unter Karl d. Gr.). Der Kaiser von Byzanz sah die Existenz eines zweiten fränkischen Kaisertums mit Unwillen. Aus der Rivalität der beiden Kaiserreiche entwickelte sich die Zweikaiserfrage. Im Titel seines Kaisertums knüpfte Karl d. Gr. bewußt an die Formel der römischen Kaiser des Altertums an. Eine Aufwertung des Papsttums durch die Kaiserkrönung 800 sollte nach seinem Willen nicht erfolgen. Deshalb ließ Karl d. Gr. auch Ludwig d. Fr., seinen Sohn, 813 in Aachen sich selbst zum Kaiser krönen („Aachener" oder „fränkisches" Kaisertum).
Von einem fränkischen Großreich spricht man deshalb, weil nach der Angliederung Sachsens 804 die Gebiete vom Atlantik bis zur Elbe und zum Böhmerwald, vom Mittelmeer und den Pyrenäen bis zur Nordsee von Karl d. Gr. beherrscht wurden. Dadurch entstand ein erstes Modell einer Integration Europas. Dabei blieb aber trotz Versuchen der Fränkisierung der Territorien durch Karl d. Gr. ihre Verschiedenheit gewahrt. Dies zeigte sich z. B. bei der Aufzeichnung der verschiedenen Volksrechte im fränkischen Imperium (Gesetze der Sachsen, Thüringer, Friesen). Ältere Volksrechte ließ der Kaiser mit Ergänzungen (→ Kapitularien) versehen. So kam Karl d. Gr. zum Titel „Vater Europas"
Nach den Teilungen des Karolingerreichs im 9. Jahrhundert (siehe Übersicht, Politik und Kirche unter Karl d. Gr.) starben die Karolinger im mittleren Reich 875, im Ostreich 911 und im Westreich erst 987 aus.

Karolingische Renaissance (55 ff.)
Abgeleitet vom franz. „renaître" = wiedergeboren werden, bedeutet Renaissance Wiedergeburt, Wiederbelebung, Erneuerung. Das Attribut karolingisch bezeichnet die Zeit der → Karolinger, deren Dynastie im Frankenreich herrschte (8./9. Jh.); genauer, die Regentschaft Karls d. Gr. 768–814.
Die karolingische Renaissance – wie auch die spätere, eigentliche Renaissance – orientierte sich in ihrer Erneuerung der Kultur an der Antike und Spätantike (frühchristliche Kirchenväter). Zeitlich fällt die Karolingische Renaissance in die letzten Jahrzehnte des 8. und in die ersten Jahrzehnte des 9. Jahrhunderts, während die klassische Renaissance im 14. Jahrhundert begann und im 16. Jahrhundert endete.
In drei Erlassen forderte Karl d. Gr. eine Bildungsreform: In der „Allgemeinen Ermahnung" (ad-

monitio generalis, 789), im „Brief zur Pflege der Bildung" (Epistola de litteris colendis, Ende des 8. Jh.) und im „Erlaß über die Prüfung des Klerus" (Capitulare de examinandis ecclesiaticis", 802).

Folgende Ziele verfolgte der Kaiser in seinem kulturpolitischen Programm: Revision der Sprache, besonders der Amts- und Gelehrtensprache Latein, Überarbeitung normativer Texte wie der Bibel, Neuorientierung der Theologie (Karl griff häufig in Diskussionen von Klerikern ein), Vereinheitlichung der Schrift (Die karolingische Minuskel, die bis in die heutige Zeit unser Schriftbild beeinflußte), Reform des Rechtswesens, das ebenfalls vereinheitlicht werden sollte (er erkannte jedoch die Rechte der Stämme an, z. B. das Bayernrecht, das Sachsenrecht, das Schwabenrecht u. a.), Übersetzung religiöser Texte zum besseren Verständnis für das Volk (z. B. ins Ahd), Bekämpfung des Analphabetentums durch die Schaffung von Schulen in Klöstern und Städten, Förderung der „Sieben Freien Künste" als Bildungsziel: Sie bestanden aus dem Trivium – Grammatik, Rhetorik, Dialektik –, das besonders gepflegt werden sollte, und aus dem Quadrivium – Geometrie, Arithmetik, Astronomie und Musik. Folgende Gelehrte sorgten am Hofe Karls d. Gr. für die Durchführung der Bildungsreform: Der Angelsachse Alkuin, Lehrer an der Domschule in York, galt als Initiator der karolingischen Renaissance; Paulus Diaconus, langobardischer Herkunft, war Dichter und Grammatiker; auch Paulinus von Aquileja wirkte als Lehrer der Grammatik; der Spanier Theodulf von Orléans gründete Schulen; in der zweiten Generation sind vor allem der aus Mainfranken stammende Geschichtsschreiber Einhard („Das Leben Karls d. Gr.") zu nennen, der zugleich die Hofbauhütte in Aachen leitete, der aus Schwaben kommende Walafrid Strabo, Erzieher des Sohnes Ludwigs des Frommen, des späteren Karl des Kahlen, und besonders auch Hrabanus Maurus, 822 Abt von Fulda und 847 Erzbischof von Mainz, Verfasser von Lehrbüchern für die Schulen in den Fächern Liturgie, Grammatik, Arithmetik, Musik.

Motiv für Bildungsreform des Frankenreichs war für Karl d. Gr. die Einsicht, „daß auf Gewalt, Krieg und Eroberung allein kein Imperium zu gründen sei" (J. Fried, a. a. O., S. 265). Und deshalb „flossen (Karls) Herrschafts-, Kirchen- und Bildungsreform ineinander" (Ebd., S. 266). Die Verankerung Europas in der Antike durch die karolingische Renaissance war maßgebend für die spätere Entwicklung der Kultur europäischer Staaten.

Kirchenverwaltung → **Konzilien**

Kloster (1, 4, 12, 16f., 51, 54, 56f., 62ff., 84, 88ff., 92f., 126, 129f., 137, 140, 177, 189, 194, 208, 212, 215ff., 220f., 229)

Dem Begriff liegt das lat. Verbum „claudere" zugrunde, das „schließen", „abschließen" bedeutet. Lat. „monasterium" (Münster) hieß die Klosteranlage, zu der die Kirche, der Kreuzgang, der Schlafraum (Dormitorium), der Speiseraum (Refektorium), Vorratsräume und sonstige Wirtschaftsgebäude gehörten. Im mittelalterlichen Kloster des Abendlandes lebten Mönche und Nonnen einer Ordensgemeinschaft abgeschlossen von der Außenwelt. Bis zum 12. Jh. war der Benediktinerorden, der 529 von Benedikt von Nursia gegründet wurde, der einzige Mönchsorden. Sein Grundsatz „ora et labora" (bete und arbeite) verpflichtete die Mönche zu Gebet und Arbeit, die sie oft in der Landwirtschaft übernahmen. Die Benediktinerklöster verfügten über großen Grundbesitz, den sie durch Schenkungen und Stiftungen vom König oder von Adligen erhielten. Diesen Landbesitz bewirtschafteten die Klöster mit Hilfe von Fronhöfen selbst (→ Feudalismus) oder gaben ihn an Hintersassen als Leihegut aus. Gründer von Klöstern waren der König und Adlige, die als Herren ihrer → Eigenkirchen ein Mitbestimmungsrecht bei der Verwaltung der Klöster und bei der Einsetzung von Äbten beanspruchten. In Notzeiten mußten Klöster den Eigenkirchenherrn auch mit Mitteln ihres Vermögens unterstützen. Äbte von Reichsklöstern wie z. B. Fulda, Corvey, Lorsch, Prüm, St. Gallen unterstanden dem König und stiegen zu Reichsfürsten auf. Manchen Kölstern verlieh der König auch die → Immunität und machte sie dadurch unabängig von Machtansprüchen des regionalen Adels. Im 11. Jahrhundert erneuerte die von Gorze bei Metz und Cluny ausgehende Kirchenreform die Benediktinerklöster von Grund auf. Sie schlossen sich dem Papsttum und seiner Forderung nach Beseitigung jeden weltlichen Einflusses an und setzten sich entschieden für die Realisierung der Ziele der Kirchenreform im → Investiturstreit ein. Der 1098 in Citeaux (bei Dijon) gegründete Zisterzienserorden, der sich nach 1120 auch im deutschen Reich ausbreitete und der die Pflicht der Mönche zur Handarbeit, vor allem in der Landwirtschaft, forderte, gewann große Bedeutung im Rahmen der → Ostsiedlung, z. B. bei weiträumigen Rodungen und Neugewinnung von Ackerland im Raum von Zinna, Doberan, Lebus u. a. Die Entstehung der Bettelorden, der Franziskaner und Dominikaner, im 13. Jh. brachte für Klöster und Ordensgemeinschaften eine Wende ihrer Entwicklung. Nicht mehr ausgedehnter Grundbesitz bildete die Grundlage ihrer Existenz, sondern Almosen und Opfer der Gläubigen, bei denen in der Zeit der Verweltlichung der Kirche die Bettelorden, die durch Predigten und Seelsorge in Städten wirkten, viel Anklang fanden.

Neben ihrer religiösen, wirtschaftlichen und politischen Funktion übernahmen Klöster eine wichtige Rolle bei der Entfaltung der Kultur im Mittelalter. Klosterschulen waren lange Zeit die einzigen Bildungsstätten. Von Klöstern gingen entscheidende Impulse für die Bereiche der Kunst aus, z. B. in der → Romanik. Schreiber in den Klöstern vermittelten der Nachwelt nicht nur mittelalterliches Wissen, sondern auch antike Wissenschaft in kunstvoll ausgestatteten Büchern. Klöster wurden zu Zen-

tren der Geschichtsschreibung und Philosophie.
Die Klöster des Mittelalters waren im wesentlichen Adelsklöster. Aufgrund von Landschenkungen setzten Adlige Priester in Klöstern ein, und höhere Positionen in Abteien waren durchweg von Söhnen und Töchtern des Adels besetzt. Die Adelsherrschaft bestimmte das Leben in allen Klöstern, auch in Frauenklöstern.

Kluniazensische Kirchenreform → **Investiturstreit**

Konstantinische Schenkung (20f., 26, 168)
Die Konstantinische Schenkung, eine im 8. oder 9. Jh. entstandene Urkunde, die angeblich Konstantin d. Gr. zugeschrieben wurde, war eine der bedeutendsten Fälschungen des Mittelalters. Von Lorenzo Valla, dem Frühhumanisten, wurde die Fälschung entdeckt und erst im 19. Jh. von den kirchlichen Historikern als solche bestätigt. In dieser Urkunde soll Konstantin d. Gr. als Dank für die Heilung vom Aussatz dem Papst Silvester I. (314–335) die Insignien des Kaisers übertragen und den Primat über Rom, Italien und das Westreich zugesprochen haben. Der Kaiser soll ihm auch den Lateranpalast und Gebiete in Italien u. a. als Schenkung überlassen haben. Diese Urkunde war für das Papsttum, als es im 11. Jh. Anspruch auf den Primat vor dem Kaisertum erhob (→ Zweigewaltenlehre), eine Legitimation seiner Politik. Auch später sicherte es damit Rechtsansprüche in Italien.

Konzilien (70, 145ff., 161ff., 166)
„Konzil" leitet sich vom lateinischen concilium = Zusammenkunft, Versammlung ab. Im Konzil fanden sich Bischöfe und andere kirchliche Würdenträger zusammen, um für Angelegenheiten der Kirche Lösungen zu finden und Beschlüsse zu fassen. Unter Konziliarismus im späten Mittelalter versteht man die Theorie, daß in Notlagen, z. B. in der Zeit des Papsttums in Avignon oder bei einem → Schisma (Spaltung der Kirche durch Doppelwahl von Päpsten), die Kirchenversammlung in Fragen der kirchlichen Rechtsprechung und Lehre den Vorrang vor dem Papst hat. Ein solcher Beschluß der Konzilssuperiorität kam während des Konstanzer Konzils (1414–18) zustande. Einen Höhepunkt der konziliaren Bewegung bildeten die Konzilien von Konstanz und Basel/Ferrara/Florenz (1431–39). Während noch im Konstanzer Konzil schon bei der Einberufung Kaiser Sigismund eine entscheidende Rolle spielte und der Primat des Konzils unbestritten war, erklärte das Laterankonzil 1512–17 diese demokratische Entwicklung der Kirchenversammlung und damit auch den Konziliarismus für ungültig. Damit hatte das Papsttum seine Vorherrschaft auf Konzilien wiederhergestellt. Das System der Bischofskirche (Episkopalismus) wich dem System der Papstkirche (Papalismus).

Kreuzzüge (55, 66ff., 78ff., 144, 145, 186, 216, 220)
Kreuzzüge im weiteren Sinn waren Kriege gegen Heiden, gegen Glaubensabtrünnige (Ketzer) und zur Wiedergewinnung verlorener christlicher Gebiete unter Leitung der Kirche. Unter Kreuzzügen im engeren Sinn versteht man Unternehmungen von Kreuzfahrern zur Befreiung des Heiligen Grabes in Jerusalem, das seit 1070 in der Hand der Seldschuken war, in der Zeit vom Ausgang des 11. bis zum Ausgang des 13. Jh. unter Initiative des Papsttums. Wallfahrer, die seit Jahrhunderten Jerusalem aufsuchten, wurden häufig von der heidnischen Besatzungsmacht daran gehindert (Über Einzelheiten des Anlasses und den 1. Kreuzzug siehe Übersicht). Für die Kirche bedeutete der Fall Jerusalems 1070 nach augustinischer Theologie ein gerechter Anlaß zur Gewaltanwendung durch Christen, denn nach Auffassung der Kirche ging es dabei um „die Sache Christi", zu deren Verteidigung Urban II. die Kreuzfahrer unter dem Motto „Gott will es" auf der Synode von Clermont (1095) aufrief. Für die französischen, flandrischen und normannischen Ritter diente das Kreuz, das sie sich an die Schulter hefteten, als Ausweis für ihr Gelübde, am Kreuzzug teilzunehmen. Kreuzzugsgelübde waren nach Innozenz III. (1198–1216) unauflösbar; starb der Vater, dann mußte der Sohn das Gelübde einlösen. Dennoch waren einzelne Erleichterungen zugelassen, die aber nur der Papst oder sein Vertreter gewähren konnte: Aufschub der Teilnahme am Kreuzzug, Umwandlung, d. h. Bereitschaft zu einem anderen Bußakt (Jeder Kreuzzug war ein Vollzug der Buße.), Stellvertretung durch eine andere Person und Loskauf durch eine Summe Geldes (seit Innozenz III. eine Möglichkeit der Finanzierung von Kreuzzügen). Zu den Privilegien, die Kreuzfahrer seit dem Laterankonzil 1215 erhielten, gehörten z. B. das Recht, die Rückzahlung von Schulden aufzuschieben, eine Exkommunikation zu annullieren, einen „Vollkommenen Kreuzzugsablaß" (Erlaß aller zeitlichen und ewigen Strafen) zu bekommen u. a. Ausführende der Kreuzzugsidee waren Ritter, die dem Kaiser von Byzanz den Lehnseid leisteten (1. Kreuzzug, 1096–1099) und die im Orient Lehnsstaaten errichteten. Teilnehmer am zweiten Kreuzzug (1147–1149) waren nach dem Aufruf Bernhards von Clairvaux der deutsche und französische König, deren Unternehmen scheiterte; erster kaiserlicher Träger der Kreuzzugsbewegung war Friedrich Barbarossa (→ Staufer), nach dessen Tod 1190 der französische und englische König (3. Kreuzzug 1189–1192). Der 4. Kreuzzug führte unter dem Dogen von Venedig zur Eroberung Konstantinopels (1202–1204). Im 5. Kreuzzug (1228–1229) ging Friedrich II. (→ Staufer) mit dem Sultan einen zehnjährigen Friedensvertrag ein. Der 6. und 7. Kreuzzug (1248–54 und 1270) fand unter Ludwig IX. von Frankreich statt. Der Kinderkreuzzug 1212 endete vorzeitig durch den Tod der Kinder oder durch ihren Verkauf in die Sklaverei.
Im Orient errichteten die Kreuzfahrer nach dem Muster Europas Feudalstaaten. Im Königreich Jerusalem, in den Grafschaften Edessa und Tripolis und im Fürstentum Antochia gab es die glei-

chen Herrschaftssysteme wie in Europa. Zeitgenössische Kritik an Kreuzzügen wandte sich gegen die Materialisierung des Kreuzzugsgedankens, gegen die Finanzierung der Kreuzzüge durch Steuern und gegen die Verfremdung der Kreuzzugsidee durch Kriege gegen Ketzer und Konstantinopel. Andere Kritiker nahmen Anstoß am Blutvergießen während der Kreuzzüge, das im Widerspruch zur Lehre Christi stünde. Trotz dieser Kritik breitete sich der Kreuzzugsenthusiasmus in Europa weiter aus. Nachdem jedoch der Kreuzzugsgedanke von der Kirche auch gegen innere Feinde wie Wenden, Litauer, Preußen angewandt wurde und das Papsttum den Kampf gegen die Katharer in Südfrankreich als Kreuzzug deklarierte, ließ die Kreuzzugsbegeisterung nach. Eine Politisierung des Kreuzzugsgedankens war auch der Kreuzzug gegen die Stedinger Bauern 1234, die sich gegen den Erzbischof von Bremen erhoben hatten. Im 20. Jahrhundert ging Hitler sogar so weit, seinen Angriffs- und Eroberungskrieg gegen Rußland seit dem Juni 1941 „Kreuzzug gegen den Bolschewismus" zu nennen.

Zur Nachwirkung der Kreuzzüge gehörten nicht nur die Gründung von Ritterorden (Johanniter, Templer, Deutscher Ritterorden), sondern auch der aufblühende Handel und Verkehr mit dem Orient, neue Impulse für die Ritterdichtung (Kreuzzugslied, Parzifal), die „Öffnung des Blickes für die durch den Orient vermittelten kulturellen Werte" (F. Taeschner, a. a. O., S. 150), die Vermittlung griechischer Philosophie wie Aristoteles u. a.

Seit neuerer Zeit ermöglichen Informationen der Kreuzzüge aus arabischer Sicht Einsicht in das komplexe Problem dieses Themas. Noch heute ist der Orient ein Spannungsfeld der Interessen christlicher, arabischer und jüdischer Bevölkerung geblieben, das Walther von der Vogelweide in seinem „Palästinalied" ansprach.

Kurie (65, 147)

Mit der römischen Kurie (curia Romana) werden seit dem 11. Jahrhundert alle an der Leitung der römisch-katholischen Kirche beteiligten Personen und Verwaltungsgremien des Papsttums in Rom bezeichnet. „Kurie" bezieht sich sowohl auf alle Kompetenzen und Rechte innerhalb des Patrimoniums Petri (Kirchenstaat) als auch auf Direktiven und Weisungen im geistlichen und theologischen Bereich der Kirche. Im Zeitalter des → Konziliarismus wurde diese Leitungsfunktion des Papsttums in Frage gestellt. Vor dem 11. Jahrhundert stand das Papsttum, besonders unter den → Ottonen, in der Frage der Investitur (→ Investiturstreit) unter dem starken Einfluß von Königen. Den „Kurialismus" vertraten die Anhänger der kirchenrechtlichen Richtung, die dem Papsttum die oberste Gewalt in der Kirche zusprach.

Landwirtschaft → Bauer

Lehnswesen → Feudalismus

Mathilde von Tuszien (65)

Die Markgräfin Mathilde von Tuszien wurde 1055 Alleinerbin umfangreicher Besitzungen in Ober- und Mittelitalien (die sog. Mathildischen Güter). Sie nahm Partei für das Reformpapsttum. Im → Investiturstreit hielt sich 1077 auf ihrer Burg Canossa Papst Gregor VII. auf, als Heinrich IV. persönlich von ihm die Lösung vom Bann erbat und erreichte. 1079 vermachte sie ihren gesamten Besitz dem Papsttum als Schenkung und erhielt ihn zur Nutzung zurück. 1111 setzte sie Kaiser Heinrich V. zum Erben ein. Lange Zeit waren die Mathildischen Güter zwischen Papst und Kaiser umstritten. Erst Friedrich II. (→ Staufer) leistete darauf Verzicht.

Mönch → Kloster

Ostsiedlung (84, 188, 191, 208, 209)

Darunter versteht man die Ausweitung von Gebieten des deutschen Reiches von seiner Ostgrenze aus in Richtung auf die Save (Nebenfluß der Donau) im Südosten, auf das Schwarze Meer und im Nordosten auf den Finnischen Meerbusen durch deutsche Bauern, Kaufleute, Handwerker, aber auch durch dänische, flämische, slawische und baltische Siedler in der Zeit vom ausgehenden 11. bis zum Beginn des 14. Jahrhunderts, die in verschiedenen Phasen erfolgte und mit der eine Kultivierung des Ackerlandes und eine Assimilierung (Angleichung) der Kultur der neubesiedelten Gebiete mit der „Alteuropas" verbunden waren. Die Ostsiedlung erfolgte teilweise durch friedliche Einwanderung von Siedlern (Schlesien, Pommern, nördliche Randzonen Böhmens und Mährens, Ungarn), teilweise durch kriegerische Unterwerfung und Missionierung (Gebiete zwischen Elbe und Oder, Ostpreußen durch den Deutschen Ritterorden) und teilweise durch friedliche als auch kriegerische Expansion (baltische Staaten, wo eine Verbindung der Interessen der → Hanse mit denen des Schwertbrüderordens erfolgte und zu Beginn des 13. Jh.s die Städte Riga, Reval und Dorpat gegründet wurden).

Verursacht wurde die Ostsiedlung durch eine starke Bevölkerungszunahme, durch das Bestreben von Territorialherren in Gebieten an der Ostgrenze, ihren Einfluß nach Osten auszudehnen, und durch den Wunsch slawischer Fürsten, durch Verbesserung der landwirtschaftlichen Erträge ihre Einkünfte und Macht zu steigern. Das deutsche Recht (ius teutonicum) bildete die Basis für die in den neubesiedelten Gebieten entstehenden Städte und Dörfer. Dort lockten die Siedler rechtliche und politische Vorteile gegenüber ihrer früheren Existenz im Westen an: mehr persönliche Freiheiten wie eine vorteilhafte Erbleihe, mehr Abgabenfreiheit, weniger Dienste und eine eigene Gerichtsbarkeit, also im 13. und 14. Jahrhundert eine stärkere genossenschaftliche Verfassungsstruktur. Die Städtegründungen, meistens nach Magdeburger Recht, erhielten Ratsverfassungen nach deutschem Muster. „Mit der Gründung von mehr als 1000 Städten zwischen Elbe und Dnjepr (d. h. bis 1500) wurde der seit dem 12. Jahrhundert in Altdeutschland stark beschleunigte Prozeß der Arbeitsteilung zwischen Landwirtschaft, Gewerbe und Handel weiter in den Osten hineingetragen" (F.-W. Henning, Das vorindustrielle

Deutschland 1977, S. 113). Am Ende des Mittelalters gewann der Adel in den neubesiedelten Gebieten zusehends an Macht, und das bisher genossenschaftlich entwickelte System in den Dörfern wich durch die ostdeutsche Gutsherrschaft bald einem „strafferen Untertanenverband" (D. Willoweit, a. a. O., S. 92), in dem die Leibeigenschaft der Bauern aufkam. Durch die neubesiedelten Gebiete war der Umfang des alten Deutschlands um etwa ein Drittel gewachsen. Die slawische Bevölkerung nahm in der Regel die Lebensweise und Sprache der Neusiedler an. Dies traf in anderen Gebieten, wie z. B. in der Lausitz, in Polen und Siebenbürgen nicht zu.
Bei vielen Diskussionen von ostmitteleuropäischen mit deutschen Historikern in den siebziger Jahren fielen traditionelle Bezeichnungen für die Ostsiedlung wie „Germanisierung", „Ostkolonisation", „deutsche Ostexpansion", „deutsche Ostbewegung" zugunsten von Bezeichnungen wie „Kolonisation nach deutschem Recht" u. a. weg, durch die man gesamteuropäische Zusammenhänge statt früherer nationalistischer Bedeutung zum Ausdruck brachte.

Otto d. Gr. → **Ottonen**

Ottonen (26, 65, 116, 132)
Mit Ottonen wird die Dynastie sächsischer Könige und Kaiser in der Zeit von 911 bis 1024 bezeichnet, weil in ihr nach Heinrich I. (bis 936) dreimal der Name Otto auftaucht: Otto I., d. Gr., regierte bis 973, Otto II. bis 983, Otto III. bis 1002, als letzter Heinrich II. bis 1024. Im 8. Jahrhundert grenzte Sachsen im Westen an den Rhein, im Osten an die Elbe, im Süden an die Unstrut und die Mittelgebirgen und im Osten an die Eider. In den Kriegen 772–804 wurden die Sachsen von Karl d. Gr. unterworfen und christianisiert. Nach dem Niedergang des fränkischen Großreichs entstand das Herzogtum Sachsen, das nach der Entstehung des deutschen Reichs die Könige und Kaiser stellte. Regierungsaufgaben der Ottonen bzw. Sachsen waren im Inneren des Reiches die Anerkennung des Königs durch die Herzöge, im Osten Verteidigung bzw. Erweiterung der Grenzen und im Süden die Erwerbung der Langobardenkrone und die Kaiserkrönung in Rom (vgl. die Übersicht, Hegemoniales Kaisertum ... unter Otto I.). Dabei knüpfte Otto I. bewußt an die Tradition der Karolinger an. Hauptziele seiner Herrschaft waren die Erhaltung bzw. Wiederherstellung von Frieden und Recht. Die Erhebung von Königen erfolgte nicht nach einem einheitlichen Schema, sondern verband den Rechtsgrundsatz der Erbfolge mit dem der Wahl und Krönung (Salbung durch Bischöfe und Überreichung der Reichsinsignien). Herrschaftsgrundlagen der Ottonen im 10. Jahrhundert waren Ländereien im Gebiet des Harzes und das fränkische Königsgut am Rhein. Auf → Pfalzen hielten die Könige Hoftage ab. Heinrich II. begründete seine Herrschaft mit einem Königsumritt zu den Herzogtümern. Auch die → Reichskirche bildete einen „Eckpfeiler der Königsherrschaft" (Dietmar Willoweit, Deutsche Verfassungsgeschichte ²1992, S. 46). Durch die wachsende Zahl von → Immunitätsprivilegien und durch die Organisation der → Hofkapelle bauten die Ottonen ihre Herrschaft aus. Ferner setzte in Gebieten der Immunität seit Otto II. der König auch den für die hohe Gerichtsbarkeit zuständigen Vogt ein. Mit der Heirat Ottos II. und Theophanus 972 in Rom, wo Theophanu zur „Coimperatrix" (Mitkaiserin) gekrönt wurde, stellte sich erneut – wie schon unter Karl d. Gr. im Jahre 800 das → Zweikaiserproblem. Denn Byzanz mit seinem Anspruch, allein den „Kaiser der Römer" zu stellen, mußte Formulierungen der Heiratsurkunde als Provokation empfinden. Heinrich II. betrieb wieder konservativere Politik und sicherte seine Herrschaft im Stil Ottos d. Gr.

Pfalz (56, 58 ff., 63, 93, 136 f.)
Im Unterschied zu den kirchlichen Würdenträgern (Papst, Bischof, Abt) regierte der König nicht von einem festen Sitz, sondern jeweils von den Pfalzen aus. Man spricht deshalb von einem sog. Reisekönig. Die Pfalz, ein Komplex von Gebäuden, die auf Königsgut errichtet wurden, bestand aus dem Wohngebäude, der Kapelle und dem Wirtschaftshof. Die Pfalzen waren so gut ausgestattet und mit Vorräten versehen, daß sie den König bzw. den Kaiser kürzere oder längere Zeit aufnehmen konnten. In fränkischer Zeit war eine Pfalz häufig befestigt. Auf ihr fanden Hoftage statt. Im Laufe der Zeit nahm die Zahl der für die Residenz von Herrschern gedachten Pfalzen ab, manche zerfielen oder gingen in anderen Besitz über. Aus einigen Pfalzen entstanden später Städte, wie z. B. Aachen. Die lateinische Bezeichnung für die Pfalz war palatium. Pfalzen von Rang waren u. a. Aachen, Ingelheim (Frankenreich), Quedlinburg, Magdeburg) (→ Ottonen) und Goslar, Gelnhausen (→ Salische und → staufische Herrscher).

Recht (13, 38 ff., 46 f., 51, 66, 73, 83, 85, 103 f., 107, 115, 117 ff., 123 ff., 128, 144, 147 f., 152 f., 155 f., 159, 161 f., 164 ff., 179, 189, 191, 194 ff., 206, 208 f., 217 f., 221, 225, 228)
Im Mhd bedeutet „reht" soviel wie das, was man zu fordern *und* zu leisten hat, d. h. Recht im Zusammenhang mit Pflicht. Im Mittelalter beruhte das Recht noch nicht wie in unserer Zeit auf einer schriftlich fixierten Gesetzgebung, sondern in der Regel auf der Vorstellung des „guten, alten Rechts", das mündlich überliefert wurde, auf einzelnen Rechtssätzen (Aufzeichnungen von Urteilen der Gerichte), auf Gewohnheitsrecht, Privilegien und Verträgen. Diese Faktoren des Rechts widersprachen einander nicht selten und standen der allmählich sich herausbildenden Gesetzgebung der Obrigkeit gegenüber. Im Mittelalter war „das Recht als solches nur erkennbar, wenn und soweit es bei den Zeitgenossen Anerkennung" fand (D. Willoweit, a. a. O., S. 3). Eine Ausnahme des mündlich überlieferten „guten, alten Rechts" war die vom 6. bis zum 8. Jh. erfolgte schriftliche Niederlegung der Volksrechte der Franken, Alemannen und Bayern (→ Karolinger). Seit dem Beginn des 12. Jh.s,

zuerst unter König Heinrich IV. 1103 (→ Salier), wurden Landfriedensordnungen in Urkunden erlassen. Hauptaufgabe des Königs war es von der Krönung an, „Frieden und Recht" zu erhalten, gewalttätige Selbsthilfe von Menschen (Fehden) zu unterbinden und Schutzlosen wie Klerikern, Witwen, Waisen und Juden beizustehen. Seit dem 10. Jh. hatte schon der Gottesfriede diesem Ziel gedient, der Fehden innerhalb der „heiligen" Zeiten, z. B. Donnerstag bis Sonntag als Passionstage, verbot und bei Übertretungen Kirchenstrafen verhängte. In den Landesherrschaften bildeten seit dem 13. Jh. Rechtsaufzeichnungen den Anfang des Landrechts. Auch in → Stadtrechten verbürgten Stadtherren den Bürgern freiheitliche Rechte in Urkunden, z. B. in Freiburg i. Br. 1120 durch Konrad von Zähringen (siehe Nr. 6 b, Gesellschaft und Wirtschaft um 1100, S. 124 f.). Dieser Zug, Gesetze schriftlich festzuhalten, ging Hand in Hand mit der Entwicklung des Personenverbandsstaats zum Flächenstaat im späten Mittelalter. Ein bekanntes Rechtsbuch des späten Mittelalters war der → „Sachsenspiegel", in dem der Adlige Eike von Repgow angewandtes Recht bei Gerichtsurteilen sammelte. Auch die römische Kirche begann im 12. Jh., ältere Rechtssätze der Kirche und gesetzliche Anordnungen des Papstes in den Kanonessammlungen aufzuzeichnen. Kanonisches (kirchliches) Recht leitet sich ab von griechisch kanón und bedeutet „Richtschnur", „Leitfaden", „Maßstab".
Eine weitere Komponente der mittelalterlichen Rechtspraxis war das „römische Recht", das Kaiser Justinian I. im 6. Jh. n. Chr. in einem großen Werk, dem sog. „Corpus iuris civilis" zusammenfaßte, das in galloromischen Gebieten an die Franken überging und von diesen mit Traditionen des germanischen Rechts verschmolzen wurde. Dies zeigte sich bei der Entstehung des Feudalstaats (→ Feudalismus und → Karolinger). Das „Corpus iuris civilis" wurde im 11. Jh. in der Universität Bologna wiederentdeckt und mit Wort- und Sacherläuterungen von Fachjuristen versehen. In Deutschland wurde dieses Werk Norm für geltendes Recht (Rezeption des römischen Rechts seit dem 15. Jh.) und galt bis zur Einführung des „Bürgerlichen Gesetzbuchs" 1900, nachdem es vorher neubearbeitet und der Zeit angepaßt worden war.

Reichskirchensystem (22, 24, 25, 26, 65, 76)
Unter Otto I. bildete sich im 10. Jahrhundert das Reichskirchensystem heraus, d. h. die Herrschaft des Königs über Bistümer und Abteien. Diese Entwicklung wurde durch die Abhängigkeit des Papsttums vom Kaisertum in der Zeit der Sachsenkönige begünstigt. Eine Vorstufe dazu bildete die Eigenkirche, in der ein Grundherr das Recht ihrer Verwaltung und Besetzung mit einem Geistlichen besaß. Otto I. brauchte von ihm eingesetzte Bischöfe und Äbte zur Stärkung seiner Machtstellung im Reich und als Helfer seiner Reichspolitik, die sich nicht wie weltliche Verwandte und Hochadlige nach seiner Königswahl gegen ihn erhoben. So setzte er seinen Bruder → Brun nicht nur zum Erzbischof von Köln, sondern auch zum Herzog von Lothringen ein, der ihm in allen Reichsangelegenheiten zur Seite stand. Bei Zeitgenossen stieß diese Doppelaufgabe Bruns, bischöfliche und fürstliche Dienste zu übernehmen, auf Widerspruch. Den Bistümern konnten jetzt zur Vergrößerung des geistlichen Territoriums auch Grafschaften angegliedert werden. Mit dem Reichskirchensystem hat Otto I. nicht nur die Mitbestimmung in der Verwaltung der Kirche erworben, sondern auch die sakrale Bedeutung des Königtums aufgewertet. Im → Investiturstreit, in dem die Kirche den Verzicht auf Laieninvestitur verlangte, begann das Reichskirchensystem zu zerfallen.

Romanik (129 f., 133, 229 ff., 233 f., 243)
Das Adjektiv „romanisch" ist seit dem 17. Jh. gebräuchlich und bedeutet in seiner latein. Form „Romanus" wörtlich „römisch", im weiteren Sinne „alles, was sich aus römischer Kultur und Sprache herleitet", seit 1820 in Frankreich auch den Baustil von etwa 1000 bis 1250. Seit dem 20. Jh. kam dafür der Begriff „Romanik" auf, die in ihrer Architektur Bauelemente wie Rundbogen, Säulen, Kreuzgewölbe, Arkaden und Fresken auf Wandflächen aus der Kunst der römischen Antike übernahm. Außerdem wirkten auf die Romanik auch Impulse der byzantinischen und islamischen Kunst ein. (Einzelheiten zur Entfaltung der Romanik am Beispiel des Kirchenbaus und der Skulptur siehe Übersicht des Kapitels „Kunst um 1100").
Typische Merkmale der Kirchen Italiens im romanischen Stil sind die oft mit Marmor verkleideten Außen- und Innenwände, bis zu den Giebeln reichende Wandarkaden an den Fassaden, reich gegliederte Fassaden, z. B. an der Westfassade des Doms in Verona Säulen, die von sich duckenden Löwen getragen werden. In Süditalien finden sich Verbindungen italienischer mit byzantinischen, islamischen und normannischen Stilform der Architektur. In England spricht man bei romanischen Kirchen von einem Normannischen Baustil. Dieser stammte aus der Normandie (Nordfrankreich), wo man z. B. die Abteikirche des Mont Saint-Michel errichtete. Mit der Eroberung Englands durch die Normannen breitete sich dieser Stil auch dort aus (seit 1066). Majestätische Türme mit dem häufig verwendeten Viereck als Grundriß charakterisieren den Außenbau, z. B. die Kathedralen in Durham oder Canterbury; im Inneren der Kirchen sieht man mächtige Arkaden, die auf Bündel- oder Rundpfeilern ruhen; darüber sind Emporen errichtet, die nach oben in Fensterreihen übergehen. Ein besonderes Kennzeichen des Normannischen Baustils ist das Kreuzrippengewölbe. Da Spanien bis zum Ende der Reconquista am Ende des 15. Jh.s unter der Herrschaft der Araber war, stand die spanische Baukunst unter starkem Einfluß der Architektur des Islams.

Sachsenspiegel (103)
Während im Römischen Reich schriftliches → Recht galt, war im Mittelalter bis zum 11. Jahrhundert das mündlich überlieferte Gewohnheitsrecht gebräuchlich. In den Jahren 1220–1230 verfaßte Eike von Repgow (bei Dessau) den „Sachsenspiegel“, zunächst in lateinischer Sprache, dann in Niederdeutsch. In dieses erste deutschsprachige Rechtsbuch nahm er das damals in seiner ostsächsischen Heimat geltende Recht auf. Wie aus Urkunden hervorgeht, nahm Eike von Repgow an verschiedenen Gerichtsverhandlungen teil, so daß man daraus auf gute Kenntnisse Eikes in der damaligen Rechtspraxis schließen kann. Das zunächst privat bearbeitete Rechtsbuch setzte sich bald in Norddeutschland als maßgebendes Gesetzbuch durch, und es beeinflußte auch das Magdeburger → Stadtrecht, das sich in den während der → Ostsiedlung gegründeten Städten Ostdeutschlands ausbreitete und, in Abwandlung, im erst um 1230 erschienenen „Schwabenspiegel“ auch in Mittel- und Süddeutschland. Der „Sachsenspiegel enthielt nicht nur gesetzliche Regelungen des Privat-, Verfahrens- und Strafrechts, sondern auch eine ins einzelne gehende Beschreibung der Heerschildordnung, d.h. eine Abstufung der Lehnsbeziehungen in folgenden Stufen: 1. König, 2. geistliche Fürsten, 3. weltliche Fürsten, 4. Freiherren und Grafen, 5. Ministeriale und Schöffenbarfreie, 6. deren Lehnsmannen und 7. übrige Ritter ohne das Recht, Lehen auszugeben (Einschildige). Außerdem behandelte der „Sachsenspiegel“ das Vorstimmrecht der Kurfürsten, noch nicht das ausschließliche Wahlrecht der Kurfürsten, das erst in die Goldene Bulle 1356 aufgenommen wurde. Nach Eike ging das Recht der Kurfürsten, den König zu wählen, auf die Wahrnehmung der Erzämter (Truchseß, Marschall, Kämmerer, Mundschenk) am Hof des Königs zurück. Aufschlußreich sind noch einige weitere Thesen Eikes: Nach ihm gehen die kaiserliche und die päpstliche Herrschaft von Gott aus. Also schloß er einen Vorrang der geistlichen vor der weltlichen Gewalt, wie ihn etwa Gregor VII. im → Investiturstreit vertrat, aus. Ferner lehnte Eike die Leibeigenschaft (weitgehende Abhängigkeit eines Bauern von seinem Herrn) als einen Zustand, der im Widerspruch zum Recht steht, ab. Schließlich wies Eike auf die größere Rechtsfreiheit von Bauern in Rodungsgebieten und auch auf die genossenschaftliche Organisationsform in Dörfern hin.

Salier (65 f., 76, 116, 122, 127, 129 f., 132, 136, 212)
Von 1024 bis 1125 herrschten die Könige aus der salischen oder fränkischen Dynastie. Als Verwandter der 1024 ausgestorbenen → Ottonen übernahm Konrad II. bis 1039 die Herrschaft. Seit ihm setzte sich der Begriff „Imperium Romanum“ für das deutsche Reich durch, nachdem er in Rom zum Kaiser gekrönt worden war (1027). Unter ihm begann der soziale Aufstieg der Ministerialen. In Italien führte Konrad II. die Erblichkeit der Untervasallen ein (1037). Nach der Angliederung Burgunds (1032) verfügte der König über drei Königreiche (Deutsches Reich, Italien, Burgund). Heinrich III. erwies sich als überzeugter Anhänger der kluniazensischen Kirchenreform. Er beseitigte den Einfluß des römischen Stadtadels auf das Papsttum und erhob nach der Absetzung dreier Päpste, die sich bekämpften, den Bischof von Bamberg zum Papst Clemens II., der ihn zum Kaiser krönte (1046). Auch dessen drei Nachfolger im päpstlichen Amt waren Deutsche (bis 1057), eine Folge der wachsenden Macht des Kaisers über Rom. Die nachfolgenden Könige Heinrich IV. (1056–1106) und Heinrich V. (bis 1125) gerieten durch den → Investiturstreit in eine jahrzehntelang andauernde Konfrontation mit dem Papsttum. Das Wormser Konkordat (s. Materialien Nr. 1 h, Politische und kirchliche Entwicklung um 1100) grenzte die Befugnisse der weltlichen Herrschaft und der geistlichen Gewalt voneinander ab.

Schisma (129, 145 ff., 161 f.)
„Schisma“ bedeutet Trennung, Spaltung der Kirche. Im Unterschied zu früheren Spaltungen der Kirche, z. B. der Trennung der Ost- von der Westkirche 1054, versteht man unter dem „Großen Abendländischen Schisma“ die Spaltung des Papsttums von 1378 bis 1417 in zwei, zuletzt sogar drei Papstkirchen (seit dem Konzil von Pisa, das Alexander V. zum Papst erhob). 1378 wurde in Rom Urban VI. gewählt. Da sich dieser und die französischen Kardinäle entzweiten, wurde auf französischer Seite Clemens VII. zum Papst erhoben, der in Avignon seinen Sitz hatte. Auf der Seite des Papstes in Avignon standen Frankreich, Neapel und Schottland, die übrigen Länder Europas nahmen Partei für den Papst in Rom. Seit dem Konzil von Pisa 1409, das die Päpste Gregor XII. (Rom) und Benedikt XIII. (Avignon) absetzte und Alexander V. zum Papst wählte, regierten nun, da die Päpste in Avignon und Rom weiterhin im Amt blieben, drei Päpste gleichzeitig. In dieser Notlage der Kirche griff aufgrund der Theorie des → Konziliarismus das Konzil von Konstanz ein. Mit der Wahl Martins V. 1417 in Konstanz wurde nach der Absetzung der Päpste in Avignon und Pisa und nach dem Verzicht des Papstes von Rom die Einheit der Kirche wiederhergestellt.

Scholastik (82, 159, 240)
Der Begriff leitet sich ab vom latein. „scholasticus“, das mit „zur Schule gehörend“, „Schullehre“ übersetzt werden kann. Im Mittelalter bezeichnet das Wort „Scholastiker“ Lehrer und Schüler der sieben „Freien Künste“ (artes liberales). Zu diesen gehörten das Trivium (Grammatik, Rhetorik, Dialektik) und das Quadrivium (Arithmetik, Geometrie, Astronomie und Musik). An mittelalterlichen Universitäten mußten die Studenten zuerst den Lehrgang der „artes liberales“ (die sog. Artistenfakultät) absolvieren, ehe sie zu anderen Fakultäten wie Theologie, Medizin, Recht zugelassen wurden. Heute versteht man unter „Scholastik“ die Wissenschaften und die Philosophie des Mittelalters,

die an Kloster- und Domschulen gelehrt wurden.
Man unterscheidet folgende Zeitabschnitte der Scholastik: Die *Frühscholastik* (9.–11. Jh.), zu der Anselm von Canterbury, Peter Abälard u. a. gehörten, die *Hochscholastik* (12.–13. Jh.) mit Albertus Magnus, → Thomas von Aquin und Duns Scotus als Hauptvertretern und die *Spätscholastik* (14.–15. Jh.) mit Wilhelm von Occam u. a..
Ziel des Unterrichts in der Scholastik war das Einüben der „scholastischen Methode". Diese umfaßte die *„lectio"* (Lesung) eines Textes, der vorgelesen und dann kommentiert wurde, die *„disputatio"* (Streitgespräch, Diskussion), in der auftauchende Fragen erörtert wurden, wobei es darum ging, aufgestellte Leitsätze als richtig zu beweisen, und die *„quaestiones"* (Fragen), die nach der Methode „sic et non" (ja und nein) bzw. „pro et contra" (für und wider) besprochen wurden. Dabei wurden die „Meinungen der Autoritäten" (Bibel, Kirchenväter, kirchliche Philosophen) zu den angeschnittenen Fragen herangezogen und Antithesen dieser Quellen geäußert, um dann in einem dialektischen Abwägen die von der Kirche vertretene Meinung zu beweisen (Syllogismus). Man sprach bei der Versöhnung der Widersprüche als Ziel des Unterrichts von *„Konkordanz"* (concordantia catholica). Alles überlieferte und neue Wissen sollte widerspruchslos in das alles Wissen umfassende System der *„summa"* eingebracht werden. Für alles erkenntnistheoretische Forschen in der Scholastik galt der unumstößliche Grundsatz: „philosophia est ancilla theologiae" (Die Philosophie ist die Magd der Theologie). D. h., alles Nachdenken hatte nur den einen Zweck, die durch die Theologie festgelegten Glaubenswahrheiten rational (vernunftmäßig) zu begründen. Nicht verschiedene Wahrheiten waren das Ziel alles Forschens, sondern die eine Wahrheit der Kirche.
Erst in der Spätscholastik begann sich die Philosophie allmählich vom kirchlichen Dogma zu lösen und als unabhängige Wissenschaft zu entwickeln.

Stadt → **Stadtrechte** (106 f., 124 ff., 147, 152 f., 172, 178, 181, 189, 192, 196, 200 f., 205 f., 208, 211 f., 216, 220 f., 224 ff.)

Stadtrechte (153)
Stadtrechte wurde von Bischöfen, Grafen, Herzögen und Königen verliehen. Sie basierten auf früheren Kaufmannsrechten und waren als Rechtsnormen für die jeweilige wirtschaftliche, soziale und verfassungsrechtliche Struktur der Stadt verbindlich. Man unterscheidet ältere Städte, z. B. Bischofsstädte am Rhein und an der Donau, in denen der Stadtherr über einen von ihm eingesetzten Ministerialen maßgebenden Einfluß auf die Stadtverwaltung hatte, von Gründungsstädten wie Freiburg, Lübeck, München, in denen die Bürger schon mit der Stadtgründung freiheitliche Rechte bekamen. Während im 12. Jahrhundert Gründungsstädte schon weitgehend autonom waren, hatten die Bürger von Speyer oder von Worms erst die Befreiung vom „buteil", einer Nachlaßabgabe, erreicht. Und erst in dieser Zeit mußte der Vogt von Worms auf das Recht verzichten, Ehen zwischen freien und hörigen Bewohnern der Stadt für ungültig zu erklären. Auch in Straßburg herrschte bis in die Zeit Friedrich Barbarossas das Bischofsrecht vor. Erst 1112 wurde mit Hilfe einer Schwureinung in dieser Stadt eine freiheitliche Entwicklung möglich. Schwureinungen wurden lateinisch coniuratio oder communio genannt, ursprünglich eine auf die Idee des Gottesfriedens zurückgehende, von den Bewohnern der Stadt mit Eid begründete Friedenseinung, die sich, wie in Italien in der Zeit Friedrich Barbarossas (kommunale Bewegung) die Demokratisierung der Stadtverwaltung zum Ziel erhob. Erst durch Waffengewalt erhielten Straßburg (Sieg bei Hausbergen 1262) und Köln (Sieg bei Worringen 1288) vom Bischof ihre volle Autonomie. Demgegenüber verfügten Gründungsstädte wie Freiburg seit 1120 mit der Verleihung der Stadtrechte über ein eigenes Gericht und die freie Wahl der Ratsherren. In Gründungsstädten erhielten Bürger Grundbesitz in einer freien erblichen Leihe gegen einen geringen Geldzins, ohne sonstige Abgaben oder Dienste wie in der Grundherrschaft. Städtische Bürger waren nicht an ihr Ackerland gebunden, sondern hatten das Recht der Freizügigkeit. Beim Tod eines Stadtbürgers erhob der Stadtherr keinen Anspruch auf Nachlaßabgaben. Unfreie konnten, wenn sie ein Jahr in der Stadt wohnten, von ihrem ehemaligen Grundherrn nicht mehr als Hörige zurückgerufen werden, sondern wurden frei. Dazu hatten die Stadtbürger das Recht, ihre Priester und Richter frei zu wählen. Niemand konnte ihre Gerichtsurteile beeinflussen. Von diesen Privilegien her erklärt sich der Grundsatz „Stadtluft macht frei", der im Gegensatz zu dem auf dem Lande geltenden Grundsatz „Luft macht eigen" stand.
Von Stadtrechtsfamilien spricht man, wenn Rechte der Mutterstädte wie etwa Lübeck, Magdeburg, Frankfurt, Freiburg i. Br. u. a. auf Tochterstädte übergingen; so breitete sich das Magdeburger Stadtrecht in Städten der → Ostsiedlung, das Lübecker Stadtrecht in Hansestädten an der Ostsee aus.

Städtebund → **Hanse**

Staufer (118, 129, 144 f., 147, 152 ff., 212, 218)
Die Staufer, die nach ihrem Stammsitz, der Burg Hohenstaufen (nördlich von Ulm), benannt sind, entstammten schwäbischem Adel. Stammvater der Staufer war Friedrich von Büren; sein Sohn Friedrich wurde 1079 von Heinrich IV. (→ Salier), mit dessen Tochter Agnes er verheiratet war, zum Herzog von Schwaben eingesetzt. Aufgrund dieser Verwandtschaft fiel nach dem Tod Heinrichs V. (→ Salier) der ganze Grundbesitz der Salier an die Staufer und erhob Friedrich Ansprüche auf die Krone. Aber die Fürsten machten von ihrem Wahlrecht Gebrauch und erhoben Lothar von Sachsen zum König (1125–37), jedoch nach dessen Tod übergingen sie Lothars Schwiegersohn, Heinrich den Stolzen von Bayern, und wählten den Staufer Konrad III. zum König (1138–52); mit ihm begann

die Regentschaft der Staufer, die nach dem Prinzip des Erbcharismas als Könige und Kaiser bis 1254 herrschten. Die Wahl Konrads III. statt Heinrichs des Stolzen, der ein Welfe war, löste einen jahrzehntelang dauernden Konflikt zwischen Staufern und Welfen aus. Sein Nachfolger, Friedrich I. Barbarossa (1152–90), Sohn einer Welfin, legte diesen Konflikt bei, indem er Heinrich den Löwen, den Sohn Heinrichs des Stolzen, mit Bayern belehnte. In seiner Auseinandersetzung mit dem Papsttum knüpfte Friedrich Barbarossa wie die Könige im Investiturstreit an den „unmittelbar göttlichen und damit vom Papst unabhängigen Ursprung der Herrscherwürde, das Gewicht der realen Macht“ an (D. Willoweit, a. a. O., S. 53). Er erneuerte die Herrschaft des Reiches über die lombardischen Städte aufgrund von Rechtsansprüchen (Reichstag in Roncaglia 1158, Näheres siehe Übersicht) und beendete seinen jahrelangen Kampf mit dem Papsttum durch den Frieden von Venedig mit Alexander III. (1177). Unter Friedrich Barbarossa fand der römische Kaisergedanke einen neuen Höhepunkt, Symbol dafür war der Titel „sacrum imperium“ (heiliges Reich). In der kaiserlichen Kanzlei wurden die Könige Westeuropas als „reguli“ (Kleinkönige) eingestuft.

Als sich Heinrich der Löwe Übergriffe gegen die Kirche und die Rechte der Großen zuschulden kommen ließ und er sich weigerte, vor dem Lehensgericht zu erscheinen, verlor er alle Reichslehen. Bei der Teilnahme am dritten Kreuzzug starb Friedrich Barbarossa im Fluß Saleph in Kleinasien (1190).

Sein Sohn und Nachfolger, Heinrich VI., der seit 1186 mit Konstanze, der Erbin des normannischen Königreichs, verheiratet war, wurde 1194 in Palermo zum König des Normannenreichs gewählt. Heinrichs VI. Universalreichs- und Erbreichspläne auf der Basis Deutschlands und Siziliens scheiterten. Nach seinem Tod 1197 kam es zu einer Doppelwahl: Philipp von Schwaben, Staufer, war mit Frankreich, und Otto IV., Welfe, war mit England verbündet (1198). In diesen Thronstreit schaltete sich Papst Innozenz III. ein, zunächst zugunsten Ottos IV., später zugunsten Friedrichs II., des Sohnes Konstanzes (Gemahlin Heinrichs VI.), die 1198 starb. Als Friedrich II., sechzehnjährig, nach Deutschland kam, setzte er sich im Kampf um die Krone gegen Kaiser Otto IV. durch, begünstigt durch die Hilfe Innozenz III. und durch das Charisma der staufischen Dynastie. Doch die Machtbasis seines Kaisertums blieb Sizilien. Ein jahrelanger Kampf mit dem Papsttum rieb die Kräfte des Kaisers, des „ersten modernen Menschen auf dem Thron“ (Jacob Burckhardt), auf. 1250 starb Friedrich II., 1254 der letzte staufische Kaiser, Konrad IV. Konradin, dessen Sohn, unterlag beim Versuch, Süditalien zurückzugewinnen, Karl von Anjou, den der Papst mit Neapel und Sizilien belehnte, und wurde 1268 auf dem Marktplatz in Neapel hingerichtet.

Theologie → **Scholastik**, → **Thomas von Aquin**

Theophanu (23 f., 27 f.)
Nachdem Otto I. seinen Sohn Otto II., der schon zum König gekrönt war, 967 in Rom auch zum Mitkaiser krönen ließ, beanspruchte er damit Ranggleichheit mit dem byzantinischen Kaiser. Zu diesem Zweck verheiratete er dann auch 972 Otto II. mit der griechischen Prinzessin Theophanu. In der heute noch im Staatsarchiv Wolfenbüttel vorhandenen, prächtig ausgestatteten Heiratsurkunde steht zu Beginn eine Predigt über den Sinn der Ehe. Dann stellt Otto II. fest, daß diese Heirat auf den „Rat seines Vaters, Kaiser Ottos I. und der Getreuen Gottes, der heiligen Kirche und des Reiches ... mit dem Segen des Papstes Johannes XIII.“ (Die Heiratsurkunde der Kaiserin Theophanu, a. a. O., S. 34) zustande gekommen sei und ein Bündnis mit Byzanz anstrebe. Im Anschluß daran werden Theophanu zu ihrer Verfügung, wie es das Recht vorsah, Besitzungen in Italien und Deutschland zugeeignet (Schenkung), darunter Istrien und die Grafschaft Pescara, ferner die kaiserlichen Höfe Boppard, Herford, Nordhausen u. a. Nach dem frühen Tod Ottos II. übernahmen Theophanu und ihre Schwiegermutter → Adelheid die Vormundschaft über Otto III., der damals erst 3 Jahre alt war (983), bis zu seiner Volljährigkeit 994. In dieser Zeit erhob Heinrich der Zänker von Bayern als Verwandter Ottos II. väterlicherseits Ansprüche auf das Königtum und ließ sich den jungen Otto übergeben. Gegen das Bündnis Heinrichs des Zänkers mit Frankreich und Polen stellten sich der Erzbischof Willigis von Mainz, die Herzöge von Schwaben, Sachsen und die Herzogin von Oberlothringen auf die Seite Theophanus, so daß Heinrich bereit war, Otto III. seiner Mutter zurückzugeben. In den folgenden Jahren bis zu ihrem Tod 991 leitete Theophanu mit bewundernswertem Geschick die kaiserliche Politik in Deutschland und Italien. In der Zeit ihrer Regentschaft begegnete man ihr trotzdem, nicht nur ihre Schwiegermutter Adelheid, sondern auch Kreise des geistlichen und weltlichen Adels, mit Zurückhaltung und Mißtrauen. Ihre Mentalität und ihr politisches Handeln waren vom byzantinischen Umfeld ihrer Jugend geprägt. Johannes Fried faßt sein Urteil über Theophanu in folgendem zusammen: „Theophanu erschien wie eine Inkarnation des Fortschritts in der Zivilisation der künftigen Deutschen. Eine neue Schönheit zog nun in die rauhen Königspfalzen der Liudolfinger, bald auch in die rheinischen oder sächsischen Kirchenbauten ein. Neue Schöpfungen wurden möglich unter den kritischen Blicken der Kaiserin aus dem Orient; sie waren die wunderbarste Mitgift, welche die Byzantinerin dem barbarischen Norden einbrachte.“ Und an anderer Stelle: „Die Aversion und Zurücksetzung, denen sie Zeit ihres Lebens im Westen ausgesetzt war, wirkten noch im Tode fort; sie blieb ‚jene Griechin‘, die ungeliebte Fremde“ (Der Weg in die Geschichte, 1994, S. 546 und S. 578).

Thomas von Aquin (15, 19, 159, 204)
Der wie ein Engel aussehende und deshalb als „doctor angelicus" bezeichnete Philosoph der → Scholastik (wissenschaftliche Schule des Mittelalters) stammte aus lombardischem Adel und ist 1225 oder 1226 auf der Burg Roccasecca (bei Aquino, zwischen Rom und Neapel) geboren. Fünfjährig kam er ins Benediktinerkloster Monte Cassino. Nach wenigen Jahren besuchte er zum Studium der sieben Freien Künste (Trivium: Grammatik, Rhetorik, Dialektik und Quadrivium: Arithmetik, Geometrie, Musik und Astronomie) die Universität Neapel. Mit 17 Jahren wurde Thomas gegen den Willen seiner Brüder Dominikaner. Der Orden schickte ihn zur Fortsetzung seiner Studien an die Universität in Paris. Auf der Reise nach Frankreich nahmen ihn seine Brüder gefangen und führten ihn auf die Burg Roccasecca zurück. Thomas floh und wurde in Paris Schüler des Albertus Magnus. Dieser kommentierte als erster die Werke des Aristoteles und betätigte sich als Naturforscher. Albertus galt als Universalgelehrter („doctor universalis") und war einer der gefragtesten Repräsentanten der mittelalterlichen Philosophie und Theologie. Thomas von Aquins Werke bekamen wesentliche Impulse von den Erkenntnissen des Albertus, der nicht nur in Paris, sondern auch in Köln, Regensburg, Freiburg, Straßburg und Hildesheim lehrte und als Dominikaner den wissenschaftlichen Unterricht organisierte. Nach drei Jahren Studium in Paris ging Thomas mit Albert für weitere vier Jahre nach Köln. 1252 begann er in Paris seine Lehrtätigkeit an der Universität. Er verglich das Amt des Lehrers der Theologie mit der Funktion des Architekten beim Bau einer Kathedrale. „Wie der Architekt den Plan ausdenkt und den Bau nach seinem Plan leitet, so denkt der Lehrer der Theologie den Plan aus, nach dem die Seelsorge betrieben werden soll" (H.-J. Störig, Kleine Weltgeschichte der Philosophie 1985, S. 256). In Italien wurde Thomas durch den Dominikaner Wilhelm von Moebecke, von dem eine lateinische Übersetzung des Aristoteles stammte, mit diesem Philosophen der griechischen Antike vertraut gemacht. Bei seinem zweiten Aufenthalt in Paris 1269–1272 wurde Thomas der herausragendste Lehrer der Philosophie. In Neapel richtete er dann eine Ordensuniversität der Dominikaner ein und starb 1274 auf der Reise zum Konzil in Lyon beim Kloster Fossanova bei Priverno. Seine „Summa theologiae", die er 1266–1273 schrieb, zählt zu den bedeutendsten seiner zahlreichen Werke. Darin bezieht er in einem eindrucksvollen System Glauben und Wissen seiner Zeit aufeinander. Nach Thomas ist der Gott der Schöpfung identisch mit dem Sein selbst, dessen Wesen reines Denken bedeutet. Von diesem Sein Gottes ist das endliche Seiende aller Geschöpfe zu unterscheiden, aber das Seiende wiederum ist auf das unendliche Sein Gottes bezogen. Die Lehre vom Sein (Ontologie) übernahm Thomas von Aristoteles und fügte sie dem Ganzen seiner Philosophie ein. Wie Aristoteles sieht Thomas den Menschen als Wesen der Gesellschaft und des Staats, d. h. als zoon politikon an (ζῷοτ πολιτικοτ), ein dem Sozialen und Politischen zugehöriges Wesen, lat. animal naturaliter politicum et sociale). Hauptaufgabe der Politik ist nach Thomas die Erhaltung des Friedens. Von allen Verfassungen gibt er der Monarchie den Vorzug. Der König soll in seiner Herrschaft das realisieren, was die Seele im Leib und Gott in der ganzen Welt bewirkt. Um das Prinzip „Frieden" auch im Inneren des Staats zu sichern, befürwortet Thomas die konstitutionelle Monarchie, also eine gemischte Verfassung, in der das Volk den Fürsten wählt und mit Plebisziten Mitverantwortung übernimmt und in der die Aristokratie Funktionen der Gesetzgebung wahrnimmt. Gegenüber einem Tyrannen hat das Volk das Recht des Widerstands, wobei auch Gewalt nicht auszuschließen ist. Der weltliche Herrscher hat die Aufgabe, den Menschen zu Wohlstand und Gerechtigkeit zu verhelfen, der Papst und die Priester sind beauftragt, die Menschen zum Ziel des Gottesreichs zu führen. In dieser Beziehung sind die Könige dem Papst untertan. Dennoch hat der Staat Eigengesetzlichkeit, weil das Recht und die Autorität des Staats auf die Natur, nicht auf die Kirche zurückgehen.

Villikationsverfassung → Fronhof

Vogt (124)
Der Begriff erinnert an das latein. „advocatus", wörtlich übersetzt: der „Herbeigerufene"; er ist Anwalt in Rechtsangelegenheiten, Schutzherr. Ursprünglich waren Vögte Beauftragte einer Grundherrschaft oder Kirche bei Gerichtsverhandlungen. Im fränkischen Reich mußten Vögte einen Treueid auf den König schwören und wurden von den missi dominici des Königs kontrolliert. Im Laufe der Zeit erhielten Vögte in einem Gebiet, dem →Immunität verliehen war, Verwaltungs- und Gerichtskompetenz. Dabei hatten sie auch für die Aufstellung des Heeres zu sorgen. Dieselben Funktionen übten sie im Königsgut aus. Die Einsetzung eines Vogts erfolgte durch den König oder den Immunitätsherrn.

Walther von der Vogelweide (81)
Der vermutlich aus dem Herzogtum Österreich stammende, um 1170 geborene Dichter wurde ein bedeutender Repräsentant des Minnelieds (Liebeslieds) und des politischen Spruchs, in dem er – gewissermaßen als „Publizist" seiner Zeit – zu Ereignissen während des deutschen Thronstreits (→ Staufer) und der Auseinandersetzungen mit dem Papsttum Stellung nahm. Als einzige Urkunde zu seinem Leben ist eine Reiserechnung des Bischofs Wolfger von Passau erhalten, nach der am 12. November 1203 Walther (Walthero cantori de Vogelweide) ein Geldbetrag von 5 Solidi für den Kauf eines Pelzrocks übergeben worden ist. Walther schrieb am Hofe des Königs Philipp von Schwaben (um 1198), Ottos IV. (um 1212) und später im Dienste König Friedrichs II., von dem er, nach langer Zeit der Unsicherheit seiner Existenz, ein Lehen erhielt (1220). Im Minnelied setzte er sich über

ständische Schranken hinweg, wenn er es nicht nur der adligen Dame am Hofe, sondern auch dem Mädchen aus dem Volk widmete (s. Nr. 6b, Alltag um 1300). Um 1230 starb der Dichter (vermutlich in Würzburg).

Wissenschaft → **Scholastik**

Zunft (173f., 179, 204, 223)
Abgeleitet von ahd „zumft", mhd „zunft", hängt das Wort „Zunft" mit dem Verbum „ziemen" zusammen und bedeutet in mhd Zeit etwa soviel wie „Ordnung, nach der eine Gesellschaft lebt", „Verband", „Gruppe". Unter dem von „Zunft" abgeleiteten Verbum „zünftig" versteht man die „Zugehörigkeit zu einer Zunft", „fachmännisch", „gut".
Seit dem 12. Jh. schlossen sich Handwerker und Gewerbetreibende in Städten Zünften an, die in Norddeutschland auch „Gilden" oder „Ämter" genannt wurden. Zu den Aufgaben der Zünfte gehörte es, ihren Mitgliedern ein Mindesteinkommen zu sichern, die Qualität und den Preis der Waren zu überwachen, die Arbeitszeit von Lehrlingen und Gesellen zu kontrollieren, ihre Ausbildung zu beaufsichtigen und für den Absatz der handwerklichen Arbeit, soweit sie nicht Produktion für Kunden war, auf dem Markt zu sorgen.
Die Zünfte bekamen von der Obrigkeit das Monopolrecht: außerhalb einer Zunft hatte ein Handwerker soviel wie keine Chancen zu arbeiten (Zunftzwang).
Oft waren Zünfte auch religiöse Bruderschaften mit sozialen Aufgaben. An kirchlichen Festen und Prozessionen beteiligten sich Zünfte mit ihren Zunftzeichen und Fahnen. Kirchen erhielten von Zünften zahlreiche Stiftungen (Glasgemälde, Altäre u. a.). Da sich Zünfte auch an der Bürgerwehr von Städten beteiligten, beanspruchten sie politische Mitverantwortung im Stadtregiment. Im späten Mittelalter entstanden dadurch sog. Zunftunruhen und Zunftrevolutionen.

Zweigewaltenlehre (76, 158f.)
Ihr Begründer war Gelasius I., einer der durch seine Bildung und Politik bedeutendsten Päpste des 5. Jahrhunderts, dessen Pontifikat in die Jahre 492–496 fiel. Die Lehre entstand aus einer umstrittenen Auslegung der Stelle in Lukas 22, 35, die folgendermaßen lautet: „Herr (sagen die Jünger zu Jesu kurz vor Golgatha), siehe, hier sind zwei Schwerter. Er aber sprach zu ihnen: Es ist genug." Die beiden Schwerter waren nach Gelasius I. ein Symbol für die beiden Gewalten, das Priestertum und das Königtum. In seiner Auseinandersetzung mit dem oströmischen Kaiser Anastasius vertrat Gelasius I. die Ansicht, daß der Papst einen Vorrang vor dem Kaiser beanspruche, weil er Stellvertreter Christi auf Erden sei und weil er vor Gott die Verantwortung für den Kaiser trage. Aus dieser These des Primats der geistlichen vor der weltlichen Gewalt entstanden in den nächsten Jahrhunderten zwischen Papst und Kaiser immer wieder neue Auseinandersetzungen und Konflikte über die Frage, wem von den beiden Gewalten die Vorherrschaft gebühre.

Bildnachweis

S. 27 Nieders. Staatsarchiv, Wolfenbüttel; S. 32, 179, 185 Württ. Lendbibliothel, Stuttgart; S. 51 Archiv für Kunst und Geschichte, Berlin; S. 61 li. L. v. Matt, Buochs; re. Bavaria, Gauting; S. 133 dpa/Ossinger, Frankfurt; S. 134 W. Fix, Speyer; S. 140 o. ZEFA/Marche, Düsseldorf; S. 140 u., 141, 142 Werbefotografie H. Wehmeyer, Hildesheim; S. 187 Bildarchiv Foto Marburg; S. 236 Bildagentur Schuster GmbH./Kummels, Oberursel.

987 654 321